中国百年实录

CHINESE HUNDRED YEAR RECORD

徐宪江 ◎ 主编

人民日报出版社

图书在版编目（CIP）数据

中国百年实录 / 徐宪江主编 .—北京：人民日报出版社，2013.12

978-7-5115-2342-6

Ⅰ.①中… Ⅱ.①徐 Ⅲ.①中国历史—近现代

Ⅳ.① K25

中国版本图书馆 CIP 数据核字（2013）第 320124 号

| 书　　名：中国百年实录 |
| 作　　者：徐宪江 |

| 出 版 人：董　伟 |
| 责任编辑：周海燕 |
| 封面设计：丁　岩 |

出版发行：人民日报出版社
社　　址：北京金台西路 2 号
邮政编码：100733
发行热线：（010）65369527　65369509　65369510　65369846
邮购热线：（010）65369530　65363527
编辑热线：（010）65369518
网　　址：www.peopledailypress.com
经　　销：新华书店
印　　刷：北京鑫瑞兴印刷有限公司

开　　本：787mm×1092mm　1/16
字　　数：850 千字
印　　张：33.75
版　　次：2014年8月第1版　2014年8月第1次印刷
书　　号：ISBN 978-7-5115-2342-6
定　　价：68.00 元

序 中国百年实录

当你捧起这本书的时候，你也捧起了一百年的中国史，捧起了一份一个世纪来由人民共同书写的答卷，你由此开始了一次对伟大祖国和人民的独特品味与解读，开始了一次"独立"的思考与对话。

在历史面前，我们常常是渺小的，因为真实的历史永远都比我们想象的高明、深奥，无论人们怎样折腾、疯狂，它从来没有失去判断的力量，从来没丧失耐心，它一直像一个慈祥而从容的智者，静默地注视着世界，记下我们所说、所做的一切。

我们推出这部《百年中国实录》（1912～2011），用300余幅珍贵的历史照片、50余万考证有据的文字，广泛、生动、真实地展现了中国自1911年至2013年百余年的变迁与风雨。一百年，一个人可以由生到死，一百年，一个民族可以由弱小到强大；一百年，对一个人的一生来说或许是很漫长的一段时光，然而对一个国家一个民族的历史来说却是短暂的一瞬间。无论什么时候，总有许多人会被历史所湮没、淘汰。只有那些能跟紧时代的人，往往会成为国家和民族的栋梁，成为把握历史、改写历史、创造历史的主宰者，为历史和人民所铭记。

在体例设置上，本书采用编年体的形式，每年自成一章，各年之间所选的条目各自独立又彼此有着联系。跨年度的大事，我们大多采取了分阶段叙述的形式。每年的内容分为以下四个栏目：

大事：此为本书的主体栏目，栏目中每个条目的标题以新闻标题的形式呈现，内容是对当年发生的政治、经济、军事、外交等各方面的大事进行介绍。

世界：本年度世界发生的有重大影响的事件，选材原则是该事件在世界范围内有一定影响或者有比较强的公众性。

声音：本年度国内政界、经济界或文化界的知名人士就时局或某个具体的公众事件所发表的言论。

备忘：本年度国内的大事件，主要侧重于社会、文艺、科技、体育等方面，用以补充前面"大事"的涵盖不足，增加知识点。备忘部分对事件不做具体的解释，内容也不进行展开。

"为读者服务"是本书在编写过程中一以贯之的原则,也是本书极为鲜明的特色。在内容编写上,我们尽量使看起来枯燥的历史知识与历史事件细节化、故事化;尽量客观地叙述历史事件,使读者了解历史的一些细节,而尽量不加任何主观评论;同时辅以不同的极具历史趣味性的小版块,使之更加具有知识性、趣味性与可读性。在版式设计上,我们吸收了杂志的编辑排版理念,每几页就是一个相对独立的阅读单元,符合现代读者的阅读习惯。读者随手翻开每一页都可以"从零切入",但整本书穿起来又有一条较为明晰的主线。

就这样,我们在大事不漏、小事典型、客观、真实的选材原则的基础上,概括、梳理、浏览了中华民族这一百年的历史,科学而真实地详述了跨世纪中国的百年风云,尤其是中国共产党九十余年带领全国人民冲破阻难,走向胜利,缔造辉煌的奋斗历程。这一百年对我们这个有着五千年文明史的民族来说,无疑是意义非凡的。它铭刻着我们中华民族饱受踩蹦、受尽屈辱的痛楚,见证着中国人民不屈不挠、傲然崛起的胜利。

时光总是走得很快,很多事情,很多东西,轻易地就被模糊掉了,我们编写这册书,恰恰就是为了给读者一个走近过去,亲近历史,反思人生的机会。作为活在当下的一代人,我们无比自豪,因为我们见证了这个曾经被西方列强称为"东亚病夫"并图谋瓜而分之的民族,在经历了一个世纪的腥风血雨的洗礼之后涅槃新生。我们真诚地希望,借助这本书,有更多的读者尤其是青少年朋友们能对我们这个民族和国家的历史有更深一些的了解,能够明白,我们之所以有今天是因为有无数前辈们的牺牲和奉献,正是他们的探索与开拓给了我们如此美好的时代和生活。

审阅历史,体味历史的同时,我们也正在创造历史,一个敢于直面历史的民族,一个勇于思考反省、敢于创新超越的民族,才能真正屹立于世界民族之林,赢得时代,赢得世人的尊敬,成为时代的强者。这正是我们伟大的祖国历经百年风雨而日益繁荣昌盛的根本。我们深信,伟大的祖国和人民将以更加自信和开放的姿态投身于建设和发展,将以更加成熟与进步的姿态出现在世界的舞台上。历史将为今天的我们记下同样厚重的一笔。

本书编委会
2013年10月

目录 CONTENT 中国百年实录

1912年 / 1

大事
- 1月1日，孙中山在南京就任中华民国临时大总统
- 2月12日，清帝溥仪宣布逊位
- 3月10日，袁世凯在北京就任中华民国临时大总统
- 8月25日，中国国民党成立
- 11月3日，沙俄与外蒙古签订《俄蒙协约》
- 12月，荣宗敬、荣德生兄弟创办福新面粉公司第一厂

世界
- ▲1月6日，新墨西哥州加入美国
- ▲4月15日，泰坦尼克号沉没
- ▲5月5日~7月27日，第五届奥林匹克运动会在斯德哥尔摩举行

1913年 / 7

大事
- 3月20日，宋教仁在上海遇刺身亡
- 4月26日，袁世凯政府与五国银行团签订《中国政府善后借款合同》
- 4月，河南宝丰农民白朗起义军攻克河南禹县
- 5月2日，美国承认中华民国政府
- 7月12日，"二次革命"爆发
- 10月6日，袁世凯迫令国会议员选其为正式大总统
- 11月4日，袁世凯下令解散国民党

世界
- ▲10月10日，巴拿马运河开通
- ▲10月，美国电影工业中心好莱坞诞生

1914年 / 11

大事
- 2月12日，熊希龄辞去内阁总理职务
- 5月1日，《中华民国约法》公布，确定中华民国采用总统制
- 7月8日，中华革命党在东京成立
- 8月3日，白朗农民起义失败
- 8月6日，北京政府就欧战发表中立宣言

世界
- ▲6月28日，奥匈皇储在萨拉热窝遇刺身亡
- ▲7月，奥林匹克运动会上首次升起五环旗
- ▲8月，第一次世界大战爆发

1915年 / 15

大事
- 1月18日，日本驻华公使日置益向中国总统袁世凯面递"二十一条"
- 5月9日，袁世凯政府接受"二十一条"
- 8月3日，美国人古德诺发表《共和与君主论》，主张中国恢复帝制
- 5月20日，盛宣怀与四国银行团签订《粤汉川铁路借款合同》
- 8月24日，蔡锷赴天津，与梁启超商讨反袁事宜
- 9月15日，陈独秀在上海创办《青年杂志》
- 10月25日，孙中山与宋庆龄在日本东京结婚
- 12月25日，云南宣布独立，护国战争爆发

世界
- ▲4月22日，毒气首次使用于战争中
- ▲5月30日，齐柏林飞艇首次对英国进行轰炸

1

1916年 / *20*

大事
- 1月1日，袁世凯改中华民国为中华帝国，改元洪宪
- 5月18日，陈其美在上海被刺身亡
- 6月6日，袁世凯病死
- 6月9日，孙中山发表恢复《临时约法》宣言
- 9月1日，《青年杂志》改名为《新青年》
- 12月22日，大总统黎元洪令国葬黄兴、蔡锷

世界
- 2月21日，凡尔登战役开始
- 7月1日，索姆河战役开始
- 9月15日，坦克首次在战争中使用

1917年 / *24*

大事
- 1月4日，蔡元培出任北京大学校长
- 3月14日，北京政府宣布对德断交
- 5月23日，大总统黎元洪下令解除段祺瑞国务总理之职
- 7月1日，张勋迎立溥仪复位
- 9月10日，孙中山就任中华民国军政府海陆军大元帅
- 10月3日，护法战争开始

世界
- 3月，英国生产了世界上第一艘航空母舰
- 11月，俄国爆发十月革命

1918年 / *28*

大事
- 3月29日，段祺瑞组织北京政府新内阁
- 5月4日，孙中山辞去护法军大元帅职
- 5月15日，鲁迅发表小说《狂人日记》
- 10月10日，徐世昌就任北京政府总统
- 11月13日，北京人民拆除象征耻辱的克林德碑
- 11月22日，《每周评论》在北京创刊

世界
- 全球病毒性流感爆发，共有数千万人丧生
- 11月11日，第一次世界大战结束

1919年 / *33*

大事
- 1月21日，中国政府派陆徵祥、顾维钧等五人为全权代表出席巴黎和会
- 1月28日，顾维钧在巴黎和会上陈述直接收回山东权利的理由
- 2月20日，南方军政府与北京政府在上海举行和会议
- 4月30日，英、法、美、日等国议定了关于山东问题的条款
- 5月4日，五四爱国运动爆发
- 5月9日，北京大学校长蔡元培辞职离京出走
- 6月3日，北京开始大逮捕，引发全国性的"三罢"运动
- 6月28日，中国拒签《凡尔赛和约》
- 7月25日，苏俄副外交人民委员加拉罕发表《苏俄第一次对华宣言》
- 10月10日，中华革命党改组为中国国民党

世界
- 1月18日，巴黎和会在法国凡尔赛宫召开
- 3月，共产国际在莫斯科成立
- 9月5日，可口可乐公司成立

1920年 / *40*

大事
- 1月19日，日本政府要求中日直接交涉山东问题
- 7月14日，直皖战争爆发
- 8月，上海共产党早期组织成立
- 8月16日，陈炯明发动粤桂战争
- 9月27日，苏俄政府发表第二次对华宣言

世界
- 1月10日，国际联盟正式成立
- 4月1日，希特勒建立德国纳粹党
- 8月14日，第七届奥林匹克运动会在安特卫普开幕

1921年 / 44

大事
- 5月5日，孙中山在广州就任非常大总统职
- 7月23日，中国共产党第一次全国代表大会在上海召开
- 9月1日，中国共产党的出版机构——人民出版社在上海成立
- 11月12日，中国代表施肇基、顾维钧、王宠惠参加华盛顿会议
- 12月23日，孙中山在桂林会晤共产国际代表马林

世界
- ▲ 7月，胰岛素被发现
- ▲ 11月，华盛顿会议召开
- ▲ 爱因斯坦获诺贝尔物理学奖
- ▲ 11月7日，墨索里尼创建民族主义法西斯党

1922年 / 48

大事
- 1月12日，香港海员举行大罢工
- 2月27日，孙中山在桂林举行北伐誓师典礼
- 4月29日，第一次直奉战争爆发
- 6月16日，陈炯明炮轰总统府，孙中山避入永丰舰
- 7月16日~23日，中国共产党第二次全国代表大会在上海举行
- 9月，陈独秀、李大钊、马林、张太雷受孙中山之邀参加关于改组国民党的讨论
- 12月20日，孙中山派汪精卫到奉天会晤张作霖，希望促成南北统一

世界
- ▲ 4月10日，世界第一次经济会议召开
- ▲ 10月30日，墨索里尼夺取政权
- ▲ 11月15日，法国医生卡雷尔发现白血球
- ▲ 12月30日，苏维埃社会主义共和国联盟成立

1923年 / 53

大事
- 2月7日，吴佩孚镇压京汉铁路工人大罢工，造成惨案
- 3月21日，广州陆海军大元帅大本营正式成立，孙中山就任大元帅职
- 5月6日，津浦路北上快车在山东被炸毁拦截，引发了北京政府的外交危机
- 6月12日~20日，中国共产党第三次全国代表大会在广州召开
- 9月，苏俄驻华代表加拉罕抵达北京，发表第三次对华宣言
- 10月5日，曹锟因贿选当上大总统

世界
- ▲ 9月1日，日本关东发生大地震
- ▲ 11月8日，德国发生啤酒馆暴动

1924年 / 58

大事
- 1月20日~30日，中国国民党第一次全国代表大会在广州召开
- 6月16日，黄埔军校正式举行开学典礼，孙中山发表演说
- 8月，广州发生商团叛乱事件
- 9月18日，第二次直奉战争爆发
- 10月23日，冯玉祥在北京发动政变，囚禁总统曹锟
- 11月5日，末代皇帝溥仪被逐出皇宫
- 11月13日，孙中山携宋庆龄北上

世界
- ▲ 1月21日，列宁逝世
- ▲ 1月26日，第一届冬季奥林匹克运动会在法国的夏蒙尼开幕
- ▲ 4月6日，人类完成首次环球飞行

1925年 / 64

大事
- 1月11日~22日，中国共产党第四次全国代表大会在上海召开
- 2月1日，广州革命政府宣布东征
- 3月12日，孙中山在北京逝世
- 5月30日，五卅惨案发生
- 6月19日，省港大罢工爆发
- 7月8日，广州国民政府决定将所属各军统一改称国民革命军
- 8月20日，廖仲恺被刺身亡

世界
- ▲ 6月6日，克莱斯勒汽车公司成立
- ▲ 7月18日，希特勒《我的奋斗》出版发行
- ▲ 10月2日，世界第一台电视机雏形初现

1926年 / 70

大事

- 3月18日，北京民众团体举行反帝爱国和平请愿运动，遭段祺瑞镇压
- 3月20日，蒋介石在广州制造"中山舰事件"
- 5月20日，叶挺率独立团作为北伐先遣队进入湖南，北伐战争揭开序幕
- 7月1日，广州国民政府军事委员会发布北伐动员令，北伐部队向湖南集中
- 8月29日，万县惨案发生

世界

- 3月16日，美国成功发射世界第一枚液态燃料火箭
- 6月29日，奔驰汽车公司成立
- 12月，裕仁登基为日本天皇，改年号为昭和。日本大正时代结束

1927年 / 74

大事

- 1月1日，国民政府明令定都武汉
- 1月6日，九江发生中外冲突，九江英租界被国民政府接管
- 3月21日，周恩来等领导上海工人第三次武装起义成功
- 4月12日，蒋介石在上海发动四一二反革命政变，杀害中国共产党员
- 4月27日~5月9日，中国共产党第五次全国代表大会在武汉召开
- 7月15日，汪精卫公开反共
- 8月1日，周恩来、贺龙、叶挺、朱德等在南昌领导武装起义
- 8月7日，中共中央在汉口召开紧急会议
- 9月9日，毛泽东等领导的湘赣边界秋收起义爆发
- 12月11日，广州起义爆发

世界

- 5月21日，查尔斯·林白成功完成穿越大西洋的单人飞行
- 有声电影诞生
- 6月20日，英、美、日三国在日内瓦举行海军会议

1928年 / 82

大事

- 1月18日，蒋介石就任国民革命军北伐军总司令
- 4月下旬，朱德、陈毅等率领南昌起义军余部和湘南起义组成的农军到达井冈山，与毛泽东领导的部队会师
- 5月3日，济南惨案发生
- 6月4日，张作霖由北京回奉天，在皇姑屯被日本特务炸死
- 6月18日~7月11日，中国共产党第六次全国代表大会在苏联莫斯科召开
- 7月7日，南京国民政府宣布废除中外不平等条约
- 10月8日，蒋介石任南京国民政府主席
- 12月29日，张学良通电宣布东北易帜

世界

- 5月17日，第九届奥林匹克运动会在荷兰阿姆斯特丹举行
- 9月15日，青霉素问世

1929年 / 87

大事

- 3月27日，蒋桂战争爆发
- 5月，冯玉祥发布反蒋通电
- 8月30日，中共农民运动领袖彭湃在上海被国民党杀害
- 10月11日，蒋冯战争爆发
- 12月2日，中国古生物学家裴文中发现完整的北京人头骨化石
- 12月下旬，中国工农红军第四军在福建召开古田会议
- 12月28日，国民政府颁令自1930年1月1日起废撤在华领事裁判权
- 5月20日，盛宣怀与四国银行团签订《粤汉川铁路借款合同》

世界

- 5月16日，奥斯卡金像奖首次颁奖
- 10月，世界经济大危机爆发

1930年 / *92*

大事
- 1月5日，毛泽东针对林彪对革命的悲观思想给他复信，发表《星星之火，可以燎原》
- 3月2日，中国左翼作家联盟在上海成立
- 4月1日，阎锡山、冯玉祥、李宗仁组成中华民国军政府
- 5月，蒋介石发布讨阎、冯誓词，指责阎冯"割据称雄，破坏统一"
- 9月9日，北平国民政府成立
- 9月18日，张学良发布和平通电，决定入关拥蒋
- 12月9日，蒋介石在南昌召集师以上军官开"剿共"军事会议

世界
- 3月12日，甘地领导印度人民开始了"非暴力不合作运动"
- 3月13日，美国天文学家汤博发现冥王星
- 7月13日，首届世界杯足球赛在乌拉圭开幕

1931年 / *97*

大事
- 1月1日，中华民国实现关税自主，并裁撤厘金
- 3月27日，何应钦下达向江西红军进行第二次"围剿"的总攻击令
- 5月31日，红军取得第二次反"围剿"的胜利
- 6月26日，中国东北发生中村事件
- 7月1日，蒋介石发动对红军的第三次"围剿"
- 7月23日，蒋介石首次提出"攘外必先安内"的方针
- 9月15日，红军取得第三次反"围剿"的胜利
- 9月18日，日本关东军制造侵华事端，九一八事变爆发
- 11月7日~20日，第一次全国工农兵代表大会在江西瑞金召开，中华苏维埃共和国临时中央政府成立

世界
- 4月9日，美国纽约帝国大厦落成
- 12月11日，英国通过威斯敏斯特法案

1932年 / *104*

大事
- 1月28日，日本军队进攻上海
- 1月底，中国军队展开淞沪抗战
- 3月9日，伪满洲国在长春成立，溥仪就任执政
- 5月5日，中国国民党政府与日本签订《淞沪停战协定》
- 7月14日，蒋介石发动对红军的第四次"围剿"
- 7月30日，中国首次派运动员参加第十届奥林匹克运动会
- 10月24日，四川军阀刘湘、刘文辉为争夺防地发生大规模军事冲突
- 12月17日，宋庆龄、蔡元培等发起组织中国民权保障同盟

世界
- 2月，英国物理学家查德威克证明了中子的存在
- 8月6日，第一届威尼斯国际电影节举办

1933年 / *110*

大事
- 1月17日，毛泽东、朱德署名发表《共同抗日宣言》
- 3月4日，承德失陷，热河省主席汤玉麟被撤职查办，张学良亦辞职
- 3月9日，中国军队抵抗日军侵略察哈尔的长城抗战开始
- 5月26日，冯玉祥在张家口组成民众抗日同盟军
- 5月31日，中国与日本签订《塘沽协定》
- 9月25日，蒋介石对中央苏区发动第五次"围剿"
- 11月20日，李济深、陈铭枢等发动福建事变

世界
- 美国总统罗斯福实行"新政"
- 2月27日，"国会纵火案"发生
- 12月，美国正式承认苏联

1934年 / *115*

大事
- 2月19日，蒋介石发起了"新生活运动"
- 3月1日，溥仪在长春称帝
- 9月1日，南京紫金山天文台建成
- 10月10日，中央红军开始长征
- 11月13日，《申报》负责人史量才被国民党特务杀害

世界
- 8月19日，希特勒成为德国国家元首
- 10月9日，南斯拉夫国王亚历山大一世遇刺身亡

1935年 / *119*

大事
- 1月15日~17日，中共中央在遵义召开政治局扩大会议
- 2月27日，汪精卫、蒋介石联名发布严禁排日运动的命令
- 5月9日，红军主力渡过金沙江，冲出国民党军队的包围圈
- 5月初~12月，华北事变
- 5月29日，红军夺取泸定桥
- 8月1日，中共中央发表《八一宣言》
- 12月9日，北平爆发抗日救国的"一二·九"运动
- 12月17日~25日，中共中央在陕北瓦窑堡召开政治局扩大会议

世界
- 2月10日，美国宾夕法尼亚考古学家发现最古老的城市遗址
- 8月31日，罗斯福总统签署了《中立法案》

1936年 / *125*

大事
- 2月20日，红一方面军东征
- 2月27日，董健吾带着国民党要求同中共谈判的信息，秘密来到瓦窑堡
- 6月1日，陈济棠、李宗仁公开举起抗日反蒋旗帜
- 6月30日，红二、红六军团与红四方面军于甘孜会师
- 8月1日，中国第一次派代表团参加第11届奥运会
- 10月9日，红一、红二、红四方面军在甘肃会宁会师
- 10月19日，鲁迅在上海病逝
- 11月23日，"七君子"被捕
- 12月12日，张学良、杨虎城发动西安事变

世界
- 8月1日，第11届奥林匹克运动会在柏林拉开帷幕
- 10月1日，西班牙内战爆发
- 12月5日，苏联新宪法在全国苏维埃代表大会上通过

1937年 / *132*

大事
- 7月7日，卢沟桥事变爆发
- 7月17日，蒋介石发表决心抗战的庐山讲话
- 8月13日，八一三事变爆发，淞沪会战开始
- 8月22日~25日，中共中央在陕西省洛川县举行政治局扩大会议
- 8月22日，国民政府宣布将中国工农红军改编为国民革命军第八路军
- 9月25日，八路军取得对日作战的平型关大捷
- 10月10日，国民党组织对日军的忻口防御战
- 10月12日，国民政府宣布将江南红军改编为新四军
- 11月20日，国民党政府宣布迁都重庆
- 12月13日，日军占领南京，开始了长达一个月之久的南京大屠杀

世界
- 5月27日，美国金门大桥落成
- 5月28日，张伯伦出任英国首相
- 11月，"柏林—罗马—东京"三国轴心形成

1938年 / *139*

大事
- 3月16日，台儿庄会战开始
- 3月16日，八路军129师取得神头岭伏击战的胜利
- 4月4日，西南联合大学在昆明成立
- 6月9日，为阻挡日军进攻，国民党部队在河南花园口决开黄河大堤
- 10月27日，日军占领武汉
- 12月18日，汪精卫由重庆逃往昆明，走上叛国之路

世界
- 3月14日，德国正式吞并奥地利
- 9月29日，英法德意四国首脑签订《慕尼黑协定》

1939年 / *144*

大事
- 1月21日，国民党五届五中全会通过了"溶共"、"限共"、"防共"、"反共"的方针
- 4月22日，国民党军反攻南昌
- 9月17日，冈村宁次指挥十万日军进攻长沙
- 11月7日，新四军江南指挥部成立
- 12月1日，阎锡山制造了反共的晋西事变
- 12月28日，中国军队取得昆仑关战役的重大胜利

世界
- 8月7日 美孚石油公司获准开采阿拉伯石油
- 8月23日，《苏德互不侵犯条约》签订
- 9月1日，第二次世界大战爆发

1940年 / 149

大事

- 2月23日，东北抗日联军第一路军司令杨靖宇在对日作战中壮烈牺牲
- 3月5日，蔡元培在香港病逝
- 4月~5月，八路军晋察冀军区部队在河北省中部地区粉碎日伪军"扫荡"
- 5月16日，张自忠在对日作战中壮烈牺牲
- 8月20日，八路军对日军发动了百团大战

世界

- 5月26日~6月4日，英法联军敦刻尔克大撤退
- 6月22日，法国沦陷
- 7月10日，德国开始对英国进行长达3个多月的空袭
- 9月27日，德、日、意三国签订《德日意三国同盟条约》

1941年 / 154

大事

- 1月6日，皖南事变爆发
- 1月25日，新四军新的军部在苏北盐城成立
- 5月7日，日军发起中条山战役
- 8月1日，蒋介石签署命令，中国空军美国志愿大队正式成立
- 12月9日，国民政府对日、德、意宣战
- 12月25日，香港保卫战

世界

- 4月13日，《日苏中立条约》签订
- 6月22日，苏德战争爆发
- 8月9日、12日，罗斯福与丘吉尔发表了《大西洋宪章》
- 12月7日，日本偷袭美国海军基地珍珠港

1942年 / 159

大事

- 1月5日，蒋介石在重庆宣布就任中国战区最高统帅
- 2月，中国远征军入缅甸作战
- 5月1日，冈村宁次指挥对冀中抗日根据地实行最为残酷的大"扫荡"
- 5月25日，八路军副参谋长左权壮烈牺牲
- 5月27日，陈独秀病逝于四川
- 5月28日，毛泽东发表《在延安文艺座谈会上的讲话》
- 11月27日，宋美龄应美国总统罗斯福夫妇邀请访美
- 12月31日，国民政府明令表彰忠勇抗战殉国的将领38人，并入祀首都忠烈祠

世界

- 7月17日，斯大林格勒战役开始
- 6月4日~6月7日，中途岛战役
- 11月8日，美国和英国军队在法属北非登陆
- 12月2日，原子裂变成功

1943年 / 165

大事

- 1月11日，国民政府明令宣布中美、中英新约成立
- 7月5日，王稼祥首次提出"毛泽东思想"这一科学概念
- 7月23日，八路军冀鲁豫军区对日伪军发起卫南战役
- 11月2日，日军发起常德战役
- 12月1日，美、英、中三国首脑罗斯福、丘吉尔、蒋介石发表《开罗宣言》

世界

- 6月10日，共产国际正式宣告解散
- 7月9日，巴顿与蒙哥马利率领盟军打响西西里岛登陆战役
- 9月3日，意大利宣布向盟国投降
- 10月19日，美国生物化学家瓦克斯曼发现链霉素
- 11月28日~12月1日，美、英、苏三国首脑举行德黑兰会议

1944年 / 169

大事

- 4月17日，冈村宁次指挥发起豫中会战
- 6月22日，衡阳战役开始
- 7月24日，出版家邹韬奋在上海病逝
- 9月10日，日军发起桂林战役
- 9月19日，中国民主政团同盟改名中国民主同盟
- 12月25日，国民政府于昆明成立中国陆军总司令部

世界

- 6月6日，艾森豪威尔指挥盟军于诺曼底登陆
- 8月25日，盟军解放巴黎
- 12月25日，美国设立五星上将军衔制

1945年 / *173*

大事
- 4月23日~6月11日，中国共产党在延安召开第七次全国代表大会
- 7月26日，中、美、英三国政府首脑联合发布敦促日本投降的《波茨坦公告》
- 8月9日，毛泽东发表《对日寇的最后一战》的声明
- 8月15日，日本宣布无条件投降
- 8月28日，毛泽东飞赴重庆与蒋介石举行和平会谈
- 9月9日，中国战区在南京举行受降典礼
- 10月10日，国共两党签订《政府与中共代表会谈纪要》（即双十协定）

世界
- 2月4日~11日，罗斯福、丘吉尔、斯大林在雅尔塔召开会议
- 5月2日，苏联红军攻克柏林，欧战结束
- 8月6日~9日，美国用原子弹轰炸日本广岛、长崎两座城市
- 10月24日，联合国成立
- 11月20日，纽伦堡大审判开始

1946年 / *178*

大事
- 1月10日~31日，政治协商会议在重庆开幕
- 4月8日，叶挺、王若飞、博古、邓发等因飞机失事遇难
- 5月3日，法学家梅汝璈作为中国代表参加东京审判
- 5月5日，国民政府在南京举行还都典礼
- 6月26日，蒋介石派兵进攻中原解放区，全面内战爆发
- 7月11日、15日，李公朴与闻一多先后被国民党特务暗杀
- 12月24日，北平发生美军士兵强奸女学生沈崇案件

世界
- 1月17日，联合国安理会首次召开会议
- 1月19日，东京审判开始
- 2月14日，第一台电子计算机问世
- 9月20日，法国举行首届戛纳电影节

1947年 / *184*

大事
- 2月6日，国民政府公审南京大屠杀主犯谷寿夫
- 2月28日，台湾发生二二八事件
- 3月13日，国民党军进攻延安，中共中央开始转战陕北
- 5月1日，内蒙古自治政府成立
- 5月13日，孟良崮战役开始
- 6月30日，刘邓大军挺进中原，揭开了人民解放军战略进攻序幕
- 10月10日，中共中央发表《中国人民解放军宣言》
- 11月6日，解放石家庄战役开始

世界
- 6月5日，美国国务卿乔治·马歇尔提出"马歇尔计划"
- 10月14日，世界第一架超音速飞机诞生
- 12月23日，晶体管发明

1948年 / *190*

大事
- 5月26日，中共中央进驻河北省平山县西柏坡村
- 9月12日，东北野战军发起辽沈战役
- 10月5日，徐向前指挥展开太原解放战争
- 11月6日，东北野战军、中原野战军联合发起淮海战役
- 11月29日，东北野战军、华北军区主力联合发起平津战役

世界
- 1月30日，印度圣雄甘地遇刺身亡
- 4月3日，马歇尔计划实施
- 7月29日，第14届奥林匹克运动会在英国伦敦开幕

1949年 / *195*

大事
- 1月21日，蒋介石在南京发表"引退"声明，由副总统李宗仁代行总统职权
- 1月31日，北平和平解放
- 4月1日，以张治中为首席代表的南京政府和谈代表团到达北平
- 4月21日，"紫石英号"事件发生
- 4月23日，解放军占领南京
- 10月1日，中华人民共和国成立
- 11月8日，中华人民共和国外交部成立
- 12月10日，蒋介石由成都飞赴台北

世界
- 4月4日，北大西洋公约组织成立
- 5月~10月，德国分裂为联邦德国与民主德国
- 8月29日，苏联原子弹研制成功

1950年 / 201

大事
- 1月5日，杜鲁门发表声明，承认台湾是中国的领土
- 2月14日，中苏两国在克里姆林宫缔结《中苏友好同盟互助条约》
- 3月5日，第四野战军第十五兵团发起海南岛战役
- 4月13日，《中华人民共和国婚姻法》通过
- 5月15日，周恩来发表声明，谴责麦克阿瑟擅自释放日本战犯
- 6月6日~9日，中共七届三中全会在北京召开
- 9月26日，北京市公安局粉碎了国际间谍企图炮轰天安门的阴谋
- 10月10日，中共中央发出《关于镇压反革命活动的指示》
- 10月19日，中国人民志愿军渡过鸭绿江赴朝作战
- 10月25日，中国人民志愿军举行抗美援朝第一次战役
- 10月27日，无产阶级革命家任弼时逝世
- 11月25日，中国人民志愿军抗美援朝第二次战役
- 12月31日，中国人民志愿军抗美援朝第三次战役

世界
- 6月25日，朝鲜战争爆发
- 11月2日，爱尔兰著名戏剧家萧伯纳逝世

1951年 / 210

大事
- 1月15日，中国人民解放军军事学院在南京成立
- 1月25日，中国人民志愿军举行抗美援朝第四次战役
- 4月22日，中国人民志愿军举行抗美援朝第五次战役
- 7月10日，朝鲜停战谈判在开城举行首次会议
- 11月21日，刘青山、张子善巨大贪污案被揭发
- 12月1日，中共中央开展反贪污、反浪费和反官僚主义的"三反"运动

世界
- 3月4日~10日，首届亚洲运动会在印度新德里开幕
- 6月底，首届柏林国际电影节开幕

1952年 / 215

大事
- 1月26日~10月25日，全国各大城市展开"五反"斗争
- 6月1日，中日第一个民间贸易协议在北京签字
- 8月1日，人民英雄纪念碑动工兴建
- 8月8日，中央人民政府批准了《中华人民共和国民族区域自治实施纲要》
- 10月14日，中国人民志愿军与美军展开上甘岭战役
- 12月底，中共中央按照毛泽东的建议提出过渡时期的总路线

世界
- 11月1日，美国引爆世界上第一枚氢弹
- 12月4日，伦敦发生有史以来最严重的烟雾事件

1953年 / 220

大事
- 1月1日，第一个五年计划正式执行
- 3月1日，新中国第一部《选举法》颁布实施
- 7月27日，《朝鲜停战协定》在板门店签字
- 8月14日，朝鲜人民军与中国人民志愿军联合发布战绩公报
- 12月24日，中共中央召开政治局会议，揭露高岗、饶漱石的问题
- 12月31日，周恩来首次提出和平共处五项原则

世界
- 3月5日，苏联领导人斯大林逝世
- 5月29日，人类首次登上珠穆朗玛峰
- 6月2日，英国女王伊丽莎白二世加冕

1954年 / 224

大事
- 3月13日，中国军事顾问团帮助越南人民军取得奠边府战役的胜利
- 4月24日，周恩来总理兼外长率中国代表团出席日内瓦会议
- 6月25日，周恩来访问印度和缅甸
- 9月15日~28日，一届全国人大一次会议在北京召开
- 10月1日，首都举行盛大的阅兵式庆祝国庆五周年
- 12月21日~25日，全国政协二届一次会议在北京举行

世界
- 1月21日，世界第一艘核潜艇"鹦鹉螺号"下水
- 11月1日，阿尔及利亚民族解放战争爆发

1955年 / 228

大事
- 1月18日，浙江一江山岛解放
- 3月14日，周恩来任命12个大军区领导人
- 4月3日，上海市副市长潘汉年因所谓"内奸"问题被错误逮捕审查
- 4月11日，"克什米尔公主号"事件发生
- 4月18日~24日，周恩来率代表团出席亚非会议
- 5月18日，胡风被捕入狱
- 9月13日，全国人大常委会第21次会议通过成立新疆维吾尔自治区的决议
- 9月27日，中华人民共和国主席授衔授勋典礼在北京举行
- 10月8日，钱学森回国

世界
- 4月5日，丘吉尔退休，艾登任英国首相
- 4月18日，著名科学家爱因斯坦逝世
- 7月18日，第一座迪斯尼乐园开放

1956年 / 235

大事
- 1月1日，《解放军报》创刊
- 4月22日，西藏自治区筹委会在拉萨召开成立大会
- 4月25日，毛泽东在中央政治局扩大会议上作《论十大关系》的讲话
- 4月28日，中共中央政治局扩大会议提出"百花齐放，百家争鸣"方针
- 8月25日，中国木偶片《神笔》获得威尼斯儿童电影展一等奖
- 9月15日~27日，中国共产党第八次全国代表大会在北京举行
- 10月14日，鲁迅遗体从上海万国公墓迁葬到虹口公园
- 11月11日，北京各界隆重纪念孙中山先生诞辰90周年

世界
- 6月22日，阿尔及尔卡斯巴教堂发生大爆炸
- 11月22日，第16届奥林匹克运动会在澳大利亚的墨尔本举行
- 12月18日，联合国接纳日本为会员国

1957年 / 241

大事
- 2月27日，毛泽东作《关于正确处理人民内部矛盾的问题》的重要讲话
- 5月1日，中国游泳运动员戚烈云打破游泳世界记录
- 6月8日，中共中央发出《关于组织力量准备反击右派分子进攻的指示》
- 7月15日，《人民日报》发表了马寅初的《新人口论》
- 10月15日，武汉长江大桥建成通车
- 11月13日，《人民日报》发表文章第一次提出了"大跃进"口号

世界
- 7月10日，国际原子能机构成立
- 10月4日，苏联发射人类第一颗人造地球卫星

1958年 / 246

大事
- 3月5日，广西僮族（壮族）自治区正式成立
- 3月12日，中国人民志愿军总部发布从朝鲜撤军公告
- 3月15日，中国人民解放军军事科学院在北京成立
- 4月，北京大学开始批判马寅初的《新人口论》
- 5月5日~23日，中共八大第二次会议提出"多快好省地建设社会主义"的总路线
- 6月21日，柳亚子先生病逝于北京
- 8月17日~30日，中共中央政治局在北戴河举行扩大会议
- 8月23日，中国人民解放军炮击金门
- 10月25日，宁夏回族自治区成立

世界
- 2月6日，慕尼黑发生空难
- 6月8日，第六届世界杯足球赛在瑞典举行

1959年 / 251

大事
- 3月10日，西藏拉萨发生反动武装叛乱事件
- 4月18日~28日，二届全国人大一次会议在北京召开
- 7月2日~8月16日，中共中央在庐山连续举行会议
- 8月31日，北京工人体育场建成
- 10月1日，国庆十周年庆典在天安门广场举行

世界
- 1月2日，苏联发射"月球1号"探测器
- 12月1日，《南极条约》在华盛顿签订

1960年 / 255

大事
- 2月20日，大庆地区石油勘探"大会战"展开
- 5月25日，中国登山队三名运动员从北坡登上珠穆朗玛峰
- 6月17日，美国总统艾森豪威尔访问台湾
- 8月1日，中国人民革命军事博物馆正式开馆
- 11月3日，中共中央发出了《关于农村人民公社当前政策问题的紧急指示》
- 11月5日，中国仿制的第一枚近程导弹发射成功

世界
- 5月1日，苏联击落第一架U-2间谍机
- 7月6日，首届欧洲足球锦标赛在法国揭幕
- 9月10日，石油输出国组织成立
- 9月26日，美国第一次举行总统大选电视辩论

1961年 / 259

大事
- 4月5日~14日，第26届世界乒乓球锦标赛在北京举行
- 6月30日，庆祝中国共产党成立40周年大会在人民大会堂隆重举行
- 7月1日，中国革命博物馆和中国历史博物馆正式开馆
- 8月2日，中国人民解放军空军高炮部队击落国民党空军RF101型侦察机一架
- 8月23日~9月16日，中共中央在庐山召开工作会议
- 9月5日，英国蒙哥马利元帅第二次访华
- 10月9日，北京各界人士在人民大会堂隆重举行纪念辛亥革命五十周年大会

世界
- 4月12日，苏联宇航员加加林成功地进行了太空飞行
- 7月2日，美国作家海明威逝世
- 8月13日，柏林市东西分割开始
- 10月31日，斯大林的尸体被移出列宁墓

1962年 / 263

大事
- 1月11日~2月7日，中共中央扩大的工作会议在北京召开
- 2月24日，著名学者胡适在台北逝世
- 3月27日~4月16日，二届全国人大三次会议在北京举行
- 9月24日~27日，中共八届十中全会在北京举行
- 10月20日，中国对印度展开自卫还击战

世界
- 2月20日，美国宇航员约翰·格林成功环绕地球飞行
- 3月21日，北欧理事会成立
- 10月14日，古巴导弹危机爆发

1963年 / 267

大事
- 3月1日，中共中央发出"五反"的指示
- 3月5日，《人民日报》发表毛泽东"向雷锋同志学习"的题词
- 8月5日~7日，中国派代表团赴日本广岛参加第九届"禁止原子弹氢弹世界大会"
- 9月6日~27日，中共中央在北京举行工作会议
- 12月14日~1964年2月28日，周恩来总理出访亚非14国
- 12月16日，罗荣桓元帅因病逝世

世界
- 6月16日，世界上第一位女宇航员进入太空
- 8月28日，马丁·路德·金发表演说《我有一个梦》
- 11月22日，美国总统约翰·肯尼迪遇刺身亡

1964年 / 272

大事
- 2月~8月，中苏边界谈判在北京举行
- 5月15日~6月17日，中共中央在北京举行工作会议
- 5月16日，《毛主席语录》出版
- 10月16日，中国第一颗原子弹爆炸成功
- 12月15日~28日，中共中央政治局召开全国工作会议，讨论"四清运动"中的一些问题
- 12月20日~1965年1月4日，三届全国人大一次会议在北京举行

世界
- 5月28日~6月4日，巴勒斯坦解放组织成立
- 10月10日，第18届奥运会在东京开幕

1965年 / 276

大事
- 4月12日，中共中央发出了关于加强备战工作的指示
- 7月20日，李宗仁和他的夫人归国，周恩来亲自到机场欢迎
- 9月1日，西藏自治区正式成立
- 9月18日~10月12日，中共中央在北京举行工作会议讨论国民经济计划和长远规划
- 11月10日，上海《文汇报》发表姚文元的《评新编历史剧〈海瑞罢官〉》
- 12月，《红旗》杂志发表戚本禹的文章《为革命而研究历史》

世界
- ▲ 1月24日，英国前首相、保守党领袖丘吉尔逝世
- ▲ 6月3日，美国宇航员爱德华·怀特创造太空行走时间纪录
- ▲ 9月30日，印度尼西亚爆发"九三〇事件"

1966年 / 280

大事
- 3月8日~3月22日，河北邢台先后发生6.8级和7.2级强烈地震
- 5月16日，中共中央政治局扩大会议发布"五一六"通知
- 5月29日，清华大学附中成立第一个红卫兵组织
- 6月13日，中共中央、国务院发出《关于改革高等学校招生考试办法的通知》
- 7月16日，毛泽东在武汉畅游长江
- 8月1日~12日，中共八届十一中全会在北京举行
- 8月18日，在天安门广场举行"庆祝无产阶级文化大革命"群众大会
- 10月27日，中国首次发射导弹核武器试验获得成功

世界
- ▲ 7月1日，法国退出北约组织
- ▲ 9月8日，国际第一个扫盲节

1967年 / 285

大事
- 1月5日，上海市"革命造反团体"发起所谓"一月革命"风暴
- 2月11日~16日，周恩来主持召开中央碰头会，老干部在会上对"文化大革命"的抗争被江青等人诬为"二月逆流"
- 4月6日，一些群众组织到中南海揪斗刘少奇
- 6月17日，我国第一颗氢弹在西部地区上空爆炸成功

世界
- ▲ 1月27日，"阿波罗一号"飞船失事，三名美国宇航员丧生
- ▲ 12月3日，人类首例心脏移植手术成功

1968年 / 288

大事
- 2月18日，中共中央、国务院、中央军委、中央文革小组发出《关于进一步实行节约闹革命，坚决节约开支的紧急通知》
- 7月21日，江青、康生合谋炮制一个诬陷中共八届中央委员的名单
- 8月25日，中共中央、国务院、中央军委、中央文革小组发出《关于派工人宣传队进学校的通知》
- 10月13日~31日，中共八届十二中全会在北京召开
- 12月22日，知识青年"上山下乡"运动展开

世界
- ▲ 1月9日，阿拉伯石油输出国组织成立
- ▲ 10月12日，第19届奥林匹克运动会在墨西哥举行

1969年 / 291

大事
- 3月2日，苏联与中国在珍宝岛发生武装冲突
- 4月1日~24日，中国共产党第九次全国代表大会在北京举行
- 4月28日，中共九届一中全会在北京举行
- 6月9日，贺龙元帅被迫害致死
- 10月26日，中共中央发出《关于高等院校下放问题的通知》
- 11月12日，刘少奇在河南开封含冤逝世

世界
- ▲ 7月20日，人类成功登上月球
- ▲ 8月15日，嬉皮士聚会的伍德斯托克音乐节在纽约举行

1970年 / 296

大事
- 3月27日，中共中央发出《关于清查"五一六"反革命阴谋集团的通知》
- 4月24日，中国成功发射第一颗人造地球卫星
- 6月27日，中共中央批准《北京大学、清华大学关于招生（试点）的请示报告》
- 8月23日~9月6日，中共九届二中全会在庐山举行
- 11月16日，中共中央发出《关于传达陈伯达反党问题的指示》
- 12月25日，中共中央批准兴建葛洲坝水利枢纽工程

世界
- 5月30日，第9届世界杯足球赛在墨西哥开幕
- 11月9日，法国总统戴高乐逝世
- 12月16日，《海牙公约》签署

1971年 / 300

大事
- 3月22日，林立果等人在上海制定反革命计划
- 4月10日，美国乒乓球队应邀访问中国
- 6月20日，《人民日报》发表《工业学大庆》的社论
- 7月9日~12日，美国总统国家安全事务助理基辛格秘密访问中国
- 9月13日，林彪乘飞机外逃，死亡于蒙古国温都尔汗
- 10月20日~26日，基辛格再次访华
- 10月25日，联合国大会恢复了中华人民共和国在联合国的合法席位

世界
- 1月6日美国加利福尼亚大学医学中心的科学家首次合成了人的生长激素
- 11月22日，苏联无人驾驶的"火星2号"宇宙飞船把一个着陆器送到火星上

1972年 / 305

大事
- 1月6日，陈毅元帅逝世
- 2月21日~28日，美国总统尼克松访问中国
- 5月21日~6月23日，中共中央召开批林整风汇报会
- 9月25日~30日，日本首相田中角荣访问中国
- 12月10日，中共中央传达了毛泽东关于"深挖洞，广积粮，不称霸"的指示
- 12月20日，福建莆田某小学教员李庆霖写信给毛泽东

世界
- 6月17日，美国发生水门事件
- 9月5日，第20届奥运会发生以色列运动员被"黑九月"成员谋杀事件

1973年 / 310

大事
- 1月7日~3月30日，全国计划会议在北京举行
- 3月10日，中共中央同意正式恢复邓小平的工作
- 7月19日，《辽宁日报》发表《一份发人深省的答卷》和张铁生的一封信
- 8月24日~28日，中国共产党第十次全国代表大会在北京召开
- 8月30日，中共十届一中全会在北京举行
- 12月12日，毛泽东在中央政治局会议上提出大军区司令员互相对调的建议

世界
- 7月20日，国际武打巨星李小龙逝世
- 8月8日，韩国新民党总统候选人金大中遭绑架
- 9月11日，智利总统阿连德在政变中以身殉国

1974年 / 314

大事
- 1月19日，西沙群岛守军进行自卫反击战
- 3月29日，秦始皇兵马俑被发现
- 7月17日，毛泽东在中央政治局会议上批评江青，并提出"四人帮"的问题
- 8月4日，江青树立小靳庄为"批林批孔"新典型
- 9月29日，中共中央发出《关于为贺龙同志恢复名誉的通知》
- 10月18日，王洪文到长沙向毛泽东诬告周恩来和邓小平
- 11月29日，彭德怀在北京含冤逝世

世界
- 2月15日，苏联作家索尔仁尼琴被宣布驱逐出境
- 8月9日，尼克松辞职，福特继任美国总统

1975年 / 319

大事
- 1月5日，中共中央任命邓小平为中央军委副主席兼解放军总参谋长
- 1月13日~17日，第四届全国人民代表大会第一次会议召开
- 4月4日，张志新惨遭"四人帮"杀害
- 4月5日，蒋介石在台北病逝
- 12月2日，毛泽东会见来访的美国总统福特
- 12月，湖北云梦县秦代古墓中出土1155枚秦代竹简

世界
- 4月13日，黎巴嫩内战爆发
- 7月15日美国阿波罗号飞船与苏联联盟号飞船首次对接飞行

1976年 / 323

大事
- 1月8日，周恩来逝世
- 4月5日，四五运动爆发
- 4月7日，中央政治局通过华国锋任中共中央第一副主席、国务院总理的决议
- 7月6日，朱德在北京逝世
- 7月28日，河北唐山发生7.8级地震
- 9月9日，毛泽东逝世
- 10月6日，党中央对"四人帮"实行隔离审查
- 10月21日，首都百万军民举行盛大集会，庆祝粉碎"四人帮"

世界
- 3月25日，英国著名将军蒙哥马利逝世
- 6月16日，南非索韦托发生惨案

1977年 / 329

大事
- 2月7日，《人民日报》发表社论，提出"两个凡是"
- 3月3日~16日，全国计划会议在北京召开
- 7月16日~21日，中共十届三中全会在北京举行
- 8月12日~18日，中国共产党第十一次全国代表大会在北京举行
- 8月13日，全国高等学校招生工作会议在北京召开
- 9月9日，毛主席纪念堂落成
- 10月3日，陈景润对哥德巴赫猜想问题的研究取得世界领先成就
- 10月12日，国务院决定高等学校招生实行统一考试

世界
- 1月31日，法国蓬皮杜文化中心建成揭幕
- 3月27日，加纳利空难

1978年 / 334

大事
- 2月26日~3月5日，第五届全国人民代表大会第一次会议召开
- 3月18日，邓小平在全国科学大会上发言指出"科学技术是生产力"
- 5月11日，《光明日报》刊登《实践是检验真理的唯一标准》
- 11月10日~12月15日，中共中央工作会议在北京举行
- 12月16日，中美两国发表联合公告，决定建立外交关系
- 12月18日~22日，中共十一届三中全会在北京举行
- 12月，安徽凤阳县梨园公社小岗村村民签订包产到户协议
- 12月24日，中共中央在北京为彭德怀、陶铸举行追悼大会

世界
- 3月26日，《埃以和约》签署
- 7月25日，英国医学家爱德华兹培育出世界上第一例试管婴儿

1979年 / 339

大事
- 1月1日，全国人大常委会发表《告台湾同胞书》
- 1月18日，理论工作务虚会在北京举行
- 1月28日~2月5日，邓小平副总理应邀出访美国
- 2月17日，中国对越南侵略者展开自卫反击战
- 3月29日，邓小平在北京会见香港总督麦理浩
- 4月10日，美国总统卡特签署《与台湾关系法》
- 6月18日~7月1日，五届全国人大二次会议在北京举行
- 8月26日，深圳市境内划出327.5平方公里地域设置经济特区
- 11月26日，邓小平首次提出社会主义也可以搞市场经济的观点
- 12月6日，北京市政府下达命令，禁止在"西单民主墙"和其他地方张贴大字报

世界
- 3月28日，美国宾夕法尼亚三里岛核电站事故发生
- 5月4日，撒切尔夫人成为英国第一位女首相
- 12月27日，苏联入侵阿富汗

1980年 / 345

大事
- 5月17日，刘少奇追悼大会在北京隆重举行
- 8月30日~9月10日，五届全国人大三次会议在北京举行
- 11月10日~12月5日，中央政治局扩大会议在北京连续召开
- 11月15日~12月21日，国务院在北京召开全国省长、市长、自治区主席会议和全国计划会议
- 11月20日~1981年1月25日，最高人民法院特别法庭对林彪、江青反革命集团进行审判
- 11月23日，中共中央转发山西省委《关于农业学大寨运动中经验教训的检查报告》
- 12月16日~25日，中共中央在北京召开工作会议

世界
- 5月8日，第33届世界卫生大会宣布全球已消灭天花
- 5月18日，韩国发生"五一八光州事件"
- 9月22日，两伊战争爆发

1981年 / 350

大事
- 3月27日，茅盾在北京逝世
- 5月29日，宋庆龄在北京逝世
- 6月27日~29日，中共十一届六中全会在北京举行
- 8月26日，邓小平首次提出"一国两制"的构想
- 9月20日，中国成功地发射一组空间物理探测卫星
- 9月30日，叶剑英向台湾当局提出争取和平统一祖国的大政方针和具体政策
- 11月16日，中国女子排球队获第三届世界女排赛冠军
- 11月30日~12月13日，全国五届人大四次会议在北京召开

世界
- 5月21日，首批绝食的爱尔兰共和军全部死亡
- 10月6日，埃及总统萨达特遇刺身亡

1982年 / 355

大事
- 1月1日，中共中央批转《全国农村工作会议纪要》对联产承包责任制给予政策上的确认
- 1月11日，邓小平在在接见海外人士时，首次将中国解决台湾问题、实现祖国和平统一的构想概括为"一国两制"
- 2月15日，国务院批准24个城市为我国首批历史文化名城
- 7月24日，廖承志致信蒋经国，希望能够共商祖国统一大业
- 8月17日，中美就解决美国向台湾出售武器问题发表联合公告
- 9月1日~11日，中国共产党的第十二次全国代表大会在北京召开
- 9月13日，中央顾问委员会第一次全体会议召开
- 9月22日~26日，英国首相撒切尔夫人访问中国
- 12月4日，五届全国人大五次会议通过新《宪法》

世界
- 4月2日~6月14日，英国与阿根廷爆发马尔维纳斯群岛战争
- 6月6日，以色列大举入侵黎巴嫩

1983年 / 361

大事
- 2月3日，中国外长吴学谦就"湖广铁路债券案"向美国递交备忘录
- 2月22日，劳动人事部发出关于积极试行劳动合同制的通知，"铁饭碗"逐步被打破
- 4月2日，台湾陆军航空队少校分队长李大维驾机起义，回归祖国大陆
- 5月9日，国航296班机被暴徒卓长仁等劫持到韩国
- 6月6日~21日，六届全国人大一次会议在北京举行
- 10月11日~12日，中共十二届二中全会在北京举行

世界
- 2月21日，印度选举发生暴乱，600名穆斯林丧生
- 11月25日，美国入侵格林纳达

1984年 / 365

大事
- 2月5日，粟裕大将逝世
- 4月26日~5月1日，美国总统里根访问中国
- 5月4日，14个沿海港口城市对外开放
- 9月26日，中英两国政府关于香港问题的联合声明在北京人民大会堂草签
- 10月1日，北京举行庆祝中华人民共和国成立三十五周年的盛大阅兵式
- 10月20日，中共十二届三中全通过《中共中央关于经济体制改革的决定》
- 11月20日，中国南极考察队赴南极进行考察
- 12月19日，中英两国政府关于香港问题的联合声明签字仪式在人民大会堂举行

世界
- 4月17日，英国女警察在包围利比亚使馆事件中遭杀害
- 5月21日，世界上第一台光纤录像电话在法国开始试用

1985年 / 370

大事
- 1月21日，六届人大常委会第九次会议决定9月10日为教师节
- 5月23日~6月6日，中央军委扩大会议在北京举行，邓小平在会上宣布人民解放军裁军100万
- 8月15日，"侵华日军南京大屠杀遇难同胞纪念馆"在南京落成
- 9月18日~23日，中国共产党全国代表会议在北京举行
- 10月22日，许世友因病在南京逝世
- 10月23日，邓小平指出社会主义与市场经济不存在根本矛盾

世界
- 3月11日，戈尔巴乔夫当选为苏共中央总书记
- 11月13日，哥伦比亚一火山爆发
- 12月27日，巴勒斯坦恐怖分子在罗马和维也纳制造惨案

1986年 / 374

大事
- 2月1日，中国发射第一颗通信广播卫星
- 6月30日，中葡澳门问题首轮会议在北京举行
- 9月28日，中共十二届六中全会在北京举行，全会主要讨论了精神文明建设问题
- 10月7日，刘伯承元帅逝世
- 10月22日，叶剑英元帅逝世
- 12月5日，国务院发布《关于深化企业改革增强企业活力的若干规定》
- 12月28日，黄克诚将军逝世

世界
- 1月28日，美国航天飞机"挑战者"号失事，7名机组人员遇难
- 4月26日，苏联切尔诺贝利核发电站发生核燃料泄漏事故
- 7月5日~20日，第一届友好运动会在苏联首都莫斯科举行

1987年 / 379

大事
- 1月16日，中央政治局扩大会议同意胡耀邦辞去党中央总书记职务的请求
- 1月28日，中共中央发出《关于当前反对资产阶级自由化若干问题的通知》
- 4月13日，中葡两国关于澳门问题的联合声明在北京签署
- 5月6日，大兴安岭森林区发生特大火灾
- 7月6日，中国人民抗日战争纪念馆在北京揭幕
- 10月25日~11月1日，中国共产党第十三次全国代表大会在北京召开

世界
- 7月31日，麦加惨案发生
- 12月8日，苏美两国首脑签署《中程导弹条约》

1988年 / 383

大事
- 1月14日，中共中央致电中国国民党中央委员会，吊唁于13日病逝的蒋经国
- 3月25日~4月13日，第七届全国人大一次会议在北京举行
- 4月，国务院开始陆续出台一系列调整物价的措施
- 4月26日，中共海南省委和海南省人民政府正式挂牌
- 5月30日，中共中央决定创办《求是》杂志
- 9月14日，取消23年的中国人民解放军军衔制度恢复
- 9月26日~30日，中共十三届三中全会在北京举行
- 11月2日~7日，中共中央、国务院在北京召开全国农村工作会议

世界
- 8月20日，两伊战争结束
- 9月17日，第24届奥林匹克运动会在韩国的汉城举行
- 11月15日，苏联发射第一架航天飞机"暴风雪"号

1989年 / 388

大事
- 3月5日，西藏自治区少数分裂主义分子在拉萨制造骚乱事件
- 4月15日，胡耀邦在北京逝世
- 5月15日~18日，苏联最高苏维埃主席团主席、苏共中央总书记戈尔巴乔夫访问中国
- 5月20日，北京开始戒严
- 6月9日，邓小平接见首都戒严部队军以上干部并讲话
- 6月23日~24日，中共十三届四中全会在北京举行，江泽民当选中央委员会总书记
- 11月9日，中共十三届五中全会通过同意邓小平辞去中央军委主席的决定

世界
- 11月5日，亚太经济合作组织成立
- 11月9日，柏林墙倒塌
- 12月20日，美国军队入侵巴拿马

1990年 / *393*

大事
- 4月7日，中国"长征三号"运载火箭成功发射美国生产的"亚洲一号"卫星
- 5月30日，上海市浦东开发办公室正式挂牌
- 9月21日，徐向前元帅逝世
- 9月22日~10月7日，第十一届亚运会在北京举行
- 11月26日，中国大陆首家证券交易所——上海证券交易所宣布成立
- 12月25日~30日，中共十三届七中全会在北京举行

世界
- 2月11日，南非黑人领袖曼德拉获释出狱
- 6月12日，俄罗斯通过了俄联邦《国家主权宣言》
- 8月2日，伊拉克军队占领科威特
- 10月3日，东德与西德合并，实现德国统一

1991年 / *398*

大事
- 2月23日，台湾当局通过"国家统一纲领"
- 3月25日~4月9日，七届全国人大四次会议在北京举行
- 4月15日，共青团中央宣布开始在全国施行"希望工程"
- 5月16日~19日，江泽民访问苏联
- 7月1日，中共中央在北京人民大会堂举行隆重集会庆祝中国共产党成立七十周年
- 9月23日~27日，中共中央在北京召开中央工作会议，决定采取措施为搞好国营大中型企业创造良好的外部条件

世界
- 1月17日，海湾战争爆发
- 6月9日，皮纳图博火山喷发
- 6月20日，德国会议决定将首都从波恩迁到柏林
- 7月10日，叶利钦成为俄罗斯联邦首位总统
- 12月25日，苏联解体

1992年 / *403*

大事
- 1月18日~2月21日，邓小平视察武昌、深圳、珠海、上海等地并发表重要讲话
- 4月3日，修建三峡工程的决议正式通过
- 5月14日，聂荣臻元帅逝世
- 6月21日，李先念逝世
- 7月11日，邓颖超逝世
- 10月12日~18日，中国共产党第十四次全国代表大会在北京召开
- 10月19日，中共十四届一中全会在北京举行，选举产生了中央新的领导机构
- 12月17日，俄罗斯总统叶利钦访问中国

世界
- 1月2日，加利就任联合国秘书长
- 4月7日，波黑内战爆发
- 11月3日，克林顿当选为美国第42任总统

1993年 / *409*

大事
- 3月12日，王震逝世
- 3月15日~31日，八届全国人大一次会议在北京举行
- 4月1日，国务院发布《关于加快粮食流通体制改革的通知》，取消粮票供应制度
- 4月27日~29日，第一次汪辜会谈在新加坡正式举行
- 5月2日，京九铁路干线开工
- 11月2日，《邓小平文选》第三卷出版发行
- 11月11日~14日，中共十四届三中全会在北京召开
- 11月20日，江泽民出席亚太经济合作组织领导人非正式会议

世界
- 9月13日，巴以签署和平协议

1994年 / 414

大事
- 2月5日，江泽民会见见义勇为的英雄徐洪刚等双拥模范
- 3月21日，国务院第十六次常务会议通过《中国21世纪议程》，提出可持续发展的战略构想
- 7月19日，中国联通公司成立
- 7月20日，中共中央、国务院在北京召开第三次西藏工作座谈会
- 8月9日，西藏布达拉宫维修工程全面竣工
- 9月2日~12日，江泽民访问俄罗斯、乌克兰和法国
- 9月25日~28日，中共十四届四中全会在北京举行
- 12月8日，新疆克拉玛依发生特大火灾
- 12月14日，长江三峡工程开工典礼举行

世界
- 2月12日，第17届冬季奥林匹克运动会在挪威举行
- 5月10日，曼德拉宣誓就任南非新总统
- 10月14日，阿拉法特、希蒙·佩雷斯、拉宾分享诺贝尔和平奖

1995年 / 420

大事
- 1月30日，江泽民提出祖国统一的八项主张
- 4月10日，陈云因病在北京逝世
- 5月1日，中国开始实行职工每天工作8小时，每周工作5天的工作制
- 6月22日，香港特别行政区筹备委员会预备工作委员会举行第五次全体会议
- 9月25日~28日，中共十四届五中全会在北京举行
- 10月21日，江泽民代表中国向联合国赠送"世纪宝鼎"
- 11月10日，最高人民检察院反贪污贿赂总局成立
- 11月29日，坚赞诺布继任十一世班禅

世界
- 3月20日，日本东京地铁发生恶性投毒事件
- 11月4日，以色列总理伊扎克·拉宾遇刺身亡

1996年 / 425

大事
- 1月12日，中国首家由民营企业投资的银行——中国民生银行成立
- 1月28日，中国人民解放军驻香港特别行政区部队组建完成
- 3月5日~17日，八届全国人大四次会议在北京举行
- 6月21日，中共中央纪念中国共产党成立七十五周年座谈会在北京举行
- 10月7日~10日，中共十四届六中全会在北京举行
- 12月16日，国务院任命董建华为香港特别行政区第一任行政长官

世界
- 7月19日，第26届夏季奥林匹克运动会在美国亚特兰大开幕
- 12月13日，联合国大会批准任命科菲·安南为第七任联合国秘书长

1997年 / 429

大事
- 1月31日~2月1日，香港特别行政区筹备委员会第八次全体会议在人民大会堂举行
- 2月19日，邓小平在北京逝世
- 4月26日，彭真逝世
- 6月18日，重庆直辖市举行挂牌仪式
- 6月30日午夜~7月1日凌晨，中英两国举行香港政权交接仪式
- 7月1日，中华人民共和国香港特别行政区政府成立
- 9月12日~18日，中国共产党第十五次全国代表大会在北京召开
- 9月19日，中共十五届一中全会在北京举行
- 10月26日~11月2日，应美国总统克林顿邀请，国家主席江泽民对美国进行国事访问
- 11月8日，长江三峡水利工程截流成功

世界
- 7月2日，泰国宣布放弃固定汇率制，引发了东南亚金融风暴
- 7月5日，克隆羊"多莉"诞生
- 8月31日，英国戴安娜王妃因车祸在巴黎丧生

1998年 / 436

大事
- 3月5日~19日，九届全国人大一次会议在北京召开
- 4月18日，国务院发布禁止传销的通知
- 8月13日，江泽民赴湖北长江抗洪第一线，看望、慰问、鼓励抗洪军民
- 9月14日，杨尚昆逝世
- 10月8日，全军抗洪庆功表彰大会在北京隆重举行
- 11月21日，中共中央开展讲学习、讲政治、讲正气的教育
- 12月19日，著名作家钱钟书在北京逝世

世界
- 12月6日，乌戈·查韦斯当选委内瑞拉总统
- 12月19日，美国总统克林顿遭美国众议院弹劾
- 12月25日，前民主柬埔寨（红色高棉）领导人乔森潘和农谢投向柬政府

1999年 / 441

大事
- 2月28日，著名作家冰心在北京逝世
- 5月8日，美机轰炸中国驻南斯拉夫大使馆
- 5月20日，朱镕基签署国务院令，任命何厚铧为澳门特区首任行政长官
- 5月25日，中国驻美大使李肇星驳斥美国众议院公布的"考克斯报告"
- 7月9日，李登辉发布"两国论"
- 7月19日，中共中央发出《关于共产党员不准修炼"法轮大法"的通知》
- 10月1日，天安门广场举行国庆五十周年大会
- 11月20日，中国第一艘载人航天试验飞船"神舟"号升空
- 12月20日，中葡两国政府政权交接仪式在澳门文化中心花园馆隆重举行

世界
- 3月24日，北约组织对南斯拉夫联盟发动空袭
- 10月12日，以穆沙拉夫为首的巴基斯坦军方发动军事政变

2000年 / 447

大事
- 1月1日，首都各界迎接新千年庆祝活动在北京中华世纪坛举行
- 2月1日，北京2008年奥运会申办委员会在北京举行会议
- 2月17日，国务院第二次廉政工作会议在京召开
- 2月21日~25日，江泽民提出"三个代表"重要思想
- 4月20日，中纪委公布了成克杰严重违纪违法案件的查处情况
- 10月9日~11日，中共十五届五中全会审议并通过第十个五年计划

世界
- 4月5日，森喜朗接替小渊惠三出任日本首相
- 6月13日，金大中与金正日在平壤会面
- 9月15日~10月1日，第27届奥林匹克运动会在澳大利亚的悉尼举行
- 12月31日，叶利钦宣布辞去俄罗斯总统职务，并将权力移交给总理普京

2001年 / 451

大事
- 4月1日，美国EP-3型军用侦察机撞毁中国歼八战机，飞行员王伟失踪
- 6月15日，"上海合作组织"成员国元首会议在上海举行
- 7月1日，中共中央在人民大会堂隆重举行庆祝中国共产党成立八十周年大会
- 7月13日晚，北京申办2008年奥运成功
- 9月24日~26日，中共十五届六中全会在北京召开
- 10月21日，亚太经合组织（APEC）第九次领导人非正式会议在上海举行
- 11月10日，中国加入WTO

世界
- 1月20日，乔治·沃克·布什就任美国总统
- 2月15日，人类基因工程大致完成
- 9月11日，美国发生"9·11"恐怖事件

2002年 / 456

大事
- 2月21日~22日 美国总统布什访问中国
- 3月25日，"神舟"三号飞船发射升空并成功进入预定轨道
- 5月24日，习仲勋逝世
- 6月4日，中国国家足球队首次参加世界杯足球赛
- 7月1日，香港特别行政区第二届政府就职典礼在香港会议展览中心隆重举行
- 10月31日，上海合作组织成员国总检察长会议在上海开幕
- 11月8日~14日，中国共产党第十六次全国代表大会在北京举行
- 11月15日，中共十六届一中全会在北京举行
- 12月9日~10日，中央经济工作会议在北京举行

世界
- 5月31日，第一次由两国共同举办的世界杯，2002年韩日世界杯在韩国汉城（今首尔）开幕
- 7月27日，乌克兰航展事故
- 10月23日，车臣劫持人质造成百余人死亡

2003年 / 462

大事
- 3月3日~14日，中国人民政治协商会议第十届全国委员会第一次会议在北京举行
- 3月5日~18日，十届全国人大一次会议在北京举行
- 3月，"非典"向全国蔓延，中国人民开始抗击"非典"
- 7月28日，全国防治非典工作会议在北京举行
- 10月11日~14日，中共十六届三中全会明确提出了科学发展观的重大战略思想
- 10月15日，中国首次成功发射载人宇宙飞船"神舟"五号
- 12月31日，中共中央、国务院出台《关于促进农民增加收入若干政策的意见》

世界
- 1月10日，朝鲜宣布退出《不扩散核武器条约》
- 2月1日，美国哥伦比亚号航天飞机于得克萨斯州上空解体
- 12月13日，伊拉克前总统萨达姆·侯赛因在家乡提克里特附近地区被美军逮捕

2004年 / 467

大事
- 3月5日~14日，十届全国人大二次会议在北京举行
- 4月25日，十届全国人大常委会第九次会议在北京举行
- 5月17日，中共中央台湾办公室、国务院台湾事务办公室就当前两岸关系发表声明
- 8月22日，中共中央、全国人大常委会、国务院、全国政协、中央军委举行纪念邓小平诞辰100周年大会
- 9月16日~19日，中共十六届四中全会在北京召开
- 12月20日，胡锦涛出席庆祝澳门回归祖国5周年活动

世界
- 8月13日，第28届奥林匹克运动会在其发源地雅典隆重开幕
- 11月11日，巴勒斯坦民族权力机构主席阿拉法特逝世
- 12月26日，印尼苏门答腊岛海域发生强震和海啸

2005年 / 472

大事
- 1月29日，两岸首次实现民航班机双向对飞不经第三地
- 3月14日，十届全国人大三次会议，通过《反分裂国家法》
- 4月29日，胡锦涛与中国国民党主席连战在北京举行会谈
- 6月21日，曾荫权就任香港特别行政区行政长官
- 9月3日，纪念中国人民抗日战争暨世界反法西斯战争胜利60周年大会在北京举行
- 10月8日~11日，中共十六届五中全会在北京举行
- 10月17日，著名作家巴金在上海逝世
- 11月11日，北京2008奥林匹克运动会福娃正式发布

世界
- 2月14日，黎巴嫩前总理哈里里遭炸弹袭击身亡
- 2月16日，旨在遏制全球气候变暖的《京都议定书》正式生效

2006年 / 478

大事
- 1月1日，中华人民共和国取消农业税
- 3月4日，胡锦涛提出要树立以"八荣八耻"为主要内容的社会主义荣辱观
- 5月20日，三峡大坝全线建成
- 7月1日，青藏铁路全线建成通车
- 10月8日~11日，中共十六届六中全会在北京举行，明确提出了构建社会主义和谐社会的目标和主要任务
- 10月22日，纪念红军长征胜利七十周年大会在人民大会堂隆重举行
- 12月5日~7日，中央经济工作会议在北京举行

世界
- 1月4日，以色列总理阿里埃勒·沙龙因脑溢血被送医急救
- 12月30日，萨达姆被执行绞刑

2007年 / 483

大事
- 1月15日，薄一波逝世
- 3月3日~15日，全国政协十届五次会议在北京举行
- 3月16日，十届全国人大五次会议通过《中华人民共和国物权法》
- 3月25日，曾荫权当选香港特别行政区第三任行政长官
- 6月29日，十届全国人大常委会第二十八次会议通过《中华人民共和国劳动合同法》
- 7月1日，胡锦涛出席庆祝香港回归祖国十周年大会并发表讲话
- 10月15日~21日，中国共产党第十七次全国代表大会在北京召开
- 12月29日，十届全国人大常委会第三十一次会议在北京举行

世界
- 1月1日，潘基文正式接替科菲·安南出任联合国秘书长
- 5月7日，第15次世界气象大会召开
- 12月19日，李明博当选韩国总统

2008年 / 488

大事
- 1月10日~2月，南方发生大范围雪灾
- 3月3日~14日，全国政协十一届一次会议在北京举行
- 3月5日~18日，十一届全国人大一次会议在北京召开
- 3月14日，拉萨发生打砸抢烧暴力事件
- 5月12日下午，四川汶川发生8.0级特大地震
- 8月8日~24日，第29届奥林匹克运动会在中国北京举行
- 8月20日，华国锋逝世
- 9月6日~17日，第13届残疾人奥林匹克运动会在北京举行
- 9月25日，神舟七号载人飞船发射
- 10月9日~12日，中共十七届三中全会在北京举行，着重研究推进农村改革发展问题

世界
- 9月15日，美国雷曼兄弟公司申请破产，世界金融危机全面爆发
- 11月4日，贝拉克·奥巴马当选美国首位黑人总统
- 12月16日，联合国安理会授权各国进入索马里境内采取进一步行动打击海盗
- 12月27日，以色列战机空袭加沙地带

2009年 / 496

大事
- 1月27日~2月2日，温家宝出访欧洲并出席世界经济论坛2009年年会
- 2月28日，十一届全国人大常委会第七次会议通过《刑法修正案（七）》
- 4月1日，胡锦涛在英国伦敦会见奥巴马
- 7月5日，新疆乌鲁木齐市发生打砸抢烧严重暴力犯罪事件
- 10月1日，庆祝中华人民共和国成立60周年庆典在北京天安门广场举行
- 10月13日，最后一位开国上将吕正操逝世
- 10月31日，钱学森在北京逝世
- 11月15日~18日，美国总统奥巴马访问中国
- 12月5日~7日，中央经济工作会议在北京召开

世界
- 1月20日，奥巴马宣誓就任美国第44任总统
- 3月~4月，爆发于墨西哥和美国的甲型H1N1流感向全球蔓延
- 6月30日，驻伊美军战斗部队从伊拉克城镇全部撤出

2010年 / 503

大事
- 3月5日~14日，十一届全国人大三次会议在北京举行
- 4月14日，青海玉树发生7.1级地震
- 5月1日，上海世界博览会开幕
- 8月8日，甘肃省舟曲发生严重泥石流灾害
- 10月1日，我国成功发射嫦娥二号卫星
- 10月15日~18日，中共十七届五中全会在北京举行
- 11月12日~27日，第十六届亚洲运动会在广州举行
- 12月20日~21日，海协会和台湾海基会第六次会谈

世界
- 1月12日，强震袭击海地
- 2月27日，智利发生8.8级地震
- 4月21日，萨马兰奇逝世
- 8月10日，朝韩在延坪岛互相炮击

2011年 / 509

大事
- 4月14日，金砖国家领导人第三次会晤在三亚举行
- 4月24日，清华大学百年华诞
- 7月1日，庆祝中国共产党成立90周年大会在北京举行
- 7月23日，温州发生动车追尾脱轨事故
- 8月10日，中国首艘航母平台"瓦良格"号出海试航
- 10月9日，纪念辛亥革命100周年大会在北京举行
- 11月1日，"神舟八号"飞船成功发射

世界
- 3月11日，日本发生9级强震并引发海啸
- 5月1日，基地组织头目本·拉登被击毙

1912年

■ 1月1日，孙中山在南京就任中华民国临时大总统

1911年10月10日辛亥革命爆发时，孙中山正在国外。当他在美国的报纸上得知武昌起义胜利的消息后，即绕道英、法，争取外交支持。12月25日，孙中山回国抵上海。后各省代表在南京推举孙中山为中华民国临时大总统。

1912年1月1日上午10时，孙中山乘沪宁铁路专用花车起行离沪，同行者有南京各省代表会临时议长汤尔和、

▲ 孙中山在就任临时大总统仪式上

副议长王宠惠和孙中山的军事顾问荷马李等数十人。上海各界万余人在车站送行，礼炮齐鸣，欢声震天。下午5时，车抵南京下关。礼炮雷鸣，军乐齐奏，停泊在长江江面的军舰发炮21响。各省代表和驻南京的各国领事均至迎接。

临时大总统府设在南京城内旧两江总督衙门内。下午6时15分，孙中山换乘马车去总统府，由黄兴和海陆军代表等迎入内府。当晚11时，举行孙中山大总统受任典礼。孙中山在临时大总统就职宣言中表示，一定要"能尽扫专制之流毒，确定共和，普利民生，以达革命之宗旨，完国民之志愿。""临时政府成立以后，当尽文明国应尽之义务，以期享文明国应享之权利。"临时政府对外要洗雪清朝反动政府的"辱国之举措"。与此同时，孙中山发布了《临时大总统宣言书》和《告全国同胞书》。宣言毕，即接受大总统印，并由秘书长将其盖于宣言等文件上。

之后，孙中山下令定国号为"中华民国"，同时改用阳历。2日，孙中山通电各省改历，并以1912年1月1日作为中华民国建元的开始。于此，长达两千多年的封建帝制结束了。

《约法》曰："人民之身体，非依法律不得逮捕、拘禁、审问、处罚。"倘有人不依法律逮捕、拘禁、审问、处罚人，则如之何？以此质之《约法》，《约法》不能答也。

——3月11日，《中华民国临时约法》公布。第二天，章士钊就其未能保障公民人身自由的缺陷而发表了上述言论

国家之有政党，原以促政治之进行，故世界文明各国，无不有政党以维持之。今日合五大政党为一国民党，势力甚为伟大，以之促进民国政治之进行，当有莫大之效果。但望诸君振刷精神，力求本党之发展，以冀有裨于国家。并须化除畛域，毋歧视异党，毋各持党见。

——8月25日，孙中山在国民党成立大会上的致词

■ 2月12日，清帝溥仪宣布逊位

宣统三年十二月二十五日，即公历1912年2月12日。隆裕后太后替六岁的宣统皇帝溥仪颁布了逊位诏书。其文曰：

前因民军起事，各省响应，九夏沸腾，生灵涂炭。特命袁世凯遣员，与民军代表，讨论大局。议开国会，公决政体。两月以来，尚无确当办法。南北暌隔，彼此相持。商辍于途，士露于野。徒以国体一日不决，故民生一日不安。今全国人民心理，多倾向共和。南中各省，既倡议于前；北方诸将，亦主张于后。人心所向，天命可知。予亦何忍因一姓之尊荣，拂兆民之好恶。是用外观大势，内审舆情，特率皇帝将统治权公诸全国，定为立宪共和国体。近慰海内厌乱望治之心，远协古圣天下为公之义。袁世凯前经资政院选为总理大臣，当兹新旧代谢之际，宜有南北统一之方，即由袁世凯以全权组织临时共和政府，与民军协商统一办法。总期人民安堵，海宇义安。仍合满、蒙、汉、回、藏五族完全领土为一大中华民国。予与皇帝得以退处宽闲，优游岁月，长受国民之优礼，亲见郅治之告成，岂不懿欤！

同日，中华民国政府颁布《关于大清皇帝辞位之后优待条件》、《优待皇室条件》。主要内容有：

▲ 六岁的溥仪

一、关于大清皇帝宣布赞成共和国体，中华民国于大清皇帝辞位之后，优待条件：

（一）大清皇帝辞位之后，尊号仍存不废，中华民国以待各外国君主之礼相待。

（二）大清皇帝辞位之后，岁用四百万两，俟改铸新币后，改为四百万元。此款由中华民国拨用。

（三）大清皇帝辞位之后，暂居宫禁，日后移居颐和园。侍卫人等，照常留用。

（四）大清皇帝辞位之后，其宗庙、陵寝，永远奉祀，由中华民国酌设卫兵，妥慎保护。

（五）德宗崇陵未完工程，如制妥修，其奉安典礼，仍如旧制，所有实用经费，均由中华民国支出。

（六）以前宫内所用各项执事人员，可照常留用，惟以后不得再招阉人。

（七）大清皇帝辞位之后，其原有之私产，由中华民国特别保护。

（八）原有之禁卫军，归中华民国陆军部编制，额数俸饷，仍如其旧。

二、关于清族待遇之条件：

（一）清王公世爵，概仍其旧。

（二）清皇族对于中华民国国家之公权及私权，与国民同等。

（三）清皇族私产，一体保护。

（四）清皇族免当兵之义务。

三、关于满、蒙、回、藏各族待遇之条件：

（一）与汉人平等。

（二）保护其原有之私产。

（三）王公世爵，概仍其旧。

（四）王公中有生计过艰者，设法代筹生计。

（五）先筹八旗生计，于未筹定之前，八旗兵弁俸饷，仍旧支放。

（六）从前营业、居住等限制，一律蠲除，各州县听其自由入籍。

（七）满、蒙、回、藏原有之宗教，听其自由信仰。

溥仪逊位之后，尊号仍然没有被废，他还叫"宣统皇帝"，但只限制在宫内。他仍然住在紫禁城内，但是民国政府占去了紫禁城的太和殿、中和殿、保和殿。从公元前221年，秦始皇称皇帝，到公元1911年宣统逊位，历时两千多年的封建帝制时代结束。

■ 3月10日，袁世凯在北京就任中华民国临时大总统

中华民国成立后，形成与清政府南北对峙的局面。当时袁世凯作为清政府的代言人，手握重兵以对刚刚成立的中华民国。孙中山为争取袁世凯赞成共和，逼清帝退位，从大局出发，同意向袁世凯让出政权。

1912年2月12日，清皇室发布退位诏书，将政权交于袁世凯。2月13日袁世凯通电赞成共和。2月14日，孙中山至参议院辞去临时大总统一职。2月15日，南北议和成功，清王朝寿终正寝，中华民国临时参议院选举袁世凯为临时大总统。

为了防止袁世凯颠覆中华民国，孙中山又提出了三个具体条件：新总统必须遵守临时政府所颁布的一切法律章程；临时政府的地点必须设在已经为各省代表所议定的南京；新总统必须到南京受任。与此同时，孙中山派出了以蔡元培为首的"迎袁专使团"到北京迎接袁世凯来南京赴任。

2月29日，即迎袁专使团到达北京的第三天，袁世凯指使亲信曹锟发动兵变。曹锟的部队劫掠居民，焚烧房屋，东城一带火势冲天，连专使团也被乱兵抢劫，文件行李损失殆尽。又有消息称北京附近的天津、保定等地也发生了类似事件。一时间形势难辨，就连外国使团也赶紧调兵进京护卫，气氛空前紧张。舆论认为引起这次兵变的主要原因是袁世凯即将南下，反对迁都的呼声空前高涨。为免由此引起国际事端，以致影响国家统一的大局，蔡元培召集专使团开会，议决两条：第一，"消灭袁君南行之要求"；第二，"确定临时政府之地点为北京"，并当即致电孙中山。孙中山无奈妥协。

1912年3月10日下午3时，袁世凯在北京宣誓就职临时大总统。仪式在北京石大人胡同前清外务部公署举行。袁世凯着军服，佩长剑，面南正立，宣读誓词说："世凯深愿竭其能力，发扬共和精神，涤荡专制之瑕秽。谨守宪法，依国民之愿望，祈达国家于安全强固之域，俾五大民族同臻乐利。"蔡元培代表参议院接受誓文并代表孙中山致祝词。袁在答词中再次表示："世凯衰朽，不能胜总统之任，猥承孙大总统推荐，五大族推戴，重以参议院公举，固辞不获，勉承斯乏。愿竭心力，为五大族造幸福，使中华民国成强大之国家。"

■ 8月25日，中国国民党成立

1912年8月11日，同盟会、统一共和党、国民公党、国民共进会和共和实进会五个政治团体在北京安庆会馆集会，商讨成立中国国民党之事。13日，上述五个社团共同发表宣言说："共和之制，国民为国主体，吾人于使人不忘其义，故颜其名曰国民党。"

1912年8月25日下午1时，国民党成立大会在北京湖广会馆举行，由前一日刚刚抵京的孙中山主持。大会选举孙中山为理事长，黄兴、宋教仁等7人为理事，胡汉民、阎锡山等29人为参议，溥伦等7人为名誉参议。但孙中山以"决不愿居政界，惟愿作自由国民"之故，委宋教仁为代理理事长，全部党务工作实际上由宋教仁负责。国民党设本部于北京。

大会通过《国民党政见宣言》及政纲。宣言主张"一国政党之兴也，只宜两党对峙，不宜小党分立"。政纲共为5项：（1）促成政治统一。（2）发展地方自治。（3）实行种族同化。（4）注重民生政策。（5）维持国际和平。政纲删去同盟会的"平均地权"和"男女平权"等纲领，把"力谋国际平等"改为"维持国际和平"。

■ 11月3日，沙俄与外蒙古签订《俄蒙协约》

1911年，武昌起义的成功引发了多米诺骨牌效应，中国各省纷纷响应，宣布独立，摆脱清政府的统治。外蒙古同中国其他各省一样，在上层王公的带领下宣布独立。

可是，当时的外蒙古经过沙皇俄国的多年经营、分化和瓦解，在政治上、经济上和军事上完全依附于沙俄。当武昌起义后宣布独立的中国各省开始为重新统一、建立中华民国而开展各种政治活动的时候，外蒙古脱离了这一进程，开始宣布独立建国。1911年11月30日，外蒙在800多名俄军配合下，强行驱逐了清政府驻库伦办事大臣及中国军警。12月1日，外蒙发表"独立宣言"，宣布成立"大蒙古国"，称外蒙活佛哲布尊丹巴为皇帝，年号"共戴"。1912年，孙中山以临时大总统的名义致电外蒙王公，劝其取消独立。但外蒙王公在俄国的怂恿下，对中央政府的号令置若罔闻。

袁世凯上台后，外蒙形势进一步恶化，外蒙军在俄军配合下，先抢占了乌里雅苏台，1912年8月6日又占科布多城。鉴于外蒙"实力不足"，俄国陆军部根据沙皇尼古拉二世的指示，派遣以波波夫上校为首的军事教官

世界

▶1月6日，新墨西哥州加入美国

新墨西哥州名称来自印第安语，其意义是"战神"（西班牙人把格兰河以北及以西之地，都叫做墨西哥），1605年开始殖民。曾是墨西哥人的土地，1846年美墨战争之后，变成美国人的土地。1912年1月6日加入美国，成为美国第47个州。

团用以训练蒙军4万人,并提供武器和贷款,以实现其控制外蒙古、侵略中国的目的。

在此形势下,中华民国外交部于8月13日发布《满、蒙、藏之主权五事》,重申外蒙是中国领土。11月3日,沙俄不顾中国政府不承认外蒙独立的严正声明,强迫外蒙傀儡政府签订《俄蒙协约》,声称"蒙古对中国的过去关系已经终止",规定俄国政府"扶助蒙古的自治",在蒙古享有特权。

《俄蒙协约》一经签订,立即引起外蒙和全国人民的强烈反对。11月7日,中华民国外交部正式向俄提出严正抗议,声明外蒙是中国领土,外蒙无权同外国缔约,对于外蒙与俄之间所定一切约款,中国政府概不承认。

■ 12月,荣宗敬、荣德生兄弟创办福新面粉公司第一厂

1912年12月,荣德生、荣宗敬兄弟与无锡茂新面粉厂浦文汀、王禹卿合作创办了福新面粉公司第一厂,该厂位于上海市光复路423~433号、长安路101号,占地约1.06万平方米,主要建筑有六层厂房一幢、堆栈4所。它与茂新面粉公司共同构成当时中国最大的私营面粉企业集团。

▲ 荣宗敬

▲ 荣德生

荣宗敬(1873~1938)、荣德生(1875~1952),江苏无锡人,中国近代著名实业家。兄弟二人从十几岁起,就在上海学徒。1896年,随其父与人合资开办钱庄,开始了经营生涯。1902年,创办无锡保兴面粉厂,后改名茂新,荣德生任经理,荣宗敬在上海任批发经理。1907年在无锡创办振新纱厂。1912年,兄弟二人与他人合资在上海创办福新面粉厂,第一次世界大战之前,荣氏企业还在上海增开了福新二厂和福新三厂。这两家厂的开办资本,绝大多数来源于福新一厂的利润积累。第一次世界大战期间,荣氏茂新、福新诸厂生产的"兵船"牌面粉,畅销于欧洲、澳大利亚及东南亚各国,盈利激增。至1921年已发展到8个面粉厂,为华商最大面粉公司。其生产的"兵船"牌是我国商标注册史上的第一号注册商标。

世界

▶ 4月15日,泰坦尼克号沉没

泰坦尼克号是20世纪初英国制造的一艘在当时世界最大的豪华客轮,它吨位46328吨,长882.9英尺,宽92.5英尺,从龙骨到四个大烟囱的顶端有175英尺,高相当于11层楼,共耗资7500万英镑。在当时被称为是"永不沉没的"。1912年4月15日,从南安普敦至纽约的处女航中,泰坦尼克号在北大西洋撞上冰山而沉没,由于缺少足够的救生艇,1523人葬身海底,造成了当时在和平时期最严重的一次航海事故,也是迄今为止最著名的一次。

备忘

- 1月1日，出版家陆费逵创办中华书局
- 2月12日，清朝皇帝溥仪退位
- 3月11日，《中华民国临时约法》公布
- 4月11日，中国佛教总会成立
- 5月3日，袁世凯准许京师大学堂改名为北京大学校
- 5月7日，临时参议院议决，国会采取两院制，定名为参议院和众议院
- 10月20日，吉林至长春的铁路全线通车
- 12月9日，孙中山提出民生主义的四大纲领：资本、土地、实用铁道、教育
- 12月15日，袁世凯颁布《戒严法》，加紧镇压各地人民反抗

▶5月5日~7月27日，第五届奥林匹克运动会在斯德哥尔摩举行

1912年5月5日至7月27日，第五届奥运会于瑞典斯德哥尔摩举行。参加比赛的有28个国家的2547名运动员。其中女选手57人。运动会期间，首次举行了文学、艺术比赛。顾拜旦针对当时奥运会一些弄虚作假现象，以笔名霍罗德和艾歇巴赫发表了他的名作《体育颂》，并获得文学艺术比赛中的金奖。

1913年

大事

■ 3月20日，宋教仁在上海遇刺身亡

1913年3月20日晚约10时，宋教仁在上海沪宁车站遇刺。3月22日清晨，宋教仁死亡。这就是历史上著名的"宋教仁遇刺案"，号称民国政坛第一枪。

宋教仁（1882~1913年），湖南桃源人，早年与黄兴一起建立华兴会，后来为同盟会创始人之一，为推翻清朝建立民国立下汗马功劳。1912年元旦，中华民国南京临时政府成立，宋教仁任法制局局长。南北议和后，宋教仁赞同袁世凯就任临时大总统，但主张实行西方的议会政治和政党内阁，以限制袁世凯的权力。1912年8月，在孙中山、黄兴等支持下，将同盟会、统一共和党、国民共进会等合并为国民党，宋教仁任理事并代理理事长。

1913年初国会选举，国民党获得参众两院392个议席，成为国会中的多数党。根据《中华民国临时约法》规定，国民党将以多数党的地位组织责任内阁，代理理事长宋教仁准备出任内阁总理，从而成为总统袁世凯独揽大权的最大政敌。1913年春，宋教仁路经湖南、湖北、安徽、江苏到达上海，沿途发表演说，批评时政，主张成立责任内阁，制定民主宪法，使袁世凯大为嫉恨。

▲ 宋教仁

1913年3月20日晚10时许，宋教仁正准备启程北上，在沪宁铁路上海站遇刺。当时腰部中弹，急送沪宁铁路医院。宋即授意黄兴代拟致袁世凯电，请确立宪法，保障民权。次日，袁世凯复电慰问，并下令"限期破案"，"依法重惩"。但宋教仁因伤势过重，于22日凌晨4时27分不治身亡。

3月23日，上海英法租界巡捕房抓获凶手武士英及同谋应夔丞，并从应宅搜出多件确凿证据，证明刺杀宋教仁的主谋是袁世凯，直接策划人是其爪牙赵秉钧和洪述祖。真相大白后，全国激愤，掀起了反袁的高潮。

■ 4月26日，袁世凯政府与五国银行团签订《善后借款合同》

1913年袁世凯为取得帝国主义支持，消灭国民党控制的南方各省势力，以办理"善后"为名，指派国务院总理赵秉钧为全权代表，向英、法、德、俄、日五国银行团借款。

4月24日，黄兴在上海得到善后借款即将成立的密报，急电北京国民党总部，"请本党诸公力行设法反对"。4月26日，黄兴发表通电，企图阻止大借款的签署。他指出，政府行将签署的2500万英镑借款，没有经过国会承认，而政府企图等国会开始议事再行提交追认，是违背《临时约法》关于借款必由参议院议决的规定的。与此同时，孙中山、胡汉民分别到上海、香港汇丰银行，要求电阻银行团签字。孙中山对汇丰银行上海代表声明，"如果借款不经国会批准而签订，则扬子江以南各省及陕西与山西将起而对抗北方，并以武力抗议袁世凯这样的专断行为。"

1913年4月26日夜至27日凌晨，国务总理赵秉钧、外交总长陆徵祥、财政总长周学熙在北京汇丰银行大楼与英、法、德、俄、日五国银行团作最后的谈判。赵秉均等未经国会同意，即与五国银行团签署了《中国政府善后借款合同》。合同约定借款总额为2500万英镑，年息5厘；以盐税、海关税为抵押；47年还清，本息共计6789万英镑。合同规定盐税的征收要聘外国人协助管理，从此盐税被外国人控制。

刚刚当选参议院正、副议长的国民党人张继、王正廷获知借款合同签订的消息后，当即通电全国，谴责袁世凯政府违法借款的行径，并于4月29日做出议决："对于政府所定中国政府善后借款合同，认为未经临时参议院议决，违法签字，当然无效。"此后，围绕借款合同的效力问题，国会与政府展开激烈争议，最后此次争议因"二次革命"的爆发而不了了之。

■ 4月，河南宝丰农民白朗起义军攻克河南禹县

1911年末，河南省宝丰县农民白朗为反对封建官府和地主豪绅的压迫和剥削，在家乡组织二十多人发动武装起义。这是辛亥革命后发生的一次规模较大的农民起义运动，因为起义的领导者叫白朗，所以历史上把这次起义称为"白朗起义"。

白朗字明心，河南宝丰县大刘村人。据说白朗身材高大，腿长行快，故其绰号也叫"白狼"。白朗曾当过清政府河南巡防队士兵，受过一定的军事训练。起义发动后，起义军最初活动在宝鲁、鲁山一带，并以鲁山为根据地。1913年4月，起义军攻克河南禹县，缴获大量的枪支弹药。起义军提出"打富济贫"的口号，颇受当地群众的拥护，起义军势力迅速壮大，数月间发展到河南、湖北两省的南阳、汝宁、信阳、德安、襄阳一带。1913年8月，起义军攻克鄂北重镇枣阳。9月，起义军已发展到两千余人，在河南均县、鲁山、宝丰等地，与鄂、豫、陕三省联军激战。

1913年底，起义军发展到近万人，白朗自称中华民国扶汉讨袁司令大都督。袁世凯急忙调集3万人马进行"围剿"。白朗率领起义军避实击虚，突围东进。

■ 5月2日，美国承认中华民国政府

袁世凯当选大总统后不久，1912年2月21日，日本外务大臣内田康哉照会各国政府，建议在承认问题上采取一致行动，俄、英、法、德均表同意，但美国对此有所保留。3月18日，美国驻华代办卫理向国务卿报告，主张迅速承认中华民

▶ 10月10日，巴拿马运河开通

1913年10月10日，随着美国总统威尔逊在华盛顿按下电钮，点燃了8吨炸药，打开了巴拿马运河的最后一部分通道，小船已经可以穿过运河，进出大洋的较大船只的通道在几周后开通。1914年，巴拿马运河正式通航。1920年，运河正式竣工。

巴拿马运河全长81.3公里，最窄处为152米，最宽处为304米，是通过巴拿马地峡沟通大西洋与太平洋的通航运河，素有"世界桥梁"之称。

开通后的巴拿马运河极大地促进了世界海运业的发展。目前，已有占全球贸易运输量5%的货物通过该运河被送往世界各地。美国、日本和中国是巴拿马运河最大的三个使用国。

国。卫理认为，承认中华民国的行动"对于保存这个共和国至关重要，而美国作为'共和国之母'，当然应该率先欢迎新生的中国。要等待列强的合作只能损害美国与中华民国的关系地位，也只能助长其他国家的侵略计谋。"

当时美国国内舆论也一致赞同承认中华民国，威尔逊上任伊始，成千美国人，包括进出口商、律师、制造商等或写信或打电报给国务院，要求立即承认中华民国。美国商会3月24日还就此向国务院递交了一份决议书。威尔逊本人也想尽早承认中华民国，他认为对美国而言，稳定中国的政局才能维护美国对华的"门户开放"政策，才符合美国在远东的最大利益，而坐视列强瓜分中国只会损害美国在华利益。4月2日，美国正式通知各国驻美使节，宣布美国将在国会4月8日召开的国会上承认中华民国。威尔逊在承认辞中说："当中华民国人民开始承担自治性质和主权之时，美国政府和美国人民深表同情，我谨代表美国政府和美国人民，欢迎新中国进入国际大家庭。并希望中国在完善共和政体时，取得最高程度的发展。"

5月2日，美国政府对中华民国予以正式承认。这一政策在美国国内也受到了公众的欢迎，布莱恩向威尔逊表示祝贺说："这是创立了新时代！"此举也为美国在中国赢得了众多赞誉，国会参众两院分别通过决议感谢美国政府的友好行动，许多省议会也采取类似举动，在北京、上海、南京、汉口、武汉等地专门为美国的承认举行了庆祝活动。

■ 7月12日，"二次革命"爆发

宋教仁被袁世凯指使的凶手暗杀后，全国舆论哗然。这时，孙中山从日本回到上海，他看清了袁世凯的反动面目，认识到"非去袁不可"，极力主张出兵讨袁，发动"二次革命"。

但是此时国民党内部对于是否武力反袁意见不统一，孙中山的主张，除了担任江西都督的李烈钧和其他一些人积极支持外，很多人都不同意。黄兴、陈其美等认为武装反抗的条件还不成熟，主张依靠法律途径解决。而当谋杀宋教仁的真相败露后，袁世凯就已下定决心用武力来彻底消灭国民党的反抗。4月，袁世凯与英、法、日、德、俄五国银行团达成2500万英镑"善后大借款"；5月24日，袁世凯公然宣称："现在看透孙（中山）、黄（兴），除捣乱外无本领……彼等若敢另行组织政府，我即举兵讨伐之。"6月，袁世凯下令免去江西都督李烈钧、广东都督胡汉民、安徽都督柏文蔚职务，同时进兵江西，准备攻打南京。至此，革命党人已无退路，于是决心起兵反袁。

1913年7月12日，李烈钧于江西湖口宣布独立，发表讨袁通电，起兵讨袁，孙中山号召的"二次革命"的战幕正式拉开。15日，黄兴在江苏组成讨袁军，宣布独立。此后，安徽、上海、广东、福建、湖南、四川重庆等地也相继宣布独立，组成讨袁军，准备北上。孙中山辗转于上海、澳门、香港之间，召集讨袁力量，发表讨袁宣言，决心和袁世凯进行一场大决战。

由于起事仓促，缺乏战略计划和统一指挥，缺乏战略协同，"二次革命"不久为袁世凯所镇压。原来宣布独立的各省，纷纷撤销独立。袁世凯下令通缉孙中山，孙中山被迫流亡日本。

世界

10月，美国电影工业中心好莱坞诞生

好莱坞位于美利坚合众国第二大城市洛杉矶市的西北部，是世界著名的电影城市。最初为住宅区，1887年由制片厂主威尔科克斯以其夫人名字取名为好莱坞。

1911年10月，好莱坞的第一家电影制片厂——内斯特影片公司创立。1912年起，许多电影公司在好莱坞落户；1913年，著名大导演西席·地密尔来到好莱坞拍摄影片，由于这位大导演的加入，美国电影史上把1913年定为影都好莱坞的诞生之年。

10月6日，袁世凯迫令国会议员选其为正式大总统

1913年9月，"二次革命"失败。袁世凯以武力实现了"统一"后，他首先急于要使自己由临时大总统变为正式大总统。

本来国会应先制定宪法，然后依据宪法选举总统，但为攫取大总统的职位，袁世凯费尽心机。8月5日，他指使黎元洪、冯国璋、段祺瑞等19省区军事长官通电主张先选总统，后制宪法。进步党为讨好袁世凯，竭力捧场；国民党也不敢抗命。9月5日，参、众两院决议通过先选总统案。10月4日，宪法会议赶制出《大总统选举法》。袁世凯要求在武昌起义两周年时登上总统宝座，国会便在10月6日匆匆投票选举。选举这天一大早，袁世凯派出拱卫军司令李进才率数千军警、流氓、地痞，改穿便服，打着"公民团"的旗号，把国会围得水泄不通，声称"非将公民所属望的总统于今日选出，不许选举人出会议场一步。"从早8时到晚10时，议员们忍饥挨饿，连续投票3次，终以703票中507票赞成，使得袁世凯当选为正式大总统。至此，"公民团"心满意足，在高呼"大总统万岁"声中散去，议员们始得退出会场。

10月10日，袁世凯在清代皇宫的太和殿以皇帝登基的"坐北面南"的形式，宣布就任中华民国大总统一职。

11月4日，袁世凯下令解散国民党

自从国民党在国会选举中获胜之后，袁世凯一直深感不安。他扶持、利用进步党，打击反对国民党。10月14日，《天坛宪法草案》脱稿，对总统权力颇多限制，令袁世凯大为不满，强令修改，但由于宪法起草委员会中国民党议员占多数，故并未采纳袁世凯所提各项要求。30日，宪法完成三读，并于11月3日提交宪法会议，准备公布。

11月4日，袁世凯以京师大学堂戒严处查获李烈钧与国民党议员数十封往来密电为由，借口国民党议员与"二次革命"有牵连，参与叛乱，下令解散国民党。下午，北洋军警即查封国民党本部。5日又包围国会，收缴国民党籍议员的证书、证章。两天之内被收缴证书、证章的议员达430余人，超过国会半数，致使国会因不足法定人数而无法开会，名存实亡。

- 1月1日，津浦铁路全线通车，全长1009公里
- 2月4日，北京参众两院复选，国民党获392席，占绝对多数
- 4月8日，民国第一届正式国会开会
- 5月20日，北京临时政府与沙俄驻华公使签订《外蒙初步协议》
- 6月22日，袁世凯发布《尊孔祀孔令》
- 7月4日，国会各派议员对袁世凯政府提出四大弹劾案
- 9月，中国第一部电影故事片《难夫难妻》在上海公映
- 10月7日，国会选黎元洪为副总统

声音

先生之死，天下惜之。先生之行，天下知之。吾又何记！为直笔乎？直笔人戮。为曲笔乎？曲笔天诛。呜呼！九原之泪，天下之血，老友之笔，贼人之铁。勒之空山，期之良史，铭诸心肝，质诸天地。
——1913年3月20日宋教仁被刺，于右任在悲愤中写下《宋教仁先生石像赞》，刻于宋教仁的墓前

须知政府杀人之钱，买收议员之钱，皆得于此取求，而异日仍以吾民之膏血抵偿之也。
——1913年4月19日，《民立报》载文反对政府向外国银行团借款

实超轶乎汉高、宋祖而上之，方之华盛顿、拿破仑亦有过无不及。
——1913年3月，当上了汉冶萍公司的董事长和轮船招商局的副董事长的盛宣怀如此谄媚地称赞袁世凯

1914年

 大事

■ 2月12日，熊希龄辞去内阁总理职务

1913年3月宋教仁案发生后，国务总理赵秉钧迫于全国舆论压力，不得不称病辞职，袁世凯决意改组内阁。1913年7月下旬，袁世凯正式提出进步党理事、时任热河都统的熊希龄为国务总理，交给国会征求意见。最后，在两院顺利通过。

内阁组成后，熊希龄准备一展自己的政治抱负，公开表示要把国家从政治争斗中解脱出来，并提出了要把国家引向建设的基本思路。为此，1913年11月，制定了全面反映内阁施政纲领的《政府大政方针宣言书》，内容涉及政治、经济、军事、文化教育等各个方面。在政治上，强调加强资产阶级民主法制建设的重要性，要求实行道县两级制，废除省制；经济上，提出了一整套发展资本主义经济的法令和措施。

然而，这些计划与袁世凯蓄谋推行的地主买办联合专制意图是冰火不相容的。袁世凯认为熊希龄废除省制的计划

▲ 熊希龄

是书生之见，表示此事牵涉太多，需召集各省军民长官开会讨论。1914年初，袁世凯命各省派代表来京参加行政会议。但代表尚未到齐，袁世凯就下令解散国民党，国会名存实亡。1月10日，袁世凯下令解散国会；1月24日，安徽省都督倪冲通电倡议修改约法，改内阁制政体为总统制。接着各省都督群起响应，攻击内阁制的呼声越来越高。在此形势下，熊希龄于2月3日在国务会议上提出辞职，2月9日正式上辞呈于袁世凯，称"到任以来，旬经数月，黾勉从事，不敢惮劳"，"特是筹帷鲜效，擘理多疏……再四思维，惟有仰恳准予辞职，另简贤能。"当天，袁世凯批准熊希龄"免兼财政总长，专任国务总理。"

2月12日，熊希龄再上辞呈，袁世凯批准，并派孙宝琦代理国务总理。熊希龄辞职后，司法总长梁启超、教育总长汪大燮连上辞呈，2月18日袁世凯批准，以章宗祥接任司法总长，严复接任教育总长，熊希龄内阁解散。

世界

▶ 6月28日，奥匈皇储在萨拉热窝遇刺身亡

6月28日，奥匈帝国在其吞并不久的波斯尼亚邻近塞尔维亚的边境地区，以塞尔维亚为假想敌人进行军事演习，奥匈皇储斐迪南大公亲自检阅了这次演习。早在演习举行之前，塞尔维亚的黑手党就决定派人去暗杀指挥这次演习的斐迪南。塞当局曾致函奥匈政府劝其取消这次演习，但未被接受。

6月28日，斐迪南夫妇在城郊检阅军事演习之后，乘敞篷汽车，进萨拉热窝市区巡视。埋伏在路旁人群中的黑手党成员查卜林诺维奇突然冲到车前，向斐迪南投掷一枚炸弹，但并未伤到斐迪南。斐迪南到市政厅出席欢迎仪式并稍作休息之后，又乘车上街。当汽车途经一拐角处时，17岁的中学生加·普林西波冲上前去用枪打死斐迪南夫妇。这就是著名的萨拉热窝事件，此次事件成为第一次世界大战的导火索。

中国百年实录 | 1914年

■ 5月1日，《中华民国约法》公布，确定中华民国采用总统制

袁世凯解散了国会后，于1914年1月26日公布了《约法会议组织条例》。3月18日，约法会议开会，以孙毓筠为议长。4月29日，约法会议通过《中华民国约法》，人称"袁记约法"。5月1日，袁世凯公布施行《中华民国约法》，并经国务总理兼外交总长孙宝琦、内务兼交通总长朱启钤、财政总长周自齐、陆军总长段祺瑞、海军总长刘冠雄、司法兼农商总长章宗祥及教育总长蔡儒楷等副署，《中华民国临时约法》被废除。

《中华民国约法》共10章68条，它杂采美日及西欧各国宪法中偏重行政的条文，取消了责任内阁制和国会对总统行使权力的一切牵制，规定大总统任期改为10年，不限制连选、连任；副总统不能继任大总统；取消立法机关对大总统的弹劾权、国务员及其对大总统发布命令等的副署权；大总统为国家元首，总揽统治权；大总统对外代表国家，集行政、军事、立法等项大权于一身，并为海陆军大元帅，统率全国海陆军；大总统有权制定官制、官规，任免文武职官、宣战媾和、缔结条约、宣告戒严；有权召集和解散立法院，否认立法院议决的法律案以及财政紧急处分等；此外还特别规定大总统有权发布与法律有同等效力的教令。

"袁记约法"把总统权利扩大到专制皇帝的程度，改责任内阁制为总统制，废除国务院。至此，辛亥革命后所建立的资产阶级民主制度，包括《中华民国临时约法》、国会等，全被摧毁，"中华民国"名存实亡。

■ 7月8日，中华革命党在东京成立

二次革命失败后逃亡到日本的孙中山，从二次革命的失败中深切感到国民党组织严重不纯、人心涣散，已不能领导革命继续前进。于是，他决心从整顿党务入手，重组新党，拯救革命。

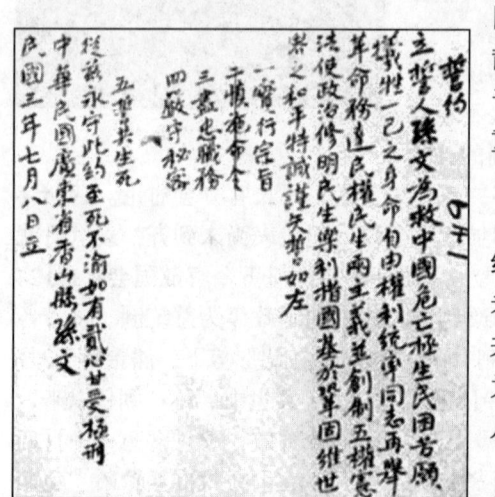
▲ 1914年孙中山加入中华革命党时亲书的誓词

1913年9月27日，孙中山亲自拟定入党誓约，规定入党者须绝对服从其领导，无论资格多老，皆须重立誓约，加按指印；并接受遵约履行手续的王统等人为新党首批党员。至1914年四五月，先后入党者达四五百人。

1914年7月8日，中华革命党在日本举行成立大会。与会者300余人，其中国民党党员205名。居正作成立中华革命党总部的理由和宗旨的说明。孙中山就任总理，并亲书誓约如下：

立誓约人孙文，为救中国危亡，拯生民困苦，愿牺牲一己之身命自由

世界

▶ 7月，奥林匹克运动会上首次升起五环旗

1914年7月，为庆祝现代奥林匹克运动恢复20周年，在巴黎举行的奥林匹克代表大会上首次升起奥林匹克会旗——五环旗。

五环旗是1913年根据顾拜旦的构思而设计制作的，为白底无边，中央有五个相互套连的圆环，即我们所说的奥林匹克环，环的颜色自左至右为蓝、黄、黑、绿、红（也可单色绘制）。顾拜旦在解释他对标志的设计思想时阐述："五环——蓝、黄、绿、红和黑环，象征世界上承认奥林匹克运动，并准备参加奥林匹克竞赛的五大洲，第六种颜色白色——旗帜的底色，意指所有国家都毫无例外地能在自己的旗帜下参加比赛。"

权利，统率同志，再举革命，务达民权民生主义，并创制五权宪法，使政治修明，民生乐利，措国基于巩固，维世界之和平。特诚谨矢誓如下：

一、实行宗旨；

二、慎施命令；

三、尽忠职务；

四、严守秘密；

五、誓共生死。

从兹永守此约，至死不渝，如有贰心，甘受极刑。

中华民国广东省香山县孙文，民国三年七月八日。

至此，中华革命党正式宣告成立。革命党本部设于东京，本部设总务、党务、军务、政治、财政五部，由陈其美、居正、许崇智、胡汉民、张人杰分任部长。此次成立大会通过了《中华革命党总章》及《中华革命党宣言》、《革命方略》、《誓约》等文件。《中华革命党总章》为孙中山亲自制定，共39条，对该党的宗旨、程序、组织等问题都作了明确的规定，提出中华革命党以实现民权、民生两主义为宗旨；以扫除专制政治、建设完全民国为目的。

■8月3日，白朗农民起义失败

到1914年，白朗农民起义军如同狂风骤雨，横扫中原大地，北洋政府军疲于奔命。2月13日，袁世凯令陆军总长段祺瑞兼代河南都督，指挥包括鄂豫皖地方部队在内的北洋政府军共数万人"围剿"。此时，英、俄等国驻京使馆武官赶赴河南，以"观战"为名为段祺瑞出谋献策。

起义军3月8日攻占重镇老河口；14日攻克河南荆紫关。此时，起义军已经发展到2万余人。白朗张贴布告，反对专制，力主共和。段祺瑞部署各部队分八路"围剿"。

白朗起义军决定西征陕、甘，伺机入川。17日由荆紫关等地分路西进，连克富水、商南，进入陕西。袁世凯令北洋政府军第7师师长陆建章为西路"剿匪"督办，率数万人对起义军前堵后追。

4月下旬，起义军在陕、甘交界的固关击溃北洋政府军，进入甘肃。随后，破伏羌（今甘肃甘谷）、天水等地，击毙总兵马国仁。后入川受阻，退入甘肃岷县、临潭少数民族地区。因在当地械弹、给养补充困难，加上北洋政府军追堵夹击，处境危险，遂决定回师河南。

5月下旬，起义军万余人从临潭出发，先后突破北洋政府军重兵设防的岷县、宝鸡、荆紫关三道防线，于6月底返回豫西时仅剩数千人。队伍由大小将领带领分散活动，不久被北洋政府军队各个击破。

8月3日，白朗在宝丰、临汝交界之虎狼爬岭突围时，不幸中弹身亡，终年42岁。这场轰轰烈烈的农民起义，至此失败。

■8月6日，北京政府就欧战发表中立宣言

1914年8月，第一次世界大战爆发，战争一方为德国、奥匈帝国、保加利

世界

▶8月，第一次世界大战爆发

奥匈帝国皇储夫妇遇刺，使奥匈帝国找到了侵吞塞尔维亚的一个绝好借口。德皇威廉二世表示全力支持奥匈帝国，鼓励奥匈帝国对塞尔维亚作战。俄、法则公开支持塞尔维亚。英国一面向德国表示将不卷入战争，一面怂恿俄国对德国进攻，以打击和削弱德国。

7月28日，奥匈帝国在德国的支持下，下令军队炮轰塞尔维亚首府贝尔格莱德，对塞尔维亚宣战。奥匈帝国入侵塞尔维亚，损害了俄国在巴尔干地区的利益，俄国宣布全国总动员。8月1日，德国向俄国宣战。同一天，法国下令总动员。8月3日德国对法国宣战，4日，德国大举进攻比利时。同一天，英国以德国破坏比利时中立为借口，加入协约国行列，向德国宣战。8月6日，奥匈帝国向俄国宣战。至此，第一次世界大战全面爆发。

亚等称同盟国；另一方是英、法、俄等称为协约国，日本加入协约国一方参战。

欧战爆发使袁世凯政府惶惶不安：一方面，欧洲列强忙于战争无暇东顾，显然对于日本乘机扩大侵华十分有利；另一方面，帝国主义在中国的斗争情况复杂，英、德、法、俄等国在中国各占有租借地，在那里修筑工事，驻有军队，因此随时有可能把中国牵扯到交战国的冲突中去。当时中国北洋政府见战争在中国领土不可避免，即于8月6日宣告中立，申明"各交战国在中国领土、领海不得有占据及交战行为"，"各交战国之军队军械及辎重品，均不得由中国领土领海经过"。

日本认为中国宣告中立对其侵占山东大为不利，于是千方百计地加以破坏，企图把中国卷入战争中来。9月2日，日本军队约2万人在中立区的龙口登陆。中国政府只好于9月3日照会各国政府，声称"在龙口、莱州和连接胶州湾附近各地方，确实为各交战国军队必须行用至少之地点，本政府不负完全中立之责任"。德、奥公使抗议，日本政府乘机宣称：现在问题已属于军事而非外交，军事行动涉及范围决定于敌方的行动，日本不能事先同意划定交战区。9月7日，日本完成了在山东半岛北部的登陆作战，中

我国自改革以来，神奸主政，民气不扬。虽托名共和，实厉行专制。本都督辍耕而太息者久之。因是纠集豪杰，为民请命。

——此为1914年3月15日白朗发布的起义布告

若长守此不良之约法以施行，恐根本错误，百变横生，民国前途，危险不可名状。

——此为1914年3月18日，代理国务决理孙宝琦恶意攻击《中华民国临时约法》的言论

备忘

- 1月1日，驻华外交使节祝贺中华民国诞辰
- 1月10日，袁世凯下令解散国会
- 2月28日，北京政府下令解散各省议会
- 3月1日，中国正式加入万国邮政联盟
- 4月2日，北京政府颁布《报纸条例》
- 11月7日，日军攻占青岛
- 12月20日，袁世凯下令恢复清朝祭天制度

国的中立彻底遭到破坏。

大事

■ **1月18日，日本驻华公使日置益向中国总统袁世凯面递"二十一条"**

1915年1月18日，日本驻华公使日置益驱车来到中南海怀仁堂拜见袁世凯，当面将"二十一条"交给他，声称："日本政府对大总统表示诚意，愿将多年悬案和衷解决，以进达亲善目的，兹奉政府训令，面递条款，愿大总统赐以接受，迅速商议解决，并守秘密。实为两国之幸。"

"二十一条"是日本政府支持袁世凯称帝的交换条件，共分为五个部分。第一部分共四条，要求中国承认日本继承德国原先在山东的一切权益；山东省不得让与或租给他国；准许日本建造胶济铁路专线；开辟山东省主要城市为商埠。第二部分共七条，要求承认日本在南满和内蒙古东部的特殊权利，日本人有居住、购地、经营工商农业、开矿等特权；旅顺、大连的租借期限及南满铁路、安奉两铁路期限，均延长至99年，吉长铁路由日本管理，期限也为99年。第三部分共两条，要求把汉冶萍公司改为中日合办，中国不得自行处理，附近矿山不准公司以外之人开采。第四部分一条，要求所有中国沿海港湾、岛屿概不租借或让给他国。第五部分共七条，要求中日合办地方警察或聘用日本人为政治、军事、财政等顾问；中日合办兵工厂且必须聘用日本技师；将武昌至南昌、南昌至杭州、南昌至潮州之间的铁路修筑权让与日本；日本在福建省有开矿、建筑海港、船厂及筑路的优先权；日本人在中国有传教之权。

由此，日本企图控制中国的领土、政治、军事及财政之心昭然若揭。中国政府如果接受"二十一条"，中国将沦为日本的殖民地。

■ **5月9日，袁世凯政府接受"二十一条"**

袁世凯接到日本提出的"二十一条"后，深感无法接受，又不敢与日方决裂。无奈之下的袁世凯派出日本顾问赴日请求"照顾"，并派外交总长

▲ 袁世凯

声音

弱国外交，言之可叹！

——此为1915年5月9日曹汝霖将"二十一条"递往日本公使馆后所发的感叹

启超诚愿我大总统以一身开中国将来新英雄之纪元，不愿我大总统以一身做中国过去旧奸雄之结局；愿我大总统之荣誉与中国以俱长，不愿中国之历数随我大总统而斩。

——1915年12月，梁启超致函袁世凯，奉劝其放弃帝制。此为信中部分内容

夫总统者，民国之总统也。凡百官守，皆民国之官守也。既为背叛民国之罪人，当然丧失元首之资格。蔡锷身受国恩，义不从贼……

——此为1915年蔡锷发表讨袁通电电文的一部分

陆徵祥与日本公使谈判，请求日本做出让步。与此同时，袁世凯将"二十一条"的内容透露给英国人，企图使英国政府出面对日本加以抑制。

但是日本认为此时是在中国攫取利益的大好时机，对中国谈判代表提出的条件根本不予讨论，他们在谈判中的态度非常蛮横，声称对"二十一条"，中国只许全部答应，毫无商量的余地。同时增兵山东、天津、旅顺、大连等地，对北洋政府施加军事压力。

1915年5月7日，日本提出最后通牒，限袁世凯政府48小时内答复"二十一条"，否则将采取军事行动。英国在同日本达成谅解后，由英国驻华公使朱尔典出面，"劝告"中国接受日本的要求。至此，北洋政府关于"二十一条"的外交努力归于失败。袁世凯为了换取日本对其复辟帝制的支持，于5月9日派陆徵祥、曹汝霖前往日本使馆递交复文，对日本提出之修正案，除第五条中各项容日后协商外，"即行允诺"，最后表示："以冀中日所有悬案就此解决，俾两国亲善益加巩固。"

袁世凯政府接受"二十一条"的消息传出后，举国大哗，各地纷纷举行集会，发表宣言，抵制日货，全国掀起反日运动的高潮，5月9日被全国教育联合会定为国耻纪念日。

■ 8月3日，美国人古德诺发表《共和与君主论》，主张中国恢复帝制

1915年夏，袁世凯紧锣密鼓地筹备恢复帝制事宜，帝制派分子也在幕后加紧酝酿。当袁世凯要称帝的消息传到美国，他的宪法顾问古德诺于1915年7月赶到北京，为袁世凯复辟帝制出谋划策。

古德诺是美国政治学家，1914～1929年任约翰·霍普金斯大学校长，是美国政治学会的主要创建人。古德诺到北京后，总统府要求他给袁世凯准备一个文件，论述民主和君主政体哪一种最适合中国的国情。古德诺按照他的一贯观点，很快完成了《共和与君主论》一文。此文于1915年8月3日在《亚细亚日报》发表，从历史、政治、法律、国际关系以及国民素质等方面，论证、比较了君主制与共和制的长短，明确表示，"中国如用君主制，较共和制为宜，此殆无可疑者也。"不久，日本和英国的一些报纸都先后转载此文，于是帝制派人士将它奉为经典，此文也就成了帝制运动的理论根据。

▲ 袁世凯的宪法顾问美国人古德诺

当时批驳古德诺的文章很多，梁启超写成《异哉所谓国体问题者》一文，驳斥古德诺的谬论，指出袁世凯不宜称帝，希望不要逼到非动干戈不可。9月3日，梁启超不顾袁世凯的利诱和威胁，毅然将洋洋万言的文章在京津各大报发表。

■ 8月24日，蔡锷赴天津，与梁启超商讨反袁事宜

"二次革命"之后，云南都督蔡锷来到北京，被袁世凯任命为全国经

界局督办、陆海军大元帅统率办事处处员、参政院参政等职务。蔡锷在京目睹耳闻袁世凯复辟帝制的行径，深为不满。然而，他处于袁世凯派来的密探监视之下，行动不得自由。

1915年夏季以后，袁世凯逐步将恢复帝制活动推入了高潮。8月，袁世凯授意杨度等组织拥戴袁世凯称帝的"筹安会"，接着，名目繁多的支持帝制的"请愿团"也相继出现，这些请愿团中，不但有"乞丐请愿团"，还有所谓的"妓女请愿团"。分散在中央和地方的袁世凯的亲信们或是"通电"，或是"致函"，纷纷"劝进"，声称"恭戴今大总统袁世凯为中华帝国皇帝，并以国家最上完全主权奉之于皇帝，承天建极，传之万世。"等等。

在此情势下，蔡锷于1915年8月24日匆匆自北京赶到天津，在汤觉顿寓所与梁启超等共同商议反袁事宜，并制定了反袁的具体步骤：（1）由梁启超作篇文章，迅速打出鲜明的反袁旗帜，切实掌握舆论主动权，并力争通过推心置腹的规劝，促袁世凯自行停止帝制，以免干戈四起，生灵涂炭；（2）由蔡锷秘密联络云、贵旧部和各方反袁势力，以便规劝无效时，得以立即发动军事讨袁；（3）由于梁、蔡师生间关系为众所周知，为使蔡锷不致因梁启超发表反袁文章而遭袁世凯忌恨，他们约定在一定时期内，表面上要装成"分家的样子"。

回到北京后的蔡锷为了降低袁世凯及其亲信对他的戒心，开始出入风月场所。后来，他在云吉班认识了年仅16岁的小凤仙。由于两人话语投机、感情融洽，蔡锷很快地将她视为知己，并在小凤仙的帮助下顺利逃离北京抵达天津，然后赴日本，转道越南，回到云南，举起反袁护国的旗帜。

■ 9月15日，陈独秀在上海创办《青年杂志》

为了消除辛亥革命对人们思想产生的深远影响，北洋军阀政府掀起了"尊孔复古"之风。"二次革命"失败后，中国时局变化更是深深地刺激了陈独秀，他认为在中国搞政治革命没有意义，而欲"救中国、建共和，首先得进行思想革命"。1915年9月15日，陈独秀主编的《青年杂志》在上海创刊，由上海群益书社发行。

陈独秀为《青年杂志》写下了发刊词——《敬告青年》，作为该刊的创刊纲领。这篇文章开明宗义指出"人权说""生物进化论"、"社会主义"这三事是近代文明的特征，要实现这社会改革的三事，关键在于新一代青年的自身觉悟和观念更新。他勉励青年崇尚自由、进步、科学，要有世界眼光，要讲求实行和进取。他总结近代欧洲强盛的原因，认为人权和科学是推动社会历史前进的两个车轮。从而首先在中国高举起科学与民主两面大旗。

《青年杂志》的创刊标志着新文化运动正式兴起。陈独秀、李大钊、鲁迅、胡适等人是新文化运动的杰出代表。运动的基本内容包括提倡民主，反对封建专制和伦理道德，要求平等自由、个性解放，主张建立民主共和国；提倡科学，反对尊孔复古，反对迷信鬼神；提倡新文学，反对旧文学，开展文学革命和白话文运动。

世界

▶4月22日，毒气首次使用于战争中

1915年1月，德国的知名学者哈柏向德国参谋总部建议用有毒的氯气来杀伤敌人。德国参谋总部采纳了哈柏的建议，3个月后，哈柏的毒气罐投入战争。

当时德军使用的氯气被装在毒气罐里，由士兵带到前线战壕里释放。氯气通过一根细管从毒气罐里放出，随风飘向敌人。1915年4月22日，德军在战争中首次使用了化学毒气。当天下午4时，德军对比利时的小镇伊普雷发起一阵猛烈的炮击，90分钟后，德军打开毒气罐的控制阀门，一片黄绿色的烟雾乘着轻微的北风向联军的堑壕飘去，当烟雾卷过时，联军士兵们顿感呼吸困难，战斗力大为削弱。

德军首次使用毒气，宣告了人类又一种残酷战争方式——化学毒气战诞生。

中国百年实录　1915年

■ 10月25日，孙中山与宋庆龄在日本东京结婚

1915年10月25日，孙中山与宋庆龄在日本东京举行结婚礼。1913年8月初，孙中山发动武装讨袁的"二次革命"失败后，遭到通缉而东走日本。

此时，孙中山多年的朋友，即宋庆龄的父亲宋嘉树正在为孙中山处理英文信件，宋庆龄刚从美国梅肯莘斯莱茵学院毕业，也来东京看望父母亲。在这一期间的日常接触中，宋庆龄很仰慕孙中山的为人和革命精神。1914年9月，经孙中山同意，宋庆龄接替姐姐宋霭龄担任孙中山的英文秘书。在工作中两人甚为契合，彼此开始相爱。

▲ 孙中山与宋庆龄婚后合影

世界

▶ 5月30日，齐柏林飞艇首次对英国进行轰炸

齐柏林飞艇是硬式飞艇的总称，其设计者是德国飞船设计家斐迪南·冯·齐柏林伯爵。第一次世界大战爆发后，德国陆军和海军都建立起了自己的飞艇舰队。1915年1月19日，德国林纳茨上尉驾驶齐柏林飞艇首次飞临英国上空，从飞艇上投下一些传单，上面写着："你们英国人：我们已经来过，而且还会再来，不投降就是死。"传单署名"德国人"。

5月30日，林纳茨驾驶飞艇再次飞临伦敦上空。他在人群密集的地方投掷炸弹，造成7人死亡、30多人受伤。这一次空袭引起了伦敦的"齐柏林大恐慌"，齐柏林飞艇在第一次世界大战中威力尽显。

1915年初，他们谈到了两人的结合问题。为此，宋庆龄于6月回上海征求家人同意，但遭到家人的强烈反对。1915年3月，孙中山将分居多年的卢氏夫人从澳门接到东京，经过协议，办理了离婚手续。10月24日，宋庆龄回到日本东京。25日上午，49岁的孙中山偕22岁的宋庆龄，去东京市政府办理了结婚手续，日本著名律师和田瑞为他们主持签订了《婚姻誓约书》。结婚誓约书是用日文起草的，以便向日本当局登记。双方保证"将来永远保持夫妇关系"，"万一发生违反本誓约之行为，即使受到法律上、社会上的任何制裁，亦不得有任何异议；而且为了保证各自的名声，即使任何一方之亲属采取何等措施，亦不得有任何怨言。"缔结婚约后，"尽速办理符合中国法律的正式婚姻手续"。为求双日吉利，也将签约日期改为10月26日。

这份结婚誓约书现存北京国家博物馆，它是珍贵的历史文物，是孙中山与宋庆龄爱情与婚姻的见证。

■ 12月25日，云南宣布独立，护国战争爆发

1915年12月，参政会召集了国民大会进行国体投票。在开会期间，袁世凯威逼利诱、软硬兼施，各省投票的结果都是同意实行君主政体，推戴袁世凯为皇帝。12月11日，参政院上推戴书劝进，被袁世凯退回；当晚参政院第二次上了推戴书，12月12日，袁世凯"迫不得已"接受了帝位；12月13日，袁世凯在居仁堂接受百官朝贺，宣布将民国五年改为"洪宪元年"。

袁世凯的倒行逆施，激起了全国人民的坚决反对，全国上下掀起了一场声势浩大的反袁运动。当时的云南就像一座即将爆发的火山，早在蔡锷返回云南之前，云南人民就已广泛地展开了反对帝制的运动，报纸公开发表社论，号召人民反对袁世凯称帝；滇军中下级军官日日催促唐继尧起兵讨袁。

12月22日，唐继尧召开军事会议，蔡锷在会上主张立即兴师讨袁，与会者一致赞同蔡锷的提议。23日，以唐继尧、任可澄名义向袁世凯发出最后通牒，要求取消帝制，惩办元凶，并限袁世凯在25日上午10时前予以答复。

12月25日，袁世凯对唐继尧等的要求拒不答复。唐继尧、蔡锷、李烈钧等通电全国，宣布云南独立。同时，发布讨袁檄文，历数袁世凯19条罪状，并宣布成立护国军政府和护国军，护国战争开始。

▲ 蔡锷将军

> **备忘**
>
> - 1月20日，梁启超创办的《大中华》杂志在上海创刊
> - 2月11日，中国留日学生千余人在东京冒雨集会，反对"二十一条"
> - 3月10日，孙中山命中华革命党通告党员积极讨袁
> - 5月15日，第二届远东运动会在上海举行，中国队获总分第一
> - 6月，蔡元培等在法国发起勤工俭学会
> - 12月5日，中华革命党人陈其美在上海策动"肇和舰"起义，炮轰上海制造局

1916年

 大事

■1月1日，袁世凯改中华民国为中华帝国，改元洪宪

1915年12月12日，袁世凯接受帝位，13日，成立"帝制大典筹备处"，下令将1916年改为"中华帝国洪宪元年"，准备于元旦举行登基大典，正式登上皇帝的宝座。

1916年元旦，袁世凯在新华宫接受百官朝贺，改元洪宪。大典筹备处发布通告："自本年一月一日起，所有奏咨暨一切公牍，只署洪宪元年某月某日，特此通告。"除云南外，袁世凯势力范围内的各机关公文往复，大多遵用"洪宪"年号。因各国没有承认所谓中华帝国，所以拒绝接受以洪宪元年纪日的公文书类。无可奈何之下，袁世凯于1月3日下令对外仍称民国，对内则称"洪宪"，暂时不加"帝国"字样。

1月9日，袁世凯下令改总统府为"新华宫"，府内收文处为"奏事处"，府内总指挥处为"大内总指挥处"。同时，内务部令江苏将军转饬所属，各报应改用洪宪纪元，称"如再沿用民国五年，不奉中央政令，即照报纸条例，严行取缔，停止邮递"。

■5月18日，陈其美在上海被刺身亡

1916年5月18日，人称"民国第一豪侠"的辛亥革命党人陈其美遇刺身亡。

陈其美，字英士，浙江吴兴人。1878年1月（清光绪三年十二月）生。早年习典当业与丝业。1906年到日本留学，加入同盟会。1911年7月同盟会中部总会在上海成立，被推为庶务部长。10月10日武昌爆发起义，发动上海商团、青帮及部分青年响应，上海光复后任沪军都督。

1912年7月，陈其美辞去沪军都督之职。袁世凯政权曾委任他为工商部总长，但他并未赴任。1914年陈其美参加中华革命党，任总务部长。此后不断策动上海及江浙等地武装讨袁，遭袁世凯忌恨。袁世凯私下派人以金钱收买陈其美，欲使陈其美不再与其作对，同时以此为资出洋游历，同威胁陈其美说，如不应允，就用这笔钱作经费，买通刺客对他下手。陈其美听说后哈哈大笑，予以拒绝。于是袁世凯命令驻军上海的张宗昌负责刺杀陈其美。两次刺杀陈其美失败后，袁世凯派他的贴身卫士袁继良带着一个名叫李海秋的人来到上海，借"谈生意"之机将陈其美刺杀于法租界的陈宅之中。

听到陈其美被刺的消息，刚由日本回国的孙中山即赶赴陈宅，流泪不止，当场手书"失我长城"四字，以志其哀；蒋介石听到陈其美遇刺的消

共和误民国？民国误共和？百世而后，再平是狱；

君宪负明公？明公负君宪？九泉之下，三复斯言。

——此为袁世凯死后杨度的挽联

……若又弃孔教，则荡佚为禽兽，国必将亡。近有废小学读经之议，有攻礼义廉耻之论，议员请废祀天祭圣，而有司禁拜孔子，明令各省，可悚可怖……中国民不拜天，不拜孔子，留此膝何为？

——9月20日，康有为在《时报》发表《致总统总理书》，要求以孔教为大教，编入宪法，恢复祭孔跪拜礼节。

息，马上赶来抚尸痛哭。陈其美死后，海内外各团体、各界人士纷纷以唁电、祭文、挽联、挽额痛悼。

■ 6月6日，袁世凯病死

袁世凯在取消帝制之后，还要做中华民国大总统。但此时各省反帝制势力却坚持"非去袁不可"，所以讨袁战争继续进行。

在此情况下，徐世昌称病辞去国务卿，一走了之。4月21日，袁世凯又委段祺瑞为国务卿，5月8日下令恢复国务总理名称。段祺瑞提出内阁总理应掌握军政大权，建议要自己的亲信徐树铮担任国务院秘书长，但被袁世凯拒绝，段祺瑞与袁世凯之间的矛盾迅速激化。于是段祺瑞决心与西南的讨袁军队联合共同反对袁世凯。在段祺瑞的策动下，陕西、四川相继宣布独立。于是在众叛亲离、忧郁羞愤之中，袁世凯怏怏成病，5月末病情加重，6月初恶化。6月5日，袁自知将不久于人世，紧急召见徐世昌、段祺瑞等人入中南海安排后事。

6月6日上午10时，袁世凯因糖尿病不治在北京中南海家中死去，8月24日正式归葬于河南安阳。袁世凯死亡之后，各路讨袁大军纷争渐起，终诉诸武力，中国历史从而进入北洋军阀混战时代。

■ 6月9日，孙中山发表恢复《临时约法》宣言

6月6日袁世凯病死，黎元洪继任总统，被袁氏摧垮了的国会复会。6月8日，梁启超致电黎元洪，敦请先行四事，"以新视听"：

（一）明令规复旧约法效力；

（二）克期召集国会；

（三）委任段祺瑞组织新阁，并延揽各派俊彦，署理阁员；

（四）惩办帝制祸首。并电告蔡锷，主张蔡及戴戡、陆荣廷与段祺瑞、冯国璋、王士珍会晤，"解决时局"。

9日，孙中山也给黎元洪打电报提出这个问题："中邦专制，历数千年，共和方新，忽被摧挫，去乱图治，愿力反前人所为。有如规复约法，尊重国会，尤不容缓。"又在给黄兴的电报中，明确指出："南军起义，多数揭去袁、复约法、召国会为的。袁死，黎能复约法、召国会，当息纷争、事建设，以昭信义，固国本。"此外，当时，以汤化龙为代表的进步党，谭延闿为代表的国会中的国民党，也在上海商定收拾时局方策，并归纳了各方意见，得出下述之结论：

（甲）恢复民二解散之国会；

（乙）恢复民元之临时约法，废止袁氏约法会议修改之约法；

（丙）组织国会同意之内阁。

孙中山又复分电广东、福建、四川等地的军政要员按兵不动等待黎元洪的复电。11日，黎元洪复电孙中山，闪烁其词，并没有对规复约法表态。14日，孙中山答上海《民意报》记者徐朗西问时称："袁党依然盘踞要津，国会议员尚未正式集会，完全责任内阁又未成立；斯时之民军，正

▶2月21日，凡尔登战役开始

1916年，德国把进攻重点转向西线，力图打败法国。德军统帅部选择法国的凡尔登要塞作为进攻目标。凡尔登是协约国军防线的突出部，是通往巴黎的强固据点和法军阵线的枢纽。

1916年2月21日，德军以1400门火炮猛烈炮击，开始了历时十个月的凡尔登战役。德军猛烈的炮火将这一小块地区的森林、山头、战壕夷为平地，随后以6个师兵力向前推进。凡尔登地区法军司令贝当组织所部拼死抵抗。战争进行到6月下旬，德军首次使用光气窒息毒气弹和催泪弹猛攻苏维耶堡，在4公里宽的正面上发射11万发毒气弹，给法军造成重大伤亡，一度进抵距凡尔登不足3公里处，但终被击退。10月24日，法军发起大规模反攻，至12月中旬，夺回了大部分先前被德军占领的失地，德军战略进攻终于失败。

凡尔登战役是典型的阵地战、消耗战，双方参战兵力众多、伤亡惨重。法军损失54.3万人，德军损失43.3万人，所以此役又有"绞肉机"、"屠宰场"和"地狱"之称。

未能从此息肩，而即云国是已大定也。"至19日，孙再次致电黎，敦促其规复约法，尊重国会，称"约法停废、国会解散，俱系前人越法行为，今日宣言承认遵守，不过以适法之命令变更不法之命令，愿公无复顾虑。"

■9月1日，《青年杂志》改名为《新青年》

1915年夏，陈独秀创立《青年杂志》，由群益书社出版。1916年，群益书社接到来信，信上说该杂志同青年会杂志《青年》、《上海青年》同名，要求《青年杂志》改名。

1916年9月1日，《青年杂志》改名《新青年》出版。陈独秀在改刊后的《新青年》第一期上发表《新青年》一文。号召青年做"新青年"。他提出"新青年"的标准是：生理上身体强壮；心理上是"斩尽涤绝做官发财思想"，而"内图个性之发展，外图贡献于其群"；以自力创造幸福，而"不以个人幸福损害国家社会"。李大钊发表《青春》一文，揭露封建制度给中国带来的危害，强调要寄希望于"青春中国之再生"；号召青年"冲决过去历史之网罗，破坏陈腐学说之囹圄"，"本其理性，加以努力，前进而勿顾后，背黑暗而向光明，为世界进文明，为人类造幸福。"

▲《新青年》

《新青年》是在20世纪20年代中国一份具有影响力的革命杂志，在五四运动期间起到重要作用。该杂志发起新文化运动，并且宣传倡导科学、民主和新文学。1917年俄国十月革命爆发后，《新青年》开始宣传马克思主义以及马克思主义哲学。许多共产党人（如毛泽东）都受到过《新青年》的影响。

■12月22日，大总统黎元洪令国葬黄兴、蔡锷

黄兴（1874~1916年），中国资产阶级民主革命家。原名轸，字廑午，号杞园，又号克强，后改名兴。湖南善化(今长沙)人。黄兴是中华民国开国元勋，与孙中山以"孙黄"并称于世。辛亥革命时期，时人多称其为黄克强。1916年10月31日，由于黄兴长期为革命事业而奔波奋斗，积劳成疾，最终因食道和胃静脉曲张破裂出血在上海去世，时年仅42岁。黄兴去世，孙中山万分哀痛，单独署名发布通告，主持丧务，并作祭文、挽联，盛赞战友的才干和贡献，慨叹"后死何堪"。

蔡锷（1882~1916年），原名艮寅，字松坡，湖南邵阳人，中国近代杰出的军事家。其政治生涯中最主要的活动是在云南进行的。他领导了云南重九起义和护国起义，被称为"讨袁名将"、"护国军神"，在人们心目

世界

▶7月1日，索姆河战役开始

1916年7月~11月，在第一次世界大战期间，为突破德军防御并将战线退到法德边境，英法联军在法国的索姆河地域对德军实施大规模进攻战役。

1916年6月25日英法联军开始用猛烈的炮火攻击德军阵地，揭开了索姆河战役的序幕。7月1日，英、法军队发起进攻，索姆河战役正式开始。进攻中英军损失巨大，到7月10日伤亡近10万人。法军在索姆河南岸取得一定的进展，形成消耗战。9月15日，英军首次使用新武器坦克发动强大攻势，一度大占上风。但在德军的拼命抵抗下，英军未能取得战略突破。11月中旬，因天气恶劣和物资耗尽，战斗停止。

该战役双方投入150个师、近万门火炮、1000架飞机。联军以损失61.5万人（英军42万人、法军19.5万人）的巨大代价，夺占德军240平方公里的阵地，牵制了德军对凡尔登的进攻；德军损失65万人，被迫收缩防线，在西线暂时转入战略防御。

中享有极高的威望。蔡锷心地光明，生平不爱钱、不慕高官厚禄，他常说"人以良心为第一命，令良心一坏，则凡事皆废。"1916年11月8日，蔡锷因喉病医治无效，病逝于日本，年仅34岁。

12月20日，黎元洪以大总统名义下令："国会议决故勋一位陆军上将黄兴、蔡锷应予举行国葬典礼，着内务部查明国葬办法办理。" 1917年4月12日，蔡锷国葬于长沙岳麓山。3天后，黄兴也国葬于岳麓山云麓峰下小月亮坪。

备忘

- 1月22日，陈其美在上海创办《民国日报》
- 2月2日，上海《申报》刊登袁世凯出卖维新派日记
- 3月15日，广西宣布独立
- 4月27日，盛宣怀病逝
- 5月3日，岑春煊、梁启超发表通电坚持袁世凯必须退位
- 6月9日，孙中山发表规复《中华民国临时约法》宣言
- 7月27日，安徽发生数十年罕见的大水灾
- 7月31日，北京政府决定以每年的清明节为植树节
- 10月14日，北京政府内务部令革除妇女缠足陋习

世界

▶9月15日，坦克首次在战争中使用

第一次世界大战中，德军阵地防御战术日趋完善，英国人在对德军的阵地战中，人员伤亡惨重，因此极需要发明一种能突破堑壕体系且能防御子弹的攻击型武器。

1915年，在海军大臣丘吉尔的支持下，英国的恩斯特斯文顿中校和他的同事戴利琼斯中校开始负责研制一种装备有武器并具有装甲防护的"陆地战舰"，期望以此打破堑壕战的僵局。1915年8月，世界上第一辆坦克在英国诞生了。9月15日清晨，在索姆河畔的费莱尔—库尔杰莱提延场上，英军第一次将坦克投入使用。参战的坦克是18辆，它们在泥泞的弹坑间如履平地般驶过，压倒了曾阻挡过无数步兵的铁丝网，越过了堑壕，将德军的工事碾压得支离破碎。与此同时，它们用机枪和火炮猛烈射击打得德军尸横遍野。

德军望着这些从未见过的刀枪不入的"钢铁怪物"不知所措，抵抗意志瞬间崩溃，他们纷纷扔下枪支，掉头向后四散奔逃。在坦克的支援下，英军在10公里宽的正面上分散攻击，5小时内向前推了4公里至5公里，这是以往要耗费几千吨炮弹，牺牲几万人才能取得的战果。

1917年

 大事

■1月4日，蔡元培出任北京大学校长

1917年1月4日，蔡元培正式出任北京大学校长。北京大学是民国初年中国唯一一所国立大学，封建思想及官僚气息极为浓厚。赴任前，蔡元培的众多友人认为北大校方腐败，如赴任有碍名望。孙中山认为，"北方当有革命思想的传播，像蔡元培这样的老同志，应当去那历代帝王和官僚气氛笼罩下的北京，主持全国教育。"于是蔡元培慨然领命。

就任北大校长后，蔡元培提出了著名的"兼容并包，思想自由"的办学方针，对北京大学进行了大刀阔斧的改革。据"网罗众家"的原则，蔡元培就职不到10天，就聘请了陈独秀为文科学长，《新青年》编辑部也随之由上海迁至北京。又延聘李大钊为图书馆主任，胡适为文科教授兼文科研究所哲学门主任，钱玄同为文科教授兼国文门研究所教员，刘半农和周作人为文科教授。鲁迅此时仍在教育部任职，但和北大进步教授保持着密切联系。这些人士都是《新青年》的主要编撰者，以他们为核心，形成了新文化运动的强大阵营。根据"兼容并包"的方针，蔡元培同时还聘用辜鸿铭、刘师培、黄侃等思想保守的学术大家任教。

除了对文科进行改革外，蔡元培还采取了设立评议会、行政会议等机构；调整学科设置，废门改系；举行学术专题讲演，介绍新学说和新知识；成立新闻研究会、哲学研究会、进德会等各种学术研究团体等一系列卓有成效的改革措施。

北京大学经过蔡元培的改革，到1918年，全校教员达217人，其中教授90人；学生总数1980人，其中研究生148人，成为全国最大的大学。北京大学由此在中国教育界、学术界、思想界占有越来越重要的地位。

■3月14日，北京政府宣布对德断交

1917年2月3日，因德国声称"不限制潜水艇作战"损害了美国的利益，美国宣布与德国断绝外交关系。同时它不希望中国参战，中国参战会给日本进一步控制中国的机会。而日本在与英、法、俄等国家达成协议之后，改变大战之初反对中国参战的立场，积极拉拢中国参战。

对此，北洋政府的大总统黎元洪与国务总理段祺瑞也有着激烈的争端。段祺瑞为解决扩充军队等问题的财源，决定亲日，在日本支持和怂恿下，决心立即与德断交，继之以宣战。而黎元洪则担心段在参战名义下，进一步加强对自己和国会的控制，便接受美国的立场不同意参战。1917年

 世界

▶3月，英国生产了世界上第一艘航空母舰

1916年，英国的航母设计师总结水上飞机参战以来的经验教训，提出了研制可在军舰上起降飞机的航母的问题，并建议把陆基飞机直接用到航空母舰上去。

1917年3月，英国海军将"暴怒"号巡洋舰进行了改装，使其能够搭载常规起降的飞机，于是，世界上第一艘航空母舰诞生。航母的出现导致了海战战场从水面、水下扩展到了空中，夺取海上制空权成为夺取制海权的关键，从而宣告了海战"大炮巨舰"时代的结束。

3月3日，国务会议通过向国会提出的对德绝交咨文和《加入协约国条件节略》。4日，段祺瑞亲率阁员到总统府，请黎元洪在对德绝交咨文上盖印交国会通过，并将《加入协约国条件节略》发给章宗祥，与日本政府协商。黎以事关重大，还需慎重为辞，拒绝盖印。段愤怒离去，当晚即宣布辞职并离京赴津。黎元洪想乘机改组内阁但未能成功，在徐世昌及副总统冯国璋的调解下，只得妥协。3月14日，北京政府宣布对德断绝外交关系，但由于府院之争、张勋复辟等事，直到8月中国才正式对德宣战。

■5月23日，大总统黎元洪下令解除段祺瑞国务总理之职

5月，亲美派黎元洪与亲日派段祺瑞之间，围绕中国是否对德宣战问题，发生"府院之争"的公开冲突。

以段祺瑞为首的皖系军阀，为了捞到帝国主义的"参战借款"以便购置军械，扩充实力，"决意"对德宣战。4月25日，段祺瑞召集"督军团"成员到京举行会议，拟定了对德"宣战案"，胁迫黎元洪和国会同意参战。5月1日，北京国务会议通过对德宣战案。5月7日，国务院将该案向国会提交。8日，国会开会讨论宣战案。10日，在段祺瑞授意下，由流氓、乞丐、军警包围国会，殴辱议员十余人，胁迫国会当天通过宣战案，但遭到国会拒绝。当参战提案遭到国会抵制后，段祺瑞便以督军团的名义要求大总统解散国会。黎元洪则在国会的支持下，于5月23日下令免去段祺瑞国务总理的职务。

对被免去国务总理之事，段祺瑞则通电各省，不承认免职令。皖系八省督军纷纷表示"独立"。段祺瑞在天津设"独立"各省总参谋处，准备以武力迫使黎元洪下台。

▲黎元洪

■7月1日，张勋迎立溥仪复位

随着段祺瑞被免职，"府院之争"已达白热化。皖系军阀及其追随者纷纷独立，直系副总统冯国璋持观望态度，黎元洪迫不得已，于6月1日召张勋来北京调解。

张勋原是清朝的江南提督，辛亥革命时在南京与革命军顽抗，战败后率溃兵据守徐州、兖州一带，继续与革命为敌。民国成立后，他和他的队伍顽固地留着发辫，表示仍然效忠于清廷，人们称他为"辫帅"，他的队伍被称为"辫子军"。袁世凯死后，张勋在徐州成立北洋7省同盟，不久任安徽督军，扩充至13省同盟，时刻以复辟清室为念。

此次收到黎元洪的召令后，张勋以13省盟主身份，打着"调停"的旗

世界

▶11月，俄国爆发十月革命

第一次世界大战爆发后，俄国革命形势迅速成熟。1917年的二月革命，推翻了沙皇专制制度。4月，列宁发表《四月提纲》，制定了社会主义革命的路线、方针和策略。8月，布尔什维克党召开了第六次代表大会，确立了武装起义的方针。随后又通过了关于立即准备武装起义的决议，成立了党的革命军事总部。11月6日，彼得格勒武装起义爆发。7日晚，全俄工兵代表苏维埃第二次代表大会开幕。大会宣告全部政权转归苏维埃，成立苏维埃政府。8日清晨，攻下冬宫，起义取得胜利。因当时是俄历10月，故史称"十月革命"。

号，率三千辫子军北上，威逼黎元洪解散国会，辞去总统，黎元洪拒绝与复辟分子合作，逃入日本使馆避难。

7月1日，正式宣布溥仪复辟，改民国六年为宣统九年，一切恢复清朝旧制。张勋自任首席内阁大臣、直隶总督兼北洋大臣；康有为也积极参与了此事，并被封为"弼德院"副院长。这天早晨，北京街头警察挨家挨户命令悬挂黄龙旗，因黄龙旗店早已停业多年而导致黄龙旗一时供不应求，许多人家只好用纸糊一面龙旗应付。清室的王公贵族、遗老遗少们则弹冠相庆，兴冲冲地聚集在皇宫门前等候觐见"皇上"；没有朝服的人就急忙到旧衣铺去抢购朝服，没有发辫的人到戏装店定做用马尾制作的假发辫。

张勋复辟的倒行逆施，激起了全国人民的愤怒。孙中山在上海发表讨逆宣言，并命令各省革命党人出师讨逆。各大城市群众团体、社会名流，纷纷集会，发表通电，坚决反对复辟，要求讨伐张勋。段祺瑞在日本帝国主义的支持下，于7月3日在天津附近的马厂组成"讨逆军"，誓师讨伐张勋。防守的"辫子军"一触即溃，张勋在德国人保护下逃入荷兰使馆，溥仪再次宣布退位。复辟丑剧仅仅上演了12天就草草收场了。段祺瑞以再造民国的功臣自居，重新掌握实权，黎元洪辞职，冯国璋继任大总统。

■ 9月10日，孙中山就任中华民国军政府海陆军大元帅

张勋复辟失败后，段祺瑞重新掌权，拒绝恢复张勋复辟时期已被抛弃的国会和《临时约法》，准备召集由各省督军指派的"临时参议院"，并派北洋军第8、第20师等部入湘，镇压南方革命。

对于段祺瑞毁弃《临时约法》的行为，孙中山十分愤慨，并号召全国进行护法斗争。孙中山先生的护法主张得到了广泛支持。1917年7月21日，原海军总长程璧光发表拥护约法、恢复国会的宣言，率领第一舰队，由吴淞起航赴粤。原国会议员150余人也于七八月间陆续到达广州，西南军阀陆荣廷、唐继尧联名谴责北洋政府解散国会、废弃约法的行径，否认段内阁的合法性，宣布暂行自主。同时他们想利用孙中山的威望，借"护法"之名来对抗段祺瑞的武力统一，因而表示愿与孙中山"合作"。8月，孙中山在广州召开由南下议员组成的非常国会，议决成立军政府。

▲ 孙中山就任中华民国军政府海陆军大元帅后与夫人宋庆龄合影

9月1日，孙中山在广州召开非常国会，组织中华民国军政府，孙中山被推举为海陆军大元帅；唐继尧、陆荣廷为元帅。9月10日，孙中山正式就任大元帅，次日孙任命军政府各部总长，成立军政府。军政府设外交部、内政部、财政部、陆军部、海军部、交通部和大元帅府，护法战争揭开了帷幕。

10月3日，护法战争开始

护法军政府组成后，计划以滇、黔、桂、粤等省陆军和海军一部，共约15万人，分从湘、川和闽浙三路会师武汉，进军北京；由广西督军谭浩明为两广护国联军总司令，率部进入湖南；云南督军唐继尧任滇黔靖国联军总司令，指挥所部进攻四川；海军总长程璧光等指挥粤军和驻粤滇、桂军及海军进入福建。

面对护法军的军事部署，10月1日，段祺瑞下令"出师剿灭"南方军队，护法战争正式开始。段祺瑞调集北洋军和湘、粤、闽等省军队近20万人布置迎战，企图消灭南方革命势力，实现武力统一全国的计划。护法军于10月在湖南与北洋军接战，11月取得了优势，先后攻占长沙、岳阳。各省护法军纷纷响应。战场扩展到湖南、湖北、四川、广东、福建等省。

11月22日，由于军事上的一系列失败，加上直系停战议和的干涉，段祺瑞无法继续实行武力统一，无奈辞职，总统冯国璋装出准备同南军议和的姿态。但是，段祺瑞不甘心对西南用兵的失败，下野后，策动各省皖系军阀一致主战。冯国璋只得于12月15日任命曹锟为第一路军总司令，张怀芝为第二路军总司令，各率所部南下攻湘。18日，又任命段祺瑞为参战督办，把军事指挥大权交还段祺瑞。

12月25日，冯国璋发布了"弭战布告"，要求南北两军"于军事上先得各方之结束，于政治上乃徐图统一之进行。"

备忘

- 1月1日，胡适在《新青年》发表《文学改良刍议》，提出新文学的主张
- 2月19日，为筹商对德绝交及参战事宜，国务院外交委员会成立
- 3月30日，北京政府承认俄国新政府
- 4月1日，毛泽东以"二十八画生"为笔名发表《体育之研究》一文
- 4月1日，北京政府为黄兴、蔡锷举行国葬典礼
- 5月28日，张作霖致电黎元洪，要求解散国会，段祺瑞复职
- 8月14日，冯国璋公告对德奥宣战
- 10月4日，山西发生严重水灾
- 11月10日，上海《民国日报》首次报道俄国十月革命的消息

中华民族至大至优，中华土地至广至富，至今未至富强，原因为满清专制统治造成的人心涣散，民力不团结。现满清专制业经推翻，帝制复辟已告失败，今后民国前途之安危若何，则全视民权之发达如何耳。

——2月21日，孙中山在上海写成《民权初步》，此为该书序言的节选

此事之是非，非一朝一夕所能定，亦非一二人所能定。甚愿国中人士能平心静气与吾辈同力研究此问题。讲座既熟，是非自明。吾辈主张革命之旗，虽不容退缩，然亦决不敢以吾辈所主张为必是，而不容他人之匡正也。

——1917年4月9日，胡适给陈独秀写信，就文学革命的问题发表自己的见解

俄国革命以后，私有废除，生产分配之事，掌诸国家机关与人民合作社。空前之举，震慑全球，前途曙光，必能出人群于黑暗。

——此为廖仲恺就俄国十月革命而发表的言论

1918年

大事

■ 3月29日，段祺瑞组织北京政府新内阁

1918年初，北洋军队在护法战争中逐渐取得优势。北军攻占岳阳后，皖系主战派为之一振。3月19日，以曹锟为首，包括长江三督在内的15省三特区督军联名通电，要求段祺瑞组阁。3月20日晚，日本公使林权助访徐世昌，劝段祺瑞复出组阁。3月23日，任段祺瑞为国务总理的命令发表，宣告了王士珍内阁的解体。3月24日，段祺瑞就职。3月25日，徐树铮通电徐世昌、段祺瑞，请慎选陆军、财政总长。3月26日，段祺瑞通电声称对于西南各省奉行武力统一政策，出于逼不得已然后用兵；谓目前时局未定，所有前敌将帅，仍当振励士气，迅赴事机。并召集国务会议，决定再次对南方用兵，声言要在三四个月内打下广东、四川。

▲ 段祺瑞

3月29日，冯国璋特任段祺瑞为内阁各部总长，段祺瑞第三次组阁，任命陆徵祥为外交总长，钱能训为内政总长，段芝贵为陆军总长，刘冠雄为海军总长，傅增湘为教育总长，朱深为司法总长，田文烈为农商总长，曹汝霖为交通兼署财政总长。

广州国会非常会议通电反对段祺瑞再任国务院总理和再行组阁，并通告北京政府与各国所缔结一切条约均无效。痛斥北京政府罪行，声明北京非法政府违背约法而与各国缔结之一切契约借款及其他责任，军政府概不承认。并于4月17日向日、美、法、意、俄、英、葡等16国发出通告，要求各国承认军政府为中华民国之合法政府。

■ 5月4日，孙中山辞去护法军大元帅职

滇桂军虽然打着"护法"的旗号，实际的目的却是不断扩大自己的地盘，他们与北洋军阀勾结，很快就背离了护法的宗旨。

1918年1月，桂系军阀勾结滇、粤、湘等省军阀，拉拢非常国会中的政学系议员及革命党中持不同政见者，发起成立"西南各省护法联合会"，作为西南护法各省的统一组织，阴谋夺取护法战争的领导权，架空广州护法军政府。在以"联合会"取代军政府的阴谋难以得逞的情况下，桂系军

阀又提出了改组军政府的主张,将大元帅制改为总裁合议制,借以排斥孙中山对护法战争的领导权。孙中山坚决反对改组军政府,指出军政府的大元帅制是符合民国约法中"元首政治"这一规定的,改变此制,"与约法相违背"。陈炯明、孙洪伊等也相继通电反对改组军政府。

1918年4月上旬,受桂系操纵,部分国会议员提出将改组军政府方案交国会审议。5月4日,国会非常会议开会,出席议员80余人,由汤漪提出《修正军政府组织法案》,赞成改组军政府者40余人,超过4票通过。会后,孙中山发表通电辞去大元帅职务。他指出:"愿吾国大患,莫不于武人之争雄。南北如一丘之貉。虽号称护法之省,亦莫肯俯首于法律及民意之下。"

5月7日,留沪国会议员林森、田桐等27人通电称"不许其辞职"以挽留大元帅孙中山,并要求延期改组军政府。但留粤国会非常会议于18日通过军政府组织法,其名称仍用军政府,变大元帅制为政务总裁制,主席总裁由政务会议选出。20日下午,国会非常会议举行总裁选举会,出席议员120余人,选举结果,孙中山、唐绍仪、伍廷芳、唐继尧、林葆怿、陆荣廷、岑春煊7人当选,随后,陆、唐又推岑春煊为主席总裁。

孙中山虽被选为政务总裁,但已无实际权力。5月21日,孙中山乘船离开广州赴上海,一度烽火遍及十余省的第一次护法战争,至此完全失败。

■ 5月15日,鲁迅发表小说《狂人日记》

《狂人日记》写于1918年4月,最初发表在《新青年》上。它是鲁迅创作的第一部白话文小说,也是现代中国新文学的开篇杰作。

据鲁迅说,小说的主题是"意在暴露家族制度和礼教的弊害"。鲁迅以其对半封建半殖民地的旧中国的深刻观察,发出了振聋发聩的呐喊:封建主义吃人!

鲁迅曾说,《狂人日记》"显示了'文学革命'的实绩",它以"'表现的深切和格式的特别',颇激动了一部分青年读者的心。"的确,《狂人日记》在近代中国的文学历史上,是一座里程碑,开创了中国新文学的革命现实主义传统。

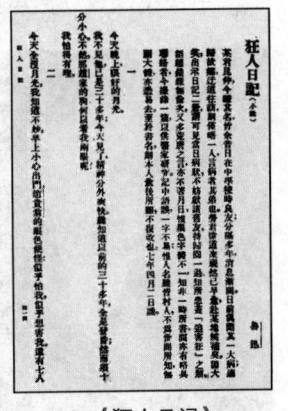
▲《狂人日记》

沈雁冰(茅盾)曾回忆在读《狂人日记》时说:"那时《新青年》方在提倡'文学革命',方在无情地猛攻中国的传统思想,在一般社会看来,那一百多页的一本《新青年》几乎是无句不狂,有字皆狂的,所以可怪的《狂人日记》夹在里面,便也不见得怎样怪,而曾未能邀国粹家之一斥。前无古人的文艺作品《狂人日记》于是遂悄悄地闪了过去,不曾在'文坛'上掀起了显著的风波。"虽然《狂人日记》确实"不曾在'文坛'上掀起了显著的风波",也没有因此而展开一场文艺论战;但是,它在扩大文学革命的影响上,开拓现代小说的道路,特别是在批判封建礼教的流毒方面,影响是巨大而深远的。

小说中,我们可以看到,狂人虽然具有"迫害狂"的精神特征,会说出诸如"今天全没有月光,我知道不妙","赵贵翁的眼色便怪:似乎想害我","那赵家的狗,何以看我两眼呢?"之类的话,但是作品的深层意蕴却是指向了几千年的封建历史和当时混乱的社会上的"吃人"现象。从"易牙蒸了他儿子,给桀纣吃","一直吃到徐锡林"。从古代的"易子而食",到"前天狼子村佃户来说吃心肝的事"。作品内容虽然带有狂人的非逻辑心理特征,但始终围绕着"吃人",围绕着几千年的历史不断发生的形形色色的吃人现象而展开来。

■ 10月10日,徐世昌就任北京政府总统

1918年10月,冯国璋总统任期已满,段祺瑞指使安福系议员选徐世昌为总统。

徐世昌字菊人,直隶天津县人,北洋的元老和重臣。皖系之所以支持徐世昌,是因为他们认为徐世昌是个文人,手中没有兵权,不会组织一个军事集团来争权夺利。

9月4日,安福国会组织两院选举委员会,到议员436人,徐世昌以425票当选为总统。据说投票前每位议员都领了出席费和一张徐世昌亲笔题名的照片,少数不受控制的议员则以每张票5000元收买,由安福系所办的华通银行付款。

中华民国成立后虽换了五任总统,但从未举办过新旧总统交接典礼。

▲ 徐世昌

徐世昌当选为总统后,郑重地问礼于内务总长钱能训,钱说:"总统就职礼,本国无先例可循,只得求教于共和先进国例子来作蓝本。"于是徐世昌致电驻美公使顾维钧与驻法公使胡维德。顾维钧复电说:"美国总统就职,由大理院长主持,在大理院外筑台,新总统捧圣经举手向全国国民宣誓。"胡维德复电说:"法国新总统就任,由上院议长导入总统府谒见旧总统,相互行礼,互致颂词,词毕,旧总统出府,新总统到议会宣誓就职。"

10月10日上午9时整,新旧总统交接典礼正式开始。冯国璋由居仁堂到怀仁堂,与徐世昌同向国旗行三鞠躬礼,礼毕,冯国璋东向致颂词,徐世昌西向致答词,词毕互相一鞠躬,礼官送冯国璋回居仁堂,冯国璋即迁出公府,退居地安门外帽儿胡同私寓。10时整,徐世昌在居仁堂南向宣读誓词,词毕转北向,与议长议员同向国旗三鞠躬,礼毕议长议员转东向,阁

世界

▶ 全球病毒性流感爆发,共有数千万人丧生

1918年3月11日,美国堪萨斯州军营里的一位士兵因身体不适去部队的医院看病,医生认为他只是患了普通的感冒。然而,几天之内,整个军营里出现了数百名"感冒"病人。随着战事的发展及部队的大规模调动,这种流感一直传播到了西班牙,并引起大量人员死亡。正由于这个原因,人们将这一致命流感称为"西班牙流感"。

1918年秋天,"西班牙流感"病毒发生变异,感染患病后只需3天便可夺去人的生命。在法国,不到一年时间里,约有40万人死于这一流感。

据统计,当时全世界约有一半的人口感染了"西班牙流感"病毒,共有2200万人死于该病,大大超过第一次世界大战造成的死亡人数。仅中国就有数百万人被夺去生命。

员及文武百官西向，徐立于礼台宣读就职宣言。读毕，各行三鞠躬礼庆贺，10时半外交团入贺，11时溥仪派出的清室代表入贺。徐世昌就职大总统仪式完成。

对于徐世昌在北京就任中华民国大总统，广州军政府发出通告，指徐世昌就伪总统职为破坏国宪，并宣布军政府代行国务院职权，依法摄行大总统职权。

■ 11月13日，北京人民拆除象征耻辱的克林德碑

克林德，德国人，是清末德国驻中国公使。在1900年八国联军入侵北京的战乱中，他曾亲自带兵杀害中国人民，引起了极大民愤。1900年6月20日，克林德乘轿赴总理各国事务衙门，途经东单牌楼时开枪寻衅，被清军虎神营士兵恩海开枪击毙。1901年，根据《辛丑条约》，清政府派醇亲王赴德赔礼道歉，将恩海交给了德国公使馆处死。并且应德方要求在东单牌楼建克林德牌坊，上面用中、英、法、拉丁4种文字向德国政府认错。这对中国人民而言无异于奇耻大辱。

1918年11月11日，第一次世界大战结束，德国沦为战败国。中国因北洋政府曾于1917年参加英、法方面的"协约国"对德宣战，此时也成了"战胜国"。

战胜消息传来，国人欣喜若狂，均以战胜国而感到自豪。北京政府为此作了三日大庆，并在故宫太和殿前举行了大型的阅兵典礼。北京各学校放假三天，以示庆贺。北京大学在天安门搭台演讲数日，蔡元培校长发表了题为《黑暗与光明的消长》的演说。他说："现在世界大战争的结果，协约国占了胜利，定要把国际间一切不平等的黑暗主义都消灭了，用光明主义来代他。"

▲ 中山公园内的"保卫和平"坊

1918年11月13日，北京人民将象征耻辱的克林德碑拆除。1919年，"克林德碑"改名为"公理战胜"牌坊，并被从西总布胡同西口移到了中山公园内。新中国成立后，由郭沫若题字将此牌坊再次改名为"保卫和平"坊。

■ 11月22日，《每周评论》在北京创刊

《新青年》创刊后，将重点放在理论斗争方面，较少关注现实政治问题。随着国内、国际形势的变化，需要一个比《新青年》更迅速、更贴近

▶ 11月11日，第一次世界大战结束

1918年秋，德国对西线的大反攻遭到失败。协约国军队到1918年10月收复了德军占领的法国领土及比利时部分地区。德国军队士无斗志，民心涣散，在广泛的政治骚乱中，德皇威廉二世于11月9日退位。11月11日，德国与协约国签订停战协定，德国宣布投降，第一次世界大战结束。

第一次世界大战使交战各国蒙受了巨大的损失。战争期间，协约国总计动用军队4200余万人，其中死亡515万人。同盟国总计动用军队2285万人，死亡380余万人。交战双方的直接战争费用约为1863亿美元。

现实的刊物。11月22日，李大钊、陈独秀在北京创办《每周评论》，其主要成员由《新青年》同人中具有初步共产主义思想的知识分子、革命的小资产阶级知识分子和资产阶级知识分子三部分人组成。

《每周评论》是一份小型政治时事评论报纸、机关报，内容大略分为12类，包括"国内大事述评"、"国外大事述评"、"社论"、"随感录"、"通信"等。创刊的宗旨是"主张公理，反对强权"。它与《新青年》互为补充，《新青年》重在阐明学理，《每周评论》重在批评时政；《新青年》以不谈实际政治问题为基本方针，《每周评论》则专事讨论本国和世界的政治。两者共同为时代输入新思想，将文化斗争与政治斗争紧密地结合起来。

《每周评论》的内容十分丰富，主要包括：（一）歌颂十月革命，介绍马克思主义；（二）反对帝国主义、反对封建军阀；（三）支持《新青年》的文学革命。1919年五四运动爆发后，它又把报道五四运动作为重点，坚持正确的舆论导向。

1919年8月31日，创刊不到一年、仅出版37期的《每周评论》被北洋军阀政府查封。

声音

学成回国是我的责任，因为我已享受了留美的特权。
——此为蒋梦麟留美回国时所陈述的理由

飘萍一支笔，胜抵十万军。
——1918年，邵飘萍创办《京报》，捍卫言论自由，冯玉祥下此评论。

须知今后的世界，变成劳工的世界，我们应该用此潮流为使一切人人变成工人的机会，不该用此潮流为使一切人变成强盗的机会。
——1918年11月15日，李大钊发表演说《庶民的胜利》。

备忘

- 1月18日，张作霖电请设立东三省巡阅使，奉系军阀正式形成
- 2月28日，中英正式通航
- 3月9日，孙中山发布《鼓励义军作战电》
- 5月15日，鲁迅发表《狂人日记》
- 8月16日，日本宣布出兵"北满"，入侵哈尔滨
- 10月5日，著名报人邵飘萍主办的《京报》创刊
- 11月2日，北京政府参众两院追认对德宣战案
- 11月15日，李大钊发表《庶民的胜利》介绍俄国十月革命

1919年

大事

■ **1月21日，中国政府派陆徵祥、顾维钧等五人为全权代表出席巴黎和会**

1月18日，巴黎和会开幕。27个战胜国在法国巴黎举行第一次全体大会，讨论对德和约及一切善后问题。和会由三部分组成：

（一）最高会议，由英、美、法、意、日五强国各派两人参加，每日开会两次，决定全体会议的议题及大致方针，实际操纵和会进行；

（二）各种委员会，由五强国各出委员两人，其他各国共选五人组成，审议各种专门问题，审议问题须经最高会议议决，方能提交总会表决；

（三）总会，由各国代表全体出席，名义上有议决会议议题权力，实则形式而已。

1月21日，徐世昌特派陆徵祥、顾维钧、王正廷、施肇基、魏宸组成出席巴黎和会全权委员。1月31日，顾维钧、王正廷当选国联选举审查股股员。中国代表团最初向大会提交七项希望条件：

（一）废弃势力范围；

（二）撤退外国军队、巡警；

（三）裁撤外国邮局及有线无线电报机关；

（四）撤销领事裁判权；

（五）归还租借地；

（六）归还租界；

（七）关税自主权。

在中国留欧学生的强烈要求下，代表团又向和会提出取消"二十一条"及换文的陈述书，但遭和会最高会议拒绝。

■ **1月28日，顾维均在巴黎和会上陈述直接收回山东权利的理由**

1919年1月27日，英、法、美、意、日五国会议讨论处置德属殖民地问题，首次讨论山东问题，中国代表顾维钧、王正廷应邀临时参加，中日代表就山东问题展开激烈争论。

日本首席代表牧野伸显首先发表声明，提出德国在山东所占一切权利应无条件让与日本，因为中国于1915年《中日关于山东省之条约》中已允诺承认日本战后与德国议定关于山东一切权益的处分，1918年中日关于山东问题换文亦肯定日本在山东的权益；胶州租借地自日本占领后，事实上已归日本所有；山东问题应在中日间以双方商定的条约、协议为基础解决。

中国百年实录 1919年

▲ 顾维钧

中国代表顾维钧当即声明：关于山东问题，"应由中国陈说理由后，再行讨论"。

28日，五国会议继续举行，顾维钧答辩时强调，3600万之山东人民，有史以来为中国民族，用中国语言，信奉中国宗教；胶州为中国北部之门户，亦为沿岸直达国都最捷径路，在国防上具有重要地位；文化上，山东为孔、孟降生，中国文化的发祥地；经济上，山东人口稠密，竞存已属不易，不容他国侵入殖民。顾维钧还指出，所谓《中日关于山东省之条约》及换文，由"二十一条"而产生，是在日本最后通牒胁迫下签订，不能视为有效；纵使该约有效，自中国对德宣战后，情况业已大变，根据情势变迁原则，改约已势在必行；再则，中国对德宣战后，中德间一切条约已告作废，胶州租界条约自亦失效；纵令该约不因中国对德宣战而废止，该约亦有明文规定，胶州租借地不得转让，胶济铁路可以由中国收回等。

顾维钧就山东问题所作的缜密细致、畅快淋漓的精彩发言，从历史、人文、主权、经济等方面阐明中国必须收回山东的严正立场，有力地批驳了日本的无理要求。在他的雄辩面前，日本代表"神沮气丧，哑口无言"。美国总统威尔逊、英国首相劳合·乔治和法国总理克里孟梭（巴黎和会的三巨头）听完顾维钧掷地有声的声明，一齐走上前与他握手，称他为中国的"青年外交家"。

■ 2月20日，南方军政府与北京政府在上海举行议和会议

2月20日，南北议和会议在上海德国总会开幕。南方军政府代表唐绍仪、胡汉民、章士钊、曾彦、缪嘉寿、郭椿森、刘光烈、王伯群、李述膺、饶鸣銮、彭允彝等11人和北京政府代表朱启钤、吴鼎昌、王克敏、施愚、方枢、汪有龄、刘恩格、李国珍、江绍杰、徐佛苏等10人出席，南北双方总代表唐绍仪、朱启钤在开幕会上致词。

21日，南北议和第一次会议讨论陕西问题，唐绍仪要求撤换妨碍陕西停战之陕督陈树藩，此后数日，由于北京政府并未制止陈树藩进攻于右任的靖国军，陈树藩在陕西扬言抗议南北议定的5条停战办法，唐绍仪向朱启钤提出抗议，表示如不撤换陈树藩，停止陕西的战争，决不再议其他议案。但北京政府对此一直没有答复。

28日，南北议和第五次会议，朱启钤报告收到中日军事协约全文，计《中日军事协定文书》、《陆军共同防敌协定文》、《海军共同防敌协定文》、《解释欧战终了文书》共四件，此外别无附件。同日，唐绍仪接于右任19日快信称，北军均移集陕东路，19日向相桥、交口、红崖头、千都村、兴市、关山等地攻击，战斗激烈。唐绍仪声明陕西停战一事"从本日起48小时内，如尚未得北京政府圆满之答复，惟有向外交团声明停顿和议"。

同日，出席南北议和的北方代表全体电北京政府辞职，南北议和遂告停顿。

■4月30日，英、法、美、日等国议定了关于山东问题的条款

2月2日，日本驻华公使小幡奉命到中国外交部就巴黎和会上的山东问题进行无理质询，并以日本的强大军力进行"隐蔽的威胁"。此举激起了中国舆论界的一片谴责之声。2月15日，中国代表断然将山东问题说帖及附件多种（包括"二十一条"、济顺高徐铁路合同及解决山东问题换文等）送交巴黎和会。此后，中国代表在会下又作了若干努力，但均无成效。

4月16日，由英、法、美、意四国外长和日本代表组成的"五人会议"讨论山东问题，中国代表被禁止参加。4月30日，英、法、美、日等国议定了关于山东问题的条款，以《协约和参战各国对德和约》（即《凡尔赛和约》）第156、157、158条规定的形式，把大战期间日本夺去的德国在山东强占的领土、铁路、矿山及其他一切特权，全部确定下来。

中国代表得知情形后，立即于5月1日致电外交部请示对策，并提出三点建议：①全体离会回国；②不签字；③签字而不承认有关山东条款。

5月4日，中国代表团向英、法、美三国提出正式抗议，指责他们"承认侵犯手段为正当"，却将中国当作"各大国之商议品与抵押品"。5月6日，中国代表在全体会议上发表宣言，"对于三国会议所拟关于胶州及山东问题之办法不得不表示深切之失望"，并对该条款持保留意见。

■5月4日，五四爱国运动爆发

巴黎和会无视中国的主权，准备把战前德国在山东的特权让与日本，而北京政府准备接受《凡尔赛和约》。消息传出后，全国人民不胜悲愤。5月3日下午1时，北大贴出通告，召集所有北京大专院校学生代表举行临时紧急会议。当晚7时，会议在北京大学法科礼堂召开，于夜间11点做出决定，于5月4日下午12时半，召集所有北京大学生举行集会，游行示威。

5月4日下午1时许，北京12所学校的3000多名学生，从四面八方汇集天安门前。他们手持小旗，上书"取消二十一条"、"还我青岛"、"誓死力争，保我主权"等字样；高呼"外争主权，内除国贼"、"拒绝和约签字"等口号。学生们在广场上举行了短暂的集会，宣读了《北京学生界宣言》，进行演讲，于1时半左右，开始向东交民巷前进。队伍前有人高举两面五色国旗，队伍中学生手持用中文、英文、法文书写的各种标语的白旗，秩序井然。队伍先到东交民巷美国使馆，由罗家伦、傅斯年等代表学生向美国使馆递交了说帖，然后又派代表到英、法、意使馆。由于当天是周日，各国公使都不在。几千名学生滞留了近两个小时，军警还不断强迫学生后退，学生开始愤怒。时任交通总长的曹汝霖曾于1915年5月9日亲自拟稿复文接受日本的最后通牒，承认了丧权辱国的"二十一条"，故被国人指为"卖国贼"。学生中有人高呼："大家往外交部去，大家往曹汝霖家里去。"于是游行队伍乃折而往北，改道前往赵家楼胡同曹汝霖住宅。

当游行队伍呼声震天涌至曹宅时，只见曹宅内外，警察林立，门窗

自有民国，八年以来，未见真民意、真民权，有之，自学生此举始耳。
——此为5月6日康有为称赞学生的爱国运动的电文

这一天必将被视为一个悲惨的日子，留存于中国历史上。同时，我暗自想象着和会闭幕典礼的盛况，想象着当出席和会的代表们看到为中国全权代表留着的两把椅子上一直空荡无人时，将会怎样地惊异。
——此为顾维钧回忆6月28日巴黎和会闭幕时他的心情的文字

紧闭。学生们将手中小旗竞相抛入院内，高呼："卖国贼曹汝霖快出来见我！"随后有学生跳墙而入打开大门，于是"如鲫如鳞的群众就一拥而入"。曹汝霖见状躲藏起来，正在曹宅的章宗祥被怒火万丈的学生们痛打一顿。学生们将厅内的名贵家具抛出室外，将墙外悬挂的日本天皇像摔于地下，因到处找不到曹汝霖，北京高等师范的学生匡互生在激愤中点燃了曹汝霖的住宅。随后警察总监吴炳湘、步军统领李长泰率大批军警赶到，逮捕了未及走脱的32名学生。

■ 5月9日，北京大学校长蔡元培辞职离京出走

五四运动爆发后，学生的爱国要求，得到了社会各阶层人士的普遍同情和支持。各校教职员和一些社会人士纷纷向政府呼吁，请求释放被捕学生。甚至连安福国会某些议员，也表示弹劾政府。

▲ 被捕学生获释返校，受到热烈的欢迎

在巨大的社会舆论压力下，北京政府鉴于"五七"国耻临近，难保不造成"绝大风潮"，为"弭患于无形"，不得不"息事宁人"。经蔡元培等的交涉，5月7日，有条件地释放了被捕学生。但由于北大是新文化运动的中心、五四示威游行的策源地，政府对蔡元培校长极为不满。加之蔡对学生深表同情的支持，又多方奔走营救被捕学生，更使当局难以容忍。5月4日晚间的内阁紧急会议上，已有人主张撤销蔡元培的校长职务。不久，当局即内定，以马其昶取代蔡元培出任北大校长。

被捕的学生获释后，蔡元培已经准备了辞呈。5月9日晨，蔡元培不辞而别，离京出走。蔡元培临走前留下一个启事："我倦矣！'杀君马者道旁儿。''民亦劳止，汔可小休'。我欲小休矣！北京大学校长之职，已正式辞去；其他向有关系之各学校、各集会，自五月九日起，一切脱离关系。特此声明，惟知我者谅之。"

蔡元培被逼出走之事，震动了北京教育界。北大学生一面上书教育部，要求"万勿允许辞职，以维校务而平舆情"。5月9日晚8时，北大教职员开全体会，做出"如蔡不留，即一致总辞职"的决议，推举李大钊、马叙伦、马寅初等8人为代表赴教育部，要求政府挽留蔡元培。5月13日，北京各大学校长一致提出辞呈，以示与蔡元培共去留。北大学生则决定以全体罢课相抗争。全国各地要求挽留蔡元培的电函也纷至沓来。

在此形势下，徐世昌于5月14日以大总统名义，下令慰留蔡元培。后经广大师生的恳请和各界人士的劝说，蔡元培于7月9日复电放弃辞职，9月回到北京继续主持校务。

■ 6月3日，北京开始大逮捕，引发全国性的"三罢"运动

五四运动爆发后，因北京政府迟迟没有表示拒签和约，没有处置曹汝霖、章宗祥、陆宗舆，且动用军警以备学生聚会，北京二万五千多名学生于5月19日发动了总罢课。此后，天津、济南、上海、南京等地学生纷纷宣布罢课，罢课风潮席卷全国。

面对高涨的学生运动，北京政府决定采取强硬对策。6月1日，总统徐世昌颁布命令，训诫学生勿凌蔑法纪，破坏国家，"以爱国始，以祸国终"。同时命令各校严格约束学生，即日起一律上课，学生运动组织予以取缔。

政府的高压政策，激起学生们的进一步反抗。6月3日学生复上街头，当天被军警逮捕178名关在北大法科。这更加激发学生们的义愤与勇气，4日上午10时左右，学生五六人或十几人不等，悄悄出校，怀藏白旗，上书某校某队讲演团字样，走到人多热闹之处，就展开所藏白旗，即席演说。数倍于平常的警察及马队，或荷枪、或骑马，遇有人讲演，便放马冲踏人群。午后，女学生也走上街头，向总统请愿。从中央公园望去，"女学生约有千人排队向总统府而去。虽然大风吹土，对面不能见人，步伐却一点不乱。拿枪带剑的警察，到处跟随，一步不止。"（《每周评论》第25号）这一天共逮捕700多人，北大法科都容纳不了如此众多的被捕者，北大理科也被辟为临时监狱。5日，学生们再度走上街头，"这天学生更加激昂，当出去的时候，个人背着行李，连牙粉牙刷面包都带了，预备去陪伴同学坐监。这天聚集大队出发，分路讲演，合计约有两千多人。"（《每周评论》第25号）

面对此种情形，北京政府不再逮捕学生，并撤去看守北大监舍的军警，被捕学生全数释放。"六三"大逮捕的消息传到上海以后，激发起上海的罢工、罢课、罢市斗争，爱国运动的中心转移到上海，6月10日上午，北京政府宣布批准曹汝霖辞去交通总长，下午补发了批准陆宗舆、章宗祥辞职的命令。

■ 6月28日，中国拒签《凡尔赛和约》

北京政府罢免曹、章、陆后，全国的"三罢"斗争虽然结束，但各界进一步掀起拒签和约的运动。全国各界纷纷请愿、开会，要求北京政府拒绝签约。

6月18日，山东各界派出代表赴京，要求拒绝签约。起程之际，群众环跪车站，泣不成声，叮嘱代表，请求不遂，不得生还。20日，多位请愿代表到达北京，但总统徐世昌拒绝接见代表。代表们于倾盆大雨中跪哭于新华门前，终于使徐世昌在23日予以接见。

对于和约是否签字，北京政府颇为踌躇。"政府以民意所在，即不敢轻为答字之主张，而国际地位所关，又不敢轻下不签字之断

▲ 巴黎凡尔赛宫

世界

▶ 1月18日，巴黎和会在法国凡尔赛宫召开

1月18日，巴黎和会在法国凡尔赛宫召开，与会的27个国家经过6个多月的争论，于1919年6月在巴黎郊区凡尔赛宫签订《凡尔赛和约》。和约主要包括以下几个方面的内容：

（1）领土问题：德国将阿尔萨斯、洛林、萨尔煤矿归还法国，萨尔区由国联代管15年，期满后经公民投票决定其归属；莱茵河西岸由协约国占领15年，东岸50千米为不设防区；德国承认波兰独立，但泽被宣布为自由市。

（2）军事问题：德国废除普遍义务兵役制；撤销参谋本部；陆军总数不得超过10万人；限制其海军舰艇数量，拆除西部边境防御工事。

（3）赔偿问题：德国应在1921年5月1日前先交出200亿金马克。

（4）殖民地问题：德国的全部殖民地由几个主要协约国以"委任统治"的形式予以瓜分。和约规定德国在中国山东的一切权利转让给日本，引起中国人民的强烈抗议，中国代表拒绝在《凡尔赛和约》上签字。

语，左右掣肘，而地位日臻难矣。"在巴黎的中国代表收到7000多封要求拒绝签字的电报。5月14日，外长兼代表团团长陆徵祥致电北京表示："若再甘心签字，稍有肺肠，当不至此……国人目前之清议可畏，将来之公论尤可畏。"对此北京政府指示和会代表"保留签字"。但是，保留签字被和会拒绝。所以，北京政府只能在签与不签中选择。23日，北京政府密电和会代表，如保留签字不成，则全约签字。24日，段祺瑞通电全国主张签字，称：如不签字不能加入国际联盟，一切有利条件都将放弃。但当局面对全国各界的压力，又把责任推给代表，令"相机办理"。巴黎的代表们对于是否在和约上签字也意见纷纭，在驻美国公使顾维钧的坚持下，拒签的意见占了上风。

6月28日，巴黎和会庄严的大厅里，中国代表的席位空着。和会代表的住处被旅法华工、留学生包围，代表没有出席。当日下午中国代表向巴黎和会递交了拒签和约的宣言。中国拒绝在巴黎和约上签字的行动打破了近代以来中国在与列强交涉中"始争终让"的惯例，在国际范围内造成了巨大影响。

■ **7月25日，苏俄副外交人民委员加拉罕发表《苏俄第一次对华宣言》**

1919年7月25日苏维埃俄国副外交人民委员加拉罕发表了一份《俄罗斯苏维埃联邦社会主义共和国政府对中国人民和中国南北政府的宣言》，又称《苏俄第一次对华宣言》。它是苏俄政府公开发表的一份对华外交文件，也是早期苏俄政府对华政策的基本方针。

《苏俄第一次对华宣言》把中国分为南北两个政府，这就使苏俄在外交谈判中获取比中国政府更多的优势。《宣言》表示：放弃沙俄政府从中国攫取的满洲及其他地区，无偿归还前沙皇及其他俄国势力所掠夺的中东铁路及其附属产业，放弃庚子赔款、领事裁判权、租借地等一切在华特权，愿中国人民与俄国工人农民及红军在争取自由斗争中建立联盟。8月26日，苏俄的《消息报》、《真理报》均发表了此项宣言。

9月29日，亲日的段祺瑞发布训令，查禁苏俄对华友好宣言。由于消息的隔绝，正式的宣言迟至1920年3月才传到中国。1920年3月26日，国务院要求外交部电令中国驻海参崴总领事邵恒浚，"设法探询此种宣言有无实效，相机为非正式接洽。"此后，中俄两国就宣言所称事宜进行了多次的接触。

■ **10月10日，中华革命党改组为中国国民党**

1918年6月护法运动失败，孙中山总结教训，认识到南北军阀"如一丘之貉"，"救亡之策，必先事吾党之扩张，故亟重订党章，以促使党务发达。"此后，孙中山积极着手改组中华革命党。

1919年10月10日，国民党发出通告，中华革命党正式改组为中国国民党。《中国国民党规约》总纲规定："从前所有中华革命党总章及各支部通则，一律废止；所有印章图记，一律照本规约所定，改用中国国民党

世界

▶3月，共产国际在莫斯科成立

共产国际即第三国际，是列宁领导创建的世界各国共产党和共产主义团体的国际联合组织，于1919年3月在莫斯科成立，总部设在莫斯科。

1919年3月2日到6日，在列宁的直接领导下，30个国家的工人政党的代表参加了在莫斯科召开了的国际共产主义代表会议，会议通过了列宁起草的《共产国际宣言》、《共产国际行动纲领》和《关于资产阶级民主和无产阶级专政的提纲》，共产国际宣告成立。

共产国际批判了形形色色的机会主义，保卫了马克思列宁主义，帮助各国工人阶级先进分子组成革命的马克思主义政党，帮助各国共产党培养一批批得力干部。

1943年6月，共产国际宣布解散。

名义，以昭统一。""本党以巩固共和、实行三民主义为宗旨"；"凡中华民国成年男女，与本党宗旨相同者，由党员二人介绍，并具自愿书于本党，由本党以给证书，始得为本党党员"；"凡中华革命党党员，皆得为本党党员"。中国国民党的组织制度为总理制，设总理1人，代表全党总揽党务。党本部设立总务部、党务部、财务部。本部设在上海，下设总支部、支部、分部。党名加"中国"两字，以区别于原国民党。为广泛吸收党员，中国国民党放弃了中华革命党的秘密组织形式，转为公开。

10月13日，原中华革命党本部事务主任居正呈请任命中国国民党各部主任，孙中山以总理身份当即批令委居正为总务主任，谢持为党务主任，廖仲恺为财政主任。

备忘

- 1月，李大钊发表《布尔什维克的胜利》，歌颂十月革命
- 2月17日，林纾在发表文言小说《荆生》，引发新旧思潮大战
- 4月6日，《每周评论》刊载《共产党宣言》（节选）
- 4月30日，美国教育家、哲学家杜威应邀来华讲学
- 5月24日，段祺瑞通电无条件签署对德和约
- 7月14日，毛泽东主编的《湘江评论》在湖南长沙创刊
- 9月，天津南开大学正式成立

世界

▶9月5日，可口可乐公司成立

可口可乐公司是美国最大的软饮料、糖浆、果汁及咖啡、茶叶生产企业之一，其前身可追溯到1886年创立的一家饮料企业。当时，亚特兰大的药剂师约翰·彭伯顿用古柯叶子与可乐果核混合制成了一种棕色的果汁，命名为"可口可乐"。可口可乐被作为一种包治百病的良药在店内出售，但是光顾"可口可乐"的人寥寥无几，于是彭伯顿将它卖给了药剂师阿萨·坎德勒。

坎德勒接手以后，决定把可口可乐作为一种苏打水饮料而非药品出售，并为这种软饮料登了大量的广告，很快，顾客们都慕名而来。1919年9月5日，可口可乐正式注册，并组成该公司，总部设在佐治亚州的亚特兰大。1960年以前，基本上单一生产可口可乐饮料。后陆续兼并、收购一些企业的股权，逐步向各种经营业务发展，如今，可口可乐已遍及全球。

1920年

世界

▶1月10日，国际联盟正式成立

在第一次世界大战期间，美国的一些资产阶级和平团体积极主张建立一个调解国际纠纷的机构，这一主张得到美国总统威尔逊的赞同，并将其纳入他的"十四点原则"，力主建立国际联盟这样一个组织。

1919年1月18日，巴黎和会召开，会议决定成立《国际联盟盟约》（简称《盟约》）起草委员会。经过26次修改后，《盟约》于1919年4月28日在巴黎和会上通过。《盟约》中确定了国际联盟的组织机构、职能、原则和会员国的义务。

1920年1月10日，《国际联盟盟约》正式生效，国际联盟宣告成立。总部设在日内瓦，主要机构有大会、理事会、秘书处，并附设国际法庭、国际劳工局等。其中最主要机构是理事会。

凡是在第一次世界大战中对德奥集团宣战的国家和新的国家都是国际联盟的创始会员国。这样，国联共有44个会员国，后来逐渐增加到63个国家，中国于1920年6月29日加入国际联盟。

大事

■ 1月19日，日本政府要求中日直接交涉山东问题

1919年初，在位于巴黎近郊的凡尔赛宫举行的第一次世界大战战胜国与战败国的媾和会议上，日本就明确要求将其在战争中取得的利益合法化，即主张取代德国，占有在中国山东的权利。

日本发表声明后，中国掀起一阵反日爱国热潮，各界人士纷纷呼吁力争圆满解决山东问题。中日两国就山东问题僵持不下，行动日渐升级，暴力事件时有发生。

1920年1月19日，日本驻华公使小幡酉吉照会北京政府，就日方提出的解决方案进行讨论，对外交部施压，要求中日两国就山东问题直接对话。日本在处理中日关系上的强硬姿态，引起了中国人民的强烈抗议。军政界、教育界、劳动界、商界等各界同胞紧密团结，一致反对山东问题的方案。

▲ 北洋军阀直系将领吴佩孚

北洋直系军阀吴佩孚堪称军政界急先锋，他指出："今我政府若与之直接交涉，国体何存？人格安在？我国民不惜以牺牲流血之价值，仅博此拒签之余地，若政府遽与直接交涉，是不啻与国民宣战也。"此言一出，界内声援，此起彼伏。学生们争相举行爱国示威游行，高呼："山东问题反对直接交涉！"年轻人的呼声激发了中华民族广泛的爱国热忱。劳动界、商界同胞罢工、罢市、抗捐、抗税。反日爱国行动掀起新的高潮，范围之广，覆盖全国。

畏于举国上下的压力，北京政府没有在解决山东问题的谈判中，对日方妥协。在这次中日交锋中，中国人民凭借坚定的信念，以及不屈不挠的斗争精神获得了胜利，捍卫了国家的领土主权。

■ 7月14日，直皖战争爆发

1919年，五四运动期间，直皖之间的斗争随着形势的变化愈演愈烈。11月，直系军阀吴佩孚与湘桂粤滇诸系将领在衡阳签订《救国同盟军草

约》。同时期，直隶、江苏、湖北、江西四省与东北三省结成七省反皖同盟，一个对抗皖系的战略性军事同盟就此形成了。

1920年1月至3月，吴佩孚率部北撤，与保定的曹锟在北京外围形成呼应之势。4月，直奉两系达成同盟。5月，段祺瑞先发制人，调西北边防军直赴保定，牵制直系军队。后张作霖借"拱卫京师"之名，调奉军渐次入关，以策应直系。

7月12日，直系军阀联名通电对皖系宣战。13日，张作霖在发出助直倒皖声明后，亦率大批奉军入关。同日，段祺瑞发表讨伐曹锟、吴佩孚之传檄通电。14日晚，段祺瑞下达对直军的总攻击令，直皖战争正式爆发。

战争开始后，双方以京奉沿线杨村一带，京汉线涿州、高碑店、琉璃河一带为主战场。两军战区分东西两路，双方投入兵力近10万人。初战时，皖军依仗优良武器，迫使直军节节败退。17日，张作霖通电宣布决心与直军共举义旗，对皖作战。同日，西北路战场形势突变，吴佩孚亲率两旅直军，绕出左翼，攻占涿州，而后向长辛店追击，西路皖军纷纷溃败。19日，在东路直军和奉军张景惠部的夹击下，东路皖军溃不成军。同日，段祺瑞致电曹锟、张作霖等人自劾乞和，直皖战事停止。24日，直皖两军大批进驻北京，直皖战争以直系的获胜宣告结束。

■8月，上海共产党早期组织成立

五四运动以后，马克思主义在中国迅速传播。中国工人阶级日渐壮大，并以崭新的姿态登上政治舞台，为中国共产党的诞生奠定了思想基础和阶级基础。五四运动后，一大批初具马克思主义思想的知识分子，投身到工人群众中，开展了大量的组织、宣传工作，使马克思主义同中国工人运动紧密结合，自此，成立共产党组织的各项条件均已成熟。此外，来自共产国际的帮助，无疑起到了催化剂的作用，促进和加速了这一进程。

1920年春，俄共远东局经共产国际批准派代表维经斯基赴华考察，分别于北京、上海两地会见了李大钊、陈独秀等人，对国内外革命形势交换了意见，以加速中国共产党的建立。同年5月，进入组织建党时期，陈独秀与李汉俊、李达、俞秀松等人多次就建党问题进行了讨论。8月，上海共产党早期组织正式成立，成员有陈独秀、李汉俊、施存统、俞秀松、陈公培、沈玄庐、邵力子、陈望道、李达、沈雁冰、赵世炎、周佛海、李季、袁振英、杨明斋等人，陈独秀被推举为党的书记。上海共产党早期组织成立后，将《新青年》作为党的公开理论刊物，而后又创办了机关刊物《共产党》，系统宣传马列主义，指导各地建党活动。

在上海共产党早期组织的帮助下，各地纷纷建立起党的早期组织。

■8月16日，陈炯明发动粤桂战争

1917年，孙中山经过巨大努力，从粤督陈炳锟手中争取到省长公署的20营警卫军，约800人，委任陈炯明统帅，以"护法援闽"名义，开入闽南。这便是粤军的开始。1920年，直皖战争爆发前，旧桂系与直系军阀达

▶4月1日，希特勒建立德国纳粹党

▲ 希特勒

1919年1月5日，A·德莱克斯勒和C·哈勒创建德国工人党。同年，阿道夫·希特勒加入该党，颇受党主席德莱克斯勒的赏识。1920年2月，德莱克斯勒与希特勒共同起草了《二十五条纲领》，打着民族复兴的旗号，鼓吹民族复仇主义和对外扩张，要求所有日耳曼人在一个大德意志国家内统一起来。同年4月1日，德国工人党更名为"民族社会主义德意志工人党"，英文拼写为"National Socialist German Workers' Party"，将民族与主义两个词拼接，音译过来就是"纳粹"。

1920年9月，该党用德意志民族社会主义工人联盟的名义在慕尼黑登记。《二十五条纲领》成为该党党纲。1921年，阿道夫·希特勒迫使其他委员修改党章，推选他为党的唯一领袖，确立领袖原则。

世界

▲8月14日，第七届奥林匹克运动会在安特卫普开幕

受第一次世界大战的影响，原定1916年的柏林奥林匹克运动会被取消。经过8年的中断后，1920年8月，一次世界大战后的首届奥林匹克运动会，历史上的第七届奥林匹克运动会在饱受战火蹂躏的比利时安特卫普举行。这次运动会没有邀请德国及其同盟者，以示对他们破坏奥林匹克运动和平的惩罚。（同时，也没有邀请刚刚成立新政权的苏俄参加。）

运动会于1920年8月14日正式开幕，8月21日闭幕。参赛国家有29个，首次参加的有阿根廷、摩纳哥、巴西、南斯拉夫、捷克斯洛伐克。爱沙尼亚、芬兰也以独立的身份参加了比赛。运动员共2669人，其中女选手78人，男选手2591人。比赛项目包括22个大项154个小项，增设了上届取消的自由式摔跤、拳击、马球、橄榄球、曲棍球等项目。16年来未举行的奥林匹克运动会举重项目，这次也重新恢复了。

该届运动会首次升起了国际奥委会会旗。会旗是根据顾拜旦1913年的构思设计的。本届运动会第一次进行了运动员宣誓，宣誓人由主办国一名优秀选手担任，誓词如下："我代表全体运动员宣誓，为了体育的光荣，为了本队的荣誉，我们将以真正的体育精神参加本届奥林匹克比赛，尊重和遵守各项规则。"

本届奥林匹克运动会成绩排名前三位的是：美国、瑞典、英国，奖牌数分别为95枚、64枚、44枚。东道主比利时列第5位，奖牌总数36枚。

成协议，约定直系在北京讨伐皖系段祺瑞，旧桂系则在广东驱逐孙中山。

7月，直皖战争爆发。同时，旧桂系军阀陆荣廷在龙州召开军事会议，决定以讨伐驻守福建的北洋军为名，消灭粤军。孙中山命令陈炯明回师广东讨伐旧桂系。8月中旬，桂军以沈鸿英为总司令，分三路进攻粤军。8月12日，粤军总司令陈炯明奉命在福建漳州举行誓师大会，所部分三路回粤讨伐桂军。

▲陈炯明

16日，陈炯明下总攻击令，粤桂战争爆发。17日，粤军收复广东蕉岭、大埔、饶平。19日，陈炯明所部粤军右路攻占广东梅县，中路攻占潮州。20日，粤军左路邓铿部收复汕头。

9月上旬，广东三水、东莞、新丰、宝安、开平等地民军起义讨桂，配合粤军作战。22日，广东讨贼第二军总司令李绮安通电讨伐桂系。同日，孙中山派蒋介石赴汕头参加讨伐桂系战争，并批准陈自先所部改番号为救国第八军。24日，孙中山电告闽督李厚基，希命臧致平师助粤讨桂。30日，驻粤滇军蔡炳寰等在琼州宣布独立，通电表示与粤军一致行动，讨伐桂系。10月1日，驻琼崖滇军何福昌部通电援粤。5日，前琼崖镇守使陆兰清通电宣告独立，反对桂系。

粤军在周边友军的配合下，势如破竹。11月，粤军将桂军驱逐出广东，陈炯明就任广东省省长兼粤军总司令，管理广东军务。

第一次粤桂战争宣告结束。

■ 9月27日，苏俄政府发表第二次对华宣言

中苏边境问题是长期存在于中苏两国之间悬而未解的历史问题。中苏边境的划分始于17世纪，沙皇俄国于16世纪中叶向东扩张，至17世纪下半叶开始与中国发生边界问题。在19世纪40年代以前，中俄两国在基本平等的基础上，通过协商初步确定了两国边界的走向。自1840年鸦片战争以后，中国逐渐沦为半殖民地，饱受列强凌辱，沙皇俄国借机迫使中国签订了一系列涉及边界问题的不平等条约，将我国东北、西北部地区总计150多万平方公里的土地划归沙俄所有。

1917年11月7日，在列宁、托洛茨基等领导的十月革命以后，俄国共产党建立了世界上第一个苏维埃政权。新政权试图解决同中国的边界问题。

1917年7月25日，苏俄政府发表了《苏俄第一次对华宣言》。宣言中提出废除的中俄条约仅指19世纪末至十月革命前夕沙皇政府单独与中国政府订立的《中俄密约》、《辛丑条约》和俄日签订的侵华条约，并不包括19世纪50年代至80年代订立的不平等的中俄条约。中国政府没有对此声明

做出回应。

1920年9月27日，苏俄政府发表《第二次对华宣言》，重申：苏俄政府遵守1919年7月25日第一次对华宣言所声明的各项原则。同时提出一系列协议要点：以前俄国政府历次同中国签订的一切条约全部无效，放弃以前夺取中国的一切领土和中国境内的俄国租界，并将沙皇政府和俄国资产阶级从中国夺取的一切，都无偿地永久归还中国。对此，北京政府仍然没有做出回应。

备忘

- 1月，梅兰芳自导自演的戏曲影片《春香闹学》和《天女散花》在京上映
- 2月10日，广州军政府解体
- 2月，北京大学首次招收女学生
- 3月，李大钊、邓中夏等人在北京大学秘密发起"马克思学说研究会"
- 9月，英国哲学家罗素来到中国讲学
- 10月14日，唐山煤矿瓦斯大爆炸，数百人死于地下
- 11月25日，孙中山重组广州军政府
- 12月16日，宁夏海源地区发生8.5级大地震，有四城市完全被毁，死亡数十万人

声音

共产党人同其他无产阶级政党不同的地方只是：一方面，在各国无产者的斗争中，共产党人强调和坚持整个无产阶级的不同民族的共同利益；另一方面，在无产阶级和资产阶级的斗争所经历的各个发展阶级上，共产党人始终代表整个运动的利益。

——此为1920年11月23日，陈独秀在上海主持起草的《中国共产党宣言》的部分内容

吾辈此次归来，即本斯旨，于广东实行建设，以树全国之模范，而立和平统一之基础。

——1920年11月28日，孙中山重返广州，重组军政府，在车站发表演说中的话

自古中国，严中外之防，罪莫大于卖国，丑莫重于媚外。穷凶极恶，汉奸为极。段祺瑞再秉国政，认仇作父。始则盗卖国权，大借日款，以残国胞；继则假托参战，广练日军，以资敌国；终则导异国之人，用异国之钱，运异国之械，膏吾民之血，绝神黄之裔，实敌国之忠臣，民国之汉奸也。

——1920年，吴佩孚通电宣布段祺瑞三大罪状

1921年

大事

■5月5日，孙中山在广州就任非常大总统职

1920年8月，自粤桂战争爆发后，广东省行政权曾一度在桂系军阀手中，广州军政府的执政权行使受到威胁。10月，孙中山等通电全国，宣告军政府依然存在。

1921年4月，广州国会决议取消军政府，改总裁制为总统制。随后，广州国会非常会议，议决《中华民国政府组织大纲》，选举孙中山为非常大总统。

1921年5月5日，孙中山在广州发表就职宣言和对外宣言，就任非常大总统，总统府设在广州观音山。广州数十万市民举行大会热烈庆祝，并结彩游行。

孙中山在广东第二次建立政权，其主要目的是进行北伐，结束南北总统对峙的局面，统一全国，实现民主共和。对外政策方面，孙中山在对外宣言中表示："列强及其人民依条约契约及成例，正当取得之合法权利当尊重之。" 对国内天然资源的开发则实行"开放门户主义，欢迎外国之资本及技术"，希望各国承认广州政府"为中华民国唯一之政府"。

5月6日，孙中山任命国务院各部长官：伍廷芳为外交部长，唐绍仪为财政部长，陈炯明为内政部长兼陆军部长，汤廷光为海军总长，李烈钧为参谋部长，徐绍桢为总统府侍卫长，马君武为总统府秘书长。

孙中山在就任非常大总统时期，生活非常简朴。孙中山常常工作到深夜，所坐的木椅椅背太低，很不舒服，庶务便给他定制一张沙发。孙中山得悉，立即通知庶务："沙发椅价钱很贵，不要买它，要就买一张高背藤椅吧，既省钱，又轻便、舒适。"庶务便退掉沙发，买了藤椅。在衣着方面，也很节约。他不喜欢长袍马褂，于是有人建议他穿西服，他说："穿西服就得用外国的衣料，那样就要使我们的黄金白银外流。"后来，他吸收了西式服装的优点，设计了一种上衣，这就是后来通称的"中山装"。

■7月23日，中国共产党第一次全国代表大会在上海召开

在上海的共产党早期组织的帮助下，各地纷纷建立起共产党早期组织，做了大量的工作，开展了许多活动，促成了马列主义与工人运动的进一步结合。自此，成立全国性统一的中国共产党的条件已经成熟。

1921年7月23日，中国共产党第一次全国代表大会在上海法租界望志路106号正式召开。由于会场在30日晚受到法国巡捕的搜查，大会最后一天转

世界

▶7月，胰岛素被发现

糖尿病的记载最早始于我国《黄帝内经·素问》及《灵枢》，书中记载"消渴症"这一病名，即糖尿病。糖尿病是一种慢性疾病，极难控制，尽管患者严格控制饮食，仍要面临缓慢死亡的威胁。在1921年以前，没有任何一种药物能够对其有效治疗。

加拿大医生弗雷德里克·班廷很早痴迷于研究胰脏的内分泌物与糖尿病治疗的关系。当时，科学家们已对胰脏的内分泌可以分解糖分有了充分的认识，也将这种内分泌命名为胰岛素，但是胰岛素的提取困难重重。

1921年春夏之际，班廷与助手在约翰·麦克劳德的支持下，进行了对狗的胰岛素的分离试验。在历经多次失败之后，成功提取了胰岛素，迈出了人类医学史上突破性的一步。

次年，人工胰岛素作为一种注射药物用于临床。

移到浙江嘉兴南湖的一艘游船上继续举行。

出席大会的代表有：长沙的毛泽东、何叔衡，武汉的董必武、陈潭秋，上海的李达、李汉俊，北京的刘仁静、张国焘，济南的王尽美、邓恩铭，广州的陈公博，旅日的周佛海，以及由陈独秀指定的代表包惠僧。他们代表了全国50多名党员。此外，共产国际的代表也出席了大会。

▲ 中共一大会址

会议期间，各地代表向大会汇报了工作情况，交流了经验。大会讨论了政治形势、党的基本任务、党的组织原则和组织机构等问题。经大会决议，通过了党的纲领和决议，讨论了党的成立宣言，决定设立中央局作为中央的临时领导机构。陈独秀当选为中央局书记，李达、张国焘分别负责宣传工作和组织工作。

自此，在中国出现了一个全新的、以共产主义为奋斗目标、以马列主义为指导思想的统一的无产阶级政党。

■ **9月1日，中国共产党的出版机构——人民出版社在上海成立**

1921年7月，中国共产党第一次全国代表大会胜利召开后，中国的无产阶级革命事业进入了崭新的时期。为便于马克思主义在中国的进一步传播，对马克思主义著作的出版发行，则尤为迫切和重要。

1921年9月1日，由李达主持创办的人民出版社在上海成立，这是第一个由中国共产党创办的出版社，出版马克思列宁主义的著作和革命丛书。

我国当时的社会背景十分复杂，正处于军阀统治和帝国主义侵略势力控制之下，当政者把马克思主义视为"洪水猛兽"，有些曾出版过进步书刊的民间出版机构，均被反动当局扣上"宣传激进主义"的罪名而遭查封。

鉴于这种情况，上海人民出版社是秘密创建的，并且所有的出版物皆印有"广州人民出版社出版"字样，以便保证出版社的安全。

上海人民出版社成立以后，共出版了《共产党宣言》(重版)，《〈资本论〉入门》和《工钱劳动与资本》等三种"马克思全书"；五种"列宁全书"；四种"康民尼斯特"丛书，以及《劳动运动史》、《俄国革命纪实》、《两个工人谈话》和《李卜克内西纪念》等几种其他书籍。但是，由于经济与翻译力量等原因，其他书籍未能按原计划出齐。

1922年11月，李达前往湖南自修大学执教，人民出版社的工作逐步结束。但是，马克思列宁主义借助上海人民出版社的力量得以在中国进一步广泛地传播。

■ **11月12日，中国代表施肇基、顾维均、王宠惠参加华盛顿会议**

第一次世界大战后，帝国主义国家之间开始就战后利益划分问题进行

世界

▶ 11月，华盛顿会议召开

第一次世界大战后，由于巴黎和会没有能够解决各帝国主义国家在远东地区的殖民地和势力范围的划分问题。因此，1921年7月，美国总统哈定，同中、英、法、日、意各国非正式交换意见，建议召开太平洋会议。

1921年11月12日，华盛顿会议正式召开，亦称太平洋会议。参加会议的有美国、英国、法国、意大利、日本、比利时、荷兰、葡萄牙以及中国。华盛顿会议实际上是巴黎和会的继续，其主要目的是要解决《凡尔赛和约》未能解决的彼此间关于海军力量对比及在远东太平洋地区特别是在中国的利益冲突，完善第一次世界大战后帝国主义的和平体系。会议期间签订三项条约：《四国条约》、《五国海军条约》、《九国公约》。

中国百年实录 1921年

世界

▲ 爱因斯坦获诺贝尔物理学奖
▲ 爱因斯坦

1921年度的诺贝尔物理学奖授予了阿尔伯特·爱因斯坦,基于其对光电效应定律的伟大发现以及其在数学、物理学方面的巨大成就。这是科学殿堂对这位科学巨擘的正式认定。这认定实在太不容易,因为它姗姗来迟了16年。

1879年3月14日,爱因斯坦出生于德国一个犹太人家庭。从小接受学校系统正规教育,同时学习犹太教义。1889年,开始阅读通俗科学读物和哲学著作。1900年8月,爱因斯坦毕业于苏黎世联邦工业大学。1905年3月发展量子论,提出光量子假说,解决了光电效应问题。4月向苏黎世大学提出论文《分子大小的新测定法》,取得博士学位。5月完成论文《论动体的电动力学》,独立而完整地提出狭义相对性原理,开创物理学的新纪元。1915年11月提出广义相对论引力方程的完整形式。次年3月,完成总结性论文《广义相对论的基础》。5月提出宇宙空间有限无界的假说。8月完成《关于辐射的量子理论》,总结量子论的发展,提出受激辐射理论。

爱因斯坦是20世纪最有影响的科学家,狭义和广义相对论以及现代宇宙学的创建者,量子论的主要奠基者之一。

▲ 华盛顿会议会场

协商。继巴黎和会之后,美国于1921年8月向中国、英国、法国、意大利及日本五国发出正式邀请,参加于1921年11月12日举行的华盛顿会议。

北京政府接受邀请后,派驻美公使施肇基、驻英公使顾维钧和大理院院长王宠惠为参加会议的全权代表,于9月底动身赴美。

会议的主要内容就是资本主义各国根据战后力量对比对远东和太平洋地区殖民地与势力范围的再分割,中国自然成为各国列强在远东地区争夺的焦点。

会议开始以后,施肇基向大会提出了"十项原则",要求各国尊重中国领土主权的完整。同时,却又同意美国提出的在中国实行的"门户开放"、"机会均等"的政策。此后,中国代表又先后向大会提出山东问题、废止"二十一条"、关税自主、撤退外国军警等一系列议题。

其中山东问题是关键。日本为维护其既得利益,竭力坚持山东问题由中日两国在会外单独解决。由于来自中国国内人民及海外学生、华侨的强烈反对,以及中国代表的一致坚持,北京政府没有妥协。同时,美英两国对日本施压,介入中日两国之间调停,最终于1922年2月4日,中日签订了《解决山东悬案条约》,山东问题最终得到了解决,但中国没有完全收回山东主权。

1922年2月6日,包括中国在内的九个国家签订著名的《九国公约》,公约贯彻门户开放、机会均等的原则,规定任何一国"不得因中国状况,乘机营谋特别私利"。公约打破了日本在中国的独占状态,再次确定了几个资本主义国家共同支配和宰割中国的局面。

■ 12月23日,孙中山在桂林会晤共产国际代表马林

历经无数次的失败,孙中山意识到革命阵营的牢固是至关重要的。十月革命胜利以后,孙中山站在民族主义的立场,希望革命后的俄国可以成为中国革命的真诚盟友。于是,孙中山想方设法同苏俄政府取得联系。

1920年秋,孙中山在上海会见了维经斯基,提出了与苏俄建立联系的要求。1921年8月,孙中山在给苏俄外交委员齐契林的复信中,明确表示非常重视苏俄政府的共产主义事业。

同年12月,应国民党的邀请,共产国际代表马林在张太雷的陪同下,

由上海启程，于1921年12月23日到达桂林。

孙中山在桂林王城热情地接待了他们。其间，双方进行了多次会谈，讨论了中俄联盟的可能性。在会谈中，马林就中国的革命形势，向孙中山提出了两项建议：一是组织一个能联合各界人民，尤其是工农大众的政党；二是建立革命的武装核心，先办军官学校，以培养革命骨干。孙中山十分赞同这些建议，会谈非常成功。

这次会谈，使革命民主主义者和共产主义者之间找到了许多共同点，找到了合作的途径，使孙中山开始了从旧三民主义到新三民主义的转变，为他后来实行国共合作及"联俄、联共、扶助农工"三大政策奠定了思想基础。

备忘

- 1月4日，沈雁冰、郑振铎等发起成立文学研究会
- 3月10日，上海交通大学成立
- 3月13日，外蒙古宣布脱离中国
- 4月6日，陈嘉庚创办厦门大学
- 6月，商务印书馆编纂出版了中国第一部人名词典——《中国人名大辞典》
- 9月，南京东南大学成立
- 10月，新石器时代的仰韶文化遗址正式开始挖掘
- 10月27日，近代著名思想家、翻译家严复病逝
- 12月14日，张作霖在北京商议改组内阁，使直奉矛盾激化

▶11月7日，墨索里尼创建民族主义法西斯党

第一次世界大战结束后，意大利遭到严重削弱。国内到处弥漫着对日益壮大的无产阶级的恐惧，以及因在战后谈判中意大利所得无几而日益高涨的爱国主义情绪。

墨索里尼利用国内外形势的变化，于1919年3月发起一场"法西斯主义运动"，在米兰建立了世界上第一个"战斗的法西斯党"。该党一方面在小资产阶级、富农、反动的大学生、军官和思想堕落分子中招募拥护者，展开民族沙文主义的蛊惑宣传煽动。一方面，清剿国内的革命团体和无产阶级组织。1919~1921年间，法西斯党迅速发展壮大。

1921年11月7日，墨索里尼宣布法西斯党为民族主义法西斯党，并自称是这个党的"总裁"，即领袖。

列强及其人民依条约契约及成例，正当取得之合法权利当尊重之……开放门户主义，欢迎外国之资本及技术。

——此为1921年5月5日，孙中山就任临时大总统时的讲话

党的基本任务是组织各种产业工会，出版书报刊物，在产业部门组建工人补习学校，唤醒工人觉悟，加强对工会和工运的研究和领导。

——1921年7月，中国共产党一大上通过的《中国共产党的第一个决议》的部分内容

我非常重视你们的事业，特别是你们苏维埃的组织、你们军队和教育的组织。

——1921年8月，孙中山会见共产国际代表马林时的谈话

法美共和国皆旧式的，今日唯俄国是新式的，吾人今日当造一最新式的共和国。

——1921年8月，孙中山会见共产国际代表马林时的谈话

中国百年实录 1922年

1922年

声音

"伪廷卖国，阖国同愤，我大总统英明果断，早日誓师、扫除国贼、以维民国，学生等愿效前驱。谨此电达，立候师期。"中山先生认为各方面敦促，势难延缓，速在桂林大本营举行北伐誓师典礼，誓师词："民国存亡，同胞救民，为公为私，惟有奋斗，万众一心，有进无退。

——1922年2月7日，广东学界写给正准备发动北伐的孙中山的一封信

中国共产党是中国无产阶级政党。他的目的是要组织无产阶级，用阶级斗争手段，建立劳农专政的政治，铲除私有财产制度，渐次达到一个共产主义的社会。

——1922年7月，中共二大制定的党的最高纲领的部分内容

张作霖是中国人，很难设想，他竟会希望见到外国列强来奴役他的国家，或者为此而进行活动，我不认为他是日本人的代理人。至于社会阶级，看来，张作霖不依靠任何阶级，而是完全依靠自己的战士。

——1922年底，孙中山致力于促成与张作霖的合作时对其的评价

大事

■ **1月12日，香港海员举行大罢工**

1921年8月，中国共产党在上海成立了中国劳动组合书记部，作为专门领导工人运动的公开机关。中国共产党进一步加强了对工人运动的领导，在各地办夜校、建工会，进行宣传教育，领导工人进行罢工斗争。

1922年1月12日，香港的中国海员工人不堪忍受英帝国主义的压迫，要求提高工资，遭到拒绝。随即，香港海员在中华海员工会的苏兆征、林伟民等领导下，开始举行大罢工。

1月13日，罢工海员分批抵达广州，得到广州工人热情接待。全省27万工人自愿每人捐赠一日工资，作为罢工海员费用。6000余名香港海员参加了罢工，香港沿海航运几乎全部停顿。1月底，香港运输工人再次举行罢工，全港罢工人数增至3万以上，离开香港回广州的海员约1万多人。

英国当局对工人罢工极为恐慌，2月1日，以武力封闭了海员工会和运输工会，

▲ 省港大罢工工运领袖苏兆征

并逮捕罢工领袖。工人群众联合起来，组成纠察队，奋起反抗。从2月27日起，香港各工会陆续开始罢工。3月初，罢工人数激增到10万以上。惧于罢工形势，英帝国主义对罢工武力镇压。英军警在九龙沙田地区对罢工工人开枪射击，当场打死打伤数百人，造成"沙田惨案"。

英帝国主义的暴行激起广大工人的愤慨，决心与港英当局周旋到底。在罢工工人的努力下，最终于3月8日，罢工谈判协约签字，港英当局被迫接受海员们提出的条件，明令取消2月1日公布的封闭中华海员工业联合总会的命令，送还被拆除的工会牌子，释放被捕工人，并答应抚恤在沙田惨案中死难的工人，增加工资15%~30%。在中国共产党的领导下，香港海员大罢工胜利结束。

■ **2月27日，孙中山在桂林举行北伐誓师典礼**

1921年5月，孙中山在广州就任非常大总统后，为实现全国的统一，结束与北洋军阀政权南北对峙的局面，首先发起对桂系军阀陆荣廷的战争。

6月27日，孙中山以大总统兼陆军大元帅名义，命令粤、赣、滇、黔各军讨伐陆荣廷。任命陈炯明为"援桂"总司令，分兵三路攻入广西。9月初，广西平定，两广连成一片，革命根据地初具规模。

两广既定，孙中山认为北伐的时机已经成熟。孙中山的想法遭到时任内政部长兼陆军部长陈炯明的反对。10月，非常国会通过了孙中山提出的北伐案。孙中山遂乘军舰出巡广西，由陈炯明主持两广工作。12月，孙中山在桂林设立大本营，计划取道湖南，大举北伐。

1922年1月，孙中山将北伐军编制为7个军团，共约4万余人。2月27日，孙中山在桂林举行北伐誓师典礼，分两路出师北伐。

北伐之时，孙中山已与奉系张作霖、皖系段祺瑞结成反直同盟。直奉两派在北方的紧张局势，对北伐颇为有利。但是，陈炯明在代政两广事务期间，没有贯彻孙中山北伐的思想，阴谋叛乱，同湘督赵恒惕结盟，破坏北伐。

在这种形势下，孙中山只好回师广东，免去陈炯明广东省长、内务部长、粤军总司令职务，但仍保留陆军部长一职，令全部粤军归大本营统辖。随后，孙中山在韶关设大本营，准备改道北伐。5月，孙中山命令李烈钧为北伐总司令，许崇智为总指挥，分三路改道赣州。6月，北伐军攻占赣州。而后，北伐军势如破竹，攻占吉安，进逼南昌，北伐形势一片大好。

■4月29日，第一次直奉战争爆发

1920年直皖战争后，段祺瑞的皖系军阀势力被逐出北京，派系斗争的焦点转而集中到直系与奉系之间。随着直奉之间的裂痕日益加深，直系军阀吴佩孚打击奉系，维护"正统北洋派"的意图已经十分明显。

面对直系军阀的咄咄逼人，奉系军阀张作霖与卢永祥、孙中山结成反直同盟。1922年1月底到2月初，时值孙中山准备大举北伐之际，张作霖的态度日趋强硬，调集兵马入关，分驻京津地区，大有席卷全国之势。

吴佩孚待直系内部各势力整合之后，于4月25日，通电罗列张作霖十大罪状，后张作霖以军粮城为大本营，12万大军分东、西两路作战。吴佩孚亦调12万军队迎敌。

4月29日，第一次直奉战争爆发。交战双方围绕长辛店、马厂、固安一带展开激战，长辛店、琉璃河一带的战况尤为激烈。在东线，奉军凭借装备优势，发动猛攻，直军伤亡惨重，节节败退；在西线，直奉双方犬牙交错，攻守胶着。战场形势对直军十分不利。4月30日后，吴佩孚亲至督战，改变战略，发动反击。战场形势扭转，直军在西线反扑，奉军迅速溃败。西线大捷后，吴佩孚调兵驰援东线，东线奉军受西线战事影响，全无斗志。5月4日，张作霖赶到落垡，企图挽回颓势，但大势已去，败局已定，遂下令全线撤退，逃往关外。

5月10日，北京政府下令罢免张作霖在东北的本兼各职。20日，东三省省议会宣布"联省自治"，推举张作霖为东三省保安总司令，东北独立。

6月18日，在英美的介入下，两军全权代表签订了停战协议，约定榆关（山海关）为分界线，直军退回原驻，奉军撤至关外。直奉战争结束，北

世界

▶4月10日，世界第一次经济会议召开

1922年4月10日，世界历史上的第一次国际经济会议在意大利热那亚召开。这次会议是第一次世界大战中胜利者协约国战后委员会决定召开的，参加会议的有英、法、意、比、日等战胜国，并邀请苏俄派代表参加，也邀请德、奥、匈、保等战败国参加，共29国。美国拒绝参加，但派观察员列席了会议。

会上，英、法等国要求苏俄归还十月革命后被没收的企业和其他财产，并偿还沙皇和临时政府时期所借的债务。苏俄代表给予有力的驳斥，指出协约国的要求有损于苏俄的主权，拒绝接受。德国作为战败国，与其他帝国主义之间有矛盾，苏俄利用这个矛盾，建议在平等的基础上建立同德国的关系，于是会议期间两国在热那亚近郊拉巴格签订了德苏拉巴格条约，这就为帝国主义国家承认苏俄打开了一个缺口。

由于帝国主义国家的破坏，会议陷入僵局，最终没有取得实质性的成果。

京政权由直系军阀独揽。

■ 6月16日，陈炯明炮轰总统府，孙中山避入永丰舰

1922年6月，在北伐形势一片大好的时候，被孙中山罢职后的陈炯明与直系军阀勾结起来，沆瀣一气。出于形势的考虑，孙中山恢复了陈炯明的职权，以换取陈炯明的亲信叶举的重新参战。但叶部迟迟不动，加之奉系已经溃败，孙中山返回广州。

北京政府欲除去孙中山，遂南北勾结，催促陈炯明叛乱。

6月15日晚，陈炯明下令军队包围总统府。16日凌晨，孙中山得到密报，得知总统府即将被炮轰的消息，情势十分危急。孙中山叫醒睡梦中的宋庆龄，准备一同撤离险境。但宋庆龄顾全大局，自愿留下以便掩护孙中山秘密撤离。孙中山不得已答应，但命令侍卫全部留在了总统府，自己只身逃出。孙中山躲过枪林弹雨，突出包围，避于前来接应的永丰舰上。

▲ 孙中山偕夫人宋庆龄与中山舰全体官兵合影

孙中山走后不久，叛军开始发动对总统府的攻击，其气焰猖獗，大有将总统府夷为平地，置孙中山于死地之势。宋庆龄临危不惧，指挥卫队予以还击。战斗从凌晨持续到中午，多次击退叛军的进攻，但卫队伤亡过半，宋庆龄遂决定撤出总统府。宋庆龄此时已身怀有孕，行动不便，但凭借机智，多次化险为夷，最终抵达岭南大学校长钟荣光的家中，由于身心俱疲，在钟荣光家中流产，后终生无子。

孙中山命令北伐军中断北伐，反粤平乱，最终失败。遂于8月9日，率领文武官员离开广州，经香港回到上海。8月15日，孙中山在上海发表粤变经过的《告国民党同志书》，将陈炯明的作乱殃民的罪行公布全国，这是孙中山一生中遭到的最惨重的失败，他深为痛心地说："文率同志为民国而奋斗垂三十年，中间出生入死，失败之数不可偻指，顾失败之惨酷，未有甚于此役者。"

■ 7月16日~23日，中国共产党第二次全国代表大会在上海举行

党的一大胜利召开后，国内革命形势迅猛发展。

1922年7月16日，中国共产党在上海召开第二次全国代表大会。出席代表12人，代表全国195名党员。

大会通过并发表了《中国共产党第二次全国大会宣言》（简称《宣言》）。

《宣言》根据马列主义的基本理论，通过对世界革命形势及中国的政治、经济状况的分析，揭示了中国半殖民地半封建的社会性质。进而指出：中国人民的反帝斗争，是同世界无产阶级和被压迫民族的革命运动紧

世界

▶ 10月30日，墨索里尼夺取政权

1921年，贝尼托·墨索里尼成为民族主义法西斯党的领袖后，开始谋划夺取意大利执政权。

1922年7月，法西斯党乘法克特政府发生危机之际，打击工人的力量，夺取了米兰市政府。10月22日，墨索里尼在那不勒斯召集3万余名武装的法西斯党徒召开大会，公开宣称罗马、意大利的权力是属于他们的，并宣布将进军罗马，气焰十分嚣张。

10月27日，4万多名身着黑衫、全副武装的法西斯党徒向罗马进军，随即占领了从意大利北部到罗马的交通线，沿途未遇政府军和警察的抵抗。27日晚，法克特政府决定实行戒严，但国王伊曼纽尔三世不同意，法克特被迫辞职。28日法西斯党徒开进了罗马。

10月29日晚上，国王邀请墨索里尼从米兰来到罗马。次日，墨索里尼出任总理并组织内阁。从此，世界上第一个法西斯政权——意大利法西斯政权建立。

密相连的，只有联合起来，才能打败敌人。

《宣言》阐述了革命性质、革命对象和革命动力。认为，中国现阶段的革命性质是无产阶级帮助资产阶级进行的反帝反封建的民主革命。待民主革命胜利后，便要实行无产阶级专政的第二次奋斗。明确革命的对象是指帝国主义和封建军阀，革命动力包括工人阶级、农民阶级、小资产阶级和民族资产阶级。

《宣言》中明确地指出了，党追求实现无产阶级专政，建立共产主义社会的最高纲领，以及现阶段推翻帝国主义压迫、取得民族独立、统一中国为真正民主共和国的最低纲领。

大会调整了党的中央领导机关，组成中央执行委员会。推选陈独秀、张国焘、蔡和森、高君宇、邓中夏为中央委员，陈独秀任委员长。大会还决定出版党的中央机关刊物《向导》周报。

此外，大会还通过《关于"民主的联合战线"的决议案》、《关于共产党的组织章程决议案》、《中国共产党章程》、《中国共产党加入第三国际决议案》、《关于"工会运动与共产党"的决议案》、《关于妇女运动的决议》和《关于少年运动问题的决议案》等一系列决议。

大会于7月23日胜利闭幕。

■ 9月，陈独秀、李大钊、马林、张太雷受孙中山之邀参加关于改组国民党的讨论

1921年年末，孙中山在桂林会见共产国际代表马林时，马林就曾对国共合作及国民党改组问题与孙中山进行了讨论。但在这次讨论中，国共合作的提出并没有引起孙中山的重视，因为中国共产党确系刚刚成立的政党，规模、影响尚小。

时隔半年后，革命形势的变化，使孙中山的思想有了飞速的进步。他开始逐渐认识到朝气蓬勃的中国共产党对中国革命事业的推动起到的积极作用，并引其为同志和战友，确信"在斗争中他能依靠他们的明确思想和无畏的勇气"。

1922年7月，在党的二大上，中国共产党就国共合作问题进行过讨论，但没有解决同国民党的合作形式问题。

在共产国际的促成下，9月，陈独秀、李大钊、马林会见了孙中山，磋商合作的具体问题。

关于两党合作形式问题，双方分歧很大。中共主张"对等联合"，实行党间合作，陈独秀甚至就此提出了联合后具体的工作设想。但这一提议遭到孙中山的反对，他坚持采取"党内合作"的形式，认为三民主义本身就包含了社会主义和共产主义内容，

▲ 共产国际代表马林

世界

▶ 11月15日，法国医生卡雷尔发现白血球

11月15日，在美国洛克菲勒研究所工作的法国生物学家亚力士·卡雷尔博士发现白血球。卡雷尔是法国著名外科医师、社会学家和生物学家，由于创造了缝合血管的方法，而获得1912年诺贝尔医学奖。

1873年6月28日，卡雷尔出生于法国里昂。在1890～1900年间，他成为里昂医院实习医生。1900年，卡雷尔获得里昂大学医学博士学位，并于1904年赴美国到芝加哥大学工作，后被派往纽约洛克菲勒医学研究所（现洛克菲勒大学）从事医学研究。第一次世界大战期间，他回法国工作，研究出用杀菌剂冲洗伤口、治疗创伤的卡雷尔—达金氏法，并因为发明了一种缝合血管的方法和在组织培养上的杰出贡献而获得了1912年的诺贝尔生理学和医学奖。

1919年后，他回到洛克菲勒研究所工作。1922年11月15日，卡雷尔发现了白血球（今称白细胞）。白血球的发现对疾病的研究与治疗有着十分重大的意义。此后他继续从事医学研究，他一共发表了有关生物学和外科学方面论文50余篇，主要有《人的奥秘》、《器官培养》、《对生命的见解》等。

通过党内合作，吸收新生力量和新鲜血液足可拯救国民党，完成其救国救民的夙愿。

中共领导人对孙中山提出的意见进行了缜密研究，从革命大局出发，最终接受了"党内合作"的形式，同意共产党以个人身份加入国民党，完成国民党改组，建立统一战线。

为表示共产党人对两党合作的诚意，会谈不久，李大钊、陈独秀、蔡和森、张太雷等人由张继介绍，孙中山亲自主盟，以宣誓形式，正式加入国民党。

■ **12月20日，孙中山派汪精卫到奉天会晤张作霖，希望促成南北统一**

1919年秋，孙中山出于对革命形势的考虑，开始与奉系军阀张作霖接触，希望借助奉系的力量打击直系。不久，第一次直奉战争爆发，孙中山与张作霖结成反直军事同盟，合作关系进一步牢固。

1922年4月，直奉战争结束后，北京政权由直系独控，奉系退至关外。但政局形势，风云变幻，直系政权并不稳固。中原各派系以及直系中各势力之间上演权力角逐，人事更替混乱，政局动荡。直系曹锟遂图谋武力促统。

在这样的背景下，孙中山加强了与张作霖的联系。1922年9月，孙中山派汪精卫赴奉天与张作霖就双方合作事宜进行会谈，受到了张作霖的热烈欢迎。此后双方联系日益密切，一时之间，奉粤函电往来频繁。此时，曹锟意欲破坏孙、张同盟，以副总统之职诱惑张作霖。

为了不使曹锟的阴谋得逞，1922年12月20日，孙中山派汪精卫赴奉天与张作霖接洽。孙中山希望通过此次洽谈，能够促成南北统一，并共同反对用金钱、武力进行的总统选举。

孙中山在给张作霖的书信中提到"吾辈处此，惟有坚持一定之宗旨，始终贯彻，以不变者待其变，庶其变乃有穷期也"，"文前与公书，让此后对于大局，无论为和为战，彼此和衷，商榷一致行动，决不参差，迄今此意，秋毫无改。凡公所斡旋，文必不生异同，且当量力为助"。孙中山考虑到政局的动荡，希望与奉系张作霖建立的军事同盟关系能够更加稳固，面对形势变化可以共同进退。

世界

▶12月30日，苏维埃社会主义共和国联盟成立

▲ 列宁

十月革命后，俄国境内各民族纷纷建立独立国家或自治共和国。随着社会主义建设时期的开始，为了统一进行国防建设和经济建设，各苏维埃共和国的共产党提出了联合问题。

1922年12月30日晚，根据列宁的提议，苏维埃社会主义共和国联盟第一次代表大会在莫斯科召开。大会通过了苏联成立宣言和联盟条约，条约规定：联盟苏维埃代表大会为国家最高权力机关，联盟人民委员会为执行机关。同时，条约还特别规定：每个加盟共和国都保留有自由退出联盟的权利。

大会选出了加里宁为主席的全俄中央执行委员会。俄罗斯、白俄罗斯、乌克兰和南高加索4个苏维埃共和国加入苏维埃社会主义共和国联盟，简称"苏联"。

备忘

- 1月1日，中国第一部刑事诉讼法典开始试行
- 2月3日，中国地质学会在北京成立
- 3月，张石川创办明星电影公司
- 5月26日，地质学教授李四光在中国地质学会第二次年会上发表讲演，推断华北地区发生过第四纪冰川
- 6月，我国试行道尔顿教学法
- 8月18日，中国科学社生物研究所在南京成立
- 12月1日，清朝末代皇帝溥仪在紫禁城举行结婚大典

1923年

 大事

■ 2月7日，吴佩孚镇压京汉铁路工人大罢工，造成惨案

以1922年1月举行的香港海员罢工为起点，工人运动汹涌澎湃，罢工斗争在各地此起彼伏，形成了中国工人运动的第一次高潮。

京汉铁路工人大罢工，将第一次工运高潮推到了顶峰。京汉铁路是中国南北交通的干线，共有员工3万余人。1922年底，京汉路各站已成立工会组织16个，并计划于1923年2月成立总工会，该计划遭到吴佩孚的禁止。

1923年2月1日，工会代表强行突破军警阻拦，如期召开成立大会。会后，反动军警占领并捣毁了总工会会所。当晚，总工会决定全路总罢工。4日，京汉全线陷入瘫痪。

罢工使帝国主义和军阀极为恐慌，他们勾结起来采取血腥镇压的手段扑灭罢工。2月7日，吴佩孚在北京公使团和英驻汉口总领事支持下，下令对汉口、郑州、长辛店等地的工人武力镇压。致使50余人惨死，300余人受伤，被捕及开除的有1000多人。制造了震惊全国的"二七惨案"。随后，吴佩孚以武力强迫工人复工。

▲ 京汉铁路罢工工运领袖共产党员林祥谦

在这场与帝国主义和反动军阀的斗争过程中，中国共产党始终与人民群众站在一起。江岸分会委员长、共产党员林祥谦被敌人缚于车站电线杆上，反动军阀强迫其下令复工，但林祥谦严词拒绝："此事乃全路三万人生死存亡所系，我分会非得总工会命令不能开工。头可断，工不可开。"这位杰出的工人领袖，被残忍地杀害，悬首示众。武汉公团联合会的律师、共产党员施洋，被逮捕投入监狱，忍受了非人的折磨，最后英勇牺牲。

为了争取集会结社自由，京汉铁路工人付出了巨大的代价。"二七惨案"发生后，为保存力量，9日，京汉铁路总工会和湖北工团联合会下令复工，罢工结束。此后，全国工人运动暂时转入低潮。

■ 3月21日，广州陆海军大元帅大本营正式成立，孙中山就任大元帅职

1922年6月，陈炯明发动叛乱，炮轰总统府后，孙中山离开广州，退避

上海。之后，孙中山在上海指挥北伐军回师平乱。由许崇智率领的北伐军由粤经赣入闽，于10月12日攻克福州。18日，孙中山将入闽北伐军改称东路讨贼军，讨伐陈炯明。同时联络驻广西境内的滇、桂、粤军，组成西路讨贼军。15日，陈炯明通电下野，率残部退走惠州。

1923年2月21日，孙中山由上海返回广州，准备重建广东革命根据地。时值与张作霖、段祺瑞及各省都督组成反直军事同盟之际，孙中山考虑到如果恢复非常大总统职位，一定会遭到军阀们的反对，于是孙中山改任大元帅职。

3月初，中华民国陆海军大元帅大本营正式成立，孙中山就任陆海军大元帅。任命：廖仲恺为财政部长、谭延闿为内务部长、伍朝枢为外交部长、程潜为军政部长、邓泽如为建设部长、朱培德为拱卫军总司令、杨庶堪为大本营秘书长。孙中山还任命蒋介石为大元帅府参谋长。大元帅府成立后，对军队重新作了部署。陆军分东、西两路，海军舰艇归属中央直辖军。

3月以后，孙中山以大元帅身份在广州主持政务。但是陆海军大元帅大本营的地位不受各国重视，国际间都不承认广州政府是代表中国的政府，仅视同地方政府，透过领事与广州政府交涉。

大元帅大本营的性质与普通政府不同，被称为"革命政府"。后来，这个革命政府改组为国民政府。

■ 5月6日，津浦路北上快车在山东被炸毁拦截，引发了北京政府的外交危机

1923年5月5日下午5时，一列特快列车由浦口驶往北京，车上共有中外乘客300多人。5月6日2时，列车行至距离临城站三公里远的沙沟山时，前面铁轨的螺丝钉被起去若干，列车刹车不及，最前面的三节车厢出轨倾覆。

▲ 绿林领袖孙美瑶制造临城劫车案

正当车上乘客惊慌失措时，埋伏于铁轨两旁的绿林军在孙美瑶的带领下，一拥而上，掳走中外游客100多名。被掳走的外国游客中，以美国人居多，此外还包括英国人、法国人、意大利人、墨西哥人和罗马尼亚人。掳劫的中外游客，均受到很好的礼遇。

孙美瑶部并非漫无纪律之乌合草寇之众。所属部下，多为原军阀手下的士兵，其余为一战时期赴法的华工。部队有鲜明的政治主张，希望得到北京政府的收抚和改编，但为北洋军阀政府所不容，于是便发生临城劫车案。

临城劫车案轰动了海内外。7日，英、美、法、意、比等各国公使先后向北京政府施压，要求尽快救出人质。9日，五国公使以增加赔款威胁北京政府，北京政府急忙停顿一切政务，集中讨论营救外侨问题。

自7日起，一些被掳乘客被陆续释放，并带去孙部的条件，北京政府派

专员与孙部代表进行商谈,其间,陆续有人质被释放。各国列强以外侨没有全部释放为由,向北京政府进一步施压,甚至要诉诸武力,直接对华用兵。

几经调解,由驻鲁帮办郑士琦和孙美瑶直接谈判,双方达成协议,北京政府答应对孙部的改编,孙美瑶释放了全部人质。临城劫车案结束。

年底,孙美瑶被诱杀,所部600余人被打死,一部分被关押,大部分被遣散。

■6月12日~20日,中国共产党第三次全国代表大会在广州召开

在几经挫折后,孙中山认识到中国革命需要改弦更张,于是开始重视建立与中国共产党的合作关系。

中国共产党就此做出了回应,多次与孙中山商谈国共两党合作问题。1922年8月,中国共产党在杭州西湖召开了特别会议,基本上确立了国共合作的方针政策。

1923年6月12日,中国共产党第三次全国代表大会在广州举行。出席大会的有:陈独秀、李大钊、毛泽东、蔡和森、瞿秋白、张太雷、张国焘等30多人,代表全国党员420人。共产国际代表马林也出席了大会。

大会的主要议题是讨论共产党加入国民党的问题,以实现国共合作。与会代表分成两派,就共产党是否全体加入国民党、是否在工人阶级中发展国民党的组织的问题展开激烈的争论。大会最后决定,接受共产国际关于国共合作的决议,在保持党在政治上、组织上的独立性的前提下,全体共产党员以个人身份加入国民党。

大会通过了《关于国民运动及国民党问题的决议案》,进一步明确指出,中国共产党现阶段的革命任务,是帮助中国的资产阶级完成反帝反封建的民主革命,实现国共合作,建立统一战线。

大会修订了党章,通过了关于劳动运动、农民问题、青年运动、妇女运动等决议案。大会改选了中央执行委员会,选举陈独秀、李大钊、蔡和森、毛泽东、王荷波等9人为中央委员,陈独秀任委员长,又选举了5名候补委员。由陈独秀、毛泽东、罗章龙、蔡和森、谭平山组成中央局,处理日常事务,中央机关暂留广州。

大会于20日闭幕。

■9月,苏俄驻华代表加拉罕抵达北京,发表第三次对华宣言

俄国通过十月革命建立苏维埃政权之后,苏俄政府分别于1919、1920年两次发表对华宣言,试图解决中俄边界问题。但由于苏俄政府在具体问题上执意强调单方面利益,甚至未经北京政府同意,将苏俄红军开进外蒙,策动外蒙独立,致使两国关系恶化,交涉进展不大。

1923年9月,苏俄政府派遣副外交人民委员加拉罕率外交使团访华。加拉罕曾代表苏俄政府发表了前两次对华宣言,此次来华,是同北京政府就两国交涉的问题继续讨论。

9月4日,加拉罕代表苏俄政府发表了第三次对华宣言,宣言重申了前

本人自去年复职以来,唯一目的在于完成宪法,决无延长任期和竞选总统的用心,而此次个人自由受到侵犯,不能行使职权,所望邦人君子,鉴谅苦衷,主持正义,俾毁法夺位之徒,绝迹吾国。

——此为1923年6月13日,黎元洪被迫辞去大总统职位在离京前的讲话

我们相信只有客观的物质原因可以变动社会,可以解释历史,可以支配人生观,这便是唯物的历史观。

——1923年2月,陈独秀、瞿秋白关于人生观问题的解释

应当积极的加入国民党,共同的实行国民革命运动,中国才有复苏的希望。只有那时,此次国民党的改组才真是中国民权运动的新纪元。

——1923年12月,瞿秋白对中国共产党加入国民党一事的态度

两次宣言的内容和精神，声明苏俄实行完全尊重主权，彻底放弃从别国人民那里夺得的一切领土和其他利益的外交政策，仍将以1919年和1920年的两次对华宣言作为"对华关系的指导基础"，希望与北京政府协商一致，实现两国关系正常化。

苏俄对华的三次宣言，与各帝国主义国家的对华政策截然不同，是建立在互相尊重的基础上，希望通过谈判，废除中俄之间的一切不平等条约，建立两国外交关系。

这次宣言的发表，赢得了深受帝国主义压迫的中国人民的好感，在国内引起了巨大反响，得到了全国人民的热烈欢迎。

在两国代表进行谈判的同时，美英等国一直保持着高度警惕和密切注视。北京政府慑于西方列强的压力，不敢承认苏俄政府，谈判没有取得成果。

■ 10月5日，曹锟因贿选当上大总统

▲ 北洋军阀直系领袖曹锟

世界

▶9月1日，日本关东发生大地震

1923年9月1日，日本关东地区发生里氏8级以上的强烈地震。地震灾区包括东京、神奈川、千叶、静冈、山梨等地，地震造成14余万人丧生，200多万人无家可归，财产损失65亿日元。

地震引发火灾、海啸和霍乱，交通、水电供应严重破坏。军警当局乘混乱之际诬指社会主义者和旅日朝鲜侨民纵火、投毒，授意右翼团体自警团恣意刑讯、屠杀。被杀害朝侨达2613人，旅日华侨也有近200人失踪。

关东大地震是20世纪世界最大的地震灾害之一。地震、地震次生灾害，特别是地震火灾的人员伤亡和财产损失是前所未有的，实为日本历史上所罕见。

1912年3月，袁世凯在北京就任中华民国临时大总统，实际上开创了北洋军阀掌控北京政权的局面。1916年，袁世凯去世后，北洋军阀分裂成几个派系，开始了争夺对北京政府的控制权的混战。

在取得直皖战争、直奉战争的胜利后，直系军阀独霸了北京政府的大权。最初，直系曹锟、吴佩孚采取了一系列措施，巩固其统治地位。时任中华民国大总统的黎元洪，实际上被架空职权，成为曹锟阴谋当选大总统道路上的一块垫脚石。

1923年1月，曹锟认为直系的统治已经稳固，开始策划夺取总统职位的阴谋活动。5月，曹锟以黎元洪总统任期结束为由，使用暴力手段驱逐黎元洪。6月，黎元洪被迫辞职。

在逼宫式的驱逐黎元洪的同时，曹锟着手收买国会议员。1923年初，曹锟行贿380多名议员，包括正副议长，每人均有"津贴"。不久，曹锟第二次行贿，他将议员分为三等，发放金额从5000至10000元不等。对各政团头面人物，则另给巨款运动费。

由于孙中山号召国会议员到南方参加非常国会，因此很多议员离京，致使留京议员不足法定开会人数。曹锟便以40万重金收买议长，以每张票5000至10000元收买500多名议员，并答应给每个议员大会出席费，带病出席者另加医药费。

10月5日，曹锟不顾各界人士的谴责，公然举行"总统选举会"。届

时，军警出动，全城戒严。进入会场的议员被限制人身自由，时近下午，人数仍然不够，曹锟指示手下冒名顶替，参加选举。

选举结束，曹锟以压倒性票数当选总统。10月10日，曹锟宣誓就职。

备忘

- 1月23日，第一座民办广播电台开始播音
- 3月10日，北京政府声明取消"二十一条"，索还旅顺、大连
- 8月，鲁迅第一部小说集《呐喊》由北京新潮社出版
- 9月，闻一多诗集《红烛》出版
- 9月14日，中国红十字会派救护队赴日本抗震救灾
- 12月，李大钊赴广州帮助孙中山改组国民党
- 本年，由李惠堂等人组成的南华足球队访问澳大利亚

世界

▶11月8日，德国发生啤酒馆暴动

▲ 希特勒发表煽动性演讲

希特勒取得纳粹党领导权后，公开进行反对德国政府的活动。1923年的德国面临经济崩溃、政局动荡的社会形势，巴伐利亚邦与中央政府矛盾尖锐，希特勒企图乘机夺取政权。

1923年11月8日晚，巴伐利亚邦长官卡尔应慕尼黑某些企业团体之邀，在比尔格布罗伊凯勒尔啤酒店发表施政演说时，希特勒率冲锋队包围会场，宣布举行"民族革命"。

第二天中午，希特勒和鲁登道夫等人率领游行队伍与警察遭遇并发生枪战。16名纳粹分子被击毙，团体将领投降，暴动失败。

希特勒和其他纳粹头目均被捕，投入监狱。希特勒在于兰茨堡监狱服刑9个月即获释，出狱后继续从事法西斯活动。

1924年

大事

■ **1月20日~30日，中国国民党第一次全国代表大会在广州召开**

为实现国共合作，建立革命统一战线，中国共产党贯彻"三大"的精神，中共中央号召全体党员积极进行国民运动，加快国共合作的进行。

1924年1月20日，中国国民党第一次全国代表大会在广州召开，大会原定代表196人，实际出席的有165人。其中，包括以个人身份参加国民党的共产党员李大钊、陈独秀（未出席大会）、毛泽东等人。孙中山以总理身份担任大会主席，指定胡汉民、汪精卫、林森、谢持、李大钊五人组成主席团，值日主持会议。

大会最重要的成果是通过了《中国国民党第一次全国代表大会宣言》。该《宣言》共分三个部分，第一部分分析了自辛亥革命以后的中国社会状况，明确地指出实行三民主义，进行国民革命才是出路；第二部分，重新解释了三民主义，确立了联俄、联共、扶助农工的革命政策；第三部分为"国民党之政纲"，包括对外政策7条和对内政策15条。明确规定：取消一切不平等条约；实行中央及地方"均权主义"；确定人民有集会、结社、言论、出版、居住、信仰之完全自由权；制定劳工法，改善劳动者的生活状况，确认男女平等原则，推动女权发展等。

大会通过了新的党章，新党章规定了国民党从中央到基层的组织系统。改个人集权制的领导体制为民主集中制的委员会制，同时还规定了一系列党内纪律。

大会选举了中国国民党第一届中央执行委员会，推举胡汉民、汪精卫、李大钊等为中央执行委员，邵元冲、毛泽东、瞿秋白等为候补中央执行委员。同时选举了中央监察委员会、中央各部秘书处及组织部、青年部、宣传部等各部门负责处理中央及直辖地区的党务。

大会于1月30日闭幕。

■ **6月16日，黄埔军校正式举行开学典礼，孙中山发表演说**

1921年，孙中山在桂林会见共产国际代表马林时，马林曾建议孙中山创办一所军官学校，培养军事干部，这一建议得到了孙中山的赞同。

1924年1月，国民党一大期间，孙中山准备成立中国国民党陆军军官学校，校址选在广州市郊珠江中的黄埔岛上，因此学校简称黄埔军校。

学校招生工作从1月开始，生源遍及全国各省，文化程度参差不齐，成分比较复杂，大多是劳动人民的子弟和进步青年，一部分是共产党员和青

声音

中国共产党党员及中国社会主义青年团团员之加入本党为党员者，实以共产党党团在本党中活动，其言论行动，皆不忠实于本党，违反党义、破坏党德，确于本党之生存发展，有重大妨害。

——1924年6月，国民党中央监察委员会委员邓泽如、张继、谢持联名向国民党中央执行委员会提出的弹劾书

中国现在祸乱的根本，就是在军阀和那援助军阀的帝国主义者。我们这次来解决中国问题，在国民会议席上，第一点就要打破军阀，第二点就要打破援助军阀的帝国主义者。打破了这两个东西，中国才可以和平统一，才可以长治久安。

——1924年11月，孙中山应邀北上，途经上海时发表的讲话

年团员，也有一些剥削阶级的子弟。

1924年5月5日，黄埔军校学生入校编队，学校成立。

6月16日，黄埔军校举行开学典礼，孙中山亲临学校发表演讲，宣告"中国国民党陆军军官学校"正式成立，勉励学生："从今天起，立一个志愿，一生一世，都不存升官发财的心理，只知道做救国救民的事业。"

军校的最高领导机关为校本部，直属国民党中央执行委员会。孙中山亲自兼任校本部总理，任命蒋介石为校长，廖仲恺为党代表。下设政治、教授、教练、管理、军需、军医六部，后又增设教育长、军法处、参谋部，各部长官由国共两党要员混合担任。

▲ 黄埔军校

黄埔军校第一期招生470名，后陆续增加。1924年11月8日，第一期宣布毕业，毕业学生645名，少部分留校工作，一部分派往海军、工人纠察队、农民自卫军担任政治和教练工作，其余全部派到教导团任基层干部，参加东征。

黄埔军校是世界四大军事名校之一，于本部共办7期，造就了一大批声名显赫的政治巨人和骁勇善战的军事将领，毕业学生后来大多成为国共两党高级将领。

■ 8月，广州发生商团叛乱事件

第一次国共合作以后，革命事业蓬勃兴起，帝国主义对此十分恐慌。同时，反叛失败的陈炯明不甘心从此避居惠州；被买办、地主阶级操控的广东商团也畏惧革命锋芒，于是三方相互勾结，发动叛乱，妄图推翻革命政权。

1924年5月，广东商团团长、汇丰银行广州分行买办英籍华人陈廉伯开始秘密筹备，准备推翻广东革命政府，建立"商人"政府。8月，陈廉伯从英商手中购买大批枪械，用于叛乱。孙中山得知此事后，迅速下令扣缴了这批枪械。

"扣械"事件发生后，英帝国主义开始介入。一方面武力支持商团，以"罢市"威胁革命政府，要求退还"扣械"；另一方面，支持陈炯明谋攻广州，配合商团。对此，孙中山犹豫不决。后江浙战事爆发，孙中山决定北

▲ 胡汉民

伐，将大本营移至韶关，遂将此事交与胡汉民处理。胡汉民决定与商团妥协，广东的反革命气焰日益高涨。

9月，胡汉民将部分"扣械"发还商团，商团见政府步步退让，软弱可欺，气焰更加嚣张。10月，商团发出第二次罢市通牒，与群众发生暴力冲突，当场打死20多人，打伤100多人，制造了双十惨案。随后，商团封锁市区，准备与陈炯明配合，夺取政权。广州城一片混乱，革命政权岌岌可危。

10月13日，孙中山看到局势严重，在中国共产党及国民党左派的支持下，果断率军回师广州平叛。14日，北伐军先后到达广州。是夜，商团向政府军进攻。次日凌晨，政府军分五路对商团军发动总攻，商团军溃败。接着，驻防佛山的政府军摧毁了商团基地。

两个月的广东商团叛乱被平定，广东革命政权得到初步稳定。

■ 9月18日，第二次直奉战争爆发

1923年，曹锟"贿选"成为总统后，浙江督军卢永祥不承认其总统地位。同时，张作霖在遭遇第一次直奉战争的失败后，厉兵秣马谋图报复。此外，孙中山的广州政权致力于北伐。于是，孙、张、卢的反直三角军事同盟的作用再次突显。

1924年9月，直系齐燮元在曹锟、吴佩孚同意后，发动了对卢永祥的军事打击，江浙战事爆发。与卢永祥系同盟关系的张作霖起兵策应。10月12日，卢永祥通电下野，江浙战事结束。

江浙战事结束，第二次直奉战争的阴云遂起。9月18日，曹锟下令讨伐张作霖，任命吴佩孚为"讨逆军总司令"，战争爆发。直系兵力25万，奉系25万，双方皆有海、空军参战。

吴佩孚将军队分成三路，并设十路援军；张作霖分兵六路，率军入关。双方交战的着眼点在热河、山海关一带。战争开始以后，山海关方面，奉军防线坚固，直军攻势受挫，尽管吴佩孚亲上前线督战，仍然没有挽回颓势，直军败退至天津。热河一线，奉军攻势凌厉，先后攻占了朝阳、开鲁、建平、凌原、赤峰，直军死伤惨重。

战场形势已对直军不利，此时直军第三路军冯玉祥，因与吴佩孚早有嫌隙，同时受不断高涨的革命形势影响，发动了北京政变，于10月21日脱离战线，回师北京，攻占北京要地，囚禁贿选总统曹锟。在控制北京政权之后，冯玉祥建立"中华民国国民军"，同时电邀孙中山北上共商国是。

11月3日，在奉军与国民军的夹击下，直系惨败，吴佩孚率2000残部乘军舰从海路南逃，到长江流域寻求英美势力保护，第二次直奉战争结束。

■ 10月23日，冯玉祥在北京发动政变，囚禁总统曹锟

直系内部各支系势力复杂，暗流汹涌。直系军阀冯玉祥自辛亥革命时期，就对孙中山的民主思想有所接触。之后，与孙中山多有书信往来，对孙中山和广东革命政权倾慕已久，实属封建军阀中民主进步人士，对曹锟

世界

▶ 1月21日，列宁逝世

1924年1月21日，全世界无产阶级革命导师、苏联共产党和共产国际运动的领袖、苏维埃国家的缔造者、马克思和恩格斯事业和学说的继承者、列宁主义理论体系的创立者弗拉基米尔·伊里奇·列宁在莫斯科附近的哥尔克村因病与世长辞，享年54岁。

1月22日，斯大林等全体俄共中央委员前往哥尔克村致哀。23日下午，列宁灵柩移往莫斯科，由苏联党和国家举行追悼仪式。四天之内先后有数百万各界人士冒着严寒、夜以继日地向列宁遗体告别。

列宁是把自己的一切都奉献给革命事业的无产阶级领袖，他长期紧张的政治活动，以及社会革命党暗杀造成的创伤，严重损害了他的健康。自1922年上半年起，便身患重病，直至离世。他的逝世是全世界无产阶级和劳动人民最沉痛的损失。

▲ 爱国将军冯玉祥

▲ 冯玉祥真迹

操控的北京政权非常排斥。

1924年10月，正值第二次直奉战争紧要之际，冯玉祥与直系援军第二路司令胡景翼、京畿警备副司令孙岳秘密策划倒戈反直。

19日，冯玉祥部从古北口、密云前线挥师秘密回京。21日，冯玉祥命鹿钟麟率部以昼夜200里的速度驰赴北京。22日下午，抵北苑与留守司令蒋鸿遇会合。晚8时，率部由北苑出发，轻装简骑，静悄悄地来到安定门。这时，已近深夜12时，夜幕沉沉，城内一片寂静。守军孙岳部早已得到命令，大开城门，迎接鹿钟麟。事先混入城内的部队，按原定部署，于11时包围了总统府，切断了电话线，并占领了电话局、电报局及火车站等要害部门。各处守卫警察因事变突如其来，莫知所以，均乖乖缴械。

整个政变过程，没有费一枪一弹，没有惊扰一个北京市民。清晨，市民惊异地发现满城皆是佩戴"不扰民、真爱国、誓死救国"袖章的国民军士兵，才知道北京一夜之间发生了重大变化。

23日，冯玉祥、胡景翼、孙岳联名发表主和通电。24日，冯玉祥逼迫曹锟下令革去吴佩孚本兼各职，建立"中华民国国民军"，同时电邀孙中山北上商议国事。11月，曹锟被迫辞去总统职位。

至此，直系军阀操控的北京中央政权宣告结束。

■ **11月5日，末代皇帝溥仪被逐出皇宫**

11月3日，国民军冯玉祥所部将景山的守卫部队全部缴械，调到北苑进行改编，皇室大为恐慌，便暗中与外界联系，商量对策。鹿钟麟得悉此事后，立即报与冯玉祥、黄郛，并指出：驱除溥仪，须从速进行，否则迟恐生变。黄郛得报后连夜召开紧急阁议，将优待清室条件加以修改并讨论通

世界

▶ 1月26日，第一届冬季奥林匹克运动会在法国的夏蒙尼开幕

▲ 第一届冬运会举办地——夏蒙尼小镇

1924年1月26日至2月4日，第一届冬季奥林匹克运动会在法国的夏蒙尼举行。

20世纪初期，冰雪运动就已在欧美一些国家得到广泛开展。1922年，在国际奥委会巴黎会议上，采纳顾拜旦的意见，决定在1924年夏季奥林匹克运动会前举行冰雪类项目的比赛，但避开了"奥林匹克运动会"字眼，称为"1924年奥林匹亚冬季运动周"。随交由第8届奥林匹克运动会东道主法国承办。

1月26日，首届冬季奥林匹克运动会正式开幕。参赛的有冰雪运动水平较高的挪威、芬兰、瑞典、瑞士、奥地利、美国、加拿大、法国以及对比赛不抱多大希望但颇有兴趣的英国、意大利、比利时、捷克斯洛伐克、拉脱维亚、匈牙利、南斯拉夫、波兰共16个国家，参赛运动员共258人。比赛项目有滑雪、滑冰、冰球和有舵雪橇。奖牌榜前三位分别是挪威、芬兰、奥地利。

中国百年实录 1924年

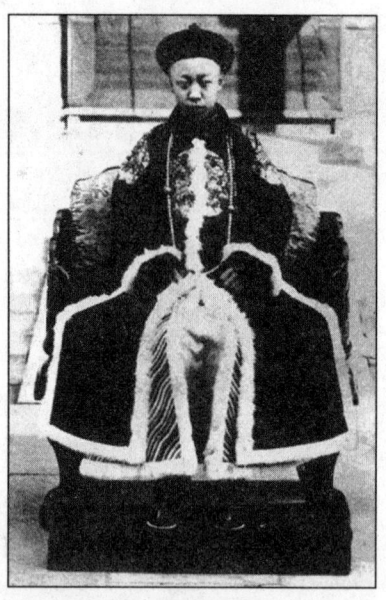

▲ 爱新觉罗·溥仪

过后，筹组了处理溥仪出宫后一切事宜的清室善后委员会。

优待条件修改通过后，由北京警备总司令鹿钟麟、警察总监张璧，会同社会知名人士李煜瀛前往故宫执行。5日晨，三人共商执行步骤。张璧问道："这是一件大事，需要多少军警？"鹿钟麟答道："军警二十名就够了。"计议即定，先将故宫外军警布置妥当，并将电话线割断后，即率领军警各20名直入神武门。每通过一门，就布置军警监视其值岗卫兵，不许走动。三径趋溥仪住所。清室正在召开"御前"会议，鹿钟麟等人便出示修改过的优待条件，并说明来意，请会议主持绍英转达溥仪，立即迁出宫外。绍英虽惊慌失措，仍故作镇定，并指着李煜瀛说："你不是故相李鸿藻的公子吗？何忍出此？"李煜瀛笑而不语，他又指着鹿钟麟说："你不是故相鹿传霖的同宗吗？为什么这样逼迫我们？"鹿钟麟回答说："你要知道，我们来此执行国务院的命令，是为了民国，同时是为了清室，如果不是我们，你们就休想从容了。"绍英又说："优待条件尚在，怎么能够这么做呢？"鹿钟麟又说："张勋复辟，颠覆民国，优待条件早为肖室所毁弃。当时全国军民一致要求严惩复辟元凶，到现在还是一个悬案。最近摄政内阁成立，各方又纷纷提出严办复辟元凶的要求，群情激奋，就要直接采取不利于清室的行动，现在宫内外布满军警，气势汹汹，就要动手，如果不是我们劝阻他们稍停片刻，现在早就出乱子了。"

绍英等人不得已，只好派人去告知溥仪，往返数次，但溥仪并没有出宫之意。鹿钟麟见事不能决，大声对随从人员说："告诉外边，事情还在商量，先不要开炮放火，再延长20分钟。"溥仪闻言大惊，立即答应出宫。随即交出了玺印，并收拾私物，在鹿、李、张的监视与保护下，离开紫禁城，宫中太监宫女也都迁出宫外。

■ 11月13日，孙中山携宋庆龄北上

冯玉祥发动北京政变，结束曹锟政权之后，邀请孙中山北上"主持大计"，共商国是，并派代表到广州迎接孙中山。奉系张作霖、皖系段祺瑞为软化孙中山，也致电孙中山对北上一事表示欢迎。

此时，国共合作局面已经形成。孙中山在中国共产党和全国人民的支持下，谋求国家的和平统一，毅然决定受邀北上。

10月27日，孙中山在韶关分别致电冯玉祥、段祺瑞，表示"拟即日北上，晤商一切"。10月30日，孙中山返抵广州，在大元帅府召集会议，讨

世界

▶4月6日，人类完成首次环球飞行

1924年4月6日，由美国飞机设计师道格拉斯设计与制造的4架"世界巡航者"号双翼机，组成飞机编队，由"西雅图"号任长机，从西雅图市起飞，开始了人类历史上首次环球飞行。

当机组飞行临阿拉斯加时，"西雅图"号因故障停飞，"芝加哥"号率领其余2架继续飞行，编队越过太平洋，途经日本、中国、缅甸、泰国及中东、巴尔干地区，于7月14日平安抵达巴黎。次日，在横越英吉利海峡后，"波士顿"号也因故障退出环球飞行行列，"芝加哥"号率领"新奥尔良"号继续飞行。几经磨难，横渡大西洋后，编队于1924年9月28日，飞返始发地西雅图。

此次飞行，历时176天，其中飞行时间为371小时7分，共着陆57次，行程44312千米。环球飞行的成功，使美国公众对航空的爱好空前高涨，许多工业家投资航空业的开发，并带动了科技领域航空技术市场化的进程。

论应付北方时局的具体办法，并决定亲自北上。11月4日，孙中山命令胡汉民留守广州，代行大元帅职权；令谭延闿办理大本营事务，主持北伐军事，相关事宜布置妥当。11月10日，孙中山发表了《时局宣言》，重申反帝反封建的政治主张，实现国家的和平统一。

11月13日，孙中山携夫人宋庆龄和陈友仁、谢持、邹鲁等人启程北上。临行前，孙中山最后一次检阅了黄埔军校。在阅兵台上，看着这些年轻英武的将士，孙中山意味深长地说："有了这么好的学生，我死而无憾了。"随即，孙中山乘中山舰由广州出发，北上首都。

孙中山借这次北上机会，频频接见记者，四处演讲，宣传救国主张。11月17日，孙中山一行抵达上海，受到成千上万群众的热烈欢迎。在上海期间，孙中山接见了各界人士及新闻记者，宣传反帝救国思想。11月21日，孙中山离开上海，取道日本长崎、神户，于12月4日，抵达天津。

▲ 孙中山与宋庆龄

对于孙中山的抵津，北方各界群众热烈欢迎，甚至当时还没有和广东革命政府建立关系的西方各国的外交使节也纷纷表示欢迎。12月31日，孙中山由天津乘专车到达北京，受到10多万各界人士的热烈的而隆重欢迎。

备忘

- 4月，《世界晚报》在北京创刊
- 4月12日，印度诗人泰戈尔抵达上海，开始为期一个多月的访华之旅
- 4月14日，唐在复代表中国出席"国际航空会议"
- 10月，著名文学家、翻译家林纾逝世
- 11月13日，清室善后委员会查封清室财产完毕，预估价值达10亿元

1925年

 大事

■1月11日~22日，中国共产党第四次全国代表大会在上海召开

自国共第一次合作开始以后，总结国共合作一年来的经验，解决革命新形势下的一些问题，中国共产党有必要建立新的工作方针和政策。

1925年1月11日，中国共产党第四次全国代表大会于上海举行，出席大会的有陈独秀、蔡和森、瞿秋白、谭平山、周恩来、彭述之、张太雷等20人，代表全国994名党员。共产国际代表维经斯基也参加了大会。大会由陈独秀主持。

陈独秀代表第三届中央执行委员会做了工作报告，维经斯基、蔡和森、周恩来等分别在会上作了报告或发言。大会经过讨论通过《对于中央执行委员会报告之议决案》、《对于民族革命运动之议决案》、《对于职工运动之议决案》以及对于青年运动、妇女运动、农民运动、党的组织、宣传工作等11个决议案，通过了《中国共产党第二次修正章程》，发表了《中国共产党第四次全国代表大会宣言》。

这次大会对党在当时要解决的一些基本问题作了阐述和回答，而最具历史意义的是，明确提出了无产阶级在民主革命中的领导权问题。大会的另一个重要贡献是提出了工农联盟问题，指出：农民是无产阶级天然的同盟者，无产阶级及其政党若不去发动和组织农民斗争，无产阶级的领导地位是不可能取得的。

大会还在总结和国民党建立统一战线经验的基础上，确定了党同国民党关系的新政策，基本方针是：打击右派，争取中派，扩大左派。

大会选举了新的中央执行委员会，陈独秀、瞿秋白、蔡和森、张国焘、彭述之、李大钊等9人当选为中央执行委员，邓培、王荷波、张太雷、罗章龙、朱锦堂5人为候补委员。会后，中央执行委员会选举陈独秀、张国焘、彭述之、蔡和森、瞿秋白5人组成中央局，陈独秀为中央执行委员会总书记。

大会于22日闭幕。

■2月1日，广州革命政府宣布东征

1924年，广东革命政府平定商团叛乱后，广东革命政权得以初步稳定。年末，孙中山北上后，盘踞在东江一带的陈炯明以为有机可乘，于1925年1月7日，再次对广州发动进攻。

在中国共产党的倡导和号召下，广州革命政府举兵反击。2月1日，政

 声音

廖先生一生苦斗，革命为党，牺牲为国，数十年来自种了不少政敌。但是此次杀死廖先生的决不是普通的政敌，至少我们可以断定这个暗杀案的后边藏有极大的黑幕阴谋。党代表惨死了，我们最痛心的是党代表不死于他数十年之革命奔走中，不死于东江讨逆之棉湖视师中，不死于杨刘作乱之恶险空气中，而竟死于国民政府改组后正在秉承总理遗志努力图谋统一广东军政财政以便发展国民革命之进行中，是党代表之惨死，简直为承继总理遗志而牺牲！
——1925年8月末，周恩来作《勿忘党仇》悼念廖仲恺

惟英雄能活人杀人，功罪是非，自有千秋青史在；
与故交曾一战再战，公仇私谊，全凭一寸赤心知。
——1925年3月，陈炯明挽孙中山联

举数千年帝制扫荡无遗，改良政治，铸造共和，盖世景勋猷，岭海苍茫钟间气；
为中百兆民族牺牲以死，功在国家，名垂简册，周年逢纪念，河山黯淡有余哀。
——1925年3月，李宗仁挽孙中山联

府发布东征动员令,分三路出征。以黄埔军校学生军和粤军为右路军,由军校校长、粤军参谋长蒋介石统领,周恩来担任战时政治部主任,作为东征的主力;滇军杨希闵部为左路军;桂军刘震寰部为中路军。

右路的黄埔学生军和粤军,由于共产党员和青年团员勇敢作战,不怕牺牲,发挥了先锋骨干作用,并得到海陆丰等地农民的配合和支援,势如破竹,连战告捷。2月14日,完成既定的作战计划,克复淡水。由于中、左两路大军暗中与陈炯明勾结,因此一直按兵不动。右路军无奈继续作战。3月初,东征军经过海丰、陆丰,在棉湖战役取得重大胜利后,取道安流直趋王华、兴宁、梅县地区。中旬攻克五华。月底,大破敌军主力3万余人,陈炯明率残部向闽、赣边境逃窜。

▲ 黄埔军誓师东征

4月,左路杨希闵部和中路刘震寰部相互勾结,返回广州,并控制了一些主要阵地。5月,广州政府命令黄埔军秘密回师。6月4日,杨部、刘部发动武装叛乱,占领广东省长公署。11日拂晓,回师后的黄埔军发动总攻击。12日,平定叛乱,全歼叛军2万余人,第一次东征结束。

■ 3月12日,孙中山在北京逝世

1924年11月,孙中山受邀北上,离开上海之后,在海上辗转20多天,日夜操劳,身体状况一直不太好。

12月4日,孙中山一行抵达天津后,天气已经寒冷。孙中山很不适应北方天气,但长时间脱帽站立,加上长途旅行后的身心疲惫,随即病倒,病势十分严重。随行人员立即请德国医生为其诊治,当时医生对于今天大家所注意的癌症尚不留心,所以只专对感冒进行医治,没有检查肝部的毛病,孙中山服药后,经数日调养,热度渐退,医生嘱咐勿劳动多休息,而

▲ 1925年3月12日,孙中山在北京逝世

孙中山颇觉肝部作痛不止。6日起，病况有进步，孙中山就打算强作精神赴各地演讲，经医生劝阻才作罢。8日，孙中山乃抱病见客。

1925年1月15日，孙中山的病情突然加重。26日，由北京饭店转入协和医院进行治疗，经诊断为肝癌晚期。由于孙中山体质日渐衰弱，而且年事已高，不便施行手术，只能用药物控制的方法进行治疗。

3月12日上午9时30分，孙中山在北京铁狮子胡同临时行辕逝世，享年59岁。孙中山在逝世前留下了总理遗嘱、致苏联遗书和家事遗嘱。

孙中山逝世的消息传出后，全国人民沉浸在一片哀悼之中，北京人民自动戴上黑纱，各机关团体络绎不绝地到临时治丧处送挽联和祭悼。3月19日，孙中山的灵柩由铁狮子胡同临时行辕移至北京中央公园公祭。前来吊唁的各界群众和外国友人达74万人。公祭结束，移灵北京西山碧云寺，数以万计的市民参加了送殡行列，全国各地都隆重举行了追悼大会，纪念这位伟人的离世。

> 余致力国民革命凡四十年，其目的在求中国之自由平等。积四十年之经验，深知欲达到此目的，必须唤起民众及联合世界上以平等待我之民族，共同奋斗。
>
> 现在革命尚未成功，凡我同志，务须依照余所著《建国方略》、《建国大纲》、《三民主义》及《第一次全国代表大会宣言》，继续努力，以求贯彻。最近主张开国民会议及废除不平等条约，尤须于最短期间促其实现。是所至嘱！
>
> ——此为1925年2月24日孙中山书写定稿、3月11日补签的遗嘱

■5月30日，五卅惨案发生

中共四大的召开及大会精神的贯彻，迅速推动了全国革命运动，首先是工人运动的蓬勃发展。自1925年2月起，全国各地的罢工斗争此起彼伏。4、5月间，帝国主义开始对罢工工人展开报复，声言"用关厂来饿死中国工人"。

5月15日，上海日本内外棉纱厂的资本家借口存纱不足，将第七厂关闭，并停发工人工资。当日傍晚，五六百人照常上夜班，与资本家在工厂门口对峙，工人代表顾正红上前交涉，被枪杀，当场还有10余名工人被打伤。

血案发生后，上海各大学的学生以街头募捐的形式，救济死难工人家属，援助工人的斗争。但租界当局以"扰乱社会治安"的罪名，逮捕了文治、上海两大学的6名学生，并扬言对其公审。随后，决定出台四项损害中国工商业者利益的提案，进一步激化了帝国主义同人民大众之间的矛盾。

5月30日上午，上海各校学生2000人在上海公共租界各主要街道散发传单，发表演讲，抗议日本资本家枪杀顾正红的暴行，反对"四提案"和逮捕学生、工人等。租界当局大肆拘捕爱国学生，当天下午，仅南京路老闸捕房一处就拘捕了100多人。数千名愤怒的群众聚集在巡捕房外，要求释放被捕学生。英国捕头爱伏生竟调集通班巡捕，向手无寸铁的群众射击，造成死十几人，伤数十人，被捕四十余人的惨剧，这就是震惊中外的五卅惨案。

■6月19日，省港大罢工爆发

五卅惨案发生后，在全国范围内掀起了一阵反帝爱国风潮。其中，影响最深、规模最大、时间最长的是由广州、香港工人发起的省港大罢工。

1925年6月19日，香港数万工人举行罢工，提出政治、经济的要求。香港政府随即下令紧急封锁和戒严，愤怒的罢工工人纷纷从香港返回广州。

1925年 中国百年实录

◀ 省港大罢工工运中，由愤怒的工人组成的游行队伍向帝国主义示威抗议

▶ 声势浩大的罢工游行队伍

21日，广州沙面的洋务工人也发动罢工。23日，在共产党员苏兆征、邓中夏、周恩来的领导下，罢工工人及各界人士约10万人集会，并举行大规模反帝示威游行。

午后3时，当游行队伍行至沙面对岸的西堤沙基桥西口时，早已布置好的英、法海军陆战队，从沙面突然向示威群众机枪扫射，游行队伍猝不及防，四散躲避。同时，驻扎在白鹅潭的外国军舰也向北岸开炮示威。当场打死50余人，重伤者170余人，轻伤者不计其数。

沙基惨案的发生，激起了中国人民更大的反帝怒潮，香港的罢工人数一下增加到25万，并有13万人陆续回到广州。在国民党中央的支持下，成立省港罢工委员会，统一领导香港罢工。罢工工人组织纠察队，对香港地区采取一系列措施，进行经济封锁。

北伐军占领武汉后，省港罢工工人代表会经过认真讨论，认为结束罢工对整个中国革命有利，决定自行结束罢工，同时提出善后办法，在帝国主义答应罢委会条件的前提下复工。

1926年10月10日，罢工委员会召集广州各界群众大会，宣布省港大罢工胜利结束。罢工坚持了16个月之久，这在世界无产阶级的罢工斗争史上都是罕见的。

■ 7月8日，广州国民政府决定将所属各军统一改称国民革命军

第一次东征和平定滇军杨希闵部、桂军刘震寰部的胜利，使广东革命

世界

▶ 6月6日，克莱斯勒汽车公司成立

▲ 克莱斯勒汽车公司的创始人沃尔特·克莱斯勒

1925年6月6日，素有"企业救星"美誉的别克汽车公司前总裁克莱斯勒，对由于经营不善而濒临倒闭的马克斯维尔汽车公司进行整顿改组，创建克莱斯勒汽车公司。

克莱斯勒汽车公司成立以后，发展极为迅速，相继推出"克莱斯勒4号"和"系列58"两种新车，并于1928年先后购买了普利茅斯汽车公司和道奇兄弟汽车公司。70年代，受美国滞胀经济影响，公司一度亏损严重，濒临破产。在美国政府的扶持下，公司于1982年开始扭亏为盈，成为美国第三大汽车制造企业。

该公司除生产经营汽车外，还经营游艇、电子控制设备、船用发动机、坦克、导弹等，拥有出口、运输、金融、信贷、租赁和保险等专业公司，在加拿大、瑞士、英国、巴拿马、南非、澳大利亚等国拥有众多的分支机构。

1998年，奔驰公司与美国的克莱斯勒公司合并成"戴姆勒克莱斯勒"公司。

政权得到巩固。同时也认识到，建立统一的革命军队势在必行。根据形势的需要，国民党中央执行委员会接受中国共产党及苏联代表的建议，议决改组大元帅府为国民政府。

1925年6月，国民党中央执行委员会发表了政府改组宣言。7月1日，公布《中华民国国民政府组织法》，国民政府正式成立。政治体制采用议行合一的委员会议制，汪精卫为国民政府主席。政府下设财政部、外交部和军事部。5日，公布《中华民国国民政府军事委员会组织法》，随之军事委员会成立，直属于国民政府，任命汪精卫为主席。

8月26日，军事委员会决议将黄埔军和云集于广东的各种地方军统一编组为"国民革命军"。国民革命军分五个军：黄埔军校学生军和一部分粤军为第一军，任命蒋介石为军长；谭延闿所部湘军为第二军，谭延闿任军长；朱培德所部滇军为第三军，朱培德任军长；李济深所部粤军为第四军，李济深任军长；李福林的闽军为第五军，李福林任军长。

国民革命军依照苏联红军的建制，在各军设立党代表和政治部，许多共产党员担任军队中的政治领导工作，如周恩来、林伯渠等都曾担任了这些职务。国民党通过对军队的改组，实现了军政一体化。

■ 8月20日，廖仲恺被刺身亡

第一次国共合作实现后，国民党内部分裂为左、中、右三派，三派的根本区别在于对孙中山的三大政策的态度。孙中山逝世后，随着革命形势的发展和社会阶级斗争的尖锐，统一战线内部的斗争更加激烈。国民党右派势力对革命的恐惧最终衍化为对革命的对抗，开始与中共及国民党左派争夺统一战线的领导权。

1925年7月，国民党左派领袖、孙中山最得力的助手、三大政策的忠诚执行者廖仲恺开始遭到国民党右派分子邹鲁、孙科、伍朝枢等人的集中攻击。这些人散布种种谣言，企图搞垮廖仲恺，否定三大政策，冲击中国共产党。面对右派反对分子的汹汹来势，廖仲恺与他们进行了毫不妥协的斗争。但是，国民党右派一部分老党员，为了达到反共的目的，甚至不惜与北方反动军阀相互勾结，廖仲恺对此深恶痛绝。不久，右派分子试图刺杀廖仲恺的消息被传得沸沸扬扬，顿时压力日起。廖仲恺对此毫不畏惧，他说："际此党国多难之秋，个人生死早置之度外。"

8月20日，廖仲恺携夫人何香凝乘车前往党部开会，半路上遇见国民党中央监察委员陈秋霖，随即同车前往。刚下车，即遭到反革命暴徒的袭击，廖仲恺、陈秋霖中枪身亡，为民主革命事业

▲ 著名的爱国民主人士、国民党左派领袖廖仲恺

世界

▶7月18日，希特勒《我的奋斗》出版发行

希特勒因啤酒馆暴动事件被捕入狱后，通过口述的方式，开始撰写《我的奋斗》一书。

1925年7月18日正式出版发行，全书共分两卷，27章。该书系统地阐述了希特勒的"理想"是"创建第三帝国和征服欧洲"。竭力宣扬反动的沙文主义，以及复仇主义和种族主义。以"民族复兴"、打破《凡尔赛和约》桎梏、"争取生存空间"等口号迷惑群众。全书充满了民族主义狂热和对马克思主义、民主制度及犹太人的仇恨。

尽管此书无论是理论水平，还是逻辑性，都不是很高明，但是，它却是世界上闻名的一本书，这本书影响着二战前所有的德国年青人，鼓动德国走上对外侵略扩张的道路。

献出了生命。

惨剧发生后,国民政府迅速组成特别委员会,指派汪精卫、许崇智、蒋介石为委员,全力调查廖仲恺被刺一案。经调查,主谋胡毅生、朱卓文等人,皆与胡汉民、许崇智有关,系右派分子。此案结束后,右派势力遭到一定程度的打击。

备忘

- 1月26日,中国社会主义青年团改名为中国共产主义青年团
- 2月8日,台湾女权运动兴起
- 3月16日,云南大理发生7.1级大地震,死伤万余人,城池被毁
- 7月14日,美国女教育家、道尔顿教育法的创始者柏克赫斯特来华讲学
- 10月1日,国民革命军第二次东征讨伐陈炯明
- 10月10日,北京故宫博物院成立
- 11月4日,教育部与中华教育文化基金董事会合办国立京师图书馆
- 11月23日,奉系将领郭松龄倒戈反奉
- 12月,戏剧家田汉等人发起创立了南国电影剧社

世界

▶10月2日,世界第一台电视机雏形初现

▲ 世界上第一台电视机

1925年10月2日,英国科学家约翰·洛吉·贝尔德在实验室进行影像实验时,成功地捕捉到朋友的面部动作,将其扫描后投射到映像接收机的屏幕上,画面清晰可见。这意味着世界上第一台有实际意义的电视机诞生了。

1906年,18岁的贝尔德开始了电视机的研究。由于家境贫寒,实验设备的短缺,试验过程困难重重。历经19年坚持不懈的努力,在亲朋好友的帮助下,贝尔德的研究终于获得了成功。

1929年,人类第一次看到了电视图像,这是人类发展史上的一次飞跃。1941年,贝尔德又研究成功了彩色电视机。但是,当英国广播公司1946年6月第一次播送彩色电视节目时,他没能看到。

电视的诞生,是20世纪人类最伟大的发明之一。

1926年

大事

■ 3月18日，北京民众团体举行反帝爱国和平请愿运动，遭段祺瑞镇压

▲ 三一八惨案中，群众游行队伍与军阀段祺瑞的军队对峙

冯玉祥发动北京政变后，北京政局一度错综复杂。军阀之间大搞合纵连横，混战局面持续。1926年3月12日，正当直奉联军对国民军的战争进行到激烈之时，日本帝国主义公然以两艘日本军舰护卫奉系军阀军舰进入大沽口，并炮击国民军，守军死伤十余名。国民军开炮自卫还击，将日舰逐走。事后，日本以维护《辛丑条约》为名，纠集签约国八国公使，向北洋军阀段祺瑞执政府发出最后通牒，提出拆除大沽口国防设施的要求，并限令48小时内答复，否则以武力解决。同时各国派军舰云集大沽口，用武力威胁北洋政府。

大沽口事件，引起了中国人民的无比愤慨。3月18日，中共北方区委、北京总工会、北京学生联合会、北京反帝大联盟等60多个团体、80余所学校约计5000余人在天安门举行"反对八国最后通牒国民大会"，抗议日本帝国主义的军舰侵入大沽口、炮击国民军及八国无理通牒中国的罪行。中共北方区委的领导李大钊、赵世炎、陈乔年参加了大会，大会议决：通电全国一致反对八国通牒，驱逐八国公使，废除一切不平等条约，撤退外国军舰；电告国民军为反对帝国主义侵略而战。

会后，群众结队前往段祺瑞执政府请愿，要求段政府立即驳复八国通牒。当队伍行至铁狮子胡同段祺瑞执政府门前（现北京市东城区张自忠路3号）时，预伏的军警竟开枪射击，打死47人，打伤200余人，制造了震惊中外的"三一八"惨案。李大钊、陈乔年等由于掩护群众而受伤。

惨案发生后，北京各学校停课，为死难的烈士举行追悼会。23日，在北京大学三院召开全市追悼大会。鲁迅把3月18日称作"民国以来最黑暗的一天"。此后，段祺瑞反动执政府气焰更加猖獗，下令通缉徐谦、李大钊等人，大肆查禁进步书刊，搜捕进步人士。《京报》主编邵飘萍被害，李大钊、鲁迅等被迫转移，国共两党的领导机关则迁入苏联使馆。

我只觉得所住的并非人间。四十多个青年的血，洋溢在我的周围，使我艰于呼吸视听，那里还能有什么言语？

——4月1日，鲁迅写下《记念刘和珍君》一文，悼念"三一八"惨案的死难者

国民军的目的以国民党的主义唤起民众，铲除卖国军阀，打倒帝国主义，以求中国之自由独立，并联合世界上以平等待我之民族，共同奋斗！生死与共，不达目的不止。

——9月17日，冯玉祥举行五原誓师大会，投入北伐革命，此为会上由共产党员刘伯坚宣读的誓词

■ 3月20日，蒋介石在广州制造"中山舰事件"

1925年末，国民党党内高层人事发生变动。蒋介石利用孙中山逝世、廖仲恺遇刺后造成的权力真空，一举跻身权力中心。此时，在国民党二大后地位提升的蒋介石，野心日益膨胀，为了打击排斥共产党人，夺取党政大权，开始实施反共政策。

1926年春，蒋介石指示孙文主义学会分子到处散布"共产党要暴动，推翻国民政府、组织工农政府"的谣言。3月18日晚，黄埔军校管理科交通股股长兼驻省办事处主任欧阳格向海军局代局长、中山舰舰长共产党员李之龙传达蒋介石指令，派中山、宝璧两舰出海开往黄埔，听候调遣。军舰到了黄埔后向国民党左派时任军校教育长的邓演达请示任务，邓演达回答不知。3月19日下午，由于苏联使团欲参观中山舰，李之龙电话请示蒋介石调中山舰回广州。蒋介石表示："我没有要你开去，你要开回来，就开回来好了，何必问我做什么呢？"中山舰即时开回广州。

▲ 历史渊源浓厚的护国名舰中山舰

3月20日，蒋介石下令全城戒严，秘密逮捕李之龙、解除中山舰武装，任命亲信欧阳格为中山舰舰长，派兵包围苏联顾问和共产党人的住宅以及全市共产党机关，还扣押了军内国民党左派党代表和政治工作人员40多人，严密监视邓演达。当广州市内一切布置妥当后，蒋介石电令驻扎潮汕的第一军，将全军党代表撤销并驱逐，以周恩来为代表的全体共产党员被迫退出该军。

■ 5月20日，叶挺率独立团作为北伐先遣队进入湖南，北伐战争揭开序幕

第二次东征结束后，广东国民政府彻底肃清了陈炯明的反动势力，广东全省为国民政府所统一。1926年初，已经统一了的新桂系领袖李宗仁等表示愿意接受国民政府领导，两广统一，广西军队改编为国民革命军第七军，至此，北伐条件已经具备。北方仍然处于吴佩孚、孙传芳、张作霖三大军阀集团的混战中，但是出于对南方革命形势的畏惧，决定联合镇压革命，战事一触即发。

1926年初，湖南人民在中国共产党的领导下，驱逐了直系势力、湖南自治省长赵恒惕。3月，代理省长唐生智宣布拥护广东国民政府。4月，吴佩孚任命湖南省防军第三师师长叶开鑫为湘军总司令进攻唐生智。唐生智不敌，放弃长沙，退守衡阳，随即向广东国民政府求援。

5月初，在接到唐生智的求援后，考虑到北伐时机已经成熟，国民政府

世界

▶ 3月16日，美国成功发射世界第一枚液态燃料火箭

▲ 罗伯特·戈达德在火箭发射现场

1926年3月16日，被誉为"火箭之父"的美国物理学家罗伯特·戈达德在马萨诸塞州郊外的沃德农场发射了世界上第一枚液体燃料火箭。

实验前，戈达德检查了发射架，把一枚长3.04米，重5.5千克的小型液体燃料火箭安装到发射架上。他和助手特别仔细地检查了火箭顶端长0.6米的火箭发动机，又依次检查了发射架下部的两个液氧和煤油贮存箱，还有燃料阀门和输送管道。当准备工作全部就绪后，下午2时30分，正式点火发射。

随着一声巨响，世界上第一枚液体燃料火箭发射成功。火箭飞行了2.5秒，上升高度为12米，坠落后离发射架56.12米。

中国百年实录 | 1926年

即派出国民革命军第四军的叶挺独立团及第七军的一部分入湘援唐作战。独立团从肇庆经韶关进入湖南,第七军第八旅第十五团等取道桂林,驰援衡州。6月2日,唐生智在衡阳宣布就任国民革命军第八军军长兼前敌总指挥。在第七军的援助下,第八军就地作战,开始反攻。叶挺独立团所向披靡,连克汝城、永兴、安仁。5日,占领攸县。随后,三军联合起来,一举将敌军驱至涟水北岸,稳定了湖南政局,揭开了北伐战争的序幕。

■ 7月1日,广州国民政府军事委员会发布北伐动员令,北伐部队向湖南集中

1926年6月5日,叶挺独立团击败直系叶开鑫部,稳定湖南局势后,国民政府旋即任蒋介石为国民革命军总司令。7月1日,蒋介石以军事委员会主席的名义颁布了北伐动员令。4日,国民党中央执行委员会临时全体会议通过了《北伐宣言》。9日,国民革命军在广州誓师,并举行国民革命军总司令就职典礼,北伐战争,即第一次国内革命开始。

参加北伐战争的国民革命军共8个军,约10万人,蒋介石为总司令,李济深为总参谋长。北伐军首先集中兵力在两湖战场打击吴佩孚所部。北伐正式开始后,国民革命军连克长沙、平江、岳阳等地,8月底取得两湖战场上的关键一战——汀泗桥、贺胜桥战役胜利。10月,北伐军进抵武汉,先后占领武昌、汉阳、汉口,全歼吴佩孚部主力。

同年9月,冯玉祥在五原誓师,宣布国民军全军加入国民革命军,并率部进军陕西、河南,有力地配合了北伐军攻击河南。

北伐军在两湖战场取得胜利后,转向江西战场进击孙传芳所部。11月起,北伐军向南浔路一带发动攻势,消灭孙传芳部主力,占领南昌、九江,随后又攻占福建、浙江。1927年3月下旬先后攻占安庆、南京。3月21日,为配合北伐军进军上海,中国共产党领导上海工人取得第三次武装起义的胜利,占领上海。至此,长江以南地区完全为北伐军控制。

北伐战争持续了10个月,国共两党团结合作、一致对敌,北伐军将士英勇奋战,以鲜血和生命换来了辉煌战果。北伐军从广州打到武汉、上海、南京,打垮两大军阀,歼敌数十万,一场规模空前广大的人民革命战争席卷了大半个中国,在中国革命历史上写下了光辉的篇章。

■ 8月29日,万县惨案发生

随着北伐战争的胜利发展和农民革命运动的高涨,帝国主义加紧干涉

▲ 冯玉祥五原誓师,配合北伐军作战

世界

▶ 6月29日,奔驰汽车公司成立

1886年,现代汽车工业的先驱卡尔·本茨和戈特利布·戴姆勒相继成立了奔驰汽车公司和戴姆勒汽车公司。1926年6月29日,两公司合并后成立戴姆勒—奔驰汽车公司,轿车的品牌名称为梅赛德斯—奔驰,总部设在德国斯图加特。

奔驰汽车公司是世界十大汽车公司之一,是世界上资格最老的厂家,也是经营风格始终如一的厂家。公司除以高质量、高性能豪华汽车闻名外,它也是世界上最著名的大客车和重型载重汽车的生产厂家。

1998年,奔驰公司与美国的克莱斯勒公司合并成"戴姆勒克莱斯勒"公司。

中国革命。北伐军进入湖北后不久，在这里殖民权益最多的英国便伺机行动干涉革命。

1926年8月29日，英国太古公司"万流"号商轮在四川云阳江面故意疾驶，浪沉杨森部载运军饷的木船3艘，杨森部官兵和船民50余人淹死，饷银8.5万元和枪支50余支沉入江底。杨森当时被吴佩孚任命为四川省省长，认为此事乃奇耻大辱，随找中共派到杨森部工作的朱德、陈毅商议，认为应扣留肇事船只。8月30日，英国太古公司

▲ 被英舰炮击后的万县满目疮痍

"万通"、"万县"两轮由重庆驶抵万县，杨森派兵予以扣留。英国蓄意扩大事态，拒绝惩办肇事凶手和赔偿损失，并以武力威胁，不断向万县增派军舰。

9月5日，英舰"嘉禾"号、"威警"号和"柯克捷夫"号进迫万县江岸，强行劫夺被扣的轮船，开枪打死守船的杨森部士兵。杨森部队按事先的命令给予回击。英舰竟排炮轰击万县人口稠密的繁华市区近3个小时，发射炮弹和燃烧弹300余发，击毁民房商店千余家，军民死伤5000余人，损失财产1000余万元。当地驻军杨森部被迫开炮还击，击伤英船一艘。

万县惨案发生后，6日，朱德、陈毅动员召开了万县各界万人抗英大会，并组织了万县惨案后援会，通电全国，要求严厉制裁英帝国主义，为国雪耻，为死难同胞复仇。18日，重庆举行有十几万人参加的抗英示威游行，各地纷纷开展声援万县人民的抗英示威运动。不久，声势浩大的群众性抗英爱国运动被军阀吴佩孚压制了。

备忘

- 1月，吴有训在美国《物理评论》上发表论文，为证实康普顿效应提供了主要实验数据
- 1月30日，上海新闻学会举办南洋各报展览会
- 7月29日，全国大学教授讨论会在北京举行
- 8月24日，中国近代实业家张謇去世
- 9月，开明书店出版了《丰子恺漫画》
- 10月1日，应万国经度联合测量委员会的邀请，中国指令青岛观象台参加联测工作
- 10月1日，中国首次组织科学代表团，出席在日本东京召开的第三届泛太平洋学术会议
- 10月10日，中国历史博物馆开馆
- 11月9日，北京政府教育部公布《国语字母拼音法》

世界

▶ 12月，裕仁登基为日本天皇，改年号为昭和。日本大正时代结束

▲ 昭和天皇

1926年12月，日本大正天皇驾崩，皇太子裕仁登基，成为日本第一百二十四代天皇，改年号为昭和。

昭和时代初期，日本军国主义的侵略扩张大规模展开。1932年5月15日，犬养毅首相遭暗杀，标志着政党领导的内阁的结束和日益为军队控制的官僚内阁的开始。这个独裁体制要求学校讲授绝对的爱国主义。1936年，日本军部内部的"北上派"和"南进派"内斗最终以裕仁支持的"南进派"获胜而结束，军部控制了政府，裕仁借此也绝对掌控了日本中央政府过去难以控制的日本军队。

1927年

大事

■ **1月1日，国民政府明令定都武汉**

随着北伐战争向北推进，革命重心已从珠江流域转移至长江流域。因此，将国民政府的首都从远离革命前线的广州转移到革命中心的武汉就是势在必行的了。12月，国民党中央经过商议通电宣布中央党部和国民政府北迁武汉。

12月中旬，国民党中央执行委员和国民政府委员大部分抵达武汉，成立中央执行委员和国民政府委员临时联席会议，代行国民党中央和国民政府的职权。1927年1月1日，联席会议在武汉正式办公。

对于迁都武汉，蒋介石开始十分积极，脱离广州他就可以利用《国民革命军总司令部组织大纲》所赋予的权力将总司令部置于国民政府之上，实现以军治党、以军治政的军事独裁。但是，武汉地区的革命势力如火如荼地发展，这对蒋介石预期的军事独裁统治非常不利。于是，蒋介石决定另图"宏建非常功业"，将首都改迁南昌。

1926年12月底，蒋介石在南昌截留了取道江西赴武汉的一部分国民党中央委员和国民政府委员。1月，蒋介石操纵召开了"中央政治会议临时会议"，决定中央党部和国民政府暂移南昌，挑起"迁都之争"。5日，蒋介石以国民党中央执行委员会的名义将决议通电全国，公开制造分裂，以"南昌中央"与武汉中央相对抗。

▲ 青年时期的周恩来

蒋介石此举立即遭到全国上下一致声讨，武汉革命势力决定予以坚决反对，宋庆龄、徐谦、陈友仁等立即发电加以驳斥。在国民政府的坚持下，蒋介石不得不取消迁都南昌的决议。3月，被截留的国民党中央委员和国民政府委员离开南昌，前往武汉。

■ **1月6日，九江发生中外冲突，九江英租界被国民政府接管**

1927年1月1日至3日，武汉各界庆祝国民政府迁都武汉和北伐胜利。3日下午3时，宣传员数人在一码头江汉关前面中英交界的空场内讲演，英租界当局调大批武装水兵登陆挑衅，当场打死1人，打伤30多人。英帝国主义的野蛮暴行引起人民群众的极大愤怒。

当时，中国共产党领导的湖北省总工会第一次代表大会正在汉口召开。得知惨案后，主持大会的李立三、刘少奇立即领导全体代表声讨英帝国主义的暴行，并于当晚发表《为反对英水兵惨杀同胞通电》，提出请国民政府收回汉口英租界等六项要求和实行抵制英货、封锁英租界等五项办法。1月4日，省总工会、省农民协会、省学生联合会等200多个团体的500多名代表举行武汉工农商学各界联席会议，根据省总工会第一次代表大会所提要求和办法，提出了请国民政府向英国领事馆提出严重抗议、由国民政府收回英租界、实行抵制英货、封锁英租界等八项决议。在李立三、刘少奇等领导和组织下，湖北全省总工会和各行业工会纷纷发表通电、通告，揭露英帝国主义屠杀中国人民的罪行，号召工人阶级和人民群众为收回英租界而斗争。

1月5日下午，在李立三、刘少奇等领导和组织下，在汉口济生三马路召开了30万人参加的反英示威大会，会后举行示威游行。1月6日，江西九江各界群众集会游行，声援武汉人民收回英租界的斗争。英国水兵再次干涉，打死打伤工人数名，制造了九江"一六"惨案。九江工人和市民在武汉群众斗争胜利的鼓舞下，冲进租界，拆毁租界四周所布的木桩、沙袋、带刺的铁丝网等物，占领了九江英租界。

武汉、九江人民收回英租界的斗争得到了全国人民的声援。全国各地纷纷组织反英游行示威，形成了全国规模的反帝斗争洪流。武汉国民政府支持群众收回英租界的正义要求，向英国政府提出抗议，并决定由外交部长陈友仁主持对英交涉。在声势浩大的群众反帝运动前，英国政府被迫做出让步，在2月19日和20日分别与武汉国民政府签署协定，将在汉口、九江的租界交还中国。至此，中国人民收回汉口、九江英租界的斗争取得了完全的胜利。这是鸦片战争以来中国人民反帝外交斗争史上的一次重大胜利，使中国人民受到极大鼓舞。

■3月21日，周恩来等领导上海工人第三次武装起义成功

北伐战争开始以后，为了配合北伐军的进军，中国共产党领导上海工人分别于1926年10月、1927年2月举行了两次武装起义。由于武装力量的弱小，以及反动势力的残酷镇压，两次起义都失败了。

中国共产党总结前两次武装起义的教训，决定发动第三次武装起义。1927年2月23日，中共中央和中共江浙区召开联席会议，决定成立由陈独秀、周恩来、罗亦农等组成特别委员会，领导起义。同时成立负责指挥战斗的特别军委，任命周恩来为总指挥。武装起义准备工作就绪。

3月21日12时，上海总工会发布了总同盟罢工的命令。参加罢工的工人人数达80多万。罢工实现后，随即转入起义。起义队伍从下午1时起，在南市、虹口、浦东、吴淞、沪东、沪西、闸北等7个区同时向敌人发起进攻。21日晚，除闸北区仍在激战外，其余各区均被占领。22日晚6时，起义工人攻占上海北站，消灭了闸北最后据点。

中国百年实录 1927年

▶ 5月21日，查尔斯·林白成功完成穿越大西洋的单人飞行

▲ 横越大西洋的第一人 查尔斯·林白

1927年5月20日下午12时52分，美国明尼苏达州的查尔斯·奥古斯都·林白空军上尉驾驶"圣路易斯精神"号瑞安单翼飞机从纽约长岛的罗斯福基地起飞，历经33时19分的不着陆飞行，横跨大西洋5810千米，于5月21日晚上22时21分在法国巴黎布尔歇机场降落，创造了人类史上第一个单人横跨大西洋的纪录。

全世界为之轰动，美国举国欢庆，柯立芝总统派一艘巡洋舰接他回国。林白不着陆成功飞越大西洋的壮举显示了航空工业巨大的发展前途。对林白个人而言，此举只是非凡胆识和飞行技巧的展示。但对于整个人类的发展而言，则意味着航空事业和空中旅行事业的未来正酝酿着腾飞。

上海市民欢呼雀跃，庆祝上海这座中国最大的城市和工业中心的胜利解放。

22日，上海市民代表会议召开，宣布上海特别市临时政府成立，被推选担任临时市政府委员的人员中，包括共产党员9人，工人代表1人，国民党左派、右派及资产阶级代表9人。会议制定了《市政府组织条例（草案）》，规定全市最高权力机关为上海特别市市民代表会议，代表会议产生的政府隶属于国民政府。以淞沪商埠公署原管区域及原有租界为范围，上海特别市暂分为8个区。23日，推钮永建、白崇禧、杨杏佛、王晓籁、汪寿华5人为市临时政府常委。25日，武汉国民政府正式批准任命。

■ 4月12日，蒋介石在上海发动四一二反革命政变，杀害中国共产党员

北伐战争前夕，蒋介石已经将党权、军权、政权集于一身，遂与帝国主义、封建军阀勾结起来，明目张胆地实施反共计划。自1927年初，蒋介石开始大规模镇压工农运动，打击革命力量，制造了一系列反共反工农的暴行。

▲ 蒋介石

3月26日，蒋介石抵达上海，取得了帝国主义与买办势力的支持。31日，蒋介石召集江浙财阀代表、青红帮的头目以及国民党新军阀代表，密谋屠杀共产党及革命群众的计划，上海的大资产阶级和民族资产阶级也表示支持。至此，蒋介石在这些势力的支持下，决定发动反革命政变。中共方面，由于陈独秀右倾机会主义的错误，既不同蒋介石进行针锋相对的斗争，也不作应付突发事变的充分准备，而是一味妥协退让，致使中共对蒋介石的反共密谋毫不知情。

4月，蒋介石将一切布置妥当，于9日离沪赴宁，筹建南京政府。上海的反革命屠杀交由白崇禧指挥。4月11日，蒋介石发出"已克复的各省一致实行清党"的密令，上海的形势骤变。

1927年4月12日凌晨，早就做好准备的大批青红帮武装流氓从租界冲出，向分驻上海总工会等处的工人纠察队发动突然袭击。当工人群众奋起抵抗时，国民党第26军周凤岐部随即借口"工人内讧"，强行将工人纠察队缴械，解除了上海2700名工人纠察队的全部武装。纠察队员仓促应变，死伤300余人。驻在上海的帝国主义军队也纷纷出动，帮助蒋介石屠杀革命群众。

四一二反革命政变后，一系列"清党"行动展开。奉系张作霖在北方也进行血腥屠杀。一大批中国共产党和工人群众被杀，其中包括李大钊、陈延年、赵世炎、萧楚女、熊雄。

1927年 中国百年实录

■ 4月27日~5月9日，中国共产党第五次全国代表大会在武汉召开

1927年4月27日~5月9日，为纠正陈独秀的机会主义错误，并决定党的重大方针政策，中国共产党在当时的革命中心武汉召开了第五次全国代表大会。陈独秀、瞿秋白、蔡和森、李维汉、毛泽东、张国焘、李立三等82人出席了大会。共产国际派代表罗易、鲍罗廷、维经斯基等人参加。

陈独秀主持大会并向大会作了《政治与组织的报告》。在报告中，陈独秀既没有正确总结经验教训，又没有提出挽救时局的方针政策，反而为过去的错误进行辩护，如说中山舰事件退却让步是正确的；无产阶级不应搞政治斗争和武装斗争，只应进行经济斗争等。此外，陈独秀还提出了"向西北去"的错误主张。大会对陈独秀的报告进行了讨论。瞿秋白、蔡和森、毛泽东、任弼时、恽代英等许多代表发言，对陈独秀的右倾机会主义错误进行了批评。

大会通过了《政治形势与党的任务议决案》、《土地问题议决案》等，选出了由31名正式委员和14名候补委员组成的党的中央委员会。随后举行的五届一中全会选举陈独秀、蔡和森、李维汉、瞿秋白、张国焘、谭平山、李立三、周恩来为中央政治局委员，苏兆征、张太雷等为候补委员；选举陈独秀、张国焘、蔡和森为中央政治局常务委员会委员，陈独秀为总书记。

由于当时全党对陈独秀的右倾机会主义还缺乏一致的深刻认识，因此这次代表大会没有能在党面临生死存亡的危急时刻为全党指明出路，却徒然丧失时机，坐视整个局势继续恶化。但经过此次会议，一批对陈独秀的右倾错误有所认识、有所抵制的同志如周恩来、任弼时等，被选进了新的中央委员会，这为后来纠正陈独秀的右倾错误，提供了组织上的准备。

■ 7月15日，汪精卫公开反共

蒋介石密谋发动反革命政变时，汪精卫因与蒋介石意见不合，于是前往武汉。当时，由于内外反动势力对武汉的军事包围和经济封锁，致使武汉发生严重的经济危机，通货膨胀，商品缺乏，物价上涨，人民生活日益困难，随即引发政治危机，资产阶级与上层小资产阶级由于恐惧、动摇而脱离革命，甚至反对革命。

在严峻的形势下，以汪精卫为首的武汉政府逐渐右转，开始压制工农运动，攻击中国共产党。1927年5月至6月间，武汉国民政府所辖两湖与江西地区，出

▲ 汪精卫

世界

▶ 有声电影诞生

1926年，一种被称作"维他风"的唱片伴音系统被发明，通过对该系统的利用拍摄了第一部带有声音的影片《唐璜》，但这部影片中的声音还只限于一些音乐。

1927年，美国著名的华纳制片公司推出了电影史上第一部有声片《爵士乐歌星》，该影片不仅有音乐，还加入了一部分对白，这是电影史上第一部真正意义上的有声影片。

有声电影的出现，为电影艺术拓展了新的表现空间，在电影史上无疑是革命性的成果。但影片的录音技术十分粗糙，声音不够清晰，演员的声音与他们的动作脱节。此外，创作者在片中毫无原则地加入大量声音，使影片充斥着无聊唠叨的对白和莫名其妙的音响。这些都造成了电影美学的倒退。

世界

▶6月20日，英、美、日三国在日内瓦举行海军会议

第一次世界大战后，尽管帝国主义各国在限制海军军备方面有华盛顿会议的种种规定，但是各国仍然掀起造舰热潮。美国对某些大国迅速发展巡洋舰等辅助舰船感到不安，于是提议召开英法美日意5国海军会议。

1927年6月20日，美、英、日3国在日内瓦举行海军会议，法、意因海军实力不强，只派观察员列席。会上，美、英意见分歧极大，美国想把华盛顿会议规定的5∶5∶3的比例原封不动地运用于辅助舰只。英国则声称它有漫长的交通线，必须拥有70艘各种类型的巡洋舰。还提出，万吨级的大型巡洋舰，可按5∶5∶3的比例建造，小型的不按此比例。这样，英国的舰队就超过了美国的舰队。

美国对此表示反对，它希望建造更多的大型巡洋舰，以弥补其海外基地的不足。日本站在英国一边。三方各执己见，会议未能达成任何协议。

现了屠杀共产党人与工农群众的白色恐怖。中共方面，陈独秀继续推行右倾投降主义的政策，对汪精卫反动势力进一步妥协，革命危在旦夕。

1927年6月，汪精卫极力达成与冯玉祥的合作。后蒋介石、冯玉祥联名通电全国，达成反共共识，宣布与武汉政府在反共问题上通力合作。

1927年7月15日，国民党中央执行委员会举行第二届常务委员会第20次扩大会议。出席会议的有汪精卫、孙科、顾孟余、陈公博等17人。汪精卫在大会上宣布：凡列名国民党员，在各级党部、各级政府和国民革命军中任职者，应自即日起脱离共产党，否则一律停止职务；共产党员不得以国民党名义做共产党的工作；国民党党员未经中央许可，不得加入他党，违反者以叛党论。"分共"行动开始。

"七一五"反革命政变后，汪精卫开始武力"清党"，大批共产党员和革命群众被逮捕和屠杀，自此，宁汉政府合流。第一次国共合作完全破裂，轰轰烈烈的大革命失败了。

■8月1日，周恩来、贺龙、叶挺、朱德等在南昌领导武装起义

面对已经叛变的国民党反动派们的咄咄逼人，根据共产国际的指示，中共中央进行改组，停止了陈独秀总书记的职务，成立了由张国焘、周恩来、李立三、李维汉、张太雷组成的临时中央政治局常务委员会。

1927年7月20日左右，经中央同意，派周恩来前往南昌，组织驻扎在南昌的叶挺、贺龙两部，发动武装起义。27日，周恩来在南昌成立了前敌委员会，次日成立起义总指挥部，任命贺龙为总指挥，叶挺为前敌总指挥，刘伯承为参谋长，具体部署起义计划。预定参加起义的部队有：国民革命军第二方面军第11军第24师、第10师，第20军全部，第4军第25师第73团、第75团以及朱德为团长的第五方面军第3军军官教育团一部，南昌市公安局保安队一部，共2万余人。

8月1日凌晨2时，南昌起义开始。按照中共前委的作战计划，第20军第1、2师向旧藩台衙门、大士院街、牛行车站等处守军发起进攻；第11军第24师向松柏巷天主教堂、新营房、百花洲等处守军发起进攻。激战5个多小时，全歼守军3000余人，缴获各种枪5000余支(挺)，子弹70余万发，大炮数门。当日下午，驻马回岭的第25师第73团全部、第75团3个营和第74团机枪连，在聂荣臻、周士第率领下起义，8月2日到达南昌集中。

南昌起义打响了武装反抗国民党的第一枪，标志着中国共产党创建军队、独立领导中国革命的开始。

▲ 南昌起义总指挥部旧址

■ 8月7日，中共中央在汉口召开紧急会议

1927年，国民党蒋介石集团和汪精卫集团先后发动了"清党反共"的反革命叛变，中国革命到了生死攸关的转折关头，制定新形势下的路线和政策迫在眉睫。

1927年8月7日，根据共产国际的指示，中共中央在汉口秘密召开了紧急会议，参加会议的中央委员有：李维汉、瞿秋白、张太雷、邓中夏、任弼时、苏兆征、顾顺章、罗亦农、陈乔年、蔡和森，候补中央委员有：李震瀛、陆沉、毛泽东，中央监察委员有：杨匏安、王荷波，共青团代表有：李子芬、杨善南、陆定一，湖南省委代表彭公达，湖北省委代表郑超麟，中央军委代表王一飞，中央秘书邓小平等22人。共产国际代表罗明纳兹和两位俄国同事也参加了大会。

由于形势紧迫，会议只召开了一天。共产国际代表罗明纳兹作了关于《党的过去错误及新的路线》的报告，传达共产国际关于进行土地革命、建立苏维埃政权的新政策。随后，瞿秋白代表中央政治局常委会作工作报告。最后，毛泽东、邓中夏、蔡和森、任弼时等先后发言，尖锐地批判了陈独秀的右倾投降主义。毛泽东在发言中明确提出了枪杆子里面出政权的思想。

会议总结了大革命失败的经验教训，着重批评了大革命后期以陈独秀为首的中央所犯的右倾机会主义错误。会议确定以土地革命和以武装反抗国民党反动派的屠杀政策为党在新时期的总方针，并把发动农民举行秋收起义作为党在当时的最主要任务。

会议选举了中共中央临时政治局：政治局委员为苏兆征、向忠发、瞿秋白、罗亦农、顾顺章、王荷波、李维汉、彭湃、任弼时；候补委员为邓中夏、周恩来、毛泽东、彭公达、张太雷、张国焘、李立三。会后，临时中央政治局选举瞿秋白、李维汉、苏兆征为政治局常委。由瞿秋白主持中央工作。

■ 9月9日，毛泽东等领导的湘赣边界秋收起义爆发

八七会议以后，确立了党在新形势下的方针和任务。为贯彻会议精神，中共中央任命毛泽东为中央特派员，回湖南领导秋收起义，创建新的军队，建立工农革命军。

1927年8月18日，毛泽东在长沙近郊召开了湖南省委会议，成立了秋收起义的前敌委员会，毛泽东任书记。起义部队由原武汉政府警卫团、平江浏阳等地的农民自卫团和安源的工人武装组成，统一编为工农革命军第一军第一师，下辖4个团约5000余人。

9月9日，湘赣边界秋收起义爆发。起义军分别向平江、醴陵、浏阳等地进攻，然后会攻长沙。由于长沙敌军过于强大，各路起义军严重受挫，夺取长沙的目标无法实现。

19日，各路起义军退集到浏阳县文家市。在此，毛泽东召开了前委会

1927年

议，认为现在敌强我弱，应该放弃攻打大城市，转到敌人统治力量薄弱的农村去。会议经过激烈争论，采纳了毛泽东的意见，放弃攻打长沙，部队向湘赣边界的罗霄山脉中段进军。

29日，部队到达江西永新县的三湾村，进行了具有历史意义的三湾改编。毛泽东将原来的3个团改编成一个团，称中国工农革命军第一军第一师第一团，建立了党的各级组织，自连以上设立党支部，营团设党委，整个军队由党委统一领导。建立

▲ 领导秋收起义的部分人员合影

军队民主制度，实行官兵一致、政治民主、经济公开等制度，建立新型的官兵关系。三湾改编开创了人民军队良好的政治工作制度，为建立新型的人民军队奠定了基础。

三湾改编后，红军于10月3日到达宁冈的古城，前委召开扩大会议，决定通过地方党组织争取当地袁文才、王佐两支武装。接着，在井冈山北面山脚的茅坪，设立了医院和留守处，于十月底到达井冈山的茨坪。毛泽东领导部队在井冈山周围各县开展游击活动，打击反动地方武装，深入发动群众，重建了地方党组织，建立工农民主政权和群众武装。11月，革命队伍攻占了茶陵，并建立党的县委、工农兵政府和赤卫大队。

部队召开会议，毛泽东在总结茶陵战斗经验时，提出了工农革命军的三大任务和三大纪律。三大任务是：第一，打仗消灭敌人；第二，打土豪筹款子；第三，做群众工作，帮助群众建立革命政权。三大纪律是：第一，行动听指挥；第二，不拿工人农民一点东西；第三，打土豪要归公。

与此同时，重建了宁冈、永新县委，恢复了莲花、鄠县党的组织活动，初步建立了井冈山革命根据地，点燃了"工农武装割据"的星星之火，在革命转入低潮的形势下，重新聚集革命力量，展开了武装夺取政权的新局面，为中国革命的前程照亮了方向。

■ 12月11日，广州起义爆发

蒋介石公开叛变革命后，两广的国民党反动势力也在广州发动了四一五反革命政变，白色恐怖笼罩广州城乡。当时，反动势力统治下的广州，正处于不稳定状态。粤、桂两派军阀正在混战，驻守广州的张发奎所部仅教导团(叶剑英任团长)、警卫团与一些警察，力量空虚。广东省委根据党中央的指示，于11月28日做出以教导团和工人赤卫队为骨干，在广州发动武装起义的决定，成立了革命军事委员会，省委书记张太雷为委员长，立即加紧起义的组织和准备工作。

蒋介石已经不是我们国民革命军的总司令，蒋介石是流氓地痞、土豪劣绅、贪官污吏、卖国军阀、所有一切反动派——反革命势力的中心力量了……蒋介石已经变成一个比吴佩孚、孙传芳、张作霖、张宗昌等还要凶顽，还要狠毒，还要狡狯的刽子手了。

——1927年3月31日，郭沫若撰写了反蒋文章《请看今日之蒋介石》

如果党内领袖不能贯彻他（指孙中山）的政策，他们便不再是孙中山的真实信徒；党也就不再是革命的党，而不过是这个或那个军阀的工具而已。

——1927年7月14日，宋庆龄就国民党右派反革命活动写成《为抗议违反孙中山的革命原则和政策的声明》，在其中严肃宣布"对于本党新政策的执行，我将不再参加。"

军叫工农革命，
旗号镰刀斧头。
匡庐一带不停留，
要向潇湘直进。

地主重重压迫，
农民个个同仇。
秋收时节暮云愁，
霹雳一声暴动。

——此为1927年，一篇传颂秋收起义的诗歌

12月11日凌晨，在张太雷、叶挺、恽代英、叶剑英、杨殷、周文雍、聂荣臻等领导下，起义爆发。部队向广州市各要点发起突然攻击，仅2小时，广州大部分市区解放；经十余小时奋战，市区国民党政府军及保安队大部被歼。当天上午，广州苏维埃政府宣告成立，并发表宣言说，"应该一点都不怜惜地消灭一切反革命"，"应该即刻给工人八小时工作制"，"没收一切大资本家的公馆洋楼做工人的寄宿舍"，"禁止国民党的活动，它的一切组织应即取消"。

广州起义震惊了中外反动派，他们立即勾结起来向广州进攻。美、英、日、法等帝国主义公然实行武装干涉，出动炮舰轰击广州市区，并一度派海军陆战队在长堤登陆，攻击起义部队。12月12日，张发奎从江门、肇庆、韶关、黄埔等地调来部队，向广州市区展开进攻。当日下午，起义的主要领导人张太雷牺牲。

经过3天浴血奋战，广州起义军撤出广州，一部分撤至花县改编为红四师，由徐向前等领导转战到海丰、陆丰，和彭湃领导的农民赤卫军会合，开展游击战争；另一部退到广西左右江，其中有些同志后来参加邓小平、张云逸领导的左右江起义；还有一部分部队在韶关附近遇到朱德、陈毅率领的南昌起义部队，上了井冈山。这些武装力量后来成为中国工农红军的一部分。

广州起义是中国共产党用革命武装向反革命武装进行的一次积极、英勇的反击，是中国共产党单独领导的、在大城市中建立工农民主政权的尝试。此次起义虽然以失败告终，但它和南昌起义、秋收起义连接起来，共同构成中国革命战争由中国共产党单独领导的伟大开端，在中国革命的历史上具有极其重要的历史意义。

备忘

- 1月15日，北京新闻学会成立
- 1月16日，尚小云凭借新编剧《摩登伽女》，位列"四大名旦"
- 3月22日，《中央日报》创刊
- 3月31日，近代资产阶级改良运动领袖康有为病逝
- 6月2日，清华大学国学研究教授王国维自沉昆明湖死亡
- 8月19日，武汉国民政府宣布迁都南京
- 8月27日，第八届远东运动会在上海举行
- 9月27日，第一届台湾美术展览会在台北揭幕
- 12月1日，蒋介石与宋美龄在上海举行婚礼

1928年

 大事

■ 1月18日，蒋介石就任国民革命军北伐军总司令

国共第一次合作分裂之后，国民党内部争斗日渐激化，各派势力之间权力角逐，政局混乱，战事时有发生。在复杂的局势下，蒋介石采取以退为进的策略，历经先下野，再复出的过程，逐渐肃清了党内其他反对势力。在与宋家联姻后，蒋介石的影响力进一步扩大，国民党内部已经没有人可以与他匹敌了。

蒋介石统一国民党后，决定进行第二次北伐，统一中国。1928年2月9日，蒋介石到达徐州，部署军队。改编何应钦第一方面军为第一集团军，蒋介石兼任总司令。同时任命冯玉祥、阎锡山、李宗仁分别为第二、第三、第四集团军总司令。国民革命军共投入40多个军70万的兵力，蒋介石为全军总司令，何应钦为总参谋长。作战部署是：第一集团军沿津浦线北进；第二集团军沿京汉线北进；第三集团军由京绥、正太线东攻。各路会师北京。

4月5日，蒋介石在徐州誓师北伐。4月9日，下达总攻击令，各路战事同时发动。10日，第一集团军兵分两路，夹击鲁南张宗昌部队，取得胜利，占领枣庄、滕县等地。第二集团军从鲁西进攻孙传芳部。15日于巨野大战，基本消灭孙传芳势力，次日又攻占济宁。22日，第一、第二集团军在泰安会师。5月1日，张宗昌、孙传芳先后逃离济南，当天，北伐军进驻济南。北伐战争进行至此，征讨目标只剩奉系军阀张作霖。

■ 4月下旬，朱德、陈毅等率领南昌起义军余部和湘南起义组成的农军到达井冈山，与毛泽东领导的部队会师

秋收起义之后，毛泽东率领部队进驻位于湘赣边界罗霄山脉中段的井冈山。1927年10月，毛泽东决定以井冈山为落脚点，建立根据地。1928年2月，革命军先后攻占湖南茶陵，江西遂川、宁冈三座县城，建立苏维埃政权，井冈山根据地初具规模。

1928年1月，朱德、陈毅率领南昌起义保存下来的部分队伍，进驻湘南地区，揭开了湘南起义的序幕。南昌起义军余部改编为工农革命军第一师，朱德任师长，陈毅任党代表，随即发动了湘南武装起义。3月，在永兴成立湘南苏维埃政府。

▲ 井冈山会师纪念碑

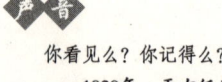 声音

你看见么？你记得么？
——1928年，于右任为"济南惨案"愤然题词

噩耗传来，几使山河变色；
兴邦多难，应怜风雨同舟。
——1928年8月4日，南京政府为张作霖题写的挽联

中山先生三民主义，在癸亥甲子之际，先大元帅赞助最早，提携合作，海内共知……已于即日起，宣布遵守三民主义，服从国民政府，改旗易帜。
——1928年12月29日，张学良发表的东北易帜宣言

3月下旬，国民党军7个师向湘南地区反扑。为保存革命力量，避免在不利的条件下同敌人决战，朱德当机立断，做出退出湘南上井冈山的重要决策。

3月上旬，毛泽东得知朱德、陈毅、王尔琢率领的南昌起义军余部正向井冈山方向撤退，当即决定兵分两路接应朱德、陈毅部。

1928年4月下旬，朱德、陈毅率领的南昌起义军余部和湘南起义组成的农民军到达井冈山，与毛泽东领导的井冈山工农革命军胜利会师，毛泽东同朱德的这次历史性的会见，是我党我军历史上光辉的一页。

两军会师后，合编为工农革命军第4军（6月，改称红军第4军）。朱德任军长，毛泽东任党代表和军委书记，下辖2个师一个教导大队，朱德、毛泽东分任第十、第十一师师长，陈毅任教导大队大队长，全军共1万余人。不久取消师的建制，编为6个团。

1928年12月，彭德怀、滕代远率领在平江起义中创建的红5军主力800多人，突破敌人的围追堵截，来到井冈山同红4军会合。至此，革命的力量就如同星星之火，开始了燎原的漫长历程。

■ 5月3日，济南惨案发生

亲美、英势力的蒋介石政府发动的第二次北伐，遭到日本帝国主义的干涉。1928年4月19日，日本田中内阁下令出兵山东，日军在济南商埠一带街口构建工事，呈现一副临战态势。

5月1日，当蒋介石率北伐军进驻济南时，与日军遭遇，日军寻衅开枪，打死中国军民多人。2日，福田彦助率领第六师团5000余人进逼济南。5月3日，日军向国民党北伐军驻地发起了大规模的军事进攻，北伐军7000余人被缴械。日军还扣押了赴济南的国民政府外交部长黄郛和山东交涉员蔡公时等17人。蔡公时向日军提出抗议，日军竟割去他的耳朵、鼻子、挖去他的舌头和眼睛，迫害手段令人发指，蔡公时等17人均被杀害。随后，

▲ 日军在济南城大肆烧杀抢掠

日军在济南城奸淫掳掠，无所不为。一时间，济南成了日寇屠杀中国军民的杀人场。这一天，被日本侵略者屠杀的中国军民在1000人以上。

蒋介石只穿着衬衫，骑马逃出济南，在党家庄车站与冯玉祥会合。蒋介石下令绕过济南，继续北伐，冯玉祥无奈，下令中国军队撤出济南，绕道继续北伐。

11日，中国军队撤出济南，济南沦于日军之手。日军占领济南城后，肆意杀人抢掠，奸淫妇女，又将街上市民赶至一处，作为刺杀目标，以之取乐。没有来得及撤出济南的军队的伤员也惨遭日军杀害。日军为了消灭罪证，把中国军民的尸体用麻袋包裹后，运至青岛投入海中，或者浇汽油焚烧。

据统计，从3日至11日，共有中国军民6000余人被日军杀害，造成了震惊中外的"济南惨案"。

6月4日，张作霖由北京回奉天，在皇姑屯被日本特务炸死

1928年，面对北伐军的胜利进军，张作霖为保存实力，决定退出关外。此举，令长期以来扶植奉张势力的日本帝国主义十分不满，无法在东三省取得好处的日本决定杀死张作霖，培植新傀儡。

1928年6月2日，张作霖发表了"出关通电"，宣告"退出京师"。6月3日晚，张作霖专车从北京车站开出。

次日清晨5时23分，当张作霖乘坐的专车行至京奉铁路和南满铁路交叉处的三洞桥时，随着一声巨响，三洞桥中间的一座花岗岩石的桥墩被炸开，桥上的钢轨、桥梁被炸得弯弯曲曲，抛上半空，张作霖的专车被炸得只剩一个底盘。现场尸骸累累，惨不忍睹，张作霖被炸出三丈多远，咽喉破裂，性命堪忧。事发之后，张作霖的随行人员立即将现场封锁，实施抢救，并用汽车送张作霖返回沈阳。

▲ 张作霖专列被炸，现场惨不忍睹

返回沈阳大帅府之后，张作霖因伤势过重，抢救无效，于当天上午10时去世，享年55岁。在弥留之际，张作霖对卢夫人说："告诉小六子（张学良的乳名），以国家为重，好好地干吧！我这个臭皮囊不算什么！"

此时张学良不在东北，为防止日军趁机举动，奉天当局决定秘不发丧，大帅府一切照旧。同时，奉天当局下令全城戒严，稳定局势，以免扰乱社会治安。6日，奉军奉命回撤东北，日军不知张作霖生死，不敢贸然行事。直至张学良潜回东北，就任奉天军务督办之后，才于21日公布张作霖死讯。

6月18日~7月11日，中国共产党第六次全国代表大会在苏联莫斯科召开

为了全面总结国民革命失败以来的经验教训，统一党的思想，制定新时期党的路线和任务，在共产国际的帮助下，中国共产党的领导层齐聚莫斯科。

1928年6月18日，中国共产党在莫斯科召开了第六次全国代表大会。出席大会的代表共142人，其中有选举权的代表84人。

会议在苏联和共产国际主要领导人斯大林、布哈林的亲自指导下进行。共产国际书记布哈林作政治报告，瞿秋白作补充报告，周恩来作军事报告。大会肯定了中国革命现阶段的性质是资产阶级民主革命，革命的中心任务仍是反帝反封建。分析了中国目前的革命形势，确定了党的总路线，即争取群众，团结无产阶级的群众，发展工农群众组织，积聚革命力量，准备武装暴动，不能盲目地进攻。

大会总结了国民革命失败以来的经验教训，批评了党内的右倾错误和"左"倾盲动错误，正确地估计了革命形势，通过了《政治议决案》、《土地问题议决案》、《军事问题决议案》和《苏维埃政权的组织问题决议案》等。

大会规定了党在一系列重大问题上的基本政策。指出，必须加强党的建设，加强党的战斗力和无产阶级化，恢复被破坏的各级组织，肃清党内

纠纷，建立新的官兵关系，实行民主集中制。党在城市的主要任务是争取工人阶级的大多数，大力发展工会组织；党在农村的任务是实行彻底的土地革命，建立革命根据地。

大会提出了党在民主革命阶段的十大纲领，修改了党章，重新选举了中央委员会，向忠发任总书记，周恩来任组织部长，蔡和森任宣传部长，李立三任秘书长。向忠发、周恩来、李立三为政治局常委。

大会于7月11日闭幕。

党的六大是在特定的历史时期和历史条件下召开的具有重大历史意义的会议。六大认真总结了大革命失败以来的经验教训，对有关中国革命的一系列存在严重争论的根本问题做出了基本正确的回答，对克服党内存在的"左"倾情绪，实现工作的转变，起了积极的作用。

■ 7月7日，南京国民政府宣布废除中外不平等条约

南京国民政府"统一告成"后，各国列强都面临着如何与中国现当局建立关系的问题。国民政府便借此时机，打出了"改订新约"的旗帜。

6月，美国国务卿凯洛格训令驻华公使马慕瑞执行1927年10月曾商定的方案，通知中国"美国已准备同意将所有中美两国在此之前所签订及有效的各条约中，有关在华货物进出口的关税、退税、顺位税等的税率，自1927年1月1日或新条约生效后的4个月之后，依何者在后为期之日作废无效"。美国此举是想要有步骤地"加强南京现政权"，以此来对日本谋求在华"独占利益"有所阻拦和遏制。一旦国民政府与美国达成协定，英、法等国也会步美国的后尘。在进行一个月多的谈判后，双方达成了协议。

7月7日，南京国民政府外交部长发表的《废约宣言》称：与各国间之条约已届期者，废除原约，另订新约；尚未期满者，通过"正式"手续解除原约，另订新约；其旧约已满期，而新约尚未订定者，另订临时办法。27日，中央政府首先公布了与美国签订的《整理中美两国关税关系之条约》，条约承认中国"关税完全自主之原则"，但是同时又规定美国仍享有最惠国待遇。

■ 10月8日，蒋介石任南京国民政府主席

1月初，蒋介石由上海回南京"主持大计"，并于2月在南京召开了国民党二届四中全会。会议通过了改组国民政府的议案，并规定国民政府受国民党中央执行委员会指导监督，总理全国政务。政府部门设有内政、外交、财政、交通、司法、农矿、工商等部门以及军事委员会、最高法院、监察院、大学院等。

会议还推举了谭延闿为国民政府主席，蒋介石担任军事委员会主席兼任国民革命军总司令。同时，宋子文被蒋介石任命为南京国民政府财政部长。

10月8日，南京国民政府公布《中华民国国民政府组织法》，规定国民政府

▲ 南京国民政府

世界

▶5月17日，第九届奥林匹克运动会在荷兰阿姆斯特丹举行

1928年5月17日至8月12日，第九届奥林匹克运动会在荷兰的阿姆斯特丹举行。参赛国家有46个，首次参加国有马耳他、巴拿马和罗得西亚。德国在与奥林匹克运动会关系中断16年后，重新派队参加了比赛。中国也派出了一名观察员出席。

这次奥林匹克运动会有几项创举：首次点燃奥运圣火，大型成绩显示板，开幕典礼放和平鸽等，这些都成为以后奥林匹克运动会的模式。

本届奥林匹克运动会共设有14大项109小项比赛，取消了射击、网球、橄榄球及马球等项目。1924年国际奥委会年会决定向女子开放奥运会以后，本届奥林匹克运动会首次列入了女子田径项目。

本届奥林匹克运动会获奖牌前三名的国家为：美国第一，金、银、铜牌依次为22、18、16；德国第二，金、银、铜牌依次为10、7、4；芬兰第三，金、银、铜牌依次为8、8、9。

大会于8月12日正式闭幕。荷兰女王和国际奥委会要员出席了仪式。

中国百年实录 1928年

世界

▶9月15日，青霉素问世

▲ 弗莱明发现青霉素

青霉素是抗菌素的一种，是从青霉菌培养液中提制的药物，是第一种能够治疗人类疾病的抗生素。

1928年9月15日，英国细菌学家亚历山大·弗莱明在他的实验室里研究导致人体发热的葡萄球菌。由于培养皿的盖子没有盖好，葡萄球菌被感染长了一大团霉。令弗莱明感到惊讶的是，在霉团的周围的葡萄球菌都被杀死了，只有在离霉团较远的地方才有葡萄球菌生长。通过鉴定，弗莱明知道了这种霉菌属于青霉菌的一种。他设法培养这种霉菌进行多次试验，发现葡萄球菌、链球菌、白喉杆菌等都能被它抑制。

经过一系列试验和研究，弗莱明肯定地认为这种霉菌可能成为一种可以全身应用的抗菌药物。于是，他将这种霉菌分泌物的液体命名为"青霉素"。

▲ 少帅张学良

总揽中华民国之治权，同时任命蒋介石为国民政府主席兼陆海空三军总司令。国民政府开始了蒋介石统治时期。

■ 12月29日，张学良通电宣布东北易帜

1928年6月，皇姑屯事件后，北方局势已发生翻天覆地的变化，年仅27岁的张学良身负国耻家仇，毅然决定主政东北，承袭父志，出任东三省保安总司令。此时，北伐军已进驻北京，全国统一的条件已经成熟。

1928年8月，沈阳大帅府举行张作霖的丧仪，日本政府派代表参加。席间，日本代表软硬兼施，向张学良施压，要其与日本合作，在东北建立傀儡政权，甚至以武力相威胁。张学良顶住压力，毅然决定与国民政府合作。

7月，张学良发表通电，表示绝不妨碍南北统一。不久，张学良、蒋介石两人派代表在北平六国饭店会面，就东北易帜一事进行商谈。此时，日方压力尚未减轻，东北内部又因杨宇霆、常阴槐势力的阻挠，迟迟不能达成统一，易帜一事只能暂且搁置。10月，蒋介石、张学良函电往来频繁，蒋介石对张学良的处境表示同情和理解。

为了早日促成统一，1928年冬，蒋介石对张学良派驻南京的代表胡若愚表示，为了不使张学良为难，东北外交由中央应付，同意东北"内政"仍由现职各员负责，概不更动。重大人事，先由张学良请委，然后由中央任命。此举，安抚了奉系内部的反对势力。

12月29日，张学良一如所诺，顶住内外压力，宣布"遵守三民主义，服从国民政府，改易旗帜"。随即，南京政府任命张学良为东北边防司令长官。至此，北洋军阀在中国长达十几年的割据混战的局面结束了，国民政府在形式上完成了统一。

备忘

- 1月1日，周佛海等五人在上海创办《新生命月刊》
- 2月1日，上海创造出版社出版了由郭沫若翻译的《浮士德》
- 3月1日，蔡元培、林风眠在杭州创立国立艺术院
- 4月7日，国民政府发布《北伐宣言》，正式向奉系军阀发动总攻
- 7月1日，张学良发表通电，声明不妨碍国家统一
- 8月17日，清华学堂改为国立清华大学
- 9月，武汉大学建立
- 11月22日，旅美华人张钰哲将发现的一颗新的小行星命名为"中华"小行星
- 10月13日，董作宾主持发掘殷墟

1929年

大事

■3月27日，蒋桂战争爆发

国民党针对旧军阀的北伐战争胜利结束后，蒋介石决定实行削藩政策，统一缩编全国军队。蒋介石此举旨在剥夺各地实力派的军权，因此冯玉祥、阎锡山、李宗仁等地方势力与蒋介石之间的矛盾上升。

1929年初，蒋介石培植亲信，意图夺取桂系控制的湖南地区。而此时的桂系集团已据有两湖和河北、天津等地盘，又得到广州政治分会主席李济深的支持，势力迅速扩展，直接影响蒋介石建立独裁统治。蒋桂矛盾激化。

1929年3月27日，蒋桂战争爆发。蒋介石亲自坐镇九江，指挥三路大军向武汉进攻。同时将李济深骗至南京，将其拘捕，破坏粤、桂同盟。4月1日，湖南省政府主席何键通电拥蒋，脱离桂系。2日，桂系李明瑞、杨腾辉两名师长于前线倒戈，桂军

▲李宗仁

全线溃退，遂于3日晚放弃武汉，败逃广西。4日，蒋介石进入武汉。5日，蒋介石为根除桂系，任命鲁涤平为武汉卫戍总司令，命令湘、粤、滇三省军队围攻广西。同日，李宗仁、白崇禧在广西组织南路护党救国军，通电反蒋，并派兵进攻广东。

6月2日，蒋介石将收编的李明瑞、杨腾辉的部队海运至梧州，配合粤军作战。白崇禧无力抵挡，从龙州逃往越南，后与李宗仁逃往香港。24日，李明瑞、杨腾辉进入南宁，收留了李宗仁的残部。7月，蒋介石任命俞作柏为广西省政府主席，蒋桂战争遂告结束。

■5月，冯玉祥发布反蒋通电

1929年5月，时值蒋桂战争即将结束之际，蒋介石在《和平统一为国民政府唯一之政策》一文中指出："欲消弭内乱，非铲除军阀不可。"为讨伐冯玉祥作舆论准备。15日，冯玉祥被推举为护党救国军西北路总司令，通电反蒋。

在蒋桂战争期间，蒋介石在汉口会见了率军南下的冯部将领韩复榘，

声音

三十年来新事业、新智识、新思想，是谁唤起？

百千载后论学术、论文章、论人品，自有公评。

——1929年，亲友为梁启超题写的挽联

保障共和，应与松坡同不朽；

宣传欧化，宁辞五就比阿衡。

——1929年，蔡元培为梁启超题写的挽联

孙中山先生是死了，而且是失败了，他却有一件极可宝贵的遗物给了我们：这就是他的理想！虽是死了，他的理想却还活着；虽在生前是失败了，在他死后，他却是要成功的。

——1929年5月，张闻天在《追悼孙中山先生》一文中追忆孙中山

许之以官爵,对其收买。5月22日,韩复榘联络石友三,叛冯投蒋,在河南通电"维持和平,拥护中央",蒋介石任命韩复榘、石友三分别为河南、安徽省主席。同时,蒋介石策动刘镇华、杨虎城等部叛变,使西北军发生激烈分化。23日,国民党中央开除冯玉祥党籍剥夺本兼各职。6月,冯玉祥对部下叛己投蒋一事非常痛心,与蒋介石已是势不两立之势,于是前往山西,冒险联络阎锡山共同反蒋。但是,阎锡山奉蒋介石之命将冯玉祥软禁于五台山建安村,冯蒋紧张局势有所缓解。

8月,蒋介石开始强行削弱各藩兵力,一时间各实力派人物,人人自危。阎锡山认为自己曾经参与过唐生智反蒋战争的策划,蒋介石迟早要和他算账。而且这时各方代表都在太原进行反蒋活动,一致对他表示拥护,如果迟迟不表明反蒋态度,会陷于十分不利的地步。随即对冯玉祥态度突转,于中秋之夜亲自赶往建安村,向冯玉祥赔礼道歉,商议联合反蒋大计。

阎锡山将冯玉祥迎接至太原,立即会同冯玉祥与桂系代表以及各杂牌军的代表对讨蒋联军的组织系统和作战方略进行了协商,约定先由西北军发动,晋军随即相应。

■8月30日,中共农民运动领袖彭湃在上海被国民党杀害

第一次国共合作失败以后,国民党反动分子在势力范围内,大搞白色恐怖,很多中国共产党员被捕牺牲。

▲ 农民运动领袖、共产党员彭湃

1929年8月24日,由于叛徒的出卖,时任中央政治局候补委员、中央农委书记兼江苏省委军委书记,中国农民革命运动的先导者和著名的海陆丰苏维埃政权的创始人——彭湃,被反动分子拘捕入狱。

在敌人审讯时,彭湃总是严厉地回答:"我们共产党是代表工农人民大众的。全国的工农大众,在共产党的领导下,一定要向你们讨回血债!""只要我还有一口气,我就要为共产主义事业奋斗到底!"对于革命的前途和命运他始终坚信"不久的将来,一定能够推翻反动的统治,建立全国的苏维埃政权。到了那个时候,中国人民就可以过着和苏俄一样幸福的生活。""为了我们的子子孙孙争得幸福的生活,就是献出了自己的生命也是在所不惜的。"

8月30日,国民党反动势力准备在上海龙华枪毙这批共产党员。在行刑之前,彭湃将身上的衣服脱下来赠送给战友,并慷慨激昂地向狱中的难友和押送的士兵们作了最后的演说,与战友们齐声高唱着雄壮的《国际歌》,高呼着"打倒帝国主义""打倒汉奸卖国贼蒋介石""中国苏维埃万岁""中

国红军万岁""中国共产党万岁"等口号,以无比的英雄气概走向刑场,与杨殷、颜昌颐、邢士贞4人同时英勇就义,时年仅33岁。

中共中央很快得到彭湃等4位同志就义的噩耗。当晚,周恩来含着眼泪代表党中央起草了《告全国工人农民及其他劳苦群众书》,于翌日清晨发往各地党组织,并通知各级党组织举行哀悼。

■ 10月11日,蒋冯战争爆发

1929年10月10日,西北军将领宋哲元等27人在西安发出反蒋通电,拥戴冯玉祥、阎锡山联盟,讨伐蒋介石。11日,蒋介石下令讨伐冯玉祥,蒋冯战争爆发。

西北军从潼关出发,分三路进攻河南。蒋介石也亲自到许昌督师,按原计划围歼西北军,双方在河南展开激战。同时,蒋介石又拉拢阎锡山,拆散冯阎同盟。14日,蒋介石发表《告全国将士书》,号召讨伐西北军。宋哲元、韩复榘等通电反对西北军举兵反蒋,国民政府以谭延闿、胡汉民、戴季陶、赵戴文4院长名义发表通电,要求国民全力支持反冯战争。

26日,阎锡山主张对时局用政治方式解决,劝冯玉祥制止西北军反蒋。28日,蒋介石任命阎锡山为陆海空军副总司令,就近处理西北问题。11月5日,阎锡山在太原就职,召开讨逆大会,表示拥护中央,冯阎同盟破裂。同日,蒋介石抵达新郑督师,下令向西北军发起总攻击。

▲ 山西军阀阎锡山

蒋介石与阎锡山再次勾结后,西北军陷于孤立。随后,蒋介石在河南先后发动三次总攻,由于西北军内部缺乏统一指挥,接连受挫。11月20日,蒋介石部队占领洛阳。11月底,西北军被迫退回陕西,闭关自守。冯玉祥反蒋失败,蒋冯战争结束。

■ 12月2日,中国古生物学家裴文中发现完整的北京人头骨化石

早在北宋时代,北京周口店一带就有"龙骨"出产。近代,古生物学家经过研究,认为"龙骨"是古生物骨骼化石。随后,大批古生物学家和考古学家奔赴北京周口店地区,进行挖掘和考察。

1926年,科学家在周口店发现了属于早期人类的两颗牙齿。同年10月,北京科学界报道了这一重大发现,立即轰动了国内外。后来科学家决定把这两颗牙齿的主人,命名为"北京人"。

1927年,周口店北京人遗址的大规模发掘工作开始了。发掘的主持单位是中国地质调查所和协和医学院。第二年,我国两位能干的青年古生物

世界

▶ 5月16日,奥斯卡金像奖首次颁奖

▲ 奥斯卡金像奖杯

奥斯卡奖又称为学院奖,是举世公认的电影界的最高奖项。奥斯卡奖由美国的电影艺术和科学学院成员评定。

1927年,在学院院长道格拉斯·范朋克的提议下,学院每年对上一年8月1日至本年7月31日之间在美国公开发行的英语影片从不同方面评选优秀影片,奖项最初只有七项。每个奖项的获得者或影片都被授予一座镀金铜像,该雕像是13.5英寸高,双手紧握长剑,站在一盘电影胶片上的男性人体塑像。

1929年5月16日,第一届电影"学院奖"在美国好莱坞罗斯福饭店举行颁奖仪式。由美国派拉蒙影片公司制作的电影《翼》被评为最佳影片,该片是奥斯卡历史上唯一一部获此殊荣的默片。22岁的新秀珍妮特·盖纳成为首届奥斯卡奖的最佳女主角,她凭借《七重天》、《日出》和《街头天使》3部作品击败众多强劲对手而摘取桂冠。

学家杨钟健和裴文中,参加了周口店的发掘工作。

1929年,"北京人"遗址的发掘工作由裴文中负责。时近冬季,工作人员在发掘过程中,发现一个小洞,洞口只能容纳一人出入,洞中有很多动物化石,裴文中决定继续挖掘。

12月2日黄昏,第一枚完整的北京猿人头骨化石被完全出土,这一奇迹般的发现震惊了世界学术界,周口店也随之成为举世瞩目的地方。"北京人"头盖骨相当完整,他既具有人的性质,又保留了古猿的特征。头骨构造像人,尽管是八九岁的幼年男性,脑量却已有915毫升,远超过所有古猿和近代大猿的脑量。但也有与现代人不同的特点,头骨像馒头形,而不像现代人近似球形,眉脊粗壮,像屋檐凸出于眼眶的上方,前额低平,头骨壁比现代人厚一倍。这些都与其祖先古猿相近。

"北京人"第一头盖骨的发现,是人类发展史研究的一个里程碑。

■ 12月下旬,中国工农红军第四军在福建召开古田会议

八七会议以后,中国共产党在极端困难的条件下,在白区秘密恢复党组织,开展地下工作。同时,领导武装起义,深入农村开展游击战争,建立农村革命根据地。一时间,革命风云涌动,在发动平江起义、戈横起义、黄麻起义、桑植起义以及百色起义后,革命根据地的范围迅速扩张,红军的力量迅速壮大。

▲ 古田会议会址

1929年12月下旬,中国工农红军第四军第九次党的代表大会在福建省上杭县古田村召开。会议由陈毅主持,毛泽东作政治报告,朱德作军事报告。

大会讨论并通过了毛泽东起草的《中国共产党红军第四军第九次代表大会决议案》,即《古田会议决议案》。决议着重强调"中国的红军是一个执行革命的政治任务的武装集团",是党领导的服务于人民革命斗争和根据地建设的工具。它必须服从党的领导,树立无产阶级思想,纠正单纯军事观点、极端民主化、非组织观点、绝对平均主义、主观主义、个人主义、流寇思想、盲动主义残余等。同时还强调红军不但要打仗,而且要担负起宣传群众、组织群众、武装群众等项任务,并且要在军内外建立正确关系,对敌军采取正确政策等。

《古田会议决议案》是中国共产党和红军建设的纲领性文件,对党和军队的建设与发展起了重大指导作用。

会议根据中共中央指示,选举产生新的中共红四军前敌委员会,毛泽东当选为书记。

1929年 中国百年实录

■ 12月28日，国民政府颁令自1930年1月1日起废撤在华领事裁判权

1840年鸦片战争后，中国政府同帝国主义列强签订了一系列不平等条约。条约中规定的列强国家在中国享有的领事裁判权，是一种治外法权，它的存在侵犯了我国的司法主权。

北洋政府统治时期，积极开展同外国的修约运动。南京国民政府在完成全国政权的统一后，对外继续实行修约外交，意欲重建中外关系。关于废除领事裁判权的问题，各届政府虽都有涉及，但是一直不能有效解决。

1926年1月，北京政府曾下令，自1929年1月1日起，废除各国在中国的领事裁判权。但由于北京政权覆灭，此事便不了了之。南京国民政府作为继任政府，自然继承了这项任务。

1928年，仍然在中国享有领事裁判权的国家有15个，其中比利时、意大利、日本等国约期已满。除日外，其他几国同意取消领事裁判权，但要求半数以上的国家同意取消时，方能废除。

1929年4月，南京国民政府照会未满期的英国、法国、美国等国，要求废除领事裁判权。各国以中国的司法制度还未完善为由，采取逐步递减的方式。

9月，国民政府就废除领事裁判权的问题，第二次照会各国，但各国没有做出回应。

12月28日，南京政府发布特令，规定自1930年元旦起，凡侨居中国的外国人，同中国人一样受中国法律支配和司法机关管理。南京国民政府此举旨在维护国家司法主权，但是第二天，外交部就宣布，政府28日的特令，是一种步骤。随即，南京政府继续就废除领事裁判权问题与各国谈判。

备忘

- 1月10日，张学良设计枪杀杨宇霆与常阴槐
- 1月16日，招商局"新华轮"在香港附近处触礁沉没，300余人遇难
- 1月19日，梁启超在北京协和医院病逝
- 2月4日，上海首次放映有声电影
- 2月8日，国民政府通令梅花为国花
- 2月16日，南京国民政府公布《度量衡法》
- 3月，第一届全国美术展览会在上海举办
- 5月5日，李宗仁通电讨伐蒋介石
- 5月23日，国民政府颁布《中华民国民法》及其相关规定
- 6月1日，孙中山灵柩葬于南京紫金山陵墓

世界

▶ 10月，世界经济大危机爆发

1929年10月，美国纽约华尔街股市暴跌，股票大量抛售，美国股票市场崩溃，华尔街大崩盘引起了一场席卷世界的经济危机。

11月中旬，纽约证券交易所股票价格下降百分之四十以上，证券持有人损失达260亿美元，严重削弱金融制度，动摇企业界信心，阻碍工农业的发展，美国经济陷入了停滞状态。

世界经济危机一直持续到1933年，美国的经济发展遭到重创。银行破产达101家，企业破产109371家。美国完全失业工人达1700万，全国3400万人到处流浪，缺少基本的生活保障。

危机由美国波及了整个资产阶级世界，使世界贸易缩减了2/3，并进一步激化了资本主义世界的各种矛盾。

1930年

大事

■ 1月5日，毛泽东针对林彪对革命的悲观思想给他复信，发表《星星之火，可以燎原》

1928年，井冈山会师后，毛泽东、朱德领导红军采取游击战术，接连击破了敌人的进攻，巩固、扩大了根据地，井冈山根据地进入全盛时期。同年6月，受"左"倾盲动主义影响，红军向湘南冒进，结果遭到重创，井冈山根据地的大部分地区也被敌人占领。尽管红军于10月收复了井冈山被敌人占领的地区，但是红军内部仍然出现了悲观思想。

1929年年底，对革命前途的悲观情绪在红军内部进一步蔓延，时任红四军第一纵队司令员的林彪在一部分人中散发一封对红军前途究竟应该如何估计的征求意见的信，在这封信中提出了红旗究竟能打多久的问题。

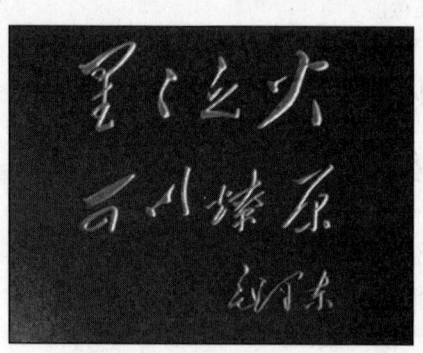

▲ 毛泽东手书：星星之火 可以燎原

1930年1月5日，毛泽东给林彪写回信，以党内通信形式印发给部队干部。这封信批评了当时党内存在的对革命前途的悲观思想。同时，批评了党内部分同志"没有在游击区域建立红色政权的深刻的观念，因此也没有用这种红色政权的巩固和扩大去促进全国革命高潮的深刻的观念。"信中阐述了小块革命根据地的存在与夺取全国政权的关系，揭示了中国革命发展的规律。这封信编入《毛泽东选集》时，题为《星星之火，可以燎原》。

《星星之火，可以燎原》一文，纠正了党内的悲观主义思想，扭转了红军内部的颓废情绪。自此，中国的革命力量就如同星星之火，最终形成了燎原之势，红色的火焰蔓延了整个华夏大地。

■ 3月2日，中国左翼作家联盟在上海成立

1927年，随着无产阶级开始独立领导中国革命，文艺界也掀起了一场革命文学争论。这次争论，提高了革命作家们的思想理论水平，同时，也达成了学者们观念上的统一，即提倡和发展无产阶级的理论。中国共产党对此十分重视，并且帮助革命作家成立联合团体。

1929年，在上海党组织的指示下，一些党员作家开始与鲁迅联系，酝酿成立统一的左翼组织。1930年2月，鲁迅等人邀请争论双方的学者，共同

声音

红军、游击队和红色区域的建立和发展，是半殖民地中国在无产阶级领导之下的农民斗争的最高形式和半殖民地农民斗争发展的必然结果，并且无疑义地是促进全国革命高潮的最重要因素。

——1930年1月5日，毛泽东撰写的《星星之火，可以燎原》的部分内容

吁请各方，即日罢兵，以纾民困。至解决国是，自有正当之途径。

——1930年9月18日，张学良出面调停中原大战

不特别注意城市工作，想以农村包围城市，单凭红军来夺取城市，是一种错误的观点。中心城市的武装暴动，才是中国革命决定胜负的力量。

——1930年6月，李立三起草的《新的革命高潮与一省数省的首先胜利》

讨论了目前文学运动的任务，成立作家联合团体的条件成熟。

3月2日，中国左翼作家联盟成立大会在上海中华艺术大学举行。到会的有鲁迅、夏衍、冯乃超、田汉、阳翰笙、郁达夫、徐殷夫、龚冰庐、柔石、孟超、莞尔、邱韵铎、潘汉年、周全平、洪灵菲、戴平万、冯雪峰、黄素、郑伯奇等40余人。最初的盟员共50余人。

大会通过了左联的理论纲领和行动方针，规定："我们不能不站在无产阶级的解放斗争的战线上，攻破一切反动的保守的要素，而发展被压迫的进步的要素。"左联要吸收国外新型文学的经验，建立各种研究组织，提拔工农作家，出版机关杂志及丛书，确立马克思主义的艺术理论及批评理论。此外，鲁迅还在会上发表题为《对于左翼作家联盟的意见》的演说，强调革命作家一定要接触实际的社会斗争。

大会选举鲁迅、冯乃超等7人为常务委员，组成常务执行委员会。阳翰笙、冯雪峰先后担任党团书记。

左联成立后，除了将鲁迅主编的《萌芽》和《拓荒者》作为机关刊物外，还陆续出版了《巴尔底山》、《世界文化》、《北斗》、《十字街头》、《文学》等刊物，并在全国重要城市设立分部。

■ 4月1日，阎锡山、冯玉祥、李宗仁组成中华民国军政府

1929年，蒋冯大战期间，各地反蒋势力纷纷策动。11月底，冯玉祥所部败退后，阎锡山为了自保，提出"党人治党，国人治国"的主张，反对蒋介石把持中央、武力统一的政策。于是各地反蒋势力又纷纷聚其旗下。

经过多次协商，阎锡山、冯玉祥、李宗仁决定共同组织中华民国军，形成军事上的反蒋大同盟。1930年3月15日，原第二、三、四集团军将领57人联名通电，拥戴阎锡山为中华民国陆海空军总司令，共同讨蒋。

1930年4月1日，阎锡山就任"中华民国军总司令"，冯玉祥、李宗仁就任副总司令，3人分别在太原、潼关、桂平宣誓就职。冯玉祥在就职宣言中指斥蒋介石为国家动乱不安的祸根，历数了蒋介石践踏民主，弄权卖国的种种恶端，并发誓要为国家除此祸害。

宣言称："近月以来，陕甘两省，大股土匪，到处焚掠，凡经被掠之人，周身悉现铁烙。迨军队拘获匪首，其身边皆带有委任状，乃煌煌全国主席蒋中正所颁发，至有数十路之多。"阎锡山就职通电称："将统率各军，陈师中原，以救党国。古有挟天子以令诸侯者，全国必有而讨伐之，今有挟党部以作威福者，全国人亦必起而讨伐之。"

一时间，政局风云变幻，战事又起。

■ 5月，蒋介石发布讨阎、冯誓词，指责阎冯"割据称雄，破坏统一"

1930年3月，阎锡山、冯玉祥和李宗仁达成反蒋军事同盟。4月5日，国民党中央开除阎锡山党籍，免去本兼各职。

届时，双方开始集结部队，阎锡山、冯玉祥、李宗仁、石友三、樊钟

世界

▶3月12日，甘地领导印度人民开始了"非暴力不合作运动"

▲ 政治领袖甘地

非暴力不合作运动，是甘地领导的印度人民反抗英国殖民统治的运动。在运动中，甘地倡导以和平方式抵制政府、机关、法庭、学校以及采取总罢业、抵制英货、抗税等非暴力手段进行斗争，重要的有四次。

1930年1月，甘地提出"十一点要求"，包括减收土地税、减少军费和英国官员的薪金、实行保护关税政策、禁酒、取消食盐专营和释放政治犯等。遭总督拒绝后，甘地选定以破坏食盐专营法作为运动的开端。3月12日，他率领79名信徒，前往西海岸，沿途成群农民随行。4月5日，抵达丹迪海滨，亲自动手煮盐，持续3周。当局闻讯后，大肆镇压。5月4日，甘地被捕，全国抵制斗争发展成革命形势，近3万人被捕。1931年3月5日签订《甘地欧文协定》，国大党同意停止运动。

此后，英当局缺乏诚意，国大党宣布恢复非暴力不合作运动，英当局也恢复大规模镇压，直到1934年4月运动才停止。

▲ 中原大战中准备入关援蒋的东北军

秀等部共约60万人组成5个方面军，分别集结于许昌、郑州、新乡等地。对此，蒋介石先后调集约70万人组成4个军团，分别集结于禹城、徐州、砀山、武汉、萍乡、衡阳、广州等地。战事一触即发。

5月1日，蒋介石在南京举行誓师大会。11日，下达总攻击令，双方在鲁、湘、豫开始大规模接触，中原大战爆发。

战争随即进入第一阶段。反蒋军进军顺利，战场总的形势对蒋军不利。

在平汉路战场，冯玉祥西北军30万人沿陇海线进入河南后，继续东进，向武汉发动攻势。蒋介石令部队分别从三面进攻新郑、许昌、鲁山失利，双方形成对峙。6月中旬，蒋部第3军团向豫南溃退，冯军跟踪追至鲁西南，双方转入对峙。

在湖南战场，李宗仁指挥第1方面军共13个师3万余人，于5月中旬，由广西全县北指武汉。5月27日，攻占衡阳，蒋军第4路军北撤长沙。6月中旬，蒋军反扑长沙，李军惨败，撤至全州。

在陇海路战场，5月中旬，为争夺战略要地归德，蒋军由山东曹县向归德的阎军发起攻击，至19日占领归德、亳县。冯玉祥指挥所部第1路军至第4路军和阎军约9个师的兵力，由正面和两翼突然实施反击，迂回敌后，打破了蒋军的攻势。蒋军败退定陶、曹县、归德，22日后双方形成对峙。

■9月9日，北平国民政府成立

1930年7月，中原大战进入第二阶段。

8月4日，汪精卫、陈公博等与阎锡山在石家庄协商"反蒋建国"的具体方案。不久，阎锡山、冯玉祥、李宗仁联合汪精卫、陈公博的改组派和邹鲁、谢持的西山会议派等各派反蒋势力在北平召开中国国民党中央党部扩大会议，决定组织政府，召开国会，起草约法。9月1日，大会组建了以阎锡山、汪精卫、冯玉祥、李宗仁等七人为委员的国民政府，阎锡山任政府主席。9日，阎锡山宣誓就职，北京国民政府成立，与蒋介石的南京国民政府相抗衡。

第二阶段的战局对反蒋联军十分不利，联军每况愈下。7月4日，桂军退守广西。8月11日，蒋阎两军在泰安附近展开激战，历时5昼夜，晋军主力大部分被消灭。8月14日，津浦路战场阎军失陷济南。同时，冯玉祥应阎锡山邀请，为牵制津浦线蒋军北进，而令陇海线西北军向蒋军发起的"八月攻势"也惨遭失败。此后，战局迅速向有利于蒋军的方面转化。8月底，蒋军调整部署，集中兵力于平汉、陇海路战场。随即，蒋军在两湖、津浦、陇海、平汉各战场取得全面胜利。9月初，蒋军开始进攻冯军，此时，冯军部分将领被蒋军拉拢收买，士兵因生活苦斗志低落，陇海路的阎军也向河北撤退。

■ 9月18日，张学良发布和平通电，决定入关拥蒋

1930年9月，中原大战进入第三阶段。

战争行至此段，双方呈对峙态势。但蒋介石已明显占有优势，阎锡山、冯玉祥、李宗仁已逐渐呈现颓势。

张学良在中原大战前期，一直持观望态度。9月初，阎锡山电告张学良，以北平政府各部长之半数归其支配的条件，拉拢张学良，遭到张学良的拒绝。9月10日，张学良在沈阳召开东北军高级干部会议，会议决定出兵华北，助蒋结束中原大战。

9月18日，张学良发出拥蒋通电，分兵三路，进军关内，整个战局发生变化。21日，东北军占领天津。22日，东北军进占北平，北平政府宣告垮台，北平扩大会议搬到太原。在张学良的配合下，蒋军各路军发起反攻。阎锡山率残部撤回山西，同日，汪精卫等也抵达郑州，会见了冯玉祥，并劝其放弃河南，退保河北。

10月初，蒋军占领郑州，西北军主力退往洛阳至潼关一线，其余各部则纷纷投降。10月下旬，蒋介石对山西形成包围之势，汪精卫等人逃离了太原。

10月23日，西北军主将鹿钟麟通电下野。11月4日，阎锡山、冯玉祥联名通电张学良，宣布取消太原陆海空总司令部，即日下野，部队由张学良出面收编。

中原大战以蒋介石的获胜宣告结束。中原大战历时7个多月，战线绵延数千里，受战争影响的地区达十多个省，双方动员兵力百万以上，死伤总数达30万人，支出军费约5亿元。是中国近现代历史上一次规模最大的军阀战争。

■ 12月9日，蒋介石在南昌召集师以上军官开"剿共"军事会议

1930年，正当国民党各派势力发动中原大战，与蒋介石陷入混战的时候，工农红军和农村革命根据地迅速发展，这引起蒋介石的恐慌。10月中

▲ 红军及地方武装准备反"围剿"作战

世界

 3月13日，美国天文学家汤博发现冥王星

▲ 黑暗双星——冥王星和他的伴星

1930年的3月13日，美国天文学家汤博通过对在1月23日和29日夜晚，于双子座附近的天区观测到的一颗缓慢移动的新行星进行分析，正式宣布发现了一颗海外行星。这颗行星由于远离太阳，接收到的阳光远远少于其他行星，因此星体表面呈现一片黑暗、寒冷、阴森的世界。人们随用希腊神话中的冥界之神普鲁托的名字来为它命名，即冥王星。

冥王星是20世纪天文学的重大发现，人类对太阳系的认识又前进了一大步。冥王星的轨道在太阳系的大行星中是最扁的，倾角也最大，公转周期约为248年，自转周期为6.39天。直径约为2400千米。冥王星有一颗天然同步卫星。

旬，蒋介石命前线各部队分别移调或回防"剿共"。中原大战结束后，蒋介石立即开始对红军和根据地的大规模"围剿"行动。

1930年12月9日，蒋介石在南昌召开"剿共"军事会议，亲自组织对中央革命根据地的进攻。任命鲁涤平为陆海空军总司令南昌行营主任，统一指挥对中央苏区的进攻。同时颁布《剿匪赏罚令》，悬赏缉拿红军将领毛泽东、朱德等。

蒋介石任命江西省政府主席兼第九路军总指挥鲁涤平为总司令，师长张辉瓒为前线总指挥，调集8个师约10万兵力，由北向南，分兵八路，采取"分进合击，长驱直入"的作战方针，向根据地发动了第一次"围剿"。

12月下旬，毛泽东、朱德在宁都小布召开军事会议，部署反"围剿"的作战计划。此时，红一方面军共4万多人，在毛泽东、朱德的带领下，采取撒开两手、诱敌深入的方针，采用大规模运动战，各个击破进犯之敌。12月30日，红军诱敌主力张辉瓒师于龙岗，一举歼灭。次年1月，红军在东韶歼敌半个师，五天之内，连胜两次，歼敌1.3万多人，缴枪1.2万多支，粉碎了敌人的第一次"围剿"。

备忘

- 1月16日，梅兰芳首次在美国演出京剧，受到热烈欢迎
- 2月8日，国民政府教育部规定每年3月12日为孙中山总理忌日，开展植树活动
- 3月17日，梁启超家属向北平图书馆赠书42180册
- 4月1日，第4届全国运动会在杭州举行
- 5月20日，中国社会科学家联盟在上海成立
- 7月18日，辽宁省风雨成灾，平沈铁路中断
- 10月4日，鲁迅在上海举办版画展览会
- 12月，中国首部有声电影《雨过天晴》上映

世界

▶7月13日，首届世界杯足球赛在乌拉圭开幕

1904年，世界足球的专门机构——国际足联成立。1928年，国际足联在阿姆斯特丹会议上讨论并通过了将于1930年举办一项新的足球赛事的议案。

1929年，巴塞罗那会议投票选举乌拉圭为首届世界杯足球赛的主办方。

1930年7月13日至30日，第一届世界杯足球赛开幕。到乌拉圭参加比赛，对欧洲队来说有不少困难，最后拟定一项折中方案，把十三个队分成四个小组，在小组中各队按循环制比赛，获得小组第一名的球队有权进入半决赛，半决赛和决赛采用淘汰制。除第一小组是四个队外，其他三个小组都是三个队。比赛顺利进行，最终闯入决赛的是乌拉圭和阿根廷。

决赛当天，旅行到蒙得维的亚的阿根廷观众，高呼"胜利或者死亡"的口号蜂拥而至。为了确保比赛安全进行，乌拉圭警方对十万观众逐个检查，检查是否带有武器。最终，东道主乌拉圭在决赛中淘汰阿根廷，赢得第一次世界杯足球赛的冠军。

1931年

 大事

■ **1月1日，中华民国实现关税自主，并裁撤厘金**

鸦片战争以后，中国的关税一直掌握在欧美列强手中，到民国时期依然如此。早在1890年，陈炽就在《庸书》中主张关税自主。1919年，在巴黎和会上，中国代表提出了这一问题，遭到了拒绝，之后1921年7月的华盛顿会议上，中国代表又提出"关税自主"等八项提案，各国列强表面上虽然通过了《九国间善于中国关税税则之条约》，但是却以种种借口拖延会议的召开，最终也只能不了了之。

1925年10月26日，北京政府召集列强在北京召开关税会议，提出了立即解除与各国条约中关于关税束缚的要求。各方一直争执不下，直到1929年才达成了一个相当于"关税自主"的宣言："各缔约国（中国除外）兹承认中国享受关税自主之权利。允许解除各该国与中国现行各项条约中所包含之关税束缚。并允许中国国定关税定率条例于一千九百二十九年一月一日发生效力。"

1929年2月1日，南京国民政府首次实施关税自主税率，其中，7.5%的出口税没有变化，进口税有所提高，有的高达27.5%，此次税率调整使关税收入从1928年的1.79亿元一下子提高到了1930年的313亿元。

1931年1月1日，南京国民政府将厘金取消，并修改了新的税则。从此以后，中央银行也逐步取代外国银行保管关税税款，金融大权得以回归。

■ **3月27日，何应钦下达向江西红军进行第二次"围剿"的总攻击令**

1931年1月，红一方面军在毛泽东、朱德的领导下，粉碎了国民党军对赣南闽西根据地的第一次"围剿"。

同年3月，蒋介石调动国民党军3个多旅，以洪湖根据地的江南区为重点，实施军事打击。红军根据毛泽东提出的扰敌、堵敌、截敌、袭敌、诱敌等10种战略战术，与敌周旋，捷报频传。

3月中旬，蒋介石向鄂豫皖边绥靖督办李鸣钟指示"剿共"方略。随后，李鸣钟会同国民党武汉行营主任何成浚，召集境内各军高级长官，组织部署对中央苏区的第二次"围剿"。

1931年4月，蒋介石任命南京政府军政部长何应钦为陆海空军总司令南昌行营主任，调集18个师和3个旅共20万的兵力。鉴于第一次"围剿"的惨败，蒋介石吸取教训，决定"以厚集兵力、严密包围及缓进为要旨"，采

攘外必先安内，统一方能御侮，未有国不能统一而能取胜于外者。故今日之对外，无论用军事方式解决，或用外交方式解决，皆非先求国内之统一。

——1931年11月30日，蒋介石发表声明，提出"攘外必先安内"的错误方针

对外准备殊死战争，对日拼命到底，对内取消一党专政，集中全国人才，组织国防政府。

——1931年10月，王造时发表的《救亡两大政策》

▶4月9日，美国纽约帝国大厦落成

▲ 纽约帝国大厦

美国经济大萧条时期，美国政府为了通过大规模基建吸引闲散劳动力，解决失业问题并拉动内需，从而使经济复苏，遂倾尽全纽约市人民的力量，历时两年，建成了这座巨形塔楼——帝国大厦。

1931年4月9日，帝国大厦建成，胡佛总统应邀参加了大厦的落成典礼。

帝国大厦是一栋超高层的现代化办公大楼，它和自由女神像一起被称为纽约的标志。大厦为钢框架结构，采用门洞式的连接系统。大厦的重量为365000吨，用钢51900吨，每平方米用钢206千克。大厦共有102层，在86楼及102楼有瞭望台，由于是露天的望台，台上的风力相当大。晴天的时候可远望至100公里远的地方。

取"稳扎稳打、步步为营"的作战方针，从江西吉安到福建建宁构成东西八百里的弧形战线，分兵四路向中央革命根据地层层推进。此次，国民党军队行军非常慎重，大部队行军前，必先派小股部队向前游击侦察；军队驻扎后，立即建构坚固的防御工事，力求稳健推进。

为避其锋芒诱敌深入，毛泽东、朱德在宁都青塘发出部队集结命令，命令红军主力向龙岗地区集中。集结完毕后部队向西推进20公里，在群众条件和地形都十分良好的东固地区避敌而居，伺时出击。

■5月31日，红军取得第二次反"围剿"的胜利

1931年4月中下旬，面对国民党军步步推进，大兵压境的不利局面，毛泽东、朱德率领红一方面军3万余人在东固地区隐秘埋伏，持重待机。

5月上旬，国民党军王金钰部第28师和第47师1个旅，脱离富田阵地，分兵两路向东固地区进犯。毛泽东、朱德按照预定计划，决定趁此有利时机，果断出兵，歼灭来犯之敌。5月16日，经过一天一夜的激战，王金钰部大部分被歼灭，红军取得首战大捷，为以后连续作战创造了良好的条件。

5月19日，毛泽东、朱德指挥红军向东横扫，截住正在撤退中的国民党军队，在白沙歼灭郭华宗第43师一部和第47师1个旅的残部。此时，位于藤田的郝梦龄的第54师，闻讯星夜撤往永丰。这是在反"围剿"中取得的第二次胜利。

为扩大战果，红军继续东进。国民党军高树勋部第27师奉命取道中村向藤田开进，准备增援郝梦龄师，其先头部队1个旅抵达中村后驻防。5月22日上午，红军向中村发起攻击，歼灭该旅大部。

中村战斗结束后，已进入苏区的国民党军朱绍良第6路军的毛炳文、许克祥、胡祖玉3个师慌忙经广昌向南丰撤退。26日，毛泽东随红军主力进驻古竹，随即发动对集结在广昌的胡祖玉师的进攻。经过一天激烈战斗，红军夺取广昌县城，歼灭国民党军第5师第1部，师长胡祖玉重伤不治身亡。

红军占领广昌后，毛泽东遂下令进攻国民党军刘和鼎的第56师，夺取福建的建宁县城。5月31日，红军突袭建宁县城，歼灭刘和鼎师3个团，缴获大量武器和战略物资。

5月中下旬，红军在毛泽东、朱德的领导下，得到苏区人民群众的大力支援和地方武装、赤卫军、少先队的紧密配合，半个月横扫700里，五战五捷，歼敌3万余人，并乘胜占领赣东、闽西北广大地区，进一步巩固和扩大了中央苏区，取得了第二次反"围剿"的胜利。

■6月26日，中国东北发生中村事件

5月，日本参谋本部派遣中村震太郎等人携带军用地图、测量仪器和枪支等物，冒充农业技师，非法潜入中国东北兴安岭地区进行军事侦察活动。5月25日，中村等人经洮南返回途中，被驻防当地的中国东北兴安区屯垦军第三团抓获并处死。

7月23日，日本关东军查出中村的死因之后，于8月11日，由外务大臣

币原电令驻沈阳总领事"努力使中国方面坦率承认事实,进行交涉"。同月17日,日本政府以陆军省的名义歪曲事实,隐瞒真相,公布了中村等人被杀情况,宣称"日本在满蒙特殊权益受到了中国的侵害,现处危险之中",并决定要以武力解决问题,史称"中村事件"。

8月20日,日本陆军大臣南次郎在内阁会议上表示,中国方面要做出保证,将来不再发生类似"中村事件"的"侵害日本在满蒙特权"的事,如果这一保证遭到破坏,即使使用武力也要让中国政府承认日本方面提出的要求。前日本关东军司令官白川义则、菱刈隆更嚣张地提出明确主张,应利用"中村事件"的机会诉诸武力,一举解决各项悬案,以使日本在华的各项权益得到保护。

▲ 中村事件日军参谋本部的间谍中村震太郎(左)和退伍上士井衫延太郎(右)

■ 7月1日,蒋介石发动对红军的第三次"围剿"

第二次军事"围剿"遭遇惨败后,蒋介石大为震惊,随即开始准备对中共苏区的第三次"围剿"。此时,南京政府宣布国家进入训政时期,蒋介石遂调派大批政训人员赴江西宣传"剿共"。

1931年6月21日,蒋介石自任陆海空军总司令,将其嫡系部队第6、第9、第10、第11、第14师共10万人调到江西省,连同原在中央苏区周围的和新调来的非嫡系部队,总兵力达23个师又3个旅共30万人。任命何应钦为前线总司令,并聘请了英、日、德等国的军事顾问随军参与策划。

7月1日,一切军事部署完成后,由蒋介石亲自指挥的一场更大规模的军事"围剿"行动开始了。这次"围剿",蒋介石采取"长驱直入"的方针,企图首先消灭红军主力,摧毁中央苏区,然后再深入对残余红军进行"清剿"。

此时,在经历两次反"围剿"的军事行动之后,红一方面军主力红一军团和红三军团共3万余人,没有得到及时的补充和休整,而且处于分散状态。鉴于这种情况,方面军总前委决定,继续实行"诱敌深入"的方针,以一部兵力在地方武装配合下,牵制敌人的进攻,主力迅速收拢。7月上旬,红军主力从闽西地区出发,绕道千里,回师赣南,集结于西北高兴圩地区待命。

■ 7月23日,蒋介石首次提出"攘外必先安内"的方针

1928年末,张学良通电改易旗帜,促成全国统一之后,日本就不断在东北寻衅滋事,制造战争口实,1931年6月,日本军官中村震太郎大尉潜入东北兴安岭地区进行军事间谍活动,被中国驻军捕杀。8月,日本大肆渲染"中村"被杀事件,扩大中日矛盾,调整兵力部署,准备发动侵略战争。

▲ 蒋介石积极推行"攘外必先安内"的政策

东北局势已经非常严峻。

1931年5月，当蒋介石还在积极进行旨在"剿灭"共产党的军事行动时，就曾发表长篇讲话，训诫"剿共"军官：日本的侵略，就是"共匪"所招致的，因此，只要"剿匪"成功，攘外就有把握。

7月23日，蒋介石发表《告全国同胞一致安内攘外》文告，公开提出"攘外必先安内"和对日不抵抗的主张。文告声称："惟攘外应先安内，去腐乃能防蠹。"强调所谓"故不先剿灭赤匪，恢复民族之元气，既不能御辱；不先剿平叛逆，完成国家之统一，既不能攘外"。此后，"攘外必先安内"遂成为蒋介石指导内外关系的基本政策。

8月16日，正值张学良坐镇华北，将东北主力开入关内，助蒋内战之时。蒋介石电令张学良："无论日军此后如何在东北寻衅，我方应予不抵抗，力避冲突。"张学良遂电令留守关外的部队："对于日人，无论其如何寻事，我方务当万分容忍，不可与之反抗致酿事端。"贯彻实施蒋介石的政策。同月24日，蒋介石在南昌再次悬赏缉拿红军领袖毛泽东、朱德、彭德怀等人，赏金金额加倍，同时，继续进行对共产党的军事"围剿"。

■9月15日，红军取得第三次反"围剿"的胜利

1931年7月底，红军主力迅速收拢，转移至苏区后部兴国县城西北的高兴圩地区，完成了回师集中的战略任务，避敌待命。

此时，国民党军队已经深入中央苏区20多日，企图与红军主力进行决战，但一直未获踪迹。7月底，蒋介石获悉红军主力在兴国地区，判断红军可能西渡赣江，遂以其主力分路向兴国地区急进，企图于赣江东岸将红军主力全部消灭。形势非常严峻，国民党9个师逼近，红军面临东、南、北三面受敌，一面临赣江的不利态势。

8月5日晚，红一方面军主力在毛泽东、朱德指挥下，从兴国、崇贤两地国民党军之间20公里的空隙中向东急进，6日午前进到莲塘、官田地区隐蔽待机。国民党军队对此没有察觉，继续按原计划进军。11日，红军抵近黄陂，于当日中午发起攻击，歼敌2个团。下午3时，守军残部向洛口、宁都方向突围，红军在追击中又歼敌2个团。此后，一举扭转了被动的局面。

蒋介石发现红军主力在黄陂地区后，遂转旗向东，取密集的大包围态势逼近君埠以东地区，企图与红军主力决战。15日，毛泽东、朱德指挥红军主力从国民党军中的一个20华里间隙的大山中偷越过去，向西急进，安

全转移到兴国、泰和、万安之间的均村、茶园冈地区休整待机。

9月,国民党军在中央苏区内来回奔波达2个多月,除其3个师遭到毁灭性的打击外,其余各部也遭到了苏区人民以及地方武装不断袭扰的困苦,士气低落。此时,红军历经三战三捷,且经过半个多月的休整,士气正旺,战场优劣形势已经明显。蒋介石无奈下令撤军。

第三次反"围剿"战争历时两个半月,歼敌3万余人,缴枪1.4万余支,机枪175挺,迫击炮55门,电台6部,取得了重大胜利。

■ 9月18日,日本关东军制造侵华事端,九一八事变爆发

20世纪上半叶,日本政府就逐步确定了征服世界必先征服中国,征服中国必先征服"满蒙"的战略方针。1929年,世界经济危机波及日本,为转嫁国内矛盾,日本加紧了侵华步伐。

1931年9月18日晚22时左右,日本关东军铁路守备队柳条湖分遣队队长河本末守中尉部下一个小分队以巡视铁路为名,在奉天北面约7.5公里处,离东北军驻地北大营800米处的柳条湖南满铁路段上引爆小型炸药,炸毁了小段铁路。日军在此布置了一个假现场,将3具身穿东北军士兵服装的中国人尸体放在现场,作为东北军破坏铁路的证据,诬称中国军队破坏铁路并袭击日军守备队。

爆炸发生后,日军随即向东北军驻地北大营发动进攻,次日清晨4时

◀ 九一八事变中 遭受日军突袭的东北军驻地

▶ 九一八事变后,日军占领东北三省

许，日军独立守备队第五大队由铁岭抵达北大营，加入战斗。驻守在北大营的东北军第七旅毫无防备，被打得措手不及。同时，中国军队因事先接到张学良不抵抗的命令，也没有做出激烈反击，均按照命令，先后撤走。5时半，东北军第七旅退到沈阳东山嘴子，日军占领北大营。近万人的中国军队被几百人的日军打败了，战斗过程中东北军伤亡300余人，日军伤亡24人。这就是九一八事变。

日军占领北大营后，炮轰沈阳城。由于不抵抗的命令，东北军大多不战而溃，军政大员四散逃避。19日，日军占领沈阳、长春等城市。21日，由于吉林省军政长官熙洽投降，日军占领吉林，随后攻占锦州，进而占领山海关外的辽西地区，东北军退至关内。

1932年2月5日，日军占领哈尔滨。至此，历时4个多月，东北三省全部沦陷。

■ **11月7日~20日，第一次全国工农兵代表大会在江西瑞金召开，中华苏维埃共和国临时中央政府成立**

1931年1月，在党的六届四中全会上，王明依靠共产国际代表米夫的支持，进入中央委员会和政治局，致使以王明为代表的"左"倾错误在中央占了主导地位。

1931年5月，中共中央错误地估计革命形势，要求党在各大城市和红军中采取"积极进攻"的方针，强令上海、南京等国民党重兵守备的城市发动罢工、罢市、罢课斗争，致使党在白区的工作几乎全部丧失。9月，王明前往莫斯科任中共驻共产国际代表团团长，指定博古、张闻天、康生、陈云组成临时中央政治局，由博古总负责。

博古临时中央再一次错误地估计了革命形势，急于"把分散的苏区打成一片"，于是决定召开全国苏维埃代表大会。

1931年11月7日，中华苏维埃第一次全国代表大会在江西瑞金召开。中央、闽西、湘赣、湘鄂西、豫东北、琼崖等各苏区及红军各部均选派代表出席，共610人参加。

大会通过了《中华苏维埃共和国宪法大纲》、《中华苏维埃共和国劳动法》、《中华苏维埃共和国关于经济政策的决定》等重要文件，宣布成立中华苏维埃共和国临时中央政府。

大会选举了63人的中央执行委员会，毛泽东当选为中华苏维埃共和国临时中央政府主席，项英、张国焘为副主席。中央执行委员会下设人民委员会，由外交、军事、财政、劳动、教育、司法等人民委员组成，分别负责办理各项事务。同时，又组成中华苏维埃共和国中央革命军事委员会，选举朱德为主席，王稼祥、彭德怀为副主席，统一指挥全国红军。

大会于20日闭幕。

▶12月11日，英国通过威斯敏斯特法案

1931年12月11日，英国议会正式通过《巴尔福宣言》，称为威斯敏斯特法案。

该宣言称英国和各自治领都是英帝国内的自治共同体，地位平等，在它们的内政和外交事务各方面互不从属，共同效忠英王，在英联邦中它们是自愿联合的成员。

宣言经议会通过成为法案后，正式确立英国和各自治领的关系。各自治领包括加拿大、澳大利亚、新西兰、南非和爱尔兰，均为英联邦内自由和平等的国家，它们与联合王国一起组成英联邦，共奉英王为国家元首；各自治领议会与帝国议会平等，英国议会的任何一项法律，未经自治领承认对自治领均不适用，自治领可以修改和废除过去帝国议会通过的任何法案，自治领颁布的任何法律无须经英国议会批准；各自治领内政外交自主。

威斯敏斯特法案规定英联邦是一个自由、平等国家的松散联合，肯定了各自治领的独立地位和与宗主国的平等立法权，成为现代英联邦的法律基础，被称为《英联邦的大宪章》。

备忘

- 2月10日，王明出版《两条路线底斗争》，提出"左"倾冒险主义的政治纲领
- 3月1日，中国语言文字学会在上海成立
- 4月5日，亚洲文化协会第一次代表大会在南京召开。
- 4月15日，长安又掘得殷朝古物及建筑基址
- 4月22日，中国水利工程学会在南京成立
- 7月，全国16省遭受特大洪灾，受灾群众5000万人以上
- 8月11日，新疆富蕴附近发生8级地震
- 9月24日，日本人将沈阳所藏《四库全书》劫走

1932年

大事

■ 1月28日，日本军队进攻上海

1931年，九一八事变后，由于蒋介石的不抵抗政策，使日本轻易地占领了东三省。此后，日本帝国主义的气焰越发嚣张，得寸进尺，妄图染指上海。11月，关东军高级参谋板垣征四郎电传指使日本公使馆驻上海武官田中隆吉在上海制造事端。

1932年1月18日，日本僧人天崎启升等5名日本人在上海三友实业社总厂大门外，向正在操练的工人义勇军抛石块挑衅，引发冲突，日方死伤3人。此事发生后，田中隆吉随即指使日本人，袭击并烧毁了三友实业社总厂，杀死砍伤前来制止的中国警察3人。同时，煽动日侨举行大规模示威游行，袭击华人店铺，引发骚乱。

22日，日本海军突然介入，声称要"采取相当手段以保护日本的权利和利益"，并将海军舰艇开进黄浦江，向中国示威。24日，日本海军陆战队向上海增兵，战事一触即发。南京国民政府继续退让，下令于5日内将驻扎在上海的19路军调防。

28日晚，日本海军陆战队2000多人，在10余辆装甲车的掩护下，突然向国民党第19路军发起进攻，随后又进攻江湾和吴淞，制造了一·二八事变。第19路军军长蔡廷锴违背蒋介石的不抵抗政策，下令全军奋起抵抗。29日凌晨，日机从停泊在黄浦江上的航空母舰上起飞轰炸闸北华界，商务印书馆及东方图书馆均被炸毁，闸北地区狼藉一片。

一·二八事变后，日本政府发表声明，诡称这次事变是"由于中国正规军突然开枪挑衅"所造成的，日本海军陆战队为"保护侨民的生命财产"才不得不还击。同时借机增兵上海，上海局势顿时紧张。

■ 1月底，中国军队展开淞沪抗战

一·二八事变后，第19路军军长蔡廷锴、总指挥蒋光鼐通电全国："为卫国保种而抵抗，虽牺牲至一卒一弹绝不退缩。"在19路军的奋勇抵抗下，日海军陆战队抢攻上海的图谋没有得逞。

30日，迫于全国人民的压力，蒋介石政府不得不通电全军，为对日妥协政策辩解，同时抽调沪宁线上的两个师组成第五军，任命张治中为军长，驰援上海，协同19路军展开淞沪抗战。

▲ 淞沪抗战中的国民党军队

 声音

全国人民，不分党派阶级，概应尽最大力量，赞助政府，共同御侮。
——1932年4月7日，汪精卫就淞沪抗战发表宣言

国联报告书是帝国主义强盗侵略殖民地与半殖民地国家最露骨、最无耻的文件。
——1932年，中国共产党发表声明，反对国联报告书

我脑筋惨痛已极，极盼政府早日提我下狱处死，不欲生在此恶浊社会。
——1932年，陈独秀被国民党逮捕，在听闻可能会被杀后，毫不畏惧的陈独秀从容应答

31日，日本援军抵达上海，包括巡洋舰4艘、驱逐舰4艘、航空母舰2艘及海军陆战队7000余人。大战随即展开，主战场在闸北地区，后来延伸至江湾、庙行、吴淞、宝山一线。

2月1日，日本军舰从长江上炮轰首都南京。国民政府宣布迁往洛阳，表示决不屈服妥协。

2月4日，日本第一舰队司令盐泽幸一为总指挥，率领日军发起第一次攻击，扬言4个小时占领上海。中国军民英勇抵抗，日军的进攻惨遭失败。盐泽幸一被撤职，第三舰队司令野村吉三郎继任。11日，野村吉三郎派日军在蕰藻浜曹家桥偷渡成功后，在永安纱厂门前被中国重兵包围，日军1600人全军覆没。日军接连遭到重创，野村吉三郎也被撤职。20日，日军从国内加派大量的飞机和战舰，调任陆军第九师团长植田谦吉为总指挥，发起第三次进攻，但是又失败了。为了挽回败局，日本向上海曾派大量兵力，致使上海日军达到7万余人，飞机100余架，日本陆军大臣亲任总指挥，于3月1日发动更大规模的进攻。

此时，南京政府为了集中力量"剿共"，命令第19路军和第5军相继撤出战斗，致使日军侵占了淞沪地区。3月3日，在英、美、法等国调停下，双方宣布暂时停战。

▲ 淞沪抗战中的国民党军队

■ **3月9日，伪满洲国在长春成立，溥仪就任执政**

日军占领东三省后，为了使东北局势尽快成为既定事实，欺骗世界舆论，于是急于建立傀儡政权，以便进行殖民统治。

1931年9月，关东军参谋部制定了《满蒙问题解决方案》，决定建立以宣统皇帝溥仪为元首，以东北四省及内蒙古为领土的傀儡政权。

11月，日本将溥仪劫持到东北，随后策动熙洽、臧式毅、张景惠等东北汉奸组织地方政权，开始所谓的建国活动。

1932年2月16日，在日本关东军的操纵下，张景惠等召开了"建国会议"，成立东北行政委员会，公开宣布东北省区脱离南京国民政府，完全独立。29日，关东军又召开了"全满建国促进运动大会"，通过了建立满洲国，由溥仪执政的决议。

3月1日，日本关东军假借"满洲国"政府的名义，发表了"建国宣言"，宣布"满洲国"成立。9日，清朝末代皇帝爱新觉罗·溥仪粉墨登场，就任"满洲国"执政，年号大同，以长春为首都，改称新京。次日，溥仪根据关东军提出的名单，任命了"满洲国"国务

◀ 清朝末代皇帝溥仪任"满洲国"执政时的戎装像

总理、各部总长和各省省长，正式形成"满洲国"各级政权组织。伪满洲国成立后，根据事先的安排，溥仪同日本帝国主义签订了《日满议定书》这一卖国条约，确认了日本在中国东北的一切权利和利益，确立了日本对"满洲国"的实际统治。9月，日本政府发表声明，正式承认"满洲国"。

■ 5月5日，中国国民党政府与日本签订《淞沪停战协定》

1月28日，日本侵略军进攻上海，驻上海一带的国民党军第十九路军等在全国人民抗日高潮的推动下，奋起抗战，抵抗日军。但是蒋介石坚持"攘外必先安内"的政策，耍两面派手段，一面派张治中率第五军支援19路军抗战，另一面派代表与日本谈判，最终于5月5日签订了停战协定，将上海划为非武装区，中国不得在上海至苏州、昆山一带驻军，而日本则可以在许多地区驻军。这个协定称为《淞沪停战协定》。

《淞沪停战协定》的全文内容如下：

第一条 中国及日本当局既经下令停战，兹双方协定，自中华民国二十一年五月五日起，确定停战。双方军队尽其力之所及，在上海周围停止一切及各种敌对行为。关于停战情形，遇有疑问发生时，由与会友邦代表查明之。

第二条 中国军队在本协定所涉及区域内之常态恢复，未经决定办法以前，留驻其现在地位。此项地位，在本协定附件第一号内列明之。

第三条 日本军队撤退至公共租界暨虹口方面之越界筑路，一如中华民国二十一年一月二十八日事变之前。但鉴于须待容纳之日本军队人数，有若干部队可暂驻扎于上述区域之毗连地方。此项地方，在本协定附件第二号内列明之。

第四条 为证明双方撤退起见，设立共同委员会，列入与会友邦代表为委员。该委员会协助布置撤退之日本军队与接管之中国警察间移交事宜，以便日本军队撤退时，中国警察立即接管。该委员会之组织，及其办事程序，在本协定附件第三号内列明之。

第五条 本协定自签字之日起，发生效力。

本协定用中、日、英三国文字缮成，如意义上发生疑义时，或中、日、英三文间发生有不同意义时，应以英文本为准。

《淞沪停战协定》签订以后，日本得到了喘息的机会，迅速将大批兵力调至前线，准备对上海发动战争。

■ 7月14日，蒋介石发动对红军的第四次"围剿"

1931年底至次年1月，以王明为代表的"左"倾错误主导的博古临时中央全盘否定了毛泽东关于红军、根据地建设和土地革命的正确主张，并且逐步撤销了毛泽东中央局代理书记、红一方面军总政委的职务。同时，在红军和根据地内积极推行"左"倾冒险主义。

1932年6月中旬，蒋介石在江西庐山召开豫鄂皖湘赣五省"清剿"会议，进行第四次"围剿"军事部署，决定实行"三分军事，七分政治"的军政并行方针。6月底，蒋介石在武汉设立"剿匪总部"，自任总司令，调集63万兵力向各苏区发动第四次军事"围剿"。

7月，国民党军队分别以30万、10万的兵力进攻鄂豫皖苏区和湘鄂西苏区。鄂豫皖中央分局书记和军委主席张国焘麻痹轻敌，致使红四方面军仓促应战，4.5万红军将士苦战2个月，不能扭转战局。10月，红四方面军2万人放弃鄂豫皖苏区，向西撤退。与此同时，湘鄂西中央分局书记夏曦执行"左"倾冒险主义，采取单纯防御的作战方针，致使红军遭到重创，放弃了湘鄂西苏区，向湘鄂川黔边境突围。

鄂豫皖苏区和湘鄂西苏区沦丧后，蒋介石集中兵力进攻中央苏区。1933年1月，蒋介石任命陈诚为前敌总指挥，分兵3路，采用分进合击的战术，向南丰、广昌一线推进。中央红军在朱德、周恩来的领导下，抵制博古临时中央的错误指示，继续运用毛泽东的战略战术原则，采用诱敌深入，大兵团围歼战术，于2月27日在黄陂歼敌1个师。3月下旬，红军又于草台冈、东陂地区歼敌1个师。

红军两战两捷，共歼敌2.8万余人，缴枪1万余支，基本粉碎了国民党的第四次军事"围剿"。

■ 7月30日，中国首次派运动员参加第十届奥林匹克运动会

1932年，第十届奥林匹克运动会在被誉为"天使之城"的美国洛杉矶举行。大会于1932年7月30日开幕，8月14日结束。参赛国家共37个；首次参加的有中国和哥伦比亚。参赛运动员共1048人，其中女子127人。中国代表团共6人，分别为刘长春、沈嗣良、宋君复、刘雪松、申国权、托平，但运动员仅刘长春一人。

7月1日，在东北大学体育系毕业典礼上，张学良亲自宣布刘长春为运动员，宋君复为教练员，代表中国出席第十届奥林匹克运动会。郝更生函电外交部，与全国体育协进会王正廷、张伯苓磋商，并急电奥委会为刘长春办理运动员报名相关手续。

刘长春等人于上海乘轮船，经水路前往洛杉矶。临行之前，在上海码头，数千名上海市民热烈欢送。中华体育协进会董事王正廷博士偕夫人到场举行授旗典礼并致欢送词说："我国此次派君参加世界运动大会，为开国以来第一次，实含有无穷之意义，余今以至诚之心，代表中华全国体育协进会授旗与君，愿君用其奋斗精神，发扬于洛杉矶市奥林匹克运动

▲第10届洛杉矶奥运会，代表中国出赛的唯一的运动员刘长春

世界

▶2月，英国物理学家查德威克证明了中子的存在

1930年，德国物理学家博特用氦核轰击铍观察到一种穿透性很强的辐射，当时称之为铍辐射。

此后，英国物理学家詹姆斯·查德威克通过一系列的实验证实，铍辐射是由铍中射出的中子组成的，从而证实了中子的存在。他于1932年2月在《自然》杂志上发表了《中子可能存在》的论文。

中子的发现，解决了理论物理学家在原子研究中遇到的难题，完成了原子物理研究上的一项突破性进展。该发现对认识原子核内部结构是一个转折点，具有重大的理论意义。在中子未发现以前，人们对于原子核的内部结构是不清楚的。发现中子之后，人们才知道原子核是由中子与质子组成的，为原子能的利用开辟了广阔的道路。

场中,使中华民国之国旗,飘舞于世界各国之前,是乃无上光荣也。"随后,刘长春在答词中表达了为国争光的决心。经过20多天的海上行程,刘长春等一行人抵达了洛杉矶。

开幕式当天,中国代表队临时拼凑而成,由刘长春执国旗,沈嗣良为总代表紧随其后,再后是其余4人。刘长春原定参加100米、200米和400米三个短跑项目,但由于路途劳累,放弃了400米跑的项目。在100米、200米短跑比赛预赛中,刘长春分别列第五、第四位,未能进入决赛。

■ 10月24日,四川军阀刘湘、刘文辉为争夺防地发生大规模军事冲突

军阀混战是近代中国的特色之一,素有"天府之国"之称的四川更是军阀混战的温床。辛亥革命结束后,四川军阀之间发生了数百次战争。直至1932年,先后数十位军阀历尽20年的混战,仅剩下刘湘、刘文辉、邓锡侯、田颂尧等八个军阀。其中刘湘、刘文辉叔侄俩人的实力都压倒群雄,于是为建立四川霸权,两虎相争的局面便出现了。

尽管刘文辉在兵力上占有优势,但是总体形势对刘湘是有利的。首先,在国民党新军阀的几次混战中,刘湘始终站在蒋介石一边,更曾出兵相助,因此得到了蒋介石的支援。此外,四川其他各派军阀均与刘文辉交恶,不久便与刘湘结成反刘文辉联盟。刘湘内有同盟,外有靠山,遂于1932年10月1日首先发难,向驻南充的刘文辉部打响了第一枪,从而揭开了二刘大战序幕。

战争一爆发,刘湘即派唐式遵为东路军总指挥,潘文华为南路总指挥,王瓒绪为北路总指挥,分三路向刘文辉进攻。刘文辉陷于被动防御,不久后撤,退守沱江防线。12月10日,战斗全面展开。刘文辉一开始就以凌厉之势向刘湘进攻,双方麇集数万重兵,激战五天,死伤上万人。刘湘军全线失利,处境极为不妙。刘湘立即策动刘文辉的邓锡侯、田颂尧以及陈鸣谦部阵前倒戈,形势急转直下,刘文辉战败。

1933年9月,大战结束,刘湘达到了削弱刘文辉,独霸四川的目的。此次大战,历时一年,战地绵亘川西、川北、川南数十县,动用兵力30余万人,四川大小军阀几乎全部卷入。这是四川军阀400多次战争中规模最大、时间最长的一次混战,也是川内最后一次军阀混战。

■ 12月17日,宋庆龄、蔡元培等发起组织中国民权保障同盟

九一八事变后,面对日军的不断侵略,蒋介石仍然积极推行"攘外必先安内"的反动政策,在加紧对苏区红军"围剿"的同时,残酷镇压抗日民主运动,许多为挽救中华民族危亡而斗争的人被逮捕甚至惨遭杀害。宋庆龄、蔡元培等有识之士对此十分愤慨,于是决定成立一个反对蒋介石的法西斯统治、争取人民民主自由权利的进步政治团体。

1932年12月29日,由宋庆龄、蔡元培、杨杏佛、黎照寰、林语堂等发起的中国民权保障同盟在上海华安大厦召开成立大会,总会设在上海,在

北平等地设有分会。

大会发表宣言，宣布组织该同盟的目的与任务是：为释放国内政治犯与废除非法的拘禁、酷刑及杀戮而斗争；刊布关于压迫民权之事实，以唤起社会之公意，援助为争取言论、出版、集会、结社等自由权利的一切斗争。

大会决议由宋庆龄、蔡元培、杨铨、林语堂4人组成临时执行委员会，宋庆龄任主席，蔡元培任副主席，杨杏佛任总干事，林语堂任宣传主任。

▲ 中国民权保障同盟的创始人

中国民权保障同盟成立后，在宋庆龄、蔡元培、杨杏佛的领导下，为保障人民的民主自由权利，营救政治犯，反对国民党的非法拘禁和杀戮，开展了多项活动。也因此招致国民党反动派的恼怒，诬蔑其为"非法组织"，勒令即刻解散。

1933年6月，国民党暗杀了杨杏佛，鉴于形势严峻，中国民权保障同盟被迫解散。

备忘

- 2月1日，东北图书馆被日军纵火焚烧
- 3月22日，中华民族复兴社成立
- 4月15日，中华苏维埃共和国临时中央政府对日宣战
- 4月16日，国民政府举行导淮工程开工典礼
- 5月23日，宋庆龄与国际友人爱因斯坦、罗曼罗兰等联合发起组织国际非战大会
- 7月19日，日军进犯热河，张学良拒不出兵
- 8月4日，中国化学会在南京成立
- 9月，左翼中国诗歌会成立
- 10月15日，第3届万国运动会在上海举行

世界

▶8月6日，第一届威尼斯国际电影节举办

▲ 威尼斯电影节金狮奖杯

1932年，贝尼托·墨索里尼在水城威尼斯创办了世界上第一个国际电影节。创办的目的是为了促进电影工作者的交往和合作，提高电影艺术水平。

威尼斯电影节是世界上历史最悠久的国际电影节，最初电影节设有最佳故事片、纪录片、短片、意大利影片、外国影片，以及最佳导演、编剧、男女演员、摄影、音乐等奖项。

在漫长的发展过程中，威尼斯电影节逐渐形成了自己独特的传统：它聚焦于各国的电影实验者，鼓励他们拍摄形式新颖、手法独特的影片，哪怕有一些缺陷，只要是有创新，就能够被电影节所接纳。电影节以"电影为严肃的艺术服务"为宗旨，每年都提出不同的口号，而评判标准很纯粹地追求艺术性。在六七十年代，威尼斯电影节发掘了一大批新兴的欧洲电影人。尽管它所选择的电影未必是该导演最好的一部作品，但却时时刻刻地在引领欧洲艺术电影的发展潮流。

1933年

声音

我张学良没有统一中国的能力，但我有决心服从统一中国的人。

——热河失陷后，张学良就代蒋受过，交出军权，出国考察一事做出的表示

不要说日军占了北平，就是日军占了南京，我也不肯调兵去江西剿共。

——1933年，陈济棠在拒绝蒋介石的调军剿共命令时的表示

不论我们每次怎么说，宣称要坚决抵抗，但是到了第二天，传到日内瓦的消息总是又丧失一块土地。

——1933年2月，日出兵热河。中国军队的节节败退，使中国外交代表做出的一切外交努力皆成泡影。在此情势之下，顾维钧无奈地说了上述一番话

大事

■ **1月17日，毛泽东、朱德署名发表《共同抗日宣言》**

1933年，日本在占领东三省后，进一步向华北地区渗透势力。在不容乐观的抗战形势下，蒋介石仍然坚持"攘外必先安内"的政策，集中兵力对红军进行军事"围剿"，对日军侵略妥协退让。

在民族危亡的时刻，中国共产党顺应全国人民要求抗日的呼声，力求通过与国民党谈判，促成国共停战，一致抗日的局面。早在1932年，中共中央就已经把"进行民族革命战争"和"准备直接对日作战"作为革命的中心任务和基本方针。为了宣传我党抗日主张，中央公开发表了《为中国工农红军北上抗日宣言》、《中国工农红军北上抗日先遣队告农民书》等文件，同时组织红军北上抗日先遣队，北进抗日。时值国民党重兵"围剿"中共苏区的严峻时期，中国共产党当时的做法是非常不易的。

1933年1月17日，为反对日寇入侵华北，戳穿蒋介石制造"红军扰乱后方"的反共宣言，毛泽东等苏维埃政府和红军领导人发表为反对日本帝国主义侵入华北愿在三个条件下与全国各军队共同抗日宣言，表达了中国共产党和红军希望停止内战，共同抗日的诚意。《共同抗日宣言》提出：在"共同抗日三条件下"，"中国工农红军准备与任何武装部队订立作战协定，来反对日本帝国主义的侵略"。

中国共产党《共同抗日宣言》发表后，得到了全国人民的一致称赞。在中共的努力下，国共开始向着再次合作、一致抗日的良好局面发展。

■ **3月4日，承德失陷，热河省主席汤玉麟被撤职查办，张学良亦辞职**

日军攻占东北三省，扶植溥仪建立伪满洲国傀儡政权后，便准备向关内渗透势力，将侵略的矛头直指位于东北和华北之间的军事战略要地热河省。

1933年1月，日军在山海关制造事端，遂发起陆海空军的联合进攻，东北军何柱国第9旅奋起还击。3日，由于敌人攻势猛烈，山海关陷落。日军随即全面部署对热河作战。

2月21日，日伪联军约10万人左右，分兵三路进犯热河。

北路日军第6师团约1万人和伪军刘桂棠部

▲ 日军占领热河

由通辽向开鲁、赤峰方向进犯。国民党守军约5万人未战即溃,日伪军于24日占领开鲁。日伪军随即向赤峰城发起进攻,守军第117旅苦战一天一夜,最终于3日夜撤退,赤峰陷落。

中路日军第8师团和伪军丁强部由义县出发,向朝阳方向推进。2月25日占领朝阳。3月1日,日军第16旅团沿朝阳、平泉公路开进,守军第130师在叶柏寿一带阻击,而后向平泉方向撤退。

南路日军第14混成旅由绥中出发,于2月27日向驻守沙帽山附近的第119、第108师发起进攻,两师依托有利地形抗击,战至28日10时全线撤退。3月2日,日军占领凌源。

面对日军的侵略,坐镇热河省省会承德的热河省主席汤玉麟毫无抵抗准备,只是从前线抽调了240多辆汽车,满载了家私和鸦片,于3月3日下午以亲赴前线督战为名逃之夭夭。汤玉麟的不战而逃,致使日军先头部队100多人未放一枪,于4日清晨轻松占领承德。

仅10天,热河全省沦陷。全国舆论纷纷谴责张学良,要求严惩汤玉麟。3月7日,张学良致电国民党中央,表示引咎辞职。电文称:"热河之变,来逾旬日,失地千里,固有种种原因,酿成恶果,要皆学良一人诚信未孚,指挥不当,以致上负政府督责之殷,下无以对国民付托之重,戾愆丛集,百喙奚辞。"

■ 3月9日,中国军队抵抗日军侵略察哈尔的长城抗战开始

1933年3月4日,日军占领热河后,继续扩大侵略范围,进犯长城各口。鉴于形势严峻,蒋介石被迫离开江西"剿匪"前线北上,调中央军第17军军长徐庭瑶率三个师北上驰援,与西北军宋哲元部、晋军商震、傅作义部,东北军王以哲部共同抵御日军,长城抗战随即展开。

3月,日军开始分兵进犯长城各口,遭到中国驻军的顽强抵抗,展开了长达80多天的激烈的阵地争夺战。

3月5日,第67军一部奉命在古北口阻击西进的日军,双方于当夜激烈交战。9日,第67军撤出一线阵地。10日,第17军25师增援67军加强二线阵地。11日,日军向二线阵地发起强攻,经过3昼夜的血战,中国军队伤亡达4000多人,退守至古北口南五里的南天门。

3月9日,日军混成第14旅一部攻占喜峰口,与刚刚赶到的奉命驻防喜峰口的宋哲元第29军先头部队展开遭遇战。经过激烈的战斗,中国军队夺回喜峰口,毙伤日军百余人。随后,日军开始疯狂的反扑,中国军队死伤惨重,被迫撤退。10日至11日,29军与进攻喜峰口第二道关门及两侧高地的日军第

▲ 中国军队在察哈尔展开抵御日军侵略的长城抗战

14混成旅展开肉搏战，两侧高地多次易手，双方伤亡惨重。

4月初，日军占领滦东后，再次向长城各口发起强攻。11日，日军进攻冷口，中国军队历经浴血奋战，但由于伤亡过大，冷口弃守。20日，日军猛攻古北口以南的南天门防线，中国守军与日军血战8昼夜，伤亡3000多人。21日，日军在攻占密云后向北平进逼。23日，日军先后占领丰润、迁安、遵化、唐山、蓟县、三河、香河、平谷、怀柔等县市。中国守军退至北平、天津附近。日军从东、南、北三个方向对北平形成威逼态势。

■5月26日，冯玉祥在张家口组成民众抗日同盟军

九一八事变后，蒋介石坚持"攘外必先安内"的政策，对日军的野蛮侵略一直妥协退让。这引起了很多国民党爱国将领的强烈不满。在中国共产党的推动和影响下，国民党爱国将领冯玉祥号召停止内战，并积极酝酿树立抗日大旗以影响全国。

1932年，冯玉祥由泰山抵达张家口，开始与中国共产党合作筹划抗日大计。1933年初，华北局势突变，随着热河省的沦陷，察哈尔省也面临日军的威胁。在共产党的帮助下，冯玉祥决定组织各武装力量，成立察哈尔抗日同盟军。

1933年5月26日，冯玉祥在张家口发表通电，宣告察哈尔抗日同盟军正式成立，冯玉祥就任总司令。同盟军的主力是冯玉祥的旧部和方振武在山西组织的抗日救国军，以及察省地方抗日武装、原防守长城各口的爱国军队、东北各地撤退到察境的义勇军及从平津华北等地来的爱国青年，达10万之众。

6月15日，抗日同盟军召开第一次军民代表大会，通过了《关于民众抗日同盟军纲领决议案》，确定了外抗暴日、内除国贼的方针。会后，任命方振武为前敌总司令，共产党员吉鸿昌为前敌总指挥，率军分三路迎击日伪军，相继收复康保、宝昌、沽源。7月7日23时，同盟军由吉鸿昌指挥分路向多伦发动进攻，经五天激战，收复多伦。至此，察哈尔全省光复。

同盟军的活动，引起南京政府的不安。7月28日，蒋介石调重兵"围剿"抗日同盟军。同盟军在中央军与日军的夹击下，陷入困境。8月9日，冯玉祥被迫宣布撤销抗日同盟军总部，辞去总司令职，不久返回泰山。

■5月31日，中国与日本签订《塘沽协定》

长城抗战之时，日军长驱直入，战火已经危及平津城下。此时，蒋介石仍在鼓吹"一面抵抗，一面交涉"的政策。

1933年5月31日，在蒋介石、汪精卫授意下，何应钦派南京国民政府军事委员会北平分会总参议、陆军中将熊斌为中方首席代表，与日本关东军副参谋长、陆军少将冈村宁次在塘沽的日本陆军运输派出所举行正式会谈。

会谈开始后，冈村宁次立即提出停战协定草案，并说明这是关东军的最后草案，一字不容更改，要求中国代表在上午11时前做出答复，对中方代表熊斌提出的《中国军代表停战协定意见书》，弃而不顾。冈村强硬表示，中方对日方所提停战协定草案，只能回答"诺"与"否"，一切声明

世界

▶美国总统罗斯福实行"新政"

▲美国第32任总统富兰克林·D·罗斯福

1929年至1933年的经济大萧条，使美国遭受严重的危机。1932年，罗斯福就任美国总统。为了挽救陷入困境的美国，罗斯福大胆地采取一系列改革措施，推行"新政"。

新政分为两个阶段。第一阶段，为了挽救和重建濒于崩溃的金融货币体系，罗斯福于1933年3月6日，暂时关闭全国银行。三天后，国会通过银行法，并通过储备银行发行纸币解救货币恐慌，禁止储存和输出黄金。第二阶段，政府从1935年起，逐步采取一些有利于工农群众和贫民并适当限制垄断资本的措施，制定《社会保障法》。

新政基本上克服了1929年至1933年的经济危机，挽救了美国的资本主义制度。

▲ 塘沽协定签署现场

必须等待停战协定签字以后再行商议。双方僵持很久，中方代表最终在这份丧权辱国的《塘沽协定》上签字。

《塘沽协定》规定：

（1）中国军队撤至延庆、昌平、通州等一线以西、以南地区，不能越线前进；

（2）日军为确认第1款的实行情况，随时可以用飞机或其他方法视察，中方应予以保护；

（3）日军在确认中方已遵守第1款时，自动撤归长城线；

（4）长城线以南及第1款所示之线以北以东地域的治安维持，由中国警察机关负责。

协定实际默认了日本对东三省和热河的占领。协定还将绥东、察北、冀东划为日军自由出入区，为日本侵略者进一步控制整个华北地区提供了有利条件。

■ 9月25日，蒋介石对中央苏区发动第五次"围剿"

1933年，以王明为代表的"左"倾错误在中央苏区和各根据地得到彻底的贯彻，博古临时中央通过排挤毛泽东、邓小平等人对红军的领导以及成立红军总司令部，接管苏区中央局等一系列动作，直接掌握了苏区的党、政、军权力。此时，共产国际派来的军事顾问李德已抵达瑞金，尽管此人只会照搬苏联红军的正规战经验和一套教条理论，但博古对他非常信任，于是博古、李德成为实际上的最高军事指挥者。

9月，蒋介石调集100万军队，200架飞机，自任总司令，对革命根据地发动第五次"围剿"。总结前4次的"剿匪"经验，蒋介石此次采取"步步为营，节节进剿"的方针，在根据地周围修筑了3000多个碉堡，层层包围，企图消耗红军的有生力量，寻求红军主力决战，一举消灭红军。

中央红军8万余人，在李德、博古的带领下，提出"御敌于国门之外"的方针，实行"左"倾冒险主义的进攻战略，致使红军在敌人的碉堡之间东奔西撞，逐渐陷于被动。

1934年3月，敌人已进逼苏区北大门广昌，李德、博古抽调红军主力在广昌一带集结，与强势敌人打阵地战，结果惨败。4月，广昌失陷，敌军深入中央苏区内部。此时，李德、博古又实行防御上的保守主义，将红军分成6路，节节抵抗，致使红军疲于奔命。

此次"围剿"与反"围剿"的较量持续了1年多，根据地防线被全线攻破，红军处于敌人重兵包围的不利态势，被迫实行战略转移。

■ 11月20日，李济深、陈铭枢等发动福建事变

1932年，一·二八抗战后，蒋介石调第19路军到福建"剿匪"。在全

世界

▶ 2月27日，"国会纵火案"发生

▲ 纳粹头子希特勒策动国会纵火案

1933年1月30日，德国总统兴登堡任命希特勒为总理。德国要于3月5日进行国会选举，鉴于德国共产党的势力日渐壮大，因此，希特勒对纳粹党胜出没有把握，遂开始谋划"国会纵火案"。

希特勒派亲信戈林指挥"国会纵火案"。2月27日晚，柏林冲锋队长卡尔带领一小队冲锋队员，通过戈林官邸中的隧道进入国会，放火焚烧国会大厦。纵火当晚，戈林下令逮捕德共党员和反法西斯人士，查禁德国共产党和社会民主党报刊，封闭德共办事处。

希特勒诬蔑此案是德国共产党所为，随即在全国范围内开始了对共产党员和革命者的血腥镇压。除纳粹党外，其他资产阶级政党全部被迫解散。

1933年底，希特勒宣布纳粹党为国家唯一的党。德国法西斯独裁统治开始。

国人民"停止内战,一致对外"的呼声日高的情况下,第19路军的广大官兵抗日反蒋情绪高涨。

1933年5月31日,《塘沽协定》签字。第二天,蔡廷锴、蒋光鼐在福州发表通电,反对蒋介石对日妥协,出卖华北。10月,第19路军和红军订立反日反蒋的初步协定。11月20日,第19路军将领蔡廷锴、蒋光鼐、陈铭枢等联合国民党内李济深、陈友仁和第三党领袖黄琪翔等一部分反蒋势力,在福州举行中国人民临时代表大会,发动福建事变。

▲ 中国全国人民临时代表大会合影

大会发表《人民权利宣言》,宣言称:"国民党政府为买办军阀地主豪绅之反革命政府",号召组织人民革命政府,推翻南京政府。大会宣布成立中华共和国人民革命政府,推举李济深、蔡廷锴、蒋光鼐、陈铭枢、陈友仁、黄琪翔等11人为人民革命政府委员,李济深为主席。同时宣布革命政府的中心任务是外求民族解放,排除帝国主义在华势力;内求打倒军阀,推翻国民党统治,实现人民民主自由,发展国民经济,解放工农劳苦群众。

事变发生后,蒋介石立即采取军事手段予以镇压。12月,蒋介石自任"讨逆军总司令",调集海陆空三军约15万人,从浙、赣、粤三省分路进攻福建。同时勾结日、英等帝国主义国家派出军舰11艘、陆战队400人侵入福建海域、港口,策应作战。

翌年1月,由于蒋军攻势猛烈,第19路军一些重要将领叛变,历时两个

世界

▶12月,美国正式承认苏联

1933年11月17日,美国总统罗斯福宣布美国正式承认苏联政府。罗斯福与苏联外交部长马克西姆·利特维诺夫的广泛接触终于打开了双边关系大门。罗斯福向200名记者宣读了他写给利特维诺夫的信:"我相信我们两国人民会永远保持正常、友好的关系,我们两个国家将为相互的利益和维护世界和平而合作。"

苏联方面也相应作了些让步。如:许诺不在美国进行共产主义宣传;给予居住在苏联的美国人以宗教自由和一切合法权利;放弃对1918年美国派兵到西伯利亚所造成的损失的所有赔偿要求等。

与美国建交是苏联外交战略的重要步骤之一。尽管1933年时美国和苏联在国际事务中所起的作用还不如日后那么显著,但随着国力的进一步强盛,美苏终于成为支配世界的两支最重要的力量。

备忘

- 1月28日,中国教育学会在上海成立
- 2月7日,北平故宫文物2000余箱运抵南京
- 2月14日,上海学术界举行马克思逝世50周年纪念会
- 3月24日,美洲华侨代表捐献飞机12架,支援祖国抗日
- 5月1日,徐悲鸿主持的中国近代绘画展览在法国巴黎国立美术馆正式展出
- 8月2日,上海市市立动物园正式开放
- 8月16日,苏维埃大学成立,毛泽东任校长
- 10月,第5届全国运动会在南京举行
- 12月3日,四川汉源一带发生地震

月的福建政权倒台，李济深、陈铭枢、蒋光鼐、蔡廷锴等先后败走香港。

 大事

■ 2月19日，蒋介石发起了"新生活运动"

1934年2月初，蒋介石飞赴江西南昌指挥"剿共"军事行动。为了配合军事"围剿"行动，蒋介石在文化上发起了重整道德、改变社会风气的运动。此举旨在通过禁锢人民的思想和言论，转移人民对政治、社会问题的不满，从而达到反对马列主义思想，冲击红色政权，维护国民党统治的目的。

2月19日，蒋介石在南昌行营扩大纪念周上发表《新生活运动之要义》的演讲，发起新生活运动。新文化运动提出以孔孟的"四维"及"八德"为道德标准，要求人们以礼义廉耻为基本准则，重礼循距，不能犯上作乱；以整齐、清洁、简单、朴素、迅速、确实为标准，要求人们在一个政府、一个主义、一个领袖之下，绝对统一，绝对团结，绝对服从命令；以生活艺术化、生产化、军事化，特别是军事化为目标，要求人们随时准备捐躯沙场，尽忠报国。

2月21日，南昌新生活运动促进会成立，蒋介石自任会长。颁布《新生活运动须知》。"新生活运动"遂在江西推广。23日，蒋介石在南昌再次发表演讲，主张从改造国民的"衣食住行"等日常生活入手，力求"国民生活军事化、生产化、艺术化"。此后，蒋介石多次发表演讲，其演讲内容被编撰成《言论集》，广为发行。

7月1日，蒋介石改组成立"新生活运动促进总会"，自任总会长，聘请何应钦、陈果夫、张群等33人为指导员。宋美龄则担任妇女委员会指导长，并成为新生活运动的实际推动者和倡导人。国民党中宣部还大量编印《新生活运动纲要》、《新生活运动精义》、《新生活运动章则》等小册子，力图把一场声势浩大的"新生活运动"推向全国。

■ 3月1日，溥仪在长春称帝

1932年，日本帝国主义操纵溥仪在东北建立"满洲国"后，遂通过这个傀儡政权，实际上占据并控制了东北各省。

1934年3月，为了使东北傀儡政权更像一个独立国家，日本帝国主义改称"满洲国"为"满洲帝国"，国体由执政共和制变为君主立宪制，溥仪由执政变为皇帝。

 声音

中国在文化的领域是消失了；中国的政治形态，社会的组织和思想的内容与形式，已经失去了它的特征。

——1934年，上海的王新命等十名教授共同发表《中国本位的文化建设宣言》

在战争危机和民族危机直迫在眼前，将立刻决定中国民族的生死存亡的今日，"国防文学"的作品在中国是怎样的需要呀！

——1934年10月，左联党团书记周扬发表《国防文学》一文

新生活运动提倡走路要靠右走，那今后左边谁去走呢？

——1934年，山东的军阀省主席韩复榘讥笑蒋介石发起的新生活运动

▲ 溥仪登基为"满洲帝国"皇帝

3月1日，溥仪称帝，并在长春举行登基大典。日本帝国主义与溥仪在登基大典的形式上意见相悖，关东军认为溥仪是"满洲国皇帝"，因此要穿"满洲国陆海空军大元帅正装"，而溥仪执意要穿大清帝国的龙袍。双方各不相让，最后决定溥仪先穿龙袍举行登基大典，再穿"满洲国陆海空军大元帅正装"，在"勤民楼"举行即位典礼。

当天，大风翻卷着溥仪临时从戏班找来的龙袍。在临时用土堆起来的"天坛"上，溥仪举行了告天即位的古礼，宣告即位。即日起，"满洲国"改为"满洲帝国"，年号"康德"。同时，改国务总理为总理大臣，各部总长为各部大臣。日本关东军司令官率日本200多名官员出席仪式，并与出任"满洲帝国"总理大臣的郑孝胥换文，表示当场予以承认。

溥仪傀儡政权完全受日本关东军的支配，伪政府的内外活动和政策计划皆受控于日本关东军。政府各部均由日本人担任次长，掌握各部实权；伪政府中设有一个总务厅，由日本人出任总务厅长官，总揽一切大权；日本人甚至还在溥仪身边设立了一个"帝室御用挂"，即溥仪的专职秘书，溥仪的一切言行都要听其安排。

■9月1日，南京紫金山天文台建成

中国科学院紫金山天文台，坐落于南京市东郊风景秀丽的紫金山第三峰上，是我国最著名的天文台。

▲紫金山天文台

1913年10月，日本在东京召开亚洲各国观象台台长会议，他们邀请了法国教会在上海建立的观象台代表中国出席会议，消息传出，举国哗然。当时的中央观象台台长高鲁，立志建造一座能与欧美并驾齐驱的天文台。不久，高鲁转任法国公使，建造天文台的工作遂由厦门大学天文系主任余青松接任。

紫金山天文台始建于1934年，建成于1934年9月，前身是成立于1928年2月的国立中央研究院天文研究所。最终建成的天文台的建筑风格透射着浓郁的民族风情，建筑间以梯道和栈道通连，各层平台均采用民族形式的勾栏，建筑台基与外墙用毛石砌筑，朴实厚重，与山石浑然一体。

紫金山天文台是一个综合性的天文台，始建时拥有60厘米口径的反射望远镜、20厘米折射望远镜附有15厘米天体照相仪和太阳分光镜等设备。它的建成标志着我国现代天文学研究的开始，中国现代天文学的许多分支

▲紫金山天文台

学科和天文台站大多从这里诞生、组建和拓展。由于她在中国天文事业建立与发展中做出的特殊贡献,被誉为"中国现代天文学的摇篮"。

■ 10月10日,中央红军开始长征

1934年4月底,随着广昌的陷落,国民党军队深入中央苏区。10月初,兴国、宁都、石城一线相继失陷,至此,粉碎敌人第五次军事"围剿"的目标已经无法实现,红军更是陷入敌人的层层包围,被迫实行战略转移。

1934年10月10日,中央机关和红一方面军8.6万多人,从福建长汀、宁化和江西瑞金、于都出发,实行战略大转移。惊慌失措的博古政府擅自决定,命令部队向红二、红六军团所在的湘西挺进。同时,又成为退却中的逃跑主义,将红军的战略转移当作搬家似的逃命,将所有的文件、辎重、兵工厂机器、印钞票机器、X光机以及各种文化课本都携带上路,将整个苏维埃共和国搬上旅途。

国民党追剿军以16个师的重兵力布置了4道封锁线,分别堵截。16日,中央红军南渡贡水。19日,部队全部进入突围集结地域。21日,中央红军从王母渡、新田之间开始突围。

红军将士英勇奋战,最终于12月初突破了这4道封锁线,但也付出了极为惨重的代价。特别是11月底的湘江战役,红军战士顶住压力,强行撕开敌军重兵围截的包围圈,血染湘江,人数由出发时的8.6万人锐减到3万人。突破湘江后,部队向西疾进。蒋介石遂调重兵堵截。此时,如果继续执行前往湘西与红二、红六军团会合的计划,势必遭到五六倍敌军的围攻。这一刻,红色政权真正到了生死存亡的危急关头。

博古、李德在四处碰壁的情况下,终于接受了毛泽东的意见,于是红军经湖南转道,向敌人力量薄弱的贵州前进,强渡乌江,直扑遵义。

■ 11月13日,《申报》负责人史量才被国民党特务杀害

1934年11月13日,我国著名爱国主义者、民主主义战士和新闻事业家史量才,被国民党特务暗杀。

1880年,史量才出生于江苏江宁一座古朴秀美的小山村,经商为业的父亲希望他能子承父业。青年时代的史量才满怀革命热情,积极地投身于革命事业,创办学校,并先后参与了江浙工商界收回路权运动、武昌起义等革命活动。辛亥革命以后,史量才参与了南北议和的协商工作,并曾出任政府公职。

但是,辛亥革命的失败和政权的嬗变,让史量才十分失望。此后,他把主要的精力转向新闻事业,试图通过社会舆论的力量来监督当局,激浊扬清。

1912年,史量才与张謇、应德闳、赵凤昌等合资,购买了因经营不善,濒临倒闭的《申报》,史量才出任总经理。不久,史量才为了不受掣肘,收购了所有股权,独家经营《申报》。

史量才坚持以"言论自由,不偏不倚,为民喉舌"为办报理念。《申

世界

▶8月19日,希特勒成为德国国家元首

▲德国元首希特勒发表演说

1934年8月2日,兴登堡总统去世。希特勒在当日就迫不及待地宣布:"德国总统和总理的两个职务合并为一"。在当时国会完全被纳粹一党操控的情况下,这一违宪的做法成为了现实。8月9日,希特勒自称为元首和帝国总理,正式将大权一人独揽,成为德国国家元首。

希特勒全面掌权后,撕毁了第一次世界大战后对德国军备的限制,开始恢复军事力量,加紧扩军备战。

1935年,希特勒从法国收回萨尔州,接着恢复兵役制,与英国签订海军条约,重建德国海军。此后,希特勒自任军队最高统帅,执掌三军指挥权。自此,纳粹德国兴起,欧洲战争的策源地逐渐形成。

中国百年实录　1934年

报》关注社会热点，敢于抨击时弊，揭露当局的黑暗，一时间声名鹊起，甚至被英国报业巨子、《泰晤士报》的主人北岩勋爵誉为中国的《泰晤士报》。

九一八事变后，日军占领东三省，并大肆进犯华北。此时，已经成为全中国报业巨头的史量才面对连年内战，国土沦丧的局势痛心疾首。基于强烈的民族情感和爱国精神，史量才尖锐地批评了蒋介石的"攘外必先安内"的政策，并积极开展抗日救国活动。在他的主持下，《申报》成为了抗日进步力量的喉舌。

1934年，由于《申报》旗帜鲜明的政治态度令国民党反动当局感到莫大的恐慌，于是反动当局决定暗杀史量才。

10月，因胃病复发，史量才前往他在杭州的寓所秋水山庄疗养。11月13日傍晚，史量才在夫人沈秋水、儿子史咏赓的陪同下，乘车返回上海。车行至海宁县翁家埠附近，司机突见前面有一辆别克敞篷车正横在公路上检修，于是放慢车速。两车相近时，几名着黑色短装的持枪大汉从车内冲出，向史量才扫射。一代报业巨子以鲜血和生命捍卫了作为一名正直报人的尊严。

世界

▶10月9日，南斯拉夫国王亚历山大一世遇刺身亡

▲ 南斯拉夫国王亚历山大一世被刺身亡，现场局面混乱

1934年10月9日，南斯拉夫国王亚历山大一世对法国进行国事访问期间被克罗地亚极端分子杀害。

暗杀发生在国王乘坐的船到达马赛几分钟后，国王与法国外交部长路易·巴都乘车穿过德波斯街时，一名衣衫褴褛的男子冲出警察筑成的人墙跳上了行进中的汽车。枪手向车内发出数发子弹，国王和巴都均遭致命伤。多名站在旁边的人被枪手胡乱射出的子弹所伤。枪手完成射击之后，国王卫队中一名上校冲上前用马刀砍翻枪手，人群随即对这名男子发起猛攻，该男子受伤后很快死亡。

第二天，南斯拉夫亚历山大皇太子宣布继任王位，是为彼得二世。这位未成年的君主由一个摄政参议会佐理。

南斯拉夫政府于15日宣布，亚历山大是被克罗地亚极端分子杀害的，凶手是南保加利亚人法拉达·乔奇夫，他的两个同伙都是克罗地亚秘密组织乌斯塔夏的秘密成员。

备忘

- 1月，中国左翼新闻记者联盟成立
- 2月2日，瑞金叶坪"红军烈士纪念塔"揭幕
- 3月11日，国民政府就伪满洲国执政溥仪称帝之事发表通告，否认溥仪傀儡政权
- 3月，上海同文书店出版了鲁迅杂文集《南腔北调集》
- 8月17日，苏南溧阳新芳桥发生数千饥民抢米事件
- 9月1日，各地新闻记者自行集会纪念首次非国定记者节
- 10月20日，苏州遭遇严重旱情，引发灾民暴动

1935年

大事

■ 1月15日~17日，中共中央在遵义召开政治局扩大会议

中央红军开始长征后，"左"倾领导人犯了退却中的逃跑主义错误，致使红军和中央机关人员锐减，面对严酷的事实，党和红军内部对错误领导的不满并要求加以改换的情绪日益明显，一些支持过"左"倾错误的领导人，也开始逐渐改变态度。

1935年1月7日，红军攻克黔北重镇遵义。

1月15日~17日，中共中央政治局在遵义召开了扩大会议。出席会议的政治局委员有博古、张闻天、周恩来、朱德、毛泽东、陈云；政治局候补委员王稼祥、刘少奇、邓发、凯丰，还有中央秘书长邓小平，红军总参谋长刘伯承、总政治部代主任李富春，各军团负责人聂荣臻、林

▲ 遵义会议会址

彪、彭德怀、杨尚昆、李卓然，共产国际军事顾问李德及翻译伍修权等。

会上，博古代表中央作了《关于五次反"围剿"总结的报告》，周恩来就军事问题作了副报告。博古在报告中将第五次反"围剿"的失败归咎于国民党力量过于强大、苏区配合不力等客观原因，否认自己和李德错误的军事领导。周恩来在随后的报告中则主动承担了责任。大会随即展开讨论，毛泽东等同志批评了博古、李德在军事指挥上的错误，多数同志在发言中支持毛泽东的意见。

经过激烈的争论，在统一思想的基础上，张闻天受会议委托起草了《中央关于反对敌人五次"围剿"的总结的决议》，并由常委审查通过。决议肯定了毛泽东关于红军作战的基本原则，制定了红军以后的任务和战略方针，决定红军渡过长江在成都之西南或西北地区建立根据地。

会议改组了中央领导机构，增选毛泽东为中共中央政治局常务委员。取消了博古、李德的最高军事指挥权，仍由中革军委主要负责人朱德、周恩来指挥军事。会后，成立毛泽东、周恩来、王稼祥三人军事指挥小组，负责军事行动。

遵义会议结束了王明"左"倾教条主义在中共中央的统治，确立了毛泽东在党和红军中的领导地位。这次会议是中国共产党独立自主地运用马克思列宁主义基本原理解决自己的路线、方针和政策的会议，它在危急关头挽救了党和红军，是中国共产党历史上一个生死攸关的转折点。

2月27日，汪精卫、蒋介石联名发布严禁排日运动的命令

九一八事变后，日本在加紧对华军事侵略的同时，为躲避社会舆论，一直压制排日势力，鼓吹"中日亲善"，并向国民党政府频频施压，要求彻底取缔排日运动。此时，蒋介石为了给发动内战、剿灭红军找寻借口，转移人们对中日冲突的注意力，遂与日本帝国主义沆瀣一气，大肆宣传所谓的"中日友谊"。

1933年，广田弘毅出任日本外务大臣，在高唱"和平外交"的同时，支持日本政府和军方对中国的侵略。广田弘毅多次发表所谓的中日和平演说，加紧从外交上挤压中国。

> 只要国民党军队停止进攻红军的行动，只要任何部队实行对日抗战，红军不仅立刻对之停止敌对行为，而且愿意与之亲密携手共同救国。
>
> ——1935年8月1日，中共中央发表《为抗日救国告全体同胞书》
>
> 中央对外交所抱的最低限度，就是保持领土主权的完整，任何国家要来侵害我们领土主权，我们决不能容忍。
>
> ——1935年12月，蒋介石面对全国抗战热潮，在五中全会上的发表以上声明

1935年2月1日，蒋介石就中日"亲善"问题答中央社记者问，称："此次日本广田外相在议会所发表对我国之演说，吾人认为亦具诚意，吾国朝野对此当有深切之谅解。""我全国同胞亦当以堂堂正正之态度，与理智道义之指示，制裁一时冲动及反日行为，以示信谊。"14日，蒋介石在庐山答日本《朝日新闻》记者问时称："中日两国不仅在东亚大局上看来有提携之必要，即为世界大局设想，亦非提携不可。""中国不但无排日之行动思想，亦无排日之必要。"

20日，汪精卫在国民党中央政治会议上报告中日外交方针，声称："中日两国所发生纠纷，可用诚意来解决。广田外相的演说，与我们素来主张，大致吻合。"蒋介石随后致电汪精卫说："兄在中政会报告对日关系书，灼见宏猷，至深钦佩，与弟在京时对中央社记者所谈各节，实属同一见解。中央同人既有所决定，弟能力所及，自当本此方针，共策进行。"

27日，汪精卫、蒋介石联名向全国各机关、团体发布严禁排日运动命令。同日，国民党中政会通告各报纸、通讯社禁止刊登排日和抵制日货消息。

5月9日，红军主力渡过金沙江，冲出国民党军队的包围圈

遵义会议以后，结束了"左"倾错误主义对党中央的主导，确立了毛泽东对党和红军的正确领导，解决了当时最为迫切的军事问题，实际上形成了以毛泽东为代表的新的党中央的正确路线。中国革命在历经波折后，重新回到了正确的轨道上。

党中央指挥红军进行整编，丢掉不必要的辎重，轻装上阵，在云贵高原展开机动灵活的运动战。1935年1月至3月，毛泽东指挥红军进行了四渡赤水战役，取得了长征以来第一个大胜利。接着，红军南渡乌江，佯攻贵阳，进入云南，随即向金沙江挺进。5月，蒋介石在被红军牵着东奔西跑，疲于奔命时，恍然意识到红军的目的不在贵阳，亦不在昆明，而是"必渡金沙江"。此时，敌我军事指挥都知道，红军能否成功渡过金沙江，将成为战争决胜的关键！

5月3日，中央红军主力中路先遣队干部团一部受命抢渡金沙江，部队翻山越岭日夜兼程180里，于当晚抵达金沙江边，立即派出侦察连，搜索船只，

其余部队做渡江准备。在当地群众的帮助下，侦察连战士在江边找到一艘破损的小船，经过紧急维修，勉强可以行驶。之后，红军战士乘小船悄悄渡到北岸，敌人误以为是自己人，没有在意。红军战士遂发动突袭，一举消灭了一连正规军和一个保安队，控制了皎平渡两岸渡口。随后，红军大部队赶到金沙江边，同时，蒋介石调集重兵成包围之势向红军主力扑来，战斗打响。

从5月3日至9日，在7天7夜的时间里，红军主力在当地群众的大力协助下，冒着敌军的枪林弹雨，靠7只小船从容地渡过了金沙江。经此一役，红军跳出了蒋介石数十万大军围追堵截的包围圈，取得了战略转移中具有决定性意义的胜利。

■ 5月初～12月，华北事变

华北事变是指自1935年5月初日本帝国主义为把华北从中国分离出去而制造的一系列侵略事件，其内容应包括河北事件及《何梅协定》；张北事件及《秦土协定》；"华北五省自治运动"及"冀察政务委员会"，这些事件基本上都发生在华北地区，所以被称为"华北事变"。

1935年5月初，河北事件发生。事件起于天津日租界的亲日分子《国权报》社长胡某和《振报》社长白某被暗杀，日本华北驻屯军参谋长酒井隆等密谋挑起事端，声称此案"系中国排外之举动，若中国政府不加以注意改善，则日方将采取自卫行动"，并借此向国民政府提出无理要求，然后调兵遣将，驻津日军连日在河北省政府(当时天津是河北省会)门前武装示威，并举行巷战演习。6月，国民党军委会华北分会代理委员长何应钦与日本华北驻屯军司令官梅津美治郎谈判，达成了《何梅协定》。按照该协定，中国军队从河北撤退，取消河北省内的国民党党部；禁止河北省内的一切反日活动。《何梅协定》的签订，日本帝国主义实际取得了对华北的控制权。

继河北事件之后，又发生了张北事件。5月30日，4名没有护照的潜入察哈尔省境内绘制地图的日本特务机关人员，在行至张北县时被当地驻军扣留。为避免引起事端，察哈尔省主席宋哲元当即命令将此4人释放。即便如此，日方还是借口提出了蛮横要求，6月27日，察哈尔省民政厅长秦德纯和日军特务头子土肥原贤二达成《秦土协定》。其主要内容为：(一)向日军道歉，撤换与该事件有关的军官，担保日本人今后在察哈尔省可以自由行动；(二)取消在察哈尔省的国民党机构，成立冀东非武装区，第二十九军从该地区全部撤退；(三)中国方面停止向察哈尔省移民，察哈尔省主席宋哲元撤职。这样，冀察两省大部分的主权丧失。

在迫使国民党中央的势力退出华北后，为进一步吞并华北，日本又策动所谓"华北五省自治运动"，阴谋成立"华北国"。1935年10月，日本制造香河事件，煽动河北省东部香河、昌平、武清等县的"饥民"暴动，占据香河县城，并成立由汉奸组成的临时维持会。接着，日本扶植汉奸殷汝耕在河北通县成立"冀东防共自治政府"，控制冀东22县，宣布脱离国民政府。

11月25日，日军又收买一批汉奸、流氓向国民党天津当局"请愿"，要求自治。同日，日军唆使国民党冀东行政督署专员汉奸殷汝耕在通县组织所

中国百年实录 1935年

谓"冀东防共自治委员会"。与此同时，日本帝国主义还策动阎锡山、韩复榘搞华北五省自治。而国民党政府既不能允许华北脱离南京中央政策管辖而宣布"自治"，又慑于日本的威胁，12月决定在北平成立冀察政务委员会，由宋哲元任委员长，由日方推荐著名汉奸王揖唐、王克敏等十几人为委员。冀察政务委员会名义上虽隶属南京国民政府，但它实际上具有相当大的独立性，日本帝国主义和汉奸势力对它有很大影响和控制力，实际上成为变相的"自治"。

华北事变是日本侵略中国、称霸世界的一个重要步骤。华北平津地区包括了中国北方大片地区，尤其北平是中国的历史古都，当时也是全国的文化中心。华北事变的发生，使中华民族面临着亡国灭种的生死危机。此后，民族矛盾成为中国的主要矛盾，全国上下掀起了抗日救亡运动的高潮。

■ 5月29日，红军夺取泸定桥

中央红军渡过金沙江之后，进入四川，通过大凉山彝族地区后，向大渡河挺进。此时，国民党军队仍然穷追不舍，形势严峻。5月26日上午，中共中央在分析了敌我形势后，当即做出了夺取泸定桥的决定，遂于28日命令红四团昼夜兼行240华里山路，于29日飞赴泸定桥。

▲ 横架在大渡河上的泸定桥

红四军团不辱使命，于29日晨飞抵泸定桥西头桥头堡。当时，百余米长的铁索桥上的桥板已被拆除了80余米，只剩下数根铁索悬荡在空中，东岸桥头有川军约1个团的兵力依托坚固工事驻防，严密地封锁着泸定桥桥面。

红四军团22名战士在廖大珠的带领下，冒着敌人密集的火力，攀扶着悬空的铁索向桥东发起进攻。战士们身挂冲锋枪，背插马刀，腰缠十来颗手榴弹，直扑对岸，边战斗边前进边铺桥板。战斗过程险象环生，战士们的处境非常艰难。当战士们爬到桥中间时，敌人在东桥头放起大火，妄图以烈火阻击红军夺桥。面对这突如其来的烈焰，战士们高喊着"同志们，这是胜利的最后关头，鼓足勇气，冲过去！莫怕火，冲呀！敌人垮了，冲呀！"廖大珠一跃而起踏上桥板，扑向东桥头，勇士们紧跟着也冲了上来，抽出马刀，与敌人展开白刃战。经过激烈的战斗，战士们夺取了东头桥头堡，后续部队紧跟过桥，占领泸定城，和左岸北上的红一师胜利会合。

泸定桥战斗的胜利，粉碎了蒋介石欲把红军歼灭在大渡河天险的图谋，为红军最后北上陕北结束长征奠定了坚实的基础，有"十三根铁链劈开了通往共和国之路"的美誉。

■ 8月1日，中共中央发表《八一宣言》

8月1日，中国工农红军在长征途中，由中国苏维埃中央政府、中共中

世界

▶ 2月10日，美国宾夕法尼亚考古学家发现最古老的城市遗址

1935年2月10日，宾夕法尼亚大学博物馆宣布考古学家们在北部美索不达米亚地区挖掘德彼高拉大土丘时发现了已知的最古老城市的遗址。这个遗址距今约5700年。这座城市是在巴格达和波斯湾之间的第11个发现物。

考古学家们挖出来的部分，包括一座庙宇的墙和个人居处、家用陶器、刀和磨石，还有妇女化妆品的容器、锭子、用织布机织的衣服以及其他一些器皿。同时还发现一些有木制棺材的坟墓，里面还有尸体，随葬的珍贵物品都原封未动。

这座新发现的城市可追溯到公元前3750年，至少要比已知最早的迦勒底文化还古老。最后的一批人曾在公元前1500年居住在这里。

央发表了《为抗日救国告全体同胞书》，即著名的《八一宣言》。

宣言揭露了日本帝国主义侵略中国的野心和以蒋介石为首的南京国民党政府"不抵抗"政策所造成的民族危机，比较完整地阐述了中国共产党抗日民族统一战线的策略，提出了"有钱的出钱、有枪的出枪、有粮的出粮、有力的出力、有专门技能的贡献专门技能"的口号，把地主、资产阶级和一切军队都包括在统一战线之中。

宣言还主张建立"统一的国防政府"、"统一的抗日联军"和"组成统一的抗日联军总司令部"，并要求更有成效、更高级的联合。

宣言的主要内容有：

1.分析了九一八事变后的国内政治形势，揭露日本帝国主义对华北的侵略及企图灭亡中国的野心，痛斥国民党的不抵抗政策。

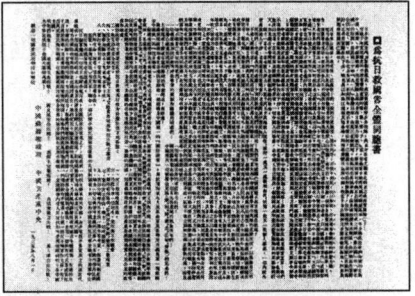
▲ 为抗日救国告全体同胞书

2.指出中华民族正处在千钧一发的生死关头，抗日救国已成为每个同胞的神圣天职，号召全中国人民动员起来，停止内战，一致抗日。

3.提出中国共产党当前的政治主张是组织国防政府和抗日联军，并提出十条方针作为国防政府的施政纲领。

宣言指出，在日本帝国主义疯狂侵略下，亡国灭族的大祸迫在眉睫，中共中央再一次向全国同胞呼吁：无论各党派间在过去和现在有任何政见和利害的不同，无论各界同胞有任何意见上或利益上的差异，无论各军队间过去和现在有任何敌对行动，都应该团结起来，停止内战，一致抗日。

《八一宣言》的发表，标志我党建立抗日民族统一战线的策略基本形成，获得了全国人民和各界人士的强烈支持，有力地鼓舞和推动了抗日救亡运动的发展。

■ 12月9日，北平爆发抗日救国的"一二·九"运动

1935年华北事变，由于国民政府的妥协退让，致使中日矛盾更加尖锐，中华民族危机空前严重。一场新的救国风暴逐渐孕育而生。

11月，长征到达陕北的中共中央发表了《为日本帝国主义并吞华北及蒋介石出卖华北出卖中国宣言》，指出日本要变中国为其殖民地的侵略野心和蒋介石出卖中国的危险，号召全国人民发起抗日反蒋运动。

痛感民族危机的华北人民，尤其是平津地区的广大青年学生响应中国共产党的号召，开始有策略、有步骤地推动抗日救国运动。11月18日，北平学生联合会成立。中国北平临时工作委员会和北平学联多次商议，决定发动一次抗日救亡运动。

▲ "一二·九"运动中的示威游行队伍

世界

▶ 8月31日，罗斯福总统签署了《中立法案》

1935年，德国和意大利扩军备战，发动战争的意图已经明显。但英、法两国对此采取不干涉政策，美国也宣布中立。

1935年8月31日，美国参众两院联席会议通过了《中立法案》。

法案规定：在两个或两个以上外国之间，发生战争或战争在进行之中，总统应宣布此项事实，然后，凡以军械、军火或战备，自美国之任何地方或其属地之任何地方输出而运至该交战国，或运至任何交战国所利用之任何中立国港口者，均为违法。

中立法的通过，从法律上把美国对欧洲的基本政策固定下来，对当时欧洲的绥靖主义起了推波助澜的作用。

12月9日，在黄敬、姚依林、郭明秋等共产党员的组织下，北平各大中学校学生一两千人冲破军警阻拦，聚集到新华门前，高呼"打倒日本帝国主义"、"反对华北自治"、"停止内战，一致抗日"等口号，举行声势浩大的示威游行，向行政院驻北平办事长官何应钦请愿。当学生队伍行至王府井大街时，遭到北平军警的镇压。手无寸铁的学生同手持大刀、木棍、皮鞭、水龙头的军警搏斗，几十人受伤。美国进步记者埃德加·斯诺及妻子海伦·斯诺等也参加了学生的行动。第二天，北平全市学生罢课。

12月16日，北平学生1万多人冲破军警的包围袭击，在天桥举行了群众大会，要求收复东北失地，誓死反对日本帝国主义。会后，学生举行了示威游行。北平当局又一次出兵镇压，学生受伤300余人。

■ 12月17日~25日，中共中央在陕北瓦窑堡召开政治局扩大会议

民族危机的日益加深和群众抗日救亡运动新高潮的到来，促使中国共产党制定党在新形势下的政治路线和革命策略。

1935年12月17日~25日，中国共产党在陕北瓦窑堡召开中央政治局扩大会议。讨论军事战略问题、全国的政治形势和党的策略路线问题。

会议通过了张闻天起草的《中央关于目前政治形势与党的任务决议》，该决议在分析了华北事变后国内阶级关系的新变化后，指出党的策略路线是在发动、团聚与组织全中国全民族一切革命力量去反对当前主要的敌人——日本帝国主义与卖国头子蒋介石。

决议批判了党内长期存在的不与民族资产阶级联盟的"左"的关门主义，将"工农共和国"改为"人民共和国"，以建立抗日民族统一战线，同时改变不适应抗日要求的部分政策。

决议还指出了在新的革命时期预防右倾机会主义复活的必要性，坚持无产阶级在统一战线中的领导权。

大会还通过了《中央关于军事战略问题的决议》，确定把国内战争同民族战争结合起来，"准备直接对日作战的力量"和扩大红军的方针，同时提出了抗日游击战争在战略上的重大作用。

备忘

- 2月28日，国民政府派遣有梅兰芳在内的文化艺术代表团访问苏联
- 3月8日，著名影星阮玲玉服毒自杀身亡
- 6月，长江爆发特大洪灾，死亡人数达14.2万
- 7月17日，音乐家聂耳在日本不幸溺水逝世
- 8月1日，中共中央发表《为抗日救国告全体同胞书》
- 10月5日，张国焘在卓木碉另立伪中央
- 10月10日，第六届全运会在上海举行
- 12月，女作家萧红的小说《生死场》出版

1936年

大事

■2月20日，红一方面军东征

1936年2月20日，红一方面军以"中国人民红军抗日先锋军"的名义，开展了东征战役。

2月20日，红一方面军连战连捷，攻势迅猛。山西军阀阎锡山为了阻止红军前进，调集4个旅会同在晋西、晋中的10个多旅，在红军占领区的北、东、南三面设防。为打破敌军防堵，红一方面军主力于27日前后越过吕梁山脉，占领水头、大麦郊等地，歼敌两个团。从3月4日起，阎锡山一面电请蒋介石派兵增援，一面集中自己的机动兵力，向红军反扑。10日，红1、红15军团各以部分兵力在兑九峪一带击溃敌军5个多旅，巩固了占领地区。

从3月16日起，红一方面军分兵作战。右路军由大麦郊出发，突破敌军汾河封锁线，迅速向南挺进，占领霍县、赵城、洪洞等县的广大农村和襄陵县城，破坏同蒲路100余里；左路军佯攻灵石县城，转兵北上岔口，派出部分兵力袭击晋祠，威胁太原，随后经娄烦进军曹家坡，歼敌两个多营，再转至康宁休整；红30军和红15军团与山西游击支队组成中路军，在石楼、中阳、孝义、隰县、永和地区展开活动，配合左、右路军行动；留在陕北的红28军乘阎军东返之机，收复吴堡、神府苏区大部，并于3月底东渡黄河，与左路军会合，随后沿黄河东岸南进。4月14日进攻三交时，军长刘志丹不幸牺牲。4月，蒋介石派"中央军"11个师的兵力陆续进入山西，和晋军一起，对红军形成三面合围之势。红军在山西处于不利作战形势。因此，红一方面军于5月5日全部西渡黄河，回到陕甘苏区，集中在延川地区休整，为抗击日本侵略者积蓄力量。

这次战役历时75天，歼灭了大量敌人，并筹集款项30余万元，扩大了党和红军的影响，推动了全国抗日民族统一战线和抗日救亡运动的发展。

■2月27日，董健吾带着国民党要求同中共谈判的信息，秘密来到瓦窑堡

1936年2月21日，中共秘密党员、"红色牧师"董健吾以宋庆龄信使的身份，持南京国民政府的密信，与黄杏南、张子华等人搭乘张学良的私人飞机到陕北瓦窑堡与中国共产党开始谈判接触，林伯渠、张云逸等人给予热情接待。次日，董健吾在林伯渠的陪同下去见博古，并表明要见毛泽东、周恩来。当时毛泽东等人正渡过黄河进行东征，周恩来也不在瓦窑堡。3月4日，正在山西前线指挥红军作战的毛泽东、张闻天、彭德怀联名

世界

▶8月1日，第11届奥林匹克运动会在柏林拉开帷幕

1936年8月1日，第11届奥林匹克运动会在德国柏林举行，纳粹元凶希特勒在开幕式上宣布奥林匹克运动会正式开幕。此次参加比赛的有来自49个国家的运动员，德国人数最多，美国次之，匈牙利列第三。首次参赛的国家有阿富汗、百慕大群岛、玻利维亚、歌斯达黎加、列支敦士登和秘鲁。本届奥林匹克运动会共设有19个大项的129个小项比赛，首次列入了篮球、皮划艇和队式手球项目。大会于8月16日闭幕。东道主以主办国的有利条件，列奖牌榜首位，美国第二，匈牙利第三。

本届奥林匹克运动会还举办了展览会、音乐演奏、戏剧、世界青少年营、学术座谈会、舞会及接待会等文化活动。在这次大会上橄榄树最后一次被用作奥林匹克运动会奖品。大会期间，还第一次使用电视作现场转播，并同时向许多国家转播实况，使奥林匹克运动会新闻传播步入新的阶段。

中国百年实录 1936年

▲ 董健吾

致电博古转董健吾（化名周继吾）：

博古同志转周继吾兄：（甲）弟等十分欢迎南京当局觉悟与明智表示，为联合全国力量抗日救国，弟等愿与南京当局开始具体实际之谈判。（乙）我兄复命南京时，望恳切提出弟等之下列意见：一，停止一切内战，全国武装不分红白，一致抗日；二，组织国防政府与抗日联军；三，容许全国主力红军迅速集中河北，首先抵御日寇迈进；四，释放政治犯，容许人民政治自由；五，内政与经济上实行初步和必要的改革；六，同意我兄即返南京，以便迅速磋商大计。

第二天，董健吾带着中共中央毛泽东等人的联名电文离开瓦窑堡，返回西安。董健吾这次陕北之行，不仅为后来周恩来与张学良在肤施（延安）的会谈起到穿针引线的作用，而且使与党中央中断联系的上海秘密党组织得以跟党中央取得了联系。中共中央当即派冯雪峰由陕北赴上海，任中共中央上海办事处副主任，重新组织和领导与中央失去联系的上海党组织。

■ 6月1日，陈济棠、李宗仁公开举起抗日反蒋旗帜

1936年，日本帝国主义进一步侵入华北。蒋介石高唱"攘外必先安内"论调，同年5月，两广实力派陈济棠、李宗仁等发动"两广事变"，公开举起了反蒋抗日的旗帜。

1936年6月1日，由粤桂地方实力派组成的国民党西南执行部和国民政府西南政务委员会通电全国，攻击蒋介石中央的对日不抵抗行为，声称两广愿意与日寇决一死战，并要求蒋介石立即停止对各地方实力派的进攻。国民政府和国民党中央立即回电驳斥，声称"攘外必先安内，统一方能御侮"。于是两广军阀联合部队，由陈济棠任总司令，李宗仁为副司令，出兵湖南，要求北上抗日。蒋介石调集军队向广西进逼，内战一触即发。以全国抗日救国会为代表的爱国力量，在坚决反对蒋介石以武力削平异己，要求停止对西南的军事行动的同时，派杨东莼等代表亲赴西南面见李宗仁、白崇禧，阐述"全救会"关于停止内战，共同抗日的主张。蒋介石则一面调集军队入湖南防御，一面收买陈济棠的部属。7月，广东空军司令黄光锐率飞机70余架叛陈投蒋，接着粤军第一军军长余汉谋也通电拥护南京政府，并就任蒋介石委任的广东绥靖主任兼第四路军总司令职，陈济棠不战自败，7月18日通电下野。蒋介石解决了广东陈济棠后，便转而对付广西李宗仁，派数十万大军从广东、湖南、贵州、云南四面包围广西。广西也征集上10万军队把守关隘，双方摆出决斗架势。后来在多方调停下，双方妥协，南京答应白崇禧、李宗仁提出的"确定抗日计划"等条件。

9月中旬，蒋介石、李宗仁在广州会晤，广西问题遂和平解决，从而结束了两广与南京蒋介石政权对峙的状态。此时，在强大的舆论压力和地方

世界

▶ 10月1日，西班牙内战爆发

1936年7月18日，西班牙军官佛朗哥发动武装叛乱，西班牙内战开始。

1936年9月～1937年3月，佛朗哥叛军先后向西班牙共和国的首都马德里发动4次大规模的进攻。西班牙共产党领导共和军进行了马德里保卫战。虽然广大劳动人民保卫了马德里，但是在其他战场上却节节败退，共和军彻底失去优势。

1939年3月底，佛朗哥军队在德、意法西斯支持下占领了西班牙大部分土地。3月27日，马德里失守。4月1日，共和国政府被推翻，西班牙进入了佛朗哥军国主义独裁统治时期。

实力派的抗日要求影响下,蒋介石被迫表示积极准备抗战。

■ 6月30日,红二、红六军团与红四方面军于甘孜会师

1934年10月,由任弼时、萧克、王震领导的红六军团,抵达川黔边境与红二军团会师。两支部队整编后,贺龙仍任红二军团军团长,任弼时为政治委员,关向应为副政治委员;萧克、王震分任红六军团的军团长和政治委员。红二军团的军团部兼总指挥部,统一指挥两军团的行动。红二、红六军团迅速发展到4个师12个团,大约2.1万人,还有地方武装数千人,吸引一二十万的国民党军,减轻了在黔、滇长征的中央红军压力。国民党大为恐慌。

▲ 甘孜会师遗址

1935年9月始,国民党派130多个团,20万国民党军前来"围剿"。

同年11月19日,二军团举行突围誓师大会,告别湘鄂川黔根据地,开始长征。按照贺龙建议,红二、红六军团从南突围,先取湘中,然后再转入贵州,于岁末年初转移到黔东一带。1936年2月初,又转战至黔西、大定、毕节地区,成立"中华苏维埃人民共和国川滇黔省革命委员会",发动群众参加红军,然后调头向乌蒙山北麓进军。贺龙等利用乌蒙山的有利地形,指挥部队大迂回作战,适时抓住战机,使国民党军遭到重创。

1936年3月下旬,红军总部两次来电,希望红二、红六军团北上与红四方面军会师。红二、红六军团决定北上与红四方面军会合。红二、红六军团与敌人展开周旋,渡过金沙江后,沿江东岸往北走,翻越玉龙雪山到达中甸地区。在此整休10天左右后,兵分两路继续北上。

红四方面军于1935年6月在四川懋功与红一方面军会师后,两军混编共同北上,红四方面军主力和红军总司令部为左路军。后来张国焘率左路军到达阿坝后,拒绝执行中央北上的方针,擅自率领左路军重过草地,向南退却。结果在南下途中,部队损失严重,红军由南下时的10万之众锐减为4万余人。在党中央的一再电令下,1936年3月,南下部队陆续向西康东北部转移。到6月30日,与北上的红二、红六军团于甘孜会师。

■ 8月1日,中国第一次派代表团参加第11届奥运会

1936年8月1日,第11届奥运会在德国柏林举行。参加本届奥运会的共有来自全世界49个国家的4000多名运动员。这届奥运会也成了刚刚取得德国政权的希特勒展示国力的机会,他在这届奥运会上大肆宣传纳粹思想,炫耀德国的繁荣。

中国在本届奥运会首次派出大规模的代表团参加。当时的国民政府派出了由140人组成的代表团参加本届奥运会,其中有运动员69人参加比赛。总领队为王正廷博士,总教练为马约翰,另外还派了一个武术表演队和一

中国百年实录 1936年

▲ 1936年中国代表团参加奥运会

个体育考察团。

中国代表团在此次奥运会上参加了田径、游泳、举重、拳击、自行车、篮球和足球6个大项的比赛。但由于奥运项目在中国起步较晚,参加比赛的选手在技术和规则运用上与其他国家选手比较差距太大。23名田径选手中,只有撑竿跳高选手符保卢一人通过了及格赛标准,但他在跳过3.80米高度后也被淘汰,与另外8名选手并列第17名。足球队首战输给了英国队后,失去了继续参赛的资格。篮球队尽管赢了法国队、秘鲁队,但也未能进入下一轮的比赛,中国队最后铩羽而归。回国后,王正廷博士向国人道歉:"吾国数千年来,重文轻武,积习已久,此次参加世运之所以失败,其最大原因,由于体力不足……本人提倡体育三十年,迄今未能造就一运动人才,殊为惭愧。"

中国运动员尽管在正式竞赛项目中战绩不佳,但武术表演令西方人看得发呆,特别是双人对练深受观众欢迎。

■ 10月9日,红一、红二、红四方面军在甘肃会宁会师

9月初,蒋介石急调部队抢占静宁、会宁地区,隔断红军三大主力会师的道路,达到各个击破的目的。13日,党中央和中央军委及时制定了"静会战役计划",要求红一方面军以部分兵力向西兰大道静会段挺进;红四方面军迅速北进,抢先占领静宁、会宁、隆德、定西等地,与红一方面军夹击胡宗南部;命令红二方面军在陕甘南部活动,牵制和侧击胡宗南部,提前实现三个方面军会师。党中央明确提出了三大主力红军要在会宁、静宁以北地区会师的具体任务。14日,红一方面军右路纵队切断了会宁通往靖远的道路,使驻守两地的敌军失去了联系;18日,左路军占领静宁界石铺,并控制西兰公路。红一方面军主力在会宁外围形成了一个弧形保护圈,给红二、红四方面军的北进创造了有利条件。

但是,9月18日,在西北局讨论贯彻党中央北上会师精神的"岷州会议"上,张国焘错误地判断形势,提出红四方面军要单独从永靖、循化一带渡过黄河,进占古浪、红城子地区,提前实施打通苏联的计划。朱德、任弼时等西北局多数成员提出反对意见,主张立即北上会师,并于会后,发布了向静、会地区进军的命令。20日,张国焘违背集体决议,赶赴漳县红四方面军总指挥部驻地,竭力阻止红四方面军北上,并专断地命令红四方面军先头部队调头向洮河进发。正在北上途中的朱德收到张国焘要部队停止北上,改向西进的电报后,马上向前方部队发了急电,要部队停止一切行动待命。

9月26日,中央致电贺龙、任弼时、刘伯承,指示他们说服张国焘,力

世界

▶12月5日,苏联新宪法在全国苏维埃代表大会上通过

1936年11月25日,全国苏维埃第8次非常代表大会在莫斯科开幕,斯大林在会上作《论苏联宪法草案》的报告。大会于12月5日批准了宪法。新宪法宣布,苏联是工农社会主义国家,政治基础是劳动者代表苏维埃,经济基础是生产资料的社会主义所有制,实行"各尽所能,按劳分配"的原则。新宪法还规定,苏联最高苏维埃是国家最高权力机关,由联盟院和民族院组成,新宪法申明,凡是苏联公民,不论民族和性别,一律平等,享有言论、出版、集社、结社、劳动、休息等自由。

苏联新宪法的颁布,标志着社会主义基本制度在苏联的确立,也标志着斯大林时期高度集中的社会主义经济政治体制的最终形成。

争实现北上计划。为此,朱德立即通知西北局委员又在漳县举行了一次会议。此后,党中央连续急电张国焘,明令禁止西渡。9月29日,红四方面军总指挥部重新下达了北进命令,于30日,分5个纵队向通渭、庄浪、会宁、静宁地区挺进,开始了第二次北上。红二方面军根据中央指令,于10月3日迅速撤离成康地区,向通渭方向前进。

10月2日,红一方面军15军团骑兵团经过激战,一举攻占会宁城,做好了迎接红二、红四方面军的准备。10月9日,朱德、张国焘、徐向前、陈昌浩等率领红军总司令部、四方面军总指挥部和4军、31军经过与国民党军的周旋,先后顺利地进入会宁城。18日,红二方面军主力到达会宁,与红一方面军1军团2师5团会合,红军三大主力在会宁实现大会师。

■ 10月19日,鲁迅在上海病逝

1936年10月19日,中国现代伟大的文学家、思想家、革命家鲁迅先生在上海因肺病逝世,年仅56岁。冯雪峰和宋庆龄、蔡元培等商量,立即组织治丧委员会。委员会由毛泽东、蔡元培、内山完造、宋庆龄、茅盾、胡愈之、周建人、沈钧儒等组成,发表了《鲁迅先生讣告》如下:

▲1936年鲁迅在上海逝世

鲁迅先生于一九三六年十月十九日上午五时二十五分病卒于上海寓所,享年五十六岁,即日移置万国殡仪馆,由二十日上午十时至下午五时为各界瞻仰遗容的时间。依先生遗言"不得因为丧事收受任何人的一文钱",除祭奠和表示哀悼的挽词花圈等以外,谢绝一切金钱上的赠送。谨此讣闻。

各界闻知噩耗后,纷纷发来唁电唁信,中国共产党中央委员会和苏维埃中央政府发出了三份电报,一份发给鲁迅家属,另一份是《为追悼鲁迅先生告全国同胞和全世界人士书》,还有一份《为追悼与纪念鲁迅先生致中国国民党中央委员会与南京国民政府电》。

20日上午,在万国殡仪馆里的灵堂内布满了各界群众所敬献的挽联和花圈。成千上万的普通人自发地来为鲁迅先生送行。在他的灵柩上覆盖着一面旗帜,上面写着由沈钧儒题写的"民族魂"三个字。上海工人救国会的挽词是:"鲁迅先生这种不屈的精神才是我们工人的楷模"。上海丝厂工人的挽词是:"我们的朋友"。全国学生救国联合会代表平、津、济、青、杭、京、沪、汉、晋、桂等学联全体学生挽词是:"鲁迅先生不死,中华民族永生"。郭沫若的挽词是:"方悬四月,叠坠双星,东亚西欧同陨泪;钦诵二心,憾无一面,南天北地遍招魂"……

此外,社会其他各界名流人士也表达了哀悼之情,林语堂、郁达夫等

人闻讯后也写了专文表达沉痛哀悼之情。

■ 11月23日，"七君子"被捕

1936年11月23日，南京政府以"危害民国"的罪名将全国各界救国联合会主要领导人沈钧儒、章乃器、邹韬奋、李公朴、沙千里、史良、王造时，共七人逮捕入狱，史称"七君子"事件。

1935年，日本制造"华北事件"，加大对中国的侵略步伐，蒋介石继续推行"攘外必先安内"的政策，继续发动内战，对中国工农红军进行了五次"围剿"。中共发表旨在抗日的《八一宣言》，并领导北平学生发起"一二·九"运动。为响应抗日的号召，1936年6月，全国各界抗日救国联合会在上海成立，选举沈钧儒等人为常委，领导组织宣传抗日。

1936年11月12日，在孙中山诞辰纪念会上，沈钧儒、李公朴等人猛烈抨击蒋介石背叛孙中山，对日不抵抗的行为。国民党当局对救国会的行为非常不满，对他们展开种种迫害，救国会成员对此进行了坚决地斗争。国民党当局恼羞成怒，于11月23日深夜逮捕了沈钧儒、章乃器、邹韬奋、李公朴、沙千里、史良、王造时七人。

事件发生后，全国各界人士和海外华侨义愤填膺，纷纷表示抗议，要求释放爱国人士。宋庆龄发表《为沈钧儒等人被捕声明》，强烈抗议国民党的违法行为，并与何香凝等16人共同签名发起"救国入狱运动"，表示如果爱国有罪，他们宁愿"请求羁押"，上海电影戏剧界袁牧之、赵丹、白杨等人也提出抗议。

1937年7月31日，在经过七个多月的牢狱斗争和各界人士的共同努力，国民党释放七君子。在这次事件中，各民主人士不畏国民党的威逼利诱，坚决不放弃抗日救国的主张，表现出极大的爱国热情和献身精神。

■ 12月12日，张学良、杨虎城发动西安事变

1936年12月12日，东北军将领张学良和西北军将领杨虎城在陕西临潼华清池囚禁蒋介石，逼蒋抗日，史称西安事变，又称双十二事变。

蒋介石于1936年12月4日飞抵西安，要求张学良、杨虎城加紧"剿共"。张学良、杨虎城则力劝蒋介石联共抗日，遭到蒋介石拒绝。

12月12日凌晨，张学良的卫队和东北军第105师的两个团发动"兵变"，在华清池附近的骊山中扣留了蒋介石。同时西安城内的国民党嫡系亲信十七路军将领陈诚、卫立煌等国民党高级将领也被囚禁。

▲ 西安事变前夕的张学良、杨虎城

13日，张学良、杨虎城向全国发出通电，声明是为抗日救国而发动的事变，并提出抗日救国的八项主张。同时，电请中国共产党派代表到西安共商大计，处理此次事宜。

西安事变的发生，引起国内外各种势力的强烈反响，日本希望借机除掉蒋介石，扶持亲日的何应钦一派，因此支持何应钦讨伐张杨；英美为了自己的利益则极力主张和平解决事变，支持宋美龄、宋子文等赴西安与张杨和谈。中国共产党冷静地分析了西安事变的影响和当前国内国际的形势，决定摒弃前嫌，以民族大义为基础，极力主张和平解决西安事变。

12月17日，周恩来、叶剑英、秦邦宪等人代表中共中央抵达西安，与张学良、杨虎城共商大计。22日，以宋美龄、宋子文为代表的南京国民政府抵达西安与张、杨举行谈判，周恩来作为中共代表也参加了会议。经过两天的谈判，蒋介石同意停止"剿共"，联合抗日的方针，西安事变和平解决。

西安事变和平解决，结束了国共长达十年的内战，推动了国共两党的再次合作，中国从此进入了全面抗战的崭新时刻。

备忘

- 4月9日，张学良与周恩来密谈合作抗日
- 5月5日，国民党颁布《中华民国宪法草案》
- 5月31日，全国各界救国联合会成立
- 6月3日，埃德加·斯诺以《每日先驱报》特派记者的身份来到陕北
- 6月30日，红二、红六军团与红四方面军于甘孜会师
- 10月9日，红一、红二、红四方面军在甘肃会宁会师
- 11月2日，北洋政府总理段祺瑞去世

声音

任何理智清晰的人士都明白，这种逮捕以及这些罪名，都是由于日本帝国主义的影响所致……反对这种违法的逮捕，反对以毫无根据的罪名横加于诸领袖……救国会的七位领袖已经被捕了，可是我们中国还有四万万人民，他们的爱国义愤是压迫不下的。请让日本军阀们当心些，他们虽可以指使七位领袖的被捕，但还有全国四万万人民在！
——此为11月26日"七君子事件"后，宋庆龄向报界发表的严正声明

中央就好比委员长，终身委员长，就是皇帝。委员长做了这许多年，失地也失得不少了，难道委他的人民不应该有所表示么？
——12月，著名教育家、爱国人士马相伯就"七君子事件"发表的言论

这样专制，这样摧残爱国人士，和袁世凯、张宗昌有什么区别？
——12月，东北军将领张学良就"七君子事件"愤慨地说

张学良做得对，如果我处在他的地位，也会这样做，只是我会做得更甚于此。
——12月12日，宋庆龄对西安事变的看法

1.西安事件主张用政治解决；2.统一抗日战线，立即对日宣战；3.反对独裁政治，确立举国一致政府；4.出动攻击西安之中央军，从速开赴绥远前线；5.广西军一部北上援绥。
——12月16日，李宗仁、白崇禧发出通电提出了处理西安事变的具体方针

1937年

大事

■ **7月7日，卢沟桥事变爆发**

1937年7月7日夜，日军挑起了卢沟桥事变，开始全面侵华战争。

从1937年6月起，日本侵略军几乎每天都在卢沟桥附近进行挑衅性的军事演习。7月7日夜，日军借口一个士兵志村菊次郎失踪，要进入宛平城搜查。中国守军拒绝了这一无理要求。当晚8时，日军突然向卢沟桥发动进攻，开炮猛轰卢沟桥，向城内的中国守军进攻。中国守军第29军司令部立即命令前线官兵："确保卢沟桥和宛平城"，"卢沟桥即尔等之坟墓，应与桥共存亡，不得后退"。守卫卢沟桥和宛平城的第219团第3营在团长吉星文和营长金振中的指挥下奋起抗战，掀开了全民族抗日的序幕。日本军队集中火力连续猛攻卢沟桥石桥和平汉路铁桥，

▲ 卢沟桥事变中的中国守军

铁桥曾一度被日军抢占，驻守铁桥的一个连除4人幸存外，其余全部壮烈牺牲。第29军将士勇猛顽强，经过4小时激战，又从日寇手里夺回了铁桥。战斗在永定河畔整整进行了一昼夜，几百具日军的尸体横卧在卢沟桥头，而中国守军却一直坚守在自己的阵地上。

7月8日，中共中央发表全国通电，呼吁"只有全民族实行抗战，才是我们的出路！我们要求立刻给进攻的日军以坚决的反攻，并立刻准备应付新的大事变"。号召全国人民"武装保卫平津，保卫华北！……为保卫国土流最后一滴血！"9日，红军通电全国，要求抗日。全国各界抗日救亡运动迅速发展。7月17日，蒋介石也在庐山发表讲话，表示"最后关头一到，我们只有牺牲到底，抗战到底"。

8月14日，国民政府发表《自卫抗战声明》。22日，宣布中国工农红军改编为国民革命军第八路军，设独立指挥机构。9月22日，国民党中央通讯社发表《中国共产党为公布国共合作宣言》。23日，蒋介石发表谈话表示联共抗日。

至此，抗日民族统一战线正式形成，以卢沟桥事变为起点的全国性抗日战争开始。

■ **7月17日，蒋介石发表决心抗战的庐山讲话**

七七事变爆发后，蒋介石于7月17日在庐山发表谈话，表示对日应战。

1937年7月，国民政府行政院院长兼军事委员会委员长蒋介石及各部长正在江西庐山举办庐山暑期训练团及谈话会。8日，蒋介石得知日军挑衅后，便在军事上作了紧急部署，命令在庐山参加训练团的将领孙连仲等下山，率军援助河北。10日，外交部长王宠惠从庐山回到南京，向日本大使提出书面抗议。12日，蒋介石致电宋哲元，说明中央不屈服、不扩大的方针，命令他就地抵抗。

7月17日，蒋介石在庐山谈话会上对各党各派及无党派人士郑重地说：

▲ 蒋介石在庐山讲话

……我常觉得，我们要应付国难，首先要认识自己国家的地位。我国是弱国，对自己国家力量要有忠实估计，国家为进行建设，绝对的需要和平，过去数年中，不惜委曲忍痛，对外保持和平，即是此理。前年五全大会，本人外交报告所谓："和平未到根本绝望时期，决不放弃和平，牺牲未到最后关头，决不轻言牺牲"，……我们既是一个弱国，如果临到最后关头，便只有拼全民族的生命，以求国家生存；那时节再不容许我们中途妥协，须知中途妥协的条件，便是整个投降、整个灭亡的条件。全国国民最要认清，所谓最后关头的意义，最后关头一至，我们只有牺牲到底，抗战到底……

……总之，政府对于卢沟桥事件，已确定始终一贯的方针和立场，且必以全力固守这个立场，我们希望和平，而不求苟安；准备应战，而决不求战。我们知道全国应战以后之局势，就只有牺牲到底，无丝毫侥幸求免之理。如果战端一开，那就是地无分南北，年无分老幼，无论何人，皆有守土抗战之责，皆应抱定牺牲一切之决心……

蒋介石的谈话确定了南京国民政府准备抗战的方针，得到全国的响应。中国共产党同时发表声明，支持蒋介石的这个谈话。广西军阀李宗仁、白崇禧也发出通电表示拥护国民政府的对日主张。四川的刘湘、云南的龙云也都赶往南京，共商抗日大计。自此，全国掀起了团结抗日的新高潮。

■ 8月13日，八一三事变爆发，淞沪会战开始

8月13日，日本进军上海，中国军队奋起反抗，淞沪会战爆发。

1937年，日本帝国主义侵占平津以后，又准备对上海发动大规模进攻。8月9日，日军蓄意制造事端，派遣驻上海陆战队第一中队长大山勇夫带领一名士兵乘军车硬闯虹桥中国军用机场，在遭到中国守卫士兵的阻拦后，他们竟开枪打死一名机场卫兵。中国军队进行自卫反击，当场将二人击毙。日本帝国主义以虹桥事件为借口，集结大批日军陆续登陆，并派飞机在沪宁、沪杭线上空侦察。

世界

▶ 5月27日，美国金门大桥落成

1937年5月27日，位于加利福尼亚州和旧金山之间的金门大桥竣工。

金门大桥于1933年动工，用了4年时间和10万多吨钢材，耗资达3550万美元。大桥的钢塔耸立在大桥南北两侧，高342米，其中高出水面部分为227米，相当于一座70层高的建筑物。塔的顶端用两根直径各为92.7厘米、重2.45万吨的钢缆相连，钢缆中点下垂，几乎接近桥身，钢缆和桥身之间用一根根细钢绳连接起来。钢缆两端伸延到岸上锚定于岩石中。大桥凭借桥两侧的钢缆所产生的巨大拉力高悬在半空之中。从海面到桥中心部的高度约60米，又宽又高，所以即使涨潮时，大型船只也能畅通无阻。

金门大桥全长达2000米，桥面宽27.4米，有6条车行道和两条宽敞的人行道，是世界桥梁建筑史上的杰作。大桥的设计者为约瑟夫·斯特劳斯工程师，人们为纪念他对美国做出的贡献，把他的全身铜像安放在桥畔。

8月13日，日军陆战队三辆铁甲车掩护大约五六十名士兵向上海宝山路中国守军发起进攻，中国军民被迫自卫反击，这就是"八一三"事变。14日，中日双方展开血战，国民党政府发表《自卫抗战声明书》，宣告"中国决不放弃领土之任何部分，遇有侵略，惟有实行天赋之自卫权以应之"。中国上海守军第九集团军在总司令张治中的指挥下，奋勇抗击日本侵略军。

上海抗战是中国军民共同抵抗帝国主义侵略的壮举，战争持续了3个月，日军投入10多个师团、30多万兵力。中国军队英勇战斗，沉重打击了日本侵略者。但是由于国民党政府采取单纯防御的战略方针，并妄图借抗战的机会，达到消灭异己的目的，使中国军队付出极惨痛的牺牲，中国军民不得不撤离上海。11月12日，上海被日本侵略军占领，张治中被免去所有职务。

八一三会战以后，日军对上海的进攻直接威胁着蒋介石南京国民政府，也威胁到英、美帝国主义的在华利益，迫使国民党政府不得不增调军队，实行抗战政策。从此，中国人民的抗日运动在全国范围内进一步开展起来。

■ 8月22日~25日，中共中央在陕西省洛川县举行政治局扩大会议

卢沟桥事变以后，日本侵略者实行了速战速决的战略政策，企图迅速灭亡中国。国民党军虽然进行了顽强的抵抗，但是仍不能抵挡日军的猛烈进攻。为了动员一切力量投入到抗日战争中来，早日取得抗日战争的胜利，中国共产党提出了全民作战的总路线。并决定就这一路线于8月22日至25日在陕西省洛川县召开政治局会议。

8月22日，中共中央在距洛川县城10公里处的冯家村红军指挥部召开了中共中央政治局扩大会议，史称洛川会议。这次会议由张闻天主持，中共中央主要领导毛泽东、朱德、周恩来、任弼时、彭德怀以及部分红军有相关负责人刘伯承、贺龙、林彪、聂荣臻、林伯渠、徐向前等参加了这次会议。毛泽东代表中共中央政治局做了国共两党关系以及军事问题的报告。

会议正确分析了抗日战争在全国范围内爆发以后的形势，提出"在敌人后方放手发动群众，独立自主地广泛开展游击战争，使游击战争担负起配合国民党正面战场，开辟敌后战场，建立敌后抗日根据地的战略任务；在国民党统治区，放手发动抗日的群众运动，积极进行抗日救国运动宣传"，会议指出，八路军现阶段的主要作战方式是"独立自主的山地游击战"，尽可能地展开战斗，开辟敌后战场、配合正面战场、创建抗日根据地。

此外，张闻天也在会上做了当前政治形势的报告。会议最后通过了《中央关于目前形势与党的任务的决定》，并根据毛泽东的提议，通过了著名的《中国共产党抗日救国十大纲领》。

洛川会议是抗日战争全面爆发后，中国共产党在重要历史关头召开的一次重要会议，它正确地指出了中国共产党在抗日战争时期战略战策，为争取抗日战争的胜利奠定了政治基础和军事基础。

世界

▶5月28日，张伯伦出任英国首相

1937年5月28日，张伯伦出任英国首相，统揽外交大权，独断专行，推行绥靖政策，助长了希特勒的侵略野心，使德国迅速侵吞奥地利、捷克斯洛伐克。

张伯伦上台以后，为了维持现状，推行"绥靖政策"，在国内招致许多人的反对。1939年3月德国侵占整个捷克斯洛伐克后，英国开始采取措施加强防御，张伯伦宣布给予波兰军事保障。9月1日，德国入侵波兰，张伯伦对德国发出最后通牒，在遭到德国拒绝后对德宣战。但是实际上却是从未派出一兵一卒，宣而不战。在战争初期，张伯伦并没有有效地组织全国进行战争，为后来德国攻击英国埋下了祸患。

1937年 中国百年实录

■ 8月22日，国民政府宣布将中国工农红军改编为国民革命军第八路军

8月25日，中国工农红军为配合全国抗日形势，接受国民党的改编命令，改编为国民革命军第八路军。

南京国民政府为了在国共两党合作的基础上，建立全国各党、各派、各界、各军的抗日民族统一战线，领导抗日战争。1937年8月22日，国民政府军事委员会宣布，在陕甘宁边区的红军主力部队改编为国民革命军第八路军。中国共产党在接到国民党改编的通知后，召开了洛川会议，会议决定接受国民革命军第八路军的番号。

8月25日，中共中央革命军事委员会发布了红军改编命令，将陕甘宁地区的红军主力改称为"国民革命军第八路军"，将红军前敌总指挥部改编为第八路军总指挥部，以朱德为总指挥，彭德怀为副总指挥，叶剑英为参谋长，左权为副参谋长，任弼时为政治部主任（后王稼祥），邓小平为政治部副主任，辖3个师和1个特务团，共4.6万人。所属第115师由红一方面军第1军团、第15军团和红军第74师等部改编而成，由林彪任师长，聂荣臻任副师长，周昆为参谋长，罗荣桓为政训处主任；第120师由原红二方面军和红军第27、第28军等部改编成，由贺龙任师长，萧克任副师长，周士第为参谋长，关向应为政训处主任；第129师由原红四方面军和红军第29、第30军编成，刘伯承任师长，徐向前任副师长，倪志亮为参谋长，张浩为政训处主任。同时，八路军还在延安设立后方留守处（后改称留守兵团），萧劲光任主任，担负保卫陕甘宁边区的任务。八路军于同日渡过黄河开赴抗日前线。

中国工农红军改编为国民革命军第八路军标志着国共合作进入新阶段，抗日民族统一战线得到进一步发展。

■ 9月25日，八路军取得对日作战的平型关大捷

9月25日，八路军第115师在山西省平型关对日军展开战役，并取得了此次战役的胜利。

平型关是山西东北部的一个咽喉要道，两侧有许多制高点和山岭。1937年9月上旬，八路军第115师根据作战计划开赴平型关附近。22日，日军向平型关进犯，并占领东跑池地区。23日，八路军第115师在林彪、聂荣臻的指挥下，决定抓住日军骄横、疏于戒备的弱点，利用平型关东北地区的有利地形，对日军展开伏击，同时召开连以上干部会议，动员部队积极作战。24日深夜，第115师利用暗夜和暴雨的有利条件，秘密进入白崖台等战斗阵地。25日拂晓，日军第5师团第21旅后续部队开动汽车100余辆、辎重大车200余辆，沿灵丘至平型关一线公路由东向西开进。上午7时，全部进入第115师

世界

▶11月，"柏林—罗马—东京"三国轴心形成

第二次世界大战期间，德意日三国为重新瓜分世界，逐渐调整相互之间的矛盾，1936年10月25日，德国和意大利在柏林签订协定，德国承认意大利吞并埃塞俄比亚，两国并决定解决国际问题的方针。随后，墨索里尼发表演说，宣称罗马和柏林都是轴心，欧洲国家应该围绕这个轴心进行合作。11月25日，德日在柏林签订了《反共产国际协定》。12月，日本和意大利订立协定，彼此承认对中国东北和埃塞俄比亚的占领。1937年11月6日，意大利加入《反共产国际协定》，标志着轴心国侵略同盟初步形成。

▲ 平型关大捷

预伏阵地。第115师及时抓住战机，展开战斗，并乘日军混乱之际，不时发起冲击。第115师一部歼灭日军先行部队，阻断其南逃的道路；另一部分割包围日军后续部队，阻断敌军退路；其余部队全力与日军展开战斗。经过激烈战斗，被围日军全部被歼灭，八路军第115师大获全胜。

此次战役取得重大胜利。第115师共击毙日军1000余人，毁坏汽车100余辆，缴获日军步枪1000余支，机枪20余挺，还有火炮一门，以及大批军用物资，取得了抗战开始以来中国军队的首次有影响力的大胜利。

平型关大捷是在八路军在日军长驱直入、国民党军队节节后退的形势下，取得的胜利，这次战役有力地打击了日军的疯狂气焰，打破了日军不可战胜的神话，极大地振奋了全国的民心，鼓舞了士气。消息传开，全国各界纷纷发来贺信贺电，大大提高了共产党和八路军的威望。

■ 10月10日，国民党组织对日军的忻口防御战

1937年10月10日，国民党军在山西太原附近的忻口阻击来犯日军，发生了忻口防御战。

9月29日，日军进攻铁角岭和繁峙地区，为保存实力，中国守军主动放弃平型关，向代县、雁门关等地撤退。10月，日军以板垣师团为主力进行集结，准备进攻太原。中国军队决定进行抵抗，国共双方都做了周密的部署。

国民党阎锡山为了守住自己的地盘，决定据守太原，集中主力部队在太原以北的忻口进行防御。

10月1日至7日，日军在强烈攻势下先后攻占了阳明堡、龙泉关、娘子关等战略要地，并于8日完全占领了崞县，中国守军虽完成先前下达的守城任务，但全军几乎全部牺牲，旅长姜玉贞为国捐躯。

▲ 忻口战役指挥卫立煌

在正面战场国军与日军激战之时，八路军在敌军后方与两翼展开了猛烈的攻击，使日军不能及时得到物资给养，不得不抽调部队守备后方。八路军120师宋时轮率部在广武与日军展开激烈的战斗，歼灭敌人500多名士兵。贺炳炎率全团官兵在雁门关与日军展开血战，消灭日军200多人，并毁坏日军汽车30多辆，取得了战役的胜利。10月22日，日本华北方面军司令官寺内寿一急调萱岛支队等增援忻口，并亲自督战，于24日再次发起猛攻。我军守城官兵殊死搏斗，双方互有伤亡，战争成胶着状态。10月底，忻口战场局势不利于我军。第十四集团军战斗力渐不能支，太原告急。11月2日夜，守城部队奉命撤离忻口阵地，向太原撤退。11月8日，日军借助强大的火力继续攻城。守城官兵奋力血战，但因伤亡过重，无力再战，只得撤退，太原失守。

这次会战是抗战开始后，国民党军与八路军在统一部署、联合作战下所取得的一次成功的防御战，有力地阻击了日军的侵略步伐。虽然我方伤亡惨重，但是日军也伤亡1万余人。

■ 10月12日，国民政府宣布将江南红军改编为新四军

1937年10月12日，国民政府军事委员会宣布将活跃在江南8省边界地区

的中国工农红军游击队和红军28军改编为国民革命军陆军新编第四军。

抗日战争全面爆发后，中国共产党为了团结抗战，向国民党提出统一整编南方各地区的红军和游击队，开赴华中敌后抗战的建议。国民党迫于日军的猛烈进攻形势，经过两党谈判达成协议。10月12日，国民政府军事委员会宣布将湘、赣、闽、粤、浙、鄂、豫、皖八省边界地区的中国工农红军游击队和红军28军改编为国民革命军陆军新编第四军。国民政府军事委员会任命叶挺为军长，项英任政委兼副军长，张云逸为参谋长，周子昆为副参谋长，袁国平为政治部主任，邓子恢为政治部副主任。同年12月25日，新四军在汉口成立军部，并于1938年1月6日移至江西南昌。

新四军全军共一万余人，下设四个支队：第一支队，由陈毅任司令员，傅秋涛任副司令员；第二支队，由张鼎丞任司令员，粟裕任副司令员；第三支队，由张云逸兼任司令员，谭震林任副司令员；第四支队，由高敬亭任司令员。同时中共中央决定成立中央军委新四军分会，以项英为书记，陈毅为副书记。

▲ 南京大屠杀中日军残暴杀害中国人民

新四军组建后在抗日前线与日军展开了英勇的斗争，并遵照中共中央对抗日战争的战略方针，在大江南北河湖港汊地区，广泛发动群众，开展游击战争，打击日伪军，创建华中抗日根据地，为抗日战争的胜利和以后人民解放战争的胜利打下了坚实的政治基础、军事基础和群众基础。

■ 11月20日，国民党政府宣布迁都重庆

8月13日，淞沪战事再起，15日，南京遭到日军的首次轰炸，全城一片混乱，首都战事气氛日益浓厚。国民党内部开始酝酿迁都，但是一直都没有决定迁至何处。后来四川省主席刘湘通过宋子文向蒋介石递交了"建议中央迁川，以做长期抗战的准备"的建议书。蒋介石早就有意迁川，所以看到这份建议书后，立即"深表嘉许"。几天之后，蒋介石命令何廉迅速做出迁都重庆的准备。

11月20日，国民政府发表移师重庆的宣言：

自卢沟桥事变发生以来，平津沦陷，战事蔓延，国民政府鉴于暴日无止境之侵略，爰决定抗战自卫，全国民众同仇敌忾，全体将士忠勇奋发，被侵各省，均有剧烈之奋斗，极壮烈之牺牲。迭者暴日更肆贪黩分兵西进，逼我首都。察其用意，无非欲挟其暴力，要我为城下之盟。为国家生命计，为民族人格计，皆已无屈服之余地，凡有血气，无不具宁为玉碎，不为瓦全之决心。国民政府兹为适应战况，统筹全局，长期抗战起见，本日移驻重庆，此后将以最广大之规模，从事更持久之战斗，以中华人民之众，土地之广，人人本必死之决心，继续抗战，必能达到维护国家民族生

（一）争取中华民族之独立自由与解放。首先须切实地迅速地准备与发动民族革命抗战，以收复失地和恢复领土主权之完整。

（二）实现民权政治，召开国民大会，以制定宪法与规定救国方针。

（三）实现中国人民之幸福与愉快的生活。首先须切实救济灾荒，安定民生，发展国防经济，解除人民痛苦与改善人民生活。

凡此诸项，均为中国的急需，以此悬为奋斗之鹄的，我们相信必能获得全国同胞之热烈的赞助。中共愿在这个总纲领的目标下，与全国同胞手携手地一致努力。

中共深切知道，在实现这个崇高目标的前进路上，须要克服许多的障碍和困难，首先将遇到日本帝国主义的阻挠和破坏。为着取消敌人的阴谋之借口，为着解除一切善意的怀疑者之误会，中国共产党中央委员会有披沥自己对于民族解放事业的赤忱之必要。

——9月22日，中国共产党发表的国共第二次合作的宣言，此为宣言部分内容

存独立之目的，特此宣告，惟共勉之。

20日，中央电台奉命广播了《国民政府移驻重庆宣言》的消息后，中央党政人员纷纷乘轮船西上，中央电台人员也迅速撤离了南京前往长沙。到12月8日，蒋介石也率军事大本营由桂林飞抵重庆，国民党政府正式迁都重庆。

■ **12月13日，日军占领南京，开始了长达一个月之久的南京大屠杀**

12月13日，日军占领南京城，在华中方面军司令官松井石根和第6师团师团长谷寿夫等人的指挥下，对手无寸铁的中国人民进行了长达6周的血腥大屠杀。

1937年12月13日，南京在一片混乱中被日军占领。13日上午，日军谷寿夫师团从中华门进入南京，血洗中山北路、中央路的难民区，由此，一场大屠杀开始，13日，至少有10万手无寸铁的难民和被解除武装的中国士兵被屠杀。14日，日军在汉西门外集体屠杀7000余人，江岸血流成河。12月15日，日军将中国军警人员2000余名，押至汉中门外，用机枪扫射，焚尸灭迹。同日夜，又有市民和士兵900余人，被日军押往海军鱼雷营，除9人逃出外，其余全部遇难。16日傍晚，日军在下关一带残酷杀害无辜同胞数万人，抛尸江中，只有数人幸免。17日，日军又将从各处搜捕来的军民和南京电厂工人3000余人，在煤岸港至上元门江边用机枪射毙，一部分用木柴烧死……

从日军攻入南京以后到1938年1月的6个星期内，侵华日军在南京烧杀抢掠，中国军民在这次惨无人道的大屠杀中，约34万余人被杀害。

大屠杀的规模之大，受害人数之多，持续时间之长，手段之残酷，在人类历史上都是罕见的。

南京暴行发生之后，引起中国人民和世界正义人士的极大愤怒和谴责。英国《曼彻斯特卫报》记者田伯烈在所著《外人目睹中之日军暴行》中，称日军在南京的暴行是"现代史上破天荒的残暴记录"，是中国"文明史上最黑暗的一页"。美国《纽约时报》记者杜廷谴责日军把一座六朝古都变成一座"恐怖的城市"。

现在上海我国陆空军的顽强抵抗已在事实上给予这些幻想和谬想以重大打击了，在积极方面，巩固了中华民族的自信力，这和民族解放的光明前途有着很密切的关系，是很显然的。

应该有着百折不回义无反顾的沉着心理……在物质上，我们一面抗战，一面仍须注意于生产的继续……在整个的国防经济建设的计划之下，作加速度的更紧张的生产工作。

这是全国团结御侮的一个非常重要的表现……这样一来，我国已恢复了民族一致团结以谋民族复兴的精神。这样的全国团结，是保障抗战胜利最重要的一个条件，是对日本帝国主义的一个重大的打击！

——中国卓越的政论家、出版家邹韬奋发表的关于抗日与国共合作的言论

备忘

- 3月，周恩来与蒋介石在杭州举行合作抗日谈判
- 4月5日，国共双方共祭黄帝陵
- 7月29日，日军攻克北平
- 7月30日，日军攻克天津
- 8月15日，周恩来、蒋介石、宋子文在庐山举行合作抗日谈判
- 11月20日，国民党政府宣布迁都重庆
- 11月25日，日军攻陷无锡县城，国民党最后国防线被攻破
- 12月1日，日军攻陷江阴要塞，开始控制长江

1938年

 大事

■ 3月16日，台儿庄会战开始

日军攻陷南京以后，为连贯南北战场，打通战线，企图南北夹击，攻击战略要地徐州，决定发动战争夺取台儿庄，为这一战略目标打下基础。1938年3月16日，日军向台儿庄以北的滕县地区发起进攻，揭开了台儿庄战役的序幕。

中国第5战区在司令官李宗仁将军决定调整战略部署，准备聚歼孤军深入的日军濑谷支队，死守台儿庄阵地，保卫徐州。蒋介石亲到徐州视察，并临时组成参谋团协助李宗仁指挥战斗。同时，中国共产党命令新四军在广大淮河流域配合国军，使津浦路南段日军不敢贸然北上，并派出代表鼓励李宗仁利用台儿庄以北有利的山区、湖沟地形给日军一次沉重的打击。

3月24日，日军濑谷支队向台儿庄发动猛攻，中国守军第2集团军第31师与敌展开激战。日军一部突进台儿庄东北角，被守军击退。27日，日军不断增加兵力，配以坦克、重炮实施轰击，濑谷支队主力一部突入北门，第31师与敌展开拉锯战，守军伤亡惨重，日军攻入台儿庄。28日，中国守军对台儿庄内的敌军展开围攻，日军伤亡惨重。29日，李宗仁下令第2集团孙连仲

▲ 台儿庄大捷后李宗仁在台儿庄火车站的留影

部死守台儿庄阵地，并严令汤恩伯率军南下，协助第2集团军解决台儿庄之敌。30日，日军濑谷旅团长亲自率领支队后续部队增援台儿庄，全力与中国守军展开激战。在日军的猛烈进攻下，中国军队不避牺牲，浴血奋战。31日，中国军队将进入台儿庄的日军完全包围，经数日激战，重创濑谷支队。4月3日，中国军队组织敢死队，持大刀冲入台儿庄内，与敌展开街垒战。日军被逼退到北门，中国军队夺回被日军占领的市街。5日凌晨，汤恩伯率部队抵达台儿庄以北，对日军形成包围之势，战区最高长官李宗仁亲自督战，日军溃不成军，狼狈逃窜，大部分被歼灭。台儿庄战役以我军全胜而告终。

台儿庄战役是抗战爆发后中国正面战场取得的首次重大胜利。在历时半个多月的激战中，中国军队付出了巨大牺牲，尽管中国军队两倍伤亡于

敌军,但是沉重打击了日本侵略者的嚣张气焰,极大地鼓舞了全国军民坚持抗战的必胜信心,为抗日战争做出了巨大贡献。

■3月16日,八路军第129师取得神头岭伏击战的胜利

1938年3月,八路军第129师第386旅旅长陈赓率部于16日拂晓前沿神头岭上公路三面设伏,成功伏击了进犯的日军。

3月16日,第769团第1营攻入黎城,与日军展开激战,歼灭日军百余人,并于拂晓前即主动撤出城外,向西北部的乔家庄转移。同时,第769团主力在东黄须、西黄须地区击退由涉县驰援的日军;第771团特务连切断了黎城与潞城之间的交通。黎城受到袭击时,潞城日军派1500余人向黎城增援。17日上午8时,日军增援部队先头分队20余人通过神头岭,但因赵店镇公路桥被毁,困于浊漳河边。上午9时,当日军全部进入我军伏击地域时,埋伏在神头岭北侧的我军第771团从正面出击;埋伏于公路西侧和东侧的部队实施夹击,将日军切断,与之展开白刃战。日军遭到突然袭击,顿时陷于混乱,并且由于地形的限制,难以用重型武器展开攻击,死伤惨重,队长屈尾中尉被当场击毙,残余部队逃至神头村内,凭借房屋、窑洞等掩体负隅顽抗。第386旅立即进行强攻。上午11时30分,日军除百余人逃回潞城外,余全被歼灭,浊漳河南岸的日军也被第771团特务连歼灭。而由潞城两次出援的日军数百人,在被第772团歼灭大部后撤逃。下午16时战斗结束。

这次战役,在刘伯承、陈赓等人的指挥下,八路军第129师以伤亡240余人的代价,毙伤日军1500余人,俘获8人,缴获长短枪550余支、骡马600余匹及大批军用物资,给入侵山西东南部的日军以有力打击。

■4月4日,西南联合大学在昆明成立

4月4日,国立西南联合大学在云南昆明成立。

抗日战争全面爆发以后,平津地区一片战火,日本侵略者不仅妄图从军事上强占中国,而且企图从文化上侵占中国,拉拢了如周作人等一批汉奸。北京大学、清华大学、南开大学的师生为共赴国难,于炮火中长途跋涉,先于10月25日,迁至湖南长沙,三校合并成立长沙临时大学,开始上课。

1938年,随着日军的进一步南侵,为保存中华民族教育精华免遭毁灭,华北及沿海许多大城市的高等学校10余所纷纷迁入云南。4月,由三所高校组成的长沙临时大学也迁往云南,并在昆明落户,同时改称国立西南联合大学。

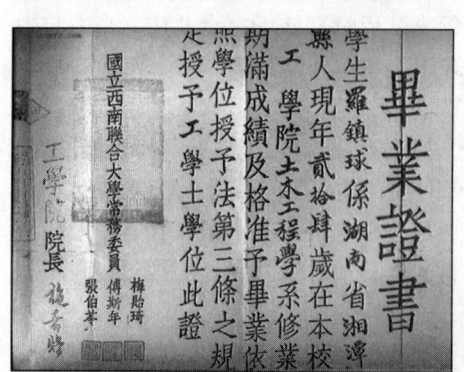
▲国立西南联合大学毕业证书

5月4日,西南联合大学开始

世界

▶3月14日,德国正式吞并奥地利

1938年3月14日,德国吞并了奥地利,同时开始了压迫政策,在他的高压胁迫下,德奥合并。

1934年7月,希特勒策动奥地利纳粹分子发动暴乱,刺杀奥地利总统陶尔斐斯,图谋夺权。但因遭英、法、意三国的强烈反对而未能得逞。

1937年6月,德国制定了武装入侵奥地利的"奥托计划",并于同年11月得到英、法的默许。

1938年2月12日,希特勒胁迫奥地利总统许士尼格在一份旨在灭亡奥地利的通牒文件上签字。3月11日凌晨,希特勒下令实施"奥托方案",并派20万德军在奥地利边界驻防。同日,他向奥地利政府发出最后通牒,勒令取消公民投票,由纳粹分子赛斯·英夸特担任总理,奥地利政府被迫接受。

1938年3月12日凌晨,德军越过边界,不费一枪一弹占领了整个奥地利。13日,赛斯·英夸特在德拟定的《奥地利同德国重新统一法》上签字。14日正式宣布奥地利正式并于德国版图。

上课，一共设立文、理、法商、工、师范5个院26个系，两个专修科一个选修班。北大、清华、南开三所国内一流学府组成联大以后，汇集了一批当时国内著名的专家、学者、教授，如吴大猷、梁思成、金岳霖、王力、朱自清、冯友兰、陈寅恪、沈从文、闻一多、钱穆、钱钟书、费孝通、华罗庚、朱光潜、吴晗、林徽因、冯至等，他们在极其艰苦的条件下，坚持"民主自由、严谨求实、活泼创新、团结实干"的治学态度，培养出了中国科学院、工程院院士90多名，诺贝尔奖获得者杨振宁、李振道，获得两弹一星功勋奖的赵九章、邓稼先等8人，黄昆、刘东生、叶笃正3位国家最高科学技术奖获得者，著名文学家汪曾祺等优秀的人才均出自西南联合大学。

1946年5月4日，抗战结束后，三校复原，西南联合大学解散。西南联大在8年的办学时间内毕业学生约2000人，均学有所成，对中国的建设事业、高等教育的发展和世界学术研究，做出了卓越的贡献。

■ 6月9日，为阻挡日军进攻，国民党部队在河南花园口决开黄河大堤

1938年6月9日，国民党军队悍然决开黄河郑州在区花园口大堤，阻止日军的继续进攻。

1938年，日军迅速入侵中原，6月7日开封失陷后，中牟又失守，郑州告急，武汉国民党政府震动。为了阻止侵华日军继续西进，蒋介石决定接受程潜的建议，做出局部牺牲，采取"以水代兵"的办法，下令扒开黄河大堤。

国民党新新八师师长蒋在珍接到任务后，命令参谋熊先煜在郑州花园口处组织人马决开黄河大堤。熊先煜先将花园口附近的群众疏散到5公里以外的安全地区，然后召集强壮士兵800余人，日夜轮流掘堤。9日上午，黄河大堤在没有用一两炸药的情况下完成决堤。黄河河水由决口处奔腾而出，由中牟、尉氏沿贾鲁河向南猛冲。13日，河水如脱缰之马，越过陇海铁路，经中牟、朱仙镇、尉氏，直扑开封西、北两门，穿越鄢陵越扶沟，经西华、淮阳到安徽省亳县，夺颍河河道进入淮河，形成人为的黄河改道。

黄河大决口给日军造成了极大的损失，有力地阻止了日军的进攻形势，但也给中国人民造成了巨大的伤害。据当时国民党行政院善后救济总署统计：河南、安徽和江苏3省44个县因此受灾，3911354人外逃，经济损失10.9176亿元，5.4万平方公里范围内尽受灭顶之灾，1250万人流离失所，89万人死于洪水。

■ 10月27日，日军占领武汉

日军在占领徐州后，发动了大规模的武汉侵略战，经过长期的激战，10月26日占领武昌、汉口，27日占领汉阳，至此武汉完全失陷。

日军侵占南京后，国民政府虽迁都重庆，但政府机关和军事统帅部却

世界

▶9月29日，英法德意四国首脑签订《慕尼黑协定》

1938年9月29日，英、法、德、意四国首脑张伯伦、达拉第、希特勒、墨索里尼在没有捷克斯洛伐克政府代表参加的情况下，在慕尼黑举行会议，正式签署了将苏台德区割让给德国的《慕尼黑协定》。

《慕尼黑协定》的签订，标志着英法希望通过牺牲弱小国家的利益求得自己的安全的绥靖政策达到了顶峰。

但是，德军并没有遵守协定，而是迅速开进布拉格，吞并了整个捷克斯洛伐克。加强了军事、经济实力，在战略上也处于更有利的地位，增强了吞并世界的野心。

中国百年实录 1938年

▲ 武汉会战中指挥获得万家岭大捷的国军将领薛岳

在武汉，武汉实际上是当时全国军事、政治、经济的中心。所以在1938年10月，各路日军突破了国民党军的外围防线，逼近武汉。虽然国民党军在长江南岸的阳新地区进行了顽强的抵抗，但是到10月24日，日军先后突破了第53军和第32军团的防线，占领固始、潢川，对武汉形成了东、北、南三面包围的态势。与此同时，日本为了策应武汉会战，并切断中国同国际的联络，抽调部队在广东南海大亚湾登陆，很快于10月24日便占领广州，切断了粤汉铁路。在内外交困的情况下，武汉已经很难坚守。国民政府军事委员会根据武汉守军的战斗形势和日军在广东大亚湾登陆的情况，为保存实力，决定放弃武汉，同时组织各部队有计划撤退。长江以北的主力撤至平汉路以西的汉水沿岸及大洪山区，第21集团军留守大别山地区，开展敌后游击战；薛岳的第1兵团仍驻守于九江以南，抗击日军，并可视敌情退往湖南；第2兵团依托幕阜山，保卫粤汉铁路；罗卓英指挥武昌以南金牛方面的部队，掩护各军撤退，整个武汉城区只留卫戍部队一个旅的正规军作象征性的抵抗。10月24日，蒋介石正式下达放弃武汉的命令。国民政府军事委员会在武汉举行中外记者招待会，郑重宣布"我军自动退出武汉"。日军很快于10月26日占领武昌、汉口，27日占领汉阳。至此武汉完全落入日军手中。

武汉会战，是抗日战争战略防御阶段规模最大，时间最长，歼敌最多的一次战役，中国军队浴血奋战，大小战斗数百次，以伤亡40余万的代价，毙伤日军20余万，大大消耗了日军的有生力量。日军虽然攻占了武汉，但其速战速决，逼迫国民政府屈服，结束战争的战略企图完全破灭。这次战役以后，抗日战争进入战略相持阶段。

■ 12月18日，汪精卫由重庆逃往昆明，走上叛国之路

1938年12月18日，国民党要员汪精卫乘飞机从重庆逃往昆明，取道越南河内潜赴上海，走上叛国之路。

抗日战争伊始，汪精卫便被恐日情绪所围困，被日本帝国主义的淫威所压倒，只看到日本的强大，却看不到中国的多方面优势，他认为："须知数十年来，中国军事经济，在物质上着着落后，固不待言；即组织上亦幼稚不完善。"

在这种恐日心理的左右下，汪精卫千方百计寻找与日本谈"和"的机会。1937年10月汪精卫与对中日战争进行调停的德国驻中华民国大使陶德曼进行密谈时，认定"和平有望"，对抗日毫无热情。

广州沦陷后，汪精卫等人在武汉更是放肆地公开讨论"和平"。汪精

今日国难愈深，民气愈盛，宁为玉碎，不为瓦全，继续抗战，终必胜利。中途妥协，实等自杀！孰利孰害，彰彰明甚，若言和平，试问谁肯服从？势必各省分裂，无法统摄，不仅和平莫得实现，而外侮内乱更不堪设想。坐享渔利，惟有敌人！呜呼！秦桧阴谋，张昭降计，岂不各有理由……海外华侨，除汪好外，不但无人同意中途和平谈判，抑且闻讯痛极而怒。

——10月26日，著名爱国华侨陈嘉庚电斥汪精卫

日本真正之目的，乃在整个吞并我国家，与根本消灭我民族，而决不在所谓中日合作经济或经济提携等等的形势。

——12月26日，蒋介石严厉驳斥日本首相近卫的第三次对华声明

卫鼓吹"和平"只需要看条件，条件如果有利于中国，便可以接受日本的"和平"。汪精卫以国防最高会议副主席、中国国民党副总裁、国民参政会议议长的身份，大放屈膝求和的卖国厥词。

1938年10月，他在接见海通社和路透社记者时表示"未关闭停战之门"，在全国一致抗日的形势下，汪精卫却开始为投降日本帝国主义制造舆论。

终于，在1938年11月，汪精卫、周佛海派人与日本秘密签订所谓的"重光堂密约"，接受日本要求其承认伪满洲国、共同防共和经济提携等各项卖国条件，并拟定帮助汪精卫等人逃离重庆，在蒋介石势力以外的地方建立汪伪国民政府。

12月18日，汪精卫由重庆逃往昆明，后又取道越南河内潜赴上海，并于29日发表公开投敌声明，拉开了建立汪伪国民政府丑剧的序幕。

▲ 汪精卫

备忘

- 1月24日，国民党山东省政府主席韩复榘在武汉被判处死刑
- 4月4日，华北日军对晋东南的八路军第129师和国民党部队实行"九路围攻"
- 4月4日，西南联合大学在昆明成立
- 4月5日，张国焘逃离延安
- 5月12日，厦门沦陷
- 5月14日，合肥沦陷
- 5月20日，中国空军飞抵日本长崎、左世保上空散发传单
- 5月26日，毛泽东延安抗日战争研究会上作《论持久战》的讲演
- 9月16日，中国共产党六届六中全会在延安召开
- 12月29日，汪精卫公开投敌叛国

声音

顷读日本政府本月22日关于调整中日邦交根本方针的阐明：第一点，为善邻友好……第二点，为共同防共……第三点，为经济提携……今者日本政府既已郑重阐明尊重中国之主权及行政之独立完整，并阐明非欲在中国实行经济上之独占，亦非欲要求中国限制第三国之利益，惟欲按照中日平等之原则，以谋经济提携之实现，则对此主张应在原则上予以赞同，并应本此原则，以商订各种具体方案。以上三点，兆铭经熟虑之后，以为国民政府应即以此为根据，与日本政府交换诚意，以期恢复和平……为和平之原则，至其条例，不可不悉心商榷，求其适当。其尤要者，日本军队全部由中国撤去，必须普遍而迅速，所谓在防共协定期间内，在特定地点允许驻兵，至多以内蒙附近之地点为限，此为中国主权及行政之独立完整所关，必须如此，中国始能努力于战后之休养，努力于现代国家之建设。中日两国壤地相接，善邻友好有其自然与必要，历年以来，所以背道而驰，不可不深求其故，而各自明了其责任。……以维持增进其友谊及共同利益也。谨引提议，伏祈采纳！汪兆铭，艳。

——12月29日，汪精卫公开发表的叛国投日的"艳电"部分内容

1939年

大事

■ 1月21日，国民党五届五中全会通过了"溶共"、"限共"、"防共"、"反共"的方针

日军占领武汉后，改变了对国民党政府的以军事打击为主的方针，逐渐将其主要兵力移向中国共产党在敌后开辟的抗日根据地。正是在这种情况下，国民党在重庆召开五届五中全会。会议的主要议题是"整理党务"和研究"如何与共产党作积极之斗争"。蒋介石在会上作了《唤醒党魂发扬党德与巩固党基》和《整理党务之要点》的演讲。这次会议根据蒋介石演讲的内容确定了"溶共、限共、防共、反共"的方针，并设立"防共委员会"。会议决定成立国防最高委员会以指挥党政军各机关，蒋介石任委员长，委员长有极大权力，"对于党政军一切事务，得不依平时程序，以命令为便宜之措施"。会议还决定要彻底清查与整理户籍、保甲，健全保甲制度，强制民众推行"国民抗敌公约"，宣誓"服从最高领袖蒋委员长之领导，尽心尽力，报效国家"等。会后，根据会议确定的方针，国民党陆续制定了《限制异党活动办法》、《异党问题处理办法》、《处理异党实施方案》等一系列反共文件。

对此，中共中央于24日和25日连续致电国民党五中全会和蒋介石并指出：在日本侵略者阴谋分化我国内部团结，进行诱降之际，必须巩固和扩大抗日民族统一战线。7月7日，中共中央提出"坚持抗战，反对投降；坚持团结，反对分裂；坚持进步，反对倒退"的政治口号，动员全国人民与国民党投降反共的倒行逆施作斗争。

■ 4月22日，国民党军反攻南昌

1939年3月8日，国民政府军事委员会部署南昌会战。蒋介石电令第9战区代司令长官薛岳先发制敌，向江西北部的日军发动进攻。原计划战事应于3月10日前准备完毕，3月15日开始攻击。但是第9战区接到电令后，以整补尚未完备，补给困难，请求延期。军事委员会指令改为守势作战。17日，日军以第101师团为主力直攻南昌，并派飞机每日轰炸，守军腹背受敌，只得退到赣阳桥，3月27日，南昌失陷。

4月7日，白崇禧密电蒋介石，分析南昌失败原因。4月17日，蒋介石制订了南昌失守后的战略计划，致电白崇禧、陈诚、薛岳、顾祝同，密令中国军队发动反攻南昌的战役。4月27日，日军出动大批飞机在南昌对我军驻地进行轰炸，同时增派海军陆战队加强南昌守卫，并以第101师团的主力

声音

不特民族气味无余，连做人的良心都已丧尽。

——1月2日，何香凝在香港发表文章斥责汪精卫的卖国行为

汪之行为既不能破坏中国内部团结，亦不能损害中国抗战力量。

——1月2日，周恩来谴责汪精卫的卖国行为

汪兆铭承本党付托之重，值抗战紧急之际，擅离职守，匿迹异地，散发违背国策之主张。艳日来电，竟主张以敌相近卫根本灭亡我国之狂悖的声明为根据，而向敌求和。一面腾之报章，广为散发。以建议中央为名，遥摇惑人心之技。而其电文内容尤处处为敌人要求，曲意文饰，不惜颠倒是非，为敌张目。更复变本加厉，助雠自欺。就其行为而言，实为通敌求降；充其影响所及，直欲撼动国本……汪兆铭此种行动，其违反纪律，危害党国，实已昭然若揭，大义所在，断难姑息。即予永远开除党籍，并撤除一切职务，籍肃党纪，以正视听。

——1月13日，国民党发表永远开除汪精卫党籍的声明

进行反攻。一周之内敌我双方在南昌东南及近郊约10公里以内地区形成激烈的争夺战。

5月1日，蒋介石电令南昌参战部队各总指挥亲赴前线督战，限5日之前攻克南昌，并下令将抗战不力、坐失战机的第79师师长段朗如正法。5月6日，陆军第29军上将军长兼师长陈安宝奉命率部攻击南昌之敌，日军增援部队到达，战争愈加激烈。下午5时，在龙里与日军展开白刃格斗，陈安宝带领数名官兵冒着猛烈的炮火前往督战，不幸身中数弹殉国。5月9日，蒋介石下令停止进攻南昌，南昌会战结束。

反攻南昌的战役虽然是以我军失败，损失惨重而告结束，但这是中国守军自武汉会战以来首次有计划、有组织的大规模反击战争，极大地鼓舞了全国人民的抗日斗志，同时也打击了日军的嚣张气焰。

▲ 白崇禧

■ 9月17日，冈村宁次指挥十万日军进攻长沙

1939年抗日战争已进入战略相持阶段，日军为呼应德国在欧洲战场的进攻，积极调兵进攻长沙。日军由冈村宁次指挥，于9月17日始从湘北、赣北、鄂南三面会攻长沙。由于国民政府第九战区司令长官薛岳指挥得当，采用"逐步抵抗，诱敌深入"的战术，充分利用有利地形，取得了长沙会战的胜利。

1939年，日本侵略军很快就攻入了湖南省。当时，蒋介石所领导的国民党政府已经退守到了重庆，长沙成为拱卫西南大后方的前沿阵地，是持久战的必保之地，如果失守，则后果不堪设想。而日军对长沙也是志在必得，以求占领全中国的战略要地。9月14日，日军第11集团军冈村宁次调兵遣将，集中步兵10万、陆军航空兵团约100架飞机及海军一部的强大兵力，企图集中打击第九战区主力，并在政

▲ 日本战犯冈村宁次

治策略上实施日本政府以打诱降的计划，企图挫败中国国民党军的抗日意志，致使国民政府屈服，从军事上为推出汪伪政权创造有利条件。

国民党军方早就断定日军必将进攻长沙，所以提前确定了守卫湘北、赣北的基本方针。第九战区在司令官薛岳的指挥下加紧部署，严阵以待。长沙北部地区的地势平坦，不利于防御作战，中国军方便改变以前层层设防、逐次与日军进行阵地防御战的被动战术，转为只以部分部队坚守正面阵地，消耗敌军力量，主力转移至日军侧翼，以伏击、侧击、尾击等各种手段逐次消耗冈村宁次集团军兵力，引诱敌军进入预定决战区域，集中

使用绝对优势兵力,将其一举围歼。同时,还特别派出部队破坏一切日军可能会用到的道路,使日军机械化部队和重炮兵行动困难。会战开始后,日军攻势艰苦,各路均遭到中国守军强有力的阻击、侧击,部分敌军陷于包围,后来在反击下匆匆撤退,不仅未能达到歼灭第九战区主力的作战目的,而且损失惨重,伤亡达2万余人。

这次战役是中国军队自抗战以来首次武力迫使日军退回到战前原始态势的战役,成功地捍卫了抗战的前沿阵地。

■11月7日,新四军江南指挥部成立

11月7日,经中共中央批准,陈毅和粟裕将各自率领的军队合并整编,并成立了新四军江南指挥部。

▶8月7日 美孚石油公司获准开采阿拉伯石油

1939年8月7日,沙特国王授予美国加利福尼亚州的美孚石油公司在沙特阿拉伯全境开采石油的特权。

沙特国王因此除了收到价值150万美元的黄金外,每年还将获得到150万美元的收入,以及对这家公司找到石油的产地土地使用费。19世纪30年代以来,意大利一直在试图得到这项特许,并寻找德国的帮助。而英法也对此虎视眈眈。沙特国王曾对美孚石油公司代理人说,日本人的出价是美国人的3倍,但却只要求得到特许使用石油产地三分之一的特许使用,但遭到了拒绝。

沙特国王选择美国公司的原因是,美国不像其他国家那样,对他的国家有政治企图。

▲1940年陈毅与粟裕的合影

为了加强联系,共同抗击日军,1938年6月,陈毅率领新四军一支队挺进苏南敌后,与粟裕所率部队在溧阳竹箦桥地区会合,将司令部设在水西村,并将其他后勤单位也迁至水西村周围。1939年11月7日,新四军江南指挥部成立,新四军军部报经中共中央批准,合并第一、第二支队领导机关,成立新四军江南指挥部。由陈毅任指挥,粟裕担任副指挥,统一领导这一地区的地方武装,更好地抗击日本侵略者。同时,江南指挥部根据党中央的指示,成立了统一的地方党组织——中共苏皖边区特委。成立指挥部以后,为认真贯彻党中央"向南巩固,向东作战,向北发展"的战略方针,经过考虑讨论,把江南人民抗日义勇军与丹阳游击队合编为新四军挺进纵队,共4个团,渡江北上,开展苏南扬州、泰州地区的抗日游击战争;另外以第四团主力为基础组成苏皖支队,渡江北上,向仪征、天长和六合等地区发展,并打通与第五支队的联系;指挥部及其他部队转战江南、淞沪地区,并在长江两岸地区开展广泛的游击战争,迅速形成了跨越长江,向北发展的有利趋势。

新四军江南指挥部的成立为开辟苏北抗日根据地,壮大我军力量,组织民众抵抗日本帝国主义的侵略创造了有利条件。

■12月1日,阎锡山制造了反共的晋西事变

1939年12月1日始,山西阎锡山制造了"晋西事变",掀起了第一次反共高潮。

1939年12月1日,在国民党反共热潮的影响下,原本积极与共产党合

作的山西军阀阎锡山命令共产党领导的抗日决死队第二纵队于5日进攻日军,这项举措的目的是将该部置于日顽两面夹击境地。第二纵队拒绝执行这个命令。阎锡山便借口宣布第二纵队为"叛军",下令"讨伐",派出6个军的兵力,向隰县、孝义一带的新军发起攻击。3日,阎锡山部王靖国19军、陈长捷第61军将决死二纵队196旅旅部包围解决。第二纵队苦战突围,部分转入晋西北。阎随即袭击八路军后方医院,残酷杀害隰县等6个县的政府、牺盟会干部及八路军第115师伤病员千余人。同时,阎锡山命令赵秉绶进攻晋西北抗日决死队和第115师第358旅。在晋东南,阎锡山部孙楚暗中勾结日伪军,进攻决死队第三纵队,杀死共产党领导的军队600余人,掳掠千余人。沁水、阳城、晋城、浮山、长治等地的抗日政权被摧毁。4日,孙楚将南阳城牺盟会的《新生报》社捣毁,并把编辑王良活埋,这就是震惊全国的"晋西事变"。

▲ 阎锡山

"晋西事变"发生后,毛泽东等连续发出指示,12月6日电告八路军总部:新旧军严重冲突,说明山西旧派对抗日的叛变。这种反新军、反抗日的武装叛变,可能在晋西南、晋西北等地会继续扩大。我们的方针是:认清冲突扩大之可能,立刻提高警惕,准备坚决应付事变,立即由新军提出反对叛军口号,但不要明确表示反对阎锡山;新军内迅速巩固党的领导,断然撤换不可靠者;八路军应给新军以鼓励、掩护和支持,在形式上以调解方式出现,如叛军进攻八路军,则消灭之;晋西南、晋西北等战略要地绝不能放弃。9日,又电示八路军总部,指出阎锡山确定投降与反共,但目前并未下最后决心。我们的对策是:坚决反击阎锡山的进攻,力争抗战派的胜利;利用阎锡山尚未下最后投降决心的时机,利用旧派间的矛盾,集中反对阎锡山部下中最反动的分子;坚决保卫进步力量,原则上不让步;旧军进攻新军之时,要给予有力的反攻,力争将其消灭。必要时八路军以适当力量以新军名义支持新军;但在表面上采取调停态度。

在这次事变中,中国共产党领导的军队为争取一切抗日之力做出了巨大的牺牲,表现了极大的忍耐性。

■ 12月28日,中国军队取得昆仑关战役的重大胜利

12月17日,昆仑关战役爆发。中国军队投入第5、第6、第36、第99军等20余个师,在白崇禧的指挥下,与日军在桂南的第5师团及台湾旅团等展开战斗,最后取得了此次战役的胜利。

1939年12月16日,桂林行营下达了反攻南宁的作战命令。中国军队参战部队共约13个师,由素有"小诸葛"之称的白崇禧统一指挥。18日凌晨,中国军队第5军杜聿明部荣誉第1师在战车及炮火的支援下,对昆仑关

世界

▶ 8月23日,《苏德互不侵犯条约》签订

8月23日苏联和德国在莫斯科签订了这一互不侵犯对方利益的条约。

随着德日的不断扩战,苏联的国际处境日益险恶。日本继1938年在中苏边境挑起反苏武装冲突后,1939年,日本继续在苏联和蒙古边境地区挑起事端,严重威胁苏联东部地区的安全,并处心积虑地要同德国建立反苏军事同盟,加紧对苏联的战备。

为避免在战争中遭到德日双方的夹攻,8月23日斯大林同意苏德签订《苏德互不侵犯条约》。条约规定,双方彼此互不使用武力,任何一方不得参加直接或间接反对他方的国家集团;当一方受到第三国进攻时,另一方不能给予第三国任何支持;和平解决相互间的一切争端。

该条约的签订使苏联得以暂时置身于战火之外。但是条约签订不到两年,德国在西线得手后,便于1941年6月22日公开撕毁《苏德互不侵犯条约》,对苏联发动突然袭击,挑起战端。

发起猛烈攻击，日军纷纷向关内阵地退却。中午，我军攻占多个高地，并进军至九塘附近。19日凌晨，罗塘及同兴北方高地重被日军夺去。荣誉第1师猛攻昆仑关东北，夺回该制高点。同时，新编第22师在五塘阻击前不定期增援昆仑关的日军。20日，第5军军长杜聿明命令部队强攻昆仑关。21日和22日，中国军队对昆仑关发起连续进攻。23日，荣誉第1师向昆仑关西侧的高地发动攻击，并于24日晨攻占该制高点。日军第5师团第21旅前来增援，被荣誉第1师阻击在九塘东北枯树岭地区，旅团长中村正雄被击毙。25日，中国军队对昆仑关的日军连续发起围攻，日军顽强抵抗，坚守阵地。28日夜，第5军杜聿明部主力再次对昆仑关发动围攻，与日军在昆仑关隘口周围的丛山中展开激战，反复争夺厮杀。30日，中国增援部队到达，向日军发起猛烈进攻，相继攻占了同兴、界首及其东南各高地，打破了昆仑关日军的防线。12月31日拂晓，杜聿明指挥官兵向日军发起猛攻，部队攻入昆仑关，日军被迫向九塘方面退却。随后日军增援部队到达九塘，与昆仑关残余部队会合，企图重新夺回昆仑关。第5军决定乘胜追击，向九塘、八塘日军开战。经过数日激战，中国军队攻克了九塘至昆仑关公路的战略高地，并在攻克九塘后，继续追击日军，进攻八塘，双方在八塘至九塘之间形成对峙状态。至此，昆仑关攻坚战结束。

昆仑关战役是国民党正面战场自武汉失守后取得的一次重大胜利。中国军队虽然毙伤日军8000余人，击毙中村正雄旅团长，但是却也伤亡惨重，阵亡27041余人。

世界

▶9月1日，第二次世界大战爆发

9月1日，德国闪电攻击波兰，随后英法对德宣战，第二次世界大战全面爆发。

《慕尼黑协定》签订后不久，德国开始准备侵占波兰。

波兰位于欧洲东部，东接苏联，西临德国，战略地位十分重要。1939年3月21日，德国向波兰发出通牒，要求将格但斯克"归还"给德国，并将在"波兰走廊"建筑公路、铁路的权利也转让给德国，遭到波兰拒绝。4月28日，德国单方面废除了德波互不侵犯条约。6月15日，德国制定了对波兰进行军事行动的绝密计划。9月1日凌晨，德国军队在夜幕的掩护下，由2300多架飞机的支援，对波兰发动"闪电"攻击，波德战争打响，第二次世界大战全面爆发。9月3日，英法对德宣战，但并未派出一兵一卒。9月6日，波兰政府逃离华沙。9月17日，华沙保卫战开始，苏联红军进入波兰东部。9月27日，德军占领华沙，波兰遂被瓜分。

德国对波兰实施闪电突袭，英法被迫宣战，第二次世界大战至此在全世界范围内展开。

备忘

- 1月1日，中国国民党中常会通过"开除汪精卫党籍及撤销其一切职务的决定"
- 1月4日，天津抗日杀奸团枪杀投日文人周作人，周侥幸未死
- 1月25日，中共中央发表声明：与国民党合作但不合并
- 4月26日，八路军在遵化活捉日本天皇表弟等6人
- 7月7日，中共中央发表《为抗战两周年纪念对时局宣言》
- 7月9日，汪精卫公开声明与日本合作
- 9月5日，汪伪政权建立特工组织，机构设在上海大西路76号
- 12月25日，朱德、彭德怀、林彪、贺龙、刘伯承等联名通电全国，反对枪口对内

1940年

 **大事**

■ 2月23日，东北抗日联军第一路军司令杨靖宇在对日作战中壮烈牺牲

1940年2月23日，中共中央领导的东北抗日联军第一路军司令员杨靖宇在与日伪军周旋数日后，因坏人告密，在吉林省濛江县保安村三道崴子以身殉国，年仅35岁。

杨靖宇是东北抗日联军创建人和领导人。他1905年生于河南省确山县，学生时代就积极投身反帝爱国运动。1927年6月加入中国共产党，1929年春奉命赴东北，任中共抚顺特别支部书记，领导工人运动。1932年秋到南满组建中国工农红军第32军南满游击队，任政治委员，创建了以磐石红石砬子为中心的根据地。1933年9月，担任东北人民革命军第1军第1独立师师长兼政治委员。1934年4月联合各抗日武装成立抗日联合军总指挥部，任总指挥。同年11月任东北人民革命军第1军军长兼政治委员。1936年7月，东北抗日联军成立后，任第1路军总司令并兼政治委员。率部长期转战东北大地，打得敌人心惊胆战，威震当地，配合了全国的抗日战争。在极端艰难的条件下，他带领抗联战士，坚持抗日。

▲ 杨靖宇

1939年5月1日，日本关东军正式成立第八军管区，任王之佑为司令官，下辖伪通化、安东两省，专门讨伐杨靖宇及其抗联第一路军。同年在东南满地区秋冬季反"讨伐"作战中，他与魏拯民等指挥部队化整为零、分散游击，自己率警卫旅转战于濛江一带，最后只身与日伪军周旋5昼夜，以难以想象的毅力，坚持和敌人进行顽强斗争，直至弹尽，1940年2月23日在吉林濛江三道崴子壮烈牺牲。

当残忍的日军将其割头剖腹，发现他的胃里尽是枯草、树皮和棉絮，竟无一粒粮食。杨靖宇将军不畏艰难险阻英勇抗日，誓死保卫家国的事迹深深鼓舞了中国人民的英勇斗志。

1946年东北解放区人民政府将濛江县改名为靖宇县。1958年，中共中央下令在通化市建成靖宇陵园，朱德为陵园题词"人民英雄杨靖宇同志永

 声音

看最近之情况，敌人或再来碰一下钉子，只要敌来犯，兄即到河东与弟等共同去牺牲。国家到了如此地步，除我等为其死，毫无其他办法。更相信，只要我等能本此决心，我们国家及我五千年历史之民族，决不致于亡于区区三岛倭奴之手。为国家民族死之决心，海不清，石不烂，决不半点改变。愿与诸弟共勉之。

——5月1日，张自忠亲笔谕告所部各将领

贵部窥此良机，断然出击，予敌甚大打击，特电嘉奖，除电饬其他各战区积极出击，以策应贵部作战外，仍希速饬所部积极行动，勿予敌喘息机会，彻底断其交通为要。

——12月26日，蒋介石致电嘉奖百团大战

垂不朽"。1995年在确山县李湾村建立杨靖宇纪念馆,中共中央总书记江泽民亲笔题词。

■3月5日,蔡元培在香港病逝

3月5日,著名民主主义革命家、教育家蔡元培于香港逝世,享年73岁。蔡元培,字鹤卿、孑民,号孑农,绍兴山阴人。1868年生人,曾于光绪年间考中进士,在甲午战争后,便开始接触西学,并且同情维新运动。后来,他以《晨报》为阵地,提倡民权,宣传革命,并与陶成章、龚宝铨等在上海成立光复会,后加入同盟会,赴德国留学。1912年出任南京临时政府教育总长,主张采用西方教育制度,实行男女同校等改革措施,确立起我国资产阶级民主教育体制。"二次革命"失败后,赴法国学习,与李石曾等人创办留法勤工俭学会。1917年冬,蔡元培应邀回国任北京大学校长,提倡学术研究。他不拘一格,招揽了一大批各方面的人才,实行教授治校,一手塑造了"思想自由、兼容并包"的"北大精神",为我

▲ 蔡元培

国的教育事业做出了卓越的贡献。五四运动中支持学生爱国行动,多方营救被捕学生。后被迫辞职后,多次赴欧洲英、法等国考察教育和讲学。

九一八事变后,蔡元培主张抗日,拥护国共合作。1932年与宋庆龄、鲁迅等发起组织中国民权保障同盟,积极开展抗日爱国运动。

1940年3月5日,蔡元培逝世的消息传出后,各界都发表唁电唁信。国民党教育部在诔词中有"当中西文化交接之际,先生应运而生,集中西文化于一身;其量足以容之!其德足以化之!其学足以当之!其才足以择之!呜呼!此先生所以成一代大师欤?"周恩来的挽联为:"从排满到抗日战争,先生之志在民族革命;从五四到人权同盟,先生之行在民主自由。"毛泽东特意发唁电:"学界泰斗,人世楷模"。

■4月~5月,八路军晋察冀军区部队在河北省中部地区粉碎日伪军"扫荡"

1940年4月起,日伪军对晋察冀敌后根据地展开了大规模的"扫荡"。八路军部队展开了反"扫荡"运动,最后于5月底彻底粉碎日伪军的"扫荡"。

4月10日,冀中军区部队主力南下反击来犯的国民党石友三部,日军利用这一机会向冀中调集日军3万余人,伪军6000余人,向晋察冀抗日根据地冀中的4个地区进行全面"扫荡",企图一举摧毁冀中抗日根据地。13

世界

▶5月26日~6月4日,英法联军敦刻尔克大撤退

1940年5月26日至6月4日,英法联军在德军的强烈攻势下,被迫从法国西部的海港敦刻尔克由英吉利海峡撤往英国。

1940年5月10日,德军分三路进攻西欧,占领比利时、卢森堡和荷兰后,主力突然入侵法国,并迅速攻到英吉利海峡。英法联军由于战略保守,指挥失误,作战连连失利,近40万大军溃败到敦刻尔克,面临全军覆没的危险。英法联军总部为保存实力,决定冒险渡海,将部队撤退到英国。5月26日开始,英国动用各种船只,冒着德国飞机的猛烈轰炸,将20万英军和13万法、比联军由英吉利海峡运往英国,此次撤退历时9天,联军损失惨重。大量重型武器、军用物资落入德军手中,200余艘船只沉没,4万余名法军被俘。

这次撤退虽然大大削弱了英法联军的军力,但是仍保存了相当实力,对日后反攻欧洲大陆有着非常重要的意义。

日，日伪军3000余人进犯固安、新城、永清地区，企图合击冀中军区第10军分区主力。23日，日军向北进军"扫荡"涿县东部之平景一带，遭到冀中军区第10军分区部队伏击，死伤100余人。28日，日军反复搜剿，遭到第10军分区部队和县武装力量的联合反击。此外，4月中旬，日军第110师团1200余人在各据点守备队的配合下向唐河、潴龙河地区连续合击。16日，定县、安国、蠡县等城的日伪军900余人，兵分5路包围冀中军区第4军分区直属队及第30团。被围八路军与日伪军展开激战，歼敌300余人，乘夜分路突围。25日，新美联队1000余人再次"扫荡"第30团的驻地白塔村，该团与日军激战一整天日，歼灭敌人200余人后撤退。后来，日军又在潴龙河两岸反复扫荡。八路军部队先后作战10多次，歼灭日军600余人，新美联队于5月下旬撤回防地。与此同时，日军汤田大队在河间、肃宁、献县等据点的日伪军配合下，围攻冀中军区第3军分区第16团等部。我16团与日军作战20余次，毙伤日伪军700余人，拔除日军据点9处，迫使日伪军撤回。日伪军在进犯以上地区的同时，出动2000余人从沧石路南北西进。冀中军区第23团及回民支队等部，与日伪军作战近20次，将日伪军赶出师钦、豆村、许司马等据点，并于5月返回原防。5月底，日伪军的"扫荡"被粉碎。

这次反"扫荡"战役历时50余天，八路军作战近百次，击毙、俘虏日伪军数千人，缴获大量武器及物资，有力地打击了日本侵略者，巩固了敌后根据地，为抗日战争的胜利取得了坚实的保障。

■ 5月16日，张自忠在对日作战中壮烈牺牲

5月16日，国民党军第33集团军总司令张自忠在湖北宜城县十里长山一带与日军作战时不幸身中数弹，以身殉国。

1939年5月，日军分两路大举进犯鄂北地区，企图消灭第33集团军。张自忠派正面部队进行死守，并火速调派两个师的兵力潜伏到日军后方，对日军进行两面夹击，粉碎了日军的企图，并一举收复枣阳、桐柏等地区，史称"鄂北大捷"。12月，日军又集中大量兵力向驻守长寿店地区的第33集团军132师等部阵地发起进攻，双方激战7天7夜，132师阵地多次被突破。张自忠急调第132师第359团于夜间绕道偷袭日军总指挥部。在张自忠的激励下，奇袭部队端掉日军的总指挥部，日军陷入慌乱中，张自忠趁势指挥部队发起猛攻，一举击退日军。1940年5月，日军集结重兵向宜昌发动进攻。张自忠率部从右侧攻击向枣阳地区进犯的日军主力。出战前，张自忠召集军事会议，鼓舞士气，全军士气

▲ 张自忠

世界

▶ 6月22日，法国沦陷

6月22日，在第一次世界大战结束时德国签署投降书的贡比涅森林的同一地点的同一节车厢里，法国政府代表向德国签署了投降书，法国沦陷。

敦刻尔克撤退后，为了占领法国，德军制定了"红色"作战计划。1940年6月5日，德军投入140个师的兵力，向法国发起强大攻势。而法军自敦刻尔克撤退之后，只剩下71个师，人员和武器装备都相对落后于德军。在德军的猛烈进攻下，法军败退。6月7日，"魏刚防线"被突破，德军逼近巴黎。6月11日，法国政府放弃首都，宣布巴黎为"不设防城市"。14日德军占领巴黎。16日，贝当出任法国总理，决定停战投降。19日，马奇诺防线被突破，法军防线全面崩溃。6月22日，法国与德国签订停战协定，6月24日向意大利投降。至此，西线战役以法国的沦陷而告结束。

法国沦陷后，爱国者纷纷起来反对占领者和卖国贼，为祖国的独立、自由和复兴而战。他们主张坚决抵抗德国法西斯侵略、维护民族独立。流亡英国的戴高乐将军于6月18日在伦敦通过广播发表了《告法国人民书》，宣布决心为维护法国的民族独立而战斗。贝当政府投降后，戴高乐于6月23日晚再次发表广播声明，宣布成立"法国民族委员会"，在伦敦举起"自由法国"的旗帜，组织在英国的法国武装部队和法国公民，为法兰西的解放而战斗。

高昂，连战连捷。5月7日，张自忠率总部手枪营和74师的两个团，从宜城东渡襄河，给日军造成极大的威胁，日军迅速调集主力，猛烈反击。经过七八天的苦战，部队减员太多，而且后续供应不足。5月16日，被困于南瓜店附近地区，从早晨到中午，他奋勇督战，从不退避，虽然肩中数弹，仍指挥若定。18日，日军冲上杏儿山，张自忠被日军机枪子弹击中并倒在血泊中。为了不让日军俘获，他举枪自戕，以身殉国。

张自忠是抗日战争中为国捐躯的最高将领，他的行为表现了极大的爱国热忱。蒋介石惊闻张自忠殉国后，立即下令第五战区不惜一切代价夺回张自忠遗骸。第59军军长黄维纲率部再渡襄河，与日军展开激战，终于在方家集将张自忠遗骸夺回，重殓后运往重庆，蒋介石率全体军政委员前往码头迎接，并为之举行了国葬。冯玉祥亲自为张自忠题写了"张上将自忠弟千古荩忱不死"的悼词。中共中央也在延安为其举行了隆重的追悼大会，毛泽东题写了"尽忠报国"的挽词。

■ 8月20日，八路军对日军发动了百团大战

世界

▶7月10日，德国开始对英国进行长达3个多月的空袭

1940年7月10日，德军因准备进攻英国而对英国展开了大规模的空袭。

德军占领法国以后，便准备着手对付英国。希特勒于1940年7月制定了入侵英国的"海狮计划"。这次作战首先要歼灭英国的空军，以保障登陆行动的顺利进行。德国空军于7月10日发起对英国的空中攻势。在鏖战中，德国对英国城市利物浦发动轰炸，造成英国大量平民伤亡。英国皇家空军开始对德国进行反击，在8月下旬轰炸德国首都柏林。9月7日德国空军转而轰炸伦敦等重要城市，企图摧毁英国军民的抵抗意志。英国皇家空军进行了顽强地反击。直到10月初，不列颠空战才结束。

在整个不列颠空战期间，英国损失作战飞机近千架，被炸死炸伤各类人员14.7万余人，但英国空军也给纳粹造成了巨大的损失，德国损失飞机2400余架，"海狮计划"化为泡影。

此次空战是第二次世界大战中规模最大、时间最长的空战。英国取得自卫战的胜利，希特勒的军事冒险受到严重的挫败，有力地鼓舞了世界各国人民反法西斯斗争。

▲ 彭德怀在百团大战中

自1939年冬以来，日军对抗日根据地进行频繁扫荡，并企图割断太行、晋察冀等战略区的联系，推行"囚笼政策"。为反击日军的"囚笼政策"，争取华北战局更有利的发展，并影响全国的抗战局势，八路军总部决定破袭华北日军交通线。

1940年7月22日，八路军总司令朱德、副总司令彭德怀、副参谋长左权下达《战役预备命令》，规定以不少于22个团的兵力，大举破袭正太铁路。同时要求对华北一些主要公路线，也部署适当兵力展开广泛的破击，以配合正太铁路的破击战。8月8日，朱德、彭德怀、左权下达《战役行动命令》。8月20日，各路军队同时发起猛烈进攻。八路军广大官兵和抗日根据地民众痛恨日军的"囚笼政策"，积极参加这场破击战，因此各部都投入了大量兵力，晋察冀边区39个团、第129师46个团、第120师20个团，共105个团，20余万人，所以也称为"百团大战"。

这次战役历时5个多月。从8月20日至12月5日的3个半月中，八路军共进行大小战斗1824次，歼敌2.5万。破坏公路、铁路2000多公里，此外还缴获大量武器，破坏日军数百起防卫设施，获得了大量其他军用物资。

百团大战有力地驳斥了国民党顽固派散布的反共谣言，提高了共产党和八路军的声望，对于坚持抗战，遏制妥协投降，争取时局的好转起到了积极的作用，鼓舞了全国军民抗战胜利的信心。

备忘

- 2月9日，八路军重创顽军石友三部
- 3月6日，中共中央起草关于抗日根据地政权问题的指示，提出实行"三三制"
- 5月4日，中共中央向东南局发出《放手发展抗日力量，抵抗反共顽固派的进攻》的指示
- 5月23日，日军执行"101号作战协定"空袭重庆
- 5月31日，陈嘉庚率领"南洋华侨回国慰劳视察团"到延安，慰劳陕甘宁边区抗战军民
- 6月5日，日军发动对晋西北抗日根据地的大"扫荡"
- 10月19日，何应钦、白崇禧向朱德等发电，诬指八路军、新四军"破坏抗战"
- 12月30日，延安新华广播电台开始播音

世界

▶9月27日，德、日、意三国签订《德日意三国同盟条约》

1940年9月27日，德、意、日三国在柏林签订了军事同盟合作条约，建立柏林、罗马、东京轴心。

"二战"全面爆发后，德日为进一步扩大在欧亚的侵略战争，于1940年9月在东京举行谈判，随后意大利也加入谈判。9月27日三国签订《德日意三国同盟条约》。条约规定，本国在战争期间互不侵犯，互相帮助，战后共同瓜分世界。

条约的签订，标志着德意日法西斯轴心国正式结盟。苏联和德国之间的矛盾重新突现出来，英美同德意日的矛盾也日趋激化，也加速了苏联和英美联合反对轴心国的步伐。

1941年

大事

■ 1月6日，皖南事变爆发

1940年10月19日，重庆国民政府军事委员会正副参谋总长何应钦、白崇禧在蒋介石命令下，向中共领导人朱德、彭德怀、叶挺、项英等发出急电，命令八路军、新四军在一个月内全部开到黄河以北。11月9日，中共中央复电拒绝部队北移的要求，但为了团结抗战，同意将皖南部队移驻长江以北。12月10日，蒋介石下达《剿灭黄河以南匪军作战计划》，计划"肃清"江南、苏北及黄河以南的所有新四军部队，并密令部下顾祝同在皖南集结重兵。

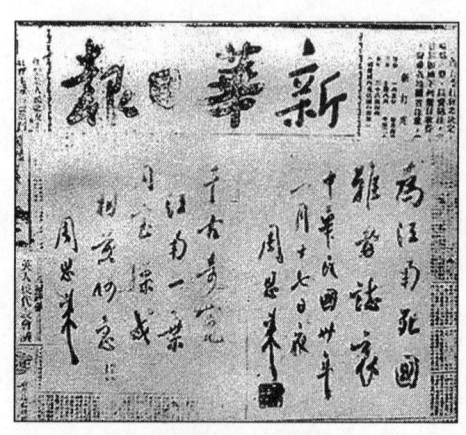
▲皖南事变周恩来题词与诗

1941年1月6日，新四军军部及在皖南的部队9000余人在到达茂林地区时，突然遭到国民党军顾祝同部7个师8万余人的围击。在敌我力量悬殊的情况下，新四军伤亡惨重。军长叶挺被迫前去谈判，却被无理扣押。14日，新四军阵地完全被占领，除傅秋涛率2000余人突围外，包括政治部主任袁国平在内的大部分人牺牲。副军长项英、副参谋长周子昆等人被叛徒杀害。17日，蒋介石称新四军"叛变"，宣布取消其番号并将叶挺交"军法审判"，这就是皖南事变。

皖南事变是抗战期间国民党发起的第二次反共高潮的最高峰。此后，中共中央仍然以抗日大局为重，在军事上严守自卫，在政治上坚决反击，使蒋介石在政治上陷于孤立。社会各界对蒋介石"消极抗日，积极反共"的行为进行了严厉的批判。

■ 1月25日，新四军新的军部在苏北盐城成立

皖南事变后，新四军遭到极大的破坏，主要领导叶挺被国民党扣压，项英、周子昆等人遇难。为抵抗蒋介石的反共行为，扩充我军军力，更好地进行抗日，中共中央在苏北盐城重建新四军军部。

1941年1月20日，中共中央军委发布重建新四军军部的命令，任命陈毅为新四军代理军长，刘少奇为政治委员，张云逸为副军长，赖传珠为参谋

▶4月13日，《日苏中立条约》签订

1940年7月日军大本营与政府联席会议通过决议，武力南进，为避免南北两线作战，决定调整与苏联的关系。苏联为加强西线战略准备，也希望改善跟日本的关系。

1941年3月初，日本外务大臣松冈洋右在访问德国返回途经莫斯科时，与苏联外交部长展开缔约谈判。13日双方订立《日苏中立条约》，规定：相互尊重领土完整，互不侵犯；缔约一方若受到第三国攻击时，另一方保持中立；条约有效期为5年。同时发表声明，苏联保证"满洲国"的领土完整和不可侵犯，而日本则保证尊重蒙古人民共和国的领土完整和不可侵犯，这一条约严重损害了中国的主权和领土完整。

《日苏中立条约》的订立，使日本解除了大举南进的后顾之忧，加快了发动太平洋战争的步伐。

长，邓子恢为政治部主任。1月23日，新四军代军长陈毅、副军长张云逸、政委刘少奇、参谋长赖传珠、政治部主任邓子恢联合发布就职通电。通电称：陈毅等遵照中共中央革命军事委员会命令宣誓就职，"誓遵三民主义，服从总理遗嘱，与万恶敌人日本帝国主义及其走狗中国亲日派奋斗到底"，号召国民党军队"拒绝内战，一致对敌"。25日，在苏北盐城新四军新军部成立。根据中共中央指示，将活动于陇海路以南的八路军、新四军部队统一整编为7个师和1个独立旅，并分配好新四军各部的战略部署。

新四军总结皖南事变的教训，加强了党的绝对领导，加强了部队的正规化建设和抗日根据地建设，并根据斗争需要，实行主力地方化，先后成立苏中、淮南、苏北、淮北、皖江等军区以及许多军分区，发展了地方武装和民兵，建立了地跨苏、浙、皖、豫、鄂、湘、赣七省的苏南、苏中、苏北、淮南、淮北、鄂豫皖、皖江和浙东八块抗日根据地，壮大了力量，为抗日战争的胜利做出了重要贡献。

■ 5月7日，日军发起中条山战役

1941年5月7日，日军华北方面军集中了10万余人的部队，进攻山西南部中条山地区中国第1战区的近18万部队，结果日军以极小伤亡代价打败了中条山地区的国民党军，蒋介石称这次战役为"抗战史上最大之耻辱"。

抗日战争进入战略相持阶段后，日军正面战场的进攻明显减弱。中国共产党领导的八路军、新四军及其他抗日武装力量在敌后战场积极活动，国民党军队在不同程度上继续作战，双方的战线保持了相对的稳定，日本侵华政策的重点逐渐向保守占领地区转变。为了摆脱困境，日本加紧对国民政府展开诱降活动。但自太原会战以来，日军在重点对八路军抗日根据地大举"扫荡"的同时，也多次攻击驻扎在晋南要塞中条山地区的国民党军队，但始终没有大的进展。1941年，百团大战后，八路军消耗很大尚未恢复，日军遂决定先攻打中条山的国民党军。然而，中条山国民党部队

▲ 中条山战役将领马兆麟

却不堪一击。从5月7日日军发起攻击开始，不到一个月的时间，日军以1比20的极小伤亡代价打败了国民党军近18万人的部队，成功占领了中条山。

这次战役的失败完全是国民党消极抗日，积极反共的错误行为造成的。在这次战役中，中共领导的八路军一切为了团结抗日大局计，配合作战，掩护国军撤退。

中条山战役给中国抗战以重大启示：只有坚持抗日民族统一战线，才

世界

▶6月22日，苏德战争爆发

1941年6月22日凌晨，德国炮兵突然对苏联边防阵地发起了猛烈的攻击，两个小时后，德军对苏联宣战，苏德战争爆发。

1940年12月5日，在《苏德互不侵犯条约》签订一年，德军在6月完全攻陷法国后，制定了代号为"巴巴罗莎"的进攻苏联作战计划。12月18日，希特勒要求德军对苏联实施突然袭击，用闪电战击溃苏联。1941年6月17日，他下令德军于22日执行"巴巴罗莎"计划。

苏联政府以为与德国签订了《苏德互不侵犯条约》，并在东欧构筑了一条防线，加强国防戒备，便能免于战火。但没想到德军在条约签订不到两年的时间便挑起两国战争，6月22日中午，苏联人民委员会发表广播讲话，谴责德国入侵苏联的背信弃义行为，驳斥德国关于苏联违反《苏德互不侵犯条约》的指责，并号召苏联人民在危急关头更加紧密地团结在苏联共产党周围，光荣地履行自己对祖国的职责，击退法西斯的侵略，正式展开苏联卫国战争。

能坚持持久作战，战胜日军。中国共产党不仅倡导了抗日民族统一战线，而且以实际行动对统一战线的方针进行了坚决的维护。

■8月1日，蒋介石签署命令，中国空军美国志愿大队正式成立

1941年8月1日，蒋介石发布命令，正式成立中国空军美国志愿大队，任命陈纳德上校为该大队指挥员。

▲ 蒋介石夫妇与陈纳德

1937年6月，刚刚踏上中国土地不久的美国退役飞行军官陈纳德在南京受到蒋介石和宋美龄的亲切接见。宋美龄时任航空委员会的秘书长，领导着中国空军，便要陈纳德担任她的专业顾问。抗日战争全面爆发，他根据蒋介石的要求，招募部分美国飞行员组成了第14志愿轰炸机中队。

1938年8月，根据宋美龄的要求，陈纳德去昆明筹办航空学校，训练中国飞行员。1940年后苏联空军援华人员陆续撤走，中国空军处于绝对劣势，日本完全控制了中国的制空权。1940年5月20日，蒋介石要求陈纳德，去美国，设法募集尽可能多的作战物资。陈纳德返美后，积极宣扬中国人民的抗战，争取各方援助。罗斯福决定对华进行军事援助，以把日本拖在中国。陈纳德几经周折，最终得到100架P-40型战斗机。1941年4月14日，罗斯福总统签署命令，准许预备役军官和退出陆军和海军航空部队的士兵参加赴华的美国志愿队。1941年7月中旬，陈纳德回到中国时，已有68架飞机、110名飞行员、150名机械师和后勤人员到达中国。

1941年8月1日，蒋介石发布命令，正式成立中国空军美国志愿大队，由陈纳德指挥。这支被称为"飞虎队"的中国空军，在抗日战争时期有力地协助了中国人民的抗战。

■12月9日，国民政府对日、德、意宣战

1941年12月9日，国民政府发布文告，正式向日、德、意宣战。

1931年9月18日，日本在沈阳制造"九一八"事变，强占我国东北，并在3个多月时间里占领东北全境。1932年1月28日，日本制造事端，进犯上海，国民党第十九路军奋起反抗，淞沪会战爆发。1937年7月7日，卢沟桥事变爆发，日本发动全面侵华战争，随后中国展开了全国性的抗战，抗日战争全面爆发，中日之间虽然早已完全处于战争状态，但国民政府仅发表了《自卫抗战声明书》，并没有正式对日宣战。1941年12月8日，日本偷袭美国驻太平洋的海军基地珍珠港，太平洋战争爆发，美国政府对日宣战。于是1941年12月9日，国民政府也正式发布《中国政府对日宣战文告》，明

世界

▶8月9日，12日，罗斯福与丘吉尔发表了《大西洋宪章》

1941年8月13日美国总统罗斯福与英国首相丘吉尔在大西洋北部纽芬兰阿金夏海湾的奥古斯塔号军舰上举行大西洋会议，并签署《美国总统和英国首相的联合宣言》（史称《大西洋宪章》）。

苏德战争爆发后，第二次世界大战范围扩大，美、英迫切需要协调反法西斯的战略。两国首脑于1941年8月在大西洋北部纽芬兰阿金夏海湾的奥古斯塔号军舰上举行大西洋会议，并于8月13日签署《大西洋宪章》。

宪章提出了对法西斯国家作战的目的和重建战后和平的目标，体现了资产阶级民主政治的一般原则。美英两国相信世界上所有的国家，无论从何种原因，都必须放弃使用武力。

宪章对于动员世界人民联合起来反对法西斯起着积极的作用。尚未参战的美国，与欧洲唯一一个没有战败的国家——英国一起发表如此明确的声明，对德、意、日法西斯是个沉重的打击，鼓舞了世界各国人民的斗志。

确宣布:"正式对日宣战,昭告中外。所有一切条约、协定、合同,有涉及中日间之关系者,一律废止。"

自德、意、日在1940年9月签订三国同盟条约后,国民政府虽也宣布与德、意两国断绝外交关系,但却并未对德、意宣战。当日,国民政府在正式对日宣战的同时,也发表了对德国和意大利宣战的文告,明确宣布:"中国对德意志、意大利两国处于战争状态。所有一切条约、协定、合同,有涉及中、德或中、意间之关系者,一律废止。"

至此,中国与英、美、加、荷、澳、法等国的联合阵线正式形成。

■ 12月25日,香港保卫战

1937年~1941年间,作为中日战争中立国的英国政府,仍然刻意维持香港的中立地位。但是日本并不想维持这一局面。1941年12月8日由酒井隆所指挥的日军第23军第38师团以工兵及步兵作先遣部队从深圳进攻香港。负责防守香港的英国、加拿大、印度士兵和香港义勇军虽然也有约一万五千人。但是英军自始即处于非常不利的位置。战

▲ 香港沦陷,港督投降

事一开始,日军便出动空军轰炸启德机场,迅速将英军的飞机摧毁,随即取得香港的制空权。英国海军的一艘驱逐舰也被炸沉,其余的两艘仓皇逃往新加坡。

日军乘胜猛攻,越过深圳河向南进发,到12月9日下午,抵达醉酒湾防线。当夜,日军第228团向位于西部城门棱堡的防线重心发动猛攻。12月11日,日军再次发动攻击,金山失守,醉酒湾防线被突破,英军被迫放弃九龙半岛。13日,留守九龙的拉扎普营乘驱逐舰撤离到香港岛,九龙沦陷。

此后数天,日军不断炮轰及空袭香港岛北岸,破坏英军通讯、炮台及发电设施。12月18日晚上,日军六个营的兵力乘夜横过维多利亚港,在北角至爱秩序湾登陆,并于翌日占领柏架山、毕拉山及渣甸山,并向黄泥涌进发。英军恐防线被截成两段,命令驻守港岛东部的英军撤至赤柱。结果黄泥涌峡在12月23日被日军占领,英军失去了最后的水塘后,只能选择投降。

12月25日,在港督杨慕琦带领之下,一众英国殖民地官员渡海前往位于半岛酒店三楼的日军总部投降。三年零八个月的香港日治时代开始。

世界

▶12月7日,日本偷袭美国海军基地珍珠港

1941年12月7日,日本海军联合舰队袭击美国太平洋舰队基地珍珠港,致使停泊在港内的美国太平洋舰队主力几乎全军覆灭,史称"珍珠港事件"。

1940年以来,美国和日本之间的矛盾日益加剧,日本一方面加紧与美国的谈判,一方面积极准备对美国发动战争。

1941年初,日本联合舰队司令长官山本五十六海军大将策划袭击珍珠港,以保障南进作战计划的顺利实施。12月7日,日本军队在两个小时内出动350余架飞机偷袭美国在太平洋夏威夷群岛上的重要的海军基地珍珠港,炸沉炸伤美军舰艇40余艘,炸毁飞机200多架,毙伤美军4000多人。美军主力战舰被击中沉没,舰上全体将士全部殉难,港内、岛上的大部分设施被摧毁。美国太平洋舰队损失惨重,在以后的6个月时间不得不躲入偏海,暂避锋芒。日本因此得以在东南亚和西南太平洋地区猖獗一时。12月8日,美国正式宣布对日作战,太平洋战争爆发。

备忘

- 3月12日，四川绵竹农民暴动
- 4月24日，抗日名将谢晋元被叛徒部下刺杀
- 5月16日，中共中央《解放日报》创刊
- 5月19日，毛泽东在延安干部会议上作《改造我们的学习》的报告
- 6月5日，日军飞机夜袭重庆市
- 6月20日，德意承认汪伪政府
- 10月29日，日军对太行区抗日根据地发动被称为"捕捉奇袭"的大"扫荡"
- 12月8日，日本陆军开始从深圳进攻香港

声音

然而最近则有讨伐共军之闻，甚嚣尘上，中外视听，为之一变，国人既惶惶深忧兄弟阋墙之重见今日，友邦亦窃窃私议中国抗日之势难保持。倘不幸而构成"剿共"之事实，岂仅过去所历惨痛又将重演，实足使抗建已成之基础堕于一旦……

——1月14日，皖南事变后，宋庆龄、何香凝、柳亚子、彭泽民致函蒋介石及国民党中央

当此国家民族危机千钧一发之际，正需团结而不暇，岂容分裂而内战。曹植七步之诗，煮豆相煎；岳飞十二金牌之诏，宋室以亡；干戈对内，无异予敌人以可乘之机；自相残杀，等于陷于万劫不复之境，国家民族前途，何堪设想。

——2月，皖南事变后，美国加州华工合作会致电蒋介石

值此敌焰犹张，国仇未雪，如复自为鹬蚌，势必利落渔人，民族惨祸，伊于胡底……

一致主张，弭止内争，加强团结，抗建前途，实利赖之。

——2月，皖南事变后，南洋华侨领袖陈嘉庚致电国民党中央政府

新四军抗战有功，妇孺皆知，此次被政府消灭，政府方面实无法挽回人民的反对。

——1月底，冯玉祥将军发表对皖南事变的看法

1942年

大事

■1月5日，蒋介石在重庆宣布就任中国战区最高统帅

1月5日，为联合各国一起抗战，更好地抵抗日本军国主义，中国国民党最高领导蒋介石在重庆宣布就任中国战区最高统帅，并成立统帅部。

1941年12月8日，太平洋战争爆发，不到半个月的时间，日军从英国人手中夺取了香港。美、英与日本进入战争状态。中国发布"宣战训令"，公开对日本、德国和意大利宣战。中国在对日作战四年后正式向日本帝国主义宣战。随着日本侵略战争的不断扩大和亚洲太平洋地区国家的反抗战争不断激烈，尤其是中国国民党和中国共产党第二次合作，一致抗击日本帝国主义后，中国已经成为太平洋地区对抗日本的最大战区。12月29日，马歇尔向阿卡迪亚会议提交了一份备忘录，建议成立以中国的最高统帅为首的盟军中国战区，并在中国成立盟军的联合作战参谋部。1941年12月31日，美国总统罗斯福在征得英、荷两国政府同意后，向蒋介石正式提议建立中国战区，设立统帅部，以便统一指挥中国战区的中国、泰国、越南、缅甸境内作战的联合国军队，协调中国战区司令、印度军司令、南太平洋战区司令三总部之内的联系。

▲ 蒋介石任中国战区最高统帅时的留影

1942年1月1日，26个同盟国在华盛顿发表《联合国家宣言》，中国作为四大国之一在宣言上签名。1月2日，蒋介石复电同意。4日，同盟国正式推举蒋介石为中国战区统帅，蒋介石就职并建立统帅部。

■2月，中国远征军入缅甸作战

2月，中国远征军第一路司令长官罗卓英和同盟国中国战区参谋长史迪威指挥国民党部队，先后进军缅甸，与英军一起抗击日军。

为了保卫缅甸，早在1941年初中英就酝酿成立军事同盟。中国提出并积极准备派遣军队及早进入缅甸布防。1941年12月23日，中英双方在重庆签署了《中英共同防御滇缅路协定》，中英军事同盟形成。但是，英军轻视中国军队的力量，高估自己，一再拖延，阻挠中国远征军入缅，原预定入缅的中国远征军只好停留在中缅边境。1942年1月，8万日军大举进攻

▲ 中国远征军开赴缅甸

缅甸，英国守军告急。在强大的日军面前，东南亚盟军部队连连败退，整个亚洲大陆面临空前厄运。1月21日，丘吉尔电请中国军队入缅参战。2月，中国远征军第一路司令长官罗卓英和同盟国中国战区参谋长史迪威指挥国民党部队，先后入缅作战。从3月至4月，远征军在同古、仁安羌、腊戍等地与日军展开激战，在缅北的抗战中，给日军以沉重打击。但是，由于英国错误地坚持先欧后亚的战略决策，致使我军失去了有利的战机，造成缅甸保卫战的失败。英军不断战败，渐渐失去了对保卫缅甸的信心，一再撤退，使中国远征军保卫缅甸的作战变成了掩护英军撤退的作战。即便如此，中国远征军仍然取得了让盟军钦佩的战绩。从1942年3月中国远征军开始与日军作战始，至8月初中英联军撤离缅甸止，历时仅半年，中国远征军转战1500余公里，浴血奋战，屡挫强敌，使日军遭到太平洋战争以来少有的沉重打击，多次给英缅军有力的支援。

这次远征入缅作战，也是中国自甲午战争以来首次出国作战，不仅弘扬了中国人民的国际主义和民族牺牲精神，而且大大提高了中国的国际地位。

■ 5月1日，冈村宁次指挥对冀中抗日根据地实行最为残酷的大"扫荡"

1942年5月1日，日军华北司令长官冈村宁次，调集5万多日伪军，在飞机、坦克的配合下，开始对冀中抗日根据地进行以"烧光、杀光、抢光"为政策的大"扫荡"。

太平洋战争爆发后，日本侵略者为了把华北地区变为"大东亚兵站基地"，加紧了对华北抗日根据地的"扫荡"和"清剿"。

1942年5月1日，日军华北司令长官冈村宁次，调集了3个师团和5个混成旅团的主力部队及伪军共5万多人，在飞机、坦克等重型武器的配合下，开始对我冀中抗日根据地进行大"扫荡"。日军所到之处，实行惨无人道的"杀光、烧光、抢光"的三光政策，无恶不作，史称"五一大扫荡"。针对日军采取的压缩、封锁和合围战术，冀中军区化整为零，以排、连为单位与民兵、群众相结合，开展地道战、交通战、麻雀战等，顽强地同日军进行斗争。

▲ 五一"扫荡"中的日军

人民生活中本来存在着文学艺术原料的矿藏，这是自然形态的东西，是粗糙的东西，但也是最生动、最丰富、最基本的东西；在这点上说，它们使一切文学艺术相形见绌，它们是一切文学艺术的取之不尽、用之不竭的唯一的源泉。这是唯一的源泉，因为只能有这样的源泉，此外不能有第二个源泉。

——5月28日，毛泽东《在延安文艺座谈会上的讲话》

诸烈士也，披荆斩棘，栉风沐雨，茹苦含辛，衣不蔽体，食不果腹，蚊蚋袭扰，瘴气侵凌，疾病流行，惨绝人寰。惜我中华健儿，尸殁草莽之中，血洒群峰之巅。出师未捷身先死，壮志未酬恨难消。

——此为1942年5月杜聿明为滇缅战场阵亡烈士的祭辞（节选）

冀中反"五一大扫荡"斗争,持续了两个月的时间,作战共270余次,毙伤日军坂本联队长以下官兵11000余人,粉碎了日军消灭冀中党、政、军领导机关和主力部队的企图。

但冀中党组织和军民也受到了重大破坏,八路军共减员16000余人,区以上干部牺牲三分之一。群众被杀、被抓达5万余人,造成了冀中平原"无村不戴孝,到处是狼烟"的悲惨景象。

日本帝国主义灭绝人寰的罪行,不仅没有吓倒根据地的人民,反而更激起了军民对日军的深仇大恨,特别是青壮年纷纷投奔到八路军部队,积极参加抗日。

■ 5月25日,八路军副参谋长左权壮烈牺牲

5月25日,在太行山根据地反"扫荡"斗争中,八路军高级将领左权壮烈牺牲。

随着抗日战争的进行,中国共产党领导人民群众在敌后建立了广泛的根据地,对日军造成了极大的威胁。日本侵略者对华北地区进行了大规模的"扫荡",并实行"烧光、杀光、抢光"的残酷政策,并极力推行集军事、政治、经济、文化和特务为一体的"总体战"。

1942年2月,八路军粉碎了日军对太行山区八路军总部机关的"扫荡"。5月,日军纠集5万多兵力,重新展开对根据地的扫荡。日军很快将根据地部队包围在合击圈内,鉴于敌我力量悬殊的情况,彭德怀和左权制定了"在敌军分路合击时,乘隙钻出合击圈,当日军扑空撤退时,伺机集中兵力歼其一路至几路"的战略决策。25日,在掩护部队大部人马和人民群众冲出敌军合围圈后,左权命令警卫连长唐万成保护彭德怀撤退,自己带领少量人马继续吸引敌军注意力。当部队突围至最后一道敌军防线十字岭附近时,日伪军突然加大火力,一颗炮弹在左权附近爆炸,第二颗接踵而至,左权的头部、胸部、腹部都中了弹片,壮烈牺牲。左权是八路军在抗日战争中牺牲的最高指挥员。周恩来称他"足以为党之模范",朱德赞誉他是"中国军事界不可多得的人才"。

左权,1905年生于湖南醴陵农村,1924年进入黄埔军校学习,为一期生。1925年1月,经陈赓介绍加入中国共产党,并于同年赴苏联学习。1930年回国任红新12军军长。1934年,带领部队开始长征。卢沟桥事变后任国民革命军第八路军副总参谋长。1940年协助彭德怀指挥百团大战,并于同年主持建立黄崖洞兵工厂。左权不仅富于战斗经验,而且具有高超的军事素养和军事理论功底。他与刘伯承合译的《苏联工农红军的步兵战斗条令》被第十八集团军总司令部列为步兵战术教育的基本教材。周恩来称他是"一个有理论修养,同时有实践经验的军事家"。

1942年5月25日,左权将军壮烈殉国。周恩来指出:"左权壮烈牺牲,对于抗战事业","真是一个无可补偿的损失"。朱德也赋诗悼念:"名将以身殉国家,愿将热血卫吾华,太行浩气传千古,留得清漳吐血花。"

世界

▶7月17日,斯大林格勒战役开始

1942年7月17日,斯大林格勒战役拉开了序幕,这次战役是苏联开始战略反攻的战役,也是二战的转折点。

莫斯科战役以后,德军无力再对苏联发动全面攻势,于是决定集中力量进攻苏联战略要地斯大林格勒,以便夺取苏联南方的重要防区,进而包抄莫斯科。

1942年7月17日,德军第6集团军在炮兵、航空兵的支援下,分成南北两个突击集团,企图突破苏军防御,向卡拉奇总方向发展进攻,从西南方向突袭斯大林格勒。在南路进攻的德第4装甲集团军,突破了苏军防御,29日,进军加夫里洛夫卡地域,威胁到斯大林格勒正面防御的苏军后方。苏军最高统帅部决定发动全面反攻,遂向斯大林格勒地区调集大量兵力,以消灭驻守此地的德国重兵。9月,苏德双方展开了殊死搏斗。战争持续到11月初,苏联守军仍殊死抵抗,德军消耗了有生力量,却始终没能完全占领这座城市。苏军赢得了反攻的宝贵时间。同年冬,苏军突然发动大规模反攻,分割包围了斯大林格勒附近的德军主力,取得了这次战役的胜利。

中国百年实录 1942年

■ 5月27日，陈独秀病逝于四川

▲ 晚年陈独秀

1927年7月，中共中央政治局改组，陈独秀离开中央领导岗位，对前途更加悲观失望，发表《我们的政治意见》并在上海成立无产者社，出版《无产者》刊物。1932年10月，陈独秀在上海被国民党当局逮捕，判刑后囚居南京。1937年8月被释放出狱，周佛海曾请他到国防参议会挂名，以保后半生衣食无忧，但被他一口回绝。后来蒋介石也请他出任国民政府劳动部部长，但是陈独秀始终没有同意。

陈独秀辗转到江津后生活极为艰辛，靠朋友帮助勉强维生，周恩来曾派人前来请他去延安，但是他拒绝了。后来在江津专心研究"小学"，著有《小学识字教本》。1942年5月13日，在与知交包惠僧见面后，便身染恶疾，一病不起，于27日病逝。虽然教育部支付了他两万元的《小学识字教本》的稿费，但是因为书未出版，所以陈独秀遗孀夫人潘兰珍与儿子陈松年不得动用一分，所以死后无钱安葬，后来丧葬费由旧日北京大学友人捐赠。

■ 5月28日，毛泽东发表《在延安文艺座谈会上的讲话》

5月28日，在延安文艺座谈会上，毛泽东发表了《在延安文艺座谈会上的讲话》（简称《讲话》）。总结了五四以来中国新文化运动的经验和教训，联系延安和各抗日根据地文艺界存在的问题，提出了解决这一系列问题的理论和政策。

《讲话》指出："我们知识分子出身的文艺工作者，要使自己的作品为群众所欢迎，就得把自己的思想感情来一个变化，来一番改造。没有这个变化，没有这个改造，什么事情都是做不好的，都是格格不入的。"《讲话》明确地指出了文艺为人民大众，首先为工农兵服务的方向；同时，根据文学艺术的特点，提出了"作为观念形态的文艺作品，都是一定的社会生活在人类头脑中的反映的产物"的著名论断。

《讲话》还提出了"文学作品中反映出来的生活都可以而且应该比普通的实际生活更高，更强烈，更有集中性，更典型，更理想，因此就更带普遍性。革命的文艺，应该根据实际生活创造出各式各样的人物来，帮助群众推动历史的发展"的典型创作原则。并指出必须通过典型形象体现出党性原则，更有效地发挥文艺的特定战斗功能。只有把生活中的矛盾和斗争典型化了的文艺作品，才能通过艺术的感受，"使人民群众惊醒起来，感奋

▲ 延安文艺座谈会上的毛泽东

▶ 6月4日~6月7日，中途岛战役

1942年6月4日凌晨，日本主力舰队飞机向美国重要军事据点中途岛发起攻击，遭到事先早有准备的美军的反击，至此，日军丧失了海上制空权。

1942年，日军在联合舰队司令山本五十六的主持下制定了中途岛作战计划。日军投入大量战舰、飞机，海陆空军共3万余人执行这一作战计划。

6月4日清晨，日本舰载机突然向中途岛发动了猛烈的攻击。驻扎在中途岛的美军战斗机全部升空，迎击日本战机。由于美军情报人员提前破译了日军作战电文，完全了解了日军的作战计划，所以，美军的轰炸机也向日本舰队发动还击。日军第一攻击波机群在美军反击下返航，并发出了需要进行第二次攻击的电报。随后10架美军鱼雷轰炸机在南云忠一舰队的上空向日航空母舰进行轰炸，但由于美军的轰炸机没有战斗机护航，便很快被日军派出的零式战斗机击退。日美军队展开了激烈的战斗，最后日军多艘战舰被美军击沉。5日凌晨，日本联合舰队司令山本五十六大将下令："取消中途岛的占领行动。"美军继续对日本海军进行攻击，日军几无招架之力，至下午1时，日军撤退，海战结束。

起来，推动人民群众走向团结和斗争，实行改造自己的环境"。

在延安举行的文艺座谈会是延安整风运动的一个重要组成部分，总结了五四以后中国革命文艺运动的历史经验，发展了马列主义的文艺理论。

■ 11月27日，宋美龄应美国总统罗斯福夫妇邀请访美

11月27日，宋美龄以治病为理由前往美国，开始了长达半年的访美生活。

1942年，中国抗战已经支撑了五年，人力物力消耗极大，战争形势也不容乐观。为摆脱困境，积极争取国际社会，尤其是美国的援助，调整与盟国之间的关系，蒋介石决定以外交成功来提高国民政府在国内国际的声望，激励国民士气，争取抗战的早日胜利。

▲ 宋美龄在美国发表演说

1942年深秋，宋美龄来到美国。美国总统罗斯福夫妇便邀请她前往白宫做客。次年2月，宋美龄在美国国会发表演讲，以标准流利的英语把中国人民英勇抵抗日本侵略的情况生动地介绍给美国政府和人民。她的演讲赢得多次雷鸣般的掌声，演讲通过收音机在全美转播，打动了千千万万美国人的心灵。随后，宋美龄在白宫的总统办公室举行了记者招待会，为中国的抗战不遗余力地进行募捐。

在后来的几个月中，她遍访许多州，进行演讲，并获得极大成功。宋美龄还在好莱坞向3万多名民众发表了抵美后的第三次重要演说，会见了200多位支持中国抗日的影剧界人士，为抗战募集了大量资金。

美国媒体对宋美龄和中国人民的抗日战争作了大量报道，在舆论的压力和影响下，美国政府一再明确表示加快对中国的援助。与此同时，民间的捐助活动也急剧增加。宋美龄此次访美，在美国掀起了前所未有的"宋美龄轰动"，由此美国民众也更加关心、支持中国人民的抗战进程，为中国的抗击日本法西斯战争壮大了声势。

■ 12月31日，国民政府明令表彰忠勇抗战殉国的将领38人，并入祀首都忠烈祠

抗日战争爆发后，国民党军队在正面战场英勇抵抗日军，大批将领在对日作战中英勇殉国。1942年12月31日，国民政府明令表彰抗战以来忠勇殉国的将领38人，并入祀首都忠烈祠。这38位将领分别是：

第33集团军总司令张自忠
陆军第9军军长郝梦龄
陆军第42军军长冯安邦
陆军第29军军长陈安宝
陆军第3军军长唐淮源
陆军第98军军长武士敏

世界

▶ 11月8日，美国和英国军队在法属北非登陆

11月，英美联军根据既定作战计划在北非法属区域登陆。

阿拉曼战役后，根据美英两国共同制订的"火炬"作战计划，1942年11月8日，美英的3个特混舰队，分别在法属北非的阿尔及尔、奥兰和卡萨布兰卡地域登陆。英国海军少将布罗斯指挥"东部"舰队于8日1时在阿尔及尔地域登陆，德意守军完全没有准备，稍作抵抗便投降了，下午6时45分便与盟军签订了停战协定。"中部"特混舰队由美军少将弗里登指挥，8日1时在奥兰登陆，受到德意军的猛烈反抗，经过激战，10日，德意守军战败，宣布投降。"南部"特混舰队由美军少将巴顿指挥，于8日凌晨在卡萨布兰卡附近的费达拉、利奥特港和萨非登陆。11日，德意守军宣布投降。到11月底，盟军已成功占领了摩洛哥、阿尔及利亚，并进入突尼斯境内。

北非登陆作战的胜利，为最后消灭德意在北非的军事力量创造了条件。

陆军第89军军长李守维
陆军第29军副军长佟麟阁
陆军第2军副军长郑作民
陆军第53军副军长朱鸿勋
陆军第132师师长赵登禹
陆军第54师师长刘家麒
陆军第145师师长饶国华
陆军第122师师长王铭章
骑兵第6师师长刘桂五
陆军第124师师长方叔洪
陆军第173师师长钟毅
陆军第70师师长石作衡
新编第27师师长王俊
陆军第12师师长谢性仲
陆军第42师师长王克蚧
陆军第200师师长戴安澜
暂编第45师师长王凤山
陆军第71师师长樊钊
陆军第17师副师长夏国璋
陆军少将追赠中将刘震东
陆军19师副师长赖傅湘
东北游击司令唐聚五
第11区行政督察专员兼晋西游击司令朱世勤
陆军第5师指挥官李翰卿
陆军第173师旅长庞汉祯
陆军第171师旅长秦霖
独立第5旅长郑席珍
陆军第66师旅长姜玉贞
踏军第70师旅长赵锡蓉
鲁省府驻鲁东行署主任卢斌
军委会参议马玉仁

世界

▶12月2日，原子裂变成功

1942年12月2日，在科学家康普顿领导的芝加哥大学冶金实验室里，首次取得了受控制的原子核链式反应。

美国政府在1942年6月开始实施一项旨在利用核裂变过程制造原子弹的工程——"曼哈顿计划"。美国科学家们在芝加哥大学的网球场上建起了一座由铀和石墨组成的核反应堆。1942年12月2日，在康普顿领导的芝加哥大学的冶金实验室里，下午3时45分，控制杆移开，这表示从裂变的铀原子中产生的中子，撞击其他原子，使链式反应得到持续。

原子的裂变成功，为原子弹的制造以及核能技术的开发运用开辟了道路。

备忘

- 2月1日，延安整风运动开始
- 6月2日，中美在华盛顿签订《中美抵抗侵略互助协定》
- 7月20日，美国总统特使居里第二次访华
- 9月7日，陕甘宁边区开始实行"精兵简政"政策
- 9月17日，毛泽民和陈潭秋等共产党员被新疆反动军阀盛世才逮捕，随后被杀害
- 12月20日，汪精卫访问日本

1943年

陆军第88师团长谢晋元

大事

■ 1月11日，国民政府明令宣布中美、中英新约成立

1943年1月11日，中国和英国、中国和美国分别在重庆、华盛顿签订《中英新约》和《中美新约》。新约宣布废除英国和美国在中国的治外法权。但关于香港问题，英国坚持在战后方得考虑。

1840年鸦片战争后，中国日渐衰落，在西方列强坚船利炮的攻击下，清政府被迫签订了一系列丧权辱国的不平等条约，使中国逐渐沦为半殖民地半封建社会。这些条约，成为套在中国人民身上的枷锁，成为西方列强侵略中国、奴役中国人民的工具。中国人民在进行反法西斯斗争的同时，一刻也没有停止过废除不平等条约的斗争。1941年，国民党政府向英美提出签订新约废除旧约的要求，但英美两国推

▲ 中国驻美大使魏道明（左）与美国国务卿赫尔在华盛顿签订平等条约

诿敷衍，只是许诺战后予以解决。随着太平洋战争的发展，为了使中国军队在战场上牵制更多的日军，英美政府不得不与中国政府进行谈判，并于1942年10月9日通过外交途径通告国民政府，正式放弃在中国的治外法权等各项特权，并提出新条约的草案。日本政府随即密谋与汪伪南京国民政府签订正式条约，决定归还在中国的租界，废除治外法权，"消灭重庆借以抗日的口实"。蒋介石获悉后敦促加速与英美间的谈判，尽快签订新约。

1943年1月11日，重庆国民政府和英国、美国分别签订了取消英美两个国家在华治外法权处理有关问题之条约与换文；同时取消1901年9月7日在北京与中国政府签订的议定书（即《辛丑条约》），该议定书及其附件给予英美两国的一切权利全部终止；将上海及厦门公共租界的管理权交给中国政府，凡关于上述租界给予英美政府之权利全部终止等。新约的签订表明中国国际地位有所提高。

■ 7月5日，王稼祥首次提出"毛泽东思想"这一科学概念

1943年7月5日，王稼祥同志为纪念党的22周年而作的《中国共产党与中国民族解放的道路》一文（载1943年7月8日《解放日报》），第一次提

世界

▶ 6月10日，共产国际正式宣告解散

1919年3月列宁组建了共产国际，目的在于组织亲共工会，灌输党的纪律，扩大在存在着共产主义同情者国家中的宣传。1943年5月15日，苏联决定解散世界性的共产主义者组织——共产国际。

在共产国际宣告解散前夕，毛泽东接到了季米特洛夫的相关电报。毛泽东主持召开中央政治局会议。会议决定：

（一）先由毛泽东复电表示赞成共产国际执委会主席团的提议。

（二）待共产国际公开宣布解散共产国际组织的提议后，中央再作决定。

6月10日，共产国际宣告解散的决定公布后，毛泽东再次主持召开中共中央政治局会议。这次会议通过了《中国共产党中央委员会关于共产国际执委主席团提议解散共产国际的决定》，指出："中国共产党在革命斗争中曾经获得共产国际许多帮助；但是，很久以来，中国共产党人即已能够完全独立地根据自己民族的具体情况和特殊条件，决定自己的政治方针、政策和行动。"

共产国际的解散是为了促使各同盟国打消对苏联共产主义运动扩张的忧虑。这被视为是共同作战的策略，并借此加强苏联与同盟国之间的关系。

出毛泽东思想这一概念。

毛泽东思想是在同各种错误倾向的斗争和深刻总结历史经验的过程中逐步形成和发展起来的。在北伐战争时期中国共产党提出了民主革命纲领、统一战线和农民同盟军问题，标志着毛泽东思想的萌芽；土地革命战争时期，中国共产党创立了走农村包围城市，武装夺取政权道路的理论，标志着毛泽东思想的形成；抗日战争时期，中国共产党解决了民族斗争和阶级斗争的关系，完整系统地制定了新民主主义革命的理论和政策，使毛泽东思想走向成熟。

▲ 抗日战争时期的王稼祥

毛泽东思想的精髓和根本出发点是实事求是，这也是中国共产党的思想路线。实事求是，就是从实际出发，理论联系实际，把马克思列宁主义的普遍原理同中国革命具体实践相结合。群众路线，就是一切为了群众，一切依靠群众，从群众中来，到群众中去。毛泽东思想这个概念一经王稼祥同志初次提出后，逐步被党内许多同志所接受，成为一种思想理论体系。

■ 7月23日，八路军冀鲁豫军区对日伪军发起卫南战役

1943年7月23日起，八路军冀鲁豫军区部队对进攻河南省卫河以南滑县、长垣间地区的伪军发动了一场进攻战役——卫南战役。

1943年5月，国民党军第24集团军正副总司令庞炳勋、孙殿英率集团军大部向日军投降，与伪军一部合编为伪第24集团军，盘踞于平汉铁路一带。其中，平汉铁路以东的伪暂编第6军及独立第1、第2旅共约8000人，向卫河以南的冀鲁豫抗日根据地发起进攻，侵占了滑县、长垣间的焦虎集与瓦岗集地区。

为了消灭进犯该地区的伪军，保卫抗日根据地，八路军冀鲁豫军区根据总部的统一作战意图，决心抓住战机，集中兵力，首先歼灭卫河以南突出的伪军，然后伺机歼灭暂编第6军主力。30日，杜淑率主力部队向冀鲁豫军区官桥一带进攻。冀鲁豫军区由新编第4路军坚守阵地，吸引伪军主力，派第16、第21团两团分由两翼向其侧后包围突击，毙俘千余人。31日夜，第16、第21团各一部在冀鲁豫军区卫河支队、骑兵团一部的密切协同下，向伪军第7师师部发起突然袭击，经激烈的巷战，歼灭敌军800余人。8月2日，第4军分区部队突然强袭瓦岗集，全歼伪军千余人。冀鲁豫军区部队三战三捷，19日奔袭驻袁庄的伪军第7师残部及伪独立第2旅。将其击溃后又集中主力猛攻袁庄伪军，迫使守敌投降，全歼伪军第7师残部及独立第2旅，俘获伪师参谋长以下2200余人。当晚，第4军分区部队乘胜向暂编第6军杜淑军部驻地大范庄发起总攻，歼其大部，残军向卫河以西逃窜，战役结束。

这次战役沉重打击了伪军的嚣张气焰，恢复和开辟了卫河以南抗日根据地。

■ 11月2日，日军发起常德战役

1943年11月2日，为牵制中国向滇、缅地区用兵，打击国军主力部队，

▶ 7月9日，巴顿与蒙哥马利率领盟军打响西西里岛登陆战役

1943年7月9日深夜，盟军以空降登陆开始了西西里战役。

1943年5月，盟军在非洲大陆把德意军队击败后，将意大利西西里岛定为下一个作战目标。1943年夏，盟军在北非沿海港口聚集大量兵力，准备在西西里岛登陆。这次作战由亚历山大将军指挥的第15集团军群负责实施。该集团军下辖蒙哥马利指挥的英军第8集团军和巴顿指挥的美军第7集团军，共有兵力47.8万余人。

1943年7月9日深夜，盟军在西西里岛强行登陆，打响了西西里岛登陆战役。面对盟军的突然袭击，海岸防线很快被摧毁。7月22日，西西里岛首府巴勒摩被美军攻克。8月5日，英军占领卡塔尼亚。8月17日，盟军先后进入西西里岛东北部通向意大利大陆的咽喉重镇墨西拿，随即占领全岛。至此，西西里岛登陆战役以盟军获胜宣告结束。

这次战役使盟军不仅在军事上获取了直接进攻意大利的基地，而且在政治上强烈震撼了已经动摇的意大利政府，导致墨索里尼垮台和意大利投降，为盟军打开了登陆欧洲的大门。

削弱中国军队的抗战意志，日军改变"从战争全局要求出发，不允许中国派遣军进行任何进攻作战"的决定，发动常德战役。

日军认为常德是湖南西部的中心，是"重庆军"补给命脉所在，占领此战略要地，便东可监视长沙、衡阳，西可兼顾四川，还可威胁重庆，所以便于8月28日提出了进攻湖南常德的战役计划，并于10月31日完成了作战准备。

11月2日，日军发动对常德的进攻。国民党守军凭借军事顽强抵抗，但是由于装备力量悬殊，日军攻破防线，并于此后占领大量战略要地，11月24日，日军三面包围常德，先派飞机对城内轰炸，后以重炮摧毁防御工事及市内建筑，继而施放毒气，最后用火焰射喷

▲ 常德会战中的中国前线指挥

器进攻，常德市内顿时烟雾弥漫、毒气冲天。到战役结束时，日军共施放毒气80余次，仅11月26日、27日两天，日军就用飞机、大炮、掷弹筒等向常德城内放射毒气弹24次，到27日，中毒死亡者已达1000余人。但中国守军英勇杀敌，誓死不退。奉命守城的第57师，重创日军，自己伤亡殆尽，仅300多人突出重围。经过12昼夜血战后，常德于12月3日晨被日军占领，战役结束。

常德战役以国民党队的失败为告终，但是也有力地阻止了日军的进攻，给日军以沉重打击。中国守军亦伤亡惨重。

■ 12月1日，美、英、中三国首脑罗斯福、丘吉尔、蒋介石发表《开罗宣言》

1943年12月1日，在抗战取得决定性胜利后，中美英三国首脑在开罗发表了《开罗宣言》。

中、美、英三国首脑于1943年11月22日至26日在开罗举行会议，讨论如何协调对日作战的共同军事问题以及在战后如何处置日本等问题，史称"开罗会议"。中国国民政府主席蒋介石和美国总统罗斯福就关于日本的多方面问题进行了讨论，并达成若干共识。其中，关于中国的领土主权问题，中美双方同意：日本用武力从中国夺去的东北各省、台湾和澎湖列岛，战后必须归还中国。中美首脑会晤后，美国总统特别助理霍普金斯受罗斯福委托，根据美、英、中三国会谈和美中会晤精神，起草《开罗宣言》，然后在11月26日交中、英、美三方官员讨论。《开罗宣言》草案经中、美、英三国首脑一致同意。

1943年12月1日，中、美、英三国在重庆、华盛顿、伦敦三地同时发表《开罗宣言》。其主要内容是：中、美、英三国对日作战的目的在于制止和惩罚日本的侵略；"剥夺日本从第一次世界大战爆发后在太平洋上夺得、占领的一切岛屿"。

《开罗宣言》是在反法西斯战争

▲ 开罗会议中的中美英三国首脑

世界

▶9月3日，意大利宣布向盟国投降

9月3日，意大利代表和盟国代表秘密签订了停战协定。

1943年7月24日夜，意大利最高委员会决定把军队指挥权交还国王。国王埃曼努尔三世命令墨索里尼辞职，并向全世界宣布了这个消息。7月28日，巴多格里奥宣布解散法西斯党，结束了持续21年的法西斯统治。8月中旬，丘吉尔和罗斯福在加拿大魁北克商定意大利的停战条件，授权盟军总司令艾森豪威尔受降。9月3日，意、美双方代表在西西里岛签订了停战协定，规定意军立即停止军事行动，并将在国外各战场作战的军队立即撤回。

9日凌晨，盟军在萨勒诺登陆，向意大利西海岸进军，一举占领那不勒斯。9月13日，纳粹党卫营救墨索里尼成功，9月底在意大利北部成立了法西斯傀儡政权，与巴多格里奥政府相对抗。10月13日，意大利政府向德国宣战。

墨索里尼垮台和意大利政府对德宣战，标志着柏林一罗马轴心的解体，是反法西斯联盟的一大胜利。

中国百年实录 1943年

的历史背景下,以中、美、英三国首脑会谈精神为基础,并由美方代表草拟,经中、美、英三方代表认真讨论通过,三国首脑一致同意,并征得了斯大林的完全肯定的,并以国际协定的形式公布于世,表达了同盟国打击并惩罚侵略者、维护国际正义的共同政治愿望。《开罗宣言》是第一份具有国际法效力的确认台湾是中国领土的条约性文件,它从法律上明确了日本侵占台湾的非法性,为战后中国处理台湾问题提供了国际法依据。

《开罗宣言》明确无误地确认了台湾作为中国领土一部分的法律地位,为台湾回归祖国提供了又一法律支持。

世界

▶10月19日,美国生物化学家瓦克斯曼发现链霉素

1943年,美国生物化学家、土壤微生物学家瓦克斯曼发现了链霉素,从此开启了治疗结核病的新纪元。

二战爆发以来,急需为受伤的战士提供各种处理感染的新方法。瓦克斯曼为从微生物中获得这种杀菌化学制品创造了一个新术语——抗生素,同时他开始为寻找这种物质而努力展开研究。1943年,他终于分离出一种有效地抵抗革兰氏阴性细菌的抗菌素并称之为链霉素。这是继青霉素之后,第二个能用于临床治疗的抗生素。

链霉素是一种从灰链霉菌的培养液中提取的抗菌素,是氨基糖甙碱性化合物,它能与结核杆菌菌体核糖核酸蛋白体蛋白质结合,起到干扰结核杆菌蛋白质合成的作用,从而抑制或者杀灭结核杆菌的生长。从此,结核杆菌肆虐人类生命几千年的历史有了被遏制的希望。

备忘

- 1月9日,汪精卫政府与日本签定《日汪关于交还租界及撤废治外法权之协定》
- 2月18日,宋美龄分别在美国参、众两院发表演说,引起轰动
- 3月10日,蒋介石《中国之命运》一书出版
- 3月16日~20日,中共中央召开政治局会议
- 4月3日,中共中央发布《关于继续开展整风运动的决定》
- 4月15日,中美双方签订《中美特种技术合作协定》
- 1943年,因旱灾,河南饿死300多万人

世界

▶11月28日~12月1日,美、英、苏三国首脑举行德黑兰会议

为早日打败德国,结束第二次世界大战欧洲战事,美国总统罗斯福、英国首相丘吉尔和苏联最高领导人斯大林于1943年11月28日至12月1日在伊朗首都德黑兰召开了这一会议。会议的中心议题是开辟第二战场。苏联承诺宣布对日作战。此外,还讨论了如何处理战后德国的问题,以及波兰问题的解决方案。

德黑兰会议是"二战"中的一次具有重要历史意义的会议。首先,它在反法西斯联盟史上第一次协调了反对共同敌人的军事战略,通过了联合打击希特勒德国的作战计划,为1944年在欧洲夺取反法西斯战争的决定性胜利奠定了基础,从而对大战的进程和结局产生了重大影响。其次,增强了盟国之间的相互了解和信任,巩固了国际反法西斯联盟的团结与合作,为重建战后世界和平奠定了基础。但是,在德黑兰会议上,三大国为了自身利益也达成了某些损害他国利益的妥协,对战后世界局势产生了不良影响。

今日的河南已有成千上万的人正以树皮(树叶吃光了)与野草维持那可怜的生命。兵役第一的光荣再没有人提起,"哀鸿遍野"不过是吃饱穿暖了的人们形容豫灾的凄楚字眼……

——1月17日,记者张高峰从河南发回的通讯《饥饿的河南》中写道

当重庆的阔人们竞相斗侈、花天酒地的时候,河南那三千万同胞,大都已经深陷在饥馑死亡的地狱。饿死的暴骨失肉,逃亡的扶老携幼,妻离子散……吃杂草的毒发而死,吃干树皮的忍不住刺喉绞肠之苦,把妻女驮运到遥远的人肉市场,未必能够换到几斗粮食……看重庆,念中原。

——2月1日,河南大饥馑,《大公报》主编王芸生撰文

任何思想离开了三民主义,即不能长存于民族意识之中……三民主义的伟大,在其容纳各种的思想而冶于一炉……中华民族要结成坚固石头一样的国防的组织体,则个人不能享有像一片散沙一样的自由,是不待言的。成年的国民务必加入国民党,青年的国民,只有加入青年团,才可以顾全全民族全体的幸福,保障国家整个的利益,筹划国家民族永久的安危。

——3月10日,蒋介石在《中国之命运》中说

1944年

大事

■4月17日，冈村宁次指挥发起豫中会战

1943年至1944年春，日寇在太平洋上连连失利，西方的希特勒也呈摇摇欲坠之势。为扭转战局，打通大陆交通线，1944年4月，日军大本营决定发动豫湘桂战役。战役首先在国民党军队在河南中部的黄河防线地区打响，"豫中会战"拉开了整个战役的序幕。

1944年3月下旬，冈村宁次一面秘密地调兵遣将，集结在河南中部新乡南部和开封西部地区；一面进行虚假宣传，制造情报，以迷惑麻痹河南的国民党军队。东条英机发出命令，要求在4月下旬从黄河两岸发动攻势。

4月17日，日军第三十七师团从中牟北方突破黄河防线，从东、西两个方向迂回夹击中牟守军第二十七师。深夜12时发起总攻，凌晨2时便占领中牟镇。4月19日，日军第三十七师团一部推进到中州城下，开始攻城。20日，日军后续部队源源不断赶到，与我军中州守军第四集团军展开血战。4月21日，日军坦克第三师团以及骑兵第四旅团也赶到中州附近，以强大的坦克群阵势和骑兵部队向中州发起猛攻，中州失守。日军攻克中州后，沿黄河南岸向洛阳方向挺进。4月28日，日军混成联合部队集中兵力向豫中平原发起进攻，遭到国民党兵顽强抵抗，双方伤亡都极其惨重。5月，日军攻占了全城，豫中会战结束。

在这次战役中，国民党军损失数十万人，丧失了大片土地，助长了日军的侵略气焰。

■6月22日，衡阳战役开始

1944年6月23日开始的衡阳战役是中国抗战史上敌我双方伤亡最多，交战时间最长的城市攻防战。

衡阳是豫湘桂大会战的主战场。中国守军是国军第10军，进攻的日军先后共投入约9万人，空军有第五航空军全力配合。

5月27日凌晨，日军左翼部队在湘北发动猛烈攻势，中路及右翼部队也于同日晚及次日分别发起进攻。6月1日，日军左翼部队攻陷平江，进至浏阳。6日，右翼日军攻占沅江，分兵攻打宁乡和益阳。中路日军也顺利渡过汨罗江，攻占湘阴地区。日军运用从正面展开，迂回前进的战术围攻长沙。6月18日，长

声音

中国是有缺点，而且是很大的缺点，这种缺点，一言以蔽之，就是缺乏民主。中国人民非常需要民主，因为只有民主，抗战才有力量，中国内部关系与对外关系，才能走上轨道，才能取得抗战的胜利，才能建设一个好的国家，亦只有民主才能使中国在战后继续团结。中国缺乏民主，是在座诸位所深知的。只有加上民主，中国才能前进一步。

——6月22日，毛泽东答记者问

实行宪政……我们认为最重要的先决条件有三个：一是保障人民的民主自由；二是开放党禁；实行地方自治。人民的自由和权利很多，但目前全国人民最迫切需要的自由，是人身居住的自由，是集会结社的自由，是言论出版的自由。

——6月，周恩来发表对民主的看法

◀ 国民革命军陆军第10军军长方先觉

世界

▶6月6日，艾森豪威尔指挥盟军于诺曼底登陆

1944年6月，盟军总指挥艾森豪威尔率领由英国、美国、加拿大和自由法国等国组成的盟军在法国诺曼底海岸登陆。

1943年，第二次世界大战局势发生了根本性的转变。5月，英美在华盛顿举行会议，决定于1944年5月在欧洲大陆实施登陆，开辟第二战场。盟军立即开始制定登陆计划，首先确定诺曼底为登陆地点，为实施这一大规模的登陆战役，盟军共集结了多达288万人的部队，由欧洲同盟国远征军最高司令艾森豪威尔统一指挥。同时盟军通过海军的佯攻和空军对德国军队的轰炸，使德军统帅部对盟军登陆地点、时间都做出了错误判断，导致了德军将西线的大部分兵力驻守在另一港口地区，而在诺曼底则部署少量兵力，为开辟欧洲第二战场最终击败德国创造条件。

在6月6日首次登陆成功后的一周之内，盟军共登陆30多万士兵，运输物资10多万吨。至7月24日，盟军登陆部队超过100万人，歼灭德军10余万部队，为光复法国，击败德国创造了有利的条件。

沙陷落之后，日军继续南下，先后占领渌口、醴陵、攸县，逼进衡阳。6月26日，日军1000多名官兵组成敢死队，占领衡阳机场；另一部分日军绕道衡阳之南渡湘江，遂对衡阳形成包围态势。国民政府至此始调集各路援军增援，但没有一支部队能突入包围圈。4万守军在孤立无援的情况下，反复同日军展开了激烈的争夺战，使日军遭受重大伤亡，但终因敌众我寡、兵疲粮乏，阵地被日军攻克。8月8日，第10军军长方先觉被迫放弃衡阳，与日军谈判投降，衡阳会战至此结束。

国民革命军陆军第10军在衡阳以孤立无援的疲惫之师抗击数倍于己的日军，血战47天，震动日本朝野，迫使近卫内阁下台。整个中国抗日史中，抗战持续之弥久、战斗之惨烈、影响之深远，是中国战场所有的城市防卫战中所仅有的。

■7月24日，出版家邹韬奋在上海病逝

1944年7月24日，中国著名出版家、报人、民主战士和政论家邹韬奋在上海因癌症逝世，年仅49岁。

邹韬奋，原名邹恩润，1921年毕业于上海圣约翰大学。1926年，开始主编《生活》周刊，从此开始从事新闻出版工作。1932年创办生活书店，出版马克思主义思想著作。1933年初，邹韬奋加入由宋庆龄、蔡元培等发起组织的中国民权保障同盟，积极投入到争取民众自由权利的民主运动中。同年，被国民党特务组织蓝衣社列入刺杀人员黑名单，7月，被迫离开上海，前往欧洲。1935年8月，重新回国，更加积极地投入到抗日救亡运动中来。11月16日，邹韬奋在上海创办了《大众生活》周刊，并明确提出，"力求民族解放的实现，封建残余的铲除，个人主义的克服"的三大目标。1936年11月，被国民党政府逮捕，为"七君子"之一。1937年7月31日，出狱之后，继续宣传抗战救国，先后出版了《全民抗战》五日刊和《全民抗战》周刊，同时在上海出版《抗战画报》六日刊。邹韬奋的不屈行为引起国民党的极大不满，国民党政府查禁了他所有的书店，对其所办刊物大加干涉。1941年，激愤之余的邹韬奋辞去国民参政员之职，从重庆奔赴香港，继续创办《大众生活》。

香港沦陷后，在中国共产党的帮助下，邹韬奋前往东江、苏北抗日根据地进行考察，了解了抗日根据地的状况，参观和访问了许多学校，并与当地群众、部队一起生产、劳动。亲身的感受和体会，使他备受鼓舞。1943年写下《对国事的呼吁》一文，表达了他对蒋介石实行反动政策的愤慨。1944年7月，因耳部患癌症回上海医治，并在弥留之际，口述"请中国共产党中央严格审查我一生奋斗历史。如其合格，请追认入党"的入党申请。10月7日，《解放日报》发表了中共中央9月28日致邹韬奋家属的唁电，追认他为中国共产党党员，并对其一生的奋斗给予了崇高的赞誉和评价。

■9月10日，日军发起桂林战役

日军在河南会战、衡阳会战取得胜利后，调集9个师团、两个独立旅团

约11万人的兵力，在冈村宁次的指挥下，发动豫湘桂战役的最后一战桂林战役。

国军第4战区集结约10万人的兵力，在战区司令长官张发奎的指挥下，采取确保桂林，固守桂林，尽速集中有力部队，先行击破西江方面前进之敌，然后于湘桂路方面乘敌军深入后聚歼的方针，打破日军打通大陆交通线的企图。

▲ 桂林战役中的我军行军

9月初，日军由湘桂路、广东西江和雷州半岛，向桂林地区发起攻击，13日，湘桂路正面日军第13师团攻陷全县地区。9月22日，西江方面日军一部攻占梧州，另一部到达梧州以南的岑溪，28日攻占丹竹、平南。日军独立第二十三旅团于10月12日攻克桂平、蒙墟，国民党守军连连败退。21日，国民党第三十五集团军开始对桂平方面的日军进行反击，到28日攻入蒙墟市区和桂平近郊，但因日军逼近外围，便主动放弃对桂平的反击，遂退保桂林。28日，日军与桂林守城部队在城郊发生战斗，外围守军后撤。之后桂林城市四周均遭日军的猛烈攻击。11月7日，桂林地区核心阵地战斗白热化。8日，郊区守军阵地大部失陷，城东日军强渡桂江，突破国军阵地防线，双方展开巷战。11日，城内守军全部阵亡，桂林失陷。随后日军一部向西北进攻，另一部向西南进攻，24日占南宁，并在贵州绥渌会合。至此，日军的大陆交通线全部打通，目的达到，停止进攻，桂柳战役也以我军失败而告结束。

这次战役主要是由于国民党军的指挥错误造成的。日军虽然打通了交通线，但是由于兵力过于分散，也为我军反攻创造了机会。

■ 9月19日，中国民主政团同盟改名中国民主同盟

1944年9月19日，中国民主政团同盟全国代表会议在重庆召开。会议讨论并通过了民主政团同盟改组为民主同盟的决议。

1944年在第二次"民宪运动"中，中国民主政团同盟发挥了极其重要的作用。由此，大批无党派民主人士要求入盟，但由于政团同盟规定只吸收三党三派的成员，并且盟务被中国青年党的一些人把持，阻碍了民主政团同盟的发展，因此盟内外人士对此普遍不满。昆明支部早在1943年便已向总部正式提出将政团联合体改变成为广大民主分子个人的联合体的建议。经过一年多的发展，中国民主政团同盟决定召开全国代表大会，对同盟进行改组。

9月19日，中国民主政团同盟全国代表大会在重庆召开。张澜、沈钧儒、罗隆基、潘光旦、朱蕴山、郭则沉、左舜生、章伯钧、黄炎培等人参加会议。会议讨论通过了民主政团同盟改组为民主同盟的决议。经过认真

世界

▶ 8月25日，盟军解放巴黎

8月25日，戴高乐率法军第2装甲师从巴黎的南门和西门进入首都。下午，法国勒克莱尔将军奉艾森豪威尔之命，在巴黎接受德军投降，巴黎解放。

在盟军诺曼底登陆前，1944年初，法国国内的主要抵抗组织联合组建武装部队，已经发展到50万人。6月，盟军在法国诺曼底登陆，德军迅速败退，内地军游击战争发展成为全民性的武装起义。8月9日，巴黎人民在巴黎解放委员会的领导下举行起义。数万名内地军和12000名民警队的官兵也参加起义。8月25日，戴高乐带领法军第2装甲师从巴黎的南门和西门进入首都。下午，法国勒克莱尔将军奉艾森豪威尔之命，接受德国法西斯的投降，巴黎全部解放。1944年8月30日，戴高乐在巴黎宣布法国临时政府正式成立。至此，法国结束了被占领的历史，并迅速加入到对德国占领的战役中去。

从诺曼底登陆到巴黎解放，盟军在欧洲开辟第二战场取得了决定性的胜利。巴黎的解放标志着整个诺曼底战役的胜利。

中国百年实录 1944年

世界

▶12月25日，美国设立五星上将军衔制

1944年12月25日，美国为便于部队的统帅率，设立五星上将军衔。

随着反法西斯战争的日益发展，美军派出了数百万的部队，组成了许多以10万计的作战集团，这些部队需要高级别军衔的指挥官来驾驭。同时还由于美军与英法等盟军部队联合作战时，美军统帅的军衔低于英法等盟军，不便于指挥管理。出于与盟军联合作战的需要，美军决定设立五星上将军衔。

1944底，陆军部长史汀生指出历史上曾用过高级军衔"陆军五星上将"和"海军五星上将"，美国陆军部海军部联合商议并解决了同一军衔下的排序问题，并通过获此殊荣的五星上将都不存在退役问题，终身享有此衔的决议。授予以下8位"五星上将"的头衔：

美国战时两任总统的参谋长威廉·丹尼尔·莱希；

海军作战部长兼海军总司令欧内斯特·约瑟夫·金；

太平洋战区司令切斯特·威廉·尼米兹；

美国中太平洋舰队司令威廉·弗雷德里克·哈尔西；

陆军参谋长、美国参联会议主席、美英参联会议委员马歇尔；

美军西南太平洋战区总司令麦克阿瑟；

盟军远征军最高统帅艾森豪威尔；

美国陆军航空兵总司令亨利·哈利·阿诺德

▲ 何应钦

的讨论，会议做出了取消同盟的团体会员制的决议，以后盟员一律以个人名义加入，名称由原来的中国民主政团同盟改为"中国民主同盟"。

中国民主同盟的改组，扩大了民盟的社会基础。从此，大批爱国的知识分子加入民盟。不少在各行各业有地位、有威望和在斗争中有经验的无党派民主人士入盟后，被选为各级组织担任领导工作，改变了原来由中国青年党党员在盟内把持盟务的状况，极大地推动了民盟组织的巩固与发展，也促进了中国的民主发展。

■ 12月25日，国民政府于昆明成立中国陆军总司令部

1944年12月25日，为配合国际反法西斯的一致行动，国民政府军事委员会决定在昆明成立中国陆军总司令部，由何应钦任陆军总司令。

随着抗日战争形势的不断发展，为了配合盟军的作战和抗战胜利后对战败国的处置，中国国民党军事委员会决定组成中国陆军总司令部，成员为中华民国国民革命军，其主要任务是协助美苏等同盟国作战，并负责中国西南部各战区与中国远征军在缅甸北部的反攻与防守战情。另一方面，也配合同盟国各国部队。

驻守在云南昆明的中国陆军总司令部总司令由国民政府军事委员会参谋总长何应钦兼任，下辖远征军卫立煌部、黔桂湘汤恩伯部、第4战区张发奎部、滇越边境卢汉部及杜聿明和李玉堂两支集团军，共有28个军，86个师，大约有65万人。之后，统编为四个方面军，配置美军配备的该司令部师军力成为了中国陆军主力，并在1945年8月后，成为接受日军受降的战区代表。

这一司令部的成立，为更好地争取抗日战争的胜利作了准备。

备忘

- 2月7日，回族抗日名将马本斋病逝
- 5月20日，国民党五届十二中全会在重庆开幕
- 5月21日，中共中央扩大的六届七中全会在延安开幕
- 5月，邓拓选编的《毛泽东选集》五个分册出版
- 6月2日，八路军太岳军区发起济垣战役
- 9月4日，中共中央鲜明地提出建立联合政府的主张
- 9月12日，新国军第4师师长彭雪枫英勇牺牲
- 11月10日，汪精卫病死于日本东京

1945年

 大事

■ **4月23日~6月11日，中国共产党在延安召开第七次全国代表大会**

1945年4月23日至6月11日，中国共产党第七次全国代表大会在延安杨家岭中央大礼堂召开。

4月21日，中共七大召开预备会议，任弼时作了大会筹备经过的报告，毛泽东在会上发表了以"团结一致，争取胜利"为方针的《"七大"工作方针》讲话。会议同时决定了七大的议程为：毛泽东作政治报告，朱德作军事报告，刘少奇作修改党章的报告，并选举中央委员会。

23日，在七大正式会议上，毛泽东致开幕词宣布大会开始，主持了大会并在《论联合政府》的政治报告中提出党的政治路线：放手发动群众，壮大人民力量，在党的领导下，打败日本侵略者，解放全国人民，建立一个新民主主义的中国。此外大会还听取了朱德作的《论解放区战场》的军事报告，刘少奇作的《关于修改党章的报告》的报告。周恩来在大会讨论过程中作了《论统一战线》的重要发言；然后由华北、华中、西北等几个地区的代表作了工作报告，任弼时、陈云、彭德怀、叶剑英、聂荣臻等人也在大会上发言。大会表示完全同意毛泽东的政治报告，并决定将其在以后的工作实践中予以实施，大会同时还完成了三个重要的历史性的任务：决定了党的路线，通过了新的党章，选举了新的中央委员会。

这次大会于6月11日圆满结束，使全党在毛泽东思想的伟大旗帜下，实现了思想、政治和组织的空前团结和统一。它总结了中国民主革命20多年曲折发展的历史经验，并制定了正确的纲领和策略，为争取抗日战争的胜利和新民主主义革命在全国的胜利提供了可靠的政治保证。

■ **7月26日，中、美、英三国政府首脑联合发布敦促日本投降的《波茨坦公告》**

7月26日，中华民国国民政府主席蒋介石、美国总统杜鲁门和英国首相丘吉尔联合发表了一份名《中美英三国促令日本投降之波茨坦公告》的公告。

1945年7月17日，欧洲战争已经结束，美、英、苏三国在柏林附近的波茨坦召开关于如何处置战后的德国和如何处理欧洲乃至世界事务的会议。

 声音

巩固国内团结，保证国内和平，实现民主，改善民生，以便在和平民主团结的基础上，实现全国的统一，建立独立自由与富强的新中国。

——8月25日，中共中央发表《对当前时局的宣言》

现在战争结束，胜利到来，举国人民都一致希望和平建国，民主统一。凡任何形式的内战及军事行动，不仅要遭遇国人的坚决反对，且为友邦所不许。

——9月14日，民主人士章伯钧发表对时局的看法

在收复区最叫人失望的事情，除了少数接收人员荒唐不法的行为外，就是奸逆的横行无忌……惩处汉奸的工作，做得还不够严，不够快。

——11月9日，《大公报》发表社评呼吁惩治汉奸

◀ 波茨坦会议中的英美苏三国首脑

中国百年实录 1945年

世界

▶2月4日~11日，罗斯福、丘吉尔、斯大林在雅尔塔召开会议

1945年2月，美英苏三国在苏联的雅尔塔举行会谈，这次会议，三国就处理战后德国的原则、联合国的创立以及一些其他的问题初步达成协议。

1945年初德国败局已定，欧洲战场接近结束，为加强协作，共同处理国际事务，维护战后世界和平，美英苏三国决定召开会议。

2月4日~11日，罗斯福、丘吉尔、斯大林在雅尔塔举行会晤。会议主要讨论了战后处理德国的问题、波兰问题、远东问题和联合国问题。此外还对一些诸如意大利、南斯拉夫等欧洲国家的问题展开了广泛的讨论。会议结束时签订了《雅尔塔协定》，还通过了《被解放的欧洲的宣言》和《克里米亚宣言》等重要文件。

雅尔塔会议加强了三国的联盟，加速了反法西斯战争的进程，对维护战后和平起到了积极的作用。但是也存在明显的大国强权政策，损害了中国等国的主权。

在会议期间，三国讨论了日本在亚洲太平洋的战况，并于7月26日由中美英三国联合对日本发表最后通牒——《波茨坦公告》，公告共13条，以极其严厉的强硬口气限令日本无条件投降，但同时也保证"吾人无意识奴役日本人民，或消灭其国家。但对于战罪人犯，包括虐待吾人俘虏在内，将处以法律之裁判。日本政府必须将阻止日本人民民主趋势之复兴及增强之所有障碍予以消除。言论、宗教及思想自由，以及对于基本人权之重视，必须成立。日本军队完全解除武装后，将被允许返回家乡，得有和平生产生活的机会"。

中国虽然没有派代表参加这次会议，但是公告在发表前得到了国民政府的同意。苏联政府也在8月8日对日本宣战后宣布加入了该公告。

8月10日，日本裕仁天皇在凌晨紧急举行的御前会议上否决了军部坚持的作战到底的主张，决定接受《波茨坦公告》所列条款，向盟军投降。

《波茨坦公告》的发表，瓦解了日本继续抵抗的信心，为抗日战争的结束，加速了世界人民反法西斯战争的胜利的进程。同时也为战后如何处理日本问题作了各项准备。

■8月9日，毛泽东发表《对日寇的最后一战》的声明

8月8日，苏联政府宣布对日作战，8月9日，苏联红军从东、西、北三面进入中国东北，对日本关东军发起猛烈进攻。同时，8月6日和9日，美国先后在日本的广岛和长崎两地投下原子弹，共造成30多万人的死伤，原子弹的巨大威力震动了日本朝野，对日本起到了一定的威慑作用。此外，金日成率领的长期战斗在朝鲜和中国东北的朝鲜人民抗日部队也展开了对日反攻作战。凡此种种都表明，对日战争已进入最后阶段。在世界人民反法西斯战争胜利的情况下，中国军民也展开了对日的全面反击战争。8月9日，毛泽东发表名为《对日寇的最后一战》的声明："对日战争已处在最后阶段，最后地战胜日本侵略者及其一切走狗的时间已经到来了。在这种情况下，中国人民的一切抗日力量应举行全国规模的反攻，密切而有效力地配合苏联及其他同盟国作战。八路军、新四军及其他人民军队，应在一切可能条件下，对于一切不愿投降的侵略者及其走狗实行广泛的进攻，歼灭这些敌人的力量，夺取其武器和资财，猛烈地扩大解放区，缩小沦陷区。"

在声明的号召下，全国各地广泛开展了对日军的反击战争。8月10日，中共中央命令各地区立即布置和动员一切抗日力量，向日伪军进行广泛的进攻，并迅速扩大解放区，壮大人民军队，迅速占领所有被我军包围和力所能及的大小城市和交通要道。8月10日24时至11日18时，朱德总司令又连续发布了关于受降和对日展开全面反攻等七道命令，命令华北、华中和华南各解放区的革命军队，迅速前进，收缴敌伪武器，接受日军投降，如果遇到日、伪武装部队拒绝投降缴械便予以坚决消灭，并命令人民军队迅速深入东北地区。

声明发表以后，中国人民的广泛反攻战争加快了日本最终投降的步伐。

■8月15日，日本宣布无条件投降

1945年8月15日，日本裕仁天皇宣布无条件投降。

1944年，中国共产党领导的抗日武装，发动了对日军的局部反攻，取得了重大的战果。八路军、新四军和华南抗日纵队在一年之内共对敌作战两万多次，毙、伤、俘日伪军32万余人。国民党在正面战场也对日军进行了有力的抵抗和反击。日本在中日战争中逐渐处于劣势。

1945年7月26日，中美英联合发表的敦促日本无条件投降的《波茨坦公告》，特别是公告中承诺日本士兵在放下武器之后可以安全回国的条件瓦解了日军的继续抵抗信心。

8月8日，苏联出兵中国东北，对日本关东军展开了猛烈的攻击，对日本宣战，并加入《波茨坦公告》。6日和9日，美国在日本岛内广岛和长崎投掷了两枚原子弹，炸死炸伤共30多万日本民众。在世界各国反法西斯力量的强烈打击下，日本法西斯政府彻底崩溃，以裕仁天皇为首的日本最高政府决定以"天皇圣裁"的方式接受《波茨坦公告》，无条件投降。15日，日本裕仁天皇通过广播向日本和全世界宣读《终战诏书》，正式接受波茨坦公告，宣布无条件投降。

▲ 二战时的日本天皇裕仁

随着日本天皇投降诏书的宣布，长达八年之久的抗日战争以中国人民的胜利而宣告结束，备受日本欺凌的中国人民终于摆脱了日本帝国主义的侵略。整个抗日战争中，中国人民付出了3500万的巨大人员伤亡和高达6000亿美元的巨大财产损失，表现了伟大的民族牺牲精神和崇高的爱国主义精神。抗日战争的胜利，洗尽了自鸦片战争以来一百多年间的中国民族耻辱，谱写了近代中华民族反抗世界各国列强侵略史上的最辉煌篇章。

■ 8月28日，毛泽东飞赴重庆与蒋介石举行和平会谈

抗日战争结束前后，蒋介石在美国的支持下，一方面积极准备内战，一方面却假意和平，提出与中国共产党进行谈判。

8月14日，蒋介石向毛泽东发出电报，声称："举凡国际国内各种重要问题，亟待解决，特请先生克日惠临陪都，共同商讨，事关国家大计，幸勿吝驾……"16日，毛泽东复电文，回避了是否要去重庆参加谈判的问题。8月20日，蒋介石向陈布雷口授了一封电文极长，口气强硬的"哿电"，再次邀请毛泽东赴渝谈判。毛泽东回电未明确答复是否去重庆谈判，并表示中共会派周恩来等人前往谈判。23日，蒋介石又致电毛泽东说："承派恩来先生来渝洽商，至为欣慰。惟目前各种重要问题，均待先生面商，时机迫切，仍盼先生能与恩来先生惠然偕临，则重要问题，方得迅速解决。国家前途实利赖之。兹特备飞机迎迓，特再电驰速驾。"24日，毛泽东的复电仍未明确表示是否去重庆参加谈判。

26日，蒋介石在得到情报人员密电后，料定毛泽东不会赴重庆谈判，

世界

▶ 5月2日，苏联红军攻克柏林，欧战结束

1945年5月2日，斯大林宣布，苏联红军完全占领德国首都柏林，欧洲战争全部结束。

1944年底，苏联红军在取得斯大林格勒战役的胜利后开始反攻。1945年2月，雅尔塔会议确定，苏军与盟军对德国的占领以易北河为界，易北河以东由苏军攻占。因此占领柏林的任务便由苏军担任。

1945年4月16日，苏军开始攻打柏林，双方展开了激烈的战斗。18日，苏联红军增派部队进行攻击，并突破了德军的防线，对柏林形成包围之势。26日，苏军向柏林发起猛攻。30日，苏联红军将红旗插上德国国会大厦的屋顶，同日，希特勒自杀。5月2日，德军7万人投降，柏林被完全占领，战斗结束。

苏军在付出了30万士兵的代价后，攻取了德国首都柏林，宣告了欧洲战场的战争结束。

便派张治中等人前往延安接应周恩来。同时，中共中央召开会议，毛泽东分析了抗战胜利后的国内外形势，并决定率周恩来、王若飞等人赴重庆，与蒋介石谈判。

8月28日，毛泽东、周恩来、王若飞等在赫尔利和张治中的陪同下抵达重庆，社会各界群众表示热烈欢迎，各民主党派领导和无党派民主人士代表都前往机场迎接中共代表团。毛泽东不顾个人安危，亲赴重庆谈判的壮举，引起举国欢腾，许多人进一步了解到中国共产党谋求和平的真诚愿望，舆论界给予了热烈的赞誉。

■ 9月9日，中国战区在南京举行受降典礼

1945年9月9日，中国战区日军投降签字仪式在南京黄埔路陆军总司令部前进指挥所举行。

8月15日，日本天皇向全世界宣读《终战诏书》，宣布日本无条件投降。9月2日，日本投降仪式在东京湾的美国战舰"密苏里"号上举行。日本外相重光葵代表日本天皇和政府，陆军参谋总长梅津美治郎代表帝国大本营在投降书上签字。随后，接受投降的同盟国代表、盟军最高统帅麦克阿瑟上将，美国代表尼米兹海军上将，中国代表徐永昌将军，英国代表福莱塞海军上将，苏联代表杰列维亚科中将，以及澳、加、法、荷、新西兰等国代表依次签了字。

世界

▶8月6日～9日，美国用原子弹轰炸日本广岛、长崎两座城市

1945年8月6日和9日，美国向日本的广岛、长崎投掷原子弹。

1945年秋，根据太平洋战场上的战况，日军已经必败无疑。为了促使日本早日投降，美国总统杜鲁门决定派空军向日本投掷原子弹。

8月2日，美军司令部下达作战命令，确定8月6日凌晨，由7架B-29飞机对日本实施原子弹轰炸。

8月6日，美军向日本广岛投掷了代号为"小男孩"的原子弹，造成20万人死亡。16个小时之后，杜鲁门正式向世界宣布，美军对日本本土使用了原子弹。日本政府并未因此停止战争。

8月9日凌晨，美军向日本长崎投掷了代号为"胖子"的原子弹，造成14万人死亡。美军随后在日本投下了大量传单，宣称如果日本拒不投降，将会遭到成千上万颗原子弹的轰炸，直至把日本彻底毁灭。10日，日本决定投降。

▲ 何应钦接受日本降书

9月9日上午9时整，中国战区日军投降签字仪式在南京黄埔路陆军总司令部前进指挥所举行。中国战区受降官，陆军总司令，一级上将何应钦将日军降书交付给冈村宁次阅读签字。日本代表冈村宁次将降书一一阅读，并签字盖章。9时6分，何应钦将蒋中正第一号命令交参谋长转送冈村宁次，冈村宁次再次在受领证上签字盖章。参加此次受降仪式的中国方面，还有国民党将领汤恩伯、李明扬、郑洞国等。盟军将领有美军麦克鲁中将、柏德勒少将和英军海斯中将等。9时10分，中国战区日本受降仪式完毕，日本代表退出会场。

此后，何应钦通过广播向全国以及全世界人民发表讲话，宣布南京国民政府代表中国人民接受日本投降的仪式顺利完成。他说："这是中国历史上最有意义的一个日子，这是八年抗战艰苦奋斗的结果，东亚及世界人类和平与繁荣亦从此升一新纪元。"

■ 10月10日，国共两党签订《政府与中共代表会谈纪要》（即双十协定）

8月28日，以毛泽东、周恩来、王若飞为代表中国共产党抵达重庆与中

国国民党代表王世杰、张治中、邵力子展开和谈。在会议召开前，两党一致表示在谈判期间停止一切战争。但是国民党军队却不断挑起摩擦，多次对解放区发起进攻。朱德总司令指挥人民军队予以坚决还击。

在谈判纪要过程中，国民党表面上表示承认了中国共产党提出的和平、民主、团结、统一的方针和避免内战、合作建国的主张；承认了各党派具有平等合法的地位，并允诺了人民的民主权利；同时承诺迅速结束国民党的训政，召开全国性的政治协商会议。鉴于此，中国共产党表示承认蒋介石的领导地位。但是，国民党拒绝中国共产党提出的"应承认解放区各级民选政府的合法地位"和"公平合理地整编全国军队"的原则，并企图在"统一军令"、"统一政令"的借口下，要求共产党交出1937年抗日战争爆发前后为共产党所占有的革命根据地，并要求将人民解放军纳入由国民政府领导下的国民革命军统一指挥。共产党拒绝把军队交给国民党一党独大的南京政府，只表示会对军队减员，同时也表示在建立真正民主的政府后会交出军队。

最后，国共两党在1945年10月10日，签订了《政府与中共代表会谈纪要》（即双十协定），为国共再次合作，共同建立民主国家奠定了一定的基础，但是国民党在不久后便单方面撕毁了协定，在全国范围内拉开了内战的序幕。

▲ 重庆和谈中的毛泽东与蒋介石

备忘

- 5月10日，日军发起湘西会战
- 6月27日，八路军发起热辽战役
- 8月15日，中国民主同盟发表《在抗战胜利声中的紧急呼吁》
- 8月30日，英国军队收复香港
- 9月10日，上党战役开始
- 9月17日，郁达夫在苏门答腊岛被日本宪兵秘密杀害
- 10月20日，外蒙古举行公民投票，宣布独立
- 10月24日，邯郸战役开始
- 10月25日，中国中央政府的代表陈仪在台北接受日本投降
- 12月30日，中国民主促进会成立

世界

▶ 10月24日，联合国成立

10月24日，《联合国宪章》在中、法、苏、英、美和其他多数国家签字并递交批准书后，开始生效，联合国正式成立。

1942年1月1日，正在进行抵抗日本、德国、意大利的中国、美国、英国、苏联等26个国家的代表在华盛顿联合发表了《联合国家宣言》，为联合国的成立奠定了国际基础。4月25日，来自包括当时的中国在内的50多个国家的代表在美国旧金山召开了联合国国际组织会议。6月26日，与会的各国代表共同签署了《联合国宪章》。10月24日，宪章在中、法、苏、英、美和其他多数国家签字并递交批准书后，开始生效，联合国正式成立。

▲ 11月20日，纽伦堡大审判开始

11月20日，二战结束后，在纽伦堡展开了对德国战犯的审判。

1945年2月，英、美、苏三国在雅尔塔会议上申明要公正迅速地惩办一切战争罪犯。

欧洲战场的战争结束后，1945年7月至8月，苏、美、英三国首脑在波茨坦举行会议，签署了《波茨坦公告》，公告中包括设立军事法庭审判战犯的条款。8月8日，苏美英法四国政府签署了关于惩处欧洲战犯的《伦敦协定》和《欧洲国际军事法庭宪章》。四国根据这些协定，在德国东南部的纽伦堡组成欧洲国际军事法庭，对纳粹德国主要战犯进行审判。审判持续到次年结束，判处戈林、弗兰克、鲍曼等12人绞刑，鲁道夫·赫斯、埃里希·雷德尔、瓦尔特·冯克被判处无期徒刑，其他战犯也受到了应有的惩罚。

1946年

大事

■ 1月10日～31日，政治协商会议在重庆开幕

1946年1月10日，由国民党、共产党、民主同盟、青年党以及社会贤达为代表的政治协商会议在重庆开幕。

▲ 重庆政治协商会议中共代表

1945年10月10日，中国国民党政府和中国共产党代表团在重庆谈判时签订了《政府和中共代表会谈纪要》（又称《双十协定》）。根据这一协定，1946年1月10日，在重庆召开政治协商会议。

参加这次会议的一共有38人，以孙科、陈布雷、邵力子为首的国民党代表8人，以周恩来、叶剑英为首的中国共产党代表7人，中国民主同盟共有9人参加，主要代表有黄炎培、沈钧儒、章伯钧、罗隆基，中国青年党共有曾琦、陈启天等5人出席会议，此外还有以傅斯年、郭沫若为代表的无党派人士共9人。

会议从1月10日开始，到31日结束，激烈地讨论了改组政府、施政纲领、军队改编、国民大会、宪法草案等重大问题，最后一致表决通过了以下五项决议：关于军事问题协议，关于国民大会问题的协议，关于宪法草案问题协议，和平建国纲领，关于政府组织问题协议。这些协议的通过，为实现民主，共建联合政府，使中国从此走向和平统一奠定了基础，也是中国共产党同各民主党派一致反对国民党一党专政，确立了有利于人民民主国家建立的正确斗争方针。

但是蒋介石却倒行逆施，为了维护国民党的专制统治，他一方面答应同意这些决议，一方面却积极准备发动内战。不久便公开撕毁协议，派部队向人民解放区发起进攻，内战一触即发。

■ 4月8日，叶挺、王若飞、博古、邓发等因飞机失事遇难

1946年4月8日，叶挺、王若飞、博古、邓发等人在乘坐飞机飞往延安的途中失事遇难。

1941年，皖南事变以后，叶挺被国民党政府扣押，曾先后关押在上饶、重庆、恩施、桂林等地。叶挺在狱中与国民党进行了不屈不挠的斗

世界

▶ 1月17日，联合国安理会首次召开会议

联合国安全理事会（简称安理会、联合国安理会）是联合国中权力最高的机构，主要负责维持国际间的和平与安全。根据《联合国宪章》的决议，安理会做出的决定必须被相关成员国遵守与执行。

安理会一共拥有5个常任理事国，这5个国家是第二次世界大战的5个战胜国：法国、中华民国、英国、美国以及苏联。（1971年中华民国的席位由中华人民共和国取代；1991年苏联解体后，苏联在安理会的席位由俄罗斯联邦接替）安理会还另外设有10个非常任理事国。这10个国家由联合国大会选出，任期为2年，每年换选5个，新的非常任理事国在每年的1月1日就任。安理会规定，成员国必须有一名代表常驻联合国，以确保安理会可以在任何时候召开会议。安理会的所有决议需要至少9张赞成票才能通过，同时还规定即使议案获得了足够的票数，但是如果其中一个常任理事国投否决票都会使议案无法通过（弃权不被视作是否决）。

1944年8月21日至10月7日，美、英、苏、中各国的代表在华盛顿附近的一座古老庄园敦巴顿橡树园举行会议，规划了联合国宪章的基本轮廓，解决了联合国建立的主要问题。会议经过讨论，成立了以维持国际间和平与安全为主要任务的安全理事会，共有美、俄、中、英、法5个常任理事国。

1946年1月17日，联合国常任理事国第一次会议在英国伦敦正式召开，后来的24次会议也在伦敦举行。

争,并写《囚歌》以明志。

抗日战争胜利以后,中国共产党和社会各界人士强烈要求国民党释放被关押的"政治犯",并在1945年举行的重庆政治协商会议上多次要求国民党释放新四军将领叶挺。

1946年3月4日,国民党在各方面的压力下,将叶挺释放。5日叶挺便致电中共中央,要求加入中国共产党。中共中央于7日复电,称赞他忠诚地为中国民族解放与人民解放事业进行了20余年的奋斗,经历了种种严重的考验,决定接受他入党。

4月8日,叶挺与在重庆谈判的中共中央代表王若飞、博古、邓发以及叶挺的妻子李秀文、五女儿扬眉和幼子阿九等人坐由"飞虎队"队员驾驶的飞机自重庆飞往延安。飞机在山西省兴县的黑茶山遇浓雾失事,机上人员全部不幸罹难。

消息传出以后,毛泽东在《解放日报》上发表悼词说:"为人民而死,虽死犹荣。"朱德题词:"为全国人民和平民主团结而牺牲。"周恩来也写了《"四八"烈士永垂不朽》的悼念文章。

这次飞机失事对中共来说是一次巨大的损失,不仅失去了一位卓著的军事领导者,还失去了中共中央秘书长、八路军延安总部副参谋长、中央华北华中工作委员会秘书长王若飞,新华通讯社社长博古以及中央职工运动委员会书记、中共中央党校校长邓发等。

■ 5月3日,法学家梅汝璈作为中国代表参加东京审判

1946年5月3日,东京国际远东军事法庭正式对东条英机等日本战犯进行审判。

"二战"结束后,根据盟国在此前签订的一些处置战后战败国的协定和纽伦堡审判的经过,1月19日,远东盟军最高统帅部根据1945年12月的莫斯科会议规定,发表了特别通告,宣布在日本东京设置远东国际军事法庭,同时颁布了《远东国际军事法庭宪章》,决定对挑起"二战"的日本首要战犯进行审判。

法庭由中、美、苏、英、法等11个国家各派一名法官组成。根据宪章规定,盟军最高统帅麦克阿瑟于2月18日任命澳大利亚法官韦伯为首席法官,中国代表为法学专家梅汝璈。此外由上述11个国家各派1名检察官组成委员会负责对战犯提起公诉,由美国律师约瑟夫·凯南任首席检察官,中国检察官为向哲浚。

4月29日,由11国检察官组成的委员会向法庭对日本战犯东条英机、广田弘毅、土肥原贤二、板垣征四郎、松井石根等28人提起诉讼。

1946年5月3日,东京国际远东军事法庭正式

◀ 身穿法袍的中国法学家梅汝璈

世界

▶ 1月19日,东京审判开始

1946年1月19日,根据盟国在二战结束前所订立的各项协约与"莫斯科会议"的决议,由11个国家组成审判团,对二战期间发起侵华战争以及侵略亚洲及太平洋国家的日本首要战犯进行军事审判。

第二次世界大战期间,日本在中国和朝鲜等亚洲国家进行了残酷的侵略战争,残忍地杀害了中国数千万计的军民,造成中国经济损失6000多亿元。为了讨回公道,对中国人民有所交代,在盟军总司令麦克阿瑟的主持下设置远东国际军事法庭,对以东条英机为首的日本首要战犯进行审判。

开庭。法庭设在原日本陆军省会议厅，庭长室设在东条英机原来的办公室里。审理采用英美法律，分立证和辩论两个阶段。5月6日，在审理过程中，日本战犯东条英机等人全部拒不认罪。被告方辩护还强调，战争是国家行为，是国家间的现象，主体是国家。国际法只审理主权国家的行为。法庭则认为，国家违反条约，发动侵略战争，责任却是在个人身上。在涉及中国问题的审理中，中国方面有秦德纯、王冷斋和溥仪等人出庭作证。

这次审判总共开庭818次，判决书长达1231页。1948年11月12日，审判结束，在中国法官和检察官的努力斗争下，法庭宣布判处东条英机、土肥原贤二、板垣征四郎等7人绞刑，木户幸一等16人无期徒刑，东乡茂德20年徒刑，重光葵7年徒刑。

这次审判虽然大快人心，洗雪了中国人民百余年来被日本侵略的耻辱。但是由于英美等国为了自己利益的阻挠，日本最大的战犯裕仁天皇以及最为中国人所痛恨的，在中国犯下滔天罪行的冈村宁次等人却逍遥法外。同时也为以后日本军国主义的复苏埋下了祸根。

■ **5月5日，国民政府在南京举行还都典礼**

1946年5月1日，重庆国民政府正式发布还都令，宣布于5月5日"凯旋南京"。

抗战结束后的一个时期，国民党便着手准备返回南京。1946年4月23日，蒋介石决定恢复设置军事委员会委员长重庆行营，作为国民政府离开重庆后在四川的最高统治机构。28日，国民政府成立还都大典筹备委员会。下午，蒋介石乘坐"美龄号"专机离开重庆，途经西安、汉口，于5月3日抵达南京。5日，南京城内处处张灯结彩，旌旗招展，一派节日景象。上午，首都各界庆祝国民政府还都典礼在长江路国民大会堂举行。蒋介石身穿特级上将制服，佩戴5枚勋章，与身穿旗袍的宋美龄走上国民大会堂主席台，向与会者点头致意。同时南京市临时参议会议长陈裕光恭请蒋介石致训辞。

当晚，蒋介石亲自到中央广播电台，将他上午在"首都各界庆祝国民政府还都大会"上的训词向全国军民广播，"八年抗战，赖我全国同胞始终一致拥护抗战国策，服从中央命令，百折不回，浴血牺牲，卒能获得今日最后胜利，而且取消了一切不平等条约，涤除了我们中华民族百年来的国耻……但是回想到民国二十六年十二月十三日南京沦陷时，首都同胞惨遭大屠杀的悲剧，我们就应该痛定思痛，时时不忘我们八年来在敌人铁蹄之下所受的奴隶牛马暗无天日的生活，更不能不警惕龟勉、自立自强了……抚今思昔，务希我国全体同胞，同心一德，共同一致，务使我中华民族黄帝子孙，永永远远不再受过去八年间那样异族侵凌蹂躏的惨祸与耻辱……"

从此，国民政府又回到了被日军占领8年之久的南京。

■ **6月26日，蒋介石派兵进攻中原解放区，全面内战爆发**

1946年6月26日，蒋介石撕毁停战协定，派出150多万兵力向中原各解放区发起全面进攻，内战全面爆发。

世界

▶ 2月14日，第一台电子计算机问世

1946年2月14日，世界上第一台通用电子数字计算机"埃尼阿克"（ENIAC）在美国研制成功。

2月14日，经过漫长的研究与改进，世界上第一台通用电子数字计算机由埃克特等人在美国的宾夕法尼亚大学研制成功。这台计算机由1.8万个电子管和大量的电阻、电容组成，重量达30多吨，占地有两间教室般大，是一台又大又笨重的机器，它的运算速度为每秒5000次加法运算，或400次乘法运算，而且没有存储器，只有电子管做的寄存器，也只能寄存十个数码，需要换算别的题目时，必需重新焊接连线，很费时间。

虽然这台计算机非常笨重，运算速度又慢，其他方面也不是很好，但是它却预示着一个全新时代的到来。

1945年10月，在抗日战争刚刚结束，国民党空运两个军在秦皇岛登陆，分两路向东北进军。11月，蒋介石任命杜聿明为保安司令，派其率两个军由山海关进攻锦州，挑起了关外的内战。1946年初，国民党军队又向山海关地区增兵7个军，向解放区分路进攻，先后攻占了抚顺、铁岭、鞍山、营口等地。中国共产党为争取中原地区的和平局面，进行了不懈努力。1946年5月10日，国共双方在武汉签订了《汉口协议》，规定停止中原地区的武装冲突。然而，国民党军队却单方面违反协议，继续对中原解放区进行围攻。6月26日，为了彻底消灭中原解放军，蒋介石命令国民党军队向黄安以西、经扶以东、孝感以北的中原解放军阵地发起大规模进攻。中原解放军根据党中央"立即突围，愈快愈好，不要有任何顾虑，生存第一，胜利第一"的指示，将主力分南北两个方向突围转移。

人民解放军北路约1.5万人，在中原军区司令员李先念等人的率领下，穿越平汉铁路，历经艰苦作战，终于突破了国民党军队的重重截击与合围，在7月中下旬进入陕南地区。而南路的1万余人则在军区副司令员王树声的率领下，越过平汉铁路，冲破国民党军的围追堵截，而后进入武当山地区，创建了游击根据地，并于8月下旬组成鄂西北军区。

中原突围的成功不仅粉碎了国民党军的围歼计划，而且牵制了大量国民党军，为以后的战争打好了坚实的基础。

■ 7月11日、15日，李公朴与闻一多先后被国民党特务暗杀

1946年7月11日和15日，国民党先后派特务刺杀了民主人士李公朴和闻一多。

抗日战争刚刚结束，蒋介石一方面加紧发动内战，另一方面加强了对国民党统治区的血腥镇压。

1945年11月25日，云南几所大学的师生在西南联合大学召开反对内战的时事讨论会，钱端升、费孝通等教授发表演讲。

26日，昆明3万多学生罢课，要求国民党政府取消禁止自由集会的禁令。12月1日国民党军政部派数百名特务围攻西南联大、云南大学等学校并毒打与会学生，投掷手榴弹，当场炸死李鲁连等师生4人，并打伤60余人。事发生，全国各地学生举行抗议游行。社会各界人士也纷纷表示支持学

▲ 李公朴

▲ 闻一多

世界

▶ 9月20日，法国举行首届戛纳电影节

1946年9月20日，法国举行首届戛纳电影节。

1939年，法国为对抗当时被意大利法西斯控制的威尼斯国际电影节，决定创办自己的国际电影节，并决定于9月1日举行第一届国际电影节，但由于不久后第二次世界大战爆发，筹备工作便停顿了下来。

"二战"结束之后，到1946年，法国的各项工作都逐渐走上正轨，于是9月20日，由法国外交部、教育部、电影联合会支持，法国艺术行动协会创办的电影节也重新启动。电影节在地中海沿岸的法国旅游胜地戛纳城举行了第一届"戛纳国际电影节"。本次国际电影节一共有18个国家参加。从此戛纳电影节便成为最为重要的国际电影节之一。

生的反内战运动。著名民主战士李公朴和闻一多也参加到学生的反战运动中来。这遭到了蒋介石的痛恨，1946年，他密令，"特予"昆明党政军反动头子对李公朴、闻一多等人以"便宜处置之权"。

7月11日夜晚，李公朴和夫人在回家的路上被特务跟踪，在大兴街学院坡行人稀少、灯光暗淡的地方，特务用无声手枪向李公朴射击，李公朴身中数枪，并被击中要害，经抢救无效于次日凌晨死去。临死前托人叮咛闻一多，要他不要随意走动，注意安全。

李公朴被暗杀，在昆明的闻一多，奔走呼号，把精力全都投入治丧、宣传和抗议工作中去，丝毫不计个人安危，恐吓不断传来，亲友们都劝他避开，他都不为所动。

7月15日，在云南大学礼堂里举行的李公朴治丧会议，闻一多不顾自己的危险处境，拍案而起，横眉冷对特务的枪口，即兴发表了著名的《最后一次演讲》，痛斥了国民党不顾人民渴望和平的愿意，挑起内战，暗杀民主人士的倒行逆施行为。特务当场就开枪警示，但是闻一多不为所动，继续发表演说。

下午5时散会后，闻一多和他的儿子闻立鹤一起步行回家，走到西南联大西仓坡教职员宿舍门口时，遭特务枪击，闻一多头部和身上被击中倒地，他的儿子闻立鹤，见状伏在父亲身上，也被击中受伤。特务行凶后，便爬上准备好的吉普车离去。

李公朴和闻一多被国民党特务杀害以后，社会各界人士纷纷表示谴责，国民党在民众心中的地位迅速下降。

■12月24日，北平发生美军士兵强奸女学生沈崇案件

1946年12月24日晚上，北平发生两名美兵强奸北大女生沈崇事件，引发大规模反美运动。

二战结束后，美国为了自己的利益加强了对国民党政府的支持，派部队进驻包括北京在内的各大城市。

▶沈崇事件后中国学生的抗议

12月24日晚，北京一名女大学生沈崇在去东长安街平安电影院看电影的路上，被两名美国陆战队士兵绑架到东单练兵场的树林中强奸。有路人听到呼救声后迅速报警，一名美国士兵被抓获。25日，"亚光社"将这一事件刊发到报纸上，迅速引起轰动。由于国民政府为了得到美国的援助，不敢得罪"盟邦"，26日，向各报社发出紧急通知："关于亚光社昨日所发新闻稿，某大学女生被美兵酗酒奸污消息

一则,望能缓予发表,此事已由当局与美方交涉中,事主方面,因颜面关系要求勿予发表,以免增强该女生之自杀心理。容有结果后,治安当局当另发稿。"但是仍有几家报社为了伸张正义,将此事刊发。

事情传出后,引起了全国的轰动,北平、天津、上海、南京、武汉、重庆等地全国数十个大中城市的学生和各界爱国人士共约50万人举行了声势浩大的示威游行,抗议美军暴行,强烈要求美军撤出中国,并提出废除《中美商约》等。到1947年5月20日,北平、上海、苏州、杭州16个大学500多名学生以"反饥饿、反内战、反迫害"为口号,在南京举行联合请愿大游行达到高潮。南京国民政府却违反民意,纠集大量警察对学生的运动进行镇压,酿造了"五二〇"惨案。

虽然迫于压力,美方于1947年3月处治了主犯。但不久,由于国民党对美国政府的妥协,主犯却又被宣布无罪送回美国,这更引起了全国人民对南京国民政府的不满。

备忘

- 4月8日,东北民主联军展开四平保卫战
- 4月12日,伪南京政府主席陈公博被处决
- 4月14日,中国共产党军队占领长春
- 7月1日,新疆省联合政府成立
- 7月13日,华东野战军举行"苏中战役"
- 11月4日,《中美友好通商航海条约》签署
- 12月15日,华东野战军举行"宿北战役"

声音

一个国家怎能使人人都觉得自己随时可以被杀!人类全部历史里从来就没有过这种事。我们现在活在什么样的世界里?

——7月,费孝通针对李公朴、闻一多被暗杀之事,在《这是什么世界》一文中所写

为民主,为和平,为大众,成仁取义;反独裁,反内战,反特务,虽死犹生。

——7月,周恩来、邓颖超挽闻一多联

血溅金沙,允有大名光宇宙;魂招歇浦,愧无巨笔志功勋。

——7月,宋庆龄挽闻一多联

在中国的土地上,两个美国兵,把一个中国的女大学生拖去强奸了!冷血的才不愤怒!奴性的才不反抗!中国既不是洋窑子,中国的女大学生又不是军妓……美军必须滚蛋!美军必须滚蛋!美军必须滚他妈的蛋!

——12月27日,北大学生就沈崇事件在操场墙上贴的标语

此次不幸事件,为一法律问题,而美军退出中国,则为一政治问题,不可并为一谈。美军对此善后所提解决办法,大概尚好,但应从速解决,绝不可拖,美军不懂得东方道德的特性,所以他们也许还不理解中国人民的愤慨。

——12月31日,沈崇事件发生后,《申报》发表上述评论

1947年

大事

■2月6日，国民政府公审南京大屠杀主犯谷寿夫

在东京对日本甲级战犯东条英机等人展开国际审判的同时，1946年10月，在侵华战争中，率部对南京进行烧、杀、淫、掠的日军第6师团长，南京大屠杀的主犯，乙级战犯谷寿夫以及丙级战犯，屠杀南京市民300余人的第6师团大尉田中军吉和进行杀人比赛的井敏明和野田毅先后被引渡到中国南京受审。

▲ 被枪决前的谷寿夫

1947年2月6日，南京宣判战犯军事法庭在励志社对谷寿夫等人进行审判，在3天的公审过程中，谷寿夫等人百般狡赖，拒不认罪。但由于有80多名证人出庭作证，陈述日军在南京所犯的暴行。金陵大学外籍教授史密斯·贝德斯先生就侵华日军在南京制造大屠杀的客观事实作证。此外还有许多从日军手中缴获的记录日军残酷暴行的照片、胶卷等众多物证，此外还有在中华门外等5处挖掘出的数千具死难者的尸骨。

经过很长一段时间的审理，3月10日，南京审判战犯军事法庭判决"谷寿夫在作战期间，共同纵兵屠杀俘虏及非战斗人员，并强奸、抢劫、破坏财产，处死刑"。

4月26日，南京军事法庭将战犯谷寿夫、田中军吉、井敏明和野田毅绑赴南京雨花台，执行枪决。9万多南京市民，站在街道两旁及刑场周围，目睹屠杀南京人民的罪魁祸首谷寿夫等人被枪决。

在中国犯下滔天罪行的部分日军主战犯终于遭到了应有的下场，为中国人民尤其是被无辜杀害的南京市民出了一口气。

■2月28日，台湾发生二二八事件

2月28日，台湾民众为反抗国民党政府的暴政，掀起了全省范围内的反抗斗争，但很快被国民党军队镇压，史称二二八事件。

1945年8月15日，日本宣布投降，台湾结束了长达50年的日据时代，回归中国版图。台湾人民无不欢欣鼓舞。但国民党在到台湾之后，便颁布了《戒严令》，实行军事戒严统治，贪官污吏横行，随意欺压百姓，大肆搜刮民财。

1947年2月27日，台湾省专卖局专员叶得根率傅学通等5人会同张启祥等4名警察在北太平町"取缔私烟"时，缉私队员殴打女烟贩林江迈，引起围观民众的强烈愤慨，群众与缉私队员当即发生冲突，傅学通开枪打死路人陈文溪，民众包围台北市警察局，要求枪决杀人凶手。28日，台北市民

举行罢市、罢课、罢工，并集会游行示威，袭击警察局，并放火烧掉专卖局。中午12时，示威民众"以锣鼓为前导，欲冲入行政长官公署"。卫兵开枪射击，当场打死1人、伤十数人。抗议民众情绪更为激昂，转进公署附近的台北新公园（后改名为二二八和平公园）继续示威集结，并在位于新公园内的台湾广播电台报导事件始末。3月1日起，又爆发了全岛性的反抗政府事件。台北与台湾各县市的各级民意代表及社会名流，组成"二二八事件处理委员会"，和行政长官陈仪展开协商谈判。委员会发布文告呼吁本省人与外省人共同推进台湾的政治改革，提出："我们的目标是在肃清贪官污吏，争取本省的政治改革，不是要排斥外省同胞"，"我们同是黄帝的子孙，民族国家政治的好坏，每个国民都有责任"。

▲ 台湾人民焚烧国民党专卖局

随着事态的进一步扩大，3月8日，国民党宪兵3营由福建抵达台北；10日，国民党军第21师陆续入台。在军警的镇压之下，事态得以平息。

"二二八"事件，是台湾同胞呼应全国民主解放运动的一次壮举。台湾民众当年反对统治当局的斗争是全国澎湃发展的"反饥饿、反迫害、反内战、争民主"斗争的一个组成部分。当年3月8日，中共中央还在延安通过媒体发表文告，对台湾同胞的斗争表示深切的同情和坚决的支持，并且指出"你们的斗争就是我们的斗争，你们的胜利就是我们的胜利"。

而国民党政权对"二二八"事件处理不当，尤其是以武力镇压的举措，给台湾民众的内心留下了深刻的伤痛。随着历史的发展，台独势力利用"二二八"事件的悲情，别有用心地把阶级矛盾导向省籍矛盾，把当年台湾民众反抗专制要求民主扭曲成"反抗外来政权对本省人的压迫"，甚至把"二二八"事件说成是台湾人要求"台独"的开端，这是完全违背历史的客观事实的。

■ 3月13日，国民党军进攻延安，中共中央开始转战陕北

1947年3月13日，国民党高级将领胡宗南率领25万多人的部队在大量空军的配合下向延安发起进攻。

1947年2月，内战爆发仅8个月的时间，人民解放军便粉碎了国民党的全面进攻，给国民党军以沉重打击。为了摧毁中共中央党、政、军指挥中枢，2月28日，蒋介石亲自抵达西安，秘密部署进攻延安，决定派胡宗南部执行此任务。

3月初，中共中央获悉蒋介石的进攻延安的计划，毛泽东亲自制定了保卫延安的计划，并决定在必要时，为保存实力放弃延安。8日，中共中央召开保卫延安的动员会议，到10日，部队集结完毕，彭德怀亲自到前沿阵地督战。但是由于陕甘宁边区只有不足3万的兵力，难以对抗胡宗南的25万大军以及飞机坦克等重型武器，于是中共中央决定，由西北野战军掩护中共中央机关和民众撤退。

3月11日，国民党飞机大规模轰炸延安。3月12日凌晨，朱德、刘少奇、叶剑英率中央机关部分人员撤离延安。13日，胡宗南派部队分两路从

洛川和宜川对延安大举进攻。西北野战军在彭德怀的指挥下进行运动防御战，消耗、拖延国民党军。18日，毛泽东、周恩来、任弼时等从延安撤退，转战陕北。19日，西北野战军主动撤离，胡宗南部队"攻占"延安。

中共中央为了保存实力，在毛泽东的正确领导下，在彭德怀指挥部队的掩护下，主动放弃延安，为解放战争的胜利提供了有力的核心保障。

■5月1日，内蒙古自治政府成立

抗日战争胜利后，中国的内战危机日趋严重，内蒙古地区面临两个前途和命运的尖锐斗争。

中国共产党一贯主张实行统一国家内的民族区域自治，在1945年召开的中共七大上，乌兰夫当选为中央候补委员，确定了他在内蒙古革命和内蒙古民族解放事业中主要领导人和民族领袖的地位。1945年10月23日，中共中央发出了《关于内蒙工作方针给晋察冀中央局的指示》，指出："内蒙在战略上具有极其重要的地位"，"对内蒙的基本方针，在目前是实行区域自治"。在中共晋察冀中央局的直接领导下，1945年11月26日，内蒙古自治运动联合会成立，选举乌兰夫等21人为执委会委员，并向全国发表了《内蒙古自治运动联合会成立大会公报》，正式拉开了中国共产党领导内蒙古自治运动的帷幕。

1946年4月3日，内蒙古自治运动联合会召开内蒙古自治运动统一会议。会议通过了《内蒙古自治运动统一会议的主要决议》，确定内蒙古在中国共产党领导下实现统一的民族自治方针，自治运动是平等自治，而不是"独立自治"，内蒙古自治运动联合会为自治运动统一领导机构，统一领导内蒙古武装部队。这次会议结束了内蒙古地区长期分裂的局面。

1946年8月1日，乌兰夫致电中共中央，提出成立内蒙古自治政府的初步构想。1947年3月23日，中共中央同意"产生内蒙统一的民族自治政府，为中国真正民主联合政府的一部分"。

1947年4月23日，内蒙古人民代表会议在兴安盟王爷庙举行。乌兰夫代表内蒙古自治区运动联合会执委会向大会作政治报告，对内蒙古自治政府成立后的各项工作进行了全面、细致的规划。大会选举产生了内蒙古自治政府第一届临时参议会。1947年5月1日，临时参议会选举产生了内蒙古自治政府和参议会领导成员，内蒙古自治政府宣告正式成立，乌兰夫当选为内蒙古自治政府主席。5月19日，毛泽东主席和朱德总司令联合复电内蒙古人民代表会议，祝贺我国建立了第一个规模较大的民族自治区。同年11月26日，内蒙古自治政府决定将王爷庙改为乌兰浩特市，蒙古语意为"红色的城"。

内蒙古自治政府是中国共产党领导的第一个少数民族自治政府，它的成立，是抗日战争以来中国共产党领导内蒙古区域自治运动所取得的重要成果，为日后的各少数民族实行区域自治开创了先例，积累了宝贵的经验。

■5月13日，孟良崮战役开始

1947年初，国民党军队在山东战场上的总兵力达到24个整编师、60个旅约45万人，由陆军总司令顾祝同在徐州设立前进指挥所统一指挥。

世界

▶6月5日，美国国务卿乔治·马歇尔提出"马歇尔计划"

1947年6月5日，美国国务卿马歇尔提出了复兴欧洲的计划，史称"马歇尔计划"。

二战结束以后，欧洲大部分国家陷入非常严重的经济困难之中。美国担心整个欧洲出现大规模的经济和政治崩溃后，会对自己的世界地位造成不利。于是，刚从欧洲访问归来的美国国务卿马歇尔立即组织人员制订出一个向全欧洲提供经济援助的计划。

6月5日，马歇尔在美国哈佛大学演讲时，正式提出："必须考虑给（欧洲）以额外的、大量的和无偿的援助，不然的话就会面临着非常危险的经济、社会和政治解体"，并声称"我们相信任何政府诚意协助复兴工作，必会得到美国政府的全部合作"，这就是马歇尔计划。

华东野战军曾多次定下歼灭国民党军的决心,但是由于敌人保持高度警觉,采取密集平推、稳步前进、不轻易分兵的新战法,因而多数战役未能达到预定的目的。针对上述情况,中共中央军委指示:敌军密集不好打时,忍耐待机;一不要性急,二不要分兵,将主力集结于机动位置;只要主力在手,总有歼敌机会。

华东野战军认真研究了中央军委的指示,并对前段作战情况做了总结,决定于5月中旬我军主力东移。蒋介石、顾祝同获悉此情况后,即令3个兵团向博山、沂水一线疾进。此时,担负右翼进攻任务的第一兵团司令官汤恩伯不待各友邻兵团统一行动,即以整编第74师为主,整编第25、第83师在左右两翼配合,以沂蒙公路上的坦埠为主要目标,于11日自蒙阴东南的垛庄东西地区北犯。

整编第74师是国民党军队自诩为"五大主力"之一的美械装备的精锐部队,全面内战爆发后,敌人一直把它当作进攻华东解放区的一支骨干力量,几次与我军交手,都未受到重大打击,也助长了其骄狂气焰。打掉国民党军的这张"王牌",是华东野战军的夙愿。11日晚获悉74师冒进的消息后,华东野战军当即决策抓住战机,将该师歼灭。

5月13日黄昏,解放军在孟良崮向敌人发起攻势,当晚就打退了敌人的进攻,第二天上午发起全线进攻,到15日拂晓,第74师已被我军四面包围于孟良崮及其以北的狭小地域内。第74师被围后,敌统帅部企图借此机里外夹击,聚歼我军,于是一面令该师坚守阵地,一面令其他地区10个整编师分路向孟良崮增援,15日,敌我双方对孟良崮附近各制高点进行反复争夺,战况空前激烈。16日下午5时,孟良崮战役结束,国民党军第74师及第83师1个团共3.2万余人全部被歼灭,第74师中将师长张灵甫被击毙。

▲ 孟良崮战役纪念碑

孟良崮战役的失败被蒋介石哀叹为是他"最可痛心、最可惋惜的一件事",第一兵团司令官汤恩伯因此被撤职。而此役的胜利对人民解放军来说具有极其重要的意义,毛泽东称赞说,歼灭整编第74师,"付出代价较多,但意义极大"。敌人由于损失了进攻山东的一支重要骨干力量,内部受到很大震动,被迫暂时停止了对山东的进攻。

■ **6月30日,刘邓大军挺进中原,揭开了人民解放军战略进攻序幕**

6月30日,由司令员刘伯承、政治委员邓小平率领的晋冀鲁豫野战军7个纵队,在鲁西地区强渡黄河,向大别山进军。

1946年6月26日,国民党发动内战,中原解放军展开突围,到1947年6月,人民解放军经过与国民党军一年多的英勇奋战,敌我力量已经发生了巨大的改变,解放战场上已经出现了有利于我人民解放军的局势。在党中央、毛主席果断决定下,人民解放军由战略防御转入战略进攻。

6月30日,刘伯承、邓小平在中央的指示下,率领晋冀鲁豫野战军13万余人,突破国民党号称"40万大军"的黄河防线,在鲁西南歼灭了国民党

世界

▶ 10月14日,世界第一架超音速飞机诞生

1947年10月14日,美国飞行员查理斯·耶格尔驾驶X-1在1.3万米的高空飞出了1.07马赫的高速,从而迈出了人类超音速飞行的第一步。

战后,美国贝尔公司设计了一架飞机,用来突破音速的飞行试验。这个飞行试验一共分为两个阶段,第一阶段的目标是到0.8马赫,第二阶段则是突破音速,达到1.1马赫左右。

1947年8月29日,试飞顺利完成了第一阶段的目标,达到了0.85马赫,但是第二阶段的目标却在飞行了8次还没有达到。10月14日试飞员工决定进行第九次动力飞行,但在前一天晚上耶格尔却在骑马时受伤,撞断两根肋骨,虽然如此,他还是带伤上阵,一举突破音速达到1.07马赫,成为人类飞行史上第一位飞行速度突破音速的人,耶格尔后来在白宫接受了杜鲁门总统颁赠的"柯利尔航空奖"。

中国百年实录 1947年

▲ 刘伯承与邓小平

军9个半旅,揭开了战略进攻的序幕。国民党军为了阻止刘邓大军的军事行动从山东、陕北等地抽调7个整编师17个半旅的兵力向鲁西南增援,完全打乱了原来的战略部署。刘伯承、邓小平率部队突破敌军防线,于8月7日从山东金乡一带向南挺进,并于11日,跨过陇海线,穿越黄泛区,20日强渡汝河,并抢在国民党军队的拦截前面,于26日渡过淮河,27日,终于抵达大别山地区,占领固始、潢川等县,胜利完成行军任务,并在大别山地区建立了33个县的人民政权,恢复并重建了根据地,部队像一把利刃一样插入国民党的中原统治地区的心脏。这次战役共歼敌8500余人,其中俘虏4400人,毙伤4100人,并获取大量军用物资。

千里挺进大别山是解放战争中的一个伟大的转折点。大别山根据地的建立,威胁着国民党的两大重镇武汉和南京,为战争转入全面反攻阶段奠定了基础。

■ 10月10日,中共中央发表《中国人民解放军宣言》

10月10日,中国人民解放军总部发表了《中国人民解放军宣言》,又称《双十宣言》。

1947年7月,全国解放战争进入第二年,中国人民解放军主力部队由内线作战转入外线作战,由战略防御转入战略进攻,将战争迅速引向国民党统治区域。国民党军队节节败退,人民解放军势如破竹。

10月10日,为了号召全党、全军和全国各族人民共同努力加快夺取战争胜利的步伐,由毛泽东起草,朱德和彭德怀署名在当日的《人民日报》上发表了《中国人民解放军宣言》。

宣言分析了国内政治形势,指出以蒋介石为代表的国民党的统治是"卖国独裁反人民的统治。到了今天,全国绝大多数人民,地无分南北,年无分老幼,都认识到了蒋介石的滔天罪恶,盼望本军从速反攻"。并响亮地提出了"打倒蒋介石,解放全中国"的口号,同时宣布了中国人民解放军的八项基本政策。号召"全国各界同胞,在本军到达之处,同我们积极合作,肃清反动势力,建立民主秩序。在本军未到之处,则自动拿起武器,实行抗丁抗粮,分田废债,利用敌人空隙,发展游击战争",号召"解放区人民贯彻土地改革,巩固民主基础,发展生产,厉行节约,加强人民武装,肃清敌人残留据点,支援前线作战",并指出人民解放军"对于蒋方人员,并不一概排斥,而是采取分别对待的方针。这就是首恶者必办,胁从者不问,立功者受奖。对于罪大恶极的内战祸首蒋介石和一切坚决助蒋为恶、残害人民而为广大人民所公认的战争罪犯,本军必将追寻他们至天涯海角,务使归案法办。本军警告一切蒋军官兵,蒋政府官员,蒋党党员,凡是尚未沾染无辜人民鲜血的人们,切勿跟那些罪犯们同流合污……对于起义加入本军的蒋军部队和公开或秘密为本军工作的人们,则给予奖励",与此同时还严格要求人民解放军"必须提高纪律性,坚决执行命令,执行政策,执行三大纪律八项注意,军民一致,军政一致,官兵一致,全军一致,不允许任何破坏纪律的现象存在"。

世界

▶ 12月23日,晶体管发明

1947年12月23日,美国科学家肖克莱、巴丁和布拉顿发明了晶体管。

20世纪初,人类的通讯系统已经开始使用半导体材料,并制造出电子管。但是电子管处理高频信号的效果不理想。为了进一步改进通讯设备,在第二次世界大战期间,许多科学家展开对硅、锗等材料的研究,取得了相当的成果,为晶体管的发明奠定了基础。

1945年秋天,肖克莱、布拉顿和巴丁在美国的贝尔实验室成立了半导体科研小组。经过两年多的刻苦钻研,1947年的12月23日,他们终于研制成功了对人类的生活产生划时代意义的晶体管。

1956年,当他们获得诺贝尔奖时,晶体管已经被运用到电视机、收音机、高保真音响等设备中,极大地改变了人们的生活。

1947年 中国百年实录

《中国人民解放军宣言》对整个解放战争后来的迅速发展，起了重大的推动作用。

■ 11月6日，解放石家庄战役开始

1947年11月6日，人民解放军开始攻打石家庄，11月12日，取得了这次战役的胜利，解放了石家庄。

1947年初，国民党军在石家庄周围不断加强防御工事，在城外挖壕沟，架铁丝网，为固守石家庄做准备。

同时，人民解放军在4月8日至12日，占领了正定、栾城，扫除了今石家庄外围近百处碉堡，将石家庄的守军孤立起来，为攻打石家庄进行了一系列的战前准备工作。9月8日，石家庄守敌乘我军在大清河北作战之机，曾派部队一度占领正定、栾城，但很快便被冀中区独八旅及十一分区部队和民兵击退，并攻克石家庄以东的刘村、赵村，元氏以东的董堡、叩村等国民党军临时据点数十处，再次光复栾城。

10月16日，国民党军第3军军部及其主力在我军的攻击下，在军长罗历戎的率领下离开了石家庄。野战军司令部迅速获得了这个消息，于是便立刻下定决心歼灭罗历戎，派出部队将北上的罗历戎军包围消灭，10月19日，我军主力到达了方顺桥，并于10月20日，将罗历戎的第3军主力在清风店包围，经过两昼夜的激战，到22日，击毙、俘虏敌军长罗历戎以下官兵计13000余人，罗历戎部全军覆灭。

11月初，人民解放军乘胜南下，将石门之敌包围起来。11月6日发起了攻打石家庄的战役，我军在广大人民群众的积极支援下，经过6天的艰苦战斗，摧毁了石家庄的外围工事，全歼国民党军第3军32师和其他伪军2万余人，解放了石家庄。

石家庄解放战役是我军攻坚战的典型战例，为以后攻击其他城市积累了经验。在总结作战经验教训时，朱德总司令欣然写下了《七律·攻克石门》："石门封锁太行山，勇士掀开指顾间。尽灭全师收重镇，不叫胡马返秦关。攻坚战术开新面，久困人民动笑颜。我党英雄真辈出，从兹不虑鬓毛斑。"同时这场战役也极大地鼓舞了我军在各个解放战场上的士气，为平津战役做好了准备，也为全国解放战争的快速发展创造了良好的条件。

备忘

- 2月9日，上海南京路发生"二九"血案
- 3月25日，中共西北野战军取得青化砭大捷
- 5月4日，上海各校学生进行反内战宣传示威
- 6月5日，中苏发生"北塔山事件"
- 7月17日，中共中央召开全国土地会议
- 9月1日，中共中央发出《解放战争第二年的战略方针》
- 10月，国民党宣布"民盟"为"非法组织"，总部被迫解散
- 10月27日，国民党政府与美国签订《中美救济协定》
- 11月12日，台湾民主自治同盟在香港成立

声音

亲爱的各省同胞们！这次"二二八事件"的发生，我们的目的是在肃清贪官污吏，争取本省的政治改革，不是要排斥外省同胞，我们欢迎外省同胞参加这次改革本省政治的工作，以便台湾政治的明朗，早日达到目的。希望关心国家的各省同胞，踊跃来和我们握手，举着同样的步伐，争取这次的胜利。至于"二二八"那天，有一部分外省同胞被殴打，这是出于一时误会，我们觉得很痛心，但也是我们同胞的一个灾难。

——2月末，抗议民众组织了"二二八事件处理委员会"发表的《告全国同胞书》

我们要告诉台湾同胞，你们以和平方法争取自治，和在蒋介石武装进攻之下采取武装自卫的手段，我们对此是完全同情的。你们的斗争就是我们的斗争，你们的胜利就是我们的胜利。解放区军民必定以自己的奋斗来声援你们，帮助你们。

——3月，"二二八"事件之后，中共中央在《解放日报》上发表的社论

拥护开罗公报、波茨坦宣言，反对殖民地化的"托管"、"独立"。

——11月12日，"二二八"后，"台湾民主自治同盟"在香港成立时发表的言论

余迫不得已，忍痛宣布民盟总部解散，但我个人对国家之和平民主统一团结之信念，及为此而努力之决心，绝不变更。

——11月，中国民主同盟被迫解散，张澜发表个人声明

1948年

世界

▶1月30日，印度圣雄甘地遇刺身亡

1948年1月30日，印度圣雄甘地遇刺身亡。

莫罕达斯·卡拉姆昌德·甘地是印度民族主义运动和国大党领袖，被誉为"印度国父"。

甘地1869年出生于印度波尔班达尔贵族家庭，年轻时赴英攻读法律，1894年在南非组织印度侨民反对南非当局种族歧视的斗争。二战期间，甘地发动要求英国"撤离印度"的运动。在他的"非暴力不合作"运动的领导下，印度获得了独立。

印度独立以后，印度教徒和穆斯林经常发生流血冲突，甘地曾经数次通过绝食行为成功使局势一度获得稳定。1月30日，在前往一个祈祷会的途中甘地被一个印度教狂热分子南度蓝姆高德西枪杀。

甘地为印度的独立和富强贡献了毕生的心血，不仅得到了印度人民的爱戴，而且也深深影响了后来如马丁·路德·金等为种族权利而奋斗的志士。

大事

■ 5月26日，中共中央进驻河北省平山县西柏坡村

1948年5月26日，毛泽东等人到达西柏坡，并于当晚召开会议，讨论华北地区的作战问题。

1947年3月23日，党中央的主要领导毛泽东、周恩来、任弼时等带领中共中央机关和人民解放军总部离开陕甘宁边区，在与国民党部队周旋之后，1948年4月23日，周恩来、任弼时等同志率部分工作人员先期到达了西柏坡，毛泽东于5月11日到达河北阜平，26日晚，经过长途跋涉到达平山县西柏坡，与先前到达的中共中央领导会合。

西柏坡位于河北省平山县，地理位置比较优越，群众基础很好，经济基础也不错，便于保密而且交通便利。所以，刘少奇、朱德等人在1947年7月便将中共工委建在这里。中共工委在此成立之后，协助晋察冀野战军取得了包括解放石家庄在内的四次大规模战役的胜利，歼敌6万余人。

▲ 毛泽东在西柏坡

5月26日，毛泽东等人到达西柏坡之后便与先期至此的刘少奇、朱德、周恩来、任弼时等党的主要领导召开了会议，讨论了今后的作战问题。

9月8日至13日，毛泽东在西柏坡主持召开中共中央政治局会议，至次年1月，组织指挥辽沈、淮海、平津三大战略决战，将国民党军主力聚歼于长江以北。

中共中央转移到西柏坡之后开始了新的革命征程，并在此为打败国民党的战争做出了良好的谋划。西柏坡成为中国共产党领导全国人民和人民解放军与国民党进行战略大决战，创建新中国的指挥中心。

■ 9月12日，东北野战军发起辽沈战役

9月12日，东北野战军在林彪、罗荣桓等人的指挥下，按照中共中央的战略部署，发动了辽沈战役。

1948年秋，解放战争已经进行到了第三年，战争形势发生了巨大的转

变，人民解放军经过三年的浴血奋战，共歼灭了国民党军队260多万，在战斗中不断壮大自己，不仅组成了强大的部队，而且在一系列攻城作战中积累了丰富的作战经验，学会了攻打大城市的攻坚战术。

经过两年多的战斗，国民党的"东北'剿总'总司令"卫立煌部队55万人已经被完全包围压缩在长春、沈阳和锦州三个孤立地区。

▲ 辽沈战役结束

9月12日，东北野战军在司令员林彪和政委罗荣桓的指挥下，向卫立煌部队展开进攻，拉开了辽沈战役的帷幕。野战军第2兵团在程子华和黄克诚的指挥下首先发起进攻，28日，攻克绥中，包围了兴城。10月1日，部队协同作战，攻占义县，切断了国民党军东北和华北两大战略集团的陆上交通线，将锦州完全孤立起来。2日，蒋介石飞抵沈阳亲自督战，派廖耀湘的西进兵团，企图东西对进，以解锦州之围，遭到人民解放军顽强阻击。

14日，东北野战军分别从东、南、西三个方向，向锦州发起总攻，并于15日晚占领锦州，全歼守敌十万余人。

15日，锦州城破之时，蒋介石再飞沈阳，督促部队继续进攻，并命令长春守军立即突围。17日，国民党60军在军长曾泽生率领下起义，东北"剿总"副司令郑洞国也在19日率部投诚，长春解放。

长春失守之后，蒋介石自知东北大势已去，开始部署撤退。21日，廖耀湘部队在大虎山附近遭到我军阻击，伤亡惨重，10万余人悉数被歼灭，廖耀湘等人也被俘。11月2日，人民解放军乘胜追击，进入沈阳。10日解放东北全境，辽沈战役结束。此次战役的胜利，使东北地区成为人民解放军夺取解放战争胜利的巩固与可靠的大后方，对加速全国解放战争的进程具有重大意义。

■ 10月5日，徐向前指挥展开太原解放战争

1948年10月5日，徐向前指挥部队在山西向阎锡山部队展开了解放太原的战役。

6月，徐向前率领以地方部队为主的6万人，经过一个月多的作战后，一举歼灭国民党阎锡山部10万余人，占领14座县城，为太原解放战争的展开创造了有利条件。

晋中战役结束后，山西只有太原和大同没有解放。国民党太原"绥靖"公署主任阎锡山将残余部队调集至太原附近，决定死守太原。除此之外，为加强城防，阎锡山还到处布设坚固堡垒，甚至在堡垒内部存水存粮并将洞口封

▲ 徐向前

世界

▶4月3日，马歇尔计划实施

1948年4月3日，美国国会通过了"对外援助法案"，从而完成了实施"马歇尔计划"的法律手续，至此，计划正式开始实施。

1947年6月5日，美国国务卿马歇尔在哈佛大学发表演说，宣告美国将对欧洲复兴进行援助，但并没有指出具体实施时间与相关行动细节。

在经过近一年的精心准备之后，1948年4月3日，美国总统杜鲁门签署了"马歇尔计划"，同时他还设立了经济合作总署来负责计划的实施。并于同年向欧洲各国拨款40亿美元。到1952年计划结束时，美国共向欧洲提供130多亿美元的援助，为欧洲的复兴做出了巨大的贡献，同时也为美国对苏联展开的冷战奠定了国际基础。

死，让士兵"死守"。并在城内抓丁拉夫，上至60岁的老人，下至7岁儿童均不放过。阎锡山提出"舍命才能保命，毁家才能保家"的口号。

人民解放军以数倍兵力将孤城太原包围，并于10月5日凌晨向太原附近的小店地区发起进攻。数日激战后，突破了太原南北守军的第一条防线。26日，人民解放军展开了对东山阎锡山部队的猛烈攻击，前敌总指挥徐向前带病躺在担架上指挥战斗。经过激烈战斗，于11月15日占领该地，进一步缩小了太原的包围圈。但敌我双方死伤都十分惨重。人民解放军死伤16500余人，阎锡山部队死伤2万余人。

鉴于部队伤亡的惨重，中共中央命令部队停战整休，同时对阎军进行心理战术，在三个月的时间内瓦解了敌军3万余人。

1949年2月，平津战役结束以后，按照中央军委的部属，派部分部队驰援太原解放军。3月，人民解放军共集结了3个兵团，10个军，36个步兵师和两个炮兵师以及1.5万名新兵和傅作义部改编的4个师，共25万人马，陈兵太原城下，对其形成合围之势。

人民解放军在徐向前的指挥下，向太原城展开猛攻，3月29日，阎锡山见大势已去，便乘飞机逃往南京，同时，电令部下与太原城共存亡，而且此前将搜刮的115000多两黄金转至国外。4月24日，南京解放五个小时以后，人民解放军向太原发起总攻，30日，守军全部投降，太原解放。

■ 11月6日，东北野战军、中原野战军联合发起淮海战役

1948年11月6日，按照中共中央军委的作战部署，刘伯承、陈毅、邓小平、粟裕、谭震林等，指挥华东野战军和中原野战军等60万人发起了淮海战役。

辽沈战役结束以后，党中央和主要作战领导在分析了当前作战情况之后，决定在以徐州为中心的中原地区展开淮海战役。10月11日，毛泽东亲自制定了《关于淮海战役的作战方针》。同时，蒋介石为了保住中原，也着手调整防御部署，在以徐州为中心的津浦路和陇海路的交叉地带派驻了重兵。

11月6日，华东野战军主力按计划向新安镇国民党军第7兵团发起了进攻。7日，在我军攻击下，第7兵团沿陇海线西撤。华东野战军展开追击。8日，时任国民党军第3绥靖区副司令官的中共地下党员何基沣、张克侠率部下2.3万余人起义。为阻止黄百韬第7兵团的撤退，粟裕向各部发出命令，要求继续追击。11月19日，在碾庄圩附近华野主力全歼黄百韬兵团。兵团司令黄百韬举枪自杀。

世界

▶ 7月29日，第14届奥林匹克运动会在英国伦敦开幕

第二次世界大战期间，1936年、1940年和1944年三届奥林匹克运动会被迫停办。1945年，第二次世界大战刚刚结束，世界各国正在忙于本国的重建，英国奥委会向国际奥委会申请举办第14届奥林匹克运动会。因为只有英国一个国家申请，所以第14届奥林匹克运动会便在英国的伦敦举办。英国奥委会在资金短缺的情况下，兴建了奥林匹克村，修缮了一些体育场馆，使运动会准备工作如期完成。

7月29日下午，英国国王乔治六世宣布奥林匹克运动会正式开始。本届参赛国家和地区达59个。首次参加的有缅甸、英属圭亚那、委内瑞拉、伊拉克、尼达、锡兰、韩国、牙买加。中国派出了33名男运动员参加比赛，但未能取得名次。德国、日本因第二次世界大战，被剥夺了参赛资格。

▲ 淮海战役中的主要指战员

黄百韬兵团被歼后，徐州守敌惊恐万分，迅速将部队调回徐州。黄维兵团为了摆脱不利地位也向徐州靠拢。11月23日，中原野战军在华东野战军等配合下，在徐州以南双堆集地区歼灭黄维兵团，俘兵团司令黄维。

镇守徐州的杜聿明感觉大势已去，便放弃徐州，率军向西南撤退。华东野战军全力追击，12月4日，在永城东北地区将其全部包围。杜聿明在部队投诚1万余人时仍顽固不化，拒不投降。1949年1月6日，人民解放军对其展开总攻。10日，经过五天的奋战，全歼杜聿明部队，将之俘虏，解放徐州，淮海战役结束。

这次战役，人民解放军共歼国民党军55.5万人，解放了长江以北广大地区，歼灭了国民党军在华东、中原战场的主力，使国民党统治中心南京处在解放军的枪口之下。

■ **11月29日，东北野战军、华北军区主力联合发起平津战役**

1948年11月29日，人民解放军展开了对天津、北平、张家口等地的解放战争。

11月18日，中央军委正式下达《东野尽速入关，突然包围（天）津、唐（山）、塘（沽）等处之敌》的军事命令。林彪、罗荣桓、刘亚楼等人下令部队"取捷径，夜行晓宿"，11月23日起，东北野战军主力分三路"右路走冷口，中路走喜峰口，左路走山海关"。于29日，向张家口地区守军发起攻击，展开了对平津地区的解放战争。

国民党守军傅作义将部队驻扎于北平、天津、张家口三个战略要地，并断定我军会首先展开对北平的进攻。

12月11日毛泽东拟就了《关于平津战役的作战方针》，提出应趁傅作义判断我军会首攻北平的失误，首先包围天津、塘沽等地，对平、津之敌隔而不围，对张家口、新保安之敌围而不打，以便隐蔽地展开作战计划。

从12月12日到24日，人民解放军发动了一系列战役，先后攻占了新保安和张家口，将平津两地孤立起来。

国民党军天津警备司令官陈长捷指挥第62、第86军等部10个师及地方部队共13万人，自恃"大天津堡垒化"，企图负隅顽抗。1月14日，人民解放军发起猛烈进攻，29个小时之后，天津解放，陈长捷被俘。

天津解放以后，北平25万国民党军成为笼中之鸟。中共中央军委为了保护北平古城，决定与傅作义进行谈判，争取以和平方式进行接管；同时，也训令部队作好强攻的准备。傅作义在权衡利弊之后，派副总司令邓宝珊到人民解放军平津前线司令部谈判，双方于21日达

▲ 傅作义

声音

各民主党派、各人民团体及社会贤达，迅速召开政治协商会议，讨论并实现召开人民代表大会，成立民主联合政府。

——4月30日，中国共产党《纪念"五一"劳动节口号》

从辛亥革命到抗日救国，海外华侨有钱出钱，有力出力。我们不能容忍中国历史上最后一个封建蒋朝！

——5月，中国致公党主席陈其尤对《纪念"五一"劳动节口号》的看法

中国的农工平民大众陷于死亡线上，蒋政权已经面临全面崩溃，解救民族危亡，此其时矣！

——5月，国民党左派元老彭泽民对《口号》的看法

成了和平解放北平的协议。31日,北平宣布和平解放,平津战役结束。

辽沈、淮海、平津三大战役的胜利,使国民党军精锐师团丧失殆尽。从此,中国人民革命战争在全国胜利的局面基本确定。

备忘

- 1月5日,香港发生"九龙城事件"
- 4月27日,山东兵团攻克"鲁中堡垒"潍县(今潍坊市),山东解放区完全连成一片。
- 5月4日,上海各大中学学生1.5万多人在交通大学集会,发动反对美国扶植日本的爱国运动
- 7月27日,蒋介石在南京国防部主持召开军事会议
- 9月8日~13日,中共中央在西柏坡召开政治局扩大会议
- 11月1日,中共中央军委决定统一全军组织及部队番号
- 12月1日,中国人民银行成立并开始发行人民币
- 12月30日,新华社发表新年献词《将革命进行到底》

1949年

 **大事**

■ 1月21日，蒋介石在南京发表"引退"声明，由副总统李宗仁代行总统职权

1949年1月21日，国民党总统蒋介石宣告"引退"，李宗仁代理总统，发布文告宣称：愿即开始和平谈判，并派邵力子、张治中等5人为和谈代表。

1948年底，东北、华北全部地区以及长江以北大部分地区均为人民解放军占领。12月24日，桂系军阀白崇禧调集50万部队在武汉通电提出"国共双方立即会议上军事行动"，同时要求蒋介石下野。

随后，李宗仁等也提出5项和谈主张，豫、湘、鄂、桂4省也相继通电主和，要求蒋下野。1949年元旦，蒋介石面对国内外局势，假意求和，发表了向中国共产党求和的声明。

▲ 蒋介石引退后的哭泣表情

1月14日，毛泽东代表中共中央发表了《关于时局的声明》，戳穿了蒋介石反人民的面目，同时提出了8项和平协议。

1月21日，蒋介石正式宣告下野，表示："依据中华民国宪法第四十九条'总统因故不能视事时，由副总统代行其职权'之规定，于本月廿一日起，由李副总统代行总统职权。"

蒋介石虽然宣布下野，但仍掌握着国民党的军政大权，在幕后操纵国民党的大小事务。李宗仁上台之后，与中国共产党积极展开和谈，但是由于蒋介石，和谈最后破裂，渡江战役势在必行。

■ 1月31日，北平和平解放

1948年11月底，东北野战军主力包围了北平。傅作义感到形势严重，遂派人与东北野战军参谋长就亚楼进行谈判。双方交换意见后，表示将进行进一步的接触。1949年1月6日至10日，解放军攻占张家口之后，平津战役战局已定。傅作义又派人前往平津司令部前线与林彪、罗荣桓等人进行谈判，中共提出改编国民党军的议案，对傅作义部起义人员一律既往不咎，双方草签了《会谈纪要》。但傅作义没有及时实施。

1月14日，解放军攻占天津，全歼守军15万人，俘获陈长捷、林伟俦

声音

嘉庚先生：中国人民解放斗争日益接近全国胜利，需要召开新的政治协商会议，建立民主联合政府，团结全国人民及海外侨胞力量，完成中国人民独立解放事业。为此亟待各民主党派及各界领袖共同商讨。先生南侨硕望，谨请命驾北来，参加会议，肃电欢迎，并祈赐复。

——1月20日，毛泽东写信邀请陈嘉庚回国参加政协会议

对国民党革命委员会、民主同盟、中国民主促进会、人民救国会、农工民主党、三民主义同志联合会、国民党民主促进联合会、民主建国会、致公党等，应一律承认他们的合法地位，加以保护。

——2月17日，中共中央发表对民主党派的政策

占人类总数四分之一的中国人从此站立起来了，我们的民族将再也不是一个被人侮辱的民族了，我们已经站起来了。

——9月，毛泽东在中国政治协商会议第一次会议上如是说

中华人民共和国中央人民政府成立了。

——10月1日，毛泽东主席向全世界庄严地宣告

中国百年实录 1949年

世界

▶ 4月4日，北大西洋公约组织成立

1949年4月4日，美国、英国、法国、荷兰、比利时等12个国家在华盛顿正式签署《北大西洋公约》，标志着北大西洋公约组织的成立。

二战结束以后，由于意识形态的不同和彼此都想称霸世界的野心，美国和苏联之间的矛盾日益加深。1948年1月，随着美国对西欧的渗透和扩张，英国以苏联威胁增大为理由，利用西欧各国的不安全感，提出了西欧联盟的建议。法、比、荷、卢四国表示响应。3月17日，五国外长在布鲁塞尔签署了《经济、社会、文化合作和集体防御条约》。美国在布鲁塞尔条约的形成过程中不仅积极鼓励，而且还表示将为西欧提供军事保护和军事援助。这一条约组织的建立为北大西洋公约组织的形成奠定了基础。

在此基础上，为了联合对抗苏联，1949年4月4日，美国、加拿大、英国、法国、比利时、荷兰等12个国家在华盛顿签署了《北大西洋公约》，宣布成立北大西洋公约组织。

▲ 张治中

等军政要员。同日，毛泽东发表《关于时局的声明》，敦促傅作义当机立断。当日，傅作义派邓宝珊、周北峰等为全权代表再次前来谈判。16日，双方签署了《关于北平和平解决的初步协议》14条。22日，傅作义在该《协议》上签字，并发表广播讲话。同时，部下守军移师至城外指定地点接受改编。31日，解放军举行入城式，北平宣告和平解放。

■ 4月1日，以张治中为首席代表的南京政府和谈代表团到达北平

三大战役以后，人民解放军消灭了国民党军150多万兵力，并占领长江以北几乎全部地区，战争已经进入战略决战阶段，革命的胜利已是唾手可得。南京国民政府败局已定，于是便向人民解放军抛出了求和的声明。

蒋介石在1月21日虽然宣告下野，但是他仍架空李宗仁，操纵国民党的大小事务。在国民党代表张治中、邵力子、章士钊等人奉李宗仁"和谈"之命抵达北京后的第二天，便密电国民党广州政府提出："和谈必须先订停战协定，'共匪'何时渡江，则和谈何日停止。"而态度强硬的国民党中央常委会也据此通过决议，要求代表团坚持以下五点：一，如中共在和谈期内渡江，则宣告和谈破裂；二，既定之促进国际合作的外交政策应予维持；三，中共应保证今后人民生活之自由，且须停止一切恐怖暴力的行为；四，整军办法必须双方同意，各就原防自行改编；五，只有在保证二、三、四条基础上才可同意组织联合政府。此外，陈立夫等甚至在会上对组织联合政府一项也坚决反对。

4月2日，周恩来、林伯渠、林彪等人代表中国共产党与抵达北平的国民党代表正式展开和谈。3日，周恩来通过黄启汉转告李宗仁、白崇禧：在和谈期间，人民解放军暂不渡江，但和谈后，无论谈成与否，解放军都要渡江。7日，李宗仁致电毛泽东，表示"决心谋和"，要"与贵党携手，并与各民主人士共负努力建设新中国之使命"。13日，周恩来在中南海勤政殿向张治中等递交《国内和平协定》，并限定国民政府在20日之前给予答复。

20日，南京政府拒绝接受协定，李宗仁与何应钦电复中共和谈代表团说："综观中共所提之协定全文，其基本精神所在，不啻为征服者对被征服者之处置"，希望中共"对协定之基本精神与内容，重新予以考虑……极盼能即日成立临时停战协定"，谈判因此破裂。

■ 4月21日，"紫石英号"事件发生

1949年渡江战役前夕，英国皇家海军舰队"紫石英号"无视人民解放军的警告，闯入我军前线阵地，发生了"紫石英号"事件。

随着1949年国共内战形势的发展，英国皇家海军准备在局势混乱时为驻南京的英国使馆人员以及侨民提供援助便派远东舰队在南京长江上停泊了一艘军舰。4月20日，这艘名为"紫石英"号的军舰突然闯入了人民解放军长江防区。我军鸣炮警告后，英舰置之不理，继续前行，于是我方开始向英舰发起炮击，英舰火炮也开始还击，不久军舰受了重创，挂起了白旗投降。我军停止攻击，"紫石英号"向国民党防区移动，并呼叫英舰"伴侣号"前来驰援。下午1时，两舰向我军进行猛烈攻击，并击毁人民解放军两门野炮，最后敌舰在我军攻击下败往下游。

4月21日，英国远东舰队总部命令副总司令梅登海军中将亲自乘坐旗舰"伦敦"号并带领驱逐舰"黑天鹅"，驶进江阴江面，企图凭借军舰上武器装备的优势，向我进行报复同时向岸上民房发炮。我军某团部机关，团长和团参谋长当场牺牲，并有40多人负伤，我炮兵立即展开反击，敌舰见我军力量强大，掉转船头逃向上游。在这两次战斗中英军损失惨重，死伤约有100人。

"紫石英号"事件发生后，我军从人道主义出发给英国伤兵进行治疗，并为其提供补给。但英军蛮横无理，不仅拒绝认错而且还妄图逼迫我军放走被控制的"紫石英号"军舰。该舰后因我军守卫缺乏照明设施而逃走。

紫石英号事件发生后，中共中央指示部队注意尽量避免与外国军舰发生新的冲突。此后英、美等国停泊在上海的军舰在解放军进军上海的过程中相继撤离，从此结束了西方国家军舰随意进出中国内河的历史。

▲ 人民解放军占领南京国民党总统府

■ 4月23日，解放军占领南京

1949年4月23日，人民解放军占领南京。

1949年1月21日，蒋介石宣布引退，由李宗仁出任"代总统"与中国共产党进行谈判，同时部署大量部队继续抵抗人民军队，和谈破裂。

三大战役结束之后，人民解放军乘胜追击。国民党军迅速溃败，一路"转进"，逃到长江以南，企图凭借长江天险顽强抵抗。人民解放军第二、第三野战军和第四野战军一部在长江中下游北岸和国民党军汤恩伯、白崇禧部队隔江对峙。

中共中央军委决定发起渡江战役并于3月31日制定了《京沪杭战役实施纲要》，由刘伯承、陈毅、邓小平等统一指挥渡江作战。

人民解放军在3月底与4月初进行了渡江作战的准备。

4月20日,中国国民党中央常务委员会发表声明,拒绝接受《国内和平协定》。4月21日,毛泽东、朱德向中国人民解放军发布了向全国进军的命令,人民解放军向国民党军队发起进攻,并于当日突破长江防线,23日先后攻占了江苏丹阳、常州、无锡等地,切断了宁沪铁路。国民党海军第二舰队司令员林遵率25艘舰艇在南京以东江面起义,解放军乘胜渡江。深夜,人民解放军攻入南京,南京解放战争结束。

24日,人民解放军派先遣部队直奔南京国民政府总统府,将红旗插上蒋介石的"总统府"门楼。从此,南京重新回到人民的怀抱中。捷报传至北京后,正在香山的毛泽东挥毫写下了具有伟大历史意义的《人民解放军占领南京》的不朽诗篇:

▲ 开国大典上的人民解放军

钟山风雨起苍黄,百万雄师过大江。
虎踞龙盘今胜昔,天翻地覆慨而慷。
宜将剩勇追穷寇,不可沽名学霸王。
天若有情天亦老,人间正道是沧桑。

■ 10月1日,中华人民共和国成立

1949年10月1日,毛泽东在天安门城楼上宣布:中华人民共和国中央人民政府成立了。

随着解放战争的进一步发展,人民解放军已经先后渡过长江,攻占南京等地,国民党败局已定。1949年9月21日至9月30日,中国人民政治协商会议第一届全体会议在北京召开,这次会议代行了人民代表大会的职责。中国共产党及各民主党派、人民团体和无党派民主人士等单位的代表662人参加了会议。会议一致通过了《中国人民政治协商会议共同纲领》,制定了《中国人民政治协商会议组织法》、《中华人民共和国中央人民政府组织法》,决定新中国的名称为中华人民共和国,以北京为首都,《义勇军进行曲》为代国歌,五星红旗为国旗。

1949年10月1日下午2时,毛泽东主持召开了中央人民政府委员会议,在第一次政协会议上选举的中华人民共和国人民政府主席、副主席、委员全体出席并宣布就职。同时任命周恩来为总理,毛泽东为军委主席,沈钧儒为中央人民政府最高人民法院院长,罗荣桓为中央人民政府最高人民检察署检察长。

下午3时,首都30万人聚集在天安门广场参加典礼的举行。林伯渠主持了典礼,毛泽东在天安门城楼上庄严地宣布:同胞们,中华人民共和国中央人民政府已于本日成立了！接着举行了升国旗仪式，毛泽东主席亲自按电钮，五星红旗冉冉升起。54门28响的礼炮齐发，拉开了开国大典的帷幕。接着举行了盛大的阅兵仪式，朱德总司令检阅了海陆空三军，并宣读了中国人民解放军总部命令。命令人民解放军"迅速肃清国民党反对军队的残余，解放一切尚未解放的国土，同时肃清土匪和其他一切反革命匪徒，镇压他们的一切反抗和捣乱行为"。晚上北京市民提灯庆祝直至9时许。

中华人民共和国的成立，标志着中国人民从此站起来了，开始进入了新的历史时期。

■ 11月8日，中华人民共和国外交部成立

11月8日，中华人民共和国外交部在北京成立，由周恩来任第一任外交部长。

10月1日，中华人民共和国成立以后，新中国政府的各个工作部门也在积极地准备建设中。

11月8日晚，中华人民共和国外交部在段祺瑞任北洋政府总理时的执政府外交部旧址院前（东单外交部街31号）举行正式成立大会，出席建部大会的第一批新中国外交干部约为170人。在与会人员到齐后，会议主席王炳南宣布外交部成立大会正式开始。周恩来总理兼外交部长在会上作了重要讲话。

周恩来在讲话中指出："我们是外行人办外交，对外交这一门学问是没有的；外语学校的同志主要的是学习外文，其他的少数干部虽然办过一些外事工作，但是把这些工作经验加以整理，使它科学化，系统化，成为一门学问，还差得远……我们现在的外交任务，是分成两方面的。一方面，是与苏联和人民民主国家建立兄弟的友谊。我们在斗争营垒上属于一个体系，目标是一致的，为持久和平、人民民主、社会主义的前途而奋斗。另一方面，是反对帝国主义。帝国主义是敌视我们的，我们同样也要敌视帝国主义，反对帝国主义。……"

外交部人员在部长周恩来，副部长王稼祥、章汉夫，办公厅主任王炳南等人的领导下，为新中国的外交做出了卓著的贡献。

■ 12月10日，蒋介石由成都飞赴台北

1949年12月10日，蒋介石见在大陆的大势已去，决定退守台湾，于是便从成都飞赴台湾。

早在1948年，蒋介石便在张其昀的建议下派其亲信陈诚赴台着手经营台湾。1949年3月，陈诚成功掌握台北党、政、军大权，开始"打造"台湾。

早在1949年1月，蒋介石密令国民政府中央银行总裁俞鸿钧将全部库存的黄金、白银和美钞运往台湾。同时发行金圆券，将人民手中的黄金白银等财产搜刮一空，一并由海军舰只全部抢运到台湾。此外珍藏在南京故宫

世界

▶ 5月~10月，德国分裂为联邦德国与民主德国

1949年5月至10月，德国被分裂为德意志联邦共和国和德意志民主共和国两个独立的政体。

德国战败后，东西两部分别为苏联和英、美、法占领。1948年，英、美、法三国将西占区合交，同时于6月21日，单方面实行货币改革。22日，苏联也在苏占区实行货币改革。24日，苏联当局切断了西占区与柏林的地面交通联系，与此同时美英等国也对苏占区实行封锁。随着东西两区占领者的分歧，柏林危机愈演愈烈。

1949年5月10日，德国西部统治机构宣布将成立德意志联邦共和国，定都波恩，并通过了《德意志联邦共和国基本法》。9月20日，成立德意志联邦共和国第一届政府。10月7日，苏占区也通过《民主德国全国阵线宣言》，决定成立"临时人民议院"，组织"德意志民主共和国政府"。之后，苏联政府将德国东部行政权力全部移交给德意志民主共和国。德国正式分裂为联邦德国和民主德国。

中国百年实录 | 1949年

博物院的原北京故宫所藏历代精品古玩字画,包括铜器、瓷器、玉器、字画等1424箱,图片画册1334箱,历史档案204箱,合计文物23万多件全部抢运到台湾。

4月21日,毛泽东主席和朱德总司令向全军发出"向全国进军"的命令之后,解放军渡江,势如破竹,继占领南京后,8月4日,湖南省政府主席程潜在长沙起义。22日,人民解放军占领福建。10月14日,攻克广州,"国民政府"迁往四川,蒋介石也逃至重庆。11月30日,重庆解放,蒋介石逃往成都。12月7日,"行政院长"阎锡山率"国民政府"各部门从成都逃往台湾。12月9日,云南省主席卢汉起义。10日,西康省主席刘文辉投降。同日,蒋介石与蒋经国从凤凰山机场飞赴台湾,国民党政府彻底结束了在中国大陆的黑暗统治。

世界

▶8月29日,苏联原子弹研制成功

第二次世界大战中,美国向日本的广岛、长崎投掷了原子弹,致使日本天皇向盟军投降。原子弹的威力,震慑着世界各国。

苏联在二战后为了与美国抗衡,也开始积极研制原子弹。此前,美国投向日本的原子弹中有一枚没有爆炸,日本大本营经过考虑将这颗原子弹送予当时正在准备研制核武器的苏联,加快了苏联的研制步伐。

1949年9月23日,美国总统杜鲁门向国会通报了一条惊人的信息:苏联于几周前成功爆炸了一枚原子弹。从此,苏联不仅在政治、经济上与美国相抗衡,在军事上也与美国展开了竞争。

备忘

- 1月31日,苏共中央政治局委员米高扬访问西柏坡
- 2月4日,中共中央发表声明,反对国民政府释放日本战犯冈村宁次
- 5月15日,武汉解放
- 5月19日,国民政府台湾省主席陈诚宣布从次日凌晨起对全省实行戒严
- 8月8日,美国发表对华政策《美国与中国的关系》白皮书
- 9月19日,绥远和平解放
- 9月27日,北平更名北京
- 10月2日,苏联第一个与中华人民共和国政府建交
- 11月1日,中国科学院成立,郭沫若任院长

1950年

大事

■ **1月5日,杜鲁门发表声明,承认台湾是中国的领土**

1950年1月5日,杜鲁门带着严肃的神情出现在白宫记者招待会上,他公开发表了美国政府《关于台湾的声明》,将弃台政策诉之于众。《关于台湾的声明》再次确认《开罗宣言》、《波茨坦公告》中关于将台湾归还中国的条款,申明"过去4年来,美国及其他盟国都承认中国对该岛行使主权。目前美国无意在台湾获取特别权力或特权或建立军事基地,美国也不拟使用武装部队干预其现在的局势。美国政府不拟遵循任何足以把美国卷入中国内战中的途径。同样,美国政府也不向在台湾的中国军队提供军事援助或军事顾问。在美国政府看来,台湾的资源足以使他们能够得到他们认为保卫该岛所必需的东西。美国政府建议,根据现行的立法授权继续执行经济合作署目前的经济援助计划"。

▲ 杜鲁门

同时,美国国务卿艾奇逊也发表声明:"中国人已统治台湾四年,美国或任何盟国从未对该项权力及占领发生过任何疑问,当台湾被作为中国的一个省份的时候,没有任何人曾对此提出过任何法律上的疑难。此举经认为是符合各项约定的。"

■ **2月14日,中苏两国在克里姆林宫缔结《中苏友好同盟互助条约》**

1949年12月6日,毛泽东的专列离开北京,驶向苏联莫斯科。16日,毛泽东一行抵达莫斯科,下午6时,斯大林在克里姆林宫的办公室会见毛泽东。

毛泽东按出国前商量的计划提出要周恩来到莫斯科来一趟。斯大林对此表示同意。周恩来接到毛泽东的电报后,立即着手组织代表团。1950年1月20日,周恩来一行到达莫斯科。两天后,克里姆林宫灯火辉煌,中苏开始正式会谈。参加会谈的苏方人员,除斯大林外,还有莫洛托夫、马林

声音

各国的事务应该由各国人民来管,而不应由美国来管,全中国人民的同情都将在被侵略方面,全国和全世界人民团结起来,进行充分的准备,打败帝国主义的任何挑衅。

——此为6月28日毛泽东在中央人民政府委员会第八次会议上对美国侵略朝鲜和我国台湾行为的严厉谴责

中国人民决不能容忍外国的侵略,也不能听任帝国主义对自己的邻人肆意侵略而置之不理,中国人民热爱和平,但是为了保卫和平,从不也永不害怕反抗侵略的战争。

——此为9月30日周恩来总理兼外交部长在政协国庆招待会上发表的演说

科夫、米高扬、维辛斯基和翻译费德林；中方人员除毛泽东外，还有周恩来、李富春、王稼祥、陈伯达和翻译师哲。

经过20多天的紧张谈判，1950年2月14日，周恩来总理和苏联外长维辛斯基代表两国政府在克里姆林宫正式签署《中苏友好同盟互助条约》。出席签字仪式的苏方人员有斯大林等9名联共（布）中央政治局委员；中方出席签字仪式的有毛泽东、陈伯达等。

中国驻苏大使王稼祥为毛泽东和周恩来访苏联和《中苏友好同盟互助条约》的签订，举行盛大招待会，招待会在莫斯科的首都饭店举行。斯大林破例出席了不是在克里姆林宫举行的招待会。

《中苏友好同盟互助条约》替代了1945年8月14日国民党政府同苏联在莫斯科签订的《中苏友好同盟条约》，是新中国成立后对外签订的第一个双边关系条约。该条约的签订反映了人民革命胜利后，中华人民共和国与苏联之间出现的完全新型关系，标志着中苏关系从此走向一个全面合作的历史时期，影响极其深远。

■ 3月5日，第四野战军第十五兵团发起海南岛战役

广州解放后，由广东溃逃的国民党军余汉谋集团残部迅速逃往海南岛，连同岛上原有的第64军等部，总兵力约10万人，统由海南防卫总司令薛岳（字伯陵）指挥。

薛岳将这些建制不全的残余力量，经过拼凑，整编为第62、第63、第64、第4、第32军共19个师，对海南岛实行环岛防御。另以海军舰艇50艘、飞机45架组成所谓海陆空立体防御，对这种防御，薛岳以自己的名字命名为"伯陵防线"，企图凭借海峡天险，阻止人民解放军渡海登陆。

1950年3月5日，人民解放军第四野战军第十五兵团司令员邓华、政委赖传珠指挥第40军、第43军及炮兵、工兵共10万余人，采取偷渡、强渡相结合的方式，在我琼崖纵队的有力配合下，发起海南岛战役。

至4月30日，解放军攻占海南岛国民党军最后一个据点榆林港，把五星红旗插到了天涯海角。5月1日，占领北黎、八所，至此，海南岛全境解放，战役胜利结束。此役，3万多名国民党守军被歼，其余守军从海上退往台湾。

海南岛战役，是人民解放军以木船为主要航渡工具，突破敌人海空封

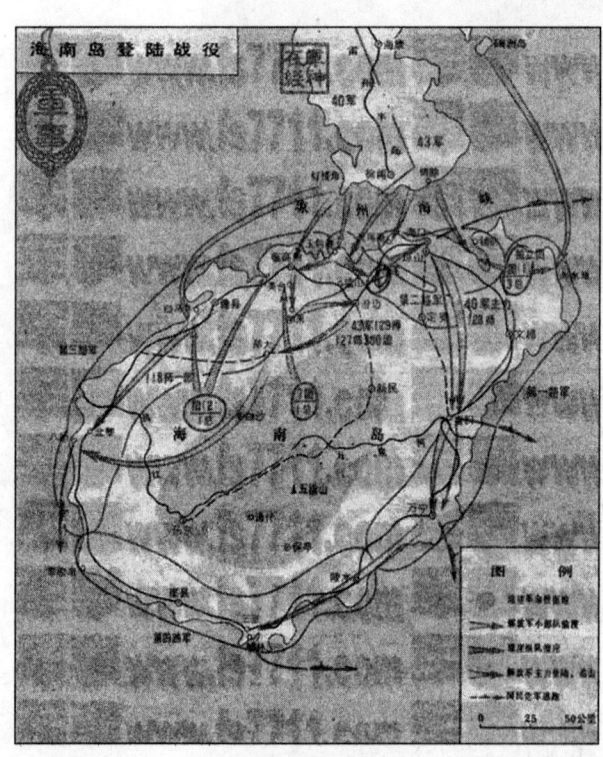

▲ 海南岛登陆战役

锁的一次成功的岛屿作战，一举摧毁了国民党军立体防御体系的范例，创造了我军木船打军舰、木船大规模渡海作战的奇迹。

■ 4月13日，《中华人民共和国婚姻法》通过

1950年4月13日，《中华人民共和国婚姻法》经中央人民政府委员会第七次会议通过，同年5月1日开始实施，是新中国成立后出台的第一部具有基本法性质的法律。

《中华人民共和国婚姻法》全文分为8章，包括原则、结婚、夫妻间的权利和义务、父母子女间的关系、离婚、离婚后子女的抚养和教育、离婚后的财产和生活及附则，共27条。

该法内容以调整婚姻关系为主，同时涉及家庭关系方面的各种重要问题。"废除包办强迫、男尊女卑、漠视子女利益的封建主义婚姻制度。实行男女婚姻自由、一夫一妻、男女权利平等，保护妇女和子女合法利益的新民主主义婚姻制度"。

为了肃清封建婚姻制度的残余，《中华人民共和国婚姻法》还明确规定禁止重婚、纳妾、收养养媳、干涉寡妇婚姻自由、借婚姻关系索取财物等。

《中华人民共和国婚姻法》的制定得到社会各界的普遍关注和广泛支持，其中苏联等社会主义国家的婚姻立法经验对其产生了深远的影响。

《中华人民共和国婚姻法》的实施，对保护妇女权益，提高妇女地位，提高婚姻质量等，都起到了积极的作用。

■ 5月15日，周恩来发表声明，谴责麦克阿瑟擅自释放日本战犯

1950年5月15日，中华人民共和国外交部部长周恩来代表中国政府对麦克阿瑟擅自释放日本战犯的非法越权行为，予以严厉的谴责。

远东军事法庭将被判处绞刑的罪犯执行后，美方出于冷战的需要，要利用日本战犯，无视国际法庭的合法性和权威性，千方百计为日本战犯开脱罪责。麦克阿瑟擅自以盟军最高统帅名义，指示国际检察处，以"罪证不足"为由，下令把在押待审42名甲级战犯"免予起诉"，根本不提原先共同决定的第二案、第三案审理。并下令分两批将甲级战犯"无罪释放"，其中就有岸信介等负有侵略罪责的重要战犯，岸信介等不久重返政坛，当了首相。

这些战犯对美国感恩戴德，听从美国指使，而且气焰嚣张，不承认侵略，推翻罪行。更有甚者，麦克阿瑟随后又下令：对已被国际法庭判刑的战犯，按所谓"宣誓释放制"全部提前释放。11个盟国组成的国际法庭的庄严判决，被美国麦克阿瑟破坏殆尽，判决书成了一纸空文，对美国一意孤行的霸道行径，其他盟国无不震惊。

■ 6月6日~9日，中共七届三中全会在北京召开

中共七届三中全会于1950年6月6日~9日在北京召开。出席会议的有中央委员35人、候补中央委员27人。各省、市委、中央各部委负责人及有关

世界

▶6月25日，朝鲜战争爆发

1950年6月25日，朝鲜战争爆发。美国指使南朝鲜李承晚集团发动对朝鲜民主主义人民共和国的武装入侵。6月27日，美国正式参战。7月7日，美国盗用联合国的名义，组成了以美军为主的所谓联合国军。9月15日，7.5万名"联合国军"在朝鲜半岛西海岸仁川港登陆，开始大举北犯。与此同时，美国飞机多次轰炸和扫射中国东北地区，严重威胁中国的安全。为了捍卫世界和平，保家卫国，中国人民志愿军于10月25日赴朝，与朝鲜人民军并肩作战。在朝中人民的沉重打击下，1951年7月10日，美国政府被迫同意在开城举行停战谈判，并于1953年7月27日在停战协定上签字。美国侵略朝鲜、干涉亚洲事务的罪恶图谋终以失败而告终。

工作人员43人列席了会议。

这次会议的主要议题是确定党在国民经济恢复时期的主要任务，以及所应采取的战略策略方针。这次会议分析了国际国内形势，总结了七届二中全会以来即新中国成立前后一年多的工作。毛泽东主持会议，并作了《为争取国家财政经济状况的基本好转而斗争》的报告和《不要四面出击》的讲话，刘少奇作了《关于土地改革问题的报告》，陈云作了《关于财政经济问题的报告》，聂荣臻作了《关于人民解放军整编问题的报告》，周恩来作了《关于外交工作与统一战线工作的报告》。薄一波、安子文、胡乔木分别作了关于税收、党的组织工作以及整党工作的专题报告。

全会通过了毛泽东作的《为争取国家财政经济状况的基本好转而斗争》的报告。全会决定成立土改问题委员会。土改委员会由11人组成，刘少奇负责。全会决定增补廖承志、王稼祥、陈伯达、黄克诚为中央委员，撤销黎玉、刘子久的候补中央委员。

七届三中全会是新中国成立初期党中央的一次最重要的会议。会议提出的策略路线和行动纲领，对于开展各项民主改革，巩固人民民主专政，恢复国民经济，起了重要的指导作用。

■ 9月26日，北京市公安局粉碎了国际间谍企图炮轰天安门的阴谋

北京解放前夕，美蒋特务机关安排了大批间谍、特务潜伏下来，伺机刺探情报，从事破坏活动。意大利人李安东就是潜伏下来的间谍组织头目之一，他的公开身份是天津老世昌公司北京代理人。

在解放军进城之前，美国特务机关将一门STOKES82迫击炮和炮弹掩藏在美方提供的所谓"救济物资"中交给了李安东。李安东把这个"重型武器"化整为零，分别藏在自己和另外一个间谍分子马迪儒的家里，并一直盘算着怎么样让它派上用场。

1950年1月的一天，李安东找到潜伏在北京东交民巷法文图书馆的日本籍特务山口隆一（化名刘逸）。李安东告诉山口隆一，他这里存有一门迫击炮，可以"等中国政府在天安门开会时试一试"。

两人经过密谋，草拟了一份趁10月1日新中国成立一周年庆祝大会时，炮击天安门城楼，谋杀毛泽东主席及中央人民政府其他领导人的计划报告，通过他们的情报管道，交给日本东京美国占领军总部。计划很快获得了批准，从5月份开始，李安东和山口隆一开始进行炮轰的准备活动。按照计划，将由山口隆一开炮。为此，山口隆一多次跑到天安门广场，测量了广场周围的地形，将测量结果绘制成地图，上面注明了炮击的目标和毛泽东主席检阅群众队伍时的位置。

9月16日，山口隆一将绘制好的图纸寄往东京，并加紧制定炮轰的具体实施方案。9月26日，他们将实施炮轰的具体方案寄往东京，方案估计了计划实施的可能性和实施后的逃跑计划。

令李安东他们没有想到的是，他们自以为周密严谨的恐怖计划，早已在我方的掌控之中。就在他们静等着占领军司令部的最后指令的时候，他

世界

▶11月2日，爱尔兰著名戏剧家萧伯纳逝世

1950年11月2日，英国现代杰出的现实主义戏剧家萧伯纳在圣劳伦斯的乡间别墅去世。

萧伯纳是一个幽默、正直、不看重名利的人。当1925年的诺贝尔文学奖降临在他的头上的时候，他非常幽默地说："干吗要在一个老头子的脖子上系上一只金铃？"

从1885年起，萧伯纳开始戏剧创作，吸引他走上戏剧创作道路的是著名剧作家易卜生。从1892年至逝世，萧伯纳共计创作了51部剧本。创作于1892年的《鳏夫的房产》是他的第一部戏剧作品。

1931年萧伯纳访问了十月革命后的苏联，并在莫斯科度过了他的75岁寿辰。高尔基写信向他祝寿，并称颂他为"勇敢的战士"；第二年，萧伯纳来到中国，在上海会见了宋庆龄、蔡元培、鲁迅等人，并和他们建立了友谊。

们寄往东京的情报已经到了我公安人员的手中。

1950年9月26日,北京城的大街小巷已经呈现出节日的喜庆气氛。这天,北京市公安局、北京市军管会联合采取行动,捕获了李安东和山口隆一。

公安干警在李安东房间里起获了STOKES82迫击炮一门,手枪两支,迫击炮炮弹、子弹494发,手榴弹8枚,迫击炮弹头和引信等各种武器零部件273件,烈性毒药两包。此外还有包括记录着我中央领导人,人民政府各部委、各民主党派负责人住址、汽车牌号等资料在内的情报卡片和底稿1000多件,其中还包括山口隆一绘制的那张炮轰示意图。

至此,一个策划了半年之久的恐怖计划彻底破产,此时,距离新中国成立一周年庆典还有4天。

李安东和山口隆一被捕后,我警方顺藤摸瓜,一举捣毁了他们的间谍网。1951年8月17日李安东、山口隆一绑赴天桥行场,执行死刑。

■ 10月10日,中共中央发出《关于镇压反革命活动的指示》

新中国成立初期,残留在各地特别是广大新解放区的土匪、恶霸、国民党特务以及各种反动会道门头子等,不甘心他们的失败,伺机进行破坏和捣乱。朝鲜战争爆发后,他们自以为梦寐以求的美蒋"反攻大陆"的时机到了,更是明目张胆地抢劫物资,杀害干部和进步群众。1950年广大新解放区就有近4万名干部和群众被杀害,其中仅广西就达7000多人。

为了肃清反革命分子,巩固新生的人民政权,1950年10月,中共中央发出《关于镇压反革命活动的指示》,要求各级党委对一切继续进行反革命活动的分子,必须坚决予以严厉制裁,纠正镇压反革命工作中"宽大无边"的偏向,全面贯彻"镇压和宽大相结合"的政策。

在镇压反革命运动时,党外人士中有些人曾经流露出一些错误思想:划不清敌我界限,主张对反革命分子施"仁政",特别是有些与国民党反动派有历史联系的人们,思想上震动更大。为了加强团结,共同对敌,中国共产党先后发出两个文件,规定"对于解放前已开始参加反蒋斗争,已经与我们合作的民主人士,特别是高级民主人士,对于真正起义的军官,在土改和镇反中,必须有意地予以特殊的照顾,或宽大处理,这对统一战线和革命胜利的巩固是十分必要的,决不可不加区别地把他们与一般反动地主和反动军官一样对待"。中国共产党还通过各种方式同各民主党派和无党派民主人士以及各界代表人士进行充分协商。不少省市还注意邀请民主党派和无党派人士参加对反革命案件的调查处理。民主党派的许多地方组织和基层组织积极组织成员学习和宣传党和政府的有关文件精神。通过学习和事实的教育,许多党外人士划清了界限,坚定了立场,使镇压反革命运动取得了胜利。

■ 10月19日,中国人民志愿军渡过鸭绿江赴朝作战

1950年6月25日,朝鲜内战爆发。美国政府下令出兵协助韩国作战,并命令美国第七舰队驶入基隆、高雄港口,在台湾海峡巡逻,阻止中国人民

解放军渡海攻占台湾。10月初,以美国为首的联合国军越过"三八线",直逼中朝边境,威胁中国安全。应朝鲜劳动党和朝鲜民主主义人民共和国政府的请求,中共中央做出"抗美援朝,保家卫国"的决策,决定组成人民志愿军入朝抗击美国侵略者。

1950年10月8日,毛泽东任命彭德怀为中国人民志愿军总司令兼政委,准备率军入朝作战。10月14日,毛泽东与彭德怀详细研究了志愿军的出兵和作战方案,确定志愿军各部于18日或19日分批渡江。

10月16日,志愿军师以上干部大会在安东(今丹东)召开,彭德怀宣布了中共中央政治局关于立即出兵援朝的决定,并分析了朝鲜战场形势,阐明了抗美援朝的重要战略意义。

18日,毛泽东致电第13兵团领导:"四个军及三个炮师决定按预定计划进入朝北作战。自明(19日)晚从安东和辑安(今集安)线开始渡鸭绿江。为严格保守秘密,渡江部队每日黄昏开始至翌晨4时即停止,5时以前隐蔽完毕,并须切实检查。为取得经验,第一晚(19日晚)准备渡两三个师,第二晚再增加或减少,再行斟酌情形。"

10月19日黄昏,彭德怀仅带领一名参谋、两名警卫员和一部电台,乘一辆吉普车跨过鸭绿江大桥,奔赴朝鲜战场。

同日,中国人民志愿军分三路跨过鸭绿江,秘密开赴朝鲜前线。第40军和第39军主力及炮兵第1师从安东过江;第39军117师、炮兵第2师和高炮团从长甸河口过江;第38军军部、第42军和炮兵第8师从辑安过江。至22日,

▲志愿军赴朝参战

第38军主力从辑安过江。按照中央的要求,所有渡江部队,从每日黄昏开始行动,至翌晨4时停止,天亮前隐蔽完毕,不露痕迹,入夜开拔,奔赴前线。就在"联合国军"和李承晚军东西两线部队争先恐后地向中朝边境狂奔猛进的时候,中国人民志愿军已经埋伏在鸭绿江南岸的崇山峻岭中,准备与之进行一场特殊的较量。

■ 10月25日,中国人民志愿军举行抗美援朝第一次战役

10月19日,中国人民志愿军入朝后,根据"东顶西打"的作战意图,以第42军两个师在东面黄草岭一线构筑工事,组织防御,阻击东线之敌,保证西线主力侧翼安全,西面集中主力第38军、第39军、第40军、第50军、第66军和第42军1个师等5个军又1个师在运动中寻机歼敌。

10月25日,行进中的中国人民志愿军第40军在温井地区与"联合国军"遭遇,志愿军利用"联合国军"和南朝鲜军判断错误和分兵冒进的弱点,先敌发起进攻,首歼南朝鲜军第6师一部,并占领温井地区,从而揭

开了抗美援朝战争的序幕。11月1日,中国人民志愿军第39军向云山地区发起进攻,2日凌晨,歼灭美军骑兵第1师第8团一部,占领云山,3日,第40军逼近宁边,第38军进占球场、院里。从3日起,"联合国军"开始全线撤退,志愿军随即转入追击。至4日晚,"联合国军"全部撤至清川江以南,并构筑了防御阵地。志愿军遂于11月5日停止进攻。

此役,共歼灭"联合国军"1.5万人,并将其从鸭绿江畔驱至清川江以南地区,初步稳定了朝鲜战局,取得了和美军首次交战的胜利,打破了美军不可战胜的神话。

▲志愿军第一次战役

■ 10月27日,无产阶级革命家任弼时逝世

1950年10月27日,无产阶级革命家任弼时因病在北京逝世,终年46岁。

任弼时于1904年4月30日出生在湖南省湘阴县一个贫苦的乡村教师家庭。他自幼聪颖好学,1920年,他在长沙读完了中学二年级,因家境贫困,无法继续就读,为解决"出路"问题,他到商店买回了炭墨和画纸,画起画来。当他拿着自己的作品到画像馆对照时,同学们惊叹不已,有的说:"你不愁没有出路了,可以挂招牌营业了。"没想到,任弼时在成为一个职业革命家后,竟真的办起"画像馆",用它掩护革命活动。

中学时代的任弼时虽然发现自己有很高的绘画才能,可他并不想以此谋生。他当时对同学萧劲光说,"虽然社会职业的大门,对刚从学校出来的学生是紧闭着的,但凭一技之长,也不难找到一条出路","我辈青年需要寻找的,是整个中华民族的出路,是革命的出路!"

▲任弼时

中国百年实录　1950年

五四运动以后，受十月革命和马克思主义影响，任弼时等人准备去俄国留学。学校当局以"有意留俄，无心留学"的罪名，开除了他们的学籍。他们义无反顾，立即赶到上海，在那里学习俄文和介绍俄国革命情况的书刊，学习马克思主义。不久任弼时加入了中国社会主义青年团。1921年春天，他和萧劲光等革命青年同反动势力一路斗争，终于到达莫斯科。

在留俄期间，任弼时系统地学习了马克思主义理论，更加坚定了共产主义信仰，加入了中国共产党。1924年回国后，他在党开办的上海大学教俄文，同时参加了团中央工作，先后担任团中央的组织部长、代理书记和书记。此间，任弼时发表了大量文章，揭露帝国主义和封建军阀的罪恶，宣传马克思列宁主义，介绍十月革命的经验，指导青年运动，还亲自组织青年们进行反帝反封建的革命斗争。

1924年4月，任弼时出席了党的五大，并当选为中央委员。直到1950年10月病逝，他长期在党内担任重要职务，为中国人民的革命事业做出了卓越的贡献。

■ 11月25日，中国人民志愿军抗美援朝第二次战役

美国侵略军在第一次战役遭我打击后，不甘心失败，于1950年11月24日，集中美军、英军全部及李承晚军大部共20余万人，分东西两线，对我发动了总攻。我志愿军为了粉碎敌人的攻势，把战线推进至平壤、元山一线，采取诱敌深入，各个击破和歼灭敌人的方针，实施战役反击。11月25日晚，西线我志愿军主力发起反击，12月5日收复平壤，并继续向"三八线"追击。东线我志愿军于11月27日黄昏开始向长津湖地区之敌反击，12月17日占领咸兴，24日收复兴南。

第二次战役以将敌赶到"三八线"以南而胜利结束，战役共歼敌3.6万人，美军10天内即败退了300公里以上，美国国务卿艾奇逊称此为"美国历史上路程最长的退却"。在这次战役中，志愿军除了战略指导正确和战役部署巧妙外，在战术上也最充分地发挥出国内战争中形成的机动灵活、善于夜战和接近敌人后即分割穿插的传统战法，出奇制胜，取得收复北朝鲜的战略性胜利。

■ 12月31日，中国人民志愿军抗美援朝第三次战役

▲抗美援朝第三次战役

美国侵略军被我击退到"三八线"以后，一面调整部署，一面抛出"停火建议"，妄图争取时间，准备再行北犯。

为打破美国政府"先停火，后谈判"、争取喘息时间卷土重来的阴谋，1950年12月31日至1951年1月8日，我志愿军在朝鲜人民军的配合下发起第三次战役。各突击集

团迅速突破敌人"三八线"既设阵地后，向敌纵深突击前进。我右翼突击集团于1951年1月4日占领汉城（今首尔），7日占领水原、金良场里；我左翼突击集团和朝鲜人民军一部先后占领了洪川、横城、利川、原州地区。1月8日，我主动停止进攻，战役胜利结束。

中国人民志愿军所进行的第3次战役，是入朝以来一次较大规模地向预有防御准备之敌的进攻战役，是在冰天雪地、供应困难、准备仓促的情况下进行的。经过7个昼夜的连续进攻，志愿军推进80～100公里，歼敌1.9万余人。战役的目的主要是歼灭汉城以北美军和南朝鲜军的有生力量，结果敌人一击即退，全线后撤，未能歼灭其重兵集团。但是，志愿军占领了汉城，给敌人以新的打击，加深了其内部矛盾和失败情绪，在军事上、政治上都是一个伟大的胜利。

备忘

- 3月30日，教育部定6月1日为儿童节
- 4月10日，团中央决定以"五四"为中国青年节和青年团成立纪念日
- 6月17日，中央音乐学院在天津成立，马思聪任院长
- 7月5日，淮河流域发生水灾
- 7月26日，第一届全国司法会议在北京举行
- 8月1日，中华人民共和国首条民用航线开通
- 10月3日，中国人民大学成立，吴玉章任校长
- 11月28日，伍修权出席联合国安理会讨论控诉美国武装侵台案会议

1951年

大事

■1月15日，中国人民解放军军事学院在南京成立

中华人民共和国成立后，为加强中国人民解放军正规化、现代化建设，培养适应现代战争要求的指挥员，经中央人民政府人民革命军事委员会批准，在原华北、华东军事政治大学的基础上，创办中国人民解放军军事学院。

1951年1月15日，军事学院在南京成立。刘伯承领导了创建工作，并任院长兼政治委员。军事学院的成立，是中国人民解放军由初级建军阶段进入高级建军阶段的主要标志之一。军事学院直属中央军委领导，其基本任务是：认真学习马克思、恩格斯、列宁、斯大林的军事学说和毛泽东军事思想，总结人民解放军丰富的作战经验和学习外军的有益经验，在人民解放军现有军事、政治素质的基础上，培训能够组织指挥现代条件下各军兵种协同作战的合成军队高级指挥员和高级参谋人员，以加速建设现代化、正规化的革命军队。

建院初期，学院机关设训练部、政治部、院务部等部门；教学科研机构和学员培训管理机构分设11个教授会和4个系。到1956年，发展为具有战役、战史、高级速成、高级函授、政治速成、基本、情报、海军、空军、炮兵、装甲兵、防化兵等12个系和战史、战役、政治经济、文化外语等50个教授会的综合性军事学府。不仅为全军培养了一批合格的军事指挥人才，还建设了一支具有现代军事知识的教研队伍，编写了一套体现现代条件下军队建设和作战需要的教材，建立了较完善的教学制度。

1957至1959年，根据中央军委决定，以军事学院的现有关系为基础，分别组建高等军事学院、军事学院和海军、空军、炮兵、装甲兵等学院。高等军事学院设在北京，其任务是：训练全军陆海空军正师职以上现职军事、政治、后勤干部，高级参谋人员及军事理论人员。刘伯承为第一任院长兼政治委员，叶剑英、陈伯钧、李聚奎、廖汉生、刘浩天、张震先后任院长，李志民、钟期光、王平先后任政治委员。军事学院仍设在南京，其任务是：培训全军团职及部分师职军事指挥干部。海军、空军、炮兵和装甲兵等军兵种指挥院校主要培训本军兵种的团、营职指挥干部。至此，中国人民解放军形成了高、中级指挥院校教学体系。

■1月25日，中国人民志愿军举行抗美援朝第四次战役

第四次战役是在第三次战役结束后，以美军为首的"联合国军"利用中

▶3月4日~10日，首届亚洲运动会在印度新德里开幕

1951年3月4日至10日，由亚洲奥林匹克理事会主办的首届亚洲运动会在印度新德里举行。

参赛的有阿富汗、缅甸、锡兰（现斯里兰卡）、印度尼西亚、伊朗、日本、尼泊尔、菲律宾、新加坡、泰国、印度等11个国家，运动员489名（其中女选手31名）。

比赛项目有田径、游泳、举重、自行车、篮球和足球，共59枚金牌。在这次比赛中，日本夺得26枚，印度15枚，伊朗8枚，菲律宾5枚，新加坡5枚。

开幕式前夕，中国体育观光团应印度体育协会的邀请参观了亚运会，没有派运动员参赛。

朝军队休整之机发起反扑的情况下，进行的防御作战。

1951年1月15日，"联合国军"以一部兵力开始进行试探性进攻。此时，中朝人民军队主力正在汉城以北之议政府、加平、金化地区休整，志愿军后续兵团尚未入朝。25日，西线"联合国军"以美军为主，集中6个师又3个旅，在大量航空兵、炮兵、坦克的支援下，由水原至骊州地段首先发起进攻。随后，东线"联合国军"于31日以韩国军为主，

▲抗美援朝第四次战役

集中8个师由原州、武陵地段分向砥平里、横城、春川方向发起进攻。为争取时间，掩护后续兵团集结，大量杀伤敌人有生力量，中朝人民军队决定以志愿军1个军和人民军1个军团组成西集团，在西线抗击敌人主要进攻集团；以志愿军4个军组成中央集团，以朝鲜人民军3个军团组成东集团，在东线寻敌弱点，实施反击。

中国人民志愿军和朝鲜人民军经过21天的汉江南岸坚守防御与横城地区的反击作战，和62天机动防御作战，歼敌"联合国军"多国部队78000余人，掩护了中国新入朝部队的开进，集结和展开，为下一次战役的准备赢得了时间，并初步取得了在优势装备之敌进攻面前实施防御作战的经验。

■ 4月22日，中国人民志愿军举行抗美援朝第五次战役

中朝人民军队在第四次战役中，赢得了时间，掩护了志愿军第19、第3、第9兵团集结，从而使志愿军第一线作战部队增至3个兵团共11个军33个师另4个炮兵师，加上人民军3个军团，总共60万余人，地面兵力居优势。但志愿军新入朝兵团对敌情、地形不熟，准备仓促；后勤保障尚无重大改善，只能保持最低限度的供应。

志愿军司令员兼政治委员彭德怀根据中央军事委员会主席毛泽东关于"战争准备长期，尽量争取短期"、志愿军后续兵团到齐后"再进行有力的新的战役"的指示，经与人民军商定在"联合国军"实施登陆之前发起第五次战役。4月22日黄昏，中国人民志愿军和朝鲜人民军全线发起猛攻。英勇的中国人民志愿军在极其艰苦的条件下，经过50天的战斗，歼敌"联合国军"多国部队82000余人，缴获和消耗了敌人大量物资装备，迫使敌军转入了战略防御，也使中国军队进一步取得了对美军作战的经验，但由于种种原因志愿军第180师在撤退过程中被敌截断包围后遭受重大损失。这次战役粉碎了"联合国军"将战线推进至平壤、元山一线的计划。此后，战争双方转入战略对峙，在中朝人民军队连续打击下，美国统治集团被迫于7

月接受停战谈判。

■ 7月10日，朝鲜停战谈判在开城举行首次会议

1951年4月上旬至6月上旬两个月中，中朝军队进行了第五次战役，共歼敌8万余人，把战线稳定在"三八线"附近，美国由于战斗失利，加上国内外的强大压力，不得不接受停战谈判的建议。6月23日，苏联驻联合国代表马立克提出关于和平解决朝鲜问题的建议，主张双方谈判停火和休战，把军队撤离"三八线"。6月30日，"联合国军"总司令李奇微发表声明，表示愿意接受马立克的建议，并准备举行谈判。

▲朝鲜停战谈判的中朝代表

1951年7月1日，朝鲜人民军总司令金日成和中国人民志愿军司令员彭德怀联合发表声明赞成与李奇微举行停战谈判。此后，双方多次电文往返，确定了谈判地点、日期等。开城谈判朝中方面首席代表南日，代表邓华、李相朝、解方、张平山。"联合国军"方面首席代表特纲·乔埃，代表劳伦斯·克雷奇、亨利·霍治、阿尔林·勃克、白善烨。

7月10日，停战谈判在开城举行，中国人民志愿军代表邓华将军在朝鲜停战首次会议上发言，同意朝鲜人民军首席代表南日将军提出的三项建议，并指出这是谈判的出发点。三项建议为：一、在互相协议的基础上，双方同时下令停止一切敌对军事行动。二、确定"三八线"为军事分界线，双方武装部队应同时撤离"三八线"10公里。三、应在尽可能短的时间内撤退一切外国部队。

事实上，美国对于谈判并没有诚意，采取拖延和破坏的政策，并企图以"军事压力"配合谈判，实现其不合理的要求。中朝人民军队则采取打谈结合，以谈促和，以打促谈的方针。从此，朝鲜战争形成了军事斗争和外交斗争交织在一起的复杂局面。

■ 11月21日，刘青山、张子善巨大贪污案被揭发

1951年11月29日，华北局向毛泽东、党中央呈送了天津地委严重贪污浪费情况的报告，刘青山、张子善这一典型巨大贪污案件受到毛泽东的异常关注。11月30日，他在为转发这一报告的批语中指出："华北天津地委前书记刘青山及现书记张子善均是大贪污犯，已经华北局发现，并着手处理。我们认为华北局的方针是正确的。这件事给中央、中央局、分局、省市区党委提出了警告，必须严重的注意干部被资产阶级腐蚀发生严重贪污

行为这一事实,注意发现、揭露和惩处,并须当作一场大斗争来处理。"同日,毛泽东又为中央起草给西南局第一书记邓小平的复电说:"反贪污、反浪费一事,实是全党一件大事……,我们认为需要来一次全党的大清理,彻底揭露一切大、中、小贪污事件,而着重打击大贪污犯,对中小贪污犯则取教育改造不使重犯的方针,才能停止很多党员被资产阶级所腐蚀的极大危险现象,才能克服二中全会所早已料到的这种情况,并实现二中全会防止腐蚀的方针……"

在公审大会召开之前,曾有高级干部考虑到刘、张两人在战争年代出生入死,有过功劳,向毛泽东说情。毛泽东说:正因为他们两人的地位高,功劳大,影响大,所以才下决心处决他们;只有处决他们,才能挽救20个,200个,2000个,20000个犯有各种不同程度错误的干部。

刘青山是雇农出身,1931年入党,张子善是学生出身,1933年入党,他们都曾被国民党逮捕过,在狱中保持了共产党人的气节,新中国成立后,他们分别担任过天津地委书记。但是进城只有两年的时间,他们就从革命的功臣蜕变为吞噬共和国大厦的第一批蛀虫,腐化堕落,生活奢侈。他们相互勾结,侵吞国家资产171亿元(旧币),倒卖生产资料,使国家损失49亿元,并倒卖治河民工食粮,从中牟利达22亿(旧币)元,用于他们小集团的挥霍。

1952年2月10日,河北召开公审大会,刘青山、张子善被执行枪决。毫不夸张地说,他们的案件整整教育了一代共产党人。枪声一响,举世震惊。

■ **12月1日,中共中央开展反贪污、反浪费和反官僚主义的"三反"运动**

1951年11月31日,在开展土地改革、镇压反革命和进行抗美援朝战争的同时,由于在增产节约运动中揭发出大量的贪污浪费现象和一些干部受贿腐化堕落和官僚主义的严重事实,有的甚至蜕化变质,中共中央下达了《关于实行精兵简政,增产节约,反对贪污,反对浪费和反对官僚主义的决定》,决定开展反贪污、反浪费和反官僚主义的"三反"运动,要求采取自上而下和自下而上相结合的方法,检查贪污、浪费现象。

12月8日,中共中央又发出《关于反贪污斗争必须大张旗鼓地去进行的指示》,"三反"运动就此在全国展开。

1952年1月1日,毛泽东在元旦团拜会上号召:"我国全体人民和一切工作人员一致起来,大张旗鼓地、雷厉风行地开展一个大规模的反对贪污、反对浪费、反

世界

▶6月底,首届柏林国际电影节开幕

柏林国际电影节原名西柏林国际电影节,欧洲第一流的国际电影节之一。50年代初由阿尔弗莱德·鲍尔发起筹划,得到了当时的联邦德国政府和电影界的支持和帮助,1951年6月底至7月初在西柏林举行第一届。柏林国际电影节主要奖项有"金熊奖"和"银熊奖"。"金熊奖"授予最佳故事片、纪录片、科教片、美术片;"银熊奖"授予最佳导演、男女演员、编剧、音乐、摄影、美工、青年作品或有特别成就的故事片等。此外,还有国际评论奖、评委会特别奖等。80年代,每年有30～40个国家和地区参加,放映影片200～300部。电影节每年举行一次。1978年起,为了和法国的戛纳国际电影节竞争,柏林国际电影节提前至2月底到3月初举行,为期两周。

▲公审刘青山、张子善

对官僚主义的斗争，将这些旧社会遗留下来的污毒洗干净！"1月4日，中共中央又发出指示，要求各单位立即限期发动群众展开斗争，此后，"三反"运动迅速进入高潮。

1953年1月5日，中共中央又发出《关于反对官僚主义、命令主义和反对违法乱纪的指示》，各地再接再厉地开始了"新三反"运动和农村工作的"反五多"问题。

新中国成立后第一次腐败浪潮终于在共产党强有力的反腐斗争之下被打了下去，有力地抑制了资产阶级的违法活动和对革命队伍的腐蚀，清除了自己队伍内部的一批腐败分子，教育挽救了一批干部，极大地提高了共产党在全国人民中的威信，巩固了工人阶级和国营经济的领导地位，并在清除旧社会污毒方面起到了移风易俗的巨大作用。泛滥猖獗数千年的妓女妓院、卖淫嫖娼、吸毒贩毒、赌博迷信、黑道匪患、官匪勾结等旧社会的黄赌毒匪黑就此绝迹，真正做到了官吏廉洁、民风淳朴，"路不拾遗、夜不闭户"，从而确保了土改、镇反、经济恢复工作和抗美援朝战争的顺利进行，使新中国到处呈现欣欣向荣的景象。

- 3月28日，中国共产党第一次全国组织工作会议在京召开
- 4月27日，《中国青年报》在北京创刊
- 5月16日，《人民日报》开始对电影《武训传》的批判
- 7月20日，根治淮河第一期工程完工
- 10月12日，《毛泽东选集》第一卷由人民出版社出版
- 10月26日，中国人民解放军举行拉萨入城仪式
- 11月27日，朝鲜停战双方就军事分界线问题达成协议
- 12月21日，老舍获"人民艺术家"荣誉奖状

学习科学，帮助创造科学的新中国。现在的世界是一个科学的世界。整个中国必须受科学的洗礼，方能适于生存……我们必须培养科学的幼苗，撒播科学的种子，使全中国遍开科学之花，丰收科学之果。

——此为1951年4月著名教育家陶行知关于教育与科学的讲话

特别值得注意的，是一些号称学得了马克思主义的共产党员。他们学得了社会发展史——历史唯物论，但是一遇到具体的历史事件，具体的历史人物（如像武训），具体的反历史的思想（如像电影《武训传》及其他关于武训的著作），就丧失了批判的能力，有些人则竟至向这种反动思想投降。资产阶级的反动思想侵入了战斗的共产党，这难道不是事实吗？一些共产党员自称已经学得的马克思主义，究竟跑到什么地方去了呢？

——此为1951年5月20日毛泽东发表在《人民日报》的关于展开讨论电影《武训传》的社论

1952年

大事

■ 1月26日~10月25日，全国各大城市展开"五反"斗争

"五反"运动是指新中国成立初期在资本主义工商业者中开展的反行贿、反偷税漏税、反盗骗国家财产、反偷工减料、反盗窃国家经济情报的斗争。为了打击不法资产阶级分子的破坏活动，1952年1月26日，中共中央发出关于开展"五反"斗争的指示，要求向违法的资产阶级开展一个大规模的坚决彻底的反对行贿、反对偷税漏税、反对盗骗国家财产、反对偷工减料和反对盗窃国家经济情报的斗争。

2月上旬，"五反"运动首先在全国各大城市展开，并很快掀起了高潮。在

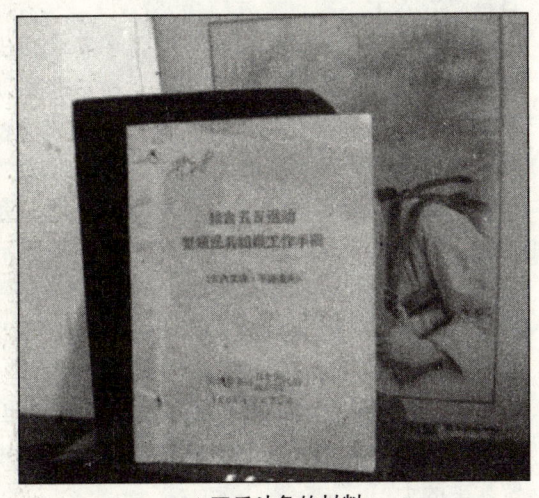
▲五反斗争的材料

党的有关政策的震慑和教育下，在声势浩大的群众攻势下，大多数不法资本家坦白交代了自己的"五毒"行为。

在运动中，中共中央及时地纠正了一些城市发生的逼供信等偏向，并对具体方针和政策做出了明确的规定。3月5日，毛泽东根据"五反"运动进展情况，适时地提出了在"五反"运动中对工商户处理的五条基本原则，即"过去从宽，今后从严；多数从宽，少数从严；坦白从宽，抗拒从严；工业从宽，商业从严；普通商业从宽，投机商业从严"。并根据有无违法行为和违法行为的轻重大小及违法性质的恶劣程度，把私营工商业户分别划分为守法户、基本守法户、半守法半违法户、严重违法户和完全违法户五种类型，并指出不得采用肉刑逼供方法。

1952年3月以后，"五反"运动转入定案处理阶段。根据对全国大城市工商户的审查和处理结果，守法户、基本守法户和半守法半违法户共占95%左右；严重违法户和完全违法户占5%。对于在运动高潮中曾经发生的扩大化问题，在定案处理中也基本上得到纠正。

1952年10月25日，中共中央批准了关于结束"五反"运动的报告，"五反"运动宣告胜利结束。

1952年

■ 6月1日，中日第一个民间贸易协议在北京签字

新中国成立前夕，日本民间便成立了"日中贸易促进会"、"促进日中贸易议员联盟"和"日中贸易协会"等团体，为打开中日贸易大门寻找机会。1949年12月，这些民间团体与新中国外贸部取得联系。1950年1月，双方签订第一笔委托贸易合同，但数额不大，且未完全得到执行。在中日两国官方关系一时难以开展的情况下，中国领导人提出了"民间先行，以民促官"的方针。

1952年，中国国际贸易促进委员会主席南汉宸利用在莫斯科出席国际经济会议的机会，与日本国会议员高良富、宫腰喜助、帆足计进行接触，并邀请他们来北京。5月15日，3位议员抵达北京，成为首批访问新中国的日本政界人士。

1952年6月1日，中日双方签订了新中国成立以来两国间第一个民间贸易协定。协议规定签字双方在以货易货的基础上每方购入与售出各为价值3000万英镑的货物。在签字仪式上，中方代表南汉宸说："这一协议将有助于中日两国人民新的和平友好关系的建立。"日本议员高良富说："这个贸易协议，是两国人民深厚友谊的象征。为照顾日本方面的困难，中国将贸易额增加至3000万英镑。对于中国人民不计旧怨，并帮助日本人民的深厚友情，我代表日本国民深表感谢。"

3位议员的中国之行，在日本国内引起了强烈反响。此后，1953年10月29日，第2个中日民间贸易协定签订。1955年5月4日，第3个中日民间贸易协定签订。同年10月至12月，中国商品展览团访日。1956年9月至12月，日本商品展览团访华。这些民间贸易活动，打开了新中国成立后中日两国经贸往来的大门。

■ 8月1日，人民英雄纪念碑动工兴建

人民英雄纪念碑于1952年8月1日正式动工兴建，1958年4月22日落成，5月1日举行了隆重的揭幕典礼。

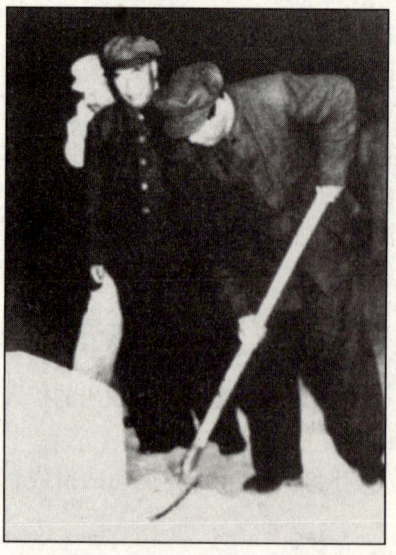

▶ 人民英雄纪念碑奠基仪式

1949年9月30日，中国人民政治协商会议第一届全体会议举行最后一次会议。为纪念在人民解放战争和人民革命中牺牲的人民英雄们，会议一致通过了修建"为国牺牲的人民英雄纪念碑"的决定和毛泽东撰写的纪念碑碑文。

周恩来提议将纪念碑建在天安门广场，因为天安门广场承载着五四以来的革命传统，是全国各族人民敬仰和向往的地方。周恩来的提议获得代表们的一致赞同而通过。

当天下午，中国人民政治协商会议

第一届全体会议闭幕后,为了追念一百多年来为新中国的诞生而英勇献身的人民英雄们,全体代表乘车来到天安门广场,举行人民英雄纪念碑奠基典礼。下午六时,奠基典礼开始,周恩来代表主席团在庄严肃穆的气氛中致辞。随后,全体代表脱帽静默致哀。默哀毕,毛泽东宣读了他亲自撰写的碑文。这一碑文后来经周恩来手书,镌刻在人民英雄纪念碑上:

三年以来,在人民解放战争和人民革命中牺牲的人民英雄们永垂不朽!

三十年以来,在人民解放战争和人民革命中牺牲的人民英雄们永垂不朽!

由此上溯到一千八百四十年,从那时起,为了反对内外敌人,争取民族独立和人民自由幸福,在历次斗争中牺牲的人民英雄们永垂不朽!

随后,毛泽东和参加政协会议的代表们一一执锹铲土,为人民英雄纪念碑奠基,表达他们对于革命先烈的崇高敬意和深切缅怀。

人民英雄纪念碑位于北京天安门广场的中心,是我国有史以来最大的一座纪念碑。纪念碑高37.94米,正面镌刻着毛泽东题写的"人民英雄永垂不朽"八个镏金大字,纪念碑背面是毛泽东撰写、周恩来手书的碑文。整个纪念碑用17000块花岗岩和汉白玉砌成,纪念从1949年解放战争时期上溯到1840年鸦片战争时期为了争取民族独立和人民自由幸福而牺牲的人民英雄们。人民英雄纪念碑气势恢宏,庄严肃穆,是无数革命先烈英雄形象的象征,也是中华民族不屈不挠民族精神的象征。

现在我们算资本家的"五毒"账,是不是算多了一点,是否有点像在农村曾经有过的那种苛刻的算法:一只老母鸡下了很多蛋,蛋又孵了鸡,鸡里面又有多少公鸡多少母鸡,母鸡又下了多少蛋,蛋又孵了多少鸡……我看是有的。

——此为1952年6月陈云在全国统战会议上就处理公私关系发表的讲话

■ 8月8日,中央人民政府批准了《中华人民共和国民族区域自治实施纲要》

中华人民共和国是全国各族人民共同缔造的统一的多民族国家。迄今为止,通过识别并经中央人民政府确认的民族有56个,由于汉族以外的55个民族相对汉族人口较少,习惯上被称为"少数民族"。

1952年8月8日,我国实行民族区域自治,中央人民政府批准了《中华人民共和国民族区域自治实施纲要》。实施纲要规定:各民族自治区依自治权限,制定本自治区单行法规,为民族区域自治提供了法制化决策依据。民族区域自治制度是中国政府结合中国实际情况采取的一项基本政策,也是中国的一项重要政治制度。中国的民族区域自治是在国家的统一领导下,各少数民族聚居的地方实行区域自治,设立自治机关,行使自治权,使少数民族人民当家作主,自己管理本自治地方的内部事务。

中国共设有5个民族自治区,分别为内蒙古自治区、新疆维吾尔自治区、西藏自治区、宁夏回族自治区和广西壮族自治区。全部面积约占全国总面积的45%。截至2003年,中国共有民族自治地方155个,其中自治区5个、自治州30个、自治县(旗)120个;全国55个少数民族中,有45个民族建立了自治地方；实行自治的少数民族人口占其总数的75％左右，民族自治地方行政区域面积约占全国总面积的64％。

■ 10月14日，中国人民志愿军与美军展开上甘岭战役

1952年7月，为了寻求朝鲜战争战俘问题的解决，中方谈判代表向美方提出了双方所俘获的武装人员全部遣返的原则。而美方仍坚持"自愿遣返"的主张，1952年10月14日，侵朝美军开始在朝鲜上甘岭地区发动"金化攻势"，以图迫使中朝方面接受其谈判的无理要求，破坏志愿军的反击作战，并改善金化地区的防御态势。

▲上甘岭战役

战事开始，美军即以上甘岭597.9和537.7两个高地我军的阵地为目标，投入大量兵力装备，进行极为猛烈的进攻。敌军先后动用了3个师共6万余人，集中大炮300余门，坦克100余辆，并出动飞机3000多架次，对我军阵地进行持续不断地轮番进攻。我志愿军也先后投入4万余人的兵力，坚守阵地、寸土必争，依托坑道进行积极的防御作战，平均每天打退敌人从班排到营团的进攻30至40次，大量杀伤消耗敌军。

此次战斗中，志愿军涌现了许许多多的英雄人物：有以身体堵塞敌人机枪眼，为冲击部队打开道路的特等功臣、特级英雄黄继光；有双腿被打断仍坚持指挥战斗，在最后一口气时拉响最后一颗手榴弹滚向敌群，与敌人同归于尽的特等功臣、一级英雄排长孙占元；有在全班战友伤亡的情况下，一人坚持阵地战斗，英勇机智地击退敌军40余次冲锋，毙伤敌人280余名，守住了阵地，立特等功、获一级战斗英雄称号的新战士胡修道……

经过43天的激战，至11月25日，我军终于重创敌军，守住了阵地，彻底粉碎了敌人的"金化攻势"。在这一战役中，我军共歼敌25000余人，创造了坚守防御战的范例。当时美联社报道说："这次金化的战役，现在已到了朝鲜战争中空前未有的激烈程度。在人员的伤亡和使用的大量物质上，除了1950年盟军在北朝鲜的惨败情形外，是空前未有的"。

■ 12月底，中共中央按照毛泽东的建议提出过渡时期的总路线

过渡时期是从中华人民共和国成立到社会主义改造基本完成这一时期，党在这个过渡时期的总路线和总任务，是要在一个相当长的时期内，逐步实现国家的社会主义工业化，并逐步实现国家对农业、对手工业和对资本主义工商业的社会主义改造。

过渡时期总路线1952年下半年由毛泽东提出，1953年12月，中共中央

世界

▶11月1日，美国引爆世界上第一枚氢弹

1943年，人们开始设想制造氢弹。1949年8月，苏联实战性核武器的爆炸成功打破了美国的核垄断地位，促使美国人又加紧了氢弹的试验。泰勒以极大的热情组织了氢弹的研究工作，到1949年底完成了氢弹的全部理论研究。1950年1月，美国总统杜鲁门下达了研制氢弹的命令。1950年2月24日，美国国防部和参谋长联席会议通过了"立即全力发展氢弹的生产与运输工具"的决定。

1952年11月1日，太平洋上的马绍尔岛比基尼环礁上试爆成功了第一枚氢弹，这枚氢弹为1040万吨TNT当量，相当于投向日本广岛那颗原子弹威力的800倍。在几百米高钢架上起爆之后，整个小岛连同钢架都在巨大的爆炸场中沉入太平洋深处，再一次震惊了全世界。

批准了由中共中央宣传部制发，经毛泽东审阅修改的《为动员一切力量把我国建设成为一个伟大的社会主义国家而奋斗——关于党在过渡时期总路线的学习和宣传提纲》，对过渡时期总路线的内容、实质和特点作了全面系统的解释。1954年为中共七届四中全会批准，并载入《中华人民共和国宪法》。原来估计15年左右时间完成，但在实际执行中，于1956年完成了三大改造，接着又提前完成第一个五年计划，为社会主义工业化奠定了初步基础。

过渡时期总路线的基本内容和基本方向是正确的，它指导我国顺利地完成了从新民主主义社会向社会主义社会的过渡，指导了社会主义制度在我国的胜利建立。由于历史条件的限制，过渡时期总路线也存在着难以避免的历史局限性，如什么是社会主义，如何在我国建设社会主义这个根本性问题，并没有得到完全的解决。

备忘

- 1月2日，罗盛教抢救朝鲜儿童异国献身
- 2月23日，新华社报道：美制造巨济岛屠杀我战俘事件，我方提出严重抗议
- 4月9日，郭沫若在莫斯科接受斯大林国际和平奖奖金
- 4月10日，《毛泽东选集》第二卷由人民出版社出版
- 5月5日，新中国第一所少数民族地区高等院校——内蒙古师范学院成立
- 5月8日，内务部、出版总署通报："额菲尔士峰"应正名为"珠穆朗玛峰"
- 9月30日，刘少奇率中共中央代表团赴苏联参加苏共十九大

世界

▶12月4日，伦敦发生有史以来最严重的烟雾事件

素有世界"雾都"之称的英国伦敦，每当春冬之交，这里经常被浓雾所笼罩，像是披上一层神秘的面纱。

1952年12月5至8日，一场灾难降临了英国伦敦。地处泰晤士河河谷地带的伦敦城市上空处于高压中心，一连几日无风，风速表读数为零。大雾笼罩着伦敦城，又值城市冬季大量燃煤，排放的煤烟粉尘在无风状态下蓄积不散，烟和湿气积聚在大气层中，致使城市上空连续四五天烟雾弥漫，能见度极低。

由于大气中的污染物不断积蓄，不能扩散，许多人都感到呼吸困难，眼睛刺痛，流泪不止。伦敦医院由于呼吸道疾病患者剧增而一时爆满，伦敦城内到处都可以听到咳嗽声。仅仅4天时间，死亡人数达4000多人。就连当时举办的一场盛大的得奖牛展览中的350头牛也惨遭劫难。一头牛当场死亡，52头严重中毒，其中14头奄奄待毙。2个月后，又有8000多人陆续丧生。这就是骇人听闻的"伦敦烟雾事件"。

1953年

大事

■ 1月1日，第一个五年计划正式执行

为尽快改变我国落后状态，迅速实现国家工业化，党决定从1953年开始实行发展国民经济的第一个五年计划，拉开了大规模经济建设的帷幕。

早在1951年2月召开的中共中央政治局扩大会议上，毛泽东就提出"三年准备，十年计划经济建设"的思想，明确指出从1953年开始进行有计划的经济建设，由此直接推动第一个五年计划的编制。

经周恩来提议，中央成立由周恩来、陈云、李富春、薄一波等组成的编制"一五"计划的六人领导小组，具体工作由中央人民政府政务院财政经济委员会（简称中财委）负责。

当时，由于统计资料极其缺乏，对全国基本经济状况缺乏了解，对经济恢复的速度还难以把握，朝鲜战争仍在激烈进行，因此最初只是试编出一个五年计划的粗略纲要。

1952年7月，中财委又初步编制出第一个五年计划轮廓草案。周恩来花了一个多月进行了综合整理，最终形成了第一个五年计划轮廓草稿。1952年8月，周恩来、陈云、李富春率中国政府代表团访问苏联，就五年计划轮廓草案与苏联有关方面交换了意见。

根据中共中央指示和苏联的意见，1952年底1953年初，陈云组织中财委和国家计委的力量，对"一五"计划进行了第三次编制。进入1954年后，"一五"计划实际上已实施一年多，为加速"一五"计划的编制工作，这年2月，中央成立由陈云任组长的八人工作小组，开始全面编制工作，并于4月拿出《五年计划纲要（初稿）》。毛泽东仔细审阅了初稿，逐句逐句圈点，作了许多批注。至9月，形成了《中华人民共和国发展国民经济的第一个五年计划草案（初稿）》。此后，中央又采取多种形式对草案初稿进行讨论修改。

1955年3月，中国共产党全国代表会议讨论并原则通过了"一五"计划草案。会后，中央根据会议讨论中所提意见，并再次征询苏联意见，对"一五"计划作了适当修改，建议国务院提请全国人大审议批准。7月，一届全国人大二次会议正式审议并通过了"一五"计划。

■ 3月1日，新中国第一部《选举法》颁布实施

选举制度是指关于选举国家代表机关代表与国家公职人员的原则、程序与具体方法的各项制度的总称。选举制度的具体内容由选举法规定。通常选举制度的概念可分为广义与狭义两种。广义选举制度的概念包括选举

世界

▶3月5日，苏联领导人斯大林逝世

1953年3月5日，苏联党和国家以及国际共产主义运动和工人运动的杰出领导人、伟大的马克思列宁主义者斯大林逝世。

斯大林逝世后，毛泽东发布命令：自3月7日至9日，全国下半旗志哀；志哀期间，全国各工矿、企业、部队、机关、学校及人民团体一律停止宴会、娱乐活动。毛主席亲往苏联大使馆吊唁。3月8日，周恩来总理率我国党政代表团前往莫斯科参加葬礼。首都3月9日举行追悼大会，朱德致悼词。

约瑟夫·维萨里昂诺维奇·斯大林，（1879—1953），原姓朱加什维利，原联共产党和苏联政府的主要领导人，伟大的马克思主义者，国际共产主义运动活动家，政治家，此外，斯大林还是苏维埃社会主义共和国联盟（简称苏联）的缔造者之一，其所创立的苏联社会主义发展模式对20世纪的世界产生了深远的影响。

代表机关代表与特定公职人员的选举，选举主体的范围比较广泛。狭义选举制度概念是指选民依据《选举法》的规定选举代表机关代表的制度。我国选举法调整的对象限于全国人大代表与地方人大代表的选举，采用狭义选举制度概念。

1953年3月1日，新中国第一部《选举法》颁布了，对全国与地方人大代表的选举程序与原则作了具体的规定。1979年7月，第五届全国人大第二次会议对1953年《选举法》进行了重大修改，反映了社会主义民主与法制建设的新要求。1982年《宪法》颁布实施以后，根据国家政治生活的变化，曾对《选举法》进行了四次修改。

中国选举制度建立与运行的基本精神是：适应人民民主专政的国家性质，反映人民群众参与国家政治生活的要求，为人民群众广泛地行使民主权利提供程序与法律环境。这一基本精神具体通过以下功能得到体现：全面地反映人民民主专政的国家性质、选举制度是建立与完善人民代表大会制度的基础与出发点、选举制度是公民参与政治生活的基本形式、选举制度是合理地调整国家权力与公民权利的基本形式。

■ 7月27日，《朝鲜停战协定》在板门店签字

朝鲜停战谈判自1951年7月至1953年7月，经过曲折复杂的斗争，终于在1953年7月27日，在板门店签订了《朝鲜停战协定》。

协定由朝中方面谈判代表团首席代表南日大将和美方代表团首席代表哈利逊中将正式签字。同日，"联合国军"总司令克拉克于汝山在停战协定及临时补充协议上正式

▲板门店谈判旧址

签字；金日成于平壤在停战协定和临时补充协议上正式签字；彭德怀于7月28日于开城在停战协定及临时补充协议上正式签字。金日成、彭德怀当日向朝鲜人民军和中国人民志愿军发布停战命令。

协定的主要内容有：自协定签订后12小时起，双方停止一切敌对行为；以双方实际接触线为军事分界线，双方各自由此线后撤2公里，以建立一非军事区，自停火之日起停止向朝鲜境内增援部队和武器，并组成军事停战委员会和中立国监察委员会进行监督；停战协定生效后60天内，双方将一切坚持遣返的战俘分批直接遣返，将来予直接遣返的战俘交中立国遣返委员会处理；双方军事司令官向有关各国政府建议，在停战协定生效后三个月内，召开双方高一级的政治会议，协商从朝鲜撤退一切外国军队及和平解决朝鲜问题。朝鲜战争至此停火。

协定的签订标志着历时3年朝鲜战争的结束，朝鲜把这一天定为"朝鲜祖国解放战争胜利日"。

世界

▶5月29日，人类首次登上珠穆朗玛峰

1953年5月29日上午11点新西兰登山运动员埃德蒙·希拉里以及他的尼泊尔舍巴人向导丹增成为首次征服世界最高峰珠穆朗玛峰的人。

希拉里和丹增在顶峰仅停留了15分钟，丹增在顶岭插上英国、尼泊尔、印度及联合国的国旗。希拉里拍了一些有纪念意义的照片。希拉里以他的成功来庆贺今天英国女王伊丽莎白的加冕，他已被女王封为爵士。

这次成功的登山活动是由约翰-亨特上校组织的，亨特选中34岁的希拉里率队攀登珠峰。登山队2月离开英国。5月从18000英尺的大本营开始攀登。他们沿珠峰南坡向上攀登。首次登顶的尝试是在5月26日，但由于缺氧而告失败。

2003年，埃德蒙·希拉里在成功征服珠峰50周年纪念日当天被授予"尼泊尔荣誉公民"称号。希拉里于新西兰时间2008年1月11日的凌晨因心脏病逝世，享年88岁。新西兰政府决定给予埃德蒙·希拉里国葬的待遇以纪念这位伟大的新西兰人。

中国百年实录 1953年

■ 8月14日，朝鲜人民军与中国人民志愿军联合发布战绩公报

1953年8月14日，朝鲜人民军最高司令部和中国人民志愿军联合发布综合战绩公报，公布内容如下：

（一）共毙伤俘敌军1093839名。其中美国侵略军397543名，李承晚伪军667293名，其他英国、澳大利亚、加拿大、土耳其、泰国、菲律宾、法国、荷兰、比利时、希腊、哥伦比亚、南非等帮凶军29003名。

▲ 中国人民志愿军战士欢庆抗美援朝胜利

（二）缴获飞机11架，坦克374辆，汽车9239辆，装甲车146辆，船12艘，各种炮6331门（其中榴弹炮、野炮、山炮、自动推进炮748门，高射炮191门，迫击炮1146门，无坐力炮681门，火箭筒823门，其他各种炮2732门），各种枪119721支，（其中高射机枪411挺，轻重机枪10016挺，冲锋枪、卡宾枪、自动步枪69711支，步枪、短枪、讯号枪、战防枪等39572支），火焰喷射器117支，各种炮弹489260发，各种枪弹21245071发；手榴弹224123枚，地雷14449个，各种通讯器材5788件（其中电台597部、电话总机单机2355部、报话机、步行机2330部，其他通讯器材506件）。

（三）击落击伤敌军各种战斗机、轰炸机、侦察机、运输机、炮兵校正机、宣传机、直升飞机等12213架（其中击落5729架、击伤6484架）。

（四）击毁击伤敌军坦克2690辆（其中击毁1849辆，击伤841辆）、汽车4111辆（其中击毁3600辆，击伤511辆），装甲车45辆（其中击毁42辆，击伤3辆），起重车5辆（其中击毁4辆，击伤1辆），各种炮1374门。

（五）击沉击伤敌军各种舰艇257艘（其中击沉164艘，击伤93艘），各种船295只（其中击沉163只，击伤132只）。

■ 12月24日，中共中央召开政治局会议，揭露高岗、饶漱石的问题

高岗、饶漱石都是20世纪20年代加入中国共产党的老党员，新中国成立前曾长期担任重要职务。1952年11月，高岗调任国家计委主席。1953年2月，饶漱石调任中共中央组织部长。这之后，他们出于个人野心和权欲，互相勾结，进行了一系列阴谋分裂党、篡夺党和国家最高权力的活动。在党中央酝酿召开党的第八次全国代表大会和第一届全国人民代表大会，提出党和国家领导人员的人事安排时，身为党的高级领导干部的高岗、饶漱石以为他们篡夺权力的机会到了。在1953年6月~8月召开的全国财经工作会议和9月~10月全国组织工作会议期间，他们散布流言蜚语，捏造所谓的"军党论"，鼓吹"党是军队创造的"；进行宗派活动，攻击刘少奇、周恩来等中央负责人。会后高岗还私下活动，要求由他担任中共中央副主席和政务院总理，公开向党要权要官。

为了维护党的团结和统一，以利总路线的贯彻执行，毛泽东在1953年12月24日召开的中共中央政治局会议上，向高岗提出严厉的警告，并提出关于加强党的团结的建议，对高、饶的反党罪行初步进行了清算。

1954年2月，中共七届四中全会，通过了《关于增强党的团结的决议》，揭露和批判了高、饶的反党分裂活动。中共中央书记处还分别举行

我绝不反对现在政权，在宣统三年时就在瑞士读过《资本论》原文。但我认为不能先存马列主义的见解，再研究学术。我要请的人，要带的徒弟都要有自由思想，独立精神，不是这样，即不是我的学生，所以周一良也好，王永兴也好，从我之说即是我的学生，否则就不是。

——此为1953年12月1日，陈寅恪在《对科学院的答复》的信中所说

高岗问题和饶漱石问题的座谈会，但高岗、饶漱石毫不悔改，高岗以自杀自绝于党和人民，饶漱石也企图蒙混过关。在党的七届四中全会上和全会后，高岗、饶漱石的反党阴谋活动受到了全党的揭露和批判，他们篡夺党和国家最高权力的企图被彻底粉碎。

1955年3月，中国共产党召开全国代表会议，通过了《关于高岗、饶漱石反党联盟的决议》，决定开除高岗、饶漱石的党籍，撤销他们在党内外的一切职务。同年4月，中共七届五中全会批准了党的全国代表会议做出的《关于高岗、饶漱石反党联盟的决议》。

■ 12月31日，周恩来首次提出和平共处五项原则

1947年和1949年，遭受帝国主义和殖民主义长期压迫的印度、中国人民通过斗争相继取得独立和解放。新中国成立后，印度是第一个与中国建交的非社会主义国家。但西方殖民主义造成的一些历史遗留问题影响了两国关系的发展。1953年9、10月间，中、印总理通过外交途径商定，两国政府代表于12月就解决中国西藏地方同印度的关系问题在北京谈判。

12月31日，周总理在中南海接见以驻华大使赖嘉文为团长的印度政府代表团。周总理说："我们相信，中印两国的关系一天一天地会好起来。某些成熟的悬而未决的问题一定会顺利地解决的。中印两国关系的原则是从新中国建国时确立的，那就是互相尊重领土主权、互不侵犯、互不干涉内政、平等互惠和和平共处的原则。"赖嘉文表示完全同意周总理提出的五项原则。

经过4个月的协商，双方于1954年4月29日签订《中华人民共和国和印度共和国关于中国西藏地方和印度之间的通商和交通协定》。周总理提出的五项原则写进了该协定的前言，成为指导两国关系的准则。这是和平共处五项原则第一次写进国家与国家之间签署的正式文件。

和平共处五项原则的措施在后来稍有改变。在1954年中印、中缅联合声明中平等互惠改为平等互利；在亚非会议上，周恩来在发言稿中将互相尊重领土主权，改为互相尊重主权和领土完整。

备忘

- 1月26日，劳动部公布《劳动保险条例实施细则修正草案的决定》及《劳动保险条例实施细则修正草案》
- 2月1日，中共中央、政务院发出《关于贯彻婚姻法的指示》
- 2月15日，全国各地开始普遍试办初级农村生产合作社
- 4月3日，中国开始进行第一次全国人口普查
- 4月10日，《毛泽东选集》第三卷由人民出版社出版
- 5月30日，中国佛教协会成立大会在北京召开
- 6月30日，首次全国人口调查登记，全国人口总数为601938035人
- 9月1日，中国人民解放军军事工程学院在哈尔滨成立

世界

▶ 6月2日，英国女王伊丽莎白二世加冕

英国女王伊丽莎白二世1926年生于伦敦，是英国温莎王朝第四代君主、英王乔治六世的长女。1936年，她的伯父爱德华八世坚持同离婚两次的辛普森夫人结婚而被迫逊位。由她的父亲艾伯特继承王位，称为乔治六世，伊丽莎白则成为王储。

1952年2月乔治六世病逝。伊丽莎白接替父王正式即位，并于1953年6月2日在伦敦威斯敏斯特教堂举行加冕仪式。

伊丽莎白二世有三子一女。子查尔斯王子为王位继承人、次子安德鲁、三子爱德华、女儿艾丽斯·路易丝公主。除了作为英国世袭国家元首，她还是：英国女王、加拿大女王、澳大利亚女王、新西兰女王、巴巴多斯女王、巴布亚新几内亚女王、巴哈马女王、伯利兹、安提瓜和巴布达女王、格林纳达女王、圣基茨和尼维斯女王、圣卢西亚女王、圣文森特女王、格林纳丁斯女王、所罗门群岛君主、图瓦卢女王、牙买加女王和英联邦（53个成员）最高元首。

1986年10月，伊丽莎白二世访问中国。

1954年

大事

■ 3月13日，中国军事顾问团帮助越南人民军取得奠边府战役的胜利

1950年初，应胡志明的要求，中国派遣以韦国清为团长，梅嘉生、邓逸凡为副团长的中国军事顾问团，协助越南人民军抗击法国侵略者的指挥作战和帮助越军建设。随之又派陈赓为中共代表，赴越协助指挥打开中越通道的边界战役和负责统一处理对越军事援助的有关事宜。4月间，中国人民解放军总部从全军选调有一定实战经验和政治水平的各类干部59名，连同其他工作人员共281名，组成军事顾问团。7月，军事顾问团在南宁正式成立，为便于保密，军事顾问团不对外公开，以"华南工作团"为代号。

7月上旬，陈赓率领从二野选调的军事顾问人员从云南方向入越。随后8月11日，军事顾问团从广西靖西进入越南，于8月12日拂晓抵达越南高平省广渊越军总部。

从1953年12月起，越南人民军集中4个主力步兵师共4万多人，长途奔袭，将法军精锐部队1万余人包围在奠边府。随后，越军唯一的工兵炮兵师也赶到前线，重要的是，他们历尽艰辛，将中国援助的重型榴弹炮拉到奠边府战场。武元甲亲临前线指挥部，和以范文同为主席的"中央前线供给委员会"负责战役后勤保障。中国顾问团团长韦国清、副团长梅嘉生和越军作战局中国顾问茹夫一在奠边府前线协助指挥。中国军事顾问于步血、董仁、徐成功分别担任越军主力师308、312、316师顾问，协助师长指挥。中国顾问马达卫（后为原野）是越军炮兵顾问。在广西境内未完成集训的越军高射炮营亦赶往奠边府，中国高炮顾问甚至配属到了连一级单位。

越军于1954年3月13日发起进攻。法军采用"添油战术"，不断向奠边府战场空投伞兵补充战场损失。5月7日，奠边府法军司令卡斯特里率部投降。此役共歼灭法军1.6万人，击落击毁飞机62架，使法军在印度支那的精锐兵力几乎全部丧尽，从根本上动摇了法国在印度支那的统治。奠边府战役的胜利推动了正在举行的日内瓦会议，使会议最终达成了实现印度支那和平的协议。

■ 4月24日，周恩来总理兼外长率中国代表团出席日内瓦会议

1954年，苏联、美国、法国、英国、中华人民共和国、大韩民国、朝鲜民主主义人民共和国等国，在日内瓦举行会议，寻求朝鲜问题的和平解决，并讨论恢复印度支那和平的问题。日内瓦会议是新中国成立后参加的第一个高层大型国际会议，新中国外交首次轰动了世界。

世界

▶ 1月21日，世界第一艘核潜艇"鹦鹉螺"号下水

1954年1月21日，美国建造的世界上第一艘核潜艇"鹦鹉螺"号在美国康涅狄格电船公司的船坞下水，1万多名工人和观众聚在看台上观看，美国总统艾森豪威尔也参加了下水仪式。

这艘核潜艇的设计者为海曼·乔治·里科弗。他面对着徐徐潜入水中的"作品"热泪盈眶，"鹦鹉螺"号从1948年起建造至1954年底全部竣工，他耗费了大量的心血。

"鹦鹉螺"号核潜艇长90米，总重2800吨，全部建造花费5500万美元；平均航速为20节，最大航速25节，最大潜深150米。按设计能力可连续在水下航行50天，驶完全程3万千米而不用添加任何燃料；潜艇外形为流线型，整个核动力装置占艇身的一半左右。

1954年4月24日至7月21日，周恩来总理兼外长率中国政府代表团出席讨论和平解决朝鲜问题和恢复印度支那和平问题的日内瓦会议。

新中国的总理兼外长周恩来第一次在国际会议中露面，端庄而潇洒，他的一言一行引起与会代表和记者的高度注意，是新闻界争相报道的中心人物。周恩来代表中国政府多次作重要发言和提出建议：关于朝鲜问题，先后就朝鲜战争战俘问题、成立中立国监察委员会问题以及召开中、苏、美、英、法、朝鲜和韩国七国参加的日内瓦限制性会议问题提出建议；关于恢复印度支那和平问题，先后就印度支那全境停止敌对行动问题、解决老挝和柬埔寨问题提出建议。

▲周恩来出席日内瓦会议

会议于7月21日达成印度支那停战和恢复和平问题的协议，并于23日通过一项9国代表参加的最后宣言，从而结束了1946年至1954年7月的印度支那战争。

■ 6月25日，周恩来访问印度和缅甸

6月25至29日，周恩来总理访问印度和缅甸。访印期间，同印度总理尼赫鲁举行了会谈。6月28日，中印两国总理发表联合声明，重申了本年4月29日两国签订的《关于中国西藏地方和印度之间的通商和交通协定》中所规定的两国之间关系的五项原则：互相尊重领土主权；互不侵犯；互不干涉内政；平等互利；和平共处。声明指出，这些原则不仅适用于中印两国之间的关系，而且也适用于一般的国际关系问题。两国总理特别希望运用这些原则来解决印度支那问题。

6月28日至29日，周恩来访问缅甸，同缅甸联邦总理吴努举行了会谈，并发表联合声明，同意和平共处的五项原则也是指导中缅关系的原则。中印和中缅总理的历史性会谈和联合声明的发表，得到亚洲和世界各国舆论的欢迎。

周恩来总理倡导的和平共处五项原则自问世以来不仅在中国同世界各国签署的条约、公报、宣言、声明等双边关系文件中得到确认，而且也在许多重要的国际会议和一系列国际文件中不断被引用或重申。和平共处五项原则实际上已成为超越社会制度和意识形态发展国家关系的基本原则。

■ 9月15日~28日，一届全国人大一次会议在北京召开

第一届全国人民代表大会第一次会议于1954年9月15日~9月28日在北京召开。代表总人数1226人（其中女代表147人，少数民族代表177人）。中央人民政府主席毛泽东致开幕词。

会议听取了中华人民共和国宪法起草委员会委员刘少奇《关于中华人民共和国宪法草案的报告》。中央人民政府政务院总理周恩来《政府工作报告》。《政府工作报告》提出"我国伟大的人民革命的根本目的，是在于从帝国主义、封建主义和官僚资本主义的压迫下面，最后也从资本主义

我认为骄傲情绪在党内，主要是在相当一部分高级干部中，正在滋长着，如果不注意克服，就会发展到一种可怕的危险地步。

——此为1954年2月6日，邓小平在中共第七届中央委员会、第四次全体会议上对毛泽东"关于增强党的团结的决议草案"的发言

一切想把台湾交给联合国托管，或者交中立国代管，以及'中立化'台湾和制造所谓'台湾独立国'的主张，都是企图割裂中国领土，奴役台湾的中国人民，使美国侵占台湾的行为合法化。这都是中国人民绝对不允许的。

——此为1954年9月23日，国务院总理周恩来针对美国分裂主义者及台湾台独势力在第一届全国人民代表大会上的讲话

的束缚和小生产的限制下面，解放我国的生产力，使我国国民经济能够沿着社会主义的道路而得到有计划的迅速的发展，以便提高人民的物质生活和文化生活的水平，并且巩固我们国家的独立和安全。"

会议制定和颁布了中国历史上第一部人民的宪法——《中华人民共和国宪法》。会议通过了《关于政府工作报告的决议》、《中华人民共和国全国人民代表大会组织法》、《中华人民共和国国务院组织法》、《中华人民共和国法院组织法》、《中华人民共和国人民检察院组织法》、《中华人民共和国地方各级人民代表大会和地方各级人民委员会组织法》、《关于中华人民共和国现行法律、法令继续有效的决议》。

会议选举毛泽东为中华人民共和国主席、朱德为副主席，刘少奇为第一届全国人民代表大会常务委员会委员长，董必武为最高人民法院院长，张鼎丞为最高人民检察院检察长。大会根据毛泽东的提名，决定任命周恩来为国务院总理。

▲第一届全国人大第一次会议会刊

■ 10月1日，首都举行盛大的阅兵式庆祝国庆五周年

1954年9月23日，毛泽东主席任命杨成武为国庆阅兵总指挥。受阅部队有军事学院方队，步兵学校方队，炮兵学校方队，工兵学校方队，坦克学校方队，水兵方队，航空学校方队，公安部队方队，野战军抽组的步兵师、摩托步兵团方队，内蒙古军区骑兵五师抽组的骑兵团方队，伞兵方队，高射炮和探照灯方队，炮兵师方队，三轮摩托车方队，航空兵梯队等，共10384人。

这次阅兵与开国大典阅兵相比，在部队编成和武器装备等方面都发生了较大变化。开国大典的受阅部队主要由陆军编成，海军和空军数量很少。而这次的受阅部队由诸军兵种编成，反映了海军、空军和陆军特种兵的迅速发展。开国大典受阅部队的武器装备是杂式的，型号、口径、出产国极不统一，这次受阅部队的武器装备则基本上是苏式的。

航空兵由3机按三角形编队，从几个机场起飞，要求低空、小间距、逐队跟进，准时到达指定空域。通过天安门广场的高度为600米，航速每小时为400公里~650公里，这对中国年轻的飞行部队来说，是一个严峻的考验。

10月1日，地面受阅部队在天安门广场和东长安街列队，空中受阅梯队在北京附近机场待命起飞。

10时，北京市市长彭真宣布："中华人民共和国成立第五周年国庆典礼开始！"国防部部长彭德怀在阅兵总指挥杨成武陪同下，乘敞篷汽车检阅部队。

来访的朝鲜民主主义人民共和国首相、劳动党中央委员长金日成和毛泽东一起在天安门城楼上观看了中华人民共和国国庆五周年盛大阅兵式。整个阅兵，历时63分钟。

■ 12月21日~25日，全国政协二届一次会议在北京举行

中国人民政治协商会议第二届全国委员会第一次全体会议于1954年12月21日~25日在北京召开，共有委员559人，出席会议的委员有541人。自这次会议起，区域代表和人民解放军部队不再作为政协的组成单位，政协以各党派、各民族、各人民团体为基础组成。第一届全国政协主席毛泽东主持了会议的开幕式。会议听取了政协副主席陈叔通所作的中国人民政治协商会议第一届全国委员会工作报告；常委会委员章伯钧所作的关于中国人民政治协商会议章程（草案）的说明；政协副主席周恩来作的政治报告。会议通过了关于第一届全国委员会工作报告的决议、《中国人民政治协商会议章程》及中国人民政治协商会议宣言。

会议通过的《中国人民政治协商会议章程》宣布，中华人民共和国第一届全国人民代表大会第一次会议已于1954年9月15日至28日召开，中华人民共和国宪法已经颁布，中国人民政治协商会议共同纲领的基本内容已经列入宪法，这个共同纲领已经为宪法所代替。中国人民政治协商会议全体会议代行全国人民代表大会职权的任务已结束。但是，中国人民政治协商会议作为人民民主统一战线的组织仍然需要存在。会议推举了毛泽东为政协第二届全国委员会名誉主席，选举周恩来为政协第二届全国委员会主席，宋庆龄等16人为副主席。

备忘

- 1月31日，北京—莫斯科直达客车正式通车
- 2月1日，新疆省人民政府宣布迪化市改名为乌鲁木齐市
- 4月14日，中国第一台7000千瓦水轮机在国营沈阳高压开关厂试制成功
- 5月3日，中国人民对外文化协会在北京成立，楚图南当选会长
- 7月26日，我国首批飞机制造并试飞成功
- 9月20日，《中华人民共和国宪法》通过
- 10月30日，河南省省会由开封迁至郑州
- 12月25日，川藏、青藏公路正式通车

世界

▶11月1日，阿尔及利亚民族解放战争爆发

1830年，阿尔及利亚沦为法国的殖民地。第二次世界大战后，阿尔及利亚民族解放斗争日益兴起。1954年8月，由争取民主自由胜利党的一些青年党员组成"团结与行动革命委员会"。同年10月改组为民族解放阵线，其纲领力争取民族独立，实现社会民主，建立一个以伊斯兰教为基础的主权国家，并决定成立民族解放军，开展武装斗争。1954年11月1日，解放军分别在全国30多个地方发动武装起义，阿尔及利亚民族解放战争开始。此后，广大农民、工人、知识分子、小资产阶级、民族资产阶级及一部分官吏和封建地主都参加起义队伍，武装斗争发展成为民族大起义。1962年7月3日，阿尔及利亚临时政府宣告独立，9月25日宣布国名为"阿尔及利亚民主人民共和国"，民族解放战争取得最后胜利。

1955年

■ 1月18日，浙江一江山岛解放

一江山岛位于浙江海门椒江口台州湾之东南方，南距大陈岛11公里，北距头门山岛8公里，东北距高岛12公里，西南距琅玑山20公里，西北距海门35公里。

一江山岛分南江、北江两岛，总面积不足2平方公里。在地图上，只能用放大镜才能找到它。然而，就这么个"弹丸之地"，却成为蒋介石"反攻大陆"的跳板和重要的前哨阵地。台湾当局认为：大陈岛是"台湾的北大门"，一江山岛则是"北大门的门闩"。它的安危不仅关系到大陈岛的得失，而且也关系着台湾的巩固，所以，国民革命军从各方面积极加强一江山岛的防御，提出"保卫台湾，必先固大陈，要守住大陈，必确保一江山岛"。鉴于一江山岛地位之重要，因此，尽管它小如"弹丸"，但国民

▲一江山岛解放

党军仍布以重兵，成立了江山防卫司令部，下辖第4突击大队和第2突击大队4中队，另有1个炮兵中队，总人数1087人。

1955年1月18日，我华东军区陆、海、空三军指战员，对盘踞在一江山岛的国民党军发起联合登陆作战。经过十多个小时的激烈战斗，我军取得全歼守军，占领全岛的重大胜利。

此次战役是中国人民解放军军史上首次陆、海、空联合立体作战。我军共投入三个军种的十几个兵种，4个加强营、27个突击分队、9个炮兵营，以绝对优势的兵力，打了一个有绝对把握的胜仗。取得击毙敌司令王生明以下官兵516人，俘敌567人，以及大量军用物资的战果。这是一场"首战奏凯震八荒"的战斗。

一江山岛登陆战结束后的第二天，美国合众社就发布消息说："共产党中国的第一次陆海空联合作战，是经过周密策划，而且执行得很好。"人民日报发表社论指出："一江山岛的解放，更使蒋介石失去了一个赖以进行海盗活动和部署进攻大陆的跳板。"

■ 3月14日，周恩来任命12个大军区领导人

1955年，是新中国军事实施重大改革的一年。首先，按照国家颁布的有关法律和条例，中国人民解放军改干部供给制为薪金制，改志愿兵役

制为义务兵役制，实行军衔制；并给解放军（含志愿军）有功人员颁发勋章、奖章。其次，重新划分军区，把新中国成立初期的6个大军区改为12个。

1955年2月11日，国务院总理周恩来、国防部部长彭德怀发布《关于全国军区重新划分的若干决定》。《决定》根据中共中央、中央军委对全国战略区的划分和党的中央局、中央分局的设置；把原来的6个大军区改划为12个大军区，并要求军区机构于4月底以前基本改编完毕。

3月14日，周恩来总理任命了各大军区领导人，根据上述决定和任命。当年3月22日，东北军区改称沈阳军区，邓华任司令员，周桓任政治委员。4月1日，华东军区改编为南京军区，许世友任司令员，唐亮任政治委员；云南军区改编为昆明军区（兼云南军区），谢富治任司令员兼政治委员、4月15日，华北军区改称北京军区（兼京津卫戍区），杨成武任司令员，朱良才任政治委员；中南军区改称广州军区，黄永胜任司令员，陶铸任政治委员。4月20日，内蒙古军区升为大军区，乌兰夫任司令员兼政治委员。5月1日，西北军区改编为兰州军区，张达志任司令员，冼恒汉任政治委员；山东军区改编为济南军区，杨得志任司令员（1957年12月到职），谭启龙任政治委员；湖北军区改编为武汉军区（兼湖北军区），陈再道任司令员，王任重任政治委员；四川军区改编为成都军区（兼四川军区）贺炳炎任司令员，李井泉任政治委员；西藏军区升为大军区，张国华任司令员、谭冠三任政治委员；新疆军区升为大军区（1979年5月改称乌鲁木齐军区，王恩茂任司令员兼政治委员。

■ 4月3日，上海市副市长潘汉年因所谓"内奸"问题被错误逮捕审查

1955年4月3日，上海市副市长潘汉年因所谓"内奸"问题被错误逮捕审查。潘汉年在监狱和劳改农场度过了22年后，于1977年4月14日带着"无期徒刑"的结论病故。

潘汉年，江苏宜兴归径人，1925年入党。1927年任国民革命军总政治部机关报《国民军日报》总编辑。1928年被调到中共中央宣传部，负责文化界的统战工作，先后任"中国左翼作家联盟"和"左翼文化总同盟"党组书记。1933年任中央局宣传部长。1934年参加长征，任总政治部宣传部长兼地方工作部长。

1935年起在香港、广州、武汉、上海等地领导对敌斗争和统一战线工作。新中国成立后任上海市委副书记、副市长、市政协副主席。1955年因"内奸"问题被逮捕判刑。1977年含冤病逝。

▲潘汉年

1982年8月23日，中共中央发出《关于为潘汉年同志平反昭雪、恢复名誉的通知》。《通知》宣布：撤销党内对潘汉年同志的原审查结论，并提请最高人民法院依法撤销原判，为潘汉年同志平反昭雪，恢复党籍；追认潘汉年同志的历史功绩，公开为他恢复名誉。凡因"潘案"而受牵连被错误处理的同志，应由有关机关实事求是地进行复查，定性错了的应予平反，并将他们的政治待遇、工作安排和生活困难等善后问题，切实处理好。

■ 4月11日，"克什米尔公主号"事件发生

"克什米尔公主号"事件是一次发生在冷战期间的政治谋杀事件，针对的主要目标是中华人民共和国国务院总理周恩来，而幕后主使则是台湾国民党当局。

事件发生在1955年4月11日，当时根据原定行程，周恩来应率中华人民共和国代表团从香港搭乘飞机赴印度尼西亚首都雅加达参加万隆会议。根据中国外交部解密文档中英国驻华代办欧念儒面交时任外交部副部长章汉夫的《关于克什米尔公主号破坏案的警察调查综合报告》显示，国民党当局在港特务用60万港币买通香港启德机场清洁员周梓铭（化名周驹），在周恩来预定搭乘的印度国际航空公司洛克希德星座式749A型飞机"克什米尔公主号"的右翼轮舱处，安装了一颗定时炸弹。

这架"克什米尔公主号"机上乘载了8名机组人员和11名乘客（全部为参与万隆会议的中方代表团人员和记者），但是暗杀目标周恩来本人却因刚刚做完阑尾炎手术，临时秘密改变行程，经昆明取道缅甸前首都仰光赴万隆参加会议。

在"克什米尔公主号"起飞约5小时后炸弹爆炸，导致飞机右翼第3号发动机吊舱后面的地方局部着火；正在距海面18800英尺高空飞行的飞机被迫紧急在海面上降落，最后机上8名中国代表团工作人员及记者、3名外国记者和5名机组人员不幸遇难，只有3名机组人员生还。

事件发生后香港警务处立即展开调查并查明事件嫌疑人周梓铭，但是周在警方能够采取行动将其逮捕之前成功逃往台北获得庇护。

■ 4月18日~24日，周恩来率代表团出席亚非会议

1955年4月18日~24日，29个亚非国家和地区的政府代表团在印度尼西亚万隆召开亚非会议。这是亚非国家第一次在没有殖民国家参加的情况下讨论亚非人民切身利益的大型国际会议。由于这次会议在万隆召开，所以也称万隆会议。

这次会议由印度、印度尼西亚、缅甸、锡兰（斯里兰卡）、巴基斯坦五国发起。除了五个发起国之外，参加会议的还有阿富汗、柬埔寨、中华人民共和国、埃及、埃塞俄比亚、黄金海岸（加纳）、伊朗、伊拉克、日本、约旦、老挝、黎巴嫩、利比里亚、利比亚、尼泊尔、菲律宾、沙特阿拉伯、苏丹、叙利亚、泰国、土耳其、越南民主共和国、越南国、也门等。中华人民共和国代表团由周恩来总理率领。

声音

进城后，没有受过很好的马克思主义训练的党员受到城市资产阶级的腐朽影响。这些人丧失了革命精神、革命观点，滑回到小资产阶级立场上去了。这些人赞扬斯大林和毛泽东，但实际上是反对他们的。在革命中，他们跟着党走到一定程度，就离开了革命。高岗和饶漱石就是这样的人。

——此为毛泽东1955年3月与尤金谈论高岗、饶漱石问题的谈话

如果一个强盗跑到你的家里，占据楼下的屋子，现在说用一个条约来容许他占据楼下的屋子，只是不让他上楼去。试问：即使他现在不到楼上去，你住在楼上会感到安全吗？

——此为周恩来总理1955年1月5日接见英国驻华代办社维廉时就台湾问题的谈话

会议本着求同存异的精神，讨论了民族独立和主权、反帝反殖斗争、世界和平以及与会各国的经济和文化合作等问题。经过充分的协商，会议一致通过了包括经济合作、文化合作、人权和自决、附属地人民问题、促进世界和平和合作的宣言等项内容的《亚非会议最后公报》。其中《关于促进世界和平与合作的宣言》，提出了处理国际关系的十项原则。这十项原则体现了亚非人民为反帝反殖、争取民族独立、维护世界和平而团结合作、共同斗争的崇高思想和愿望，被称为万隆精神。

▲周恩来率代表团出席亚非会议

十项原则包括了1954年由中国、印度和缅甸三国共同倡导的和平共处五项原则的主要内容，被认为是处理国与国之间关系的准则，成为国际上公认的处理国家关系的基础。

会议共同决议的达成并非一帆风顺，周恩来总理在会上异常鲜明地表示了中国代表团求同存异的立场，为会议取得圆满成功做出了重要的贡献。

几十年来，十项原则经受了国际风云变幻的考验，一直为妥善处理国与国之间关系发挥着积极的影响。如今，万隆精神对指导当今世界国与国之间的关系、解决国际争端、维护世界和平仍然具有重要的现实意义。

■ 5月18日，胡风被捕入狱

胡风，现代文艺理论家、诗人、文学翻译家。原名张光人，笔名谷非、高荒、张果等。湖北蕲春人。1920年起就读于武昌和南京的中学，其间开始接触"五四"新文学作品。1925年进北京大学预科，一年后改入清华大学英文系。不久辍学，回乡参加革命活动，后一度任职于国民党的宣传、文化部门。1929年到日本东京，进庆应大学英文科，曾参加日本普罗科学研究所艺术研究会，从事普罗文学活动。1933年因在留日学生中组织抗日文化团体被驱逐出境。回到上海任中国左翼作家联盟宣传部长、行政书记，与鲁迅常有来往。

抗日战争爆发后，胡风主编《七月》杂志，编辑出版了《七月诗丛》和《七月文丛》，并悉心扶植文学新人，对现代文学史上重要创作流派"七月"派的形成和发展起了重要作用。

胡风曾任中华全国文艺界抗敌协会常委、研究股主任，辗转于汉口、重庆、香港、桂林等地从事抗战文艺活动。1945年胡风主编文学杂志《希望》。1949年起任中国文联委员、中国作家协会理事、第一届全国人大代表。

1954年7月，胡风向中共中央政治局送了一份30万字的长篇报告，就文艺问题陈述了自己的意见。1955年1月20日，中共中央宣传部向中共中央提交《关于开展批判胡风思想的报告》，要求在批判俞平伯和胡适的同时,对胡风的文艺思想进行公开批判。报告还请求对胡风小集团中"可能隐藏的坏分子""加以注意和考察"。1955年1月26日,中共中央批准了这个报告。

1955年5月13日,《人民日报》开始刊登"关于胡风反革命集团的材料",毛泽东写了编者按语,断言胡风等人是"一个暗藏在革命阵营的反革命派别","是以推翻中华人民共和国和恢复帝国主义国民党的统治为任务的"。

5月18日,经全国人大常委会批准,胡风被捕,1965年被判处有期徒刑,1969年又加判为无期徒刑。

1978年12月,中共十一届三中全会以后,中共中央对这桩错案进行了彻底的纠正,为胡风恢复了名誉。胡风于1979年获释,此后,曾任全国政协常务委员、中国文联第四届委员、中国作协顾问等。1985年6月8日胡风病逝于北京。

■ 9月13日,全国人大常委会第21次会议通过成立新疆维吾尔自治区的决议

1952年8月9日,中央人民政府颁布《中华人民共和国民族区域自治实施纲要》。由此,新疆开始了具体推行民族区域自治的试点工作。1952年8月22日至9月10日,新疆省第一届第二次各族各界人民代表会议召开,会议通过了《关于执行中华人民共和国民族区域自治实施纲要》的决议,并成立了新疆省民族区域自治筹备委员会,展开了推进民族区域自治的各项具体工作。

1953年4月2日,中共中央明确指出:新疆民族区域自治必须贯彻"慎重稳进"的方针,实行民族区域自治的过程还可以拉长一点时间,以做好工作,进一步加强各民族的团结。

关于新疆建立省级自治区的问题,1954年7月31日,新疆分局召开了专门座谈会,就新疆省级自治区名称问题征求意见。

1954年11月13日,中共中央电告新疆分局:新疆自治区实际上是以维吾尔族为主的自治区,但为了维吾尔族便于团结境内的其他少数民族,使维吾尔族在工作中更主动,自治区的名称,叫作"新疆自治区",以不加维吾尔族为有利。如果维吾尔族和其他少数民族愿意叫"新疆维吾尔自治区"的话,也可以考虑。

1955年2月28日,新疆分局致电中央,建议:"关于新疆实行民族区域自治的名称,经过长时间的酝酿,大部分少数民族的高级干部要求称'新疆维吾尔自治区'。"4月16日中央复电新疆分局:关于新疆实行民族区域自治的名称问题,中央同意你们所提意见,称作"新疆维吾尔自治区"。

1955年9月13日,全国人大常委会第21次会议通过了《关于成立新疆维吾尔自治区,撤销新疆省建制的决议》。1955年10月1日,新疆维吾尔自治区成立,揭开了新疆历史的新篇章。

世界

▶4月5日,丘吉尔退休,艾登任英国首相

1955年4月5日,丘吉尔辞职,艾登继任首相。80岁的丘吉尔当着女王伊丽莎白二世和许多其他人的面提出辞呈,当他走出唐宁街10号首相府官邸时他吸着雪茄,打出有名的"V"手势向群众致意,然后就坐上汽车,在国民潮水般的欢呼声中走出白金汉宫。他在辞职前做的最后一件事是谢绝了女王晋封他为公爵的提议,这样他就可以留在下院。

安东尼·艾登,毕业于牛津大学,1923年被选为下院保守党议员,鼓吹和平主义,主张建立国联。1935年任外交大臣,因反对张伯伦的绥靖政策于1938年辞职。1940年,他加入丘吉尔的战时联合内阁,先后出任国防大臣和外交大臣,在第二次世界大战中发挥了重要作用。

在首相任内,由于埃及总统纳赛尔宣布埃及接管苏伊士运河,英法出兵占领运河。由于苏伊士运河战争失败,1957年1月艾登被迫辞职。

■ 9月27日，中华人民共和国主席授衔授勋典礼在北京举行

1955年9月23日，第一届全国人大常委会第22次会议根据《军官服役条例》，审议了国务院总理周恩来提出的建议，决定授予对创建和领导人民武装力量、领导战役军团作战立有卓越功勋的高级将领以元帅军衔。

1955年9月27日，在北京举行授予元帅军衔及勋章典礼。下午5时，授衔典礼仪式开始。全国人大常委会副委员长兼秘书长彭真宣读中华人民共和国主席授予元帅军衔的命令。毛泽东将命令状、元帅肩章、一级八一勋章、一级独立自由勋章和一级解放勋章，依次授予朱德、彭德怀、林彪、刘伯承、贺龙、陈毅、罗荣桓、徐向前、聂荣臻、叶剑英十位元帅。

▲授予元帅军衔和授予勋章典礼

元帅中年龄最大的是朱德，时年69岁；年龄最小的是林彪，49岁。

同日，国务院举行授予将官军衔和勋章典礼，周恩来总理将将官军衔的命令状分别授予粟裕等将军；28日，国防部举行授衔典礼，彭德怀部长授予在北京的部分校级军官军衔。此后，各大军区也先后举行了授衔仪式。

第一次全军授予少尉以上军衔的军官53.1万余名，其中元帅10名、大将10名、上将55名、中将175名、少将800名，共计1050名。之后，又选升上将2名、中将2名、少将560名。

■ 10月8日，钱学森回国

1955年10月8日，被美国政府非法软禁了5年的中国著名科学家钱学森，冲破艰难险阻，终于回到祖国怀抱。

在美国，钱学森被公认为力学界和应用数学界的权威学者之一。他先后发表火箭及其他喷气推进的理论、弹性力学、可压缩气体的动力学、稀薄气体的动力学，以及燃烧问题和一般的自动控制理论等重要学术论文。

1950年8月，钱学森预订好飞机票准备离美回国，但美国移民局禁止他出境，并将他的全部科学书籍和研究笔记扣留。9月初，美国移民局以他是"共产党"、企图偷运机密的科学文件回国的罪名将其拘留15天。关押期间，禁止他与外人接触，并对其进行精神上和肉体上的摧残。后由加利福尼亚州理工学院以1.5万美元保释，但他被指令不得离开洛杉矶，还经常受到特务的监视和骚扰。

5年来，钱学森日夜思念自己的祖国和亲人，时刻作好回国的准备。这一天终于到来了，1955年8月4日，他被允许离开美国。

世界

▶4月18日，著名科学家爱因斯坦逝世

爱因斯坦，1879年3月14日生于德国乌尔姆镇。美籍著名理论物理学家。少时在慕尼黑受教育，1900年毕业于瑞士苏黎世理工学院，入瑞士籍。

由于爱因斯坦对光电定律和理论物理方面的贡献，他被授予1921年诺贝尔物理学奖金，在他生前就被公认为人类历史中最具创造性才智的人物之一，20世纪初的15年中，他提出一系列的科学理论；最先断言物质和能量的相当性；对空间、时间和引力都赋予完整的新概念。他的相对论比牛顿物理学先进，并对科学和哲学做出革命性探索。他的质能方程$E=mC^2$表明物质粒子可以转变为巨大的能量，已由原子弹、氢弹的威力得到确证。

爱因斯坦的一生，在人类对宇宙认识的贡献上是无与匹敌的，已被确认为整个人类历史上的科学巨人。

9月17日，归心似箭的钱学森携妻子蒋英，带着两个孩子同20多个中国留学生一起乘"克利夫总统号"邮船离美，经香港回国。

10月8日，钱学森抵达广州，受到祖国人民和科学界人士的热烈欢迎。在上海他和分别多年的家人团聚，74岁高龄的父亲特地送他一套复制的"中国历代名画"。

10月28日，钱学森到达北京，第二天带着妻儿观看他们向往已久的北京天安门。回国后一个多月的游览观光，钱学森目睹了祖国社会主义建设的成就，看到了祖国的希望。他接受中科院的聘请，主持和领导中科院力学方面的研究工作，施展自己的才智，报效祖国。

▲钱学森

▶7月18日，第一座迪斯尼乐园开放

孩子们梦想中的奇境迪斯尼乐园，在美国加州安那汉实现了。1955年7月18日，沃特—迪斯尼乐园将米老鼠等卡通人物重现于距洛杉矶35公里、占地64.7公顷的主题公园中。在有着真人大小卡通形象的乐园中可以驾驶未来车、搭乘密西西比的船尾舶车、嬉游于中世纪的城堡，或在美国大街上漫步。

这座超级乐园耗资1700万美元，每天需要2500名工人维护，预计每年可吸引500万名游客。它地处阿纳海姆(加利福尼亚州)，是世界上构思最精巧的游乐公园。园内共有四个区域：冒险世界、西部边疆、童话世界和未来世界。大人和孩子同样喜爱这个乐园，它每年吸引几百万游客来到这里。1967年(迪斯尼死后一年)，开始动工兴建迪斯尼乐园在东海岸的姊妹乐园——佛罗里达州奥兰多的华尔·迪斯尼世界。

备忘

- 1月5日~11日，联合国秘书长马舍尔德访华
- 2月23日，国民党空军人员刘若龙、宋宝荣驾飞机回归祖国
- 3月15日，前国民党高级将领卫立煌自香港回到祖国大陆
- 4月4日，中共七届五中全会补选林彪、邓小平为中央政治局委员
- 4月7日，毛泽东发布结束中德战争状态的命令
- 5月26日，驻旅顺苏联军队撤走，中国全部收回旅顺主权
- 7月31日，中共中央召开省、市、自治区党委书记会议
- 12月27日，《列宁全集》中文译本第一卷出版

1956年

大事

■ 1月1日，《解放军报》创刊

1956年1月1日，中共中央军委机关报《解放军报》正式出版，但是仅限内部发行，每周三出版，到1958年时开始设为日报。1960年1月改为每周6刊，周一至周五出版，周日无报；1967年8月1日又重新改为日报，到1987年1月1日时，开始国内外公开发行。《解放军报》的刊头由著名解放军书法家林加国题写。

《解放军报》的主要任务为：宣传马列主义、毛泽东思想；宣传中国共产党的路线、方针、政策和中央军委及各总部的命令、指示；报道国内外形势和中国人民解放军的任务；宣传中国共产党和人民军队的优良传统及英雄模范。

■ 4月22日，西藏自治区筹委会在拉萨召开成立大会

西藏自治区是中国实行民族区域自治的五个省级自治地方之一，是一个以藏族为主体的民族自治的地方。在西藏自治区，除藏族外，还有汉、回、门巴、珞巴、纳西、怒、独龙等十七个民族同胞世代居住，并建立有门巴、珞巴、纳西等民族乡。

1956年4月20日，毛泽东、刘少奇、周恩来以及全国人民代表大会常务委员会、全国人民代表大会民族事务委员会和中华人民共和国民族事务委员会，分别致电祝贺西藏自治区筹备委员会的成立。22日，西藏自治区筹备委员会举行成立大会。陈毅副总理代表中央人民政府率领由17个民族同仁组成的中央代表团，千里迢迢来到西藏，对大会表示祝贺。达赖喇嘛首先致开幕词。陈毅副总理宣读国务院命令，并代表国务院把西藏自治区筹备委员会的印鉴授予达赖喇嘛。西藏自治区筹备委员会主任由达赖喇嘛担任。班禅额尔德尼·确吉坚赞担任第一副主任。张国华担任第二副主任。

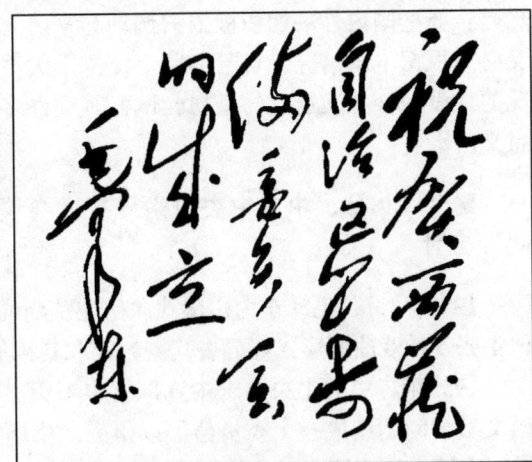
▲毛主席题词祝贺西藏自治区成立

西藏自治区组委会的成立是西藏实行民族区域自治的重大步骤，西藏各族人民在当家作主的道路上迈出了关键的一步。

■ 4月25日，毛泽东在中央政治局扩大会议上作《论十大关系》的讲话

1956年4月25日，毛泽东在中共中央政治局扩大会议上作《论十大关系》的讲话。

《论十大关系》主要内容是：①重工业和轻工业、农业的关系。要防止片面发展重工业，应当用多发展一些农业和轻工业的办法来促进重工业的发展。②沿海工业和内地工业的关系。为了平衡工业发展的布局，应大力发展内地工业；为了发展内地工业，必须充分利用和发展沿海工业。③经济建设和国防建设的关系。必须把军政费用降到一个适当的比例，尽量增加经济建设费用。只有经济建设发展得更快了，国防建设才能够有更大的进步。④国家、生产单位和生产者个人的关系。必须兼顾国家、集体和个人三者利益，无论不顾哪一头，都不利于社会主义，不利于无产阶级专政。⑤中央和地方的关系。应当在巩固中央统一领导的前提下，扩大一点地方的权力，给地方更多的独立性，让地方办更多的事情。有中央和地方两个积极性，比只有一个积极性好得多。⑥汉族和少数民族的关系。要着重反对大汉族主义，地方民族主义也要反对。⑦党和非党的关系。要坚持中国共产党和各民主党派长期共存、互相监督的原则。⑧革命和反革命的关系。要按照不同情况，对反革命分子采取杀、关、管、放等不同的处理方法，也应当给他们以生活出路，使他们有自新的机会。⑨是非关系。对待犯错误的同志要采取"惩前毖后，治病救人"的方针，一要看、二要帮。⑩中国和外国的关系。一切民族、一切国家的长处都要学，政治、经济、科学、技术、文学、艺术的一切真正好的东西都要学。但是，必须有分析有批判地学，不能盲目地学，不能一切照搬照抄。

《论十大关系》是在中国生产资料私有制的社会主义改造已经进入高潮，社会主义经济建设有了初步的实践经验的历史背景下写成的。基本思想是：要把国内外一切积极因素调动起来，为社会主义服务；建设社会主义必须根据本国情况走自己的路。《论十大关系》是探索一条适合中国情况的建设社会主义道路的最初尝试，其中许多思想至今仍具有重要的指导意义。

■ 4月28日，中共中央政治局扩大会议提出"百花齐放，百家争鸣"方针

1951年4月，毛泽东为中国戏曲研究院题词"百花齐放，推陈出新"。他主张各种戏曲的形式都要去其糟粕，取其精华，加以继承。

1953年，中共中央要求中宣部就中国历史问题、中国文字改革问题和语文教学问题组成三个委员会加以研究。中国历史问题研究委员会主任向毛泽东请示历史研究工作的方针时，毛泽东提出要"百家争鸣"。

1956年4月25日，在中共中央政治局扩大会议上，毛泽东作了《论十大关系》的报告。讨论中陆定一发言，提出对于学术、艺术、技术的问题要让各领域内的人自己讨论。在讨论中，还有人发言，建议在科学文化问题上要贯彻"百花齐放"和"百家争鸣"这两个口号。4月28日，毛泽东在政治局扩大会议上作总结发言，正式提出了"双百"方针。他说："'百花齐放，百家争鸣'，我看这应该成为我们的方针。艺术问题上百花齐放，学术问题上百家争鸣。讲学术，这种学术可以，那种学术也可以，不要拿一种学术压倒一切。你如果是真理，信的人势必就会越多。"

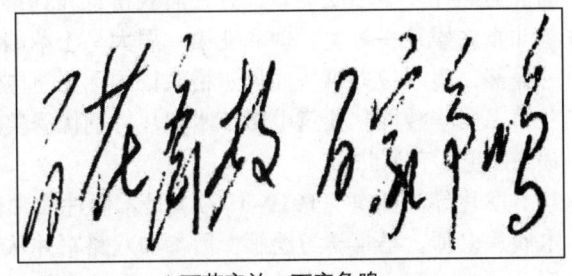
▲百花齐放，百家争鸣

5月2日，毛泽东又进一步阐述了"双百"方针。他说："现在春天来了嘛，一百种花都让它开放，不要让几种花开放，还有几种花不让它开放，这就叫百花齐放。又说：百家争鸣是诸子百家，春秋战国时代，2000年前那个时候，有许多学说，大家自由争论，现在我们也需要这个。"26日，宣传部长陆定一作了《百花齐放、百家争鸣》的讲话，对中共中央的方针作了全面阐述。讲话中提出：要使文学艺术和科学工作得到繁荣发展，必须采取"百花齐放、百家争鸣"的政策。我们所主张的这一方针，是提倡在文学工作和科学研究工作中有独立思考的自由、有辩论的自由、有创作和批评的自由，有发表自己的意见、坚持自己的意见和保留自己的意见的自由。

■ 8月25日，中国木偶片《神笔》获得威尼斯儿童电影展一等奖

1956年8月25日上海电影制片厂出品的木偶片《神笔》获第八届国际儿童影片节儿童娱乐片一等奖，这是第一部在国际上获奖的中国美术片。

《神笔》根据洪汛涛创作的儿童文学《神笔马良》改编，由靳夕、尤磊导演，木偶设计虞哲光，摄影章超群，1955年由上海电影制片厂美术组摄制。

影片的主人公马良是个勤劳、刻苦、有志气的孩子。他从小失去父母，家境贫寒，靠自己打柴、割草为生。但是，他并没有因生活贫苦而气馁，一心想学画画的本领。他每天用心苦练，在沙地上学着描飞鸟，在岩石上学着描游鱼。晚上，拿了一块木炭，在窑洞的墙壁上，复习白天画过的画。一天，他梦见一位神仙送他一只神笔，他用这支神笔画鸟，鸟就在天上飞；画鱼，鱼就在水中游。这事被贪心的财主知道了，要马良给他画大元宝。马良不肯，被关入马厩中。马良画了一架梯子，逃跑了；又画了一匹大骏马骑上它，财主追不上。皇帝要马良画画，马良不愿意。皇帝就把他打入大牢。马良画了座小岛，在岛上画了株金光闪闪的摇钱树，又画

▶6月22日，阿尔及尔卡斯巴教堂发生大爆炸

1956年6月22日半夜后不久，在阿尔及尔卡斯巴教堂发生了一次剧烈的致人死命的大爆炸，3座楼房遭到破坏。在碎砖瓦砾中发现了370具尸体。

这次爆炸是这座被政治、仇恨和恐怖所分裂的城市里所发生的一连串进攻事件最近的一次。在过去3天中，有将近50人被杀死。这显然是由于处死了两名民族主义的反叛者，而进行的报复。教堂向当局乞求宽恕，但法国拒绝这个请求。其中的一个反叛者被宣告有罪。他埋伏在旅游车上，协助杀死了8个人，其中包括一个7岁的小女孩。两个反叛者被送上了断头台。

了一条大木船，当皇帝和大臣、将军们坐船去取钱时，马良挥舞神笔掀起狂风巨浪，把他们全都吞没了。从此，马良用自己的本领自由自在地为穷苦的乡亲们画画，画出他们所需要的东西：犁耙、耕牛、水车、石磨……

影片借助动画夸张的手法充分展示了故事的传奇色彩和想象力，上映后受到儿童观众的热烈欢迎。它不但荣获了中国文化部1949—1955年颁发的优秀影片一等金质奖章，并先后获得意大利第八届威尼斯国际儿童电影节儿童文娱片一等奖，叙利亚第一届大马士革国际博览会电影短片银质一等奖，南斯拉夫第一届贝尔格莱德国际儿童电影节优秀儿童影片奖，波兰第二届华沙国际儿童电影节木偶片特别优秀奖及加拿大第二届斯特拉特福国际电影节奖状。

本片导演靳夕（1919-1997）是木偶片大师德恩卡的弟子，也是中国木偶片大师。早年学习绘画，后参加八路军并从事美术工作，创造了大批作品。新中国成立后先后在长影和上影美术片部门工作，曾任上海美术电影制片厂副厂长。其代表作品除《神笔》外，还有《小梅的梦》、《火焰山》、《阿凡提·神医》、《东郭先生》（编剧）等。

■ 9月15日~27日，中国共产党第八次全国代表大会在北京举行

1956年9月15日~27日，中国共产党在北京举行第八次全国代表大会。这次大会是在我国社会主义改造基本完成，党面临着新的形势和任务的情况下召开的。

出席大会的代表1026人，代表党员1073万人。毛泽东致《开幕词》，刘少奇作《政治报告》，周恩来作《关于发展国民经济的第二个五年计划的建设的报告》，邓小平作《关于修改党的章程的报告》，朱德、陈云、董必武等作了重要发言。

大会指出：社会主义制度在我国已经基本上建立起来，我们还必须为解放台湾、为彻底完成社会主义改造、最后消灭剥削制度和继续肃清反革命残余势力而斗争。但是国内主要矛盾，已经不再是无产阶级和资产阶级的矛盾，而是人民对于经济文化迅速发展的需要同当前经济文化不能满足人民需要的状况之间的矛盾；全国人民的主要任务是集中力量发展社会生产力，实现国家工业化，满足人民的经济文化需要。虽然还有阶级斗争，还要加强人民民主专政，但其根本任务已经是在新的生产关系下保护和发展生产力。因此，要逐步系统地制定完备的法律，健全社会主义法制；要进一步扩大社会主义民主，大力反对官僚主义。

大会坚持了既反保守又反冒进即在综合平衡中稳步前进的经济建设方针，并根据毛泽东的《论十大关系》的精神，制定了一系列重要的经济政策。大会着重提出了执政党的建设问题，强调要坚持民主集中制和集体领导制度，反对个人崇拜，发展党内民主，加强党和群众的联系。中共八大的路线是正确的。但是，由于当时党对于全国建设社会主义的思想准备不足，八大提出的路线和许多正确意见后来没有能够在实践中坚持下去。

世界

▶11月22日，第16届奥林匹克运动会在澳大利亚的墨尔本举行

第16届奥林匹克运动会于1956年11月22日至12月8日在澳大利亚的墨尔本举行，参赛的有67个国家和地区的3184名运动员(其中女子371名)。共有17个大项148个单项，苏联队获37枚金牌，首次超过美国队。中国奥委会接到邀请，因抗议国际奥委会制造"两个中国"拒绝派队参加。中国台湾派出21名男运动员参加5个项目比赛，没有取得名次。

奥运史上唯一在南半球举行的盛会，便是1956年墨尔本奥林匹克运动会，由于澳大利亚严厉的动物检疫法令，使马术比赛不得不在瑞典斯德哥尔摩举行。这又使此届运动会成为一届奥林匹克运动会分在两洲举行的唯一事例。

闭幕式上，首次安排了运动员进场，强调奥运所带来的友谊。

■ 10月14日，鲁迅遗体从上海万国公墓迁葬到虹口公园

1956年10月14日，鲁迅遗体迁葬仪式在上海隆重举行。茅盾、周扬、许广平、巴金、靳以等十人先行至万国公墓起灵。巴金和金仲华庄严地把一面缝着黑字的"民族魂"红旗覆盖在灵柩上。

上午9时，宋庆龄、茅盾、周扬、许广平、金仲华、钟民、李琦涛、巴金、靳以等11人在哀乐声中扶着灵柩进入虹口公园大门，徐徐向墓地进发。雄伟的新墓地

▲鲁迅先生之墓

满放着各界人士送的鲜花和花圈，墓碑前放着中共中央、国务院和宋庆龄等献的5个大花圈。灵柩落入墓穴时在场的人都肃立志哀。巴金在墓前报告了筹备迁葬的经过，接着茅盾和许广平先后讲话。茅盾说：20年前，我们许多人都希望把鲁迅墓改建得和他的崇高的人格相称。现在希望成为事实了。许广平说：我们今后一定会完成和发扬鲁迅的意愿，来建设新中国，团结一切可以团结的力量，为人类友好合作的和睦的大家庭而坚持奋斗，不断前进。上海市副市长金仲华揭开了墓前的鲁迅塑像的幕布。参加迁葬仪式的有党和政府部门的负责人、作家、工人、学生和各国驻上海的外交人员近2000人。鲁迅的儿子周海婴、儿媳、孙子也参加了迁葬仪式。

■ 11月11日，北京各界隆重纪念孙中山先生诞辰90周年

1956年11月12日是孙中山先生诞辰90周年，为此，北京组成了孙中山先生诞辰90周年纪念大会筹备委员会，筹备委员会决定，诞辰日那天，全国各大城市和省会、自治区首府所在地要普遍举行纪念大会；国务院通知，诞辰日，全国各直辖市、省会、自治区首府以及拉萨等地均悬挂国旗，以示纪念。

1956年11月11日，北京举行极其隆重的纪念大会，大会宣布了毛泽东、卫立煌、邓小平、叶剑英、龙云、刘少奇、李书城、沈钧儒、陈云、陈叔通、周恩来、张奚若、张难先、程潜、董必武、熊克武等78人组成的大会主席团名单。大会还邀请华侨和港澳同胞40多人、30多个国家的160多位来宾出席大会。政协主席、国务院总理周恩来主持会议，中共中央政治局委员林伯渠、中国国民党革命委员会主席李济深、副主席何香凝以及各国来宾先后讲话。11月12日，以朱德为团长、李济深为副团长的中央谒陵代表团晋谒了南京中山陵；同日，周恩来、何香凝等一行600人参谒了香山碧云寺中山纪念堂。这一天，毛泽东发表了专文《纪念孙中山先生》。

新中国建立50年来，除了1951年、1971年特殊的历史背景以外，凡是

世界

▶12月18日，联合国接纳日本为会员国

1956年12月12日，联合国安全理事会一致决定向联合国大会推荐日本为会员国。12月18日，联合国45个成员国向联合国大会提出一项关于接纳日本加入联合国的提案。列名提出这个提案的国家有苏联、波兰、美国、英国、法国、亚非国家、一些拉丁美洲国家和西欧国家。

同日，联合国大会全体会议一致通过接纳日本为联合国会员国，从而使联合国的会员国从79个增加到80个。大会是根据安全理事会的一致推荐和最后有51个国家附署的要求接纳日本为会员国的一项提案通过接纳日本为会员国的。

苏联代表团团长库兹涅佐夫发言欢迎日本加入联合国，他认为这是联合国朝着成为一个普遍性组织前进了一步。库兹涅佐夫说，如果日本在联合国里能够奉行维护远东和世界和平的政策，那就会对联合国组织有所助益。

中国百年实录 1956年

▲孙中山先生

辛亥革命和孙中山的生辰、忌辰的逢十纪念，党和国家都是以最高规格举行纪念大会。这样的大会总共进行了13次。所谓最高规格，是指党和国家的最高领导人或者全部出席，或者大部分出席；党和国家主要领导人发表重要讲话，《人民日报》发表专题社论。各省、自治区、直辖市的主要领导人都要在当地的纪念大会上讲话。这就是说，每逢十年一次举行的纪念辛亥革命或者孙中山的活动，成为全国重要的政治活动，是全国政治生活中的大事。

声音

要使文学艺术和科学工作得到繁荣发展，必须采取"百花齐放、百家争鸣"的政策。我们所主张的这一方针，是提倡在文学工作和科学研究工作中有独立思考的自由、有辩论的自由，有创作和批评的自由，有发表自己的意见、坚持自己的意见和保留自己的意见的自由。

——此为1956年5月26日，中共中央宣传部长陆定一在怀仁堂作《百花齐放、百家争鸣》的讲话

中国人民愿意在可能的条件下，争取用和平的方式解放台湾。

——此为1956年6月28日周恩来总理在一届人大三次会议上《关于我国外交政策和解决台湾问题》发言中的讲话

备忘

- 1月12日，北京手工业全部实现合作化
- 1月15日，毛泽东等党和国家领导人参加北京20万人在天安门广场举行的联欢大会
- 4月29日，《人民日报》登载《生产组和社员都应该"包工包产"》一文
- 5月25日，中国第一台电子计算机在复旦大学研制成功
- 7月15日，第一辆解放中型卡车诞生，改变了中国不能制造汽车的历史
- 7月16日，周恩来在会见原国民党中央通讯社记者曹聚仁时，首次提出第三次国共合作的设想
- 9月8日，中国自行研制新型喷气式飞机成功
- 11月3日，中国政府就英法侵略埃及提出强烈抗议

1957年

大事

■ 2月27日，毛泽东作《关于正确处理人民内部矛盾的问题》的重要讲话

1957年2月27日，毛泽东在最高国务会议第十一次（扩大）会议上作《关于正确处理人民内部矛盾的问题》的重要讲话。讲话全面地分析社会主义社会的矛盾，指出：矛盾是普遍存在的，社会主义社会也充满着矛盾，正是这些矛盾推动着社会主义社会不断地向前发展。社会主义社会的基本矛盾是生产力和生产关系、经济基础和上层建筑的矛盾，这些矛盾可以经过社会主义制度本身的调节，不断得到解决。

毛泽东指出：社会主义社会存在着敌我之间和人民内部两类性质根本不同的矛盾，前者需要用强制的、专政的方法去解决，后者只能用民主的、说服教育的、"团结—批评—团结"的方法去解决，决不能用解决敌我矛盾的方法去解决人民内部的矛盾。毛泽东还联系农业合作化问题、工商业问题、知识分子问题、少数民族问题、肃反问题、少数人闹事问题，以及统筹兼顾、适当安排，百花齐放、百家争鸣，长期共存、互相监督，勤俭节约和中国工业化道路等问题，系统地分析和阐明了正确处理各方面人民内部矛盾的方针和方法。毛泽东提出，现在的情况是：革命时期的大规模的急风暴雨式的群众阶级斗争基本结束，但是阶级斗争还没有完全结束。今后的主要任务是正确处理人民内部矛盾，以便团结全国各族人民进行一场新的战争——向自然界开战，发展我们的经济和文化，建设我们的新国家。这篇讲话经过整理补充，于6月19日在《人民日报》上发表。

▲毛泽东发表《关于正确处理人民内部矛盾的问题》的讲话

声音

实行计划生育是控制人口最好、最有效的办法。
——此为1957年马寅初在第一届全国人民代表大会第四次会议上的发言，即后来被批判的"新人口论"

拆掉北京的一座城楼，就像割掉我的一块肉，扒掉北京的一段城墙，就像剥掉我的一层皮。
——此为1957年梁思成发现北京地安门、广安门被拆除后的呐喊

■ 5月1日，中国游泳运动员戚烈云打破游泳世界记录

中国游泳运动员戚烈云于1957年5月1日在广州参加庆祝五一国际劳动

节游泳表演比赛中，以1分11秒6的成绩打破捷克斯洛伐克运动员斯沃齐尔保持的100米蛙泳（1分12秒7）的世界纪录。他是我国第一位打破游泳世界纪录的运动员。

戚烈云原籍广东台山，1934年出生在香港。他自幼喜爱游泳。曾是香港男子100米、200米蛙泳全港纪录保持者，凭他的实力，他本可以在港过舒适的生活，但他怀着一颗赤子之心拒绝了港方及台湾当局的重金诱惑，毅然于1955年从香港回到广州，参加中南体工队游泳队。同年他在全国游泳比赛中获男子100米蛙泳（1分14秒9）和200米蛙泳（2分45秒7）冠军。这一年他考入广州体育学院就读。次年他转入北京体育学院就读并参加国家游泳集训队集训。戚烈云结合自己的身体和动作特点，在技术上形成了自己独特的风格——"高航式"蛙泳（蹬腿时上身抬起较高）。1957年他除打破游泳世界纪录外，还在第三届国际青年友谊运动会上，获男子100米蛙泳比赛的亚军，从而引起当时外国游泳专家的关注。

戚烈云于1956年获得运动健将称号。1959年获国家体委颁发的体育运动荣誉奖章。他曾担任全国青年联合会副主席。1984年被评为中华人民共和国成立35年来杰出运动员之一。1994年被评为"建国45周年体坛45英杰"之一。

■ 6月8日，中共中央发出《关于组织力量准备反击右派分子进攻的指示》

1957年6月8日，中共中央发出《关于组织力量准备反击右派分子进攻的指示》。指示要求各省市级机关、高等学校和各级党报都要积极准备反击右派分子的进攻。指示认为："这是一场大战（战场既在党内，又在党外），不打胜这一仗，社会主义是建不成的，并且有出'匈牙利事件'的某些危险。"

同日，《人民日报》发表题为《这是为什么？》的社论，指出有人向拥护共产党的人写恐吓信，这是"某些人利用党的整风运动进行尖锐的阶级斗争的信号"，"我们还必须用阶级斗争的观点来观察当前的种种现象，并且得出正确的结论"。

此后，即在全国范围内展开了一场大规模的反右派斗争。对右派分子进行反击和斗争，事实上是不可避免的，也是必要的。只有坚决地反对一切脱离社会主义的言论行动，在人民中间进行坚持社会主义道路的教育，才能顺利地推进建设社会主义的事业，否则就会在人民中间造成思想上政治上的混乱。然而，由于党对阶级斗争形势的估计越来越严重，导致反右派斗争扩大化的严重错误，把一批知识分子、爱国人士和党内干部错划为"右派分子"，造成不幸的后果。

■ 7月15日，《人民日报》发表了马寅初的《新人口论》

1957年7月15日，《人民日报》发表了马寅初的《新人口论》。马寅初，浙江嵊县人，著名经济学家、人口学家、教育家。1906年他在天津北

世界

▶7月10日，国际原子能机构成立

国际原子能机构是一个同联合国建立关系，并由世界各国政府在原子能领域进行科学技术合作的机构。1954年12月，第九届联合国大会通过决议，要求成立一个专门致力于和平利用原子能的国际机构。1956年10月，来自世界82个国家的代表举行会议，通过了旨在保障监督和和平利用核能的国际原子能机构规约。1957年7月，规约正式生效。同年10月，国际原子能机构召开首次全体会议，宣布机构正式成立。

国际原子能机构总部设在奥地利的维也纳。现任总干事巴拉迪（埃及人）国际原子能机构的宗旨是加速扩大原子能对全世界和平、健康和繁荣的贡献，并确保由机构本身，或经机构请求、或在其监督管制下提供的援助不用于推进任何军事目的。国际原子能机构规定，任何国家只要经过机构理事会推荐和大会批准，并交存对机构规约的接受书，即可成为该机构的成员国。截至2006年2月，国际原子能机构共有139个成员国。

▲ 马寅初

洋大学毕业后，留学美国，在美国获耶鲁大学和哥伦比亚大学经济学博士学位。1915年回国，历任北京大学教务长，重庆大学商学院院长，中山大学、交通大学、浙江大学教授。

新中国成立后，历任中央人民政府委员，中央人民政府政务院财经委员会副主任，华东军政委员会副主席，浙江大学、北京大学校长。当选为第一、二、五届全国人大常务委员会委员；第一、二、三、四届全国政协委员，第二、四、五届常务委员。

早在1957年2月最高国务会议第11次扩大会议上，马寅初对人口问题就提出了一些看法。1957年6月一届全国人大四次会议期间，马寅初系统地阐述了自己的观点。他认为：人多固然是一个极大的资源，但也是一个极大的负担，如果不加控制任其盲目增长，势必严重影响国民经济的发展和人民生活的提高。他主张提高人口质量，控制人口数量，并建议采取以下措施：

一、进行人口普查，掌握全国人口增长的实际情况，举行人口动态统计，在此基础上来确定人口政策，把人口增长数字订入五年计划；二、宣传晚婚节育采取有效的行政和经济措施，奖励节育，用征税的办法限制多育；三、实行计划生育是控制人口最有效的办法，最重要的是普遍宣传避孕。

在此期间，社会科学理论界对人口问题也展开了热烈的讨论。在反右派斗争中，马寅初的观点受到批评，他的许多正确的意见和建议被错误地当作新马尔萨斯人口论进行批判。这次错误的批判，对国家的经济建设和人口问题的解决带来极为不利的影响。

■ 10月15日，武汉长江大桥建成通车

武汉长江大桥位于武汉市内。大桥横跨于武昌蛇山和汉阳龟山之间。是我国在万里长江上修建的第一座铁路、公路两桥。

长达6300公里的长江江面上，几千年来从未建过一座桥梁。长江切断了祖国纵贯南北的铁路、公路运输，历来南北客货运输全靠轮船或木船转载渡江，费时费力，效率极低，因此，在长江上建桥，成为国人千百年来的梦想。

武汉长江大桥于1955年9月1日兴建，1957年10月13日全部建成通车。全桥总长1670米，其中正桥1156米，北岸引桥303米，南岸引桥211米。从基底至公路桥面高80米，下层为铁路桥，宽14.5米，两列火车可同时对开。上层为公路桥。宽约20米，为4车道。桥身为三联连续桥梁，每联3孔，共8墩9孔。每孔跨度为128米，终年巨轮航行无阻。

正桥的两端建有具有民族风格的桥头堡，各高35米，从底层大厅至顶

▶10月4日，苏联发射人类第一颗人造地球卫星

1957年10月4日，世界上第一颗人造地球卫星已经制成由苏联发射成功。运送卫星的火箭使卫星获得了每秒8000公尺左右的必要的轨道速度。据计算，这个卫星在离地面900公里的高空运行；它每转一周的时间是1小时35分钟，它的运行轨道和赤道平面之间所形成的倾斜角是65度。

人造卫星是一个球形体，直径58厘米，重83.6公斤。内装两部不断放射无线电信号的无线电发报机。其频率分别为20.005兆赫和40.002兆赫（波长分别为15米和7.5米左右）。信号采用电报讯号的形式，每个信号持续时间约0.3秒。间歇时间与此相同。

早在19世纪末，俄国杰出的科学家齐奥尔科夫斯基就已经在他的著作中第一次科学地论证了借助火箭实现宇宙飞行的可能性。

中国百年实录 1957年

▲ 武汉长江大桥通车

亭,共7层,有电动升降梯供人上下。附属建筑和各种装饰,均极协调精美,整座大桥异常雄伟。若从底层坐电动升降梯可直接上大桥公路桥面参观,眺望四周,整个武汉三镇连成一体,使人心旷神怡,浮想联翩。

如今,武汉长江大桥经过近半个世纪的风雨洗礼,依然坚如磐石地屹立在滚滚长江洪流中。

■ 11月13日,《人民日报》发表文章第一次提出了"大跃进"口号

1957年10月27日,《人民日报》为《1956年到1957年全国农业发展纲要》配发了《建设社会主义农村的伟大纲领》的社论。社论认为,许多人惯于根据小农经济的生产条件来看合作化以后的新情况,对于过去没有见过的事情,常常是不敢想、不敢做、信心不足,顾虑重重。"为了克服各种各样的保守思想,最有效的方法,就是在农村中以四十条纲要为中心,进行一次生产建设问题的大鸣、大放、大争。"社论还要求在第二个五年计划期间"实现一个巨大的跃进"。这是中共中央通过媒体第一次以号召的形式使用"跃进"一词。

1957年11月13日,《人民日报》发表了题为《发动全民,讨论四十条纲要,掀起农业生产的新高潮》的社论。社论说,1956年公布农业发展纲要草案后,曾经鼓舞了广大农民的生产热情,造成了全国农业生产的高潮,但是,有些人却把这一高潮看成了"冒进",他们害了右倾保守的毛病,像蜗牛一样地爬行得很慢;有右倾保守思想的人,不了解在农业合作化后我们就有条件也有必要在生产战线上来一个大的跃进。这是"大跃进"口号的第一次提出。

毛泽东对这篇社论十分欣赏。1958年5月25日,他给参加此时政治局书记处各同志,省、市、自治区党委第一书记,参加政治局扩大会议的其他同志的信中说:"重看1957年11月13日人民日报社论,觉得有味,主题明确,气度从容,分析正确,任务清楚。以'跃进'一词代替'冒进'一词从此篇起。"

备忘

- 2月26日，北京无轨电车开始通行
- 3月25日，中共中央发出《关于处理罢工、罢课问题的指示》
- 4月27日，中共中央发出《关于整风运动的指示》
- 5月9日，美国宣布将在台湾布置导弹部队
- 6月25日，《中华人民共和国人民警察条例》颁布
- 8月20日，陈云在国务会议上指出必须节制生育
- 9月16日，中国著名画家齐白石逝世
- 11月17日，我国运动员郑凤荣创女子跳高世界纪录

1958年

▶2月6日，慕尼黑发生空难

1958年2月6日，英国足球劲旅曼联队在南斯拉夫参加欧洲足球冠军杯比赛中以3:3踢平了贝尔格莱德红星队，获得半决赛权。当他们乘飞机回国途中在慕尼黑降落后，两次起飞均未成功，第三次起飞后失事。除教练巴斯比、队员鲍比-查尔顿、福克斯获救外，8名曼联球员遇难。其中包括球星泰勒、拜仁尼姆、本德特、琼斯、佩格、罗杰·伯恩、邓肯·爱德华兹等。

 大事

■3月5日，广西僮族（壮族）自治区正式成立

新中国成立之初，随着民族区域制度的发展和完善，建立僮族（即现在的壮族）自治区的实践也提上了议事日程。1958年3月5日~14日，广西僮族自治区第一届人民代表大会第一次大会胜利召开，大会宣告广西僮族自治区成立。

会议选出韦国清（壮族）为自治区主席，贺希明、李任仁、覃应机（壮族）、莫乃群、卢绍武（壮族）为副主席。会议选出韦国清（壮族）为中共中央政治局委员，国务院副总理贺龙代表中共中央、中央人民政府和毛泽东到会祝贺。3月15日，广西各地举行了隆重的纪念活动，当时的广西区人民委员会发布公告，将3月15日定为自治区成立纪念日（区庆日）。

自治区成立至1965年，都是叫"广西僮族自治区"。1965年经周恩来总理提议，将"僮族"改为"壮族"，"壮"有健壮、茁壮、充满活力的意思，希望壮族兄弟身体健壮，壮族自治区发展蓬勃向上。当年10月12日，周总理的提议经国务院批准，正式将"僮族"改为"壮族"，自治区也改为"广西壮族自治区"。

1929年12月11日，邓小平、张云逸等老一辈无产阶级革命家发动和领导了百色起义，创建了红七军；1949年12月11日，人民解放军解放广西全境。为了激励各族人民继承光荣的革命传统，自1978年起，自治区成立纪念日定为每年12月11日，沿用至今。

■3月12日，中国人民志愿军总部发布从朝鲜撤军公告

1958年3月12日，中国人民志愿军总部发布撤军公报，决定于1958年年底以前，志愿军分批全部撤出朝鲜。志愿军从3月15日到10月26日，分三批全部撤出朝鲜回国。

中国人民志愿军在朝鲜八年中，卓越地完成了祖国人民赋予的光荣使命。志愿军与朝鲜人民军及朝鲜人民团结一致、休戚与共，生死相依，共同抗击美军的侵略，对保卫朝鲜人民的革命成果，保卫中国的安全和支援朝鲜人民的和平建设做出了重大贡献。

朝鲜民主主义人民共和国曾授予中国人民志愿军英雄模范和功臣以勋章和奖章，并授予彭德怀、杨根思、黄继光、孙占元、杨连弟、邱少云、伍先华、胡修道、杨春增、杨育才、李家发、许家朋等以"朝鲜民主主义人民共和国英雄"的光荣称号。

中国人民志愿军回国后，中华人民共和国全国人民代表大会常务委员会和政协全国委员会常务委员会，于10月30日举行扩大的联席会议，通过了《关于中国人民志愿军八年来抗美援朝工作报告的决议》，《决议》指出：中国人民志愿军卓越地完成了祖国人民所赋予的光荣使命，他们不愧为伟大中国人民的优秀儿女。

■ 3月15日，中国人民解放军军事科学院在北京成立

中国人民解放军军事科学院是中央军委直接领导下的军事科学研究机关，是全军军事科学研究中心，是计划和协调全军军事学术研究工作的机构。

▲中国人民解放军军事科学院

1958年3月15日，中国人民解放军军事科学院在北京正式成立。开国元勋、德高望重的著名军事家叶剑英元帅出任第一任院长兼政治委员。

中国人民解放军军事科学院简称"军科"，该院为中国人民解放军高级军事理论研究机构，全军军事科学研究的中心。主要任务是研究军事基础理论、国防建设和军队建设的重大现实问题，为中央军委决策提供建议和咨询，组织协调全军的军事学术研究工作。

1956年底开始筹备，下设学术秘书处、政委办公室，院务部和战争理论、战役、战术、战史4个研究部。后来，其机构设置不断调整，到1990年12月为止，设有计划组织部，政治部，院务部和战略、战役、战术、军制、军事历史、外国军事、军事百科研究部以及毛泽东军事思想、军事运筹分析、军队政治工作研究所和杂志社等。

叶剑英、宋时轮、郑文翰先后任院长；叶剑英（兼）、粟裕、王树声、廖汉生、萧华、刘志坚、袁升平、梁必业、王诚汉先后任政委。

■ 4月，北京大学开始批判马寅初的《新人口论》

1958年4月，北京大学开始批判校长马寅初。1957年7月5日，马寅初在《人民日报》上发表了根据自己在全国一届人大四次会议上的发言内容写成的《新人口论》。文章认为，人多固然是一个极大的资源，但也是一个极大的负担，如果不加控制，任其盲目增长，势必严重影响到经济的发展和人民生活的提高。提出要重视节制生育，控制人口增长，提高人口质量。当时，这些正确主张被说成是"新马尔萨斯人口论"。北大等学校采用大字报、辩论会等方式，对马寅初的人口理论及其整个学术思想、政治观点进行批判，时间持续长达1年之久。

1959年12月，马寅初在《新建设》上发表《重申我的请求》，表示要坚持真理，决不向专以力压服不以理说服的那种批判者们投降。康生据此

我们实际上是用人海战术，百以当一，一个人读一本书，一百个人就读一百本，这就赛过一个读过八十本书的人。
——此为1958年开展"双改运动"活动中（教育与科学改革）中宣部部长周扬的谈话。

三年以来，在人民解放战争和人民革命中牺牲的人民英雄们永垂不朽！
三十年以来，在人民解放战争和人民革命中牺牲的人民英雄们永垂不朽！
由此上溯到一千八百四十年，从那时起，为了反对内外敌人，争取民族独立和人民自由幸福，在历次斗争中牺牲的人民英雄们永垂不朽！
——1958年4月22日，人民英雄纪念碑建成，此为毛泽东撰写的碑文

中国百年实录 1958年

提出，马寅初的问题已经不是学术问题，而是右派向党进攻的政治问题。下令"要像批帝国主义分子艾奇逊那样批判马寅初"。于是，对马寅初的批判进一步升级。1960年，撤销了马寅初担任的北大校长职务。1979年9月14日，经中共中央批准，北京大学党委为马寅初平反并恢复名誉。

■ 5月5日~23日，中共八大第二次会议提出"多快好省地建设社会主义"的总路线

1958年5月5日~23日，中国共产党第八次全国代表大会第二次会议在北京举行。大会正式通过了中共中央根据毛泽东的倡议而提出的"鼓足干劲、力争上游、多快好省地建设社会主义"的总路线及其基本点。

这条总路线的出发点是要尽快地改变我国经济文化落后的状况，但是忽视了经济发展的客观规律。这次会议还根据毛泽东的意见，正式改变了八大一次会议关于国内主要矛盾已经转变的正确分析，认为当前我国社会的主要矛盾仍然是无产阶级同资产阶级、社会主义道路同资本主义道路的矛盾，这就确认了毛泽东关于社会主义社会阶级斗争问题的"左"倾理论。会上，浙江、甘肃、安徽、云南、广西、青海、河北、广东、新疆、河南、山东等省和自治区的代表大会发言中，报告了本地区党组织在整风运动中，同党内的所谓"右派分子"、"地方主义分子"、"民族主义分子"以及"右倾机会主义分子"做斗争的经过。许多地方的重要领导干部被宣布为"右派集团"、"右倾集团"或"反党集团"。这是阶级斗争扩大化错误在党内的突出表现。会议号召全党和全国人民，认真贯彻执行社会主义建设总路线，争取在15年，或者在更短的时间内，在主要工业产品产量方面赶上和超过英国。毛泽东在会上讲话，强调要破除迷信，解放思想，发扬敢想敢说敢做的创造精神。会后，在全国各条战线上，迅速掀起"大跃进"高潮。

■ 6月21日，柳亚子先生病逝于北京

1958年6月21日，柳亚子先生病逝于北京。

柳亚子，原名慰高，又名人权、弃疾，字安如，一字亚卢。1887年生。江苏吴江人。清末秀才，近代诗人。1903年在家乡参加中国教育会，后到上海爱国学社读书。1906年加入同盟会，同时加入光复会。1909年创办南社，被选任书记员。1924年加入改组后的中国国民党。曾任孙中山总统府秘书、上海通志馆馆长、中国国民党中央监察委员。四一二反革命政变后，被通缉，逃往日本。1928年返回国内。抗日战争时期与宋庆龄、何香凝等从事抗日民主运动。1941

世界

▶ 6月8日，第六届世界杯足球赛在瑞典举行

1958年6月8日至29日，第六届世界杯足球赛在瑞典举行。52支球队报名参加在瑞典举行的这次比赛。中国队首次参加了世界杯预选赛，未能获得出线。不列颠的四个足球协会都派队参赛，并都出线。首次参赛的苏联队顺利地进入决赛。进入决赛圈的共有16支队伍。

这是继瑞士世界杯后连续在欧洲举行的一次世界杯。在决赛中，巴西以5比2击败了东道主瑞典，首次赢得了冠军。本届世界杯上，巴西17岁小将贝利大放光彩，他在日后成为了足球历史上最伟大的球员之一，甚至被称为"球王"。

▲ 柳亚子

5月因谴责国民党顽固派制造皖南事变,被国民党开除党籍。抗战胜利后,任中国国民党革命委员会中央常务委员兼监察委员会主席、三民主义同志联合会中央常务理事、中国民主同盟中央执行委员。

1949年柳亚子出席中国人民政治协商会议第一届全体会议。中华人民共和国成立后,曾任中央人民政府委员、全国人大常委会委员。辑有《磨剑室诗集、词集、文集》、《柳亚子诗词选》等。

■ 8月17日~30日,中共中央政治局在北戴河举行扩大会议

1958年8月17日~30日,中共中央政治局在北戴河举行扩大会议,中央政治局委员,各省、市、自治区党委第一书记以及政府各有关部门党组负责人参加会议,讨论1959年国民经济计划以及当前工业、农业、农村工作和商业工作、教育工作和加强民兵工作等问题。

会上确定了一批工农业生产的高指标,宣布1958年要生产钢1070万吨,即比上年钢产量翻一番。会议通过了《中共中央政治局扩大会议号召全党全民为生产1070万吨钢而奋斗》的决定,通过了《关于在农村建立人民公社问题的决议》,决定在全国农村普遍建立人民公社。决议指出,"人民公社将是建成社会主义和逐步向共产主义过渡的最好的组织形式",并说,"共产主义在我国的实现,已经不是什么遥远将来的事情了"。会后,在全国很快形成了全民炼钢和人民公社化运动的高潮。运动中,以高指标、瞎指挥、浮夸风和"共产风"为主要标志的"左"倾错误严重地泛滥开来,打乱了正常的经济建设秩序,浪费了巨大的人力和资源,造成了国民经济比例的严重失调。

■ 8月23日,中国人民解放军炮击金门

1958年8月23日,中国人民解放军福建前线部队奉命对国民党金门防卫部队和炮兵阵地等重要军事目标及驶往金门的运输舰进行猛烈炮击,击毙金门防卫司令吉星文、赵家骧、章杰三个中将,击伤运输舰一艘。8月24日~9月8日,前线陆、海军联合作战,又击沉、击伤国民党两艘舰只,并封锁了金门。

美国政府为摆脱为国民党军护航的被动局面,诱使国民党军撤出沿海岛屿,以实现其制造"两个中国"的阴谋。中共中央为粉碎美国的阴谋,决定以金门、马祖拖住美帝国主义,

▲中国人民解放军猛烈炮轰金门

10月6日,国防部长彭德怀发表《告台湾同胞书》,宣布停止对金门炮击一周,让国民党军恢复补给,但以美军不得护航为条件。

金门炮战早在1953年开始，1958年达到高峰，国民党军方面甚至使用了毒气弹。以后双方陆续发生不同程度的小规模交战，直到1979年元旦，时任国防部长的徐向前发表声明宣布停止对金门地区的炮击，此后20多年间，两岸再未闻炮声。

1958年的金门炮战还具有特殊的政治意义，它有力地阻遏了美国试图迫使国民党残余政权退缩台湾本岛，制造"两个中国"的政治意图。

■ 10月25日，宁夏回族自治区成立

1957年6月7日，国务院召开第51次全体会议，通过了成立宁夏回族自治区的决定，并提交全国人民代表大会第一届第四次会议审议通过，自治区的成立进入筹备阶段。

1958年10月24日，宁夏回族自治区第一届人民代表大会第一次会议在银川隆重开幕。中共中央政治局委员、全国人民代表大会常务委员会副委员长林伯渠、全国人大民委副主任谢扶民，国家民委副主任杨静仁代表中共中央、中央人民政府和毛泽东主席前来祝贺宁夏回族自治区的成立。参加会议的还有来自内蒙古自治区、新疆维吾尔自治区、广西壮族自治区、西藏自治区筹委会及甘肃、青海、四川、云南、北京等19个省、自治区、直辖市的代表。会上选举产生了宁夏回族自治区第一届政府机构：刘格平（回）当选为宁夏回族自治区人民委员会主席，马玉槐（回）、吴生秀、王金璋、王金强（回）、马腾霭（回）、郝玉山、黄势中当选为副主席。

1958年10月25日，宁夏回族自治区正式成立。中央代表团团长、中共中央政治局委员、全国人大常委会副委员长林伯渠向大会作了题为《加强民族团结，建设社会主义》的讲话。

备忘

- 2月12日，中共中央号召全国"除四害"
- 3月11日，中国第一台半导体收音机在上海研制成功
- 4月1日，中国第一座新石器时代遗址博物馆在西安半坡建成
- 4月22日，人民英雄纪念碑建成
- 5月1日，中国第一座电视台——北京电视台开始试播
- 8月30，日中国第一座原子反应堆回旋加速器开始运转
- 10月28日，中国人民志愿军代表团到达北京，周恩来到车站欢迎志愿军司令员杨勇等人

1959年

大事

■ 3月10日，西藏拉萨发生反动武装叛乱事件

1959年3月10日，西藏地方上层反动分子竟宣布"西藏独立"，并先后在拉萨集结7000余名武装于3月20日凌晨进攻驻拉萨人民解放军和中央代表机关。在此前后西藏其他地区也发生了武装叛乱。为维护国家统一，驻西藏人民解放军在司令员张国华、政委谭冠三指挥下，于3月20日10时开始对拉萨叛乱武装实施反击。当天下午，人民解放军攻占叛乱指挥机关所在地罗布林卡，消灭了叛乱武装主力，并迅速对拉萨其余叛乱武装达成包围。在人民解放军强大政治攻势和军事压力下，至3月22日9时，被围叛乱武装相继放下武器，拉萨叛乱遂告平息。4月8日人民解放军向盘踞山南地区的叛乱武装实施多路反击，迅速平息了山南地区的叛乱，摧毁了叛乱武装的指挥中心，切断了叛乱武装与外国联系的陆路交通。此后，人民解放军遵照中国共产党中央委员会关于"政治争取为主，军事打击为辅"的方针，依靠西藏广大爱国僧俗群众相继平息了其他地区的武装叛乱。西藏叛乱的平息，维护了国家统一和民族团结，为西藏民主改革开辟了道路。

▲西藏发生叛乱

■ 4月18日~28日，二届全国人大一次会议在北京召开

1959年4月18日~4月28日，第二届全国人民代表大会第一次会议在北京举行，出席代表1226人。会议听取了国务院总理周恩来所作的《政府工作报告》；分别听取了国务院副总理兼计划委员会主任李富春《关于1959年国民经济计划草案的报告》、国务院副总理兼财政部长李先念《关于1958年国家决算和1959年国家预算草案的报告》、全国人大常委会副委员长兼秘书长彭真关于《中华人民共和国全国人民代表大会常务委员会工作报告》、第二届全国人大代表资格审查委员会主任委员马明方所作的《第二届全国人民代表大会代表资格审查委员会关于代表资格的审查报告》及预算委员会主任委员曾山《关于1958年国家决算和1959年国家预算草案》的审查报告。

我虽年近八十，明知寡不敌众，自当单枪匹马出来应战，直到战死为止，决不向以力压服不以理说服的那种批判者投降。

——此为1959年马寅初以一个知识分子的良心回击对他的批判

目前的任务，就是全党团结一致，继续努力工作。我觉得，系统地总结一下我们去年下半年以来工作中的成绩和教训，进一步教育全党同志，甚有益处。其目的是要达到明辨是非，提高思想，一般的不去追究个人责任。反之，是不利于团结，不利于事业的。

——此为1959年彭德怀庐山会议上给毛泽东的信的部分内容。彭德怀在信中尖锐地提出"大跃进"中存在的问题，希望系统总结经验教训，以利党的事业。这封信在庐山会议上被视为右倾机会主义的反党纲领，受到不公正的批判

中国百年实录 1959年

世界

▶1月2日，苏联发射"月球1号"探测器

1959年1月2日，苏联发射了月球1号探测器。月球1号从距离月球表面5000多千米处飞过，并在飞行过程中测量了月球磁场、宇宙射线等数据，这是人类首颗抵达月球附近的探测器。

1959年9月26日，苏联成功发射了月球2号探测器，它是首个落在月球上的人造物体。

在撞击月球前，月球2号向地球发送了月球磁场和辐射带的重要信息。

1959年10月4日，苏联发射了月球3号探测器，它从月球背面的上空飞过，拍摄并向地球发回了约70%月背面积的图片。这是首次获得月球背面图片，使人类第一次看到月球背面的景象。

会议通过了《政府工作报告》、1959年国民经济计划、1958年国家决算和1959年国家预算的决议，通过了全国人大常委会工作报告的决议、《关于西藏问题的决议》和关于撤销司法部和监察部的决议；通过了提案审查委员会的提案审查意见。

会议选举刘少奇为中华人民共和国主席，宋庆龄、董必武为中华人民共和国副主席，朱德为全国人大常委会委员长；根据刘少奇主席提名，决定周恩来为国务院总理。会议还通过国务院副总理、秘书长、各部部长、各委员会主任的人选；通过了国防委员会副主席、委员的人选；通过了第二届全国人大民族委员会和法案委员会的主任委员、委员人选。

■7月2日~8月16日，中共中央在庐山连续举行会议

1959年7月2日~8月16日，中共中央在庐山先后举行了政治局扩大会议（7月2日~8月1日）和八届八中全会（8月2日~16日）。会议前期的内容是总结经验，继续纠正错误。

彭德怀7月14日给毛泽东写了一封信，对1958年以来产生的"左"倾错误及其经验教训提出一些中肯的意见。但是，7月23日毛泽东讲话却指责这是"资产阶级的动摇性"，是"右倾性质"的问题。根据毛泽东的意见，会议开始对彭德怀等人进行错误的批判。

八届八中全会进一步开展了对所谓"彭德怀、黄克诚、张闻天、周小舟反党集团"的斗争，批判他们是有计划、有组织、有目的地反对总路线，反对党中央，反对毛主席。8月7日，发出《中共中央关于反对右倾思想的指示》，提出现在右倾已成为工作中主要的危险。全会通过了《为保卫党的总路线、反对右倾机会主义而斗争》的决议和《关于以彭德怀同志为首的反党集团的错误的决议》。

8月16日，毛泽东在一个批示中错误地断言："庐山出现的这一场斗争，是一场阶级斗争，是过去十年社会主义革命过程中资产阶级与无产阶级两大对抗阶级的生死斗争的继续。"全会还检查了1959年国民经济计划的执行情况，通过了《关于开展增产节约运动的决议》，一面降低了钢、煤、粮、棉四大指标，一面又要求立即掀起"新的生产大高潮"，超额完成计划。庐山会议之后，接着在全党开展了一场"反右倾"斗争，结果在政治上使党内从中央到基层的民主生活遭到严重损害，在经济上使"左"倾错误更加发展，并延续更长时间。

■8月31日，北京工人体育场建成

规模巨大、设备完善的北京工人体育场，于1959年8月31日在北京东郊建成。它是50年代北京著名的十大建筑之一。

北京工人体育场是我国最大的一座综合性体育场，占地35公顷，建筑面积8万多平方米。它的中心运动场能容纳8万名观众，这个数字在当时相当于北京各体育场（馆）的看台容纳观众人数的总和。北京工人体育场建成一个多月以后，1959年10月13日，第一届全国运动会在这里举行。作为

新中国体育事业发展的历史见证,它曾经承办过许多国际国内的大型体育比赛。在第十一届亚运会上,它作为主会场和足球决赛场,已被载入亚运史册。

为了适应第十一届亚运会比赛的需要,从1986年起,政府对北京"工人体育场"进行了历时3年的大规模改建。在正门北大门,一组

▲北京工人体育场

意气风发的运动员雕塑群像迎面矗立。广场两侧建有国旗区,40根高达12米的旗杆围成一个圆形。乳白色的体育场外墙采用现代化新型雕塑喷涂工艺装饰,大块茶色玻璃和铝合金门窗点缀其间,庄重典雅。体育场中央是绿草覆盖着的足球场。8条400米长的红色塑胶跑道环绕一周。四面看台上是红、绿、蓝、黄、棕5色玻璃钢座椅,色彩明丽夺目,看台上方覆盖着大罩棚,其中东西罩棚挑梁悬空向内延伸至18米,上面安装了352个高压铸铝金属卤化物灯,夜晚比赛时灯光全部开启,场内亮如白昼。场内音响设备均匀地悬挂在罩棚下,声音清晰、柔和、悦耳。主席台用平山红大理石装饰,两侧有50间观察室,室内装有现代化通信设备,记者可以从这里向世界各地传递比赛信息。

在体育场南端的看台上,有亚洲最大的电子显示装置,它的长度为44米,高度是11米。彩色大屏幕的显示面积是98平方米,能从不同角度,显示运动场上的角逐情景,为观众选择最佳画面和特写镜头。改建后的北京工人体育场,成为我国具有国际水准的体育比赛场地。

■ 10月1日,国庆十周年庆典在天安门广场举行

1959年10月1日,中华人民共和国成立10周年庆典在北京天安门广场举行。天安门广场上,11万群众手持各色花束组成一个巨大的国徽和1949—1959等字形。在天安门两边的标语塔上书写着:"鼓足干劲,力争上游,多快好省地建设社会主义"以及具有时代特色的"人民公社万岁"、"大跃进万岁"等标语。

上午9时55分,毛泽东、刘少奇、周恩来、朱德、宋庆龄、董必武、林彪、邓小平等党和国家领导人登上天安门城楼。一些社会主义国家的领导人、60个兄弟党代表团团长和党的代表、越南和朝鲜军事代表团团长、8个亚非友好国家政府代表团团长和政府代表参加了庆典。10时,中共中

▲国庆10周年庆典

央政治局委员、北京市市长彭真宣布首都人民庆祝中华人民共和国成立10周年庆典开始。

奏国歌、鸣礼炮，400名少先队员向人民英雄纪念碑献花。彭真在典礼上发表了讲话。接着，举行了大型阅兵式和群众游行。在阅兵式上，由解放军军事学院、海军、步兵、摩托步兵和空降兵、炮兵组成的方队，自东向西通过天安门广场，空军出动了155架战斗机飞过天安门上空。

阅兵式后，由首都70万人参加的群众游行队伍，排成150路纵队，通过天安门广场。游行队伍中有学生、工人、农民、机关干部、科学工作者、民兵、文艺大队、体育大队等。游行队伍中的图表和模型，向世人展示了新中国10年来走过的道路，在这历史瞬间，中国共产党领导中国人民改变了中国的面貌。阅兵式和群众游行历时两个多小时。

晚上，150多万群众在天安门广场尽情歌舞狂欢。毛泽东、刘少奇、朱德、周恩来、林彪、彭真等党和国家领导人，在天安门城楼上观看广场上群众大联欢和丰富多彩的节日焰火。

世界

▶12月1日，《南极条约》在华盛顿签订

1959年12月1日，美、英、澳、新、法、挪、比、日、阿根廷、智利和南非等12国在美国华盛顿签署了《南极条约》。主要内容有：1.和平利用和非军事化。条约规定南极将仅用于和平目的，一切具有军事性质的措施均予禁止；禁止在南极进行任何核爆炸和在该区域处置放射性尘埃。2.领土冻结。以前各国对南极洲的领土主权和权利要求，在条约有效期间所发生的一切行为和活动，不得提出新的要求。在原成员国及新成员国中，在南极洲实行具体的科学研究国家，就条约的实施情况定期举行会晤，并且为了条约的宗旨保证条约规定得到遵守，都享有指派观察员进行视察的权利。条约于1961年6月23日生效，有限期暂定为30年。到1983年止，参加条约的成员国有28个。条约成员国通常两年举行一次会议。

备忘

- 4月，中国选手荣国团获第25届世乒赛男子单打冠军
- 7月6日，人民解放军第一支地地导弹部队组成
- 8月25日，印度武装部队侵入中国领土并向中国军队开火挑衅
- 9月24日，人民大会堂建成，建筑面积17万多平方米
- 9月25日，我国发现大庆油田
- 11月1日，中国第一拖拉机制造厂在洛阳建成投产
- 12月4日，最高人民法院特赦首批战犯（溥仪、杜聿明等）33人

1960年

大事

■ 2月20日，大庆地区石油勘探"大会战"展开

大庆油田位于黑龙江省西部、松辽盆地中央凹陷区北部，是中国最大的综合性石油生产基地。1976年，油田原油产量首次达到了5030万吨，跨入世界十大油田行列。此后，油田的原油产量一直稳定在5000万吨以上，创造了年产原油5000万吨以上，连续数十年高产稳产的世界奇迹。

1959年9月26日，位于松辽平原的第三口基准井中（松基三井）喷出了石油，这标志着发现了大庆油田。同年11月8日，在油井所在地黑龙江省肇州县大同镇召开庆祝大会，时任黑龙江省委第一书记的欧阳钦在庆祝大会上，发表了热情洋溢的讲话。随后，欧阳钦与同行省委、省政府领导商量，松基三井喷油，正值新中国成立10周年前夕，喜上加喜，应该"大庆"。此外，随着油区发展，将来一旦设市，就和山西省大同市重名，因此欧阳钦提议把大同镇改为大庆区，这个提议得到与会人员的一致赞同。黑龙江省委根据这一提议，决定以大同镇为中心，包括周围有石油构造的地区在内，成立大庆区，同时将大同镇改为大庆镇，这就是现在的大庆市。石油部领导在研究松基油田勘探，开发方案时，一致同意将这个新发现的油田命名为"大庆油田"。

1960年2月20日，中央下发文件，迅速批准关于大庆油田勘探开发大会战的报告，指出这次大会战"对于迅速改变我国石油工业的落后状况，有着重大的作用"，要求各地区有关部门给予大力支持。

大庆石油会战的进行，是中国石油发展史上一次伟大的转折，从这一年起，中国原油产量急剧增长。大庆石油会战的胜利意义是重大的：大庆油田是根据我国地质专家独创的石油地质理论进行勘探而发现的，它的全部开发过程是在困难的时候、困难的地方、困难的条件下完全依靠自力更生、艰苦奋斗进行的，没有任何洋人插手，而且水平达到一流。大庆石油会战的胜利使帝国主义在经济上封锁我们的企图遭到了失败；中国依赖洋油的时代一去不复返了。

■ 5月25日，中国登山队三名运动员从北坡登上珠穆朗玛峰

1960年5月25日4时20分，年轻的中国登山队员从北坡登上了世界最高峰——珠穆朗玛峰，从而完

声音

我们的任务就是要安下心来，使我们可以建设我们国家现代化的工业，现代化的农业，现代化的科学文化和现代化的国防。
——此为1960年毛泽东同尼泊尔首相的谈话

要发展人口，发展生产，要达到人畜两旺。
——此为1960年8月31日，周恩来与贺龙等同阿沛关于西藏发展的谈话

▲珠穆朗玛峰

中国百年实录 1960年

成了人类历史上第一次从珠穆朗玛峰北坡攀上顶峰的壮举。中国登山队的三名运动员是王富州、贡布（藏族）、屈银华。他们在北坡比南坡气候更寒冷、地形更险恶的条件下，安全地登上了海拔8848.13米的世界最高峰，成为人类历史上第一批从珠穆朗玛峰北坡攀上顶峰的英雄。三名登山队员从3月25日开始，先后经过三次适应性行军，到第四次行军时突破主峰，最后终于到达山顶。在登山过程中，队员们克服了高山极度缺氧和摄氏零下四十度左右的严寒等重重困难。这是世界登山史上罕见的成就。

珠穆朗玛峰世界第一高峰，海拔8848米。藏语"珠穆"是女神之意，"朗玛"是第三的意思，因珠峰附近还有四座山峰，珠峰位居第三，"珠穆朗玛"意为第三女神。

■ 6月17日，美国总统艾森豪威尔访问台湾

美国总统艾森豪威尔离任前访问台湾，他于1960年6月17日抵台北，19日离开。中共中央决定在艾森豪威尔到达和离去时，炮击金门，并在福建前线举行反美武装示威。

6月17日和19日，人民解放军万炮齐发轰"瘟神"，向大小金门发炮88000多发。海峡对岸的艾森豪威尔的所谓访问大受惊扰，只有草草结束访问，提前离台。

艾森豪威尔诞生在一个德国移民后裔的基督新教再洗礼派门诺会信徒家庭，青年时毕业于著名的西点军校。第二次世界大战期间，他受到陆军总参谋长乔治·卡特莱特·马歇尔将军的提拔，先后担任过美国驻欧洲战区司令以及盟军远征军最高统帅，在组织协调涉及各种不同国家利益的盟国军队的方面他极具才能，精于计划，处事果断，赢得了广泛的信赖和支持。他于1944年晋升为陆军五星上将。1945年接替退休的马歇尔将军任陆军参谋长。他还曾一度任哥伦比亚大学校长（1948年～1952年）。1950年～1952年出任北大西洋公约组织武装力量最高司令。

1952年他退出军界，参加竞选总统成功，并连任两届。他任职期间美国社会经历了战后安定、繁荣的时期，签订《朝鲜停战协定》，提出干涉中东地区事务的"艾森豪威尔主义"。继续推行冷战政策，推崇大规模报复战略，扩大核武器生产，加速发展战略空军，他成为世界冷战格局形成的关键人物之一。中华民国政府搬迁到台湾后，他是唯一一位任内访问台湾的美国总统。

艾森豪威尔于1961年离任，1969年3月28日，他因心脏病发作逝世，终年79岁。

■ 8月1日，中国人民革命军事博物馆正式开馆

中国人民革命军事博物馆是中国第一个综合性军事历史博物馆，位于北京市复兴路。1958年10月兴建。1959年7月建成。1960年8月1日正式开放。

中国人民革命军事博物馆建筑具有中国民族特色，主楼中央7层，两侧4层，楼顶塔座上托着直径6米的巨大的中国人民解放军军徽。馆址占地面

世界

▶5月1日，苏联击落第一架U-2间谍机

1955年8月4日，一架美国U-2高空战略侦察机悄然起飞，成功完成首次正式飞行后，U-2开始了长达50年的秘密飞行，同时也书写了军机历史上的50年传奇：迄今为止，世界上还没有其他军机能像U-2一样，在经受半个世纪的考验后，仍然活跃在万米高空的秘密战场。

从1956年以来，U-2窃取了苏联大量的军事绝密情报，如军港、机场、导弹基地、特种武器库和原子弹生产基地等，令其十分恼火。后来，克格勃买通一名阿富汗人潜入美军部署在巴基斯坦的U-2飞机上，对机上高度表做了手脚，使飞机飞到2万米时高度表就显示出2.7万米，从而使U-2于1960年5月1日被苏军战机首次击落，并活捉了跳伞逃生的飞行员鲍尔斯。飞机上所有的侦察设备基本完好无损地保存了下来，被作为了间谍活动的罪证。

▲7月6日，首届欧洲足球锦标赛在法国揭幕

1953年，国际足联在巴黎举行的特别代表大会，与会各国一致同意批准举办欧洲联赛。

1955年6月15日，欧洲足球联赛成立。次年，开始举办欧洲冠军俱乐部杯联赛。并于1956年开始筹备举行由欧洲各国国家队参加的比赛。

1960年7月6日，第一届欧洲国家杯决赛的比赛在法国举行，共有16支国家代表队参加。决赛最后在苏联队和南斯拉夫队之间进行，双方在90分钟内打成1:1，最后进入加时赛，苏联队最终凭借终场前7分钟的进球，以2:1险胜南斯拉夫队，夺得第一届欧洲足球锦标赛的冠军。

积约8万平方米。建筑面积约6万平方米，陈列面积约4.2万平方米。

▲中国人民革命军事博物馆

军事博物馆共收藏中国古代、近代、现代军事历史文物12万余件。其中有春秋时期薛师戈、东汉时期匈奴铁剑、元至正十一年（1351）火铳、鸦片战争中设于虎门威远炮台的铁炮、左宗棠的印章、北洋水师镇远舰的铁锚、黄埔军校第一期同学录、毛泽东、周恩来使用的望远镜、朱德南昌起义时使用的手枪、中华苏维埃共和国中央军事委员会钢印、泸定桥铁索、张学良赠宋哲元的指挥刀、侵华日军总司令冈村宁次在投降签字时呈交给中国政府的指挥刀、"重庆号"军舰的铜铸舰名、中华人民共和国开国大典时受检阅的飞机和坦克、中国人民解放军空军最早的教练机、中国人民志愿军空军英雄王海驾驶的飞机、徐廷泽等由台湾飞返大陆的飞机等许多珍贵文物。此外，军博藏有历史照片4.5万张，图书资料6.7万件，艺术作品4500件。

该馆分9个部分。第二次国内革命战争馆、抗日战争馆、第三次国内革命战争馆，较系统地介绍了在中国共产党领导下中国人民解放军自1927年八一南昌起义到1949年10月中华人民共和国建立的22年间的斗争史和发展史；保卫社会主义建设馆介绍了中华人民共和国建立后中国人民解放军保卫祖国安全、保卫和参加社会主义建设以及进行自身革命化、现代化、正规化建设的历史；抗美援朝战争馆介绍了中国人民志愿军自1950年10月至1953年7月，在朝鲜战场与朝鲜人民并肩作战，共同打退以美国军队为首的所谓"联合国军"入侵的历史；兵器馆，介绍了中国人民解放军、中国人民志愿军在上列各历史时期所使用的武器装备和战利品，以及部分中国古代兵器。

军事博物馆以其博大恢宏的气势、深沉凝重的氛围直观形象地再现了中国军事历史的宏伟画卷，现已跻身于世界十大军事博物馆的行列。

■11月3日，中共中央发出了《关于农村人民公社当前政策问题的紧急指示》

我国农村人民公社制度是为了摆脱千百年来农村贫困落后和封建生产方式的一次制度创新与实验，尽管这种制度模式超越了当时农村生产力发展状况、新产生了农村干部的特权、捆绑了农民的手脚、制造了大锅饭，但却在打破农村传统生活模式、解放农民根深蒂固的小农经济思想、彻底根除农村土地私有和集中力量办大事等方面起到了不可替代的积极作用。

人民公社制度的出现并非是一个偶然的历史现象，是在特定历史条件下寻求中国农村社会主义现代化道路的一次大胆探索与尝试。

1960年11月3日，中共中央发出《关于农村人民公社当前政策问题的紧急指示信》（简称《十二条》）。指示信规定：人民公社实行三级所有，

▶9月10日，石油输出国组织成立

1960年9月10日，亚非拉五个石油生产国在伊拉克首都巴格达举行会议，成立石油输出国组织，简称欧佩克。目的是联合起来，反对国际石油垄断资本的控制和剥削，维护石油资源和民族利益。初为伊拉克、伊朗、沙特阿拉伯、科威特和委内瑞拉5国，到1983年成员国增至13个。这些国家的石油储量占世界总储量的64%，开采量的50%，出口量的85%以上。总部初设于日内瓦，1965年迁维也纳。每年举行两次会议，负责制定总政策和确定实施办法，协调成员国的石油政策。1976年，设立石油输出国组织特别基金，向其他发展中国家提供财政援助。1984年12月，该组织部长会议决定建立油价和产量监督委员会。

世界

▶9月26日，美国第一次举行总统大选电视辩论

1960年9月26日晚，美国民主党总统候选人约翰逊·肯尼迪与竞争对手共和党总统候选人理查德·尼克松在芝加哥的CBS演播室里，面对全国大约7000万电视观众（约占当时全国成人人口的三分之二）进行了美国历史上第一次总统候选人电视辩论。

在电视辩论中，民主党候选人肯尼迪通过向美国民众直接宣讲自己的开场白获得了初期优势。而已经当了8年副总统的共和党候选人尼克松则利用介绍和总结的机会突出自己和肯尼迪的不同之处。在电视辩论中，肯尼迪给美国人民一个打算应对国家最大问题的领导人的印象，而尼克松则给了选民一个试图在政敌面前占据上风的政客的印象。

大多数通过收音机收听辩论的民众认为尼克松在辩论中占据了上风，但是所有现场和电视机前的观众却都觉得，肯尼迪在辩论中占据了绝对的上风，因为他看上去更加轻松，更有自制力。而电视荧屏上的尼克松却显出害怕的样子，并且脸色阴沉憔悴。这次辩论是美国总统选举历史上第一次使用电视这一新的传媒工具。

此后，肯尼迪和尼克松又进行了三次电视辩论，电视也因此在政治中首次成为了重要的宣传工具。

队（相当原高级农业生产合作社）为基础，至少7年不变；彻底纠正"一平二调"的错误；允许社员经营少量的自留地和家庭副业；从各方面节约劳动力，加强农业生产第一线；认真实行劳逸结合；整风整社等。《十二条》对于扭转当时农村的形势起了积极作用。

■ 11月5日，中国仿制的第一枚近程导弹发射成功

1957年12月，苏联向中国提供的P-2导弹实物运抵北京。在苏联专家的帮助下，中国一方面开始进行导弹研制基地建设，一方面开始仿制P-2近程导弹和几种战术导弹。1959年6月20日，苏共中央致函中共中央，提出中断若干重要援助项目。到1960年8月12日，在国防部五院工作的苏联专家全部回国。针对这些情况，聂荣臻向中央写了报告，提出三点建议：①坚持独立自主、自力更生的方针；②今后科技往来采取新的做法；③独立自主，立足国内，绝不意味着自己封锁自己。这些建议得到中共中央的批准。国防部五院在讨论时认为，根据已有的基础，困难是可以克服的。

1958年1月9日，国防部五院确定1959年开始仿制P-2导弹（命名为1059导弹）。1059导弹的研制完全是依照苏联提供的P-2导弹的图纸资料进行的。导弹全长17.7米，中部最大直径1.65米，起飞重量20.5吨，发动机采用液氧和酒精做推进剂，起飞推力37吨。制导方式采用惯性加无线电横偏校正的混合式制导系统，尾部有4个梯形尾翼保持飞行稳定。1059导弹的最大射程为590公里。在1059导弹弹体结构制造过程中，主要解决了材料问题，采用了40%的代用材料。

1960年11月5日，中国仿制的第一枚1059近程弹道导弹在西北导弹试验基地发射成功，导弹飞行了550公里，弹头命中目标区。聂荣臻在庆祝宴会上说：在祖国的地平线上，飞起了中国自己制造的第一枚导弹，这是中国军事装备史上一个重要的转折点。

备忘

- 3月8日，中国第一所电视大学——北京电视大学开学
- 5月1日，包头钢铁公司提前一年出钢
- 7月16日，苏联政府单方面终止经济技术合作合同，撤走在华专家
- 9月1日，中国游泳运动员莫国雄打破男子100米蛙泳世界记录
- 9月30日，《毛泽东选集》第四卷由人民出版社出版
- 10月1日，西藏钢铁厂一号高炉出铁，结束了西藏不能产铁的历史
- 11月15日，中共中央发出关于彻底纠正"五风"的指示

1961年

 大事

■ **4月5日~14日，第26届世界乒乓球锦标赛在北京举行**

1961年4月5日~14日，第26届世界乒乓球锦标赛在北京举行。这是中华人民共和国成立以来我国第一次举办世界大赛。这也是12岁的年轻共和国向世界亮相的一个机会。在周密细致地安排大赛组织工作的同时，国家体委加紧组织起一支朝气蓬勃的集训队，从全国各地调来大批优秀运动员，最后又从108名集训队员中选出70名优秀选手，报名参加锦标赛。贺龙元帅亲自作动员，鼓励小将们放下包袱，信心百倍地去迎战世界各路名将。

周恩来、邓小平、贺龙、李富春、陆定一、罗瑞卿、罗荣桓、沈钧儒、郭沫若、李维汉、陈叔通等中国领导人出席开幕式。4日下午，周恩来总理接见前来参加第26届世界乒乓球锦标赛的各国朋友。来自5大洲30多个国家和地区的200多位优秀选手们进行了精彩的比赛。中国乒乓球队获得男子团体世界冠军；庄则栋、丘钟惠分别获得男、女单打世界冠军。从此，中国乒乓球走在了世界乒坛的前列。

赛后，周恩来总理出席了我国参加第26届世界乒乓球锦标赛组委会举行的联欢会，祝贺运动员们取得好成绩。

■ **6月30日，庆祝中国共产党成立40周年大会在人民大会堂隆重举行**

1961年6月30日，庆祝中国共产党成立40周年大会，晚上在人民大会堂隆重举行。首都各界一万多人参加了这个盛大的集会。7时整，毛泽东和刘少奇、周恩来、朱德、邓小平、宋庆龄、董必武等走上主席台。全场起立，热烈鼓掌经久不息。周恩来同志宣布庆祝大会开始，乐队奏起了雄壮的国际歌。在庆祝大会上，中共中央副主席刘少奇作了重要讲话。何香凝代表各民主党派、无党派民主人士和中华全国工商业联合会向中国共产党中央委员会和毛泽东主席致献词。人民大会堂装饰得庄严、朴素。主席台上，放着常青树和怒放的鲜花，竖立着10面鲜艳的红旗。红旗前面，挂着"庆祝中国共产党成立四十周年"和"1921—1961"的巨幅金色大字。

■ **7月1日，中国革命博物馆和中国历史博物馆正式开馆**

中国革命博物馆和中国历史博物馆于1959年9月19日建成。这两个博物馆位于北京天安门广场东侧，它们紧连在一起，合成一座宏伟壮丽的建筑物。

 世界

▶ **4月12日，苏联宇航员加加林成功地进行了太空飞行**

1961年4月12日，加加林乘坐东方1号宇宙飞船，绕地球飞行了108分钟后安全返回地面。加加林的名字，连同他那迷人的微笑，从此传遍了世界每个角落。美国也不甘示弱，就在加加林成功进入太空3周后，美国宇航员阿兰·谢波德乘坐水星3号飞船在地球亚轨道飞行了15分钟。受此鼓舞，美国总统肯尼迪20天后下令美国要在10年内实现载人登月。

▲ **6月23日，《南极条约》生效，有效期为30年**

《南极条约》由苏联、美国、英国、澳大利亚、新西兰、法国、挪威、比利时、日本、阿根廷、智利和南非等12国于1959年12月1日在华盛顿签订。1961年6月23日生效，有效期为30年。

条约规定：南极只能用于和平目的，禁止在南极地区采取任何军事性质的措施和活动；禁止在南极进行任何核爆炸以及弃置放射性废物；缔约各方有权指派观察员进行"视察"；在条约有效期内，冻结对南极洲的任何领土要求。

中国百年实录 1961年

中国革命博物馆和中国历史博物馆均是国家级博物馆，1961年7月1日，两馆同时开馆，接待参观者。在此之前，中国历史博物馆曾经从1959年10月开始预展了一年多，并根据观众的意见对博物馆的陈列作了补充和修改。

▲中国革命博物馆

中国历史博物馆的展览面积8000平方米，分布在该馆的二层和三层楼内。《中国通史陈列》是该馆的基本陈列，陈列内容从距今170万年前的元谋猿人起至1840年鸦片战争止，按中国历史发展过程，分为原始社会、奴隶社会和封建社会三大部分。在奴隶社会和封建社会的陈列中，依朝代先后次序排列，整个展出共有文物资料9000余件。其中绝大部分是新中国成立后的考古发掘品，具有较高的历史价值和艺术价值。通过这些文物，并附以各种图表、模型和文字说明，反映了中国古代历史的发展过程，展示了中国古代各个历史时期的重大事件和突出人物的光辉创造。

中国革命博物馆的基本陈列有中国革命历史陈列、社会主义革命和建设时期历史陈列。中国革命历史陈列包括旧民主主义革命和新民主主义革命两个时期。陈列通过5000余种文献、实物、绘画、雕塑、照片、图表、模型等，展现了自鸦片战争到1949年新中国成立为止，中国人民为了争取民族解放事业而进行的坚持不懈的努力和探索。

中国革命博物馆还经常举办专题展览和宣传、学术等活动，丰富了人民群众的业余文化生活。

■ 8月2日，中国人民解放军空军高炮部队击落国民党空军RF101型侦察机一架

从1954年初至1958年6月，国民党空军出动飞机5000余架次，对东南沿海的城镇、岛屿、渔场和军事设施等进行袭扰侦察，其中轰炸扫射达400多次。防空部队高射炮兵，在陆军高射炮部队的配合下，进行反轰炸、反侦察，在福州、厦门、汕头等地广泛机动作战，先后击落击伤敌机198架，并在1958年配合航空兵作战，夺取了福建、粤东地区的制空权。此后，国民党空军即停止了对东南沿海地区的轰炸，转为以实施侦察为主。我在东南沿海的防空斗争，也随之转入以反侦察为主了。高射炮兵在反侦察中又做出了贡献。

1961年8月2日，中国人民解放军空军高炮部队击落国民党空军RF101型侦察机一架。在这次作战中，RF101侦察机以150米的高度，每小时900多千米的速度，从台湾起飞后直向闽江口飞来。9时08分15秒，当这架飞机在闽江口刚露头时，即被对空观察哨发现，10分30秒，高射炮兵第503团2

声音

中央要求县以上党委领导，首先是第一书记，要认真学习毛泽东注重调查研究的思想方法和工作方法，把深入基层，蹲下来亲自进行系统的典型调查，当作领导工作的首要任务。"一切从实际出发，不调查就没有发言权"，必须成为全党干部的思想和行动的首要准则。调查必须实事求是，不要怕盲之有物的不同意见，更不要怕实际检验推翻了已经做出的判断和决定。"

——此为1961年3月23日，中共中央发出《关于认真进行调查工作问题给各中央局，各省、市、区党委的一封信》

不念书，教育质量就下降。农民不会种田，军队不会打仗，学生不念书那是什么话。几年来运动多，学生不能安心念书，教师不能安心教书，这实在是贻误青年，是质量不高的重要原因，这是一个教训。

——此为1961年陶铸针对"大跃进"以来大、中学校学生参加政治运动和生产劳动过多，影响教育质量的谈话

连连长下令开火，所有炮连相继射击，一举将其击落。从发现情况到敌机坠毁历时3分20秒，被誉为"以快制快"战斗的典型。

8月23日~9月16日，中共中央在庐山召开工作会议

1961年8月23日~9月16日，中共中央在庐山举行工作会议，会议讨论工业、粮食、财贸及教育等问题。会前，中共中央书记处和国家计委等曾派出11个工作组到上海、北京、天津、太原等大中城市的工矿企业进行调查研究。

会议做出《关于当前工业问题的指示》。《指示》指出："八字方针"虽然已经提出一年多，但是，由于情况不明，认识不足，经验不够，一直没有能按照实际情况降低指标，以致调整工作不能有效地进行。我们已经丧失一年多的时机。现在再不能犹豫，必须当机立断，该退的就坚决退下来，必须退够。并指出，所有工业部门在今后相当长的一个时期内，"都必须毫不动摇地切实地贯彻执行调整、巩固、充实、提高的方针。""在今后三年内，执行这个方针必须以调整为中心。"

中共中央认为，"只有经过一系列的调整，才能建立新的平衡，才能逐步地巩固、充实和提高，为工业和整个国民经济的进一步发展做好准备"。

毛泽东在讲话中分析当时的经济形势，认为问题暴露出来了，将走向反面，现在是退到谷底了，形势到了今天，是一天天向上升了。

9月5日，英国蒙哥马利元帅第二次访华

英国陆军元帅蒙哥马利是第二次世界大战盟军杰出的指挥官之一。曾打败号称"沙漠之狐"的德军元帅隆美尔。他在西方政界具有重要影响力，曾多次访问新中国，受到毛泽东、周恩来的接见，为西方了解新中国打开了一扇窗口。

1958年9月，退役后的蒙哥马利在反省他的军事生涯时发

▲英国蒙哥马利元帅访华

现，用战争消灭战争以取得和平的想法是一种幻想。他苦苦思索，希望找到一种结束纷乱状况并使世界和睦相处的方法。蒙哥马利于是把目光投向东方，并大胆预测，未来世界和平的关键可能在中国，因此他想到中国去看一看。

1960年5月24日，蒙哥马利访华。5月27日晚上，毛泽东在上海会见了蒙哥马利。1961年9月5日，蒙哥马利第二次访华。这一次中国外交部做了周密安排：9月9日至20日访问包头、太原、延安、西安、三门峡、洛阳、郑州、武汉，回北京后由周总理跟他会谈，届时再同毛泽东见面。周恩来还特意把熊向晖找去，要他以外交部办公厅副主任的名义参加接待小组，

世界

▶7月2日，美国作家海明威逝世

1961年7月2日，美国著名作家、优秀小说家海明威逝世，享年62岁。他曾短期到中国报道日本侵华战争。1952年出版的中篇小说《老人与海》，先后获普利策奖和1954年的诺贝尔文学奖。其他名著还有小说《战地钟声》，话剧《第五纵队》，长篇小说《永别了，武器》，短篇小说集《在我们的时代里》、《没有女人的男人》等。

▲8月13日，柏林市东西分割开始

为了阻止东德人民大批涌向西柏林和西德，苏联决定建造柏林墙。柏林墙工程的代号，就是"中国长城第二"。1961年8月12日凌晨1点，2万多军队突然开到东西柏林边境，立刻开始了修筑柏林墙的工程。仅仅到13日凌晨，第一期工程全部完工，整个东西柏林被铁丝网全部分割，再加路障。13日中午12点37分，最后一个路口被封锁，东西柏林正式划开，隔断了东西柏林及西柏林与东德其他地区的交通，使同胞的来往受阻，违背天理人情，同德意志民族要求统一的愿望背道而驰，成为20世纪象征共产主义丑恶的重要标志。

陪蒙哥马利去外地。周总理说："要放手让蒙哥马利看，旧中国遗留下的贫穷落后和新中国取得的成就都是客观存在的，让他自己看后去做结论，从本质上了解中国。"

■ 10月9日，北京各界人士在人民大会堂隆重举行纪念辛亥革命五十周年大会

1961年9月15日，中国人民政治协商会议全国委员会常务委员会第21次会议决定隆重纪念具有伟大历史意义的辛亥革命五十周年，决定成立辛亥革命五十周年纪念筹备委员会，由国家副主席、中共中央政治局委员、辛亥革命元老董必武任主任委员，宋庆龄、吴玉章、何香凝、沈钧儒、李维汉、程潜、黄炎培、班禅额尔德尼·确吉坚赞、包尔汉、郭沫若、陈叔通、张奚若、马叙伦任副主任委员，邵力子任秘书长。

10月9日，北京各界一万多人在人民大会堂隆重举行纪念大会，首都各界人士、海外华侨、各地参加过辛亥革命的老人以及在北京访问的各国外宾和驻华使节参加会议。国家主席刘少奇和各方面领导人出席了会议，政协主席周恩来主持会议。

周恩来致了开会词，董必武、何香凝发表了长篇讲话。会后，董必武副主席宴请了各地来京的辛亥革命老人，政协主席周恩来以及全国人民代表大会常务委员会副委员长沈钧儒、何香凝、黄炎培、李维汉、陈叔通、程潜、班禅额尔德尼·确吉坚赞，政协全国委员会副主席包尔汉，国防委员会副主席张治中等领导人出席了宴会。此外，各省、自治区、直辖市也都成立了纪念辛亥革命50周年筹备委员会，10月10日各地首府也都举行了隆重的纪念会。

世界

▶10月31日，斯大林的尸体被移出列宁墓

1956年，苏共二十大召开，会议最重要的内容，就是批判个人迷信和斯大林。苏共主要领导人赫鲁晓夫在2月25日，也就是苏共二十大的最后一天凌晨突然抛出了一份长达4小时的题为《关于个人迷信及其后果》的报告，全盘否定了斯大林，揭露了很多苏共和国际共产主义运动的负面情况。此后社会上掀起了一片声讨斯大林的罪行、反对个人崇拜的呼声。

随后，十月革命节前夕，苏联全国上下都在准备迎接这一节日时，克里姆林宫内部却正在酝酿一项秘密计划。到10月31日，在赫鲁晓夫的命令下，斯大林的尸体被移出列宁墓。士兵们从盛殓斯大林遗体的水晶棺里取出他那保存得完好的尸体，放进一口棺材内，然后埋进了克里姆林宫脚下的一个墓穴里。

备忘

- 3月6日，安徽省委根据农民群众的要求，决定试行"定产到田，责任到人"的田间管理责任制
- 3月16日，陈赓大将逝世
- 4月21日，中共中央发出《关于西藏工作方针的指示》
- 6月7日，新华社报道，在郑州市发掘了距今约3500年的商代文化遗址
- 8月8日，京剧表演艺术大师梅兰芳逝世
- 8月12日，著名华侨界领袖陈嘉庚逝世
- 9月16日，中共中央下发《国营工业企业工作条例（草案）》讨论和试行
- 12月11日，新华社报道，唐代京都长安遗址被发掘出来
- 12月25日，最高人民法院特赦释放68名战犯

1962年

大事

■ 1月11日~2月7日，中共中央扩大的工作会议在北京召开

1962年1月11日~2月7日中共中央在北京举行扩大的工作会议。参加会议的有中央和省、地、县委四级主要负责人和部分大厂矿和部队的负责干部七千多人（因此又称"七千人大会"）。这次会议的主要目的是：总结经验，统一认识，加强党的民主集中制，切实贯彻调整国民经济的方针，为战胜严重困难而奋斗。会上刘少奇代表中央作书面报告和讲话，初步总结1958年以来社会主义建设的基本经验教训，分析了几年来工作中的主要缺点错误。报告认为产生

▲七千人大会在北京召开

这些缺点错误的原因，一方面是由于在建设工作中经验不够；另一方面是由于几年来党内不少领导同志不够谦虚谨慎，违反了党的实事求是和群众路线的传统作风，削弱了民主集中制原则，这就妨碍了党及时地尽早地发现问题和纠正错误。报告指出全党当前的主要任务，是踏踏实实地、干劲十足地做好调整工作，并认为："1962年是对国民经济进行调整工作最关紧要的一年"，"我们必须抓紧"。

毛泽东在会上作讲话，着重指出必须健全党的民主集中制，必须在总结正反两个方面的经验的基础上，加深对社会主义建设规律的认识。他在讲话中作了自我批评。邓小平、周恩来在大会上讲话，分别代表中共中央书记处和国务院做自我批评。大会发扬民主，开展批评和自我批评，强调要恢复党的实事求是、群众路线的优良作风，要健全党内民主生活，加强集中统一。这次大会取得了积极成果。虽然在对形势的分析和对造成困难的主要原因的认识上，以及对工作中的成绩和缺点的估计等问题上，中央领导核心中的分歧并未解决，但在坚决贯彻执行"八字方针"，促进国民经济的恢复和发展的问题上，对统一全党认识起了积极的作用。

■ 2月24日，著名学者胡适在台北逝世

1962年2月24日，著名学者胡适在台北逝世。胡适，原名嗣穈，学名洪骍，字希疆，后改名胡适，字适之，笔名天风、藏晖等，安徽绩溪上庄

世界

▶ 2月20日，美国宇航员约翰·格林成功环绕地球飞行

约翰·格林同时也是第一位围绕地球轨道飞行的美国宇航员。1962年2月20日，他进行了成功的飞行，这标志着美国在太空领域中一系列领先业绩的开始。作为最初两次水星飞行任务的预备飞行员，他差点就成为进入太空的第一位美国人。他最后一次乘坐友谊7号水星舱的飞行，用了不到5个小时围绕地球飞行了3周，这是格林唯一的一次太空飞行，但是其意义之重大，足以使他在史书中占据一席之地。

1998年10月29日，美国77岁的约翰·格林乘航天飞机上天并成功返回地球，成为迄今为止人类历史上年龄最大的太空人。格林是美国的第一批太空人，1962年曾进入过太空。格林此次航行使人们相信，人类去月球度假是完全可能的事。

中国百年实录 1962年

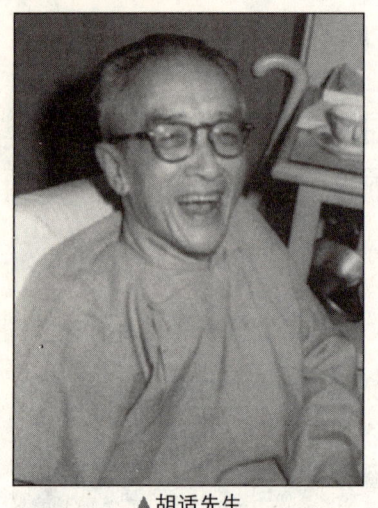
▲胡适先生

村人，现代著名学者。父亲是胡传，字铁花，仕至台湾台东直隶州知州，后因乙未战争离台。母亲冯顺弟。1910年考取庚子赔款第二期官费生赴美国留学，于康奈尔大学先读农科，后改读文科，1914年在哥伦比亚大学攻读哲学，学于哲学家约翰·杜威。1917年通过哥伦比亚大学博士论文考试，同年夏天回国。胡适因提倡文学革命而成为新文化运动的领袖之一。兴趣广泛，著述丰富，作为学者他在文学、哲学、史学、考据学、教育学、伦理学、红学等诸多领域都有深入的研究。

他曾历任北京大学教授、北大文学院院长、辅仁大学教授及董事、中华民国驻美利坚合众国特命全权大使、美国国会图书馆东方部名誉顾问、北京大学校长、中央研究院院士、普林斯顿大学葛思德东方图书馆馆长、"中央研究院"（位于台北南港）院长等职。胡适还是中国自由主义的先驱。

胡适深受赫胥黎与杜威的影响，自称赫胥黎教他怎样怀疑，杜威先生教他怎样思想。因此胡适毕生宣扬自由主义，提倡怀疑主义，并以《新青年》月刊为阵地，宣传民主、科学。毕生倡言"大胆的假设，小心的求证"、"言必有证"的治学方法。

■ 3月27日~4月16日，二届全国人大三次会议在北京举行

1962年3月27日~4月16日，第二届全国人民代表大会第三次会议在北京举行。周恩来总理代表国务院作《政府工作报告》。报告对"大跃进"以来政府工作中的缺点错误作了检查，并且总结几年来统战工作中的经验教训，充分肯定知识分子、民族资产阶级分子在政治思想上的进步，强调团结他们一道工作的重要性。

周恩来重申，知识分子中的绝大多数已属于劳动人民的知识分子，不应该把他们当作资产阶级知识分子；民族资产阶级分子的绝大多数在社会主义改造中已经取得进步，他们中间的一部分人已经改造成为劳动者了。报告还指出，我国的阶级斗争总的趋势是波浪式的，但是向着缓和的方向发展，如果认为阶级斗争已经结束或者短期内可以结束，是不对的。同样，如果认为阶级斗争不是向着缓和方向发展，而是不断尖锐化，也是不对的。周恩来的这些话，在当时引起了民主人士和知识界的热烈欢迎。

会议期间外交部向大会分发了中国政府和印度政府交换的22件照会及1960年12月中、印两国官员关于边界问题的报告。

■ 9月24日~27日，中共八届十中全会在北京举行

1962年9月24日~27日，中国共产党八届十中全会在北京举行。毛泽东

世界

▶3月21日，北欧理事会成立

1962年3月21日，北欧理事会成立。北欧理事会是瑞典、挪威、丹麦、冰岛和芬兰5国议会及政府间的合作机构。秘书处设于哥本哈根，并在各会员国设有分支机构。北欧理事会采用瑞典语、丹麦语以及挪威语作为工作语言。

作关于阶级、形势、矛盾和党内团结问题的讲话，把社会主义社会中仍在一定范围内存在的阶级斗争作了扩大化和绝对化的论述，指出在整个社会主义历史阶段中资产阶级都将存在，并存在资本主义复辟的危险，强调阶级斗争必须年年讲、月月讲、天天讲。还错误地批判所谓"单干风"（指包产到户）和"翻案风"，并严厉指责所谓"黑暗风"（指对当时严重困难形势作充分估计的观点）。这个讲话标志着政治思想上"左"倾错误的严重发展。八届十中全会继续坚持调整国民经济的方针。会议指出，全国人民当前的迫切任务是贯彻执行以农业为基础、以工业为主导的发展国民经济的总方针，把发展农业放在首要地位，坚决把工业部门的工作转移到以农业为基础的轨道上来。毛泽东接受刘少奇等的建议，提出："不要因强调阶级斗争放松了经济工作，要把工作放在第一位"。这样，就使全会结束后，经济调整工作能够基本上按照原来的计划继续进行。

■ 10月20日，中国对印度展开自卫还击战

1959年3月22日，西藏反动上层在拉萨发动的武装叛乱被平息。拉萨战役结束的当天，印度总理尼赫鲁正式给中国总理周恩来写信，提出了大面积的领土要求。尼赫鲁无理要求的中国领土总面积约有12.5万平方公里，相当于一个福建省。

印度当局在其无理要求遭到中国政府的拒绝后，继续推行"前进政策"，使用武力片面改变业已形成的边界状况，并不断制造流血事件。从1961年到1962年9月，印军先后在西段边境的我国领土上建立了43个入侵据点，侵占我国领土4000平方公里。印军飞机频繁侵犯中国领空，在1959年至1961年的3年间，入侵进行军事侦察活动就达120余架次。

中国政府以亚洲和平和中印友谊为重，对印度的武装侵占活动一直采取克制忍让态度，并为和平解决中印边界问题做出了不懈的努力。但是尼赫鲁一再悍然拒绝中国政府多次提出的和平谈判解决边界问题的建议，决心铤而走险，诉诸武力。

1962年10月2日，尼赫鲁在新德里声称：印度政府要"以军事力量对付中国"。12日，他公开下令：要把中国军队从印军侵占的中国领土上全部"清除掉"。14日，印度国防部长声称：要同中国打到最后一个人、最后一支枪。随即，印军在东段大量增加兵力。17、18两日，入侵印军在东段和西段边境上，向中国边防

▲中国对印度展开反击

世界

▶ 10月14日，古巴导弹危机爆发

1962年，加勒比海地区发生了一场震惊世界的古巴导弹危机。它由苏联在古巴部署导弹、美国则坚持要求撤除导弹而引发的，是冷战期间美苏两大国之间最激烈的一次对抗。

1962年10月14日，美国间谍飞机通过照相证明，苏联在距佛罗里达150公里处的古巴部署核导弹。1962年10月16日中午11时、下午6时，美国总统肯尼迪在白宫两次召开秘密会议，讨论对古巴的行动计划。10月22日，肯尼迪通过广播和电视发表一项重要声明，指出了苏联在古巴部署导弹对美国国家安全造成的危险，并要求苏联立即撤走导弹。肯尼迪警告赫鲁晓夫："从古巴发射的任何导弹都将被认为是苏联向美国的袭击，必将招致美国对苏联的全面报复。企图闯越封锁线的任何船只，都将被美国海军击沉。"

10月23日，美国开始封锁古巴。事实上，美国在全世界的部队都处于最高临战状态。10月27日晚上，华盛顿方面发出了最后通牒：如果苏联第二天不发表明确声明答应立即撤走导弹的话，那么美国将在10月29日或30日开始对苏联采取战斗行动。

赫鲁晓夫认识到了事情的严重性。第二天，双方经过谈判达成了妥协：苏联撤出在古巴的所有军队及军事装置，美国保证不对古巴本土采取军事行动，也不许盟国军队进入该岛。至此，古巴导弹危机告一段落。

我是一个共产党员，我是一个老兵，心里有什么，应该向党说。敢说真话这是我们党兴旺的一种标志，也是党对党员的要求。我就是讲真话，不管怎么我也讲，我不怕杀头，年纪大了，离见马克思的时间也不长了。我是实事求是地写的，特别是对我里通外国的说法应讲清楚，中央可以派人调查嘛，如果我出卖祖国，到天安门前把我的头杀了我没意见。

——此为1962年彭德怀老总在给党中央和毛泽东的"八万言书"中的一段话

现在的麻烦是把农民变为知识分子，把城市知识分子又变为农民。何必呢！

——此为1962年陶铸针对知识分子政治运动过度和失控问题的谈话

葬我于高山之上兮，望我大陆。大陆不可见兮，只有痛哭。

葬我于高山之上兮，望我故乡。故乡不可见兮，永不能忘。

天苍苍，野茫茫，山之上，国有殇。

——此为国民党元老于右任在逝世前所写怀念大陆的《国殇》一诗

部队进行猛烈炮击，挑起了大规模的边界武装冲突。

中共中央及时做出决定：为了打击印度反动派的嚣张气焰，保卫祖国边疆的安全，创造中印边界问题谈判解决的条件，决定对入侵印军进行反击。

1962年10月20日，中国边防部队在警告无效、忍无可忍的情况下，被迫还击，并迅速粉碎印军的进攻，保卫了我国的边疆。

中印边界自卫反击作战从1962年10月20日开始，至11月21日基本结束。11月21日，中国政府发表声明重申：中印边界问题必须通过谈判解决；并宣布从22日零时起中国边防部队在中印边境全线停火，从12月1日起，中国边防部队即从1959年11月7日的中印双方实际控制线后撤20公里。随后，中国政府还主动把缴获的武器弹药和其他军用物资全部交还印方，释放和遣返了全部被俘的印度军事人员。

备忘

- 2月1日，北京各界集会纪念民族英雄郑成功收复台湾300周年
- 2月21日~23日，刘少奇在北京主持召开政治局常委扩大会议
- 3月2日，周恩来在科学工作会议和剧本创作座谈会议上作《论知识分子问题》的报告
- 6月24日，中国电影动画片《大闹天宫》获第十三届卡罗维发利国际电影节短片特别奖
- 8月15日，雷锋因公殉职
- 9月9日，中国空军击落侵入中国领空的美制U-2间谍飞机
- 10月29日，台湾当局发表声明，否认"麦克马洪防线"为中印边境线
- 12月14日，中共中央做出《关于成立十五人专门委员会的决定》

1963年

 大事

■ 3月1日，中共中央发出"五反"的指示

1963年3月1日，中共中央发出《关于厉行增产节约和反对贪污盗窃、反对投机倒把、反对铺张浪费、反对分散主义、反对官僚主义运动的指示》。

文件指出目前国内政治、经济和其他各方面的情况，都是好的。但为了保证1963年的国民经济计划和国家财政预算的完满实现，争取经济情况进一步的全面好转，使第三个五年计划期间国民经济得到更好的发展，为了健全制度，改进思想作风，克服和防止资本主义、修正主义的腐蚀，保证我国社会主义建设事业的顺利发展，中央认为，有必要在全国范围内，有领导、有步骤地开展一次增产节约和反对贪污盗窃、反对投机倒把、反对铺张浪费、反对分散主义、反对官僚主义（简称"五反"）的运动。

文件进一步指出当前党内、党外干部的作风，社会秩序和社会风气，从总的方面来说，都是好的。但是，最近几年，在我们一部分干部中，资产阶级思想作风确实有所滋长。突出的表现是：损大公、肥"小公"，打埋伏、耍手段，只顾局部、不顾大局的损害国家利益的分散主义，特别是本位主义滋长起来了；贪图个人享受、讲排场、铺张浪费、假公济私、走"后门"、破坏制度、损人利己、多吃多占、滥用国家资财、挥霍人民血汗的现象，也滋长起来了。

尤其严重的是，贪污盗窃国家资财、投机倒把、长途贩运、私设地下工厂、牟取暴利等破坏社会主义计划经济的资本主义的活动猖狂起来了，并且新生长起来一批资产阶级分子和一股资本主义势力。这些，已经严重地阻碍着我们事业的前进，一切同社会主义利益不相容的现象和作风，必须坚决纠正。一切损害社会主义事业的行为，必须坚决反对，一切贪污盗窃、投机倒把等破坏社会主义的罪恶活动，必须坚决打击。

■ 3月5日，《人民日报》发表毛泽东"向雷锋同志学习"的题词

1963年3月5日，《人民日报》发表毛泽东"向雷锋同志学习"的题词。

雷锋，湖南省望城县人，1940年出身于穷苦农民家庭。1960年1月应征入伍，同年11月加入中国共产党。雷锋牢固地树立了全心全意为人民服务的思想和为共产主义奋斗终生的远大目标，以"钉子"精神刻苦学习毛泽东著作和科学文化知识，不断提高为人民服务的本领；以甘当"螺丝钉"

 声音

我们要实现农业现代化、工业现代化、国防现代化、科学技术现代化，把我们祖国建设成为一个社会主义强国，关键在于实现科学技术现代化。

——此为1963年1月29日，周恩来总理在上海科学技术工作会议上的讲话

无产阶级要向资产阶级学技术，比如我们现在就从资本主义国家进口成套设备，包括日本和英国，向他们学技术。

——此为1963年7月22日，毛泽东在接见澳大利亚共产党左派希尔夫妇时的谈话

中国百年实录 1963年

世界

▶6月16日，世界上第一位女宇航员进入太空

1963年6月16日，苏联B.B.捷列什科娃少尉，乘坐东方6号宇宙飞船在拜克努尔发射场起飞，成为世界上第一位进入宇宙空间的妇女。她环绕地球飞行48圈以后，于1963年6月19日平安地在卡拉干达东北620公里的地方着陆，总共飞行了70小时46分钟。

在捷列什科娃空间飞行期间，苏联早两天发射的另一艘宇宙飞船东方5号也在空中。东方5号与东方6号进行了编队飞行，两艘飞船最近时距离不超过5公里。捷列什科娃的飞行任务不仅要考察飞船的操纵系统，更重要的要研究宇宙飞行条件下妇女生理的变化。她返回地面以后各方面情况良好，后来还生育了一个女儿。

▲毛泽东题词：向雷锋同志学习

的精神，干一行、爱一行、钻一行，在平凡的岗位上做出了不平凡的事迹。他工作积极，埋头苦干，多次被评为"红旗手"、"工作模范"、"劳动模范"、"先进生产者"和"社会主义建设积极分子"。

雷锋热爱集体，关心战友，关心群众，把"毫不利己、专门利人"看成是人生最大的幸福和快乐，并身体力行，认真实践，"把有限的生命投入到无限的为人民服务之中去"。

1962年8月15日上午10时，雷锋在部队车场（抚顺市望花区）指挥倒车时因助手乔安山驾驶的汽车尾部碰倒晒衣场的一根木杆，砸在雷锋的头部，雷锋负重伤，因伤势过重抢救无效，于当日中午12时5分，不幸牺牲，年仅22岁。

《雷锋日记》出版后印刷过数千万本，里面的许多警句教育了全国几代人。毛泽东看过也称赞"此人懂些哲学"。

雷锋因公殉职后，1963年1月7日，国防部命名他生前所在班为"雷锋班"。1963年3月1日，朱德题词："学习雷锋做毛主席的好战士。"1963年3月5日，毛泽东同志亲笔题词："向雷锋同志学习。"刘少奇题词："学习雷锋同志平凡而伟大的共产主义精神。"周恩来题词："向雷锋同志学习：憎爱分明的阶级立场，言行一致的革命精神，公而忘私的共产主义风格，奋不顾身的无产阶级斗志。"自此，掀起向雷锋学习的热潮。此后，每年3月5日便成了全民学雷锋的日子。

■8月5日~7日，中国派代表团赴日本广岛参加第九届"禁止原子弹氢弹世界大会"

1963年8月5日~7日，中国派代表团赴日本广岛参加第九届"禁止原子弹氢弹世界大会"。

"禁止原子弹氢弹世界大会"是日本民主力量为救济广岛、长崎原子弹受害者和禁止核武器，每年组织召开的世界性大会，邀请世界各国代表参加。从1955年首届大会在日本召开始，中国均派代表参加大会，并向原子弹受害者捐赠救济基金。1958年后，曾因日本的岸信介及佐藤内阁采取敌视中国政策，中国代表应邀参加大会事宜屡受干扰而无法成行，1960年

中国再次派团参加。

此次大会，中国代表团赵朴初团长和中国代表朱子奇等在会上做了发言，阐明了中国人民对于禁止核武器、防止核战争的立场，提出，必须坚决全面禁止核武器的试验、生产和储存，销毁一切核武器，以维护世界和平，消除核威胁。并且建议在亚洲及太平洋包括美国、苏联、日本、中国在内建立无核区。

来自20个国家和7个国际组织的71名外国代表与日本各地的一万多名代表参加了大会。大会通过了《关于加强当前的统一行动的决议》、《关于展开国际共同行动的呼吁书》和《关于加强救援原子弹受害者运动的决议》。

■ 9月6日~27日，中共中央在北京举行工作会议

1963年9月6日~27日，中共中央在北京举行工作会议。会议讨论了农村工作、1964年国民经济计划等问题，并着重讨论了工业发展的方针问题。会议确定，从本年起，再用三年时间，继续进行调整、巩固、充实、提高的工作；作为第二个五年计划（1958年—1962年）到第三个五年计划（1966年—1970年）之间的过渡阶段。在这个阶段中，主要是工业的各个部门，要认真做好提高质量，增加品种，填平补齐，成龙配套的工作；并要搞好设备更新和专业化协作。这个决定对经济调整工作有重要意义。在这一方针指引下，会议提出1964年国民经济计划（草案）。会议制定《关于农村社会主义教育运动中一些具体政策的规定（草案）》（简称《后十条》）。《后十条》一方面强调"以阶级斗争为纲"，另一方面又指出团结95%以上的农民群众和农村干部的重要性，规定依靠基层组织和基层干部，以及正确对待地主、富农子女等基本正确的政策。此后，各地在试点的基础上，在部分县、社开始进行社会主义教育运动。

■ 12月14日~1964年2月28日，周恩来总理出访亚非14国

1963年12月14日~1964年2月28日，周恩来总理访问亚非14国。陪同周恩来出访的有陈毅、孔原、黄镇、童小鹏、乔冠华等。周恩来一行先后访问了埃及、阿尔及利亚、摩洛哥、突尼斯、加纳、马里、几内亚、苏丹、埃塞俄比亚、索马里等10个非洲国家和阿尔巴尼亚，以及缅甸、巴基斯坦、锡兰（今斯里兰卡）3个亚洲国家，共历时72天，行程10.8万里。

周恩来的非洲之行，是中国国家领导人第一次对非洲国家进行正式友好访问。在访问埃及期间，周恩来根据和平共处五项原则和万隆会议十项原则提出了中国政府同阿拉伯国家和非洲国家相

▲周恩来总理出访亚非14国

世界

▶8月28日，马丁·路德·金发表演说《我有一个梦》

1963年8月28日，美国25万人在华盛顿哥伦比亚特区集会，游行到林肯纪念堂。在林肯纪念堂前，一位30多岁的黑人汉子被众多黑人簇拥着，站在高高的石阶上演讲："今天，我高兴地同大家一起，参加这次将成为我国历史上为了争取自由而举行的最伟大的示威集会……。"这次演讲就是举世闻名的《我有一个梦想》，这个黑人就是著名的民权运动领袖马丁·路德·金。

马丁·路德·金这次组织25万人到华盛顿进行大游行，目的就是争取立法保障黑人的权利，希望黑人能和白人平等地生活在一起。民权运动迫使约翰逊总统在第二年签署了民权法案。但是马丁·路德·金在1968年4月组织"贫民进军"的途中，被种族主义分子枪杀。人们为了纪念这位伟大的民权运动领袖，将每年一月的第三个星期一定为"马丁·路德·金日"。

中国百年实录 1963年

世界

▶11月22日，美国总统约翰·肯尼迪遇刺身亡

1963年11月22日，美国总统约翰·肯尼迪在美国南部的得克萨斯州达拉斯市遇刺身亡。据美国通讯社报道，这天中午，他乘飞机到达这个城市进行访问，接着，他乘汽车从机场去达拉斯市区，准备在那里发表一篇演说。

肯尼迪夫妇和得克萨斯州州长康纳利夫妇同乘一辆敞蓬汽车，从欢迎的人群中间缓缓驶过。当车队驶经一座大楼的时候，从大楼五层楼上的一个窗户里射出三发子弹，其中一发击中了肯尼迪的头部太阳穴。半小时后，肯尼迪就在医院里死去。同车的州长康纳利也被击中两枪，受了重伤。

在肯尼迪中弹以后，他的保卫人员和警察在那座大楼的一间房间（得克萨斯学校藏书室）里发现了一支步枪，上面装有瞄准器，旁边还有几发弹壳。

肯尼迪到达拉斯城发表演说，是为民主党和他自己连任总统争取支持。

互关系的五项原则。这些原则的提出，是中国在外交上的创举。

在访问马里时，周恩来提出了中国对外援助的八项原则，充分体现了中国同广大亚非国家进行经济、文化合作的真诚愿望。在访问索马里时，周恩来指出了"整个非洲大陆是一片大好的革命形势，"非洲"已经成为一个觉醒的、战斗的、先进的大陆"，"一个独立自主、繁荣富强的新非洲一定要出现"等著名论断。

在访问期间，周恩来同所到国家的政府领导人分别举行了坦率而友好的会谈，就共同关心的国际形势问题交换了意见，增进了同这些国家的相互了解和友好关系，并分别发表了会谈联合公报。这次访问对增强中国同亚非国家人民的团结与合作，提高中国在国际上的地位和声望维护世界和平产生了重大而深远的影响。

■ 12月16日，罗荣桓元帅因病逝世

罗荣桓同志为我军的政治工作建设献出了毕生的精力，于1963年12月16日在北京逝世，终年61岁。

罗荣桓，湖南省衡山（今衡东）县人。1927年加入中国共产党青年团，同年转入中国共产党。参加了湘赣边界秋收起义。土地革命战争时期，任工农革命军第一军一师一团特务连党代表，中国工农红军第四军第11师31团营党代表，第二纵队党代表，红四军政治委员，红一军团政治部主任，江西军区政治部主任，红军总政治部巡视员、动员部部长，红八军团政治部主任，红一军团政治部副主任，红军大学一科政治委员，中国工农红军后方政治部主任，参加了长征。

抗日战争时期，罗荣桓任八路军第115师政治部主任、政治委员，山东军政委员会书记，第115师代师长兼政治委员，山东军区司令员兼政治委员，中共中央山东分局书记。解放战争时期，任东北民主联军副政治委员，东北军区

▲罗荣桓元帅

副政治委员，东北野战军政治委员，第四野战军第一政治委员，中共中央华中局第二书记，第四野战军第一政治委员，中共中央华中局第二书记，华中军区、中南军区第一政治委员。

中华人民共和国成立后，罗荣桓任中央人民政府最高人民检察署检察长，中国人民解放军总政治部主任兼总干部管理部部长，人民革命军事委员会副主席。1955年被授予元帅军衔。是第一、二届国防委员会副主席，第一、二届全国人大常委会副委员长，中共第七届中央委员、第八届中央政治局委员。

罗荣桓同志是十大元帅中最早去世的一个，他的逝世，令人悲痛。毛泽东写下一首七律《吊罗荣桓》："记得当年草上飞，红军队里每相违。长征不是难堪日，战锦方为大问题。斥鷃每闻欺大鸟，昆鸡长笑老鹰非。君今不幸离人世，国有疑难可问谁？"

备忘

- 2月11日，中共中央在北京举行工作会议
- 3月27日~28日，中共中央颁布《中国人民解放军政治工作条例》
- 4月12日~5月16日，中华人民共和国主席刘少奇先后出访印度尼西亚、缅甸、柬埔寨和越南
- 6月11日，沈钧儒在北京逝世
- 9月16日~10月12日，中共中央和国务院召开第二次城市工作会议
- 10月4日，中日友好协会成立，郭沫若为名誉会长，廖承志为会长
- 11月17日~12月3日，二届全国人大第四次会议在北京举行

1964年

世界

▶5月28日~6月4日，巴勒斯坦解放组织成立

在阿拉伯联盟的支持下，1964年5月28日至6月4日，巴勒斯坦各界代表在耶路撒冷东城区举行第一次巴勒斯坦国民大会，这次大会以后被称为第一届巴勒斯坦全国委员会。

大会选举以艾哈迈德·舒凯里为主席，由15人组成的巴勒斯坦解放组织执行委员会，通过了《巴勒斯坦国民宪章》。

《宪章》规定巴解组织的任务是："负责巴勒斯坦人民争取解放他们国家的斗争"和"处理巴勒斯坦问题"。大会还确定建立巴勒斯坦解放军和为巴解组织筹款的国民基金会，当时巴解组织总部设在安曼。同年9月，第二次阿拉伯国家首脑会议承认该组织为巴勒斯坦人民的代表。

大事

■ 2月~8月，中苏边界谈判在北京举行

1964年2月~8月，中苏两国关于黑龙江和乌苏里江中的岛屿归属的谈判在北京举行。

中苏边界谈判开始后，中国方面提出，应该分清历史是非，肯定中国清政府和俄国沙皇政府签订的边界条约是不平等条约，但是中方仍以中苏两国人民的友谊为重，并考虑到苏联人民已长期在旧俄时代占据的土地上居住的现实情况，愿意以那些条约为基础，全面解决中苏边界问题。苏联代表却拒不承认中俄过去的边界条约是不平等条约，而且要求中国承认沙俄时代和苏维埃时代超越中俄不平等条约侵占和企图占领的中国领土也归苏联。

在谈判中，双方在界河岛屿归属问题上出现严重分歧。根据《中俄北京条约》，中俄边界东段以黑龙江和乌苏里江为界，界河中的岛屿归属在条约中并未规定。按照国际通行的规则，界河中的岛屿归属应以主航道中心线为准。在《中俄北京条约》的附图中，俄国人曾在一张比例尺小于100万分之一的地图上粗略地画了一条分界线，这条红线在地图上看来贴近中国江岸。其实，这张地图非常粗糙，连江心岛几乎都没有标出，图上的红线并不表明界线在江中的位置。可是苏联代表却根据这条红线，在其提出的地图中竟把主航道中心线中国一侧面积约1000平方公里的600多个岛域划归己有。

在双方争执不下的情况下，赫鲁晓夫等人决定苏方代表提出一项不分是非的岛屿交换方案，即"我们表示愿意平等交换，就是说，这里加上一块地方，那里减去一块地方，加加减减——这就是我们提出的建议。至于争议地区，就干脆把它一分为二"。但是对于中国方面当时坚持的原则问题，即承认过去的中俄条约是不平等条约，苏联方面坚决不肯让步，认为这无异于承认自己是在享受过去的侵略成果。由于双方在边界问题上的立场对立，谈判无果而终。

■ 5月15日~6月17日，中共中央在北京举行工作会议

1964年5月15日~6月17日，中共中央在北京举行工作会议。会议讨论了农业规划和农村工作、第三个五年计划（1966—1970年）、政治工作问题。此外，还讨论了反修防修、培养接班人和两种劳动制度、两种教育制度等问题。会前，毛泽东在听取关于第三个五年计划的汇报时指出：农

业是一个拳头，国防是一个拳头，要使拳头有劲，屁股就要坐稳，屁股就是基础工业。在这种思想指导下，提出了第三个五年计划的初步设想。会议期间，毛泽东又从存在着新的世界战争的严重危险的估计出发指出，在原子弹时期，没有后方不行。他提出了把全国划分为一、二、三线的战略布局，要下决心搞三线建设，首先把攀枝花钢铁基地以及与此相联系的交通、煤、电建设起来。关于社会主义教育运动问题，会议认为全国基层有三分之一的领导权不在我们手里。在这种对现状不切实际的估计下，毛泽东提出，农村、城市搞四五年，不要急急忙忙，城市"五反"要增加划阶级的内容。刘少奇说，四不清不仅下面有根子，上面也有根子，而危险性在于上层。这就使"左"的思想有了进一步的发展。

■ 5月16日，《毛主席语录》出版

《毛主席语录》是毛泽东著作中名言警句的选编本，因为最流行的版本用红色封面包装，又是红色领袖的经典言论，所以"文化大革命"中被普遍称为"红宝书"。经历过"文化大革命"的人无不知晓"红宝书"。那时，人们饭可以不吃，觉可以不睡，但"红宝书"不可不带，连结婚送礼也必少不了一本"红宝书"。

严格意义上讲，"红宝书"应包括各种正式出版的毛主席著作。但由于《毛主席语录》发行量最大、印制最精美、读者最多，且封面又是由红塑料封皮特制，人们心目中的"红宝书"往往专指《毛主席语录》。20世纪60年代"红宝书"迅速风靡全国，与林彪的大力倡导密不可分。

1964年5月16日，林彪根据他自己"走捷径"、"背警句"的主张，授意解放军总政治部编辑出版了《毛主席语录》。林彪制造个人崇拜蓄谋已久，早自他接任国防部长、主持军委工作时起，即多次鼓吹"毛泽东思想是当代马克思列宁主义的顶峰"。强调学习马列主义主要就是学习毛泽东著作，"学习毛主席著作是学习马列主义的捷径"，而学习毛泽东著作，只要学好"老三篇"就够用了。随后，他又提出"活学活用，学用结合，急用先学，立竿见影"的口号。对于林彪的这种主张和做法，邓小平等当时就指出，这是"把毛泽东思想同马列主义割裂开来"，是把毛泽东思想"庸俗化"、"简单化"、"贬低了毛泽东思想的意义"。

▲毛主席语录

■ 10月16日，中国第一颗原子弹爆炸成功

1964年10月16日15时，一团巨大的火球呈蘑菇状冲天而起，中国第一颗原子弹试验成功了。新华社当夜发表了《新闻公报》和《中华人民共和国政府声明》，晚10时，中央人民广播电台将这一新闻向全世界播送。中

世界

▶10月10日，第18届奥运会在东京开幕

1964年10月9日，奥林匹克火焰首次在亚洲点燃，这一年也是现代奥林匹克运动复兴70周年。开幕式上，出生于广岛原子弹爆炸那天的日本大学生坂井义则点燃了象征和平的奥林匹克火焰。

参赛的有93个国家和地区的5140名运动员，其中女子683人，男子4457人。这是首次在亚洲举行的奥运会，规模也是空前的。

中国台湾派出了80人的代表团，其中运动员55名，参加了田径、篮球、举重、自行车、拳击、柔道、射击、体操8个项目的比赛。

中国百年实录 1964年

▲ 中国第一颗原子弹爆炸成功

共中央、国务院发出《热烈祝贺首次核试验的巨大胜利》的贺电，《人民日报》为此发了"号外"和社论。

中共中央的贺电指出："这次成功的试验，标志着我国国防现代化进入了一个新的阶段。"《中华人民共和国政府声明》强调指出："中国进行核试验，发展核武器，是被迫而为的"，"是为了打破核大国的核垄断，要消灭核武器"，"中国在任何时候、任何情况下，都不会首先使用核武器"。"中国政府将一如既往，尽一切努力，争取通过国际协商，促进全面禁止和彻底销毁核武器的崇高目标的实现。在这一天没有到来之前，中国政府和中国人民坚定不移地走自己的路，加强国防，保卫祖国，保卫世界和平。"

中国成为继美国、苏联、英国、法国之后，第五个制造出原子弹的国家。中国第一颗原子弹的爆炸成功，在国内外引起了巨大反响。神州大地，一片欢腾。各族人民载歌载舞，欣喜雀跃，纷纷集会和座谈，欢呼这一辉煌胜利，极大地振奋了民族自强精神。海外侨胞、港澳同胞，扬眉吐气。友好国家政府首脑，也纷纷致电中国政府，表示热烈祝贺。各国的舆论界，连续刊发新闻和评论。首次核试验的成功，极大地提高了中国的国际影响和声誉。

■ 12月15日~28日，中共中央政治局召开全国工作会议，讨论"四清运动"中的一些问题

1964年12月15日~28日，中共中央政治局召开全国工作会议。会议主要讨论农村社会主义教育运动问题。会上，毛泽东批评了关于运动的性质是四清和四不清的矛盾、党内外矛盾的交叉、敌我矛盾和人民内部矛盾的交叉等提法，提出运动的性质是社会主义和资本主义的矛盾。另外，他还批评了北京有两个"独立王国"（按：指邓小平和中央书记处、李富春和国家计划委员会）。1965年1月14日，中共中央发布这次会议讨论的纪要《农村社会主义教育运动中目前提出的一些问题》（简称《二十三条》）。

《二十三条》虽然对1964年下半年以来"四清"运动（按《二十三条》规定，城市和乡村的社会主义教育运动，今后一律简称"四清"，并把四清的内容规定为清政治、清经济、清组织、清思想）中某些"左"的偏向作了纠正，但又提出了"这次运动的重点，是整党内那些走资本主义道路的当权派"等更"左"的观点。《二十三条》下达后，全国城乡的"四清"运动继续进行，一直到"文化大革命"的初期。到1966年春，在农村，全国大约有三分之一左右的县、社先后开展了"四清"运动。

■ 12月20日~1965年1月4日，三届全国人大一次会议在北京举行

1964年12月20日~1965年1月4日，第三届全国人民代表大会第一次会议

在北京举行。周恩来总理做政府工作报告。

会议审议了政府工作报告,全国人大常委会工作报告(书面),最高人民法院工作报告(书面),最高人民检察院工作报告;选举、决定国家领导人。

会议通过了关于政府工作报告的决议、关于1965年国民经济计划主要指标和1965年国家预算初步安排的决议,关于全国人大常委会工作报告的决议,关于最高人民法院和最高人民检察院工作报告的决议。

会议选举刘少奇为中华人民共和国主席,宋庆龄(女)、董必武为副主席,根据刘少奇主席的提名,决定周恩来为国务院总理。会议选举朱德为第三届全国人大常委会委员长,选举彭真、刘伯承、阿沛·阿旺晋美等18人为副委员长,刘宁一兼秘书长,马纯古等96人为委员。选举杨秀峰为最高人民法院院长,张鼎丞为最高人民检察院检察长。会议任命了各部委部长。会议根据周恩来总理的提名,决定林彪、陈云、邓小平、贺龙、陈毅等16人为国务院副总理。根据刘少奇主席的提名,决定林彪、刘伯承、贺龙、陈毅、邓小平、徐向前、聂荣臻、叶剑英、罗瑞卿、程潜、张治中、傅作义、蔡廷锴为国防委员会副主席,方强等107人为委员。

会议通过了第三届全国人大民族委员会和法案委员会的主任委员和委员名单。民族委员会由114人组成,谢扶民(壮族)为主任委员。法案委员会由41人组成,张苏为主任委员。

备忘

- 1月1日,中华人民共和国首次出版《毛泽东诗词》
- 1月27日,中华人民共和国与法国建交
- 2月5日,中共中央发出《关于传达石油工业部关于大庆石油会战情况的报告的通知》
- 5月14日,焦裕禄因肝癌在郑州去世
- 9月21日,中央音乐学院成立
- 10月17日,中国末代皇帝爱新觉罗·溥仪病逝
- 11月3日,中国考古工作者在陕西蓝田县发现一个猿人头盖骨
- 12月15日,毛泽东号召全国工业战线开展"工业学大庆"运动

部队要学游泳,所有部队都要学会。整营、整团要学会全副武装泅渡。部队要练夜战、近战,练二百米硬功夫,每团要培养一个夜老虎连。光有尖子部队是不够的。普及要很快布置,要抓紧这个工作。
——此为1964年7月2日,毛泽东听取部队工作汇报后的讲话

官僚主义者阶级与工人阶级和贫下中农是两个尖锐对立的阶级。这些走资本主义道路的领导人,是已经变成或者正在变成吸工人血的资产阶级分子,这些人是斗争对象,革命对象,社教运动绝对不能依靠他们。
——此为1964年12月12日,毛泽东给陈正人关于洛阳拖拉机厂蹲点报告的批示

1965年

世界

▶1月24日，英国前首相、保守党领袖丘吉尔逝世

1965年1月24日，英国前首相、保守党领袖温斯顿·丘吉尔逝世，终年91岁。丘吉尔出生于贵族家庭，从小受到典型的英国贵族式教育，毕业于桑赫斯特皇家军事学院。1900年丘吉尔当选为议员，加入保守党。1940年至1945年任首相兼第一财政大臣，1951年再次任保守党政府首相。在第二次世界大战中，丘吉尔领导英国人民对德国作战。战后，他鼓吹英美联盟，对抗苏联。丘吉尔不仅是一位政治家，还是一位演说家和作家，他曾在1953年获诺贝尔文学奖。

大事

■4月12日，中共中央发出了关于加强备战工作的指示

1965年4月9日，邓小平写了一份中央关于加强战备工作的指示稿，该稿要求全党县委以上干部加强战备思想、密切注意越南战局发展，要准备对付美帝把战争引到我们国土上来；要估计到敌人可能冒险，要准备应付最严重的情况，准备对付美帝轰炸我国的军事设施、工业基地、交通要地和大城市，以至在我们的国土上作战；要切实做好对付敌人空袭的准备，我们对小打、中打以至大打都要有所准备。毛泽东于第二天即4月10日就批示："已阅，同意。"

中共中央于1965年4月12日发出了关于加强备战工作的指示。指示指出：鉴于美国正在越南采取扩大侵略的步骤，直接侵犯越南民主共和国，严重威胁我国安全，在目前的这种形势下，中央认为应加强备战。指示号召全党全军全国人民在思想上和工作上要准备应付最严重的局面，要发扬爱国主义精神，尽一切可能支援越南人民抗美救国斗争。

5月21日，解放军总参谋部为了贯彻毛泽东关于战略方针问题等一系列指示召开了军委作战会议，并印发了刘少奇、周恩来、朱德、林彪、邓小平的指示纪要，该纪要的主要意见是：1.要立足于准备早打、大打，从各方面来打。做好准备，迫使敌人不敢轻易来打，争取推迟战争，甚至使战争打不起来；2.处理好经济建设与国防建设的关系等。

■7月20日，李宗仁和他的夫人归国，周恩来亲自到机场欢迎

1965年7月20日，一架银灰色的波音飞机降落在首都机场。从飞机上率先走下来的是原国民党政府代总统李宗仁先生和他的夫人郭德洁女士。一走下飞机，等候的周恩来总理等立即迎上前去，和他们亲切握手，欢迎他们回到了祖国的怀抱。随后，贺龙元帅、彭真市长、郭沫若等海内外知名人士以及原国民党将领一一走上前去和李宗仁亲切握手。

李宗仁在首都机场发表讲话。他抑制不住叶落归根的喜悦说：我由于自己的失败而感到高兴，因为从我的错误中，一个新中国正在诞生！

李宗仁是国民党桂系首领，一生

▲周恩来迎接李宗仁

与蒋介石打打拉拉牵扯在一起，几多波折。蒋介石退缩台湾后，他避居香港，后到美国寓居，流落异国当起了寄人篱下的"华裔公民"。李宗仁终究是一位中国人。他虽然远离祖国，却一直关心着生养他的祖国，关心着台湾海峡两边的动向。李宗仁的这一政治上变化很快就受到周恩来的密切关注。

1965年春，周恩来认为李宗仁的回国条件成熟了，便通过秘密渠道直接把这一信息传递给美国新泽西州李宗仁的住处。李宗仁也心领神会，马上办理了去欧洲旅行的护照，夫人郭德洁在美国变卖了房产之后也于6月13日飞往瑞士苏伊士，这一举动触动了台湾的"神经"，蒋介石马上派出多组军统特务分别前往瑞士的日内瓦、苏伊士和巴基斯坦的卡拉奇。

周恩来估计李宗仁的动静会惊动蒋介石，他事先作了防范的安排，使得蒋介石重金雇来的两名杀手几次未能得逞。我国驻巴基斯坦大使丁国钰遵照周恩来的嘱咐，请了巴基斯坦的保安部门，以十分神速的举动从机场把李宗仁安全接走。之后，丁国钰亲自陪同，乘飞机经广州于7月18日中午飞抵上海虹桥机场，一天后又飞抵首都北京……

9月1日，西藏自治区正式成立

1951年中央人民政府和西藏地方政府《关于和平解放西藏办法的协议》中规定："西藏人民有实行民族区域自治的权利"。1954年，第一届全国人民代表大会第一次会议在北京举行。会后，经在京的西藏各方面代表人物反复协商，制定了成立西藏自治区筹备委员会的方案。1956年4月，西藏自治区筹备委员会成立，达赖喇嘛·丹增嘉措任主任委员，班禅额尔德尼·确吉坚赞任第一副主任委员。

1959年3月10日，拉萨发生了武装叛乱，3月28日，国务院下令解散原西藏地方政府，责成自治区筹备委员会行使西藏地方政府职权，任命第十世班禅额尔德尼·确吉坚赞为自治区筹委会代主任委员。此后自治区筹委会把主要精力集中在领导全区各族人民投入平叛和民主改革的伟大斗争中，并在斗争中培养和锻炼农奴和奴隶出身的藏族干部，积极推进基层民主政权建设，培养和提高广大僧俗人民行使自治权利的觉悟和实际能力，为正式成立自治区创造最基本的条件。

正当各项准备工作顺利推进的时候，1962年到1964年班禅大师受到错误批判和处理，使西藏自治区的成立时间又向后推迟了。在党中央、国务院的深切关怀下，在周恩来总理的有力指导下，1965年9月1日，西藏自治区第一届人民代表大会第一次会议在拉萨召开。

在9月1日的开幕式上，中央代表团团长谢富治发表讲话，代表中共中央、国务院、中共中央主席毛泽东和刘少奇热烈祝贺西藏历史上第一次人民表大会的召开，祝贺西藏自治区成立。

大会选举产生了西藏自治区人民委员会，阿沛·阿旺晋美当选为自治区人民委员会主席，周仁山、帕巴拉·格列朗杰等人当选为副主席，达瓦、仁钦索朗、扎西平措等37人当选为自治区人民委员会委员。至此，西

世界

▶6月3日，美国宇航员爱德华·怀特创造太空行走时间纪录

第一个在太空中行走的人，是苏联宇航员列昂诺夫。1965年3月18日，他乘"上升二号"载人飞船飞行时，曾离开座舱，到宇宙空间去行走。他被一条缆索系在飞船上，在太空中飘浮了10分钟。

三个月后，被约翰逊总统斥责为"落在别人屁股后"的美国太空总署赶紧将爱德华怀特送上太空，他成为第一个进入太空行走的美国人。6月3日，怀特离开格米尼4号宇宙飞船，在全世界的仰望下，在太空中漂浮了创纪录的21分钟。

藏自治区正式成立,掀开了西藏历史的新篇章,昔日的农奴和奴隶成了新社会的主人。

■ **9月18日~10月12日,中共中央在北京举行工作会议讨论国民经济计划和长远规划**

1965年9月18日~10月12日,中共中央在北京举行工作会议,主要讨论1966年的国民经济计划和长远规划问题。中央批准了国家计划委员会提出的1966年国民经济计划纲要,强调指出:"省、地、县、社四级党委要把农业放在首要地位","各地区、各部门必须在继续深入开展社会主义教育运动的同时,掀起一个群众性的增产节约运动"。关于第三个五年计划的方针,会议同意了以"国防建设第一,加速三线建设,逐步改变工业布局"的思想。会议还讨论了财贸和党的建设问题,指出:"要"藏粮于民",稳定征购,三年一定。并决定在第三个五年计划期间,拿出200亿元来调整物价,降低农业生产资料和部分生活资料的价格,使广大城乡人民首先是农民获得好处。为了加强党在基层的领导,会议决定在经过"四清"的地方积极慎重地发展党员,争取农村人民公社每一个生产队都有党的小组或党员。

■ **11月10日,上海《文汇报》发表姚文元的《评新编历史剧〈海瑞罢官〉》**

▶9月30日,印度尼西亚爆发"九三〇事件"

1965年9月21日,由40名陆军高级军官组成的"将领委员会"秘密集会,准备于10月5日建军节时发动政变。这些阴谋活动被苏加诺总统的卫队长翁东中校获悉。他联合陆军战略预备队加里曼丹第四军区司令苏帕佐准将和陆军上校拉蒂夫等,决定采取先发制人的军事行动,绑架陆军主要领导人,挫败政变图谋,并由拉蒂夫两次去见当时掌握强大的陆军战略预备队兵权的苏哈托将军,向他汇报情况。

9月30日夜22时,翁东等人采取了行动。陆军参谋长雅尼中将、潘贾伊坦中将和哈约诺少将被打死,苏普拉普托少将、帕尔曼少将和苏多佐准将被绑架到了哈林空军基地,后来遭到杀害。只有纳苏蒂安将军一人翻墙逃匿。事发后,一直不动声色的苏哈托迅速指挥陆军进行了全面"反击"。陆军很快攻占了哈林空军基地,"九三〇运动"以失败告终。

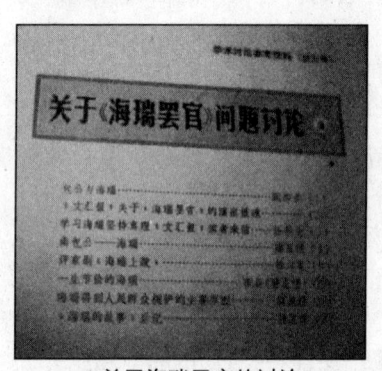

▲关于海瑞罢官的讨论

1965年11月10日,上海《文化报》发表姚文元的《评新编历史剧〈海瑞罢官〉》一文,揭开了"文化大革命"的序幕。

吴晗的《海瑞罢官》,是在1959年4月毛泽东提倡学习海瑞之后开始写作,于1960年底完成的。从1962年开始,党内在对"大跃进"的错误的认识,对纠正错误、克服困难所应采取的措施的认识等问题上的分歧有所发展。在这种情况下,江青多次向毛泽东提出,《海瑞罢官》有问题,要批判。毛泽东开始时虽不同意,后来还是被说服了。

从1965年初江青在上海与张春桥共同策划,到姚文发表,整个写作过程,是在中央政治局除毛泽东外都无人知道的秘密状态下进行的。姚文元的这篇点名批判文章,捕风捉影地把《海瑞罢官》中所写的"退田"、"平冤狱",同所谓"单干风"、"翻案风"联系起来,硬说"'退田'、'平冤狱'就是当时资产阶级反对无产阶级专政和社会主义革命的斗争焦点",《海瑞罢官》"是一株毒草"。毛泽东批准发表这篇文章,并示意全国报刊转载。这篇文章的发表,以及随之而来的群众性的批判运动,成为发动"文化大革命"的导火线。

1965年

■ 12月，《红旗》杂志发表戚本禹的文章《为革命而研究历史》

1965年12月，《红旗》杂志发表戚本禹的文章《为革命而研究历史》，对翦伯赞的历史观点进行了错误的批判。1961年以来，翦伯赞先后发表《对处理若干历史问题的初步意见》、《目前史学研究中存在的几个问题》等文章，针对当时史学研究中的一些片面性观点，提出既要重视阶级观点，又要注意历史主义的正确意见。戚本禹在他的上述文章中，攻击翦伯赞的正确观点是"超阶级"、"纯客观"的资产阶级观点。1966年3月，《红旗》杂志又发表戚本禹等三人的文章《翦伯赞同志的历史观点应当批判》，进一步给翦伯赞扣上"资产阶级史学代表人物"的帽子，说他的上述两篇文章是"反马克思主义的史学纲领"。此后在其他一些报刊上也对翦伯赞进行了指名的政治批判。"文化大革命"期间，翦伯赞被迫害致死。

1978年8月，邓小平亲自批示："我认为应予昭雪"，翦伯赞的十年沉冤始获彻底平反昭雪。1978年9月1日，中共北京大学党委为他平反昭雪。翦伯赞是我国运用历史唯物主义科学地研究中国历史的老一代史学家之一，为在我国建立马克思主义历史科学做出了巨大的努力。他的著作共达四百多万字，是他一生献身于革命、献身于马克思主义历史科学的珍贵成果。

备忘

- 2月26日，中共中央、国务院发布《关于西南三线建设体制问题的决定》
- 4月9日，8架美军飞机侵入海南岛上空，被中国空军击退
- 5月11日，中共中央发布《关于在全国工业交通系统建立政治工作机关的决定》
- 5月14日，中国第二次成功爆炸原子弹
- 8月3日，中国首次人工合成了牛胰岛素结晶
- 11月10日，中共中央通知：任命汪东兴为中央办公厅主任，免去杨尚昆中央办公厅主任职务

现在有人不敢写文章了，新华社每天只收到两篇稿子，戏台上只演兵，只演打仗的，电影哪有那么完善？这个不让演，那个不让演。那些"革命派"想靠批判别人出名，踩着别人的肩膀上台。

——此为3月2日，中共中央书记处召开会议，会上对文化战线上开展的错误批判提出批评时邓小平说的话

跑到海外去的人，凡是愿意回来的，我们都欢迎，都以礼相待。

——此为1965年7月27日毛泽东接见从海外归来的李宗仁及其夫人时，毛泽东的谈话

1966年

世界

▶7月1日，法国退出北约组织

1959年戴高乐出任法兰西第五共和国总统，对外执行独立的民族主义政策，力图恢复法国的大国地位。他提出了"欧洲人的欧洲"的口号，主张西欧联合，摆脱美国的控制，放弃在美国主持和领导下的大西洋集团。

戴高乐先后对美英表示：法国应和美英一样承担起它在世界上的责任，要求修改北约章程，建议在北约内建立三国指挥机构，否则法国就保留修改公约或退出该组织的权利。美英拒绝了戴高乐的建议。

1966年3月，戴高乐至函美国总统约翰逊，要求正式退出北约各军事机构，并宣布在7月之前撤回受北约指挥的全部法国军队，同时还取消了北约军用飞机在法国过境和降落的权利，限令美军及其基地在一年内撤出法国。7月1日，法国退出北大西洋公约组织一体化军事机构。10月，法国退出了北约军事委员会，北约总部从此由巴黎迁至布鲁塞尔。

大事

■ 3月8日~3月22日，河北邢台先后发生6.8级和7.2级强烈地震

1966年3月8日凌晨和3月22日下午，邢台地区先后两次发生6.8级和7.2级强烈地震，受灾面积达2.3万平方公里。邢台、石家庄等6个专区、60个县、市毁坏房屋500余万间，其中260余万间严重破坏和倒塌，8064人丧生，3.8万余人受伤。仅邢台地区不完全统计，损失达10亿多元。

地震发生之后，党中央、国务院极为关切和重视，周恩来总理在地震第二天冒着强烈余震亲临灾区，查询灾情，慰问灾民，发出"自力更生，奋发图强，发展生产，重建家园"的号召。人民解放军2万多指战员在震后一个多小时即赶赴灾区，投入抢救工作。

全国各地区、各部门100多个单位，3.7万人奔赴灾区抗震救灾。各种救灾物资和慰问品源源不断送往灾区，形成了"一方有灾，八方支援"的动人场面。

邢台大地震也成为我国地震预报、科研工作的里程碑。邢台地震以后，华北地区地震进入高发期，周总理在邢台地震后指示要充实和建立地震科研队伍。1971年我国组建了国家地震局，从此，我国对地震科学研究走在了世界前列。

■ 5月16日，中共中央政治局扩大会议发布"五一六"通知

1966年5月4日~26日，中共中央政治局扩大会议在北京举行。会议于16日通过了《中共中央通知》，即"五一六通知"。

"五一六通知"从批判《二月提纲》入手，提出在文化领域各界和党、政、军各个领域都混进一批资产阶级代表人物的问题。要求全党"高举无产阶级文化革命的大旗，彻底揭露那些反党反社会主义的所谓'学术权威'的资产阶级反动立场，彻底批判学术界、教育界、新闻界、文艺界、出版界的资产阶级反动思想，夺取在这些文化领域中的领导权。而要做到这一点，必须同时批判混进党里、政府里、军队里和文化领域的各界里的资产阶级代表人物，清洗这些人，有些则要调动他们的职务。尤其不能信用这些人去做领导文化革命的工作……"提出"混进党里、政府里、军队里和各种文化界的资产阶级代表人物，使一批反革命的修正主义分子，一旦时机成熟，他们就会要夺取政权，由无产阶级专政变为资产阶级专政。这些人物，有些已被我们识破了，有些则还没有被识破，有些正在受到我们信用，被培养为我们的接班人，例如赫鲁晓夫那样的人物，他们现正睡在我们的身旁，各级党委必

须充分注意这一点"。以此发出将要出现资产阶级复辟的危险警号。

这次会议以反党集团的罪名对彭真、陆定一、罗瑞卿、杨尚昆进行错误的批判,决定停止他们的领导职务。林彪在会上的讲话中大肆散布党中央内部有人要搞政变的谎言,竭力鼓吹个人崇拜。会议决定撤销以彭真为首的文化革命小组,成立陈伯达任组长,康生为顾问,江青、张春桥等任副组长的中央文化革命小组(简称中央文革小组),这个小组实际上作为不受中央政治局约束的特殊机构进行活动,成为"文化大革命"的指挥部。自此,"文化大革命"异常迅猛地发动起来。

■ 5月29日,清华大学附中成立第一个红卫兵组织

1966年5月,清华附中以干部子女为主的一些学生于5月29日自发成立了"红卫兵"的学生群众组织。这是中国第一个红卫兵组织。6月2日贴出了署名"红卫兵"的大字报。不久,工作组进驻清华附中,批评校领导压制学生,支持师生对"修正主义"的批判。红卫兵受到鼓舞。

6月24日红卫兵贴出大字报《无产阶级的革命造反精神万岁》,申明:"革命就是要造反",要"搞一场无产阶级的大闹天宫,杀出一个无产阶级的新世界"。

7月4日,红卫兵写出《再论无产阶级的革命造反精神万岁》,引用毛泽东"造反有理"的语录,论证"革命造反精神"。他们的活动引起校内外广泛关注。工作组不同意红卫兵的某些主张,劝说红卫兵停止独立组织和活动,与红卫兵产生摩擦。7月下旬,工作组受到批判并被撤销,红卫兵参加了对工作组的批判,于7月27日发表《三论无产阶级的革命造反精神万岁》。红卫兵的活动得到中央文革小组的赞赏。红卫兵请江青把他们的大字报和信件转呈毛主席。此时,红卫兵作为以"红五类"(即革命干部、革命军人、革命烈士、工人、贫下中农)子弟为主体的"左派"群众组织,影响迅速扩大。北京许多学校的学生仿效清华附中成立了各校的红卫兵组织,全国各大、中学校也开始闻风响应。

▲清华大学成立第一个红卫兵组织

■ 6月13日,中共中央、国务院发出《关于改革高等学校招生考试办法的通知》

1966年6月13日中共中央、国务院发出《关于改革高等学校招生考试办法的通知》。《通知》提出:高校招生考试办法,"基本上没有跳出资产阶级考试制度的框框,不利于贯彻执行党中央和毛主席提出的教育方针,不利于更多地吸收工农兵革命青年进入高等学校。这种考试制度,必须彻底改革"。

《通知》说,中共中央和国务院决定,将1966年高校招收新生工作推迟半年进行。6月18日《人民日报》全文发表了这个决定,并发表社论《彻底搞好文化革命彻底改革教育制度》。社论说,改革招生考试制度是"彻底搞掉资产阶级教育路线的一个突破口。我们将从这里着手,对整个旧教

育制度实行彻底的革命"。

7月24日，中共中央、国务院发出《关于改革高等学校招生工作的通知》。《通知》决定，从本年起，高等学校招生工作下放到省、市、自治区办理。高校招生，取消考试，采取推荐与选拔相结合的办法。但因"文化大革命"，各省、市、自治区未能办理招生工作。

■ 7月16日，毛泽东在武汉畅游长江

1966年7月16日毛泽东以73岁高龄再次横渡长江。上午，5000人参加武汉市第11届横渡长江游泳比赛。毛泽东先是乘快艇检阅参加比赛者，并向群众高呼："同志们好！同志们万岁！"江面、江岸，"毛主席万岁！"的欢呼声持续不断。快艇到达武昌大堤口后，毛泽东下水向对岸游去。在刮起5级风的波涛滚滚的江中，毛泽东游了1小时零5分钟后，才登上快艇休息。游程近30华里。

次日，《人民日报》发表社论《跟着毛主席在大风大浪中前进》，号召全国人民跟着毛主席，在阶级斗争和文化大革命的大风大浪中奋勇前进。继之，全国各地工农兵纷纷举行集会、游行，决心跟着毛主席，在"文化大革命"的大风大浪中学习游泳术，横扫一切"牛鬼蛇神"。各报刊也纷纷发表社论和文章，论述毛泽东这次横渡长江的重大政治意义。

■ 8月1日~12日，中共八届十一中全会在北京举行

1966年8月1日~12日，中国共产党八届十一中全会在北京举行。毛泽东主持会议。出席全会的有中央委员74人，候补中央委员67人，各中央局和各省市自治区党委的负责人，中央文革小组的成员，中央有关部门的负责人，首都高等学校师生的代表47人列席了会议。全会的第一天，印发了毛泽东给清华大学附属中学红卫兵的信，并附清华附中红卫兵的两张大字报。5日，毛泽东写出《炮打司令部——我的一张大字报》。8日，会议通过《关于无产阶级文化大革命的决定》（即"十六条"）。正式通过"文化大革命"的方针。

12日，全会决定撤销彭真、陆定一、罗瑞卿中央书记处书记、杨尚昆中央书记处候补书记的职务。批准调陶铸担任中央书记处常务书记、调叶剑英担任书记处书记。补选陶铸、陈伯达、康生、徐向前、聂荣臻、叶剑英6人为中央政治局委员。李雪峰、宋任穷、谢富治3人为中央政治局候补委员。全会选举毛泽东、林彪、周恩来、陶铸、陈伯达、邓小平、康生、刘少奇、朱德、陈云为中央政治局常委。补选谢富治、刘宁一为中央书记处书记。全会没有重新选举主席和副主席，林彪被宣布为唯一的副主席。

5月中央政治局扩大会议和八届十一中全会的召开，是"文化大革命"全面发动的标志。这两个会议相继通过的《五一六通知》和《关于无产阶级文化大革命的决定》以及所采取的一系列措施，使毛泽东的"左"倾错误的个人领导实际上取代了党中央的集体领导。这些错误决定，被林彪、江青反革命集团所利用，给党、国家和各族人民带来严重的灾难。

■ 8月18日，在天安门广场举行"庆祝无产阶级文化大革命"群众大会

1966年8月18日，在天安门广场举行"庆祝无产阶级文化大革命大会"。毛泽东首次接见到北京串连的各地红卫兵及师生。

从凌晨1时起，上百万来自全国各地的学生、教师和红卫兵陆续聚集到天安门广场。清晨5时，毛泽东、林彪、周恩来等人走入广场，与群众见面握手。1500名各地学生代表登上天安门城楼，同党和国家领导人一起参加大会。7时30分大会开始在《东方红》的乐曲声中，毛泽东身着军装，与林彪、周恩来等党和国家领导人出现在天安门城楼上，同广场上欢声雷动的百万师生、红卫兵见面。

中共中央政治局委员、中央文革小组组长陈伯达主持大会。林彪代表毛泽东和党中央向大家问好。他在讲话中说："这次无产阶级文化大革命，最高司令是我们毛主席。""毛主席提出的无产阶级文化大革命，是共产主义运动的伟大创举，是社会主义革命的伟大创举！"他提出："我们要打倒走资本主义道路的当权派，要打倒资产阶级反动权威，要打倒资产阶级保皇派"和"一切牛鬼蛇神！"同时还提出要破"四旧"；"我们要大破一切剥削阶级的旧思想、旧文化、旧风俗、旧习惯"。

北京大学代表聂元梓和北京、哈尔滨、长沙、南京等地的大中学生代表先后在大会上讲话，表示要把无产阶级文化大革命进行到底。大会中，北师大附属女子中学的红卫兵给毛泽东戴上"红卫兵"袖章。

大会结束后，百万群众高呼口号，列队通过天安门广场，接受检阅。毛泽东看着浩浩荡荡的百万游行队伍，对林彪说："这个运动规模很大，确实把群众发动起来了，对全国人民的思想革命化有很大意义。"

新华社在报道时，首次披露了中共八届十一中全会改组中央领导机构的情况，即按全会结果排列中共中央政治局常委名次，顺序如下：毛泽东、林彪、周恩来、陶铸、陈伯达、邓小平、康生、刘少奇、朱德、李富春、陈云。国内国外为之注目。此后，红卫兵运动风起云涌，遍及全国。红卫兵走向社会，横扫"四旧"，社会开始全面动乱。

■ 10月27日，中国首次发射导弹核武器试验获得成功

1966年10月27日，中国首次发射导弹核武器试验获得成功。它标志着中国的科学技术和国防力量正快速地向前发展。这次发射导弹核武器试验，是在中国本土上进行的。导弹飞行正常、核弹头在预定的距离精确地命中目标，实现了核爆炸。试验获得成功。导弹是依靠自身动力装置推进，由制导系统导引、控制其飞行路线并导向目标的武器。它的弹头可以是普通装药的、核装药的或化学、生物战剂的。其中普通装药的称常规导弹；核装药的称核导弹。导弹首次出现在第二次世界大战期间。1943年底，纳粹德国军队组成的特种勤务兵团，曾先后使用普通装药的V-1和V-2导弹袭击英国伦敦等城市。1957年，苏联、美国先后试验成功洲际导弹。1980年5月，中国向

世界

▶9月8日，国际第一个扫盲节

1966年，联合国教科文组织第十四次大会决定，每年9月8日为国际扫盲日。其目的在于各成员国和有关国际机构同文盲现象做斗争。从此以后，各成员国每年这一天都组织各种活动。许多国家政府和非政府组织都向本国人民发出呼吁的函件和文告，建立国家范围的、区域的、地方性的扫盲组织，通过各种媒介宣传扫盲的重要意义，评价扫盲工作取得的成绩，研究进一步开展扫盲的办法和措施。

中国百年实录 1966年

太平洋海域发射洲际运载火箭成功，标志着中国的火箭制导技术进入新的阶段。

声音

……

中国人说话是算数的。那就是，如果亚洲、非洲或世界上任何国家遭到以美国为首的帝国主义的侵略，中国政府和中国人民是一定要给以支持和援助的。如果由于这种正义行动引起美国侵犯中国，我们将毫不犹豫地奋起抵抗，战斗到底。

……

——此为1966年5月10日，《人民日报》刊登的周恩来总理针对美国公然宣称"把中国当作主要敌人"所发布的中国对美政策四句话中的第二句话

作为一名共产党员，我本应该在这一场大革命中经得起严峻的考验。遗憾的是我近来旧病发作了，再拖下去徒然给党和人民增加负担。但是，我的这一颗心永远是向着敬爱的党，向着敬爱的毛主席。

——此为1966年5月18日邓拓自尽前的绝笔

我们既要革命，又要生产，否则，吃什么？用什么？工厂不能放假不搞生产，服务行业不能停止供应，热电站是一分钟也不能停的。凡是生产的地方都不要去影响，要尊重那里多数人的意见，不能拿学校放假搞革命的办法要求他们。

——1966年9月1日，针对工人、农民脱离了生产岗位"闹革命"的现象，周恩来在首都大中学校红卫兵代表座谈会上讲话，要求红卫兵组织起来，执行党和国家的政策

备忘

- 2月7日，《人民日报》发表长篇通讯《县委书记的好榜样——焦裕禄》
- 4月16日，《北京日报》发表《关于"三家村"和"燕山夜话"的批判》文章
- 5月3日，第一批国产"红旗"高级轿车由长春第一汽车制造厂出厂
- 5月18日，邓拓含冤逝世
- 5月25日，北京大学聂元梓等7人在校内贴出"第一张无产阶级大字报"
- 8月5日，毛泽东写出《炮打司令部——我的一张大字报》
- 12月27日，江青、戚本禹授意红卫兵把彭德怀从成都架回北京监押批斗

1967年

大事

■ 1月5日，上海市"革命造反团体"发起所谓"一月革命"风暴

1967年1月5日，张春桥向上海"工总司"等"造反派"组织头头说："当前的基本问题是把领导权从走资派手里夺回来，希望革命造反派把要害部门控制起来"。在此之前，《文汇报》、《解放日报》相继被夺权。6日，在张春桥、姚文元的策划下，以王洪文为首的"造反派"组织召开"打倒市委大会"，篡夺了上海市的党政大权，掀起所谓"一月革命"风暴。

8日，毛泽东对此指出："这是一个阶级推翻一个阶级，这是一场大革命。"11日，《人民日报》发表中共中央、国务院、中央军委、中央文革小组发出的《给上海市各革命"造反团体"的贺电》。《人民日报》、《红旗》杂志相继发表社论，肯定和支持上海的夺权。

▲上海一月革命风暴

2月5日，"上海市人民公社"宣告成立。14日，根据毛泽东的建议，"上海市人民公社"改名为"上海市革命委员会"，张春桥任主任。在上海"一月风暴"的影响下，山西、贵州、黑龙江、山东等省党政领导机关先后被"造反派"夺权，建立军干群三结合的革命委员会。此后，夺权之风，刮遍全国。

■ 2月11日~16日，周恩来主持召开中央碰头会，老干部在会上对"文化大革命"的抗争被江青等人诬为"二月逆流"

1967年一二月间的中央军委会议上，特别是在2月11日和16日周恩来在中南海怀仁堂主持召开的政治局碰头会议上。谭震林、陈毅、叶剑英、李富春、李先念、徐向前、聂荣臻、余秋里、谷牧等人不顾个人安危挺身而出，同江青、康生、陈伯达一伙进行了面对面的斗争。他们对"文化大革命"的错误做法表示强烈不满，提出了三个重大原则问题：运动要不要党的领导？应不应该将老干部都打倒？要不要稳定军队？并怒斥了江青

> 不要党的领导，一天到晚，老是群众自己解放自己，自己教育自己，自己搞革命，这是什么东西，这是形而上学！
> ——此为谭震林在怀仁堂会议上针对"文化大革命"的发言

> 现在不少地区党、政机关瘫痪了，表面上看来很乱，这个乱是必要的、正常的。现在的革命是革我们原来革过的命的命。
> ——此为1967年8月9日，林彪就当前局势发表的言论

一伙。

2月16日，张春桥、姚文元、王力秘密整理了《二月十六日怀仁堂碰头会记录》，在与江青密谋后向毛泽东作了汇报。3月1日，毛泽东严厉批评了这些老同志，周恩来也受到责难。从2月22日起至3月18日，中央政治局连续召开了7次政治生活会，以"资产阶级复辟逆流"的罪名围攻这些老同志。此后，中央政治局停止活动，中央文革小组取而代之。与此同时，江青一伙在社会上也掀起了大规模的反击"二月逆流"的浪潮。

1971年11月，毛泽东给在所谓"二月逆流"中受到诬陷的老同志平了反。1976年，粉碎江青反革命集团后，党中央正式做出决定，宣布为"二月逆流"平反。

■ 4月6日，一些群众组织到中南海揪斗刘少奇

1967年4月，刘少奇开始被揪斗，受到人身迫害。3月，康生写信要求对刘少奇设立专案审查，得到毛泽东的批准。4月1日，《人民日报》发表戚本禹的《爱国主义还是卖国主义？——评反动影片〈清宫秘史〉》一文，文章结尾的八问，定了"党内最大的走资本主义道路当权派"的"八大罪状"，明确了刘少奇的"问题"已超出内部的范围，是"睡在我们身边的赫鲁晓夫"。从此，在报刊上以"中国赫鲁晓夫"为专用代词对刘少奇进行大肆攻击，掀起了批判"中国赫鲁晓夫"的高潮。至此，对刘少奇的批判更趋激烈。

4月6日晚，在江青策划下，在中南海第一次揪斗刘少奇。4月8日，《人民日报》发表社论，号召"把党内头号走资本主义道路当权派，把资产阶级反动路线批倒、批深、批臭"。

4月12日至18日，在中央军委扩大会议上，林彪、江青、陈伯达、康生、张春桥等人先后讲话，罗织和批判所谓刘少奇、邓小平的"罪行"。

5月以后，江青伙同康生、谢富治，不顾党纪国法，随意捕人，严刑逼供，制造伪证，诬陷刘少奇是"叛徒"、"内奸"、"工贼"。5月11日，中共中央发出通知，要求各单位"进一步深入地开展对党内最大的一小撮走资本主义道路当权派的大批判运动"。7月18日，江青、康生、陈伯达组织批斗刘少奇夫妇的大会，并对刘少奇实行抄家和进行人身迫害，从此完全剥夺了他们的行动自由。

■ 6月17日，我国第一颗氢弹在西部地区上空爆炸成功

1964年10月16日，我国第一颗原子弹爆炸成功。这一惊人消息，在世界上引起轰动。西方大国的核竞赛亦愈演愈烈，法国加快了研制氢弹的进程。为了打破核垄断，必须赶在法国之前研制出我国的氢弹。

1965年初，毛泽东指出："原子弹要有，氢弹也要快。"周恩来代表党中央和国务院下达任务：把氢弹的理论研究放在首位。

我国在大力研制原子弹的同时，科学家们从1960年底已开始摸索氢弹原理。当时的二机部刘杰部长、钱三强副部长把研究氢弹的任务交给了在

世界

▶1月27日，"阿波罗一号"飞船失事，三名美国宇航员丧生

1967年1月27日的一次例行测试中指令舱发生大火，三名宇航员：指令长维吉尔·格里森、高级驾驶员爱德华·怀特及驾驶员罗杰·查菲丧生。当时他们位于美国佛罗里达州卡纳维拉尔角34号发射台的土星IB号运载火箭顶部的阿波罗指令舱中，突然发生的大火使三名宇航员在17秒中丧生。

原子能研制所工作的黄祖洽、于敏、何祚庥等人。

1967年6月17日上午7时，历史性的一刻终于来临，空军徐克江机组驾驶着72号轰炸机，进行氢弹空投试验。聂荣臻元帅亲自指挥了这次氢弹实验。

沉寂的戈壁大漠上空，瞬时升起了一颗极为神奇壮观的"太阳"。同日，新华社向全世界发布了《新闻公报》，庄严宣告："中国的第一颗氢弹在中国的西部地区上空爆炸成功！"

氢弹亦称"热核武器"，它是一种利用氢元素原子核在高温下聚变反应于瞬间放出巨大能量起杀伤破坏作用的武器，它主要由装料、引爆装置和外壳组成。氢弹爆炸时，作为引爆装置的原子弹首先爆炸，产生数千万度高温，促使氘氚等轻核急剧聚变，放出巨大能量，形成更猛烈的爆炸。

在氢弹爆炸成功的同时，中国政府重申："中国进行必要而有限制的核试验，发展核武器，完全是为了防御，其最终目的就是为了消灭核武器"。"在任何时候，任何情况下，中国都不会首先使用核武器。"这次试验是中国继第一颗原子弹爆炸成功后，在核武器发展方面的又一次飞跃，标志着中国核武器的发展进入了一个新阶段。

备忘

- 1月1日，《人民日报》、《红旗》杂志发表《把无产阶级文化大革命进行到底》的社论
- 1月28日，中央军委发布《八条命令》以稳定军队
- 3月16日，中共中央通知要求保护国家财产，节约闹革命
- 6月6日，中共中央、国务院、中央军委、中央文革发出通令，纠正"打、砸、抢、抄、抓的歪风"
- 9月13日，刘少奇夫人王光美被捕入狱
- 11月6日，《人民日报》、《红旗》杂志、《解放军报》发表《沿着十月社会主义革命开辟的道路前进》

世界

▶12月3日，人类首例心脏移植手术成功

1967年12月3日，一位25岁的年轻女子，不幸死于车祸，她的心脏却完好无损。这件突发的事件，给45岁的南非医生巴纳德带来一次成功的机会，成了全世界聚焦的头号新闻人物。当天，他为一名54岁的商人路易斯·华斯克斯基，完成了一次人类首例成功的异体心脏移植手术，让那颗年轻的心脏重新在另一个人的胸腔里跳动起来。

这位病人患有晚期动脉硬化性心脏病，心脏移植是挽救他的生命唯一可能的方法。巴纳德医生一举成功。病人手术后顺利地度过了17天，虽然由于肺炎夺去了他的第二次生命，但是，这毕竟是里程碑式的伟大成就。巴纳德医生熠熠生辉的创举，不仅为自己树起了一座丰碑，也标志着在世界医药发展的历史长河中，人类的足迹又伸延到另一块新大陆。

1968年

大事

■ 2月18日，中共中央、国务院、中央军委、中央文革小组发出《关于进一步实行节约闹革命，坚决节约开支的紧急通知》

1968年2月18日，中共中央、国务院、中央军委、中央文革小组发出《关于进一步实行节约闹革命，坚决节约开支的紧急通知》。《通知》规定：各机关、团体、学校、企、事业单位，1967年底各项经费和资金的年终结余存款一律冻结；基建、大修和设备更新要按计划进行，严格控制用款；各省、市、自治区和中央各部门1968年行政费、事业费，较1967年减少30%~40%；一个单位因两派斗争分裂成为两个领导班子、两套财务会计、两个金库、两个银行账户的，必须一个月内联合起来，统一管理。否则军管；财政、银行要支持生产发展，应纳税单位和个人要照章纳税；没有实行大联合或军管的单位，由各组织、业务负责人和财务负责人、会计联合签署；叛徒、特务、走资派、没有改造好的地、富、反、坏、右分子、反革命资产阶级分子和反革命知识分子在银行的储蓄存款，实行冻结，不准提取。

■ 7月21日，江青、康生合谋炮制一个诬陷中共八届中央委员的名单

1968年5月25日，中共中央转发《北京新华印刷厂军管会发动群众开展对敌斗争的经验》，要求全国各地区、各单位"有步骤地有领导地把清理阶级队伍这项工作做好"。从此，全国各地大搞"清理阶级队伍"，制造了许多冤假错案。

1968年7月21日，江青、康生合谋炮制一个诬陷中共八届中央委员的名单。将71%的中央委员和候补中央委员诬陷为"叛徒"、"特务"、"里通外国分子"和"有政治历史问题"的人。8月23日，康生等指使中央组织部负责人编造《关于中央监委委员政治情况的报告》，把中共第八届中央监委会60名委员和候补委员中的37人，分别诬陷为"叛徒"、"特务"、"反革命修正主义分子"。27日，康生等又指使编造《关于三届人大常委会委员政治情况的报告》、《关于四届全国政协常委会委员政治情况的报告》。

经康生审定，全国人大常委会委员115名中的60人和全国政协常委会委员159名中的74人分别被诬陷为"叛徒"、"特务"、"反革命修正主义分子"等。

▶1月9日，阿拉伯石油输出国组织成立

1968年1月9日，阿拉伯石油输出国组织成立总部设在科威特城。其成员共11个：阿尔及利亚、巴林、埃及、伊拉克、科威特、利比亚、卡塔尔、沙特阿拉伯、叙利亚、阿拉伯联合酋长国、突尼斯。其宗旨是加强和密切成员国在石油工业方面的关系与合作，维护其在石油领域的个体和整体权益，协调各成员国的行动，以公平、合理的份额向消费市场供油，为石油工业吸引资金和技术创造了良好的环境。

■ 8月25日，中共中央、国务院、中央军委、中央文革小组发出《关于派工人宣传队进学校的通知》

1968年8月25日，中共中央、国务院、中央军委、中央文革小组发出《关于派工人宣传队进学校的通知》。《通知》提出，各地应仿照北京派工人宣传队进驻学校的做法，把大中城市的大、中、小学校逐步管起来，整顿教育。具体做法是：在已经成立了革命委员会，在工人中已经实行了大联合，"清理阶级队伍工作已经有了显著成效"的大、中城市，"都要在革命委员会领导下，以优秀的产业工人为主体，配合解放军战士，组成毛泽东思想宣传队，分批分期，进入各学校"。抽调工人参加宣传队，大体上可占当地产业工人的1/10。先进大学后进中、小学。没有两派组织，也没有武斗的学校，也要进入。从本月底起，各地陆续向大专院校、中等专业学校和县镇以上中小学派驻工宣队，领导学校的斗、批、改。

9月2日，中央军委、中央文革小组又发出《关于工人进军事院校及尚未联合起来的军事院校实行军管的通知》。毛泽东对此批示："如工人条件成熟，所有军事院校均应派工人随同军管人员进去。打破知识分子独霸的一统天下。"通知说：凡尚未实行革命大联合的院校，一律实行军事管制。军管人员除领导干部外，应派工人、解放军共同组成毛泽东思想宣传队进驻学校，领导革命大联合，开展革命大批判，清理阶级队伍，整党和斗、批、改。

■ 10月13日~31日，中共八届十二中全会在北京召开

中国共产党第八届扩大会议十二中全会于1968年10月13日在北京开幕。97名第八届中央委员中，除去世的10人外，能参加这次会议的只有40人，不足半数。开会时，从候补中央委员增补10人，才刚过半数。八届候补中央委员除增补10人和去世12人外，只有9人能出席会议。被扩大参加这次会议的中央文革小组成员、军委办事组成员、各省市自治区革委会和各大军区主要负责人等有74人，占会议成员总数的57%还多。

中国共产党中央委员会主席毛泽东主持会议，并就1966年8月党的八届十一中全会以来无产阶级文化大革命运动的问题，作了讲话。毛泽东在讲话中肯定"文化大革命"；全会分组围攻所谓搞"二月逆流"的陈毅、叶剑英、李富春、李先念、徐向前、聂荣臻等；批判所谓"一贯右倾"的朱德、陈云、邓子恢。在极不正常的情况下，批准《关于叛徒、内奸、工贼刘少奇罪行的审查报告》，决议把刘少奇"永远开除出党，撤销其党内外一切职务"；并通过《关于（中国共产党章程（草案））的决议》，这个草案规定"林彪是毛泽东同志的亲密战友和接班人"。

■ 12月22日，知识青年"上山下乡"运动展开

知识青年上山下乡运动指的是20世纪六七十年代中华人民共和国的"文化大革命"运动后期，中国共产党组织大量城市"知识青年"离开城

▶10月12日，第19届奥林匹克运动会在墨西哥举行

第19届奥林匹克运动会于1968年10月12日~27日在墨西哥的墨西哥城举行。应邀参赛的有112个国家和地区（当时国际奥委会会员125个）。这是奥林匹克运动会参赛单位首次突破100个。本届奥林匹克运动会取消了上届刚列入的柔道，其余未变，共18个大项。但单项略有增加，如游泳，从上届的18个扩大到本届的29个。单项总数达172个。

运动会于10月12日开幕。这天是哥伦布发现（1492年）新大陆476周年纪念日。上午11时许，墨西哥总统狄亚斯和年已81岁、第五次连任国际奥委会主席的布伦戴奇等来到会场。狄亚斯总统主持开幕式并宣布了大会开幕。本届奥林匹克运动会还第一次正式进行了性别和兴奋剂检查。运动会于10月27日下午6时举行了闭幕式。

市，在农村定居和劳动的政治运动。这场运动改写了一代人的命运。

1968年12月22日，《人民日报》刊登《我们也有两只手，不在城里吃闲饭》的报道。编者按语引用了毛泽东指示："知识青年到农村去，接受贫下中农的再教育，很有必要。"从此全国掀起了知识青年"上山下乡"运动。"文化大革命"期间，上山下乡的知识青年达1600多万。国家和企事业单位为安置知识青年上山下乡所支出的经费超过100亿元。

▲知识青年上山下乡宣传画

1978年10月31日~12月10日，全国知识青年上山下乡工作会议在北京举行。会议决定彻底改变插队政策，将上山下乡工作纳入劳动就业的轨道，并通过了《国务院关于知识青年上山下乡若干问题的试行规定》。此后，各城市采取病退、照顾独生子女、照顾身边无子女家长和职工退休后由子女顶替等多种方式，帮助部分知识青年回城。1978年底，全国形成知识青年返城高潮。

当蛛网无情地查封了我的炉台，当灰烬的余烟叹息着贫困的悲哀，我依然固执地铺平失望的灰烬，用美丽的雪花写下：相信未来。

——此为1968年诗人郭路生写下的诗歌《相信未来》，这首诗歌极大地鼓舞了那些上山下乡的青年人

备忘

- 1月8日我国自行研究、设计、建造的排水量为万吨远洋轮"东风"号建成。
- 1月17日，新华社报道：我国100多名科学工作者考察珠峰
- 4月2日，康生等人制造了山东所谓的"阴谋陷害江青的重大反革命集团案"
- 7月21日新华社报道：我国试制成功人造金刚石
- 11月28日，著名教育家徐特立在北京逝世
- 12月29日，南京长江大桥正式通车

1969年

■ 3月2日，苏联与中国在珍宝岛发生武装冲突

1969年3月2日，苏联边防军出动70余人、装甲车两辆、卡车和指挥车各1辆，悍然入侵我国神圣领土黑龙江省虎林县境内的珍宝岛，首先开枪打死打伤我边防战士多人。中国外交部为此向苏联政府提出强烈抗议。

我巡逻队被迫进行自卫反击，经1小时战斗，给了入侵者以歼灭性打击。3月4日至12日，苏军又出动边防军和飞机，连续入侵我珍宝岛。3月15日，苏军使用坦克20余辆，装甲车30余辆，步兵200余人，在飞机掩护下，再次向我发起攻击。我守岛军民不畏强暴，英勇奋战9小时，打退了苏军的3次攻击，再次给了苏军入侵者以应有的惩罚。3月16日，苏军登岛收尸，我军按照"有理、有利、有节"的原则，严密监视，未予出击。3月17日，苏军又先后出动坦克3辆，步兵百余人，在猛烈炮火掩护下，再次向我进攻。我军以前沿和纵深的火炮对登岛之苏军予以突然猛烈的还击，毙伤入侵者一部，其余仓皇逃窜。

在珍宝岛自卫反击作战中，我军指战员和参战民兵、人民群众，发扬了"一不怕苦，二不怕死"，敢于斗争，敢于胜利的革命精神，粉碎了苏军连续多次的入侵，胜利地保卫了祖国神圣领土，大大地鼓舞了我国人民反侵略斗争的胜利信心。

■ 4月1日~24日，中国共产党第九次全国代表大会在北京举行

1969年4月1日至24日，中国共产党第九次全国代表大会在北京举行。出席大会的代表有1512人，代表党员约2200万人。林彪作政治报告，以"无产阶级专政下继续革命的理论"分析"文化大革命"的准备和实施过程。极力鼓吹"文化大革命"的所谓"丰功伟绩"。这个报告用歪曲事实的叙述，把"文化大革命"的发生，说成是"社会主义社会中的两个阶级、两条道路、两条路线长期尖锐斗争的必然结果"。报告第一次把在社会主义阶段的任何时候、任何情况下都要以阶级斗争为中心的错误指导思想，正式规定为"我党的整个社会主义历史阶段的基本路线。"

大会通过的党章，对党的理论基础马克思列宁主义、毛泽东思想进行了歪曲的解释，砍掉了党员的权利，还把林彪作为"毛泽东同志的亲密战友和接班人"写入总纲。九大选出中央委员和候补中央委员279人，其中原八届中委和候补中委只有53人，不到九届中委总数的五分之一。林彪、江青一伙的主要成员进入了中央政治局，不少亲信和追随者进入党的中央委

中苏边界问题演变到今天的地步，不是中国方面的责任。但是，中国政府仍然准备通过和平谈判全面解决中苏边界问题，反对诉诸武力。
——此为中国政府于5月24日针对珍宝岛事件发表的声明

中国可以没有我叶剑英，不可以没有小平同志。
——此为1969年12月，因"战备疏散"到湖南的叶剑英，向前来探望的王震了解在江西的邓小平生活状况时说的话

员会，他们一伙从而掌握了更多的权力，但他们还不可能把他们所反对的人全部从中央排除出去。九大通过的政治报告和党章，使"文化大革命"的错误理论和错误实践合法化，加强了林彪、江青集团在党中央的地位。九大在思想上、政治上和组织上的指导方针都是完全错误的。

■ 4月28日，中共九届一中全会在北京举行

1969年4月28日，中国共产党九届一中全会在北京举行。毛泽东在会上做了讲话，他说："社会主义革命还要继续。这个革命，还有些事没有做完，现在还要继续做，比如斗、批、改。过若干年，也许又要进行革命。"毛泽东就国际形势做了分析，让大家做好打仗的准备。他说："无论哪一年，我们要准备打仗。人家就问了：他不来怎么办呢？不管他来不来，我们应该准备。不要造手榴弹都要中央配发材料。手榴弹，到处可以造，各省都可以造。什么步枪、轻武器，每省都可以造。这是讲物质上的准备。而主要的，是要有精神上的准备。精神上的准备，就是要有准备打仗的精神。不仅是我们中央委员会，要使全体人民中间的大多数有这个精神准备。我这里讲的不包括专政对象，什么地富反坏那套人。因为那套人是很高兴帝国主义、修正主义打来的，他以为打来了，这个世界就翻身了，他就可以翻身了。还要准备这一条。社会主义革命过程还要革这个命。"

全会选举了中央机构。选举的结果是：中央委员会主席毛泽东，副主席林彪；中央政治局常务委员会委员毛泽东、林彪、陈伯达、周恩来、康生。中央政治局委员毛泽东、林彪、叶群、叶剑英、刘伯承、江青、朱德、许世友、陈伯达、陈锡联、李先念、李作鹏、吴法宪、张春桥、邱会作、周恩来、姚文元、康生、黄永胜、董必武、谢富治；中央政治局候补委员纪登奎、李雪峰、李德生、汪东兴。

■ 6月9日，贺龙元帅被迫害致死

1969年6月9日，伟大的无产阶级革命家、军事家，中国人民解放军的创始人和主要领导者之一贺龙元帅，被林彪、江青反革命集团迫害致死，终年73岁。

"文化大革命"期间，林彪江青一伙人，将矛头直指贺龙，林彪和康生诬陷贺龙准备推动"二月兵变"，企图推翻毛泽东，又指国家体委是"贺龙的独立王国"，"混进了大批叛徒、特务和走资派"。江青在一次群众大会上宣布，"贺龙有问题，你们要造他的反，要把贺龙端出来！"

1967年1月19日凌晨，为了保护贺龙，周恩来安排人员护送贺龙夫妇到北京近郊山区居住。

看守人员在精神和生活上刁难贺龙夫妇，窗帘被拉得严严的，屋子里整日见不到一缕阳光。就连床上的被褥、枕头都被收走了，看守借水源有困难，每天只给贺龙夫妇一小壶饮用水，不供给洗脸水、漱口水，以至每逢下雨贺龙夫妇都要用水盆、脸盆、水杯去接雨水贮用。9月间，贺龙正式被列为专案审查对象，10月以后，便断绝了与周恩来的一切联系。

世界

▶ 7月20日，人类成功登上月球

1969年7月16日上午，巨大的"土星5号"火箭载着"阿波罗11号"飞船从美国肯尼迪角发射场点火升空，开始了人类首次登月的太空飞行。

参加这次飞行的有美国宇航员尼尔·阿姆斯特朗、埃德温·奥尔德林、迈克尔·科林斯。在1969年7月20日美国东部时间下午4时17分42秒，阿姆斯特朗将左脚小心翼翼地踏上了月球表面，这是人类第一次踏上月球。在月面上他们共停留21小时18分钟，采回22公斤月球土壤和岩石标本。7月25日清晨，"阿波罗11号"指令舱载着三名航天英雄平安降落在太平洋中部海面，人类首次登月宣告圆满结束。

到1969年冬天，身患糖尿病多年的贺龙不仅基本的营养得不到保证，而且连救命的降糖药物也被人为地断掉了，他与薛明合用的一块毛巾破得只剩下四个边儿，连替换的衣物都没有。后来，他们又被强迫搬离周恩来为他们安排的居所，住进山下的一间房子里，生活条件每况愈下，甚至连白水煮白菜、萝卜都吃不饱。

1969年6月8日早晨，贺龙连续呕吐，呼吸急促，全身软弱无力。薛明再三请求医生时，一位姓王的医生才来打了止吐针，直到晚上8时，在专案人员的监护下来了两名医生，做了简单的检查

▲贺龙元帅

后，就给贺龙输葡萄糖生理盐水，并声称"糖尿病昏迷了"。贺龙趁医生不在时对薛明说，"要小心，他们要害死我"。直到6月9日破晓之后，北京301医院才派医生接贺龙去住院，贺龙表示，"我没有昏迷，我不能去住院，那个医院不是我住的地方。"但是，对所谓的"组织决定"，贺龙还是服从了。贺龙上午8时55分住院，10时25分才开始治疗，当天下午3时09分，也就是贺龙离开薛明后6个小时9分之后，他的心脏停止了跳动，他死于高渗性非酮症糖尿病昏迷，死时身边没有一个亲人。当晚，贺龙遗体被秘密送往八宝山火化。

1974年9月29日，中共中央发出（1974）25号文件，为贺龙平反，恢复名誉，但并不彻底。1975年6月9日在八宝山革命公墓举行贺龙骨灰安放仪式，周恩来抱病出席并讲话，指出贺龙"是忠于党、忠于毛主席革命路线、忠于社会主义事业的"。1982年10月16日，中共中央发出（1982）49号文件《关于为贺龙同志彻底平反的决定》，为贺龙同志彻底平反昭雪。

■ 10月26日，中共中央发出《关于高等院校下放问题的通知》

1969年10月26日，中共中央发出《关于高等院校下放问题的通知》。《通知》的主要内容是：国务院各部门所属的高等院校（包括半工半读、函授学校），设在北京的仍归各有关部门领导；设在外地的，可交由当地省、市、自治区革命委员会领导；与厂矿结合办校的，也可交由厂矿革命委员会领导；设在其他地方的，交由当地省、市、自治区革命委员会领导。教育部所属的高等院校（包括函授学校），全部交由所在省、市、自治区革命委员会领导。高等院校在本校所在省、市、自治区以外设有分校或教改机构的，则实行以总校为主、当地革命委员会为辅的双重领导。下放给地方的高等院校，除了为当地培养人才外，还要为国家培养人才，因此，学校的招生和毕业生的分配，都纳入国家计划。

《通知》实施后到1971年止，全国原有高等院校434所保留继续办的还

有328所，其中原中央部署高等院校176所，经调整后，保留下来31所。第二、三、四、五、六机械工业部所属军事工业院校实行部门与地方双重领导，以地方为主的管理体制，仍由中央有关部门领导的还剩下6所。

1971年1月31日，国务院科教组、国家计委向国务院提出《关于高等院校调整问题的报告》（以下简称《报告》）。8月13日，中共中央同意《报告》提出的调整方案。根据此《报告》方案，规定高等院校的管理体制是：在中央统一计划下，实行以"块块为主"（多数院校由地方领导）；部分院校由地方和中央部门双重领导，以地方为主；少数院校由中央部门直接领导。并确定，将全国417所高校，保留309所，合并43所，撤销45所，改为中专17所，改为工厂3所，增设7所。

■ 11月12日，刘少奇在河南开封含冤逝世

1969年11月12日，伟大的无产阶级革命家、政治家和理论家，中国共产党和中华人民共和国主要领导人之一——刘少奇，因受林彪、"四人帮"的蓄意诬陷和残酷迫害，在开封不幸病故，终年71岁。

"文化大革命"期间，刘少奇被当作"党内反革命修正主义集团的总头目和全国最大的走资本主义道路的当权派"，在全国范围内受到了公开的、错误的批判和斗争。刘少奇被打倒后，遭到了残酷迫害。1968年10月，在中国共产党八届十二中全会上，他被扣上"叛徒、内奸、工贼"三顶大帽子，被"永远开除出党，撤销党内外一切职务"。

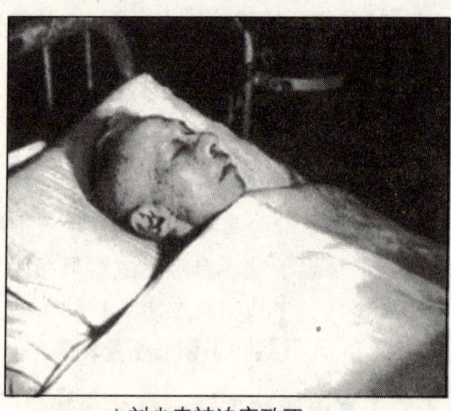
▲刘少奇被迫害致死

1969年10月17日晚，因战备疏散，病重的刘少奇被抬上伊尔—14型3284号专机运离北京，晚9时30分左右到达河南省开封市，随后被监禁在一个严密封锁的小院内。11月12日晨，刘少奇在开封含冤逝世，还差12天就是他71岁生日。当时，他的身边没有一个亲人，被专案组以无业平民刘卫黄的名义送到开封火葬场火化。骨灰存放在三合板制的骨灰盒中，编号为123号。

1979年2月，中共中央责成中央纪律检查委员会和中央组织部复查刘少奇一案。1980年2月，党的十一届五中全会郑重通过决议，推翻所有强加于刘少奇的诬蔑不实之词，正式为刘少奇平反，恢复名誉。沉冤十余载的刘少奇冤案终于昭雪于天下了。

1980年5月13日，中央委托刘澜涛、王首道陪同刘少奇夫人王光美和子女乘专机到郑州，接回刘少奇的骨灰。5月17日，刘少奇追悼大会在人民大会堂举行，首都各界代表一万多人出席，邓小平代表中共中央致悼词。他说："历史对新中国的每个创建者和领导者都是公正的，不会忘记任何人

的功绩,和毛泽东同志、周恩来同志、朱德同志一样,刘少奇同志将永远活在我国各族人民的心中。"

1980年5月19日上午8时,西郊机场举行了简短的送骨灰仪式,王光美和儿子刘源护送刘少奇骨灰到青岛,了却了刘少奇魂归大海的心愿。

刘少奇为中国的共产主义事业献出了毕生精力,他和毛泽东一样,是从中国革命的实际斗争中成长起来的领袖人物。他对共产主义事业的忠贞,他的政治才华,他的组织领导能力都为严酷的斗争实践所证明,他的《论党》、《论共产党员的修养》等著作,曾深刻地影响了整整一代人,在今天仍然具有熠熠闪耀的光辉。

备忘

- 1月30日,李宗仁在北京逝世
- 4月2日,中国第一艘万吨油轮"大庆27号"下水
- 4月6日,张治中在北京逝世
- 5月5日,中国研制成具有独特疗效的抗菌素——"庆大霉素"
- 7月8日,河南红旗渠建成
- 9月30日,北京燕山炼油厂全部建成投产
- 10月,北京地铁第一期工程投入试运营
- 11月14日,中国加速建设攀枝花钢铁基地

世界

8月15日,嬉皮士聚会的伍德斯托克音乐节在纽约举行

第一届伍德斯托克音乐节由4个年轻投资者举办,为了顺应美国民众反战情绪而采用"和平与音乐"作为主题。纽约、华盛顿、波士顿等大城市的报刊、杂志都宣称"在伍德斯托克能找到真正的自由"。

1969年8月15日,首届伍德斯托克音乐节在美国纽约附近的贝塞尔开幕,吸引了数十万名嬉皮士。恶劣的天气和拥挤的人群使现场变成一场盛大的嬉皮聚会。首届伍德斯托克音乐节的狂欢一直持续到18日清晨,成为20世纪60年代嬉皮运动象征的标志之一。

直到25年后,为纪念伍德斯托克音乐节25周年,美国人再次举行了伍德斯托克音乐节,尽管这次音乐节同样打着"和平、音乐"的口号,但却没有达到预期效果。历史是可以复制的,甚至连暴雨后的泥泞和主办者的赔钱都可以复制,但25年前的精神却没有办法复制。

1970年

■ 3月27日，中共中央发出《关于清查"五一六"反革命阴谋集团的通知》

1970年3月27日，中共中央发出《关于清查"五一六"反革命阴谋集团的通知》。《通知》说："国内外阶级敌人同我们的斗争是很复杂的，反革命秘密组织绝不是只有一个'五一六'"，鼓动人们去抓更多的"反革命"。所谓"五一六"反革命集团，原指北京一度存在的一个名为"首都五一六红卫兵团"的小组织。该组织在1967年8月间进行秘密活动，散发诬蔑攻击周恩来的传单。对此，毛泽东在1967年9月8日《人民日报》发表的姚文元的《评陶铸的两本书》一文中加了一段话，指出"五一六"的组织者和操纵者，是一个搞阴谋的反革命集团，应予彻底揭露。1968年中央成立清查"五一六"专案领导小组，陈伯达任组长，谢富治、吴法宪为领导小组成员。林彪、江青一伙借机把许多反对"中央文革"，反对林彪、江青一伙的干部、群众打成"五一六"分子。由于林彪、江青一伙的捣乱和破坏，清查"五一六"集团的斗争不仅严重扩大化，而且演变成为全国性的两派群众组织之间的大混战，数以百万计的人遭到残酷迫害。

■ 4月24日，中国成功发射第一颗人造地球卫星

1970年4月26日，《人民日报》发布新闻公报，向中国及世界报道中国第一颗人造地球卫星成功发射的消息。公报公布的中国第一颗人造地球卫星的技术参数是：卫星运行轨道，距地球最近点是439公里，最远点2384公里，轨道平面和地球赤道平面的夹角为68.5度，绕地球一周114分钟；卫星重173公斤，用20.009兆周的频率，播送《东方红》乐曲。

中国第一颗人造地球卫星于1970年4月24日进入轨道以后，运行情况良好，各种仪器工作正常。与世界相比，中国的第一颗人造地球卫星有显著特点。世界上，自苏联1956年发射第一颗人造地球卫星后，美国、法国、日本等国相继发射了自己的人造地球卫星。但是，中国的第一

▶ 第一颗人造卫星喜讯

世界

▶ 5月30日，第9届世界杯足球赛在墨西哥开幕
1970年5月30日至6月21日第9届世界杯足球赛在墨西哥举行，共71个队参赛，16个队进入决赛，1674000人观看了比赛。巴西队第三次获得冠军，并永久占有"雷米特"杯。后来国际足联重新铸造金杯时规定不论哪个队获得多少次冠军，也不能永久占有了。意大利队获亚军。

1970年 中国百年实录

颗人造地球卫星,在重量上,超过了苏、美、法、日四国卫星的总和。在研制速度上,从成功爆炸原子弹到成功发射第一颗人造地球卫星,美国花了12年半,苏联花了8年,中国仅用了5年半的时间。中国的研制速度,比苏、美两国都快。在技术上,中国的这颗人造地球卫星实现了安全可靠,准确入轨,及时预报的要求,首次发射一举成功。

■ 6月27日,中共中央批准《北京大学、清华大学关于招生(试点)的请示报告》

1970年6月27日,中共中央批准《北京大学、清华大学关于招生(试点)的请示报告》。《报告》规定废除入学考试制度,"实行群众推荐、领导批准和学校复审相结合的办法"招收"工农兵学员",并确定"工农兵学员"的任务是"上大学、管大学、用毛泽东思想改造大学"。

《报告》提出:经过三年来的"文化大革命",北京大学、清华大学已经具备了招生条件。计划于本年下半年开始招生。具体规定:学制,根据各专业具体情况,分别为2至3年。另办一年左右的进修班。学习内容,设置"以毛主席著作为基本教材的政治课;实行教学、科研、生产三结合的业务课;以备战为内容的军事体育课"。各科学生都要参加生产劳动。学生条件为选拔政治思想好、身体健康、具有3年以上实践经验,年龄在20岁左右,有相当于初中以上文化程度的工人、贫下中农、解放军战士和青年干部。有丰富实践经验的工人、贫下中农,不受年龄和文化程度的限制。还要注意招收上山下乡和回乡知识青年。

招生办法实行群众推荐、领导批准和学校复审相结合的办法。10月15日,国务院向各地发出电报:1970年高等学校招生工作,按中央批转的北京大学、清华大学报告提出的意见进行。全国首批招收的工农兵学员共4万余人。

■ 8月23日~9月6日,中共九届二中全会在庐山举行

1970年8月23日~9月6日,中国共产党九届二中全会在庐山举行。原定全会的议程是:一、讨论修改宪法问题;二、讨论国民经济第四个五年计划问题;三、讨论加强战备问题。林彪一伙为了实现抢班夺权的野心,按照事先的密谋,由林彪在全会开幕会议上发表称赞毛泽东的天才、反对所谓有人否认毛泽东是天才的讲话,随后在小组会上,分别在各组同时宣讲由陈伯达选编经过林彪审定的"称天才"的材料。这时,林彪集团和江青集团之间争夺权力的斗争已经表面化。陈伯达抢先作了吹捧林彪、坚持设国家主席、攻击张春桥等的发言,这个发言记入华北组会议第二号简报,从而引起了一场混乱。

毛泽东识破他们的阴谋,于25日召开中央政治局常委扩大会议,决定收回华北组会议第二号简报,责令陈伯达检讨。8月31日毛泽东写出《我的一点意见》,在全会印发。严厉批评陈伯达,指出:"不要上号称懂得马克思,而实际上根本不懂马克思那样一些人的当"。毛泽东的表态给了林

▶ 11月9日,法国总统戴高乐逝世

1970年11月9日,法国杰出的资产阶级政治家、法兰西第五共和国总统戴高乐逝世。

11月12日,戴高乐的遗体葬于他家乡的科龙贝教堂,大约4万名法国人来到科龙贝向戴高乐表示最后敬意。

戴高乐执政期间奉行独立自主的外交政策,反对大国控制,奠定了第五共和国的基本对外政策方向,1962年结束了在阿尔及利亚的殖民战争,1966年决定法国退出北约的军事一体化组织,极力同第三世界国家发展关系,使法国成为当时西方国家中第一个同中国建立大使级外交关系的国家,著有《剑锋》、《未来的军队》、《法国和它的军队》、《战争回忆录》、《希望回忆录》等。

戴高乐为维护法国的独立和主权,为维护世界和平做出了卓越的贡献。

彪反革命集团以沉重打击。

9月6日，毛泽东在闭幕会上讲话时，着重谈了高级干部学习和党内团结等问题。周恩来作了总结讲话，并代表中央宣布对陈伯达进行审查。

■ 11月16日，中共中央发出《关于传达陈伯达反党问题的指示》

1970年11月16日，中共中央发出《关于传达陈伯达反党问题的指示》，并向全党部署开展"批陈整风"运动。1971年1月9日至2月15日，中共中央军委批陈整风座谈会在北京举行，各大军区、军委各总部和各军兵种负责人143人参加了会议。会议期间，黄永胜、吴法宪、叶群、李作鹏和邱会作等5人既没有批判陈伯达，也不作检讨。2月19日，毛泽东对此提出严厉批评："不要学军委座谈会，开了一个月，还根本不批陈。"

1971年1月24日华北会议举行全体大会，周恩来代表中共中央在会议上作了总结讲话，系统地揭露并批判了陈伯达。周恩来同时宣布了中央关于改组北京军区的决定：任命李德生为北京军区司令员，谢富治为第一政委，纪登奎为第二政委；谢富治任北京军区党委第一书记，李德生任第二书记，纪登奎任第三书记。周恩来还宣布了中央关于河北省及内蒙古自治区党、政、军主要领导的任职，决定刘子厚接替李雪峰任河北省革命委员会主任兼党的核心小组组长。会议决定，从1月下旬起，党的各级领导机构要逐步开展"批陈整风"运动，即公开宣传的"批修整风"运动。

■ 12月25日，中共中央批准兴建葛洲坝水利枢纽工程

1970年12月25日，中共中央批准兴建葛洲坝水利枢纽工程。1974年10月主体工程正式施工。整个工程分为两期，第一期工程于1981年完工，实现了大江截流、蓄水、通航和二江电站第一台机组发电；第二期工程1982年开始，1988年底整个葛洲坝水利枢纽工程建成。葛洲坝工程主要由电站、船闸、泄水闸、冲沙闸等组

▲葛洲坝水利枢纽工程

成。大坝全长2595米，坝顶高70米，宽30米。控制流域面积100万平方千米，总库容量15.8万立方米。电站装机21台，年均发电量141亿度。建船闸3座，可通过万吨级大型船队。27孔泄水闸和15孔冲沙闸全部开启后的最大泄洪量，为每秒11万立方米。

世界

▶12月16日，《海牙公约》签署

1970年12月6日，在美国的倡议下，国际民航组织在荷兰的海牙召开了国际航空法外交会议，讨论了有关空中劫持飞机的问题，与会的一共有76个国家。会议于12月16日签订了一项名为《关于制止非法劫持航空器的公约》的公约，简称《海牙公约》。

公约第一条规定：

"凡在飞行中的航空器内的任何人，用暴力或用暴力威胁，或用任何其他恐吓方式，非法劫持或控制该航空器，或企图从事任何这种行为；或者是从事或企图从事任何这种行为的人的同犯，即是犯有罪行。"

公约的第二条规定：

"各缔约国承允对上述罪行给予严厉惩罚。"

会议还就劫持飞机的罪犯的引渡问题展开了争论。最后虽然对引渡劫机罪犯的问题做出硬性的规定。但是却规定了劫持飞机是一种严重犯罪，对于劫机罪犯要么引渡，要么按罪犯所在国的法律起诉判刑。到1983年，《海牙公约》已有100多个国家缔约。

葛洲坝水利枢纽工程是我国万里长江上建设的第一个大坝，是长江三峡水利枢纽的重要组成部分，它的建成不仅发挥了巨大的经济和社会效益，同时提高了我国水电建设方面的科学技术水平，培养了一支高水平的进行水电建设的设计、施工和科研队伍，为我国的水电建设积累了宝贵的经验。这项工程的完成，再一次向全世界显示了中国人民的聪明才智和巨大力量。

备忘

- 1月20日，中美大使级会谈在华沙恢复
- 1月30日，中国研制的中远程火箭飞行试验首次成功
- 10月13日，中华人民共和国和加拿大建立邦交关系。
- 10月16日，中国大型现代化露天煤矿，新疆哈密矿务局露天煤矿投产
- 12月18日，毛泽东会见美国友好人士斯诺
- 12月22日，按照毛泽东的提议，周恩来主持召开华北会议

声音

毛泽东同志天才地、创造性地、全面地继承、捍卫和发展了马克思列宁主义，把马克思列宁主义提高到一个崭新的阶段……这次宪法草案把毛主席的伟大领袖、国家元首、最高统帅的这种地位，用法律的形式巩固下来非常好，非常好，这是整个宪法草案三十条中"最重要的一条"、"最根本的经验！"

——此为1970年8月23日林彪在庐山会议开幕式上的讲话

首先，应给华罗庚以保护，防止坏人害他。次之，应追查他的手稿被盗线索，力求破案。再次，科学院数学所封存他的文物，请西尧查清，有无被盗痕迹，并考虑在有保证的情况下，发还他。第四，华的生活已不适合再随科大去'五七'干校或迁外地，最好以人大常委身份留他住京，试验他所主张的数学统筹方法.此事请你们三位办好后告我。

——此为1970年3月4日为保护华罗庚，周恩来总理给北京市公安局军管会负责人的指示

1971年

大事

■ 3月22日，林立果等人在上海制定反革命计划

林彪反革命集团不仅在空军机关建立了"联合舰队"，还在上海、广州等地建立了他们的反革命的组织。

江腾蛟根据林彪、叶群的授意，曾指使7341部队原政委王维国组成替林立果选"妃子"的"找人小组"。1970年3月，林立果到上海，把"找人小组"改组为进行反革命活动的"上海小组"。4月林立果给"小组"成员发了枪，其《入组须知》规定："本小组的任务，是为完成无产阶级司令部直接交代的各项任务。尤其是小组的最高领导——林副部长的指示，必须认真领会，句句照办，字字照办！""小组的一切活动均是绝对秘密，未经请示和未得指示，不得向任何人泄露和了解情况。"

广州民航局原政委米家农在林立果的指使下，组织了"战斗小分队"，要队员向林彪、林立果宣誓效忠，并制定了联络暗号。1971年3月22日，林彪、叶群指使林立果、周宇驰等人在上海制定了反革命武装政变计划，取名为"571工程纪要"。他们妄图在"军事上先发制人"，强调"不管准备或没有准备好，也要破釜沉舟"，阴谋利用"上层集会一网打尽"或利用轰炸、车祸、暗杀、绑架、城市游击等小分队等"特殊手段"，发动反革命政变，杀害毛泽东，"夺取全国政权"或制造"割据局面"，建立林氏天下。

按照这个反革命的《"571工程"纪要》的规定和要求，林彪反革命集团立即行动起来，急不可耐地加紧了发动反革命武装政变的步伐。

■ 4月10日，美国乒乓球队应邀访问中国

随着中美关系的松动，两国都在寻求恢复中美接触的契机。1971年4月初在日本名古屋举行第31届世界乒乓球锦标赛。"文化大革命"开始以来第一次参加世界大赛的中国乒乓球代表团，在比赛期间与美国乒乓球队有所接触，美国乒乓球队向中国代表团表示了访华的愿望。中国政府经过反复研究，最后做出了邀请美国乒乓球队访华的决定。这是一个科学地估量了中美关系和整个国际关系发展趋势之后，做出的正确的决定。

1971年4月10至17日，美国乒乓球队应邀访

▼ 周恩来总理与来华访问的美国乒乓球队合影

问中国。4月14日，周恩来总理在人民大会堂接见了美国乒乓球队。周恩来在接见时说："中国人民和美国人民过去的来往是很频繁的，以后割断了一个很长的时间。你们这次来，打开了两国人民友谊的大门。"

美国乒乓球队应邀访华是中国为恢复中美接触而采取的一个重大步骤，它不仅打开了隔绝22年之久的中美交往大门，在中美两国人民的关系史上写下了新的篇章，而且在全世界引起很大震惊，为后来美国总统尼克松访华和中华人民共和国在联合国合法权利的恢复，奠定了良好的基础，因而被称为"小球转动了大球"的"乒乓外交"。

■ 6月20日，《人民日报》发表《工业学大庆》的社论

1971年6月20日，《人民日报》发表社论《工业学大庆》。社论说，学大庆，就要像大庆那样，坚持集中领导同群众运动相结合的原则，坚持高度革命精神同严格科学态度相结合的原则，坚持技术革新和勤俭建国的原则，全面体现社会主义建设总路线多快好省的要求。

走大庆的道路，是按照毛主席革命路线发展工业的道路。学大庆，第一要用毛泽东思想统帅一切，解决三大斗争中的问题。第二要大学解放军，实行政治建厂，坚持四个第一，大兴"三八"作风，开展"四好"运动，第三要坚持集中领导同群众运动相结合的原则，坚持革命精神同科学态度结合的原则，坚持技术革新和勤俭建国的原则。第四要走"五七指示"的道路。把工业建设成为有利生产，方便生活的社会主义新型工矿区。

社论还说，工业建设的问题，从根本上说，是思想和路线问题。思想对了、路线对了，我们事业中遇到的各种问题，都会得到正确的解决。为什么大庆油田的建设发展这么快？为什么有些企业的生产长期徘徊，停滞不前？根本原因就在于：一个马列主义多些，能够自觉地贯彻执行毛主席的革命路线；一个马列主义甚少，执行毛主席的革命路线很差，这个历史的经验，我们要牢牢记取。要看到两种思想、两条路线的斗争是长期的。要真正把大庆经验学到手。要彻底抛弃那些满足于现状的中游思想和因循守旧的庸人哲学。

■ 7月9日~12日，美国总统国家安全事务助理基辛格秘密访问中国

中华人民共和国成立以后，中美两国关系长期处于紧张的对峙状态。1969年尼克松就任美国总统以后，鉴于世界政治力量对比发生变化，主张同中国改善关系。

1970年10月，美国总统尼克松要求即将访问北京的巴基斯坦总统叶海亚·汗转告中国政府，美国准备改善两国之间的关系。

1971年4月27日，中国通过巴基斯坦渠道正式送交美国一份照会。照会说："中国政府重申它愿意在北京公开接待美国总统本人，以便直接进行会晤和讨论。"第二天，尼克松交给基辛格以中国秘密访问的任务。

1971年7月8日，基辛格在访问巴基斯坦期间，秘密登上了巴基斯坦航空公司的波音707飞机飞抵北京。7月9日至11日，周恩来同基辛格进行了会

世界

▶1月6日美国加利福尼亚大学医学中心的科学家首次合成了人的生长激素

1971年1月6日，美国加利福尼亚大学医学中心的科学家首次合成了人的生长激素。生长激素是一种蛋白质激素，其作用是增加蛋白质的合成速度，影响钠、钾、钙等离子的代谢，促进脂肪释放，提高血糖含量，因而是维持正常生长所必不可少的。

▲特使基辛格秘密访问中国

谈。会谈时，双方着重讨论了台湾问题。周恩来坚持，美国必须承认台湾是中国的一个省，台湾问题是中国的内政，因而不容外人干涉；美国还必须确定撤走驻台美军的期限，并废除美蒋《共同防御条约》。

基辛格表示：(1)承认台湾属于中国。(2)美国不再与中国为敌，不再孤立中国，在联合国内将支持恢复中国的席位，但不支持驱逐蒋介石集团的代表。(3)美国准备在印度支那战争结束后一个规定的短时期内撤走其驻台美军的三分之二，至于美蒋《共同防御条约》，美国认为历史可以解决这个问题。

7月16日，双方发表了会谈公告。公告宣布，美国总统尼克松应邀将于1972年5月以前的适当时候访问中国。基辛格访华是打开中美两国关系大门的一次成功访问。

■ 9月13日，林彪乘飞机外逃，死亡于蒙古国温都尔汗

1971年9月5日至13日，林彪反革命集团策划的反革命政变，被彻底粉碎。5日和6日，林彪一伙窃知毛泽东南巡期间的谈话内容。他们猜测在国庆节前后召开九届三中全会，要解决他们的问题。7日，林立果向"联合舰队"下达了"一级战备"的命令。8日，林彪在北戴河下达了反革命手令："盼照立果、宇驰同志传达的命令办。"林立果一伙决定实行两项反革命阴谋：（1）趁毛泽东外出巡视之机，在途中谋害毛泽东，林彪则以"接班人"的身份宣布"接班"；（2）如上一计不成，则南赴广州，另立中央，发动内战。

8日至10日，林立果同周宇驰、江腾蛟等在北京西郊机场的秘密据点密谋不择手段地杀害毛泽东。但是出乎他们意料的是，毛泽东到杭州后，对林立果等人的行径有所觉察，突然改变行程，于11日下午乘列车提前离开上海，打乱了林立果一伙的部署。

12日，叶群、林立果得到毛泽东已离开上海的密报后，准备南逃广州，并将256号专机秘密调往山海关，供在北戴河的林彪等使用。当晚，毛泽东安抵北京。驻北戴河的警卫部队将林彪、叶群之女林立衡关于叶群、林立果要带林彪坐飞机叛逃的报告转报北京。周恩来获悉后，立即查问256号专机突然去山海关的行动，并下达限制飞机起飞的措施，还通过李作鹏向山海关机场下达指示：256号专机必须有总理、黄永胜、吴法宪、李作鹏4个人一起下命令才能飞行。

▼林彪叛逃坠机

13日零点左右，林彪、叶群、林立果、刘沛丰等人不顾警卫部队的阻拦，乘车从北戴河逃往山海关机场。周恩来接到报告后，立即向毛泽东报告。在256号飞机强行起飞后不久，毛泽东、周恩来断然发出全国禁空令。雷达发现256号飞机向蒙古方向飞行，吴法宪请示周恩来要不要拦截，周恩来请示毛泽东，毛泽东说：天要下雨，娘要嫁人，都是没有法的事，由他去吧。

林立果在北戴河逃跑前，曾打电话给在北京的周宇驰，告以南逃不成，迅速北上。9月13日凌晨3点多钟，周宇驰、于新野、李伟信从北京沙河机场乘直升飞机向蒙古方向逃跑。13日下午，周宇驰等人乘坐的直升飞机被迫降在怀柔县境内。周、于自杀，李伟信被擒。从直升飞机上缴获了他们叛党叛国的大量罪证。

14日下午，周恩来得到外交部转来我驻蒙使馆的报告：9月13日凌晨3时，在蒙古温都尔汗附近肯特省贝尔赫矿区南10公里处，中国民航256号三叉戟坠毁。乘员9人，8男1女，全部死亡。

■ 10月20日~26日，基辛格再次访华

访问中国，对于尼克松来说是担着极大的风险。为了确保访问取得成功，尼克松决定派基辛格再次来华，就访问的相关事宜同中方商谈。

通过各自驻巴黎大使馆的渠道商定，基辛格于1971年10月20日~26日来华访问。10月16日，基辛格乘坐总统专机"空军一号"离开华盛顿，沿着尼克松预定访华时的路线试飞，中途在夏威夷和关岛稍事停留，于20日上午抵达上海，然后在中午飞抵北京，受到中共中央副主席叶剑英和代理外交部长姬鹏飞等的迎接。

基辛格在京期间，中美双方分组就新闻报道、保卫、通信等技术问题进行了讨论，基本达成协议。周总理同基辛格进行了10轮会谈，谈到世界形势、台湾、印度支那、朝鲜、日本、南亚次大陆等问题，基本上也还是各说各话。

基辛格首先提出尼克松访华时间在1972年2月21日或3月16日均可，周总理选定在2月21日。

■ 10月25日，联合国大会恢复了中华人民共和国在联合国的合法席位

1971年10月25日，第二十六届联合国大会以76票赞成、35票反对、17票弃权的压倒多数通过了阿尔巴尼亚、阿尔及利亚等23国提出的要求恢复中华人民共和国在联合国的一切合法权利，并立即把蒋介石集团的代表从联合国一切机构中驱逐出去的提案。

1971年11月2日，中国出席第二十六届联合国会议的代表团组成。外交部副部长乔冠华任团长，黄华任副团长，成员有代表符浩、陈楚，副代表唐明照、王海容（女）、张永宽等。9日，代表团启程前往纽约，周恩来、叶剑英等到机场欢送。11月15日，以乔冠华为团长的中华人民共和国代

▶11月22日，苏联无人驾驶的"火星2号"宇宙飞船把一个着陆器送到火星上

1971年11月22日，苏联无人驾驶的"火星2号"宇宙飞船把一个着陆器送到火星上，这是人类第一次派到这个星球上的"使者"。之后，美国也向火星上发送了这样的"使者"。

从几年来苏联、美国发往火星的飞船传回的信息看，火星上没有"火星人"，就连生命的踪迹也没有发现。火星是一个荒芜、寂寞的旷野，布满了沙丘、岩石，气候像沙漠那样干燥，比南极洲还要寒冷得多。火星表面平均温度为摄氏零下23度，最冷的地方低到摄氏零下137度。火星上的大气基本上是二氧化碳。但是，科学家们还发现，火星上有的地方水蒸气比较多，地球上的许多生物在这种条件下也可以生存。所以，现在还不能绝对地肯定火星上没有生命存在的可能。

中国百年实录 1971年

▲联合国大会恢复中国合法席位

表团正式出席第二十六届联大会议，受到极其热烈的欢迎。在大会主席马利克致欢迎词后，先后有57个国家的代表致辞欢迎中国代表团。

乔冠华在经久不息的掌声和欢呼声中，登上联合国大会讲台，发表了重要讲话。他在讲话中，代表中国政府和中国人民对坚持原则、坚持正义，为恢复中国在联合国的合法权利进行不懈努力的阿尔巴尼亚、阿尔及利亚等23个提案国，对支持这一提案的许多友好国家，表示衷心感谢，并且全面阐述了中国政府在一系列重大国际问题上的原则立场。

1971年11月30日，中国常驻安理会代表黄华出席了安理会会议。我国在联合国和安理会的合法席位的恢复，是超级大国敌视、孤立和封锁新中国政策的破产，是我国在外交战线上取得的一个重大胜利。

备忘

- 4月15日，全国教育工作会议在北京举行
- 5月1日，林彪在五一国际劳动节焰火晚会上最后一次公开露面
- 7月8日，国务院转发卫生部、商业部、燃化部《关于做好计划生育的报告》
- 8月4日，中国与土耳其建交
- 8月14日，毛泽东去南方各地巡视
- 11月14日，毛泽东为"二月逆流"平反
- 12月30日，中华人民共和国外交部声明，中国对钓鱼岛等岛屿拥有主权

你们要搞马克思主义，不要搞修正主义，要团结，不要分裂，要光明正大，不要搞阴谋诡计。
——此为1971年8月毛泽东南下时提醒各级领导干部警惕林彪集团搞阴谋

4月7日，我们伟大领袖毛主席把乒乓球一弹过去，就转动了世界，小球转动了地球，震动世界嘛。
——此为1971年5月30日，周恩来在外事工作会议上提到"乒乓外交"时的讲话

1972年

■ 1月6日，陈毅元帅逝世

1972年1月6日，伟大的无产阶级革命家、军事家、外交家陈毅元帅在北京逝世，终年71岁。

因在所谓的"二月逆流"一事中受到牵连，党的八届十二中全会后，陈毅被安排到南口机车车辆厂，接受工人阶级再教育。后被选为第九届中央委员、中央军事委员会副主席。

1971年1月，陈毅因剧烈腹痛入院，被诊断为亚急性阑尾炎。手术中发现是结肠癌，并有局部转移。经周恩来安排，陈毅转到北京日坛肿瘤医院，4月下旬，病情有所好转。9月，由中央军委安排，陈毅从中南海搬到北新桥永康胡同7号。11月6日，陈毅的病情突然恶化，不能进食。11月下旬，陈毅住进北京日坛肿瘤医院。为解决进食问题，周恩来批准给陈毅做手术。术后略有好转，年底，陈毅又持续昏迷。

▲陈毅元帅

1972年1月2日深夜，周恩来接到医生报告，陈毅神志非常清醒，似回光返照。周恩来立即从人民大会堂赶来与陈毅长谈。1月3日，陈毅陷入昏迷。1月4日下午，叶剑英刚离去，陈毅醒了，问叶帅来了没有，很快又昏迷过去。经医生抢救，恢复自主呼吸，认出守在床边的夫人和四个孩子。女儿姗姗握住爸爸的手，贴在爸爸嘴边，听他说"一直向前……战胜敌人……"这是陈毅留给家人的最后遗言。

1月6日16时20分，叶剑英闻讯赶来，泪流满面地从口袋里掏出一张纸，上面抄着毛泽东为"二月逆流"平反的一段话。张茜叫姗姗赶快念，姗姗说，爸爸如果你听得到，就闭一闭眼睛。陈毅立即闭了闭眼睛。叶剑英和张茜几乎同时让念第二遍。而这时陈毅的眼睛虽然还睁着，却没有反应了。1972年1月6日23时55分，陈毅逝世。

陈毅追悼会定于1月10日下午在八宝山革命公墓举行。1月8日，毛泽东在陈毅追悼会的文件上画圈儿，将悼词中"有功有过"划掉。1月10日13时30分，毛泽东突然决定穿上大衣就去八宝山参加陈毅的追悼会。1月11日，全国各大报纸在头版头条刊登了毛泽东参加陈毅追悼会的消息和照片。《人民日报》还刊登了世界各国领导人和友好人士的唁电和唁函。

在纪念陈毅同志诞辰一百周年座谈会上，江泽民发表讲话对陈毅元帅的一生做了高度的评价。江泽民说，陈毅同志是久经考验的无产阶级革命家、军事家、外交家，中国人民解放军的创建者和领导者之一，党和国家的卓越领导人。他毕生坚信马克思主义，坦荡无私、爱憎分明，为人民军队的创建和发展，为争取人民解放的革命事业和新中国社会主义的建设事业，建立了不朽的功绩。

■ 2月21日~28日，美国总统尼克松访问中国

1972年2月21日~28日，美国总统理查德·尼克松应国务院总理周恩来的邀请前来中国访问，尼克松夫人、美国国务卿罗杰斯、总统助理亨利·基辛格博士和其他美国政府官员陪同来访，21日下午，毛泽东会见了尼克松，两位领导人就中美关系和国际事务认真、坦率地交换了意见。周恩来同尼克松就两国关系正常化及双方关心的其他问题进行了广泛的讨论。

▲尼克松访问中国

28日，中美双方在上海发表了联合公报。指出"双方同意，各国不论社会制度如何，都应根据尊重各国主权和领土完整、不侵犯别国、不干涉别国内政、平等互利、和平共处的原则来处理国与国之间的关系"；"中美两国关系走向正常化是符合所有国家的利益的"。双方在公报中阐明了各自对国际形势的立场和态度。中国方面重申："中华人民共和国政府是中国的唯一合法政府"；"台湾是中国的一个省"，"解放台湾是中国内政，别国无权干涉"；"全部美国武装力量和军事设施必须从台湾撤走"。美国方面声明："认识到在台湾海峡两边的所有中国人都认为只有一个中国，台湾是中国的一部分，美国政府对这一立场不提出异议"，并确认从台湾撤出全部武装力量和军事设施的最终目标。双方还同意扩大两国人民的了解，增进科学、技术、文化、体育方面的联系与交流。

中美双方在上海联合发表的公报，标志着中美两国在对抗了20多年之后，开始走向关系正常化。

■ 5月21日~6月23日，中共中央召开批林整风汇报会

批林整风运动，是1971年九一三事件后，至1973年上半年，在全国范围内为揭发、批判林彪反革命集团开展的一场大规模群众运动。由于指导思想的变化，这场历时近两年的运动经历了内容相互矛盾的几个阶段，这种矛盾正是"文化大革命"深刻内在矛盾的缩影。它揭示了"文化大革命"全局上的错误及由此产生的进退维谷的尴尬处境，也反映了党内外健

声音

你把手伸过太平洋同我们握手。
——2月21日，访华的尼克松下了飞机同前来迎接的周恩来总理握手，周恩来风趣地对尼克松说了上述一句话

我可以告诉你一句真话，我就在做这件事。中国这个原子弹，全是自己制造的。
——此为1972年邓稼先到飞机场送别杨振宁，在请示周总理后对杨振宁说的话

康力量对"左"的错误和极左思潮的抵制和抗争,预示了"文化大革命"必然失败的结局。

1972年5月21日~6月23日,中共中央在北京召开批林整风汇报会,以总结半年来批林整风的经验。这次会议批判了林彪集团,使人们进一步认清他们的面目。但是,未能认真吸取教训,清理极左思潮。

会议期间,周恩来在6月23日的会上作了《关于国民党造谣污蔑地登载所谓"伍豪启事"的真相》的报告,对1932年国民党特务伪造"伍豪启事"的情况作了详细说明。毛泽东明确表示:不允许任何人今后在这个问题上诬陷周恩来。

■ 9月25日~30日,日本首相田中角荣访问中国

1972年2月,尼克松访华在全世界引起了一场政治大地震。其中,震动最大的当属中国的东邻日本。面对美国对华政策的急速转弯,一向追随美国敌视中国的日本政府顿感措手不及。为使自己不落后于美国,日本政府在尼克松访华后便秘密委托东京都知事美浓部在访华时给周恩来总理捎信,表示佐藤首相"要求亲自访华",当即被周恩来以"佐藤政府说了不做"为由拒绝,并宣布中日谈判不以佐藤为对象。

1972年6月17日,佐藤荣作内阁被迫下台。7月7日,田中角荣内阁登场。履新之初,田中角荣便把促成中日邦交正常化作为自己任期内的重要目标。上任当天,田中发表讲话说:"在动荡的世界形势下,应该加速实现同中华人民共和国的邦交正常化,强有力地开展和平外交。"与此同时,中方也做出了同样姿态。

1972年9月25日至30日,日本首相田中角荣率

▲毛主席、周总理会见日本首相田中角荣

领的庞大代表团抵达北京。陪同访问的除外相大平正芳、内阁官房长官二阶堂进外,还有陪同官员、翻译、秘书、速记、医务人员、安全保卫和卫星技术人员、文字和广播记者等共230余人。

1972年9月29日,中日两国在北京签署联合声明,实现了邦交正常化。当晚,毛泽东在中南海书斋内接见田中角荣一行。田中角荣与毛主席的会谈持续了近一小时。在会谈中,两人没有谈任何政治问题,只是谈个人、谈"孝道"。离别之际,毛泽东从书架上拿过一套《楚辞》,赠给了田中。翌年1月,中日两国互设大使馆。

1972年

■ 12月10日，中共中央传达了毛泽东关于"深挖洞，广积粮，不称霸"的指示

1972年12月10日，中共中央在转发国务院《关于粮食问题的报告》时，传达了毛泽东关于"深挖洞，广积粮，不称霸"的指示。

自20世纪60年代中期以来，由于毛泽东对国际形势估计过于严重，强调突出战备，要储备一些粮食和布匹，要修工事，多挖些防空洞。根据这些指示，1969年8月，中央决定成立全国性的人民防空领导小组和各省、市、自治区人民防空领导小组。在这些机构的指导下，普遍开展了群众性的挖防空洞和防空壕活动。

1972年12月，毛泽东认为我国在国际事务中必须坚持和平共处五项原则，不以大国霸主自居；在国内建设中必须进一步普遍深挖防空掩体，广泛积蓄粮食，切实做好一切战备工作。这一指示的提出，更进一步地把我国原有的战备热潮推向高潮。从1972年起，国家财政专设了人防经费这一项，确定每年拨款4亿元搞人防建设。此外，国家要求地方每年自筹1亿元，集体企业自筹1亿元，结合民用建筑建防空地下室每年4亿元，都用于人防工程。

1973年1月1日《人民日报》、《红旗》杂志、《解放军报》联合发表《新年献词》，公开传达了毛泽东提出的这一带有方针性的口号。这一口号片面地把中国经济战略重点引向备战，耗费了大量的人力、物力、财力。

■ 12月20日，福建莆田某小学教员李庆霖写信给毛泽东

福建省莆田县一位叫李庆霖的小学教员于1972年12月20日给毛泽东写了一封长达2000多字的信。在信中他向毛主席陈述了下乡知青们生活上的困境，揭露了地方上一些干部利用职权为下乡时间不长的子女开后门招工、参军、上大学的不正之风，他从一个知青家长的角度，沉重地诉说了一个父亲的困惑与悲苦，向毛主席倾诉自己心中的不平、不甘和不安。他在信的结尾处哭诉道："毛主席，我深知你老人家工作是够忙的，是没有时间来处理我所说的事。可是，我在呼天天不灵，叫地地不灵的困难窘境中，只好大胆、冒昧地写信来北京告御状了，真是不该之至！"

1973年4月25日，毛泽东在中南海游泳池，读到了李庆霖写给他的来信，读到悲凉处的文字，毛泽东的双眼慢慢红起来，泪水潜然而下。毛泽东读毕这封信后，当即给他复信："李庆霖同志，寄上300元，聊补无米之炊。全国此类事甚多，容当统筹解决。"并让中共中央办公厅主任汪东兴从他的稿费中取300元汇寄给李庆霖。他还问汪东兴，李庆霖是不是党员，如果是党员，可考虑推举他为十大代表，如果不是党员，可让他出席四届人大。还说，可考虑把李庆霖的信编入课本。可见毛泽东当时对李庆霖敢于坦诚直言是很赞赏的，此时，他对上山下乡运动中的积弊早有所闻，并已下决心统筹解决知青问题。

1973年5月6日，李庆霖接到中共中央办公厅寄来的毛主席复信，5月10

世界

▶6月17日，美国发生水门事件

美国水门事件是指美国共和党政府在1972年总统竞选运动中的非法活动暴露的政治丑闻。1972年6月17日，5名共和党党员在华盛顿水门大厦民主党全国总部办公室进行窃听活动，被警方当场逮捕。审讯结果证明他们是为共和党争取总统连任委员会工作的。为不影响连任，当时美国总统尼克松施加压力下令掩盖事实。11月7日，尼克松在大选中获得了胜利从而连任。

1973年3月，一名被告为了免于被判长期监禁，供认了有人施力，自己在审讯中做了伪证。迫于压力，尼克松不得不宣布司法部进行调查。调查结果向全国公布后，舆论一片哗然。

1974年8月8日晚，尼克松因"水门事件"被迫宣布辞职，由副总统福特继任总统，他是美国第一位辞职的总统。

日，又收到毛主席汇来的300元钱。

李庆霖这封信促成党中央和国务院对知青政策及时作了调整，改变了当时千百万知青的命运。李庆霖成了中国知青上山下乡运动中的传奇人物。

2004年2月19日，李庆霖老人离开了这个世界，他的子女们新拓了一尊墓碑，上面镌刻着毛泽东主席那封复信："李庆霖同志：寄上300元，聊补无米之炊。全国此类事甚多，当统筹解决。"

备忘

- 1月7日，我国第一颗实用氢弹试验成功
- 1月9日，著名建筑学家梁思成在北京逝世
- 3月13日，中国与英国升格为大使级外交关系。
- 4月13日，中国乒乓球代表团飞抵美国底特律
- 4月24日，人民日报发表《惩前毖后，治病救人》的社论
- 7月2日，周恩来会见美籍华人科学家杨振宁
- 7月21日，下放在江西的陈云给中共中央和毛泽东写信要求重新出来工作
- 8月1日，国防部为庆祝新中国成立45周年举行盛大招待会

▶9月5日，第20届奥运会发生以色列运动员被"黑九月"成员谋杀事件

1972年9月5日，第20届奥运会举办期间，8名巴勒斯坦"黑九月"恐怖分子冲进以色列代表团住处，绑架并杀害了11名以色列选手，慕尼黑笼罩在一片悲伤的气氛之中，大会被迫停办一天，顺延至9月11日结束。这在奥运会史上是第一次。这一事件发生后，虽然大会仍于9月6日继续举行，但以色列及一些阿拉伯国家的代表因担心安全得不到保证，离开了慕尼黑。流血事件也引起了体育界人士的震惊，促使后来各届奥运会加强了安全保卫工作。

1973年

世界

▶7月20日，国际武打巨星李小龙逝世

1973年7月20日，正当李小龙雄心勃勃，大展宏图，准备继续拍完《死亡游戏》的时候，由于药物过敏，突然在香港逝世，享年33岁。

李小龙由于在武术和电影等方面有卓越的贡献，他先后在1972年和1973年两度被国际权威武术杂志《黑带》评为世界七大武术家之一。1972年还被香港评为十大明星之一。美国报刊把他誉为"功夫之王"，日本人称他为"武之圣者"，香港报纸赞誉他为"当代中国武术及电影史上的奇才"。在美国、日本、英国等国，香港、台湾等地区同时出版了纪念李小龙的多种多样的杂志和特刊，都称他为"发扬中国武术最有成效的人"。

大事

■ 1月7日~3月30日，全国计划会议在北京举行

1973年1月7日~3月30日，全国计划会议在北京举行。会议揭露和批判了林彪一伙破坏国家计划的罪行，研究了解决"三个突破"问题的具体措施。根据1972年初周恩来对"三个突破"问题的意见，国家计委起草了《关于坚持统一计划，加强经济管理的规定》，提交这次会议讨论。3月16日，周恩来在听取文件起草情况的汇报时，指出："鉴于1970年大膨胀，1972年没有抓"，今年要"经常检查"。"整顿的方针要写清楚"。他还强调要贯彻按劳分配的原则，实行必要的奖励制度；并批评了不说老实话等不正之风。这个文件草稿从纠正生产建设上存在的极左思潮和无政府主义出发，规定了10条不得违反的纪律。在讨论这个文件时，张春桥置28个省、市、自治区的赞成意见于不顾，却说这是"拿多数压我们，我坚决反对，我们是光荣的孤立"。他强令把文件收回。这个文件虽然没有发出，但它的精神通过讨论和代表们回去传达，对实际工作产生了积极的作用。

■ 3月10日，中共中央同意正式恢复邓小平的工作

1973年3月10日，中共中央做出《关于恢复邓小平同志的党的组织生活和国务院副总理的职务的决定》。

1971年11月和1972年8月3日，邓小平两次写信给毛泽东，表示愿意为党、国家、人民做些工作。毛泽东在信上的指示肯定了邓的长处和功绩。

1972年1月，毛泽东在参加陈毅追悼会时，向陈的遗孀张茜提到邓小平的问题性质属人民内部矛盾。1972年8月14日，毛泽东对邓小平8月3日来信做出指示，周恩来立即抓住这一有利时机，将毛泽东的指示和邓小平的信送中央政治局委员传阅，并于1973年3月10日主持召开中央政治局会议，认真讨论了邓小平的信和毛泽东的指示，做出关于恢复邓小平党组织生活和副总理职务的决定。中共中央的决定提到，"对邓小平的进步应当表示热烈的欢迎，并由国务院分配他担任适当工作"。邓小平从江西回到北京后，于1973年4月12日，参加了欢迎西哈努克亲王到北京的宴会。1973年8月，邓小平在中国共产党第十次全国代表大会上，当选为中央

▶中央同意正式恢复邓小平的工作

委员。12月，根据中共中央决定，任中央政治局委员、中央军委委员。

■ **7月19日，《辽宁日报》发表《一份发人深省的答卷》和张铁生的一封信**

1973年，辽宁考生张铁生在大学招生文化考试中交了白卷，却在试卷背后写了一封为自己成绩低劣辩护的信。此人竟被江青等人称作"反对资产阶级教育路线回潮"的"反潮流英雄"。1973年7月19日，《辽宁日报》头版头条以《一份发人深省的答卷》为题，刊登辽宁省兴城县白塔公社下乡知识青年、生产队长张铁生的一封信，张的信写在辽宁省大学入学考试的物理化学试卷背后。信中说："本人自1968年下乡以来，始终热衷于农业生产，全力于自己的本职工作。""说实话，对于那些多年来不务正业、逍遥浪荡的书呆子们，我是不服气的"，"希望各级领导在这次入考学生之中，能对我这个小队长加以考虑为盼！"张铁生的语文是38分，数学得61分，物理化学得6分，都未交白卷。

中共辽宁省委书记毛远新得知这一情况后，将原信作了删改，指令《辽宁日报》发表，并在编者按中说："张铁生对物理化学这门课的考试，似乎交了'白卷'，然而对整个大学招生的路线，交了一份颇有见解、发人深省的答卷。"8月10日《人民日报》转载了这封信，其后，《红旗》杂志等也纷纷转载，发表评论，说搞文化考试是"旧高考制度的复辟"，"资产阶级向无产阶级反扑"。张春桥说这是"反攻倒算"，江青称赞张铁生"真了不起，是个英雄，他敢反潮流"。张铁生被破格录取上学，并担任全国人大常委，成为江青反革命集团的马前卒。

■ **8月24日~28日，中国共产党第十次全国代表大会在北京召开**

中国共产党第十次全国代表大会于1973年8月24日~28日在北京召开。参加大会的代表共1249人，代表全国2800万党员。

这次大会是在粉碎林彪反革命集团以后，周恩来主持中央日常工作，全国各方面形势有了好转的情况下召开的。

1973年5月20日~30日，中央召开工作会议，为大会做准备。8月20日，中央政治局通过决议，批准中央专案组《关于林彪反党集团反革命罪行的审查报告》，永远开除林彪、叶群、黄永胜、吴法宪、李作鹏、邱会作等人的党籍。至此，大会的准备工作基本完成。

毛泽东同志主持了大会，周恩来代表中央作政治报告，大会通过了政治报告、关于修改党章的报告和《中国共产党章程》。十大党章保留了九大党章中关于党的性质、指导思想、基本纲领、基本路线等内容，在结构

▲中国共产党第十次全国代表大会

世界

▶8月8日，韩国新民党总统候选人金大中遭绑架

金大中，1925年12月3日生于全罗道务安郡。1963年当选为民主党中央党务委员，1965年任民众党宣传局长，1967年任新民党宣传委员会委员长，1971年4月，当选为新民党总统候选人，提出韩国社会民主化、南北交流以及和平统一的政治纲领，反对朴正熙独裁统治，为此受到监视和迫害，被迫流亡美国、日本。

为了阻止金大中在日本进行反对朴正熙政权的活动，1973年8月8日，几个自称为救国同盟行动的韩国中央情报部特务在日本东京绑架金大中，并将他押回韩国。

事件发生后，韩国当局迫于内外舆论压力，释放金大中，宣布只要金大中不再有"反国家"的言行，就不予追究。韩国驻日大使馆一等秘书金东之受牵连被免职，韩国国务总理赴日就该事件向日本政府道歉。

上作了些调整，条文部分改得不多。总纲中只取消了有关林彪的论述和林彪的论点。大会最后选出了195名中央委员和124名候补中央委员。一些在"文化大革命"中遭到打击，被排斥在九届中央委员会之外的老干部，如邓小平、王稼祥、乌兰夫、李井泉、谭震林、廖承志等被选为中央委员。虽然江青集团的骨干分子更多地进入新的中央委员会，但一批众望所归的老同志入选，毕竟反映了党内健康力量的增强。

■ 8月30日，中共十届一中全会在北京举行

1973年8月30日，中国共产党十届一中全会在北京举行。全会选举了中央机构。毛泽东当选为中共中央委员会主席，周恩来、王洪文、康生、叶剑英、李德生当选为副主席。中央政治局委员是：毛泽东、王洪文、韦国清、叶剑英、刘伯承、江青、朱德、许世友、华国锋、纪登奎、吴德、汪东兴、陈永贵、陈锡联、李先念、李德生、张春桥、周恩来、姚文元、康生、董必武。中央政治局常务委员会委员是：毛泽东、王洪文、叶剑英、朱德、李德生、张春桥、周恩来、康生、董必武。十大后，江青、张春桥、姚文元、王洪文在中央政治局中结成"四人帮"。江青一伙在中央领导机构中取得了更多的权力，逐渐成为中国政治的风云人物，掀起了一场场的黑色风暴。玩弄历史的人终将受到历史的审判，4年之后，在1977年7月16至21日于北京举行的中国共产党十届三中全会上通过了《关于王洪文、张春桥、江青、姚文元反党集团的决议》，决定永远开除王洪文、张春桥、江青、姚文元的党籍，撤销他们党内外的一切职务。"四人帮"反革命集团走向了末日。

■ 12月12日，毛泽东在中央政治局会议上提出大军区司令员互相对调的建议

1973年12月12日至22日，毛泽东主持召开中央政治局会议，提出大军区司令员相互对调，并提议邓小平同志当政治局委员、军委委员和总参谋长。

12月12日，毛泽东在中央政治局会议上说："我和剑英同志请邓小平同志参加军委，当委员。""委员不议军，政治局不议政，以后改了吧。""我提议，议一个军事问题，全国各个大军区司令员互相调动。"他说，"一个人在一个地方搞久了，不行呢。搞久了油了吧。"

毛泽东说，"我们现在请了一位总参谋长（指邓小平）。他呢，有些人怕他，但是办事比较果断。他一生大概是三七开"。"柔中寓刚，绵里藏针。外面和气一点，内部是钢铁公司。过去的缺点，慢慢地改一改吧。"

21日，在接见参加中央军委会议的同志时，毛泽东作了自我批评。他说，他是听了林彪一面之词，错整了贺龙、罗瑞卿和杨成武、余立金、傅崇碧。毛泽东再次说朱德是"红司令"。22日，根据毛泽东的意见，中共中央发出通知，决定：邓小平为中央政治局委员。同日，中央军委发布八大军区司令员对调的命令。

世界

▶9月11日，智利总统阿连德在政变中以身殉国

1970年9月，在智利六年一届的总统大选中，人民联盟候选人、社会党领导人萨尔瓦多—阿连德获胜。1973年8月，智利议会在右派势力的操纵下，借口阿连德总统拒绝宣布经过修改的经济所有制法案，通过指责阿连德政府"违反宪法和法律"的决议，公然宣布阿连德政府为非法，要阿连德总统下台。

1973年9月11日，智利武装部队三军司令和警察首脑，在美国的支持下发动了政变。因阿连德拒绝辞职，政变部队开始向总统府发起进攻，除使用坦克外，还出动飞机对总统府进行轰炸和扫射。阿连德总统率领30余名总统卫队的战士，坚持抵抗，一直战斗到英勇牺牲。执政不满3年的阿连德政府被右派发动的军事政变推翻。

备忘

- 4月10日，中国决定建设邯邢钢铁、煤炭基地
- 4月15日，中国春季广交会开幕，与中国发展贸易的国家和地区达140多个
- 5月4日，中国日本共同投资施工建设中日海底电缆
- 6月22日，毛泽东会见马里国家元首兼政府总理特拉奥雷
- 7月16日，中国成立计划生育领导小组
- 8月5日~20日，国务院在北京召开第一次全国环境保护会议
- 10月1日，北京电视台（今中央电视台）第一次播出彩色节目
- 11月8日，西藏军区在海拔3800米高寒地区大规模种植冬小麦丰收

中国决不能主张"保护台湾"，"保护"在历史上有一定的含义，是帝国主义玩弄的花样。中国要求"保护台湾"就不像话了。中国人民对台湾有深厚的民族同胞感情，才坚持一定要解放台湾。否则，如果承认台湾为异国，则只有尊重主权，不干涉内政，怎能说"保护台湾"，这样置台湾于何地？至于"自决"，则纯粹是抽象的，实际问题是台湾劳动人民如何能当家作主的问题。

——此为1973年1月4日下午周恩来同以文乃建为领队的美国"保钓"观光团第三团成员的谈话

凡是存在的东西都有理由，是不是合法是另一回事。我们做工作不要被那些老东西束缚住。当然这可能会犯错误。但是谁不犯错误？

——此为1973年6月7日陈云同志在听取银行工作汇报时的谈话

1974年

1月19日，西沙群岛守军进行自卫反击战

西沙群岛、南海诸岛历来都是中国神圣不可分割的领土，但在20世纪50年代后半期，越南南方当局侵占西沙群岛之珊瑚等岛屿，并对南海其他诸岛怀有领土野心。1973年9月，南越当局又非法宣布将南沙群岛的南威、太平等10多个岛屿划入其版图。

▲西沙群岛守军进行对越自卫反击战

1974年1月19日早上7时，南越军队在琛航岛登陆。23名荷枪实弹的南越军直扑琛航岛，敌人偷袭登陆失败，南越总统阮文绍从西贡发出命令："打！"上午10时，双方军舰交火。敌我舰只是四对四。开战不久，我海军扭转被动局面。南越一艘被命名为"怒涛"的护卫舰，被我炮火击中，油库起火，弹药库起火，终于支持不住，沉入大海的怒涛之中。海军决战之后，接着是登陆作战。1月20日晨，我军12艘舰艇，停泊在西沙永乐岛海面，经过不多久的激战，我军全歼甘泉岛守敌。接着立即挥兵珊瑚岛，旋即，南越的国旗在珊瑚岛折下。两天战斗结束，共计击沉敌舰一艘、重伤三艘，击毙敌舰长以下100多人，俘南越军少校以下48人，美国顾问1人。我方代价：牺牲舰政委以下18人。这是新中国成立以来中国海军首次对外作战，虽然当时中国经受着十年浩劫，但是英勇的中国海军用行动告诫越南侵略者，中华民族领土任何时候都不容许侵犯！

3月29日，秦始皇兵马俑被发现

1974年3月29日，骊山脚下的晏寨公社西杨生产队组织村民打井抗旱。杨志发、杨彦信、杨培彦、杨新满等9个农民轮流下井挖掘，陆续挖出大量瓦人残体碎片。4月25日，晏寨公社管水利建设的干部房树民怀疑这些碎片是文物，就将发掘出的碎片集中保管。正巧新华社记者蔺安稳从北京返回

江青：邓小平同志出国是我的意见，你不要反对为好。小心谨慎，不要反对我的提议。

——1974年3月27日，毛泽东写信给江青，批评她在中共中央政治局会议上反对邓小平率团出席联合国大会特别会议

邓小平政治思想强，人才难得。

——1974年12月23日至27日，毛泽东就邓小平复出问题同周恩来、王洪文谈话时如此评价邓小平

陕西临潼探亲。在文化馆的文物修复室，见到赵康民修复好的陶俑，写了一篇题为《秦始皇陵出土一批秦代武士陶俑》的内参，向中央报告秦俑的出土和秦始皇陵的破坏情况，引起中央高度重视。

经考古工作者一年多的精心勘探和试掘，一座规模宏伟的大型兵马俑坑展现在世人面前。秦始皇兵马俑是由三个大小不同的坑组成，分别编号为一号坑、二号坑、三号坑。三个俑坑总面积近20000平方米，坑内共有同真人、真马大小相似的陶俑、陶马约8000件，实用兵器数以万计。俑坑中陶俑、陶马按古代军队的编队排列。一号坑内是由6000多件陶俑、陶马及40余辆战车组成的长方形军阵；二号坑为步兵曲型混合军阵，有陶俑900多件、战车89辆、驾车陶马356匹、鞍马100余匹；三号坑中有68件陶俑、4匹陶马和1辆战车，它是一、二号坑军团的统帅部。出土的各类陶俑，按照不同身份分为将军俑、军吏俑、武士俑等几个级别，其服饰、冠带、神姿各不相同，千姿百态，几千件俑没有一张相同的脸。充分体现了我国古代劳动人民的聪明智慧和中国古代文明史上的伟大创造，深受世界各国人民的喜爱，被誉为"世界第八大奇迹"、20世纪考古史上最伟大的发现，被联合国教科文组织列入世界文化遗产名录。

▲秦始皇兵马俑被发现

■ 7月17日，毛泽东在中央政治局会议上批评江青，并提出"四人帮"的问题

1974年6月1日，周恩来因长期患病，操劳过度，特别是"文化大革命"以来忍辱负重，终于心力交瘁，住进了解放军三〇五医院。

在毛泽东和周恩来的支持下，邓小平在中央党、政、军日常工作中所起的作用和分量日益显现出来。为了顺利实现由邓小平主持中央工作的考虑，1974年7月17日，毛泽东亲自主持召开了一次中央政治局会议，重点批评了野心勃勃的江青。

毛泽东在会上说：江青同志你要注意呢！别人对你有意见，又不好当面对你讲，你也不知道。毛泽东批评江青：不要设两个工厂，一个叫钢铁工厂，一个叫帽子工厂，动不动就给人戴大帽子，不好呢！你那个工厂不要了吧？江青连忙表示接受毛泽东的意见：不要了，钢铁工厂送给小平同志吧！毛泽东问：当众说的！江青答道：说了算！

毛泽东对与会的中央政治局委员说：她并不代表我，她代表她自己。毛泽东接着又批评江青：此人一触即跳。最后，毛泽东指着江青说道：她算上海帮呢！你们要注意呢，不要搞成四人小宗派呢！这是毛泽东第一次明确地在中央政治局会议上提出"上海帮"的问题，同时严肃告诫江青、张春桥、姚文元、王洪文四人"不要搞成四人小宗派"。

■8月4日，江青树立小靳庄为"批林批孔"新典型

1974年8月4日，天津小靳庄成为农村社会主义文化新典型，赞扬该村"用无产阶级新思想、新文化占领农村思想文化阵地"。

1974年6月，江青以"批林批孔"、"抓点"为名，到天津市郊宝坻县的小靳庄，树起了一个在农村进行"意识形态领域革命"的所谓典型。以后又两次到那里活动，还派"联络员"常驻小靳庄。在江青的插手下，小靳庄的政治夜校大讲儒法斗争史，大批"当代的大儒"，写诗吹捧江青，宣扬妇女掌权。江青还派人到小靳庄辅导排练样板戏，致使全村1/5的劳动力经常脱离生产，她却强令一些部队和机关干部去支援生产，支援大量物资，出现""社员唱戏，请人种地"的不正常局面。

从1974年6月到1976年8月，江青多次让写作组"总结经验"，两年间在《人民日报》上连续发表了69篇有关小靳庄的新闻、通讯、诗歌等，吹捧小靳庄是"进行意识形态领域革命"的"模范"，是自觉抵制"右倾翻案风"、"和修正主义'对着干'的反潮流战士"等。1975年邓小平主持中央日常工作期间曾撤了江青的小靳庄"联络员"，但"反击右倾翻案风"时，小靳庄又被抬了出来。喧嚣一时，流毒全国，影响极坏。

■9月29日，中共中央发出《关于为贺龙同志恢复名誉的通知》

1974年9月29日，中共中央为贺龙恢复名誉。经周恩来提议、毛泽东批准，中共中央发出《关于为贺龙同志恢复名誉的通知》，指出：林彪要整贺龙蓄意已久，早在1966年就向中央提出，贺龙历史上曾向国民党反动派"请求收编"和"阴谋篡军反党"等问题，要进行审查。在九一三事件发生以前，对贺龙问题的审查，一直为林彪、黄永胜、吴法宪、叶群、李作鹏等人所把持。九一三以后，中央直接对贺龙的问题进行了审查。经中央查证甄别：一、所谓"通敌"问题，完全是颠倒历史，蓄意陷害。二、所谓"阴谋篡夺军权"和支持军队一些单位的人"篡夺军权"的问题，经过调查，并无此事。三、关于所谓贺龙搞"二月兵变"的问题，纯系讹传。贺龙已于1969年6月9日病故。中央决定，对贺龙予以平反，恢复名誉。由于江青、康生一伙的干扰破坏，这次平反是不彻底的，有些提法是错误的。1982年10月16日，中央发出《关于为贺龙同志彻底平反的决定》，高度评价贺龙同志的一生是"战斗的一生，革命的一生，光辉的一生"。同时撤销了原中发〔1974〕25号文件及中发〔1968〕71号文件。

■10月18日，王洪文到长沙向毛泽东诬告周恩来和邓小平

1974年10月4日，毛泽东提议邓小平任国务院第一副总理。"四人帮"对此非常不满，他们于17日在中央政治局会议上，利用"风庆轮"事件围攻邓小平，矛头指向周恩来。"四人帮"的行为遭到邓小平的批驳和抵

世界

▶2月15日，苏联作家索尔仁尼琴被宣布驱逐出境

1974年2月15日，苏联作家索尔仁尼琴到达瑞士，他是两天前被苏联驱逐出境的。这位荣获过诺贝尔奖的作家由于出版一部描写苏联监狱制度的宏篇新作《古拉格群岛》而被迫离开祖国。在几乎没有给予任何警告的情况下，苏联政府就公布了一项要求这位55岁的作家流亡西德的驱逐令。他已经离开西德到达苏黎世并将在那里得到政治庇护，在此以前他一直是持不同政见者，还坐过11年牢。

制,邓小平一怒之下甩袖而去,会议不欢而散。当晚,江青、张春桥、姚文元、王洪文进行密谋。18日,王洪文到长沙,向毛泽东告周恩来和其他中央领导同志的状,造谣说北京大有"庐山会议味道",妄图阻挠邓小平出任第一副总理,实现由他们组阁的阴谋。

令"四人帮"想不到的是,王洪文当即受到毛泽东的批评,毛泽东做出决定:总理还是总理,四届人大的筹备工作和人事安排由总理和王洪文一起管,建议邓小平任党的副主席、第一副总理、军委副主席兼总参谋长。毛泽东还批评张春桥他们搞"四人帮",告诉人传话给张春桥、王洪文、姚文元不要跟在江青后面批东西。

■ 11月29日,彭德怀在北京含冤逝世

1974年11月29日,伟大的无产阶级革命家,军事家,政治家,中国人民解放军创建人和领导人之一,中华人民共和国元帅彭德怀在北京病逝,时年76岁。

彭德怀1959年在庐山会议上,写信给毛泽东,批评人民公社化和大跃进运动中的问题,并指出"浮夸风气较普遍地滋长起来"。结果被指责成立"军事俱乐部"、"里通外国",定为彭德怀反党集团的首要分子,被严厉批判并被免去国防部长和军委副主席职务,以后住在北京颐和园附近的挂甲屯六年,一边劳动一边学习。

1962年6月,他给中共中央和毛泽东写信,反驳庐山会议强加给他的不实之词,坚持真理,再次受到错误的批判和审查。1965年9月被派往四川任中共中央西南局"三线"建设委员会第三副主任,仍顾全大局,兢兢业业地工作。

1966年12月,"中央文化革命小组"成员戚本禹在林彪、江青等的授意下,指使北京地质学院红卫兵头头王大宾和北京航空学院红卫兵头头韩爱晶,派红卫兵到四川成都把彭德怀押回北京。

在康生、陈伯达支持下,1967年7月9日,韩爱晶等人对彭德怀逼供和殴打,声称"审斗会"要"刺刀见红",

▲彭德怀元帅

要彭德怀交代"在抗日战争时期干了哪些坏事?""你为什么要打百团大战?"彭德怀被"打翻在地"7次,至1971年底,彭老总受审讯200多次。

1974年9月,彭德怀因患直肠癌,得不到医疗救治,身体状况急剧恶化。10月以后,彭德怀陷入昏迷状态,11月29日下午14时25分,彭德怀在中国人民解放军三〇一医院14号病室的5号病床上,离开这个世界。

1974年12月17日,彭德怀的遗体从301医院被秘密送往火葬场火化。为

世界

▶8月9日，尼克松辞职，福特继任美国总统

杰拉尔德·鲁道夫·福特，美国第38任总统。共和党人。1935年毕业于密执安大学。1941年获耶鲁大学法学学士学位，同年取得律师资格，进大瀑布城福特—布肯法律事务所当律师。1942至1946年在海军和海军后备队服役，曾在"蒙特雷"号航空母舰上工作。被授予中校衔。1949至1974年任国会众议员，在众院公共工程委员会、拨款委员会、航空与宇宙空间特别委员会任委员。1959年作为美国代表团成员出席在波兰举行的"各国议会联盟"会议。1965年当选为众院共和党领袖。1968年和1972年两次担任共和党全国代表大会常任主席。1973年10月被尼克松总统任命为副总统。1974年尼克松因"水门事件"被迫辞职，福特于同年8月9日继任总统。

福特是美国唯一一位未经总统选举的总统。1976年竞选连任败于卡特。曾3次访问中国。

了掩盖事实，这份火化的申请单上写的是："申请人：王奎，住址：301，与死亡人关系：父子，死亡人姓名：王川，男，76岁，印号0012690。"

那些自称为"革命者"的人，对于彭德怀是惧怕的，他所有的遗物都被焚烧了，就连他在狱中、病榻上读过、批注过的62本书，其中包括《反杜林论》，都被付之一炬。彭德怀在送去火化的时候，连火化费都是从他少得可怜的"工资"中扣除的。"四人帮"一伙怕引起人们怀疑，在送往成都的火化单上的年龄写的是32岁，籍贯：成都市。

备忘

- 2月24日，汉江丹江口水利枢纽初期工程建成
- 3月23日，西南交通干线成昆铁路建成
- 3月30日，地热发电站在河北怀涞建成
- 4月15日，第三十五届广交会开幕，规模为历届之最
- 9月30日，胜利油田建成投产
- 11月19日，张云逸大将在北京逝世
- 12月31日，中共中央要求切实抓紧计划生育工作

1975年

大事

■ 1月5日，中共中央任命邓小平为中央军委副主席兼解放军总参谋长

1975年1月5日，中共中央发出通知，任命邓小平为中共中央军委副主席兼中国人民解放军总参谋长。经过"文化大革命"的大动乱，邓小平恢复了工作。1月8日~10日，中共十届二中全会召开。会议讨论了四届人大的准备工作，选举邓小平为中共中央副主席、中央政治局常委。2月5日，中共中央发出通知：取消军委办公会议，成立中共中央军委常委会，叶剑英、王洪文、邓小平、张春桥等11人为常务委员，军委常委会由叶剑英主持。

四届人大后，由于周恩来病重，在毛泽东主席支持下，由邓小平主持中央日常工作。他在许多同志的协助下，先后召开了军委扩大会议以及解决工业、农业、交通、科技等方面问题的一系列重要会议，采取了一些坚决果断的措施，对各方面进行整顿，实际上是开始系统地纠正"文化大革命"的错误。

▲邓小平

经过整顿，1975年上半年国民经济有了明显好转，工业、交通一个月比一个月好，全国工业总产值增长15％，钢产量由1974年的2100万吨上升到2500万吨。全国农业总产值比1974年增长4.6％，主要农产品的产量都有增长。但是，毛泽东不能容忍邓小平系统地纠正"文化大革命"的错误，1975年底又发动了所谓"批邓、反击右倾翻案风"运动。使政治开始走向安定团结、经济刚刚回升的较好局面又遭到破坏，全国再度陷入混乱。

■ 1月13日~17日，第四届全国人民代表大会第一次会议召开

1975年1月13日~17日第四届全国人民代表大会第一次会议在北京举行。这次会议的议程是：1.修改宪法；2.政府工作报告；3.选举和任命国家领导工作人员。朱德主持了会议。周恩来代表国务院作《政府工作

《水浒》这部书，好就好在投降。做反面教材，使人们都知道投降派。
——此为1975年8月14日毛泽东评论中国古典小说《水浒》时说的话

我是忠于党、忠于人民的！我不是投降派！
——此为1975年9月20日，周恩来总理在手术前用尽气力对身边的人说出的一句话

报告》。

在报告中,周恩来重申第三届全国人大提出的发展我国国民经济的两步设想,即第一步,在1980年以前建成一个独立的比较完整的工业体系和国民经济体系;第二步,在本世纪内实现农业、工业、国防和科学技术的现代化,使我国国民经济走在世界前列。张春桥代表中共中央作《关于修改宪法的报告》。代表们讨论了上述两个报告和《中华人民共和国宪法草案》。1月17日,大会通过了修改后的《中华人民共和国宪法》和《关于修改宪法的报告》;通过了关于政府工作报告的建议,批准了《政府工作报告》。经过修改的宪法,加写了肯定"文化大革命"的"胜利"和"党的基本路线"等"左"倾错误的内容。

大会选举了第四届全国人大常委会,朱德当选为人大常委会委员长,大会任命了国务院总理、副总理、各部部长、各委员会主任。周恩来任国务院总理,邓小平、张春桥、李先念、陈锡联、纪登奎、华国锋、陈永贵、吴桂贤、王震、余秋里、谷牧、孙健任副总理。会议的结果表明,"四人帮"组阁阴谋被挫败。会后,周恩来病重,邓小平在毛泽东支持下,实际开始主持中央日常工作。

■ 4月4日,张志新惨遭"四人帮"杀害

1975年4月4日,与林彪、"四人帮"进行坚决斗争的张志新惨遭杀害。张志新,1930年生,天津人。曾就读于河北师范学院教育系。1955年在中国人民大学学习时加入中国共产党。1957年到中共辽宁省委宣传部任干事。"文化大革命"中,她公开揭露和反对林彪、江青一伙残害干部的暴行和篡党夺权的阴谋,被诬陷为"现行反革命",于1969年9月逮捕,在狱中她经受了各种摧残迫害,仍坚贞不屈,表现了共产党员为真理献身的革命精神和高贵品质。1974年8月24日她被判处无期徒刑,仍不屈不挠,坚持斗争。1975年4月3日张志新被判处死刑,次日即被杀害。行刑前,审判人员怕她喊出"真理之声",竟把她的喉管割断,心虚和残忍到极点。

▲张志新

1979年3月31日,中共辽宁省委为张志新公开平反昭雪,追认她为革命烈士。4月4日,是张志新烈士殉难4周年的日子,省委宣传部在沈阳回龙岗革命公墓礼堂,为她举行了隆重的追悼大会。会场四周摆满了花圈。烈士的母亲在墓碑上题词:"探求真理,贵在实践,忠骨毁灭,浩气长存"。

■ 4月5日,蒋介石在台北病逝

1975年4月5日,蒋介石因心脏病突发,在台北士林官邸去世,终年

89岁。在蒋介石弥留之际，宋美龄与长子蒋经国、次子蒋纬国、孙子蒋孝武、蒋孝勇均服侍在侧。

台湾当局党政军要员在接到蒋病危通知后，于当夜赶到士林官邸，并在此举行了在蒋介石遗嘱上签字的仪式。首先是由蒋夫人宋美龄签字，继之由"副总统"严家淦签字。当"行政院长"、蒋介石的长子蒋经国在其父遗嘱上签字时，"双手发抖，已不成书"。其后，"立法院长"倪文亚、"司法院长"田炯锦、"考试院长"杨亮功、"监察院长"余俊贤诸人都颤抖着提起笔在遗嘱上签了字。

当晚，蒋经国以长子身份同宋美龄商量治丧有关事宜。经商定：暂厝蒋介石灵柩于台北市南60公里处的慈湖湖畔，慈湖背依草苓山，湖水终年碧绿清澈，风景秀美，宛如江南蒋介石的故乡浙江奉化县的溪口镇。60年代初，蒋介石途经此地时，便看中了这块风水宝地，他在这里修建了一座中国四合院式的"行宫"，起名"慈湖"。蒋介石生前常来此小住，并嘱咐在他死后灵柩暂厝此地，"以待来日光复大陆，再奉安于南京紫金山"，以达成蒋介石归葬大陆的"心愿"。

蒋介石是中国现代史上的一位重要人物。他在北伐时期与中国共产党合作，实现了北伐大业，有力地促进了中华民族的进步，但又于1927年在上海发动了震惊中外的镇压共产党人和革命群众的"四一二"事变，使国共合作的局面毁于一旦，中国陷入长达十年之久的内战之中。抗日战争时期，蒋介石再度与中国共产党合作共同抗日，蒋介石作为全民族抗日战争的统帅，发挥了重要作用。抗日战争胜利后，蒋介石与中共中央主席毛泽东进行和平谈判并达成《双十协定》，接受中国共产党提出的和平民主建设国家的纲领，这些都对国家的发展有重大意义。但蒋介石过分相信军事解决问题，撕毁《双十协定》，挑起了历时三年之久的全面内战，结果于1949年从大陆败退台湾。

■ 12月2日，毛泽东会见来访的美国总统福特

1975年12月2日下午，毛泽东主席会见了来访的美国总统杰拉尔德·福特和夫人贝蒂·福特，以及随同福特总统访问的其他人员。

参加会见的福特总统的随行人员是：福特总统的女儿苏珊·福特，国务卿亨利·基辛格博士，美国驻中国联络处主任乔治·布什，总统国家安全事务助理布伦特·斯考克罗夫特，副国务卿约瑟夫·杰克·西斯科，负责东亚和太平洋事务助理国务卿菲利普·哈比卜，国务院政策计划司司长温斯顿·洛德，国家安全委员会高级工作人员理查德·索洛蒙。

毛主席同全体美国客人一一握手后，同福特总统在友好的气氛中，就广泛的问题进行了认真的、有意义的交谈。

美国总统福特是11月29日上午乘飞机离开美国首都华盛顿，取道阿拉斯加、日本前往我国访问的。

福特总统在启程前发表谈话说："我将前往中华人民共和国以加强我们同那个伟大国家的新关系。"他说，"我们正在发展的美中之间相互尊

世 界

▶4月13日，黎巴嫩内战爆发

1975年4月13日，黎巴嫩当时的基督教武装组织长枪党伏击了一辆载有26名巴勒斯坦人的公共汽车，并将其乘客全部杀害，这一事件最终成为引发黎巴嫩内战的导火索。在持续15年的内战中，约有15万黎巴嫩人丧生，并使曾经有"中东小巴黎"之称的贝鲁特变成一片废墟。

世界

▶7月15日美国阿波罗号飞船与苏联联盟号飞船首次对接飞行

1975年7月15日格林尼治时间12点20分,"联盟19号"飞船发射升空。"联盟19号"发射后7小时30分,美国用"土星1B"火箭成功发射了"阿波罗18"号飞船。在"联盟19号"飞行至36圈,"阿波罗18"号飞行到29圈,即"联盟19号"发射51小时49分钟之后,两船进行了对接,对接完成得非常顺利。在对接状态下共飞行了两天。分离后的"联盟19号"于7月20日返回地面,"阿波罗18"号则于7月24日返回地面。此次联合对接飞行,引起了全世界的极大关注,这是航天方面的首次国际合作。

重的新关系有助于亚洲的稳定和国际安全。我们将一如既往,保持我们自己的观点。但是,我们将按照美国的传统谋求促进相互谅解"。

12月1日,福特一行到达北京。前往机场迎接的是受国务院总理周恩来委托的国务院副总理邓小平、李先念等。当晚,国务院总理周恩来委托国务院副总理邓小平主持宴会,欢迎福特一行。12月5日,福特一行离开北京。

■ 12月,湖北云梦县秦代古墓中出土1155枚秦代竹简

1975年11月初,肖李村农民张泽栋与同伴在云梦睡虎地修建排水渠道时发现了秦代古墓。接到汇报后,省博物馆专家陈振裕和陈恒树领着考古队赶到了云梦。1975年底至1976年春,发掘工作正式开始。

在11号秦墓地内,一具成人骨架的四周摆放着大量竹简,考古人员小心翼翼地将骨架连同四周的竹简原封不动地转移到县文化馆,拍照、登记、清洗,并电告国家文物局。很快,北京派来了重量级学者李学勤等人,李学勤很快确定了这1155枚竹简的基本内容。这批秦简的内容非常丰富,经专家研究整理,共归纳为《编年纪》《南郡守腾文书》《秦律十八种》《效率》《秦律杂抄》《法律答问》《治狱程式》《为吏之道》等8种。其中一部分简文上还署有标题。主要是关于秦的统一战争,秦的中央集权制度,以及统一度量衡和统一货币等各个方面的内容,此外,还有关于医学、哲学、"五行"学说等。

这些竹简是我国首次发现的大量秦代竹简,有一半以上是关于秦代的法律,它是我国迄今发现的最早最完整的法典。极大地弥补了秦史料的不足,有助于秦文化的深入研究。秦简的发现对于研究秦代的政治、经济、军事和文化等各个方面,都具有重要的学术价值。其数量之多、内容之丰富,都是空前的,"具有划时代的意义"。它与黄陂商代盘龙城、江陵西汉古尸、随州曾侯乙编钟一起,被列为湖北考古的四大发现,被列为新中国成立50周年全国十大考古发现之一。

备忘

- 2月4日,刘家峡水电站建成
- 2月10日,中共中央发出《批转1975年国民经济计划的通知》
- 4月2日,董必武逝世
- 5月3日,毛泽东召集在北京的中央政治局委员谈话,警告江青等人不要搞"四人帮"
- 8月1日,第一部反映长征的大型纪录片《长征路上》播出
- 11月26日,中国成功发射一颗返回式遥感卫星

1976年

 大事

■ 1月8日，周恩来逝世

1976年1月8日，伟大的无产阶级革命家、政治家、军事家和外交家，中国共产党和中华人民共和国主要领导人之一，中国人民解放军创建人之一周恩来在北京逝世，终年78岁。

1972年5月，周恩来在检查身体时发现尿中有癌细胞，随后被确诊为膀胱癌。1973年3月10日，他在北京玉泉山做了第一次膀胱镜检查和电灼术治疗，然而，他的病情并没有好转，而是继续恶化，不得不住院治疗。1974年6月1日中午，周恩来在邓颖超以及保健医生、护士等的陪同下，住进了解放军三〇五医院。

▲周恩来总理逝世

周恩来自1974年6月1日住院到1976年1月8日逝世，共做大小手术13次，平均40天左右要动一次手术。只要身体尚能支持，他仍继续坚持工作。住院期间，除了批阅、处理一些文件外，他同中央负责人谈话161次，与中央部门及有关方面负责人谈话55次，接见外宾63批，在接见外宾前后与陪见人谈话17次，在医院召开会议20次，出医院开会20次，外出看望人或找人谈话7次。

1976年1月7日，周恩来病情继续恶化，气息已变得十分微弱，长时间处于昏迷状态。医疗组成员、护理人员等昼夜守护在病房，随时准备抢救。深夜11时，弥留中的周恩来从昏迷中苏醒，他微睁双眼，认出守在他身边的吴阶平大夫，用微弱的声音说道："我这里没有什么事了。你们还是去照顾别的生病的同志，那里更需要你们……"这是周恩来留下的最后一句话。10个小时后，周恩来的心脏停止了跳动。

1月8日，中共中央向全党、全军和全国各族人民通告了周恩来总理逝世的噩耗，毛泽东、王洪文、叶剑英、邓小平、朱德等107人组成了周恩来治丧委员会。

1月9日为了哀悼中国总理周恩来，联合国旗下半旗志哀，联合国会员国的国旗没有升起。1月10日，党和国家领导人及各界代表1万多人前往北京医院向周总理告别，11日，首都百万群众自发伫立在十里长安街两侧为周恩来的灵车前往八宝山送行。15日，党和国家领导人及首都群众代表5000多人在人民大会堂参加周恩来的追悼大会，邓小平致词。同一天，全国下半旗志哀。1月16日，遵照周恩来的遗嘱，他的骨灰被撒在祖国的江河

 声音

欲悲闻鬼叫，我哭豺狼笑。洒泪祭雄杰，扬眉剑出鞘。
——此为"四五运动"中群众悼念周恩来总理、愤怒声讨"四人帮"的诗作

我这里没有什么事了。你们还是去照顾别的生病的同志，那里更需要你们……
——此为1976年1月7日周恩来总理对这个世界留下的最后一句话

世界

▶3月25日，英国著名将军蒙哥马利逝世

1976年3月24日，英国著名的军事家、元帅，第二次世界大战间英国武装部队杰出的领导人之一，伯纳德-劳-蒙哥马利在他的家中去世，享年88岁。

1887年11月17日，蒙哥马利出生在伦敦肯宁登区圣马克教区的一个牧师家庭。20岁时考入桑赫斯特英国皇家军官学校，1908年毕业，被分配到驻印度的部队中服役，任少尉排长。他参加了第一次世界大战，大战即将结束时任司令部上尉参谋。第二次世界大战初期，蒙哥马利任第三师师长，率部队赴法国和比利时抗击德军，1942年蒙哥马利被派往北非，出任英国驻北非第8集团军司令。他于1960年和1961年两次访华，受到毛泽东主席和周恩来总理的接见。

和土地上。

■ 4月5日，四五运动爆发

1976年的中国，仍处在"文化大革命"的漫漫长夜之中。1976年1月8日，深受人民爱戴的周恩来总理逝世，全党全国人民无限悲痛。4月间，各地人民群众纷纷以不同的方式展开悼念活动，声讨"四人帮"借"批邓、反击右倾翻案风"进行篡党夺权活动。他们的悼念活动受到无理压制。

历经10年"文化大革命"苦难的中国人民再也不能压抑满腔的悲愤和怒火，北京上百万群众连续几天到天安门广场，献花圈、诗词，悼念周恩来。4月4日清明节，首都人民的悼念活动达到高潮。人民群众的悼念活动受到"四人帮"的极端仇视，他们恶毒攻击这种活动是"反革命事件"，并决定从4日晚上开始清理花圈、标语。4月5日，天安门广场上的广大群众在"还我花圈，还我战友"的口号下采取抗议行动，遭到镇压并被错误地宣布为"反革命事件"。

1976年的天安门事件，实质上是广大人民群众拥护以邓小平为代表的党的正确路线的正确领导，同"四人帮"作斗争的一次群众运动。它表明了中国人民对十年"文革"错误理论和路线的彻底失望。1978年12月，党的十一届三中全会为这个事件彻底平反。

■ 4月7日，中央政治局通过华国锋任中共中央第一副主席、国务院总理的决议

毛泽东原本是支持邓小平主持党和国家的日常工作的，但他认为"文化大革命"是正确的。他希望邓小平在肯定"文化大革命"的前提下实现安定团结，把国民经济搞上去。然而，整顿工作的深入展开，势必触及"文化大革命"的"左"倾错误，逐渐发展成为对"文化大革命"的比较系统的纠正。这种发展趋势，既遭到"四人帮"的猖狂反对，也为毛泽东所不能容忍。1975年11月下旬，发动了"反击右倾翻案风"（翌年初改称"批邓、反击右倾翻案风"）运动。1976年4月7日，中央政治局根据毛泽东的提议，任命华国锋为中共中央第一副主席、中华人民共和国国务院总理。同时，错误地认定邓小平问题的性质已经变为对抗性的矛盾，并做出撤销邓小平党内外一切职务，保留党籍，以观后效的错误决议。这个决定，连同所谓的"反击右倾翻案风"既违背事理，又大失人心，再度造成社会混乱。越来越多的干部群众对长期持续的"文化大革命"运动感到困惑，对"四人帮"的倒行逆施更加不满，要求社会安定和发展经济的愿望愈加强烈。

■ 7月6日，朱德在北京逝世

1976年7月6日，伟大的无产阶级革命家、政治家、军事家、中国共产党和中华人民共和国的主要领导人之一，中国人民解放军创建人之一，朱德元帅，因病医治无效，在北京逝世，终年90岁。

1976年6月21日上午,朱德来到人民大会堂会见来访的澳大利亚联邦总理马尔科姆·弗雷泽。由于会见的时间推迟,朱德在开放冷气的休息室里等候了近一个小时,回到家中便感到身体不适。后经医生诊断,是患了感冒。到了25日晚饭后,又出现了腹泻。本来,第二天朱德还有外事活动,他也执意要参加了外事活动后再去看病。但是,康克清和保健医生极力劝说,朱德只好住进北京医院就诊并住院治疗。

叶剑英特别关注朱德的病情,几乎每天都要让他的女儿打电话到医院,询问治疗情况。邓颖超、聂荣臻等一些老同志纷纷来到医院探视朱德。在医院里朱德仍然关心国家的命运和前途。当国务院副总理李先念来看望他时,他鼓励李先念说:一定要坚持工作,把生产搞上去。

进入7月,朱德的病情再次加重。7月5日,李先念、聂荣臻、王震、邓颖超、蔡畅等人陆续来到病房看望朱德。1976年7月6日下午3时1分,朱德的心脏永远停止了跳动……他在生命即将走到尽头的时候,没有忘记自己还是一个共产党员,他嘱咐康克清将他生前的积蓄两万余元作为党费交给组织。

10年以后,即1986年12月1日,中共中央在人民大会堂隆重举行朱德百年诞辰纪念大会,中共中央总书记胡耀邦代表中共中央致词,他高度评价了朱德的一生,他说:朱德同志既是伟大的统帅,又是普通士兵,堪称楷模,他的德行与日月同辉。朱德同志光辉的一生,是同中国革命的艰难历程和伟大胜利融合在一起的。他一生思想的高尚,人格的伟大,给全党、全国人民留下了亲切难忘的印象。

■ 7月28日,河北唐山发生7.8级地震

历史将永远铭记着这一时刻:公元1976年7月28日,北京时间3时42分53.8秒。夜幕笼罩下的唐山市,万籁俱寂。陡然,一道蓝光刺破夜空,紧接着,天穹旋转,大地抖动。街道、铁路、楼房,在强烈的摇撼之中错位、变形、倒塌……,这就是震惊中外的"7·28"唐山大地震。

23秒钟内,一座年产值约占全国百分之一,拥有百万人口的华北著名的工业城市,被夷为平地,变成一片废墟,唐山市发生了历史上最大的惨剧,整个华北大地在剧烈震颤。

这次大地震震级为7.8级,使唐山人民蒙受了巨大灾难:24万人死亡;上万个家庭解体;97%的地面建筑、55%的生产设备毁坏;交通、供水、供电、通讯全部中断,直接经济损失人民币30亿元。

▲河北唐山发生7.8级地震

地震发生后,党中央、国务院对灾区人民十分关怀,立即组织大批人力、物力星夜赶往灾区救援,大批医药、食品、衣物、建筑材料等救灾物资从祖国的四面八方源源不断运往灾区,伤病员和老人儿童很快得到了妥善的安置。

这场劫难使世界各国地震、抗震、救灾专家受到震动，更加感到自己责任的重大。1980年以来，已经有一百多批地震、抗震、救灾专家从世界各地来到唐山地震现场，进行研究考察，决心从这场惨痛的浩劫中吸取教训，总结经验，研究对策。为地震科学的发展，为减轻地震灾害，为人类幸福，做出不懈的努力。

1986年7月28日，唐山地震陈列馆建成开放。唐山地震陈列馆是我国第一个收藏陈列地震资料、实物，宣传普及地震科学知识、防震救灾知识，进行地震科学研究的地震专业陈列馆。

1986年7月28日，唐山市召开纪念唐山抗震10周年大会，河北省省长解峰宣布：唐山的恢复和建设已基本完成，开始跨入"10年振兴"的新阶段。经过10年重建，一座新唐山已经从废墟上崛起。

■ 9月9日，毛泽东逝世

1976年9月9日，伟大的无产阶级革命家、政治家、军事家、中国共产党中央委员会主席、中国共产党中央军事委员会主席、中国人民政治协商会议全国委员会名誉主席毛泽东在北京逝世，享年83岁。

▲毛泽东主席逝世，人民万分悲痛

从1976年5月起，毛泽东的病情不断加重，身体极度衰弱。6月初，他突患心肌梗塞，经过及时抢救，才脱离危险。进入七八月，毛泽东的健康状况更趋恶化，已常处于昏迷状态。9月初，毛泽东再度病危，医护人员立即实施抢救并加强监护。中央政治局成员们轮流在毛泽东的住地值班。

从9月7日到8日下午，已在垂危中的毛泽东仍坚持要看文件、看书。毛泽东最后一次看文件是8日下午4时37分。下午六七点钟，毛泽东的血压开始下降，医生采取各种措施维持他的生命。这以后的五六个小时，他已完全无法说话。当晚，他的血压继续下降，心电图显示只有微弱反应，没有明显的心脏跳动。入夜，中央政治局成员分批前往看望处于弥留状态的毛泽东。毛泽东这时还没有完全丧失神志，报告来人姓名时他还能明白。当叶剑英走近床前时，毛泽东忽然睁大眼睛，并动了动手臂，仿佛想同叶说话。叶剑英一时没有察觉，缓步走向房门。这时，毛泽东又吃力地以手示意，招呼他回来。当叶剑英回到床前时，毛泽东用一只手握住他的手，眼睛盯着他，嘴唇微微张合，似乎有话要讲，但已说不出话来了。9月9日零时10分，经连续4个多小时抢救无效，一代伟人毛泽东的心脏停止了跳动。

9月18日下午3时，在北京天安门广场举行隆重的追悼大会，北京百万群众参加了追悼会。

毛泽东逝世后，世界各地对他的赞扬和哀悼如潮水般涌来。在他逝世后的10天里，共有123个国家的政府和首脑向中国政府发来了唁电或唁函，

105个国家的领导人或他们的代表到中国使馆吊唁，53个国家降半旗致哀，许多国际机构和国际会议上也开展了悼念活动。

联合国总部以历史上罕见的快速度在毛泽东逝世的当天就降半旗志哀。联合国大会主席高度评价毛泽东是"我们时代最英雄的人物"，"他改变了世界历史的进程"。

1980年8月，邓小平会见意大利记者法拉奇，当谈到毛泽东时，他说："如果没有毛泽东同志的卓越领导，中国革命有极大的可能到现在还没有胜利，那样，中国各族人民就还处在帝国主义、封建主义、官僚资本主义的反动统治之下，我们党就还在黑暗中苦斗。尽管毛主席过去有段时间也犯了错误，但他终究是中国共产党、中华人民共和国的主要缔造者。拿他的功和过来说，错误毕竟是第二位的。他为中国人民做的事情是不能抹煞的。从我们中国人民的感情来说，我们永远把他作为我们党和国家的缔造者来纪念。"邓小平之后的中央领导人也对毛泽东的历史贡献和地位给予了高度的肯定。

■ 10月6日，党中央对"四人帮"实行隔离审查

毛泽东逝世后，"四人帮"加紧了篡夺最高领导权的活动，这使老一辈革命家们深感忧虑。党中央第一副主席，主持中央日常工作的华国锋经过同叶剑英、李先念共同研究和反复商量，并征得中央政治局多数同志的同意后，决定采取断然措施，解决"四人帮"的问题。10月2日，叶剑英同汪东兴谈了解决四人帮的事情，汪东兴对此表示坚决支持。谈话之后，汪东兴将中央办公厅副主任张耀祠、8341部队政委武建华召到自己的办公室，告诉他们中央要对"四人帮"隔离审查，让他们先琢磨出一个行动方案来。

经过周密的布置，1976年10月6日下午3时，中央办公厅通知中央政治局常委到怀仁堂开会，内容如下：一是研究《毛泽东选集》第五卷的出版问题；二是研究毛主席纪念堂的选址问题。10月6日晚7点55分，王洪文第一个到来，一番挣扎之后，被突击队员牢牢地控制住了。7点58分，四名突击队员控制了随后到来的张春桥，华国锋对他宣布了中央的决定。随后，武建华、张耀祠带领行动小组赶往江青的住处，张耀祠向江青宣读了中央的决定。最后隔离的一个人是姚文元，因为他不是中央政治局常委，所以事先没有通知他到怀仁堂开会。为了把姚文元叫到怀仁堂来，华国锋给他打了电话，说自己正在同王洪文、张春桥商量出版《毛泽东选集》第五卷一事，想请他来"一道研究一下。"姚文元分管宣传工作，所以他接到华国锋的电话后就匆匆忙忙地向怀仁堂赶来。他刚走进东休息室，就被武建华带领的行动小组控制了。武建华随即宣读了华国锋的指令，对姚文元实行隔离审查。

至此，抓捕"四人帮"的行动结束，全程只用了35分钟。在王洪文、张春桥、江青和姚文元被拘押的当天晚上，华国锋在玉泉山9号楼叶剑英住处主持召开中央政治局会议，叶剑英、汪东兴、李先念、陈锡联、苏振华、纪登奎、吴德、倪志福、陈永贵、吴桂贤参加了会议，华国锋向大

世界

▶6月16日，南非索韦托发生惨案

1976年6月16日，索韦托区数千名黑人中学生为抗议南非白人统治当局强行规定在黑人学校用南非荷兰语，而不准用非洲人语作为教学用语举行大规模示威游行，南非种族主义政权悍然出动上千名军警，进行血腥镇压，打死170多人，打伤1000多人，许多无辜者被逮捕。南非当局的罪行，激起了广大黑人的极大义愤，抗暴斗争迅速扩展到南非大部分地区，并得到了广大非洲和世界各国人民的广泛同情和支持。联合国安理会举行紧急会议，谴责南非当局镇压黑人学生的暴行。

7月2日，非洲统一组织国家和政府首脑举行第13届会议，强烈谴责南非政权的暴行，并通过决议，宣布6月16日为索韦托烈士纪念日。

家通报了对"四人帮"实行隔离审查的消息,并对此次行动做了高度的评价。叶剑英也在会上发表了长篇讲话。会议一致通过了华国锋同志担任中国共产党中央委员会主席、中国共产党中央军事委员会主席的决定。

粉碎"四人帮"的胜利,结束了"文化大革命"这场灾难,从危难中挽救了中国的社会主义事业,使党和国家走上了正常发展的轨道。

■ 10月21日,首都百万军民举行盛大集会,庆祝粉碎"四人帮"

10月21日,中央通过广播和报纸,把一举粉碎"四人帮"伟大胜利的喜讯公诸于世。当天,首都150万军民欢欣鼓舞,举行声势浩大的庆祝游行。十里长安街上,欢庆胜利的人群如汹涌的潮水;雄伟的天安门广场,红旗如林,歌声震天。人们把1976年10月粉碎"四人帮"的胜利与1949年10月新中国诞生的胜利相比,看作"第二次解放"。23日,庆祝游行活动达到高潮。从天刚亮开始一直持续到夜晚。三天来参加游行的群众达580万人次。群众游行情绪之热烈,场面之动人,为新中国成立以来所未有。24日,首都百万军民在天安门广场隆重举行庆祝大会,热烈庆祝粉碎"四人帮"的伟大的历史性胜利。全国除台湾省以外的29个省、市、自治区,解放军各部队,自10月21日起也先后举行盛大集会和游行。香港、澳门各界爱国同胞也举行了庆祝会。真是普天同庆,一片欢腾!

▲首都人民庆祝粉碎"四人帮"

十月粉碎"四人帮"的胜利,在危难中挽救了党,挽救了共和国,挽救了中国的社会主义事业,结束了"文化大革命"这场持续十年的内乱。中国命运的决战,以党和人民的胜利与"四人帮"的灭亡而告终。这一伟大胜利,是全党、全军、全国各族人民长期斗争的结果。从此,共和国的历史揭开新的篇章,中华人民共和国进入一个新的发展时期。

备忘

- 3月13日,中国大型火力发电厂——莱芜电厂投入生产
- 4月21日,中国京沪杭载波电缆投产
- 6月6日,中国第一座现代化10万吨深水油港大连新港建成
- 7月1日,张闻天在江苏无锡逝世
- 8月23日,中国第一艘5万吨级远洋油轮"西湖号"在大连下水
- 9月11日,华国锋到李先念住处与其商讨解决"四人帮"的问题
- 12月11日,中国大型通用集成电路电子计算机研制成功

1977年

大事

■ 2月7日，《人民日报》发表社论，提出"两个凡是"

2月7日，《人民日报》、《红旗》杂志、《解放军报》发表社论：《学好文件抓住纲》，提出"凡是毛主席做出的决策，我们都坚决拥护，凡是毛主席的指示，我们都始终不渝地遵循"。

这就是"两个凡是"的错误方针，它的实质是要把毛泽东晚年的"左"的错误延续下来。3月10日~22日，中共中央召开工作会议，陈云、王震等老同志郑重提议要邓小平出来工作，要为天安门事件平反，得到了多数与会同志的赞同。4月10日，邓小平给中共中央写信，针对"两个凡是"的错误观点指出："我们必须世世代代地用准确的、完整的毛泽东思想来指导我们全党全军和全国人民，把党和社会主义事业，把国际共产主义运动的事业，胜利地向前推进。"5月3日，中共中央转发此信。邓小平关于"准确的、完整的毛泽东思想"的提法，为纠正"两个凡是"的错误创造了条件，是全党解放思想的前导。

■ 3月3日~16日，全国计划会议在北京召开

1977年3月3日~16日，全国计划会议在北京召开。国家计委起草了《关于一九七七年国民经济计划几个问题的汇报提纲》。中央政治局将这个《汇报提纲》交给中央工作会议讨论通过。

这次会议回顾了"文化大革命"中中国共产党同"四人帮"在经济领域进行的重大斗争。会议指出：1973年，国家计委起草的《关于坚持统一计划，加强经济管理的通知》，是一个克乱求治的文件，绝不是"四人帮"所说的什么"修正主义王法"。1975年，在中央和国务院的领导下，经济领域狠抓整顿工作，批判资产阶级派性，落实党的政策，有力地促进了国民经济的好转，绝不是"四人帮"所诬蔑的什么"复辟资本主义"；这一年6月到8月间召开的国务院务虚会，也绝不是"四人帮"所诬蔑的什么"右倾翻案风的风源"；1975年，在国务院领导同志主持下，国家计委起草的《工业十二条》、科学院起草的科学技术工作《汇报提纲》和国务院研究室起草的《论总纲》是三篇好文稿，绝不是"四人帮"所诬蔑的什么"三株大毒草"。

这次会议还针对当时经济领域存在的思想混乱，提出了"十个要不要"：一、要不要坚持党的基本路线；二、要不要党的领导；三、要不要全心全意依靠工人阶级；四、要不要搞好生产；五、要不要规章制度；

▶ 1月31日，法国蓬皮杜文化中心建成揭幕

蓬皮杜国家艺术中心建于1972年至1976年，是一座具有未来主义风格的建筑，整个建筑由纵横的玻璃管道、硕大的玻璃墙体和错综的钢架构成。这里珍藏着法国乃至世界现代艺术的珍品，它与卢浮宫、奥赛博物馆并称为巴黎三大艺术博物馆。

此栋颇受争议的建筑物开馆后，法国建筑学会会长即以"丑陋、吓人、不讨人喜欢"等字眼来形容它，世界舆论亦议论纷纷，一些近代绘画大师的子孙甚至拒绝把他们的作品送到这个中心。刚落成时，其过于新颖的外观曾遭受巴黎人无情的批评，如今，它却是巴黎最热门的旅游景点。

蓬皮杜中心共分为四大单元：巴黎国立近代美术馆（MNAM）、工业设计中心（CCI）、公共信息图书馆（BPI）和音响及音乐研究协会（IRCAM）。重要作品：毕加索的《缪斯》、马蒂斯的《国王的悲哀》、康定斯基的《红斑图》等等。

六、要不要社会主义积累；七、要不要实行各尽所能、按劳分配的原则；八、要不要无产阶级自己的专家；九、要不要引进新技术；十、要不要坚持计划经济。这"十个要不要"，对于批判"四人帮"的反动谬论，澄清人们的混乱思想，起到了一定的积极作用。

■ 7月16日~21日，中共十届三中全会在北京举行

1977年7月16日~21日，党的十届三中全会在北京举行。全会是为巩固和发展粉碎"四人帮"的胜利成果和做好召开党的十一大的准备工作而召开的。出席会议的有中央委员和候补中央委员，地方和军队一些单位的主要负责同志列席了会议。

全会一致通过了四项决议，即：《关于追认华国锋同志任中国共产党中央委员会主席、中国共产党中央军事委员会主席的决议》、《关于恢复邓小平同志职务的决议》、《关于王洪文、张春桥、江青、姚文元反党集团的决议》和关于提前召开党的第十一次全国代表大会的决定。《关于恢复邓小平同志职务的决议》决定，恢复邓小平中共中央委员、中央政治局委员、常委，中共中央副主席，中共中央军委副主席，国务院副总理，中国人民解放军总参谋长的职务。

全会根据全党、全国各族人民的要求和党章规定，一致决议，永远开除王洪文、张春桥、江青、姚文元的党籍，撤销他们党内外一切职务。会上，华国锋继续宣扬"两个凡是"的错误方针，坚持"文化大革命"的"左"的错误理论和政策。针对这一情况，7月21日，邓小平在会上强调：对毛泽东思想的体系要有一个完整的准确的认识，不能只从个别词句来理解毛泽东思想，而必须从毛泽东思想的整个体系去获得正确认识。要善于学习、掌握和运用毛泽东思想的体系来指导我们各项工作。只有这样才不至于割裂、歪曲、损害毛泽东思想。

■ 8月12日~18日，中国共产党第十一次全国代表大会在北京举行

1977年8月12日至18日，党的第十一次全国代表大会在北京举行。华国锋代表党中央作政治报告，总结了同"四人帮"的斗争，宣告"文化大革命"已经结束，提出在本世纪内把我国建设成为社会主义的现代化强国，是新时期党的根本任务。但由于当时历史条件的限制，大会不仅没有纠正"文化大革命"的错误理论和方针政策，反而

▲中国共产党第十一次全国代表大会

世界

▶ 3月27日，加纳利空难

1977年3月27日傍晚，两架波音747客机在西班牙北非外海自治属地加纳利群岛的洛司罗迪欧机场的跑道上高速相撞，导致两机上多达583名的乘客和机组人员死亡的惨剧。

事故一方为荷兰皇家航空4805号班机，载着234名旅客由荷兰飞抵加纳利群岛。在经过四小时的飞行后，荷兰皇家4805号班机在当地时间13时10分降落在洛司罗迪欧机场，等待在拉斯帕尔马斯机场重新开场。另外一方是隶属于美国泛美航空的1736号班机，是在13时45分降落在洛司罗迪欧机场。16时左右洛司罗迪欧的塔台收到拉斯帕尔马斯方面的信息，后者即将重新开场，因此各班机的组员也开始准备再次起飞的工作，但就在同时，机场被大雾笼罩，能见度变得很低。结果两架飞机在起飞的过程中相撞，迅速起火爆炸。荷兰皇家4805号班机上的234名乘客与14名机组人员全部遇难，而泛美1736号上的396人中有321个乘客与14个机组人员死亡。这次空难一共造成583人罹难，是截至到当时伤亡最大的一次空难。

加以肯定，因而党的十一大未能完成从理论和党的指导方针上拨乱反正的任务。叶剑英在会上作关于修改党章的报告。邓小平致闭幕词。他强调指出，我们一定要恢复和发扬毛主席为我们党树立的群众路线、实事求是、批评与自我批评、谦虚谨慎、戒骄戒躁、艰苦奋斗等优良传统和作风，全心全意为中国人民和世界人民服务；我们一定要恢复和发扬民主集中制的优良传统和作风，在全党、全军、全国努力造成一个又有集中又有民主，又有纪律又有自由，又有统一意志、又有个人心情舒畅、生动活泼，那样一种政治局面。他号召全党全军和全国各族人民要高举和捍卫毛泽东思想的伟大旗帜，为在本世纪内把我国建设成为伟大的社会主义现代化强国，对人类做出较大的贡献，努力奋斗。

19日，党的十一届一中全会选举华国锋为中央委员会主席，叶剑英、邓小平、李先念、汪东兴为副主席；选出中央政治局委员23人，政治局候补委员3人。

■8月13日，全国高等学校招生工作会议在北京召开

1977年8月13日至9月25日，全国高等学校招生工作会议在北京召开。这次会议是根据邓小平关于改革高等学校招生制度的指示精神召开的。会议讨论制订了《关于1977年高等学校招生工作的意见》及《关于高等学校招收研究生的意见》。文件规定，1977年高等学校的招生工作恢复考试，凡是工人、农民、上山下乡和回乡知识青年、复员军人、干部（年龄可放宽到30周岁）和应届毕业生，只要符合条件都可报考。从应届高中毕业生中招收的人数约占招生总数的20%至30%。根据文件的规定，1977年招生工作于第四季度进行，新生于1978年2月前入学。

中断了10年的高考在1977年冬季进行，570万人在简单复习功课后涌进了考场，那年的录取率是29比1。紧接着，1978年的高考在夏季举行，两季考生加起来共有1160万人。这两季高考是一场中外教育史上罕见的集十余年人才于一考的考试，由此造就了"77、78级"大学生这一独特群体。1977年考场大门的重新打开，让年轻人获得了公平的改变命运的机会，让人才的选拔有了一个公正的标尺。而从那个涌动着春意的冬天开始，尊重知识、尊重人才的春风，就一直荡漾在祖国的大江南北。

■9月9日，毛主席纪念堂落成

1977年9月9日毛主席纪念堂落成。毛主席纪念堂位于市中心的天安门广场南端。纪念堂是一座正方形大厦，建筑面积为2万多平方米，高33.6米，坐南朝北。外观为两层。正门上方镶嵌着"毛主席纪念堂"汉白玉金字匾额。枣红色花岗石砌成的高大基座上，四周环以44根黄色花岗石八角形廊柱。重檐平顶的檐口上贴以金色琉璃瓦。大门南北两侧各有两组8米多高的群雕，分别展示中国人民在毛主席领导下的革命历程。

纪念堂现有10个厅室对外开放。进入纪念堂正门的北大厅是举行纪念活动的地方，大厅中央是3.45米高的汉白玉雕刻的毛泽东坐像，面含微

笑，端庄安详。坐像背后墙上，悬挂着一幅大型绒绣——"祖国大地"。整个大厅可容纳700多人。

纪念堂的核心部分是瞻仰厅，大厅正中的水晶馆内，安放着毛主席的遗体，身着灰色中山装，覆盖着鲜红色的党旗。水晶棺的棺床是用黑色花岗石制成的，周围鲜花烂漫。大厅正面的白色大理石墙壁上镶嵌着17个鎏金大字"伟大的领袖和导师毛泽东主席永垂不朽"。

东西各厅是毛泽东、刘少奇、周恩来、朱德等先辈的革命业绩纪念室。纪念室内展出了大批文物、文献、书信和图片。

▲毛主席纪念堂

南大厅为出口大厅，白色的大理石墙面上，镌刻着毛主席手书的《满江红·和郭沫若》词。毛主席纪念堂是一座庄严雄伟，具有我国民族风格的纪念性建筑。

■ 10月3日，陈景润对哥德巴赫猜想问题的研究取得世界领先成就

1742年，德国数学家哥德巴赫提出猜想——"任何一个不为2的偶自然数都能表示为两个质数之和"，简称"1+1"。为了证明这个猜想，200多年来，数学家们不懈努力。

1920年挪威数学家布朗用一种古老的筛选法证明，得出了一个结论：每一个比大偶数n（不小于6）的偶数都可以表示为（99）。这种缩小包围圈的办法很管用，科学家们于是从（9+9）开始，逐步减少每个数里所含质数因子的个数，直到最后使每个数里都是一个质数为止，这样就证明了哥德巴赫猜想，但这个结果不是最佳的结果。

1977年10月3日，新华社报道：中国科学院数学研究所助理研究员陈景润，在"哥德巴赫猜想"问题研究中取得重要成就，达到了世界领先水平。他证明：任何一个充分大的偶数，都可表示成一个素数加上顶多是两个素数的乘积（简称为"1+2"）。从而把200多年来未能解决的哥德巴赫猜想证明大大推进了一步。他在1973年发表的这篇"1+2"的论文，被国际数学界称为"陈氏定理"。

■ 10月12日，国务院决定高等学校招生实行统一考试

7月，党的第十届三中全会通过决议，恢复邓小平的党政军领导职务。邓小平复职后，主动要求分管科技和教育工作。8月4日，邓小平在人民大会堂亲自主持召开了有33位来自全国各地的著名科学家、教授以及科学和教育部门负责人参加的科学和教育工作座谈会。

8月6日，科学和教育工作座谈会开到第三天，武汉大学的与会代表发言指出，必须重视高校招生工作，因为招生是保证大学教育质量的第一关，好像工厂的原材料，不合格的原材料就不可能生产出合格的产品。他的发言获得了成功，不仅使全体代表全神贯注，而且引起了邓小平的高度重视。此前，教育部在6月于太原召开全国高等学校招生工作会议上，已经决定继续推行"文革"后期确定的"自愿报名、群众推荐、领导批准、学校复审"的招生办法，并刚刚将方案上报中央。邓小平听后当即要求教育部将报告追回来，并斩钉截铁地说："今年就要下决心恢复从高中毕业生中直接招考学生，不要再搞群众推荐。从高中直接招生，我看可能是早出人才、早出成果的一个好办法。"会场响起了热烈的掌声。又经过各方努力后，一致同意恢复高考。

1977年冬天，全国有570万考生参加了被关闭了10多年的高考考场，创下共和国教育史上近30年的最高纪录。

▲1977年高考考场

备忘

- 3月11日，日中和平友好条约推进委员会在东京成立
- 4月7日，中国与约旦建立外交关系
- 4月15日，《毛泽东选集》第五卷出版发行
- 5月24日，邓小平在与王震和邓力群的谈话中指出"两个凡是"不符合马克思主义
- 8月30日，南斯拉夫总统铁托访问中国
- 10月5日，中共中央做出《关于办好各级党校的决定》
- 12月10日，中共中央任命胡耀邦为中央组织部部长

声音

毛泽东同志倡导的作风，群众路线和实事求是这两条是最根本的东西。实事求是在目前特别重要。老干部要带头整风。党要有一批经受过考验、能够联系群众、为群众所爱戴的领袖。领袖是要通过实践去认识的。

——此为1977年7月21日邓小平针对华国锋"两个凡是"的错误方针的讲话

今年就要下决心恢复从高中毕业生中直接招考学生，不要再搞群众推荐。从高中毕业生中直接招生，我看可能是早出人才、早出成果的一个好办法。

——此为1977年8月4日邓小平在科学和教育工作座谈会上就恢复高考的讲话

1978年

大事

■ 2月26日~3月5日，第五届全国人民代表大会第一次会议召开

1978年2月26日~3月5日，第五届全国人民代表大会第一次会议在北京召开。出席大会的代表有3456人。中共中央、国务院、中国人民解放军各部门的负责人，列席了大会。出席中国人民政治协商会议第五届全国委员会第一次会议的委员，也列席了大会。

华国锋代表国务院作了题为《团结起来，为建设社会主义的现代化强国而奋斗》的政府工作报告。报告分六个部分：一、三年来的斗争和新时期的总任务；二、把揭批"四人帮"的斗争进行到底；三、加快社会主义经济建设；四、繁荣社会主义科学教育文化事业；五、加强政权建设，加强各族人民的大团结；六、国际形势和我国对外政策。

工作报告，总结了16个月以来的工作，提出了在本世纪内把我国建设成为农业、工业、国防和科学技术现代化的伟大的社会主义强国的任务。由于对当时国民经济比例失调的情况估计不足，急于求成，报告提出到1985年以前要建设一百二十个大项目，包括十大钢铁基地、九大有色金属基地、十大油气田等高指标。这一方针的执行加剧了国民经济的比例失调的严重后果。

大会通过了新的《中华人民共和国宪法》；选举叶剑英为全国人大常委会委员长，任命华国锋为国务院总理；选举江华为最高法院院长，黄火青为最高人民检察院检察长。

■ 3月18日，邓小平在全国科学大会上发言指出"科学技术是生产力"

1978年3月18日至31日，全国科学大会在北京召开。邓小平作重要讲话，阐明了马克思主义关于科学技术在社会发展中的地位、作用的基本原理，指出为社会主义服务的脑力劳动者是劳动人民的一部分，强调在我国造就更宏大的科学技术队伍的必要性，彻底驳斥了"四人帮"打击迫害知识分子、破坏我国科学技术事业的种种谬论。

华国锋作了《提高整个中华民族的科学文化水平》的报告，强调这是实现四个现代化的直接需要，也是在全国范围内造就有社会主义觉悟的有文化的亿万劳动者，攀登科学技术高峰的战略任务。

▶ 邓小平在全国科学大会上发言

3月30日，李昌副院长在全体会议上发言，介绍中国科学院贯彻中央关于"科学院要整顿，要把科学研究搞上去"指示的情况和经验。31日，郭沫若院长在闭幕式上发表题为"科学的春天"的讲话。

方毅作大会工作报告，方毅在报告中说"中国科学院作为全国自然科学研究的综合中心，其主要任务是研究和发展自然科学的新理论新技术，配合有关部门解决国民经济建设中综合性的重大的科学技术问题，要侧重基础，侧重提高"。此后，中国科学院提出"侧重基础，侧重提高，为国民经济和国防建设服务"的办院方针。

全国科学大会还奖励了从1956年至1978年全国科研成果评选出的7567项科研成果。其中，中国科学院有904项，约占总数的12%。

大会制定了《一九七八年至一九八五年全国科学技术发展纲要（草案）》，表彰了先进工作者和先进集体，号召大家树雄心，立壮志，向科学技术现代化进军。

■5月11日，《光明日报》刊登《实践是检验真理的唯一标准》

1978年5月11日，《光明日报》刊登题为《实践是检验真理的唯一标准》的特约评论员文章。当天，新华社转发了这篇文章。12日，《人民日报》和《解放军报》同时转载。

文章论述了马克思主义的实践第一的观点。指出任何理论都要接受实践的考验。马克思主义的理论宝库并不是一堆僵死不变的教条，它要在实践中不断增加新的内容。当前，依然存在着"圣经上载了的才是对的"错误倾向。这是"四人帮"强加在人们身上的精神枷锁，必须坚决打碎。

这篇文章引发了关于实践是检验真理的唯一标准问题的讨论。党内外绝大多数人支持和拥护文章的观点。

从6月到11月，中央党政军各部门、全国绝大多数省、市、自治区和大军区的主要负责同志都发表文章或讲话，一致认为，坚持实践是检验真理的唯一标准这一马克思主义的原则，具有重大的现实意义。这一讨论，冲破了长期以来"左"倾错误思想的束缚，促进了全国性的马克思主义的思想解放运动，为党的十一届三中全会的召开准备了思想条件。

■11月10日~12月15日，中共中央工作会议在北京举行

1978年11月10日~12月15日，中共中央工作会议在北京举行。会议讨论了中央关于从1979年起把全党工作的着重点转移到社会主义现代化建设上来的设想，以及农业、国民经济计划和国务院务虚会的总结等问题。在分组讨论中，陈云率先提出，为实现党内的安定团结，需要由中央考虑和决定，解决一些"文化大革命"遗留的和历史遗留的问题，平反一批重大冤假错案。这一建议很快得到与会同志的响应。11月25日，华国锋代表中央政治局宣布，为"天安门事件"、"反击右倾翻案风"以及涉及党的领导人的一些已经查明的重大错案平反。12月13日，邓小平作题为《解放思想，实事求是，团结一致向前看》的讲话，主要内容是：一、解放思想是

世界

▶3月26日，《埃以和约》签署

1979年3月26日埃及总统萨达特和以色列总理贝京在华盛顿签订的条约。美国总统卡特作为连署人，也在和约上签字。

1978年9月，美埃以戴维营会谈达成两项协议，即《关于实现中东和平纲要》和《关于签订一项埃及同以色列之间的和平条约的纲要》。《埃以和约》即根据后一协议签订。和约及附件的主要内容有：以色列的军队和文职人员在3年内分阶段撤出西奈半岛；两国建立正常关系，包括外交、经济和文化关系。1982年4月25日，以色列全部撤出西奈。

当前的一个重大政治问题；二、民主是解放思想的重要条件；三、处理遗留问题为的是向前看；四、研究新情况，解决新问题。这篇讲话实际上成为随后召开的党的十一届三中全会的主题报告，是在"文化大革命"结束以后，中国面临向何处去的重大历史关头，冲破"两个凡是"的禁锢，开辟新时期新道路、开创建设有中国特色社会主义理论的宣言书。

■ 12月16日，中美两国发表联合公告，决定建立外交关系

1977年初，美国总统卡特执政后，曾于1977年8月和1978年5月分别派国务卿万斯和总统国家安全事务助理布热津斯基访华，就中美关系正常化进行磋商。万斯访华时，美国政府尚未对接受中国提出的建交三原则下最后决心。布热津斯基访华时，卡特政府已决定先与中国建交，再以优势地位与苏联谈判，谋求遏制苏联的扩张势头，增强美国在全球的战略地位。

布热津斯基访华时表示，卡特总统已下了决心，在第一届任期结束前，实现中美关系正常化，还表示美国愿意接受中国提出的建交三原则，即美国同台湾当局断交、终止美台共同防御条约、从台湾撤出美国军队，但希望在美方做出期待纯属中国内政的台湾问题得到和平解决的表示时，不会明显地遭到中国的反驳。

中国方面对布热津斯基带来的信息做出了积极的反应。双方于1978年7月初在北京开始建交谈判。

经过近半年的谈判，双方终于达成下述协议：一、美国承认中国关于只有一个中国、台湾是中国的一部分的立场，承认中华人民共和国政府是中国的惟一合法政府，在此范围内，美国人民将同台湾人民保持文化、商务和其他非官方关系；二、在中美关系正常化之际，美国政府宣布立即断绝同台湾的"外交关系"，在1979年4月1日以前从台湾和台湾海峡完全撤出美国军事力量和军事设施，并通知台湾当局终止《共同防御条约》；三、从1979年1月1日起，中美双方互相承认并建立外交关系，3月1日互派大使，建立大使馆。

在这些协议的基础上，中美双方于1978年12月16日晚发表了《中华人民共和国和美利坚合众国关于建立外交关系的联合公报》，宣布两国商定自1979年1月1日起互相承认并建立外交关系，从而结束了长达30年之久的不正常状态。这是两国关系中具有历史意义的重大转折，中美关系从此进入了一个新阶段。

■ 12月18日~22日，中共十一届三中全会在北京举行

1978年12月18日~22日中共十一届三中全会在北京举行。全会根据中央工作会议的精神，做出了把全党工作的着重点转移到社会主义现代化建设上来的战略决策，指出实现现代化是一场广泛、深刻的革命，要求大幅度提高生产力，多方面改变同生产力发展不适应的生产关系和上层建筑，改变一切不适应的管理方式、活动方式和思想方式。全会确立了解放思想、实事求是的思想路线；否定了"两个凡是"的错误方针，果断地停止使用"以阶级斗争为纲"的错误口号。

世界

▶7月25日，英国医学家爱德华兹培育出世界上第一例试管婴儿

路易丝·布朗28岁，是英国布里斯托市人。20世纪70年代，她的父亲火车工程师约翰·布朗和妻子莱斯莉结婚后9年一直无法生育，于是求助著名生育学家爱德华兹教授和帕特里克·斯台普托博士，接受全球首例体外受精治疗。

1977年冬，爱德华兹成功地从莱斯莉体内取出卵子，使之与布朗的精子在培养液中混合受精，并将生成的5个胚囊植入莱斯莉的子宫。1978年7月25日夜，莱斯莉通过剖腹产顺利生下路易丝——世界上第一个试管婴儿。

全会在总结新中国成立以来农业发展的经验教训的基础上，深入讨论并原则同意《中共中央关于加快农业发展若干问题的决定（草案）》和《农村人民公社工作条例（试行草案）》；制定了加强农业的措施；决定改进国民经济中一些重大比例失调的状况；同时提出对我国权力过于集中的经济管理体制和经营管理方法进行改革，并且在自力更生的基础上积极发展同世界各国平等互利的经济合作，努力采用世界先进技术和设备，大力加强实现现代化所必需的科学和教育工作。

▲中共十一届三中全会在北京举行

全会提出，要在解放思想、实事求是、有错必纠的方针指导下，审查和解决历史上遗留的重大问题和一些重要领导人的功过是非问题；决定在党的生活和国家政治生活中加强民主，加强党的领导机构和成立中央纪律检查委员会。

全会增选陈云为中央政治局委员、常委、中央委员会副主席，邓颖超、胡耀邦、王震为中央政治局委员。全会选举陈云为中央纪律检查委员会第一书记。十一届三中全会是新中国成立以来我党历史上具有深远意义的伟大转折。全会形成的以邓小平为核心的中央领导集体，承担起艰巨的使命，实现了伟大的历史性转折，开创了我国社会主义事业发展的新时期。

■ 12月，安徽凤阳县梨园公社小岗村村民签订包产到户协议

中国改革开放的总设计师邓小平曾指出："中国的改革是从农村开始的，农村的改革是从安徽开始的。"而安徽的改革却是从小岗开始的。

小岗生产队是安徽省凤阳县梨园公社最穷的一个生产队，1978年冬，万里等领导来到小岗，详细调查了小岗的情况后，万里说："像这个穷得不能再穷的地方，只要能让群众吃饱肚子，能增产，不管什么办法都可以搞。"

万里的话使小岗农民扬起了希望的风帆。一开始，全队20户人家分成4个作业组，但搞不好，又分成8个组，还是搞不好。在这种情况下，生产队社员们不断寻找新的办法。有人斗胆提议干脆搞包干到户算了。这一提议立即得到大家的一致赞成，于是，20名双目炯炯、满头汗水的农民，冒着那个年代里天大的政治危险，挤在一间油灯摇曳的小棚子里，神色严峻地签写了一份契约。在每一个姓名的上面，都按有一个血红的手印，外加三枚图章。新中国成立以来第一份包干到户的文书在这里正式诞生。这就是"小岗之夜"——凤阳农村里诞生的一个神话。

就在这份契约签署之后的第二年，小岗生产队的粮食产量一下子就比头一年翻了几倍，相当于其1966年到1970年五年粮食产量的总和，"讨饭"村一下子变成了冒尖村。

"大包干"是一个伟大的创举，小岗村农民签订的大包干协议，揭开了我国农村改革的序幕。"交足国家的，留足集体的，剩下都是自己的"，大包干在保证国家税收和集体收入不减少的同时，使农民富裕了起

判断对干部的定性和处理是否正确，根本的依据是事实。凡是不实之词，凡是不正确的结论和处理，不管是什么时候，什么情况下搞的，不管是哪一级组织、什么人定的和批的，都要实事求是地改正过来。
——此为1978年9月20日胡耀邦在全国信访工作会议上的讲话

要允许一部分地区、一部分企业、一部分工人农民，由于辛勤努力成绩大而收入多一些，生活先好起来。
——此为1978年12月13日邓小平在中央工作会议上的讲话

来。小岗村的改革,推动了联产承包责任制在全国农村的推广,促使全国农民不断走上富裕的道路。

■ 12月24日,中共中央在北京为彭德怀、陶铸举行追悼大会

12月18日~22日,党的十一届三中全会在北京举行。全会对中央工作会议提出研究的一系列重大问题作了进一步深入研究,并做出了决议。全会还正式平反了一批重大的冤假错案,对"文化大革命"及其以前的"左"的错误进行了切实的纠正。其中,审查和纠正了对彭德怀所作的错误结论,重新肯定了他为中国人民革命事业建立的不朽功勋,中共中央、中央军委决定为彭德怀举行隆重的追悼大会。

12月24日,党和国家领导人及首都各界群众代表2000多人,在人民大会堂为彭德怀和陶铸举行了隆重的平反昭雪大会。中共中央、全国人大、国务院、中央军委、中纪委、全国政协等领导人,在京的中共中央委员和候补委员、全国人大常委、全国政协常委,中共中央、国务院各部门负责人,解放军各总部、国防科委、各军兵种、军事院校、北京部队和北京卫戍区负责人,彭德怀、陶铸同志的生前友好,都出席了追悼会。会场正中悬挂着彭德怀、陶铸同志遗像,安放着彭德怀、陶铸同志覆盖着中国共产党党旗的骨灰盒。追悼会上,邓小平为彭德怀同志、陈云为陶铸同志致悼词。邓小平在悼词中说:"彭德怀同志是我党的优秀党员,老一辈无产阶级革命家,党、国家和军队的杰出领导人,今天,党中央本着实事求是的精神,认真落实党的政策,给彭德怀同志做出了全面公正的评价,为他恢复了名誉。""彭德怀同志在近半个世纪的革命斗争中,在毛泽东同志的领导下,南征北战,历尽艰险,为中国革命的胜利,为人民军队的成长壮大,为保卫和建设社会主义祖国做出了卓越的贡献。他的一生,是革命的一生,是忠于党、忠于人民的一生。"

华国锋、叶剑英、邓小平、李先念、陈云、汪东兴及党和国家其他领导人,亲切慰问彭德怀同志的夫人浦安修、陶铸同志的夫人曾志及他们的亲属。

备忘

- 1月1日,《人民日报》、《红旗》杂志、《解放军报》发表社论《光明的中国》。文章对中国光明的未来进行了描绘
- 2月18日~23日,中国共产党十一届二中全会在北京举行
- 6月9日,我国外交部发表《关于越南驱赶华侨问题的声明》
- 8月12日《中日和平友好条约》在北京签字
- 9月8日~17日,中国妇女第四次全国代表大会在北京举行
- 12月23日,上海宝山钢铁总厂在上海长江口破土动工

1979年

 大事

■ 1月1日，全国人大常委会发表《告台湾同胞书》

1979年1月1日，全国人大常委会发表《告台湾同胞书》，指出：实现中国的统一，是人心所向，大势所趋。世界上普遍承认只有一个中国，承认中华人民共和国政府是中国唯一合法的政府。我们的国家领导人已经表示决心，一定要考虑现实情况，完成祖国统一的大业，在解决统一问题时尊重台湾现状和台湾各界人士的意见，采取合情合理的政策和办法，不使台湾人民蒙受损失。我们寄希望于1700万台湾人民，也寄希望于台湾当局。统一祖国，人人有责。希望台湾当局以民族利益为重，对实现祖国统一的事业做出宝贵贡献。我们认为，首先应当通过中华人民共和国政府和台湾当局的商谈，结束台湾海峡目前仍然存在着的双方的军事对峙状态；希望双方尽快实现通航通邮，以利双方同胞直接接触；台湾和祖国大陆之间应当发展贸易，进行经济交流。

当天下午，全国政协就此举行座谈会，邓小平在会上发表《解决台湾问题，完成祖国统一大业提上具体日程》的讲话。同日，国防部长徐向前发表声明，宣布从即日起停止对大金门、小金门、大担、二担等岛屿的炮击。至此，自1958年开始的人民解放军对金门等岛屿的炮击宣告结束。

■ 1月18日，理论工作务虚会在北京举行

1978年11月中央工作会议上就实践是检验真理的唯一标准等重大原则问题进行了激烈的争论，涉及许多思想理论方面的新情况和新问题。根据这样的情况，叶剑英建议中共中央召开一次理论务虚会。接受叶的建议，华国锋在中央工作会议闭幕会上正式提出召开理论工作务虚会。

1979年1月18日，理论工作务虚会在北京举行。会议由新任中共中央宣传部部长的胡耀邦主持。讲话中指出会议的目的和要求：一是要总结理论宣传战线的基本经验教训，把思想理论上的重大原则问题讨论清楚，统一到马克思列宁主义、毛泽东思想的基础上来。二是研究全党工作重心转移之后理论宣传工作的根本任务。

会议分两个阶段进行，2月下旬，会议进入第二阶段。在会议进行的同时，社会上反对共产党、反对社会主义制度思潮在一部分群众中造成思想混乱。受其影响，一些地方出现冲击党政机关、阻断交通等闹事现象，中共中央对此给予了高度重视。1979年3月30日，邓小平受中共中央委托，在理论工作务虚会上作了《坚持四项基本原则》的重要讲话。邓小平在讲

话中强调指出，中共中央认为，我们要在中国实现四个现代化，必须在思想政治上坚持四项基本原则，这是实现四个现代化的基本前提。第一，必须坚持社会主义道路；第二，必须坚持无产阶级专政；第三，必须坚持共产党的领导；第四，必须坚持马列主义、毛泽东思想。邓小平还对几个重要理论问题提出了新的看法，指出社会主义社会的基本矛盾仍然是生产关系和生产力之间的矛盾，上层建筑和经济基础之间的矛盾。生产力发展水平低，远远不能满足人民和国家的需要，解决这个主要矛盾就是我们的中心任务。阶级斗争虽然客观存在，但不应当夸大"无产阶级专政下继续革命"这个提法，实践已经证明是错误的。由于实际情况的变化和认识的变化，对党的十一大制定的路线做出的一些必要调整是完全正常的。

这次理论工作务虚会，总体上说，是中共中央倡导解放思想，实事求是的指导方针，坚持四项基本原则，推进工作重点战略转移的一次重要会议。为确立以经济建设为中心，坚持四项基本原则，坚持改革开放为主要内容的基本路线奠定了基础。

■ 1月28日~2月5日，邓小平副总理应邀出访美国

1979年1月28日（农历大年初一），就在举国上下一片祥和的时刻，邓小平出访美国。

北京时间1月29日凌晨4点半（美国东部时间1月28日下午3点半）邓小平乘坐的波音707抵达华盛顿安德鲁斯空军基地。

上午10点整，白宫迎来了它来自东方的最尊贵的客人。美国总统卡特和夫人陪同邓小平和夫人登上了铺有红地毯的礼宾台。军乐队奏响了中美两国的国歌，鸣礼炮19响。接着，邓小平和卡特并肩走过长长的红地毯，一起检阅三军仪仗队。事后，一位美国的记者大发感慨说：一个国家的总统举行正式仪式，如此隆重地欢迎另一个国家的副总理，这在世界外交史上是极其罕见的。

▲邓小平副总理应邀访问美国

邓小平这次访问美国，是中华人民共和国成立后，中国领导人对美国的第一次访问，也是中国共产党人自抗日战争时期开始同美国发生关系以来对美国的第一次访问。

1979年1月30日，邓小平在华盛顿发表讲话说，用什么方式解决台湾归回祖国的问题，那是中国的内政。我们不再用"解放台湾"这个提法了，只要台湾归回祖国，我们将尊重那里的现实和现行制度。访问期间两国领导人就双方共同关心的问题和国际形势进行讨论，签署了中美科技合作协定和文化协定以及两国在教育、农业、空间方面合作的谅解换文，在高能物理方面合作的协议，建立领事关系的协议等。

■ 2月17日，中国对越南侵略者展开自卫反击战

越南在苏联的唆使和支持下，入侵柬埔寨，军事占领老挝，加紧拼凑"印支联邦"，竭力为苏联策划的"亚安体系"效劳，并且把中国看成它

推行地区霸权主义的最大障碍。

越南当局在国内大规模的迫害华侨，频频骚扰我边境，打死打伤我边民及边防军，入侵我国土，拆毁我界碑，对中国无理提出领土要求，把历来属于中国的西沙、南沙群岛，宣称为越南的领土，并出兵侵占南沙群岛中的一些岛屿，在中越边境地区集结大量武装部队，公然在中国的土地上埋设地雷，修筑工事，任意开枪开炮，酿成严重流血事件。

▲对越南侵略者展开自卫反击战

在半年中，越南的武装挑衅就达700多次，打死打伤中国边防人员和边境居民300余人。对于越南地区霸权主义者的这种蛮横行径，中国政府曾多次提出劝告和警告，规劝他们要以两国人民的根本利益为重，不要做不利于两国人民团结的事，并一再提出通过谈判合理解决两国的争端。但是越南当局却置若罔闻，在侵略的道路上越走越远。我边防部队忍无可忍，奉命于2月17日始对越南侵略者进行惩罚性自卫反击。在20多天的作战中，我边防部队攻克了越南谅山、高平、老街3个省会和17个县市，重创越军4个正规师10个团，毙敌37300余人，俘敌2200余人，缴获大批武器装备和作战物资，摧毁了越南北部地区针对我国构筑的大量军事设施，给越南侵略者以有力的打击，在政治上、军事上取得了重大胜利。在完成预期目的之后，中国边防部队于3月16日全部撤回中国境内。

■ 3月29日，邓小平在北京会见香港总督麦理浩

新中国成立后，中国政府对香港问题的一贯立场是：香港是中国的领土，中国不承认英帝国主义强加的三个不平等条约，主张在适当时机通过谈判解决这一问题，未解决前暂时维持现状。

中共十一届三中全会提出的新时期三大任务之一就是实现祖国统一。中国政府的态度使英国人立即有所动作，1979年3月26日，英国派香港总督麦理浩访华，其目的就是传递信息：英国政府希望与中国政府接触，了解中国政府对确定1997年后香港地位的态度，他向邓小平表示：由于港英政府批出的新界土地契约不能超过1997年，可能会影响香港未来的繁荣。其目的非常清楚，就是希望中国不要反对港英政府批出超越1997年的土地契约。

1979年3月29日，邓小平在会见香港总督麦理浩时明确表示不同意麦理浩提出的在1997年6月后新界仍由英国管理的意见，他说："我们历来认为，香港主权属于中华人民共和国，但香港又有它的特殊地位。香港是中国的一部分，这个问题本身不能讨论。但可以肯定的一点，就是即使到了1997年解决这个问题时，我们也会尊重香港的特殊地位。现在人们担心的，是在香港继续投资靠不靠得住。这一点，中国政府可以明确地告诉你，告诉英国政府，即使那时做出某种政治解决，也不会伤害继续投资人的利益。请投资的人放心，这是一个长期的政策。"

邓小平的这一谈话成了"一国两制"的"雏形"。从这一年起，解决香港问题逐渐提上议事日程。

世界

▶3月28日，美国宾夕法尼亚三里岛核电站事故发生

1979年3月28日凌晨4时，美国宾夕法尼亚州的三里岛核电站第2组反应堆的操作室里，红灯闪亮，汽笛报警，涡轮机停转，堆心压力和温度骤然升高，2小时后，大量放射性物质溢出。6天以后，堆心温度才开始下降，蒸气泡消失——引起氢爆炸的威胁免除了。100吨铀燃料虽然没有熔化，但有60%的铀棒受到损坏，反应堆最终陷于瘫痪。

事故发生后，全美震惊，核电站附近的居民惊恐不安，约20万人撤出这一地区。美国各大城市的群众和正在修建核电站的地区的居民纷纷举行集会示威，要求停建或关闭核电站。美国和西欧一些国家政府不得不重新检查发展核动力计划。

中国百年实录 1979年

世界

▶5月4日，撒切尔夫人成为英国第一位女首相

5月4日，在英国大选中，保守党大获全胜，因此保守党领袖撒切尔夫人成为英国首相。她也是英国历史上第一位女首相。

玛格丽特·希尔达·撒切尔于1925年10月13日出生于英格兰林肯郡格兰瑟姆市。1943年进入牛津大学萨默维尔女子学院攻读化学。大学时代加入了保守党，并担任牛津大学保守党协会主席。1947年至1951年间曾任两家化学公司的化学研究员，并利用业余时间攻读法律，并于1953年获得林肯律师协会的批准，成为一名律师。1959年撒切尔夫人当选为保守党下院议员。1961年出任年金和国民保险部政务次官。1964年担任下院保守党前座发言人。1970年任教育和科学大臣。1975年2月当选为保守党领袖。1979年5月保守党大选获胜，撒切尔夫人出任首相，成为英国历史上第一位女首相。

她上台之后便抛弃了"共识政治"，并进行大刀阔斧的改革，采取了四项主要措施，一是私有化，二是控制货币，三是削减福利开支，四是打击工会力量。她领导的政府使战后一直处于衰落不振状态的英国出现了"中兴"的局面。

■ 4月10日，美国总统卡特签署《与台湾关系法》

1979年1月26日，卡特总统提出《与台湾关系法》议案，美国国会众、参两院分别于3月28日、19日予以通过，卡特于4月10日签署生效。《与台湾关系法》声称："美国做出同中国建立外交关系的决定是以台湾的前途将以和平方式决定这种期望为基础的；凡是企图以和平以外的方式来解决台湾问题的努力，都将会威胁西太平洋地区的和平与安全，引起美国的严重关注。"并提出要向台湾提供"防御性武器"，使之"保持抵御会危及台湾人民的安全或社会、经济制度的任何诉诸武力的行为或其他强制形式的能力"。

4月28日，中国外交部照会美国驻中国大使馆，指出《与台湾关系法》实质上是蓄意把台湾当作"国家"，把台湾当局当作"政府"，它的许多条款都违反了中美建交原则以及美方的承诺，是对中国内政的公然干涉。中国政府反对"两个中国"或"一中一台"的立场是坚定不移的。如果美国方面不恪守中美建交原则，怀有干涉中国内政图谋，只会对中美关系造成损害，对中美任何一方都不会带来好处。

■ 6月18日~7月1日，五届全国人大二次会议在北京举行

第五届全国人民代表大会第二次会议于1979年6月18日~7月1日在北京召开。出席会议代表共3471名。

会议的主要任务是讨论和决定国民经济的调整、改革、整顿、提高，

▲五届全国人大二次会议

以及加强社会主义民主和社会主义法制的问题。会议听取了国务院总理华国锋的政府工作报告，全国人大常委会的工作报告，五届人大代表资格审查委员会的关于代表情况和补选代表资格审查报告，国务院副总理兼国家计委主任余秋里关于1979年国民经济计划草案的报告，财政部长张劲夫的关于1978国家决算和1979年国家预算草案的报告。听取了彭真同志关于七个法律草案的说明。

本次会议通过了华国锋总理的政府工作报告，通过决议批准了1979年国民经济计划和余秋里副总理的报告，批准了1978年国家决算、1979年国家预算和财政部长张劲夫的报告。通过了关于全国人大常委会工作报告的决议和关于最高人民法院、最高人民检察院工作报告的决议；通过了提案审查委员会关于提案的审查报告。会议还通过了《关于修正〈中华人民共和国宪法〉若干规定的决议》，审议并通过《地方各级人民代表大会和地方各级人民政府组织法》、《全国人民代表大会和地方各级人民代表大会选举法》、《人民法院组织法》、《人民检察院组织法》、《中华人民共和国刑法》、《中华人民共和国刑事诉讼法》、《中华人民共和国中外合资经营企业法》等七个重要法律。

会议增选彭真、萧劲光、朱蕴山、史良为全国人大常委会副委员长；通过了华国锋总理的提议：任命陈云、薄一波、姚依林为国务院副总理，方毅为中国科学院院长。大会还选举了由81名各族代表组成的五届人大民族委员会，阿沛·阿旺晋美任主任委员。

■ 8月26日，深圳市境内划出327.5平方公里地域设置经济特区

"深圳"一名始自明永乐八年（1410年），因所处环境、河沟纵横，故名。清康熙七年（1668年）在新安县边境修筑了深圳、盐田、大梅沙、小梅沙等21座墩台为边陲哨所，以后逐渐成墟。民国二十年（1931年）设深圳镇。1979年3月撤宝安县设立深圳市，市政府驻深圳镇。1979年8月撤深圳镇，"深圳"一名由深圳市名沿用下来。

深圳市地处广东省南部沿海，位于北回归线以南。深圳经济特区是深圳市的一部分。东起大鹏湾背仔角，西连珠江口之安乐村，南与香港新界接壤，是中国主要进出口岸之一。

1979年8月26日，经中华人民共和国第五次全国人大常委会第15次会议决定批准，在深圳市境内划出327.5平方公里（补充更正调查数据为395.992平方公里）地域设置经济特区。

1980年8月全国人大常委会颁布了《广东省经济特区条例》，深圳经济特区正式成立，地域包括今罗湖、福田、南山三个区。如今深圳已经成为改革开放政策成功的一个范例和样板，使人们增加了改革开放的信心。它作为中国改革开放的试验区和先遣队，带动着中国改革的前进步伐。

■ 11月26日，邓小平首次提出社会主义也可以搞市场经济的观点

1978年11月的中央工作会议将党的工作重点转移到社会主义现代化建设上。这年，邓小平做了创办经济特区、支持包干到户、扩大国有企业放权让利试点范围等工作。

1979年11月26日，会见美国和加拿大客人时，加拿大麦吉尔大学东亚研究所主任林达光关于"扩大非资本主义的市场经济作用"的提问显然触动了邓小平，他长期积累的市场经济思想第一次系统地表达出来："我们是计划经济为主，也结合市场经济，但这是社会主义的市场经济……市场经济不能说只是资本主义的。……社会主义也可以搞市场经济……这是社会主义利用这种方法来发展社会生产力。把这当作方法，不会影响整个社会主义，不会重新回到资本主义。"这是国家领导人首次提出社会主义市场经济概念。

此后，邓小平多次谈到他的社会主义市场经济思想。1992年，他以更坚定的不容置疑的口气宣传他的社会主义市场经济思想，平息了姓"社"姓"资"的争论，终使党在十四大上将社会主义市场经济确定为我国经济体制改革的目标模式，由此完成了用社会主义市场经济体制取代计划经济体制的战略转变。

世界

▶ 12月27日，苏联入侵阿富汗

1979年12月27日，苏联出动近10万大军入侵阿富汗。这场侵略战争迫使300多万阿富汗人逃往巴基斯坦，200万人流入伊朗，8万人寄居欧美，全国1/3的人口变成难民。

苏联的武装入侵，给阿富汗人民带来深重的灾难，并严重威胁亚洲和世界和平。1980年1月14日联合国第6届紧急特别会议通过决议，要求苏联军队立即无条件地和全部地撤出阿富汗。苏军在阿富汗伤亡达3万多人。

戈尔巴乔夫上台后，决定从阿富汗撤军。1988年4月14日日内瓦协议签字，规定苏自当年5月15日开始撤军，9个月内撤完。1989年苏联军队全部撤出了阿富汗。

中国百年实录　1979年

■ 12月6日，北京市政府下达命令，禁止在"西单民主墙"和其他地方张贴大字报

▲禁止在"西单墙"和其他地方张贴大字报

西单墙是在北京西单十字路口东侧路北的人行道旁，几路公共汽车站都设在这里。在这些公共汽车站的后面，是一排约有200米长的灰色矮墙。从1978年春开始，有些人在这里贴大字报，看大字报的人很多，一传十，十传百，逐渐形成一个自发的聚拢越来越多人的场所，人称此处为"西单民主墙"。

在最初的几个月，西单墙的大小字报绝大多数的内容以申冤诉苦为主，只是就事论事，不大涉及政治内容。随着官方报刊批判两个"凡是"和真理标准讨论的宣传，西单墙大字报的内容也越来越集中到政治民主问题，越来越接近一些敏感问题，引起了人们的纷纷议论。

1979年12月6日，北京市革命委员会发出通告，对在北京市张贴大字报做出暂行规定。通告中说：为了保护人民的民主权利，维护社会秩序，便于处理大字报提出的建议和合理要求，防止匿名、化名者利用大字报进行违法活动，规定自12月8日起实行对大字报的管理规定，即凡在自己所在单位以外张贴的大字报（包括小字报），一律集中到月坛公园内大字报张贴处，并在附近登记处填报真实姓名、化名、住址和单位，禁止在西单墙和其他地方张贴。

1980年五届人大三次会议对关于取消"四大"（大鸣、大放、大字报、大辩论）的问题，正式作了决议。

声音

我们当然力求用和平方式来解决台湾回归祖国的问题，但是究竟可不可能实现，这是一个很复杂的问题。在这个问题上，我们不能承担这么一个义务：除了和平方式以外不能用其他方式来实现统一祖国的愿望。我们不能把自己的手捆起来，如果我们把自己的手捆起来。反而会妨碍和平解决台湾问题这个良好愿望的实现。

——此为1979年1月5日，邓小平在会见朝鲜国家主席金日成特使金永南时的谈话

我们不要越南的一寸土地，也绝不容许别人肆意侵犯我国领土。我们要的只是和平的安全边界，在给予越南侵略者以应有的还击之后，中国边防部队将严守祖国的边界。

——此为2月17日新华社奉中央政府之命发布的对越自卫反击战声明

备忘

- 2月17日，中共中央发出《关于为彭真平反的通知》
- 3月1日，中美两国在对方首都互建大使馆
- 6月15日，万里在安徽省凤阳县农村调查
- 7月15日，中共中央、国务院决定在深圳、珠海试办特区
- 11月26日，中国奥委会在国际奥委会的合法权利得到恢复
- 12月6日，邓小平在北京会见日本首相大平正芳，提出中国本世纪的目标是实现小康

1980年

大事

■ 5月17日，刘少奇追悼大会在北京隆重举行

1980年5月17日，中共中央、人大常委会和国务院为在十年浩劫中被迫害致死的国家主席刘少奇举行隆重的追悼大会。党和国家领导人以及首都各方面代表一万多人参加。

自中共十一届三中全会之后，党中央对刘少奇问题进行了详尽周密的调查核实，确认这是一起全国最大的冤案。1980年2月，中共十一届五中全会一致通过了为刘少奇平反的决议，决定撤销中共八届二中全会枉加于刘少奇的"叛徒、内奸、工贼"的罪名和把他"永远开除出党，撤销其党内外一切职务"的错误决议，撤销

▲刘少奇追悼大会现场

原审查报告。同年5月16日，《人民日报》发表社论《恢复毛泽东思想的本来面目——论为刘少奇同志平反》。

17日，全国下半旗志哀，停止娱乐活动一天，下午，中共中央主席、国务院总理华国锋主持为刘少奇举行的追悼会，中共中央副主席、国务院副总理邓小平致悼词。悼词中，邓小平代表党中央对刘少奇光辉、伟大的一生做了高度的评价。邓小平说："今天，我们怀着无比沉痛的心情，悼念伟大的马克思主义者和无产阶级革命家刘少奇同志。刘少奇同志为共产主义事业战斗了一生。他是受到全党和全国各族人民爱戴的、久经考验的、卓越的党和国家领导人。"追悼会后，依照刘少奇遗言，他的骨灰由其亲属在海军舰只的护送下撒入大海。

■ 8月30日~9月10日，五届全国人大三次会议在北京举行

第五届全国人民代表大会第三次会议于1980年8月30日~9月10日在北京召开。出席会议代表共3478人。

会议听取了国务院副总理兼国家计划委员会主任姚依林《关于1980、1981年国民经济计划安排的报告》，听取了人大常委会副委员长彭真做的人大常委会工作报告，彭真以及全国人大常委会法制委员会副主任武新宇、顾明对提请大会审议的婚姻法修改草案、国籍法草案、中外合资经营企业所得税法草案和个人所得税法草案的主要内容做的说明。国务院总理

华国锋就政府工作作了讲话。会议还听取了最高人民法院和最高人民检察院工作报告。

本次大会依次通过了《关于1980、1981年国民经济计划安排》《1979年国家决算、1980年国家预算和1981年国家概算》的决议；关于修改《中华人民共和国宪法》第四十五条的决议，取消原第四十五条中"有运用'大鸣、大放、大辩论、大字报'的权利"的规定；关于修改宪法和成立宪法修改委员会的决议；关于全国人民代表大会常务委员会工作报告的决议；关于最高人民法院工作报告和最高人民检察院工作报告的决议。通过了《中华人民共和国国籍法》《中华人民共和国婚姻法》《中华人民共和国中外合资经营企业所得税法》和《中华人民共和国个人所得税法》。大会还通过了五届人大第三次会议提案审查委员会关于提案的审查报告。

■ 11月10日~12月5日，中央政治局扩大会议在北京连续召开

1980年11月10日~12月5日，中共中央政治局扩大会议在北京连续召开9次会议。

会议首先讨论了华国锋在粉碎"四人帮"以来，特别是头两年的一些重要错误。认为华国锋在十一大前后提出一系列基本上还是"文化大革命"中的口号，他从来没有主动地提出过纠正"文化大革命"错误的创议；他阻碍解放大批老干部和平反冤假错案；他热衷于制造和接受新的个人迷信；前两年经济工作中的冒进和损失，他有重要责任。中央政治局认为，华国锋不适宜继续担任中央主席和中央军委主席，他本人也要求辞去这两个职务。会议通过三项决议：一、向十一届六中全会建议，同意华国锋辞去中央委员会主席、中央军委主席的职务。二、向六中全会建议，选举胡耀邦为中央委员会主席，选举邓小平为中央军委主席。三、在六中全会前，暂由胡耀邦主持中央政治局和中央常委的工作，由邓小平主持中央军委的工作。会议同时肯定了华国锋在粉碎"四人帮"这一事件中是有功劳的，在过去的4年中做过一些有益的工作，希望六中全会继续选举他为中央政治局常委和中央副主席。会议决定对《关于建国以来党的若干历史问题的决议（讨论稿）》参照讨论中提出的意见进行改写。1981年1月9日，中共中央发出《关于扩大传达〈中央政治局会议通报〉的通知》。《通知》指出，中央决定把《中央政治局会议通报》扩大传达到县、团级党员干部。

■ 11月15日~12月21日，国务院在北京召开全国省长、市长、自治区主席会议和全国计划会议

1980年11月15日~12月21日，国务院在北京召开全国省长、市长、自治区主席会议和全国计划会议，讨论经济形势，调整1981年计划。会议指出：当前经济形势是好的，但是有潜在的危险。一是财政出现大量赤字，二是基本建设规模大大超出国家经济的可能。必须下决心狠抓调整，关键是压缩基本建设，适当控制消费，搞好关停并转，根本改变比例失调的严

声音

我们党在现阶段的政治路线，概括地说，就是一心一意搞四个现代化，这件事情一定要死扭住不放，一天也不能耽误。
——此为1980年2月邓小平在中共十一届五中全会第三次会议上的讲话

衡量一部作品的社会效果，最重要的是看是否有利于现代化建设，是否有利于安定团结，是否有利于提高人民和青年的社会主义觉悟。
——此为1980年1月23日~2月13日胡耀邦在北京剧本创作座谈会上的讲话

重局面,为今后经济的发展打下坚实的基础。今后国民经济的发展,不能再走那种"高速度、高积累、低效率、低消费"的老路,而要走另一条速度不那么高,但国民收入、社会财富增加比较多的路子。

会议期间,邓小平、陈云、李先念在讲话中主要谈了调整问题,强调1981年基本建设投资要压缩,财政要没有赤字,银行不增发票子。会议根据中央领导同志讲话的精神,对1981年国民经济计划作了调整,主要是将工农业总产值的指标由6955亿元减为6800亿元,比上年预计增长3.7%;财政收支平衡;基本建设投资由550亿元减为300亿元,其中国家预算内投资由242亿元减为170亿元。

■ 11月20日~1981年1月25日,最高人民法院特别法庭对林彪、江青反革命集团进行审判

1980年11月20日,最高人民法院特别法庭开庭公审林彪、江青反革命集团主犯江青、张春桥、姚文元、王洪文、陈伯达、黄永胜、吴法宪、李作鹏、邱会作、江腾蛟。10名律师接受被告委托出庭辩护。最高人民检察院特别检察厅在起诉书中列举了这个反革命集团所犯的罪行,11月20日下午,特别法

▲审判"四人帮"现场

庭开庭审判,至12月29日,第一、第二两个审判庭对10名主犯的犯罪事实进行的法庭调查和法庭辩论共开庭42次,有49名证人和被害人出庭作证,对各种证据873件进行了审查。确认,以林彪为首的反革命集团和以江青为首的反革命集团,都是以夺取党和国家最高权力、推翻我国人民民主专政为目的的,形成了一个反革命联盟,被告的十人都是主犯。他们的犯罪活动使国民经济和其他各项事业遭到极其严重的破坏,给各族人民带来极大的灾难。

1981年1月20、21日,最高人民法院特别法庭召开全体审判人员会议,充分发扬民主,听取各种意见,经过逐段逐句讨论修改,一致通过了判决书。22日,特别法庭严格执行合议制度,对十名主犯的量刑逐个评议,逐个进行了表决。23日,特别法庭举行了判决书签字仪式。25日上午9时,特别法庭开庭宣判。判处江青、张春桥死刑,缓期二年执行,剥夺政治权利终身。判处王洪文无期徒刑,剥夺政治权利终身。判处姚文元有期徒刑20年,陈伯达18年,黄永胜18年,吴法宪17年,李作鹏18年,邱会作16年,江腾蛟18年,以上7名罪犯均被剥夺政治权利5年。10时50分,江华宣布特别法庭闭庭,参加旁听的1200多名代表热烈鼓掌拥护特别法庭的正义判决。

世界

▶5月8日,第33届世界卫生大会宣布全球已消灭天花

天花是由天花病毒引起的,通过飞沫传染的一种烈性传染病。其传染性强,病情重,病死率达20%~30%。临床上有严重的全身毒血症症状和成批出现的、离心分布的同期皮疹(自斑疹、疱疹、脓疱以至结痂、脱落)。

1966年世界卫生大会决定每年耗资250万美元,规划10年消灭天花的方案。1967年执行,在世界卫生组织和全世界各国通力合作下,对天花进行了全球性监测和种痘,于1980年5月第33届世界卫生大会上宣布全球已消灭天花。

我国最后一例发生于1960年3月云南接近缅甸的边区,1977年10月在索马里发生的是世界上最后一次天花流行,目前天花已灭迹。

1980年

■ 11月23日，中共中央转发山西省委《关于农业学大寨运动中经验教训的检查报告》

1980年11月23日，中共中央转发山西省委《关于农业学大寨运动中经验教训的检查报告》。

中央在批语中指出：山西省委总结了大寨大队从农业战线的先进典型变成执行"左"倾路线的典型的经验教训。各地应认真总结学大寨和三中全会以来农业战线上的经验教训，以利于进一步肃清农业战线上"左"倾路线的影响，更好地贯彻执行三中全会以来中央制定的各项农村政策。"文化大革命"以来，大寨和昔阳县推行"左"领路线，主要应由陈永贵负责。在全国范围内推行大寨经验的错误，主要责任在当时的党中央。历史已经证明，把先进典型的经验模式化、绝对化、永恒化的做法是错误的、有害的。任何先进技术经验或经营管理经验都必须同当地农民的经济利益联系起来，重视经济效果，在农民自愿接受的基础上，经过试验逐步推广。要接受正反两方面的经验，使培养劳动模范、培养工农干部，有一套完整的、切实可行的制度，不要让他们担任不能胜任的领导职务。

山西省委在《检查报告》中分析，大寨和昔阳县"左"的错误的主要内容及其危害是：人为制造阶级斗争，使相当多的干部群众遭到迫害；搞"穷过渡"，阻碍和破坏生产力的发展；不断地"割资本主义的尾巴"，扼杀了集体经济的必要补充部分，阻碍了社会主义经济的全面发展；不断地鼓吹平均主义，破坏按劳分配。

■ 12月16日~25日，中共中央在北京召开工作会议

1980年12月16日~25日，中共中央在北京召开工作会议，主要讨论经济形势和经济调整问题。16日，陈云在讲话中就利用外资引进新技术、经济形势、经济体制改革、按经济规律办事和必要的国家干预、商品价格、中央财政与地方财政等一系列问题发表了14点意见，肯定了成绩，指出了存在的或需要注意的问题。他强调：我们要改革，但是步子要稳；好事要做，又要量力而行；对实现四个现代化，决不要再作不切实际的预言；开国以来经济建设方面的主要错误是"左"的错误；目前的调整意味着某些方面的后退，而且要退够，不要害怕这个清醒的、健康的调整。陈云还强调，干部队伍的革命化、年轻化、知识化、专业化、制度化，仍然是我们在干部政策上的大方针。我们老干部必须担负起挑选德才兼备的青年干部的责任。

25日，邓小平作《贯彻调整方针，保证安定团结》的讲话，强调：经济调整是件大事，如果不调整，"四化"建设就不可能顺利进行；为保证这次调整的顺利进行，必须坚定不移地继续执行三中全会以来的一切行之有效的方针、政策、措施，继续把经济搞活，执行对外开放政策；改善党的领导，其中最主要的，就是加强思想政治工作；要有步骤地和稳妥地实行干部离休、退休制度，废除实际上存在的干部领导职务终身制，要在坚

世界

▶5月18日，韩国发生"五一八光州事件"

1980年5月18日，韩国全罗南道光州市道厅广场上聚集着成千上万的民众。在得知全斗焕政府的军人向示威学生开始射击后，愤怒的光州市民高呼着"到道厅去！"（道厅，全罗南道政府大厅）市民从四面八方涌到道厅里。聚集民众很快达到30万人，由于军队不断枪杀示威民众，示威最终演化成起义：市民和学生夺过武器，将军人赶出光州。

就在光州民众和政府谈判的时候，全斗焕政府却在美国政府的支持下，秘密调集军队，突然杀进光州，军队最后包围了道厅，并将拒绝撤离主楼的市民和学生全部枪杀。

据官方报道，光州事件造成了191人死亡，122名重伤，730名轻伤。直接经济损失为2200万美元。但间接损失无法统计，导致了韩国战争结束后政府实施经济增长计划以来的第一个负增长年。

持社会主义道路的前提下，使我们的干部队伍年轻化、知识化、专业化，提出年轻化、知识化、专业化，这三个条件。当然首先是要革命化；安定团结的政治局面是继续巩固还是遭到破坏，是这次调整成败的关键。1981年1月5日，中共中央发出通知，要求认真贯彻执行中央工作会议确定的经济上进一步调整，政治上进一步安定的方针。

备忘

- 2月13日，中国派团参加第13届冬季奥林匹克运动会
- 4月17日，国际货币基金组织恢复中国的代表权
- 5月18日~21日，我国向太平洋海域发射远程火箭获得成功
- 6月30日，国务院开发海南岛问题座谈会在北京召开
- 8月26日，五届全国人大常委会批准《广东省经济特区条例》
- 12月25日，著名历史学家顾颉刚逝世

世界

▶9月22日，两伊战争爆发

伊拉克和伊朗长期以来存在着领土纠纷、民族和教派矛盾。1979年2月霍梅尼在伊朗执政后，两伊关系日趋恶化，不断发生边界冲突。1980年9月17日，伊拉克宣布废除阿尔及尔协议，收回阿拉伯河的主权，22日出兵伊朗，导致两伊战争爆发。

1987年7月20日，安理会通过结束两伊战争的598号决议。但是直到1988年8月20日，双方才宣布停火。8月25日在联合国秘书长德奎利亚尔的主持下双方开始直接谈判。至此，持续8年的两伊战争结束，这场战争使双方死亡约100万人，伤约170万人，相当于四次中东战争人员伤亡总数的17倍，整个经济损失高达约6000亿美元。

1981年

大事

■ 3月27日，茅盾在北京逝世

1981年3月27日，中国著名作家、翻译家、社会活动家沈雁冰（笔名茅盾）在北京逝世，享年85岁。

沈雁冰，笔名茅盾，是中国共产党最早的党员之一，1913年考入北京大学预科。1916年开始从事文学活动，对中国新文学事业做出了重大贡献。1930年同鲁迅一起参加组织了中国左翼作家联盟。沈雁冰1930年在上海参加组织中国左翼作家联盟，曾任左联执行书记。1949年当选为全国文联副主席，中国作协主席。新中国成立后，历任政务院文教委员会副主席，第一任文化部部长，中国文联名誉主席，第四、五届全国政协副主席。主要作品有：长篇小说《子夜》

▲茅盾

《虹》《霜叶红似二月花》《腐蚀》等；中篇小说《蚀》三部曲（《幻灭》《动摇》《追求》）；短篇小说《林家铺子》，农村三部曲《春蚕》《秋收》《残冬》；散文《白杨礼赞》《风景谈》等。

茅盾逝世前，在1981年3月14日给中国作家协会的信中立下的遗嘱说："为了繁荣长篇小说的创作，我将我的稿费25万元捐献给作协，作为设立一个长篇小说文艺奖的基金，以奖励每年最优秀的长篇小说。我自知病将不起，我衷心祝愿我国社会主义文学事业繁荣昌盛"。1981年10月，中国作协决定启动茅盾文学奖。"茅盾文学奖"是中国第一次设立的以个人名字命名的文学奖，是中国长篇小说的最高文学奖项之一。迄今已评出六届共27部长篇小说。

■ 5月29日，宋庆龄在北京逝世

1981年5月29日，中国爱国主义、民主主义、国际主义和共产主义的伟大战士，杰出的国际政治活动家，卓越的国家领导人，中华人民共和国名誉主席，全国人民代表大会常务委员会副委员长宋庆龄，因患慢性淋巴细胞性白血病，于20时18分在北京逝世，终年90岁。

6月3日下午，宋庆龄追悼大会在人民大会堂隆重举行，胡耀邦主持，邓小平致悼词。6月4日上午，宋庆龄骨灰由邓颖超等护送至上海万国公墓

声音

团结起来，振兴中华！
——此为1981年3月20日北大学生庆祝中国男排获胜的游行口号，这个口号迅速传遍全国

国家实现统一后，台湾可作为特别行政区，享有高度的自治权，并可保留军队，台湾现行社会、经济制度不变，生活方式不变，同外国的经济、文化关系不变。私人财产、房屋、土地、企业所有权、合法继承权和外国投资不受侵犯。
——此为1981年9月底叶剑英就台湾问题向新华社记者发表的谈话

宋氏墓地安葬。

宋庆龄，原籍广东文昌县。1883年生于上海市，毕业于美国威斯里安女子大学。1913年任孙中山秘书。1915年与孙中山结婚。中华人民共和国成立后历任中央人民政府副主席、全国人民代表大会常务委员会副委员长、全国政协副主席、中华人民共和国副主席等职。1981年5月15日，中共中央接收她为中国共产党正式党员；5月16日，第五届全国人大常委会通过决定，授予她中华人民共和国名誉主席的荣誉称号，她在国际上也有很高的声誉。1950年，她被选为世界和平理事会领导成员，1952年被评为亚洲及太平洋区域和平联络委员会主席。在国际活动中，她为反对侵略战争，保卫和平，增进各国人民的了解和友好交往，进行了卓有成效的斗争。她被国际上公认为20世纪最伟大的女性之一。

▲晚年宋庆龄

■ 6月27日~29日，中共十一届六中全会在北京举行

6月27日~29日，中共十一届六中全会在北京举行。会议审议和通过了《关于建国以来党的若干历史问题的决议》。《决议》对建国以来党的重大历史事件特别是"文化大革命"，对毛泽东的功过是非和毛泽东思想的基本内容与指导意义做出总结和评价。指出："文化大革命"是一场由领导者错误发动，被反革命集团利用，给党、国家和各族人民带来严重灾难的内乱。《决议》认为，就毛泽东的一生来看，他对中国革命的功绩远远大于他的过失，他的功绩是第一位的，错误是第二位的。毛泽东思想是马克思列宁主义在中国的运用和发展，是被实践证明了的关于中国革命的正确的理论原则和经验总结，是中国共产党集体智慧的结晶。毛泽东思想是中国共产党的宝贵的精神财富，它将长期指导我们的行动。《决议》初步总结了十一届三中全会以来，党逐步确立的适合中国情况的社会主义现代化建设道路的十个要点。全会一致同意华国锋辞去党中央主席和中央军委主席职务的请求。全会对中央主要领导成员进行了改选和增选；选举胡耀邦为中央委员会主席，增选赵紫阳、华国锋为中央委员会副主席；选举邓小平为中央军事委员会主席，增选习仲勋为中央书记处书记。中央政治局常务委员会成员有：胡耀邦、叶剑英、邓小平、赵紫阳、李先念、陈云、华国锋。这次全会及其通过的《历史决议》，完成了中国共产党在指导思想上拨乱反正的任务。

■ 8月26日，邓小平首次提出"一国两制"的构想

早在1978年11月，邓小平在会见缅甸总统吴奈温时就提出："在解决台湾问题时，我们会尊重台湾的现实，比如，台湾的某些制度可以不动，美日在台湾的投资可以不动，那边的生活方式可以不动。但是要统一。"

中国百年实录 1981年

世界

▶5月21日，首批绝食的爱尔兰共和军全部死亡

1981年3月1日，关在贝尔法斯特梅兹监狱中的爱尔兰共和军战士桑兹等4人宣布开始绝食。他们的目的很简单：要求英国政府给予被俘的共和军战士以"政治犯"待遇，而不是现在的恐怖分子待遇。但是，桑兹等人的要求被英国政府拒绝了。各种组织、各个国家纷纷派出说客到英国调解，但最后，各位说客全部无功而返。

1981年5月5日，在绝食66天之后，桑兹终于死去。撒切尔夫人在下院发表演说，声称："对共和军囚犯让步就是给他们颁布屠杀无辜的许可证。"5月21日夜11时29分，首批参加绝食的共和军战士全部死亡，又有一批囚犯自愿接替了他们的位置，开始了新的绝食。7个月后，绝食终于停止。但前后已经相继死去了10个共和军战士。

在长达7个月的绝食过程中，撒切尔夫人的铁石心肠给世界留下了深刻的印象。"铁女人"的外号不胫而走。

1979年元旦，中美建交时，全国人大常委会发表了《告台湾同胞书》。指出：台湾当局一贯坚持一个中国的立场，反对台湾独立。这就是我们共同的立场，合作的基础。《告台湾同胞书》明确表示，在解决台湾问题时，会尊重台湾现状和台湾各界人士的意见，采取合情合理的政策和办法，不会使台湾人民蒙受损失。同时，还就结束海峡两岸间的军事对峙状态，实现"三通"（通商、通航、通邮）提出了具体的建议和措施。随后，邓小平在出访美国时，又强调指出："我们不再用'解放台湾'这个提法了。只要台湾回归祖国，我们尊重那里的现实和现行的制度。"公开表达了"一国两制"的最初设想。

1981年8月26日，邓小平在北京会见港台知名人士傅朝枢时，首次公开提出解决台湾、香港问题的"一国两制"构想。

■9月20日，中国成功地发射一组空间物理探测卫星

1981年9月20日，中国成功地发射了一组空间物理探测卫星。所谓一箭三星是指用一枚火箭发射三颗卫星。这在中国尚属首次。除具有科学意义外，更反映了军事工业和航天技术的水平，因而引起世界的关注。三颗卫星准确入轨后，各系统工作正常，不断向地面发送各种科学探测和试验数据。这三颗卫星是我国自1974年4月24日发射第一颗人造地球卫星以来，发射的第9、10、11颗人造地球卫星。

一箭多星发射技术是一种新的技术。最早实现"一箭多星"的国家是美国。1960年美国用一箭多星的方式发射了两颗卫星，次年又实现了"一箭三星"。苏联曾用一枚火箭将八颗卫星送入轨道。1981年欧洲航天局的"阿里安"火箭将一颗欧洲气象卫星和一颗印度实验通讯卫星同时送入地球同步轨道。中国成功地发射了一组空间物理探测卫星使中国成为继美国、苏联和西欧航天局之后，第44个掌握星箭多次分离技术的国家。中国人民解放军一些科技人员和部队参加了这项科研实验。

■9月30日，叶剑英向台湾当局提出争取和平统一祖国的大政方针和具体政策

1981年9月30日，全国人大常委会委员长叶剑英向新华社记者发表谈话，就关于台湾回归祖国，实现和平统一问题提出九条方针政策：为了尽早结束中华民族陷于分裂的不幸局面，建议举行国共两党对等谈判，实行第三次合作，共同完成祖国统一大业。（一）双方可先派人接触，充分交换意见。（二）建议双方共同为通邮、通商、通航、探亲、旅游以及开展学术、文化、体育交流提供方便，达成有关协议。（三）国家实现统一后，台湾可作为特别行政区，享有高度的自治权，并可保留军队。中央政府不干预台湾地方事务。（四）台湾现行社会、经济制度不变，生活方式不变，同外国的经济、文化关系不变。私人财产、房屋、土地、企业所有权、合法继承权和外国投资不受侵犯。（五）台湾当局和各界代表人士，可担任全国性政治机构的领导职务，参与国家管理。（六）台湾地方财政

遇有困难时，可由中央政府酌情补助。（七）台湾各族人民、各界人士愿回祖国大陆定居者，保证妥善安排，不受歧视，来去自由。（八）欢迎台湾工商界人士回祖国大陆投资，兴办各种经济事业，保证其合法权益和利润。（九）统一祖国，人人有责。热诚欢迎台湾各族人民、各界人士、民众团体通过各种渠道、采取各种方式提供建议、共商国是。

■ 11月16日，中国女子排球队获第三届世界女排赛冠军

1981年11月16日，历时11天的第三届世界杯女子排球赛，在日本大阪市府立体育馆闭幕。第三届世界杯女子排球赛的最后一场比赛，经过两小时零五分钟的鏖战，中国队以3：2战胜日本队，七战七捷，夺得冠军。

中日比赛，是这届比赛的高峰。开赛前，中国队6战6胜，日本队6战5胜。前一天下午的中美之战后，日本队增强了夺魁的信心，她们立志要打赢这场球。中国队认真分析形势，决心夺取全胜。这是一场比思想、比意志、比作风、比战术、斗智斗勇的激烈争夺，双方都全力以赴。

▲中国女子排球队获第三届世界女排赛冠军

中国队前两局士气旺，放得开，打得凶狠，拦得成功，吊得轻巧，每个运动员的水平都得到较好的发挥，很快地以15：8、15：7拿下两局。第三局中国队先后以5：0、10：4领先，眼看就要以3：0的战局获胜了。然而，作风顽强的日本女排在极其不利的形势下背水一战，连连得分，追到11平，最后反以15：12赢了这一局。第4局日本队打得顺手，以15：7再扳回一局。

第5局比赛双方争夺达到了白热化的程度。中国女排在0：4的不利形势下，团结一致，艰苦奋战，把比分逐渐追了上去。在14：15落后的危险时刻，她们沉着战斗，终于以17：15取得了最后的胜利。

自1981开始至1986年，中国女排在世界杯、奥运会、世锦赛上获得了"五连冠"的好成绩，其奋勇拼搏的精神激励了一代又一代中华健儿。

■ 11月30日~12月13日，全国五届人大四次会议在北京召开

全国人民代表大会第五届第四次会议于1981年11月30日~12月13日在北京召开。出席会议代表共3453人。

赵紫阳总理在会上作了题为《当前的经济形势和今后经济建设的方针》的政府工作报告。会议听取和审议了财政部长王丙乾所作的《关于1980年国家决算和1981年国家概算执行情况的报告》。人大常委会副委员

中国百年实录 1981年

世界

▶10月6日，埃及总统萨达特遇刺身亡

穆罕默德·安瓦尔·萨达特是埃及前总统，阿拉伯世界的杰出政治家。诺贝尔和平奖评选委员会和国际记者协会曾分别授予了他"诺贝尔和平奖"和"哈马舍尔德和平奖"。

1981年10月6日，当萨达特总统出席在埃及首都开罗东郊举行的一次为庆祝埃及十月战争8周年而举行的盛大阅兵典礼时，四名假扮军人的宗教极端主义分子用冲锋枪向主席台进行了疯狂扫射，萨达特当场遇难，和他同时遇难的还有埃及武装部队参谋长和总统私人秘书等7人。就这样，这位埃及杰出的民族主义领导人，为了捍卫民族独立、维护国家主权而献出了宝贵的生命。萨达特总统的遗体被安放在纪念十月战争阵亡的无名战士纪念碑下。

长兼秘书长杨尚昆受全国人民代表大会常务委员会委托，向大会报告了常务委员会的工作，并就《中华人民共和国经济合同法（草案）》、《中华人民共和国外国企业所得税法（草案）》、《中华人民共和国民事诉讼法（草案）》作了说明。最高人民法院院长江华、最高人民检察院检察长黄火青分别向大会作工作报告。林业部部长雍文涛受国务院委托，对关于开展全民义务植树运动的议案做出说明。人大常委会法制委员会副主任顾明、财政部副部长谢明、人大常委会法制委员会副主任高克林，分别就《经济合同法（草案）》、《外国企业所得税法草案和民事诉讼法（草案）》，提出书面说明。

会议通过了关于推迟审议宪法修改草案的决议，决定将中华人民共和国宪法修改草案的审议工作推迟到第五届全国人民代表大会第五次会议进行。还通过了《中华人民共和国经济合同法》和《中华人民共和国外国企业所得税法》，还原则批准了《中华人民共和国民事诉讼法草案》，并授权全国人民代表大会常务委员会根据代表和其他方面所提出的意见，在修改后公布试行。

会议还分别通过决议，批准了全国人民代表大会常务委员会工作报告，最高人民法院工作报告和最高人民检察院工作报告以及提案审查委员会关于提案的审查报告。会议就国务院提出的议案，通过了关于开展全民义务植树运动的决议。

本次会议补选朱学范为第五届全国人民代表大会常务委员会副委员长。

备忘

1月1日，《中华人民共和国学位条例》、《中华人民共和国新婚姻法》公布实施

1月4日，长江葛洲坝截流工程合龙

2月9日，中国第一座大型高通量原子反应堆建成

5月23日，首届全国电影金鸡奖和第四届电影百花奖在杭州颁奖

7月1日，庆祝中国共产党成立六十周年大会在北京隆重举行

12月3日，中共中央、国务院、中央军委做出《关于恢复新疆生产建设兵团的决定》

1982年

 **大事**

■ **1月1日，中共中央批转《全国农村工作会议纪要》对联产承包责任制给予政策上的确认**

对于农村包产到户是否合适，在社会上一直存在着争议，有人为之欢呼赞叹，有人却认为这是走资本主义道路，是"时代的倒退"。1979年，中共中央先后发出《关于农村工作问题座谈会纪要》、《中共中央关于加快农业发展若干问题的决定》等文件，明文指出"不许包产到户，一律不能分田单干"或"不要分田单干"。到1980年1月虽然全国农业生产队中实行各种形式的生产责任制的已占到84.7%，但是实行家庭联产承包责任制即"双包"的还不到1%。只有安徽省到1979年底实行包产到户的生产队已占到10%。

1982年1月1日，中共中央批转《全国农村工作会议纪要》，指出目前农村实行的各种责任制，包括小段包工定额计酬，专业承包联产计酬，联产到劳，包产到户、到组，包干到户、到组，等等，都是社会主义集体经济的生产责任制。该纪要对联产承包责任制给予了政策上的确认。

1983年中央下发文件，指出联产承包制是在党的领导下我国农民的伟大创造，是马克思主义农业合作化理论在我国实践中的新发展；1991年11月25日举行的中共十三届八中全会通过了《中共中央关于进一步加强农业和农村工作的决定》。《决定》提出把以家庭联产承包为主的责任制、统分结合的双层经营体制作为我国乡村集体经济组织的一项基本制度长期稳定下来，并不断充实完善。

1998年1月，全国最后一个生产队——黑龙江双城黎明村第四生产队宣布解体，实行土地承包；1998年4月，新修订的《土地管理法》首次将农村承包30年不变，以法律的形式固定下来，为稳定农村经济制度，提高农民的积极性提供了法律的保障。

■ **1月11日，邓小平在接见海外人士时，首次将中国解决台湾问题、实现祖国和平统一的构想概括为"一国两制"**

1978年10月，邓小平在一次会见外宾时提出，如果实现祖国统一，我们在台湾的政策将根据台湾的现实来处理，并表示将尊重外国在台湾的投资。这是邓小平首次提出统一后台湾社会制度问题。

1979年1月邓小平访问美国，他在向美国参众两院议员解释我国政府对台政策时指出，我们不再用解放台湾这个提法了，只要台湾归回祖国，我

 世界

▶ 4月2日~6月14日，英国与阿根廷爆发马尔维纳斯群岛战争

英国和阿根廷对马岛的主权之争由来已久。1592年，英国人约翰·戴维斯发现该岛，但阿根廷则认为是葡萄牙人戈梅斯于1520年发现的。1690年，英国人约翰·斯特朗发现东西两岛之间的海峡，命名为福克兰海峡，并由此命名该群岛为福克兰群岛。

18世纪初，大批法国人先后来到该岛，称为马洛伊内群岛，后转化为西班牙语的马尔维纳斯群岛。1764年法国人在东岛建立定居点，1765年英国人在西岛建立定居点。1766年，西班牙以25万英镑的价格从法国手里买下东岛，1770年，西班牙又出兵占领西岛。1816年，阿根廷宣布独立，宣称继承西班牙对马岛的主权。

1832年英国占领西岛，次年占领东岛。从此英阿对马岛的主权进行过多次谈判，1982年双方谈判破裂，战争爆发。从4月2日阿根廷出兵占领马岛，一直到6月14日被英国夺回，战争结束，历时74天。

们将尊重那里的现实和现行制度。1979年元旦全国人大常委会发表的《告台湾同胞书》和1981年叶剑英委员长发表的《实现和平统一的几条方针政策》等，都是"一国两制"的具体阐述。

1982年1月11日，邓小平在接见海外朋友李耀基先生时，第一次把解决台湾回归祖国、实现祖国和平统一的构想概括为"一国两制"（即"一个国家，两种制度"），并把这一构想的适用范围第一次扩大到香港问题的解决。他明确指出，"九条方针"是以叶剑英委员长的名义提出来的，"实际是'一个国家，两种制度'。两种制度是可以允许的，他们不要破坏大陆的制度，我们也不破坏他们那个制度。不只是台湾问题，还有香港问题，大体也是这几条。"

1984年2月，邓小平在会见美国人士时，第一次明确完整地表述了"一国两制"的概念。他说："统一后，台湾仍搞它的资本主义，大陆搞社会主义，但是是一个统一的中国。一个中国，两种制度。香港问题也是这样，一个中国，两种制度。"同年5月，六届全国人大二次会议通过的《政府工作报告》中，写进了"一个国家，两种制度"的方针。"一个国家，两种制度"，简称"一国两制"。这一构想，成为中国共产党和中国政府解决台湾、香港、澳门问题的基本方针。

■ 2月15日，国务院批准24个城市为我国首批历史文化名城

1982年2月15日，我国"首批历史文化名城"正式公布。我国是一个历史悠久的文明古国，许多历史文化名城是我国不同时期不同地域的政治、经济、文化中心，有的是近代革命运动和发生重大历史事件的重要城市。在这些历史文化名城的地面和地下，保存了大量历史文物、革命文物，体现了中华民族的悠久历史、光荣的革命传统与光辉灿烂的文化。做好这些历史文化名城的保护和管理工作，对建设社会主义精神文明和发展我国的旅游事业都有重要的作用。我国分三批先后批准了99个历史文化名城。

▲历史文化名城

1982年经国务院批准的首批历史文化名城有24个，包括：北京、承德、大同、南京、苏州、扬州、杭州、绍兴、泉州、景德镇、曲阜、洛阳、开封、江陵、长沙、广州、桂林、成都、遵义、昆明、大理、拉萨、西安、延安。

1986年国务院批准的第二批历史文化名城有38个，包括：上海、天津、沈阳、武汉、南昌、重庆、保定、平遥、呼和浩特、镇江、常熟、徐州、淮安、宁波、歙县、寿县、亳州、福州、漳州、济南、安阳、南阳、商丘、襄樊、潮州、阆中、宜宾、自贡、镇远、丽江、日喀则、韩城、榆林、武威、张掖、敦煌、银川、喀什。

1994年国务院批准第三批历史文化名城有37个：正定、邯郸、新绛、代县、祁县、哈尔滨、吉林、集安、衢州、临海、长汀、赣州、青岛、聊

城、邹城、临淄、郑州、浚县、随州、钟祥、岳阳、肇庆、佛山、梅州、海康、柳州、琼山、乐山、都江堰、泸州、建水、巍山、江孜、咸阳、汉中、天水、同仁。

■ 7月24日，廖承志致信蒋经国，希望能够共商祖国统一大业

1982年7月，蒋经国在悼念他父亲蒋介石的文章中，写到"切望父灵能回到家园与先人同在"，还表示自己"要把孝顺的心，扩大为民族感情，去敬爱民族，奉献于国家"。很快，中共方面就做出了反应。1982年7月25日，《人民日报》发表了廖承志于24日致蒋经国的信，引起海内外的瞩目。

廖承志在信中希望国共两党同捐前嫌，共创祖国统一大业。信中说，祖国和平统一，乃千秋伟业。台湾早日加紧回归祖国，早日解决对各方有利。外人巧言令色，意在图我台湾。当断不断，必受其乱。信中赞扬了国民党推翻帝制，建立民国的光辉业绩，并指出国共两度合作对国家民族做出了巨大贡献。信中说，合则对国家有利，分则必伤元气。评价历史，展望未来，应以国家民族利益为最高准则。廖承志信中希望国民党能依时顺势，负起历史责任，毅然和谈，达成国家统一，国共两党长期共存，互相监督，共图振兴中华之大业。他在信中表示，如果方便，愿意前往台湾探望。

这封信是用电报发往台北的。26日~31日，各民主党派、人民团体、各界知名人士及港澳同胞、华侨纷纷召开座谈会，发表谈话，切盼蒋经国捐弃前嫌，依时顺势，择善而从，共图振兴中华之伟业。

■ 8月17日，中美就解决美国向台湾出售武器问题发表联合公告

1982年8月17日，中美两国政府就分步骤直到最后彻底解决美国向台湾出售武器问题发表了联合公报。双方重申了上海公报和中美建交公报所确立的指导中美关系的根本原则。对美国向台湾出售武器的问题，中国的立场是：美向台出售武器是侵犯中国主权的行为，中国坚决反对；同时考虑到历史的因素，从实际出发，同意美国在切实尊重中国主权的前提下，逐步减少直至最后终止向台湾出售武器。

美国方面做出三点承诺：（1）美向台出售武器在性能和数量上不超过美中建交后近几年的水平；（2）美国准备逐步减少对台的武器出售；（3）经过一段时间使这个问题得到最后解决。

中美联合公报为解决美国向台湾出售武器问题规定了所应依据的原则和步骤，它的发表打开了中美两国在这一问题上的僵局，使中美关系的危机得到缓解，然而，美国出于各种政治目的，仍然不断违反公报规定，出售武器的性能和规格、数量都超过以往的水平。为此，中国政府曾多次向美国进行交涉，并提出强烈抗议，国际舆论也对美国为台独活动撑腰打气，制造"一中一台""两个中国"的做法提出了批评。

■ 9月1日~11日，中国共产党第十二次全国代表大会在北京召开

1982年9月1日~11日，中国共产党第十二次全国代表大会在北京召开。

世界

▶6月6日，以色列大举入侵黎巴嫩

1982年6月6日，以色列借口打击巴勒斯坦解放组织，从陆地、空中和海上大举入侵黎巴嫩。到6月11日，以军占领了从贝鲁特到大马士革的国际公路以南2800平方公里的黎巴嫩土地。巴勒斯坦解放组织在这一地区的基地被全部摧毁，武装力量的主力也遭到重大损失。驻贝卡谷地的叙利亚军队也受到以色列空军的重创。6月11日，叙利亚与以色列达成停火协议。接着，以色列调集重兵对巴解总部所在地贝鲁特西区进行了长达两个多月的包围和攻击，后在联合国的调解下，在维持和平部队的监督下，巴解总部及其万余名武装人员不得不撤出贝鲁特，分散到突尼斯等8个阿拉伯国家。叙利亚在贝鲁特的1000多名部队也同时撤走。

出席大会的正式代表1545名,候补代表145名,代表着3900万名党员。邓小平致开幕词,胡耀邦代表十一届中央委员会作题为《全面开创社会主义现代化建设的新局面》的报告,叶剑英、陈云作重要讲话,李先念致闭幕词。

邓小平在开幕词中提出了改革开放和现代化建设的指导思想。他强调:我们的现代化建设,必须从中国的实际出发。无论是革命和建设,都要注意学习和借鉴外国经验。但是,照抄照搬别国经验、别国模式,从来不能得到成功。这方面我们有过不少教训。把马克思主义的普遍真理同我国的具体实际结合起来,走自己的道路,建设有中国特色的社会主义,这就是我们长期总结历史经验得出的基本结论。

十二大确定了党在新的历史时期的总任务、战略目标、重点和步骤。总任务是:团结全国各族人民,自力更生,艰苦奋斗,逐步实现工业、农业、国防和科学技术的现代化,把我国建设成为高度文明、高度民主的社会主义国家。我国经济建设的战略目标是:从1981年至本世纪末,力争使全国工农业的年总产值翻两番,即由1980年的7100亿元增加到2000年的2.8万亿元左右,使人民生活达到小康水平。在战略步骤上分两步走,前十年主要是打好基础,积蓄力量,创造条件;后十年要进入一个新的经济振兴时期。战略重点是要解决好农业问题,能源、交通和教育、科学问题。

大会选出新的中央委员会,并选出中央顾问委员会和中央纪律检查委员会。在十二届一中全会上,选举胡耀邦为中央委员会总书记,胡耀邦、叶剑英、邓小平、赵紫阳、李先念、陈云为中央政治局常委。在中顾委第一次全会上选举邓小平为主任。在中纪委第一次全会上选举陈云为中纪委第一书记。

■ 9月13日,中央顾问委员会第一次全体会议召开

十一届三中全会以后,党的工作重心转到经济建设上来,此时,"文化大革命"中被打倒的老同志刚一恢复工作,就面临退休。面临新的形势,年轻干部存在经验不足的问题,很难一下子把重担全部放在他们身上。为了实现干部的新老交替,1982年9月,党的第十二次全国代表大会决定设立中央和省、自治区、直辖市两级顾问委员会,并明确中央顾问委员会是中央委员会政治上的助手和参谋。9月13日,中央顾问委员会第一次全体会议召开。全会选举邓小平为中央顾问委员会主任,薄一波、许世友、谭震林、李维汉为副主任。邓小平就中顾委的性质和任务作了重要讲话。他说,中央顾问委员会是个新东西,是根据中国共产党的实际情况建立的,是解决党的中央领导机构新老交替的一种组织形式。目的是使中央委员会年轻化,同时让一些老同志在退出第一线之后继续发挥一定的作用。

中央顾问委员会的成立,是邓小平同志与党中央一个伟大的创举。委员会成立以来,发挥了重大的作用。直到1992年10月12日~18日的中共十四大,才决定不再设立党的中央顾问委员会和省、自治区、直辖市顾问委员会。顾问委员会作为一种过渡性的组织,经过十年卓有成效的工作,顺利地完成了新老干部的合作和交替,圆满地完成了历史使命。

1982年

■ 9月22日~26日，英国首相撒切尔夫人访问中国

邓小平同志曾经被毛泽东称之为"开钢铁公司"的；英国前首相撒切尔夫人被称为"铁娘子"、"铁蝴蝶"。这两位强硬人物于1982年9月曾经在北京大会堂进行了交锋。撒切尔夫人先取攻势，可是几个回合之后，便败下阵来。

▲英国首相撒切尔夫人访问中国

1982年9月22日，一架英国皇家空军飞机，载着英国首相撒切尔夫人及她的丈夫丹尼斯和政府官员、记者飞抵北京，首次正式访问中国，开始了中英领导人对有关香港等问题的会谈。9月24日在人民大会堂福建厅进行会谈。撒切尔夫人是锋芒毕露，邓小平是绵里藏针。原定一个半小时的会谈，足足延长了50分钟。这位"铁浪子"挟马岛战胜的余威，坚持以3个不平等条约"有效论"作为开始谈判的前提。针对撒切尔夫人的论调，邓小平驳斥说："坦率地讲，主权问题不是一个可以讨论的问题。应该明确肯定：1997年中国将收回香港。"最后，邓小平还告诉撒切尔夫人，中国希望收回香港，谈判收回。如果谈不成，中国也要收回。

一向以强硬变通而著称于国际的铁娘子走出人民大会堂时，突然一脚踩空，险些跪倒在地，手袋摔得老远。新闻媒体在报道时说：看来，铁娘子在中国的邓小平面前碰了钉子。

会谈后撒切尔夫人发表了声明，概括起来主要有两点：第一，双方都希望香港能繁荣稳定；第二，以后继续谈判。

从1983年9月至1984年9月，在短短的一年中，中英双方进行了22轮艰苦谈判，最后于9月22日双方草签了《联合声明》。

■ 12月4日，五届全国人大五次会议通过新《宪法》

1949年新中国成立以来我国共颁布了4部宪法：1954年宪法、1975年宪法、1978年宪法和1982年颁布的现行宪法。

1954年9月20日第一届全国人大一次会议通过、颁布了《中华人民共和国宪法》。这是中华人民共和国的第一部宪法，是在对建国前夕由全国政协制定的起临时宪法作用的《共同纲领》进行修改的基础上制定的。第一部宪法除序言外，包括总纲，国家机构，公民的基本权利和义务，国旗、国徽、首都等4章共106条。

1975年1月17日第四届全国人大第一次会议通过、颁布了中华人民共和国第二部宪法。这部宪法诞生于"文化大革命"后期，是在"左"的思想指导下形成的，以"四个存在"、"阶级斗争必须年年讲，月月讲，天天讲"的"基本路线"以及"无产阶级专政下继续革命学说"为理论指导，是一部在特殊时期产生的宪法。第二部宪法共4章30条。

中国百年实录 1982年

1978年3月5日第五届全国人大第一次会议通过、颁布了中华人民共和国第三部宪法。这部宪法比1975年宪法有了重大变化，但仍然存在许多缺陷，它肯定了"文化大革命"的成果和"无产阶级专政下继续革命"的理论。第三部宪法共4章60条。

1980年下半年，在叶剑英委员长直接主持下，我国开始对宪法进行大规模、全局性的修订。经过两年多的讨论、修改，并经过全民讨论，1982年12月4日，中华人民共和国第四部宪法（现行宪法）在第五届全国人大第五次会议上正式通过并颁布。

第四部宪法继承和发展了1954年宪法的基本原则，总结了中国社会主义发展的经验，并吸收了国际经验，是一部有中国特色、适应中国社会主义现代化建设需要的根本大法。它明确规定了中华人民共和国的政治制度、经济制度、公民的权利和义务、国家机构的设置和职责范围、今后国家的根本任务等。其根本特点是，规定了我国的根本制度和根本任务，确定了四项基本原则和改革开放的基本方针。它规定，全国各族人民和一切组织，都必须以宪法为根本的活动准则，任何组织或个人都不得有超越宪法和法律的特权。这部宪法分为序言，总纲，公民的基本权利和义务，国家机构，国旗、国徽、首都五个部分，共4章138条。

为了适应中国经济和社会的发展变化，全国人大分别于1988年4月、1993年3月、1999年3月、2004年3月对这部宪法进行了修改、完善。

主权问题不是一个可以讨论的问题，如果中国在1997年，也就是中华人民共和国成立48年后还不把香港收回，任何一个中国领导人和政府都不能向中国人民交代，如果不收回，就意味着中国政府是晚清政府，中国领导人是李鸿章。

——此为邓小平在会见撒切尔夫人时针对香港问题的谈话

我国的社会主义现代化建设，要利用两种资源——国内资源和国外资源；要打开两个市场——国内市场和国外市场；要学会两套本领——组织国内建设的本领和发展对外经济关系的本领。

——此为胡耀邦在中央书记处会议上就对外经济关系问题发表的讲话

备忘

- 2月9日，中共中央、国务院发出《关于进一步做好计划生育工作的指示》
- 2月14日，中共中央办公厅转发中宣部《关于开展"五讲四美"活动的报告》
- 2月20日，中共中央做出《关于建立老干部退休制度的决定》
- 5月4日，国家经济体制改革委员会正式成立
- 6月16日，我国首次授予博士学位
- 12月4日，中国首夺亚运会金牌第一

1983年

 **大事**

■ 2月3日，中国外长吴学谦就"湖广铁路债券案"向美国递交备忘录

1979年11月，由美国公民杰克逊等九名持券人向美国阿拉巴马州地方法院对中华人民共和国提起诉讼，要求偿还他们所持有的中国清朝政府于1911年发行的"湖广铁路债券"本息。美国地方法院受理了此案，即以中华人民共和国作为被告，通过地方法院邮寄将传票和起诉书副本送达给我国外交部长，要求中华人民共和国政府在传票送达后20天内对原告起诉书做出答辩，否则将进行"缺席审判"。

对此，中国政府根据国际法原则曾多次向美国政府申明中国立场，但美国阿拉巴马州地方法院仍于1982年9月1日无理做出"缺席审判"，要求中国政府向原告偿还4130余万元。

1983年初，美国国务卿舒尔茨应邀访问中国，与外交部长吴学谦就中美两国关系有关问题举行会谈，湖广铁路债券案即包含其中。1983年2月3日，吴学谦外长向舒尔茨提交了中国外交部对该案的备忘录。

该备忘录严正表示："国家主权豁免权是国际法的一项重要原则，其根据是联合国宪章所确认的国家主权平等的原则。中国作为一个主权国家无可非议地享有司法豁免权。美国地方法院对一个主权国家作为被告的诉讼，行使管辖权，做出缺席判决甚至以强制执行其判决相威胁，完全违反了国家主权平等的国际法原则，违反联合国宪章。对于这种将美国国内法强加于中国，损害中国主权，损害中国民族尊严的行为，中国政府坚决拒绝。如果美方无视国际法，强制执行上述判决，扣押中国在美国的财产，中国政府保留采取相应措施的权利。"

经过双方的谈判和交锋，最终美国阿拉巴马联邦法院于1984年2月27日，撤销其于1982年所做出的缺席判决。中国在这场外交斗争中赢得了胜利，捍卫了国家的主权和尊严。

■ 2月22日，劳动人事部发出关于积极试行劳动合同制的通知，"铁饭碗"逐步被打破

新中国成立后，我国长期实行的是以固定工为主体的用工制度，这是一种"终身制"，它同分配上的平均主义一起导致了"铁饭碗"、"大锅饭"等严重弊病：能进不能出，能上不能下，干多干少一个样。在这种情形下，有些人心安理得地躺在企业和国家身上吃"大锅饭"，积极性、创

 世界

▶ 2月21日，印度选举发生暴乱

1983年2月21日，印度阿萨姆邦学生们因抗议孟加拉的穆斯林难民移居印度并企图阻止邦选举而发生了暴乱，有600多人被杀。

印度总理英迪拉·甘地夫人乘直升飞机到该地区视察，以测定骚乱范围，她所看到的是尸体横陈的田地和残存的穆斯林村庄。当人们问她政府是否会承认对这次残杀负有责任时，她回答说我们为什么要负责？挑动者才应负全责。他们可能不喜欢选举，但他们有什么权力阻止和破坏选举？她还表明即使她取消了选举，暴力行为也还会发生。

在阿萨姆邦的100万移民中约有21000人逃离，去寻求一个安全的地方。

世界

▶11月25日，美国入侵格林纳达

1979年3月，格林纳达国内发生政变，亲西方政权倒台。在苏联、古巴支援下，格林纳达新政权亲苏、古倾向日趋明显。美国历来认为"加勒比海里为美国内海"。为遏制苏、古在这一地区的影响，美国趁格内部再次发生政变，局势混乱之机，纠集中美洲七个加勒比国家，对格林纳达发动了代号为"暴怒"的武装入侵。

1983年11月25日5时，美军从巴巴多斯、海上和国内3个待运点，分批搭乘直升机、运输机，对格岛实施伞降和机降着陆，揭开战争帷幕。美军控制格岛后，由英国女王任命的格林纳达总督重新组织新政权，美军陆续撤离。

此次战争，美军死亡18人，伤91人，7架直升飞机被击落，消耗战费1300万美元。古巴军队死69人，伤56人，被俘642人。格军死40余人，其余被俘。

造性得不到发挥。

为了克服这种制度的弊端，1983年2月22日，劳动人事部发出关于积极试行劳动合同制的通知。这是企业用工制度方面一项带有方向性的重大改革。通过签订劳动合同的形式，规定劳动者和用人单位双方的义务和权利，实行责权利相结合，打破了几十年来用工制度上的"铁饭碗"、"大锅饭"，真正建立起竞争机制，极大地调动了员工的生产积极性，劳动效率的提高使得企业和员工实现"双赢"。同时，"铁饭碗"的逐渐打破还在一定程度上解决了以往国企人浮于事的问题，也催生了第一批下海经商的弄潮儿。国企的工程师、设计师、熟练技工到民企、乡镇企业做第二职业、跳槽的现象开始出现，实际上推动了这些经济体自身的发展，社会经济发展也逐渐走向了多元化的道路。

劳动合同制是我国用工制度方面的一次带有方向性的重大改革。真正实现了"各尽所能、按劳分配"的社会主义原则，充分调动了人们的社会主义生产积极性，极大地解放了生产力。

■ 4月2日，台湾陆军航空队少校分队长李大维驾机起义，回归祖国大陆

1983年4月2日，台湾陆军航空队少校分队长李大维驾驶U—6A型飞机起义，回归祖国大陆。4月2日9时50分，李大维驾机从台湾花莲机场起飞。因当时天气恶劣，他无法找到机场，在福建宁德三都港盘旋时被港内军舰误会，遭到高炮射击，于中午12时25分在福建沿海三都岛海滩安全迫降。

李大维下机后说，他对台湾当局的政治不满，认为台湾社会腐败，他常收听大陆的广播，黄植诚回归祖国大陆的情况他都知道。

1983年4月30日，在欢迎大会上，杨成武宣布发给李大维一定数量的奖金，并祝贺李大维成为人民解放军的一员。杨成武说：李大维驾机飞归大陆的爱国行动，表达了包括国民党军官兵在内的台湾各阶层，渴望尽快结束海峡两岸分裂与隔绝的局面，实现祖国统一的强烈愿望。

李大维原籍安徽阜阳县，在台湾有父母、妻子和女儿。1950年生于金门，同年随其父母去台湾，1968年考入陆军军官学校，后进陆军航空中心接受飞机训练，结业后到部队执行观测任务，先后飞行2600多小时，两次被选为"克难英雄"。

李大维回到祖国大陆后，受到政府和各界人士的热烈欢迎。空军领导机关根据李大维的意愿，批准他加入中国人民解放军，并被任命为空军某航校副校长。

■ 5月9日，国航296班机被暴徒卓长仁等劫持到韩国

1983年5月5日，中国民航296号班机在从沈阳飞往上海的途中，遭到以卓长仁为首的6名武装暴徒的劫持，飞机被迫在韩国的春川机场紧急降落。这架客机上共载有8名机组人员和旅客91人（6名劫机犯除外）。在劫机时，暴徒开枪打伤我机组人员两人，其中一人重伤。飞机进入韩国上空

1983年 中国百年实录

后,韩国出动四架战斗机拦截并使其迫降。降落后,6名罪犯武装控制飞机和人质近8小时,最后向韩国当局缴械。

5月10日,我国派民航局局长率工作组赴汉城与韩国方面代表商定:被劫持的机上旅客和机组人员与中国民航工作组乘专机返国;被劫的三叉戟客机在有关技术性问题解决后归还中国;重伤的一名机组人员继续留在韩国就医,病愈后回国。中方指出:按照中国法律和国际公约,这些劫机犯应交还中国政府惩处。但韩国方表示已决定对案犯进行审理和实施法律制裁,拒绝引渡请求。

在世界舆论的压力下,汉城刑事地方法院终于在1983年7月18日开庭审理卓长仁等6人的劫机罪行,并于8月18日正式宣判,判处卓长仁6年徒刑,姜洪军和王彦大各5年徒刑,安卫建、吴云飞、高东萍各4年徒刑。经抗诉和上诉,终审法院维持原判。

在该案宣判将近一年后,韩国当局于1984年8月13日宣布对6名罪犯"停止服刑"、"驱逐出境",并于当天将他们送往台湾。对韩国当局的这种违背国际法准则和纵容劫机犯的行径,中国政府提出了严正抗议。后来,卓等3名罪犯到台湾后,因谋杀罪于1992年12月28日被台湾法院判处死刑。

■ 6月6日~21日,六届全国人大一次会议在北京举行

1983年6月6日~21日,全国人大六届一次会议在北京举行。这是按照新宪法选举产生的首届全国人民代表大会。出席大会代表1900多名,代表中知识分子701名,民主党派和无党派爱国民主人士543名。这次大会的主要议题有两项:一是听取和审议政府工作报告,审查和批准1983年国民经济和社会发展计划,审查和批准1982年国家决算;二是选举和决定新的一届国家领导人,组成新的一届国家领导机构。

大会审议并通过了赵紫阳代表国务院作的《政府工作报告》、国务院副总理兼国家计划委员会主任姚依林作的《关于1983年国民经济和社会发展计划的报告》、财政部长王丙乾作的《关于1982年国家决算的报告》。大会选举李先念为中华人民共和国主席,乌兰夫为副主席;选举彭真为第六届全国人民代表大会常务委员会委员长,陈丕显、韦国清、耿飚、胡厥文等20人为副委员长;选举邓小平为中华人民共和国中央军事委员会主席;同时决定了国务院各部部长、各委主任、审计长和秘书长人选。

■ 10月11日~12日,中共十二届二中全会在北京举行

1983年10月11日~12日,中共十二届二中全会在北京举行。全会之前,举行了预备会议。全会经过热烈讨论,一致通过《中共中央关于整党的决定》,确定从1983年冬季开始全面整党,用3年时间分期分批地对党的作风和党的组织进行一次全面整顿。

在这次全会上,邓小平作题为《党在组织战线和思想战线上的迫切任务》的讲话。邓小平强调:整党不能走过场,在整党中对于"三种人"和

> **声音**
>
> 我们不赞成台湾"完全自治"的提法。自治不能没有限度,既有限度就不能"完全"。"完全自治"就是"两个中国",而不是一个中国。制度可以不同,但在国际上代表中国的,只能是中华人民共和国。我们承认台湾地方政府在对内政策上可以搞自己的一套。台湾作为特别行政区,虽是地区政府,但同其他省、市以至自治区的地方政府不同,可以有其他省、市、自治区所没有而为自己所独有的某些权力,条件是不能损害统一的国家的利益。
> ——此为1983年6月26日邓小平会见美国新泽西州西东大学教授杨力宇时谈话
>
> 现在社会上有一种陈腐观念妨碍我们前进。例如,谁光彩,谁不光彩。我认为社会上有一群从事个体劳动的同志们,他们扔掉铁饭碗,自食其力,为国分忧,他们是光彩的。什么是光彩?为人民服务最光彩,为国家分忧很光彩,自食其力最光彩;什么不光彩?好逸恶劳不光彩,投机倒把不光彩,违法乱纪最不光彩,我请同志们传个话回去,说中央的同志讲了,党中央重视干个体自食其力的人,他们都是光彩的。
> ——此为1983年8月30日胡耀邦在接见集体企业与个体劳动者代表大会上的讲话

其他各种错误严重、危害严重的人，必须严肃地做出组织处理；各级领导干部，特别是高级干部，应该严格遵守党章、遵守《关于党内政治生活的若干准则》，起模范作用。陈云在会上着重讲了清理"三种人"和执政党不能以权谋私等问题。全会号召全体党员认真学习整党决定，积极参加整党。为了保证整党工作的日常领导，全会选举产生了中央整党工作指导委员会，胡耀邦任主任，万里、余秋里、薄一波（常务）、胡启立、王鹤寿任副主任，王震、杨尚昆、胡乔木、习仲勋、宋任穷为顾问。

10月12日，全会发表公报。14日，《人民日报》发表社论：《整党是夺取现代化建设伟大胜利的重大步骤》。

备忘

- 1月12日，我国与安哥拉建交
- 4月2日，著名画家张大千逝世
- 4月5日，中国人民武装警察部队成立
- 5月9日，我国加入《南极条约》
- 5月27日，我国首批博士诞生
- 8月25日，中共中央发出《关于严厉打击刑事犯罪活动的决定》
- 12月22日，我国第一台亿次计算机"银河"研制成功

1984年

大事

■ 2月5日，粟裕大将逝世

粟裕，湖南省会同县人。中国共产党久经考验的忠诚战士，无产阶级革命家。杰出的军事家。1907年8月出生，1926年加入中国共产主义青年团，1927年转入中国共产党。曾参加南昌起义和湖南起义。土地革命战争时期，任红四军参谋长、闽浙军区司令员等职，坚持了三年游击战争。抗日战争时期，任新四军第二支队副司令员、苏浙军区司令兼政治委员。解放战争时期，任华中军区副司令员、华东野战军副司令员等职。中华人民共和国成立后，曾任中国人民解放军总参谋长、国防部副部长、军事科学院副院长。1955年被授予大将军衔，位居将军之首。获一级八一勋章、一级独立自由勋章、一级解放勋章。是中共第八届至十一届中央委员，第一至三届国防委员会委员，第三至五届全国人大副委员长，中共中央顾问委员会常委。

1958年，在所谓反教条主义中，粟裕受到错误的批判，并因此长期受到不公正的对待。同年调任国防部副部长兼军事科学院副院长。"文化大革命"中曾任国务院业务组成员，在周恩来领导下，分管铁道、交通、邮电、港口建设和造船统筹。1972年任军事科学院第一政治委员。他致力于坚持和发展毛泽东军事思想，提倡学习军事辩证法。中共十一届三中全会后，提出要在军事领域解放思想，研究和回答现代战争提出的新问题，是军事科学研究实践的一位开拓者。

1984年2月5日，粟裕在北京病逝，享年77岁。粟裕生前立有遗嘱，明确表示在他死后，不要举行遗体告别仪式，不要举行追悼会，希望把他的骨灰撒在曾经转战的江西、福建、浙江、安徽、江苏、上海、山东、河南等省市的土地上，与长眠在那里的战友在一起。粟裕逝世后，其夫人楚青向党中央、中央军委转达了粟裕的遗愿。1984年4月1日，粟裕的骨灰由其家人及生前身边的工作人员护送离开北京，分撒到他曾经战斗过的各地。

■ 4月26日~5月1日，美国总统里根访问中国

1984年4月26日~5月1日，美国总统罗纳德·里根对中国进行国事访问，与邓小平、李先念等举行了会晤。他是中美两国建交后首位在任时来华访问的美国总统。双方签订了避免双重征税和防止偷漏税等四项协定和议定书，并草签了《中美和平利用核能合作协定》。

里根访问期间，两国领导人就重大国际问题和双边关系举行了坦诚

中国百年实录 1984年

▲邓小平会见访问中国的美国总统里根

友好和富有建设性的会谈,加深了双方的相互了解,增进了友谊,取得了多方面的成果,但在台湾问题上"未取得任何进展"。同日,国家主席李先念在北京会见了里根总统和夫人。中国领导人表示,中美关系近来是好的,中美关系的前景也是好的,但还有障碍。主要障碍是台湾问题。三个联合公报是两国关系的基础,美国应切实执行三个联合公报,奉行"一个中国"的政策。里根则表示:美国将履行在三个联合公报中所承担的义务,执行"一个中国"的政策。

4月28日,邓小平在会见里根及其夫人南希时说:"中美关系中的关键问题是台湾问题,希望美国领导人认真考虑中国人民的民族感情。"

■5月4日,14个沿海港口城市对外开放

1984年,中国经济体制改革的重点开始由农村转移到城市。1984年2月,邓小平视察了广东、福建、上海等地,于2月24日就对外开放和特区工作作了《办好经济特区,增加对外开放城市》的重要讲话,提出除要扩大厦门经济特区外,还要多开放几个沿海港口城市,实行特区的某些政策,以点带面,加快发展。

根据邓小平讲话的精神,1984年3月26日到4月6日,中央书记处和国务院联合在北京召开了由部分沿海城市参加的座谈会。参加会议的有天津、上海、大连、烟台、青岛、宁波、温州和北海八个港口城市,深圳、珠海、汕头、厦门四个特区和海南行政区,辽宁、山东、浙江、福建、广东省和广西自治区的负责同志。中共中央、全国人大常委会、国务院的有关部门和总参的负责同志也参加了会议。

4月7日,《人民日报》在头版以《进一步开放十四个沿海港口城市》为题作了报道。5月4日,中共中央、国务院批转了《沿海部分城市座谈会纪要》,天津、上海、大连、秦皇岛、烟台、青岛、连云港、南通、宁波、温州、福州、广州、湛江、北海等14个沿海港口城市对外开放,扩大这14个沿海开放城市的地方权限,给予外商投资者若干优惠。自此,这14个沿海港口城市,与深圳、珠海、汕头、厦门这四个经济特区在沿海形成我国从北到南对外开放的前沿地带。

■9月26日,中英两国政府关于香港问题的联合声明在北京人民大会堂草签

1984年9月26日,中英两国政府关于香港问题的联合声明在北京人民大会堂草签。同年12月19日,中英联合声明正式签字仪式在北京人民大会堂隆重举行。1985年4月10日,第六届全国人大常委会第八次会议批准了联合声明。1985年5月27日,中国外交部副部长周南和英国驻华大使伊文思各自代表本国政府在北京交换了中英两国对联合声明及其附件的批准书,签署了互换批准书的证书。

声明指出：中国恢复对香港地区（即香港岛、九龙及"新界"）行使主权，英国政府也于1997年7月1日把香港地区交还中国政府。同时确定了中国政府对香港的基本政策方针。

中国政府在声明中承诺，在"一国两制"的原则下，中国政府会确保其社会主义制度不会在香港特别行政区实行，香港本身的资本主义制度及民主制度可以维持五十年不变。这些基本政策都在《香港基本法》中列明。

联合声明于1985年5月27日中英双方互换约文之时起生效，并向联合国秘书长登记，自这一天起，中英联合声明即开始正式生效，香港进入了历时12年的过渡期。

■ 10月1日，北京举行庆祝中华人民共和国成立三十五周年的盛大阅兵式

1984年10月1日，建国三十五周年庆典在天安门广场举行。这是继1960年起中止国庆庆典活动后，近24年来第一次举行的阅兵式和群众庆祝游行。首都50万人参加了广场上的庆祝活动。党和国家领导人及外国贵宾在天安门城楼主席台参加庆典。

上午10时，由1200人组成的军乐队高奏国歌，100门礼炮鸣放28声巨响，宣告庆典开始。中共中央政治局常委、中华人民共和国中央军事委员会主席邓小平在检阅部队后登上天安门城楼发表讲话。之后，阅兵式和群众游行开始。

阅兵式后，身穿节日盛装的群众游行队伍，以67个方队依次进入广场。当仪仗队簇拥着中国老一辈无产阶级革命家毛泽东、周恩来、刘少奇、朱德的仿铜色半身塑像通过天安门广场时，城楼上下迸发出热烈的掌声。在大学生游行队伍中，北京大学的学生打出了"小平您好"的标语。阅兵和游行队伍历时两小时全部通过天安门城楼。

晚上，首都各界群众150万人在天安门广场举行了盛大的联欢晚会。党和国家领导人以及外国贵宾，在天安门城楼上和首都群众一起参加联欢晚会。晚会上，施放了礼花，并首次进行了大型激光表演；文艺团体表演了音乐、舞蹈、戏剧、杂技、武术、舞龙、耍狮子、旱船、踩高跷等精彩节目。

■ 10月20日，中共十二届三中全通过《中共中央关于经济体制改革的决定》

1984年10月20日，中共十二届三中全会在北京举行。全会分析了我国当前的经济和政治形势，总结了我国社会主义建设正反两方面的经验。一致认为：必须按照马克思主义基本原理同中国实际结合起来，建设有中国特色的社会主义的总要求，进一步贯彻执行对内搞活经济、对外实行开放的方针，加快以城市为重点的整个经济体制改革的步伐，以利于更好地开创社会主义现代化建设的新局面。

全会通过了《中共中央关于经济体制改革的决定》（以下简称《决定》）。《决定》根据马克思主义基本原理同中国实际相结合的原则，阐

▶4月17日，英国女警察在包围利比亚使馆事件中遭杀害

1984年4月17日英国女警察在包围利比亚使馆事件中遭杀害，英国与利比亚断交。英国与利比亚间的关系在一名英国女警官在伦敦圣詹姆斯广场遭枪击身亡后变得极度紧张。

射击事件发生在1986年4月17日，当时女警官伊冯·弗莱彻正在被称作利比亚人民局的利比亚大使馆外为一次反利比亚政府的小型学生示威维持秩序。枪弹是从利比亚大使馆里射来的，武装的警察立即包围了使馆。

英国政府在4月29日断绝了与卡扎菲上校的利比亚政权的外交关系。利比亚人民局的职员已在2天前被驱逐出境。

中国百年实录 | 1984年

明了加快以城市为重点的整个经济体制改革的必要性、紧迫性，规定了改革的方向、性质、任务和各项基本方针政策，是指导我国经济体制改革的纲领性文件。

《决定》第一次突破了把计划经济同商品经济对立起来的传统观念，这是十一届三中全会以来中国共产党在对社会主义进行再认识过程中的又一次重大理论突破，发展了马克思主义关于科学社会主义的内容。《决定》还明确指出了：我们这场改革的性质，是在坚持社会主义制度的前提下，改革生产关系和上层建筑中那些不适合生产力发展的一系列相互联系的环节和方面，是社会主义制度的自我改进和自我完善，它只能在中国共产党的领导下有计划、有步骤、有秩序地进行。这场改革的目的，归根到底就是要大大促进社会生产力的发展，达到国家的繁荣强盛和人民的富裕幸福。《决定》同时还强调了社会主义物质文明和精神文明的建设一起抓，这是我们党坚定不移的方针。

《决定》的通过，充分表明了中国共产党对中国国情和社会主义经济建设规律的认识，达到了新的高度，标志着改革已由农村走向城市和整个经济领域。

■ 11月20日，中国南极考察队赴南极进行考察

▲中国南极考察队赴南极进行考察

1980年初，中国派董兆乾、张青松赴澳大利亚的南极凯西站度夏考察，至1984年，先后派出40名科学工作者分赴澳大利亚、新西兰、智利、阿根廷和日本等国的南极站参加度夏和越冬考察，并参加1981年1至3月首次国际南大洋生物系统和资源考察等国际考察活动。

1984至1985年，中华人民共和国首次派出由南大洋考察队、南极洲考察队、向阳红10号远洋科学调查船和J121号打捞救生船所组成的南极考察编队，共有591人参加考察，以陈德鸿为总指挥，进行考察活动，航程26433.7海里，历时142天。向阳红10号曾进入南极圈内的南极半岛附近海域考察，有36人登上雷克鲁斯角；南大洋考察队进行了磷虾资源和环境状况的多学科调查；南极洲考察队进行了生物、地质、地貌、高层大气物理、地震、气象、测绘和海洋科学等领域的考察。

1985年2月20日首次在南极洲南设得兰群岛的乔治王岛上建立了中国南极长城站，为常年（越冬）站。1989年2月26日，又在东南极大陆普里兹湾边的拉斯曼丘陵上建立了中国南极中山站。到2008年中国已先后开展了24次南极科学考察。

世界

▶5月21日，世界上第一台光纤录像电话在法国开始试用

1984年5月21日，世界上第一台利用光纤通信网的录像电话在法国西南部的比亚里茨正式启用。这一天，法国总统密特朗在爱丽舍宫通过录像电话同正在比亚里茨的法国邮电事务部长路易·梅克桑多进行了10分钟的交谈。密特朗认为，这一成果是"法国电子技术的尖端"，它表明法国的通信工业具有无限的可能性。

光纤通信网是未来的通信系统，因为光纤的阻力比同轴电缆小10倍，但容量却大10倍，因此，可以逐步代替传统的铜缆。光纤通信网可用于录像电话、电视联播网和存取资料及图像。比亚里茨光纤通信网长1万公里，价值约6亿法郎。

1984年 中国百年实录

■ 12月19日,中英两国政府关于香港问题的联合声明签字仪式在人民大会堂举行

1984年12月19日,是一个具有历史意义的时刻,在祖国统一进程中,在中英关系的历程里,在国际关系中,这都犹如一座庄严的里程碑。下午5时30分,中华人民共和国政府和不大列颠及北爱尔兰联合王国政府关于香港问题联合声明的签字仪式在北京人民大会堂西大厅隆重举行。

国务院总理赵紫阳和英国首相玛格丽特·撒切尔夫人分别代表本国政府在联合声明上签字。中共中央顾问委员会主任邓小平、中华人民共和国主席李先念出席了签字仪式。中英两国政府关于香港问题的联合声明宣布,中华人民共和国政府决定于1997年7月1日对香港恢复行使主权,英国政府在这一天将香港交还给中华人民共和国。

中英两国政府关于香港问题的联合声明的签署,展现了中国人民、中国政府和中国领导人的智慧和英明,显示了中国的伟大力量和不凡气度。香港问题的圆满解决,将有利于保持香港的长期繁荣和稳定。香港问题的圆满解决,是实现祖国统一大业的一个重要步骤,将促进我国的社会主义现代化建设。香港问题的圆满解决,揭开了中英两国关系的新篇章,并将有利于维护亚洲和世界的和平。h

备忘

- 4月6日,中国居民身份证制度施行
- 4月28日,中国人民解放军收复老山
- 7月25日,中国第一家股份制企业北京天桥百货股份有限公司成立
- 11月29日,中共中央决定胡锦涛任团中央书记处第一书记
- 12月31日,我国南极长城站奠基典礼举行

我们建立经济特区,实行开放政策,有个指导思想要明确,就是不是收,而是放。特区是个窗口,是技术的窗口,管理的窗口,知识的窗口,也是对外政策的窗口。除现在的特区之外,可以考虑再开放几个港口城市,如大连、青岛。我们还要开发海南岛。要让一部分地方先富裕起来,搞平均主义不行。

——此为邓小平于1984年2月24日就办好经济特区和增加对外开放城市的问题同中央几位负责同志的谈话

全党都重视侨务工作,主要抓好对现行侨务政策的落实和历史遗留问题的解决两个方面;华侨回国投资,应给予优待,要放宽政策,加快工作步伐;侨务干部中要增加归侨干部的比重,侨务干部要年轻化。

——此为胡耀邦于1984年3月19日中共中央书记处召开会议讨论侨务工作时的谈话

1985年

 大事

■1月21日，六届人大常委会第九次会议决定9月10日为教师节

1985年1月10日~21日，第六届全国人民代表大会常务委员会第九次会议于北京举行。会议审议了《中华人民共和国会计法（草案）》，《中华人民共和国涉外经济合同法（草案）》，《中华人民共和国继承法（草案）》，《中华人民共和国国营工业企业法（草案）》，建立"教师节"的议案，关于授权国务院在经济体制改革和对外开放方面可以制定暂行的规定或者条例的决定草案。

会议听取了关于教育工作的报告，关于第六届全国人大常委会第二次会议主席团交付专门委员会审议的代表提出的议案审议结果的报告，关于经济特区建设和沿海14个城市进一步开放工作进展情况的报告，关于设立全国人民代表大会对外双边友好小组的说明。审议了关于李先念主席访问西班牙、葡萄牙、马耳他三国的报告（书面），全国人大代表团访问缅甸、泰国情况的报告（书面），全国人大代表团访问坦桑尼亚、赞比亚情况的报告（书面）。

会议通过了关于召开第六届全国人民代表大会第三次会议的决定，《中华人民共和国会计法》，关于授权国务院在经济体制改革和对外开放方面可以制定暂行的规定或者条例的决定，关于建立"教师节"的决定，决定每年的9月10日为"教师节"。

■5月23日~6月6日，中央军委扩大会议在北京举行，邓小平在会上宣布人民解放军裁军100万

1985年5月23日~6月6日，中央军委扩大会议在北京举行。会议主要讨论贯彻我国政府关于军队减少员额100万的战略决策，研究制定落实这一决策的措施和步骤。会议确定，搞好体制改革，精简整编，是军队今后两年的中心任务。

6月4日，邓小平到会作重要讲话。他指出：粉碎"四人帮"后，特别是党的十一届三中全会以后，我们对国际形势的判断有变化，对外政策也有变化，这是两个重要的转变。第一个转变，是对战争与和平问题的认识。我们改变了原来认为战争的危险很迫近的看法，在较长时间内不发生大规模的世界战争是有可能的，维护世界和平是有希望的。第二个转变，是我们的对外政策。我们改变了从日本到欧洲一直到美国的"一条线"战略。我们中国不打别人的牌，也不允许任何人打中国牌。同日，中国政府

 世界

▶3月11日，戈尔巴乔夫当选为苏共中央总书记

1985年3月11日，由于苏联领导人契尔年科病逝，戈尔巴乔夫当选为苏共中央总书记。戈尔巴乔夫出生于俄罗斯南部斯塔夫罗波尔附近，1985年至1991年，任苏联共产党中央委员会总书记。他在职时期的政策导致了冷战的结束，为此他于1990年获得诺贝尔和平奖，但他的改革政策也使得苏联解体。

1990年戈尔巴乔夫担任了苏联总统一职，1991年12月25日独立国家联合体成立后，他宣布辞职，苏联正式解体。任职期间，戈尔巴乔夫于1989年5月对中国进行了历史性的访问，邓小平、赵紫阳等与他进行了会谈，中苏关系正常化。

正式宣布裁军100万人。

1987年初，中国裁军百万的任务顺利完成，人民解放军朝着机构精干、指挥灵便、装备精良、训练有素、反应快速、效率很高、战斗力很强的目标又前进了一大步。可以说，没有百万大裁军，人民解放军就不会有今天的现代化成就。1990年，全军总员额减到319.9万；共裁减员额103.9万；大军区由11个撤并为7个；全军共有110个飞机场、29座军用港口向社会开放，部分军事设施改为民用。

1997年9月12日，江泽民在党的十五大报告中庄严宣布：在80年代裁军100万的基础上，我国将在今后三年内再裁减军队员额50万。

■ 8月15日，"侵华日军南京大屠杀遇难同胞纪念馆"在南京落成

1985年8月15日，"侵华日军南京大屠杀遇难同胞纪念馆"落成开放，该馆是中国南京市人民政府为铭记1937年12月13日日军攻占南京后制造的南京大屠杀事件而筹建。位于中国南京城西江东门茶亭东街原日军大屠杀遗址之一的万人坑。

该馆占地2.5万平方米，主体建筑面积2100平方米。该馆保持原地形地貌，建筑成一座纪念性的墓冢。右侧迎面是以中、英、日三种文字镌刻的黑色大字"遇难者300000"。循院墙小径布列13块小型碑雕，部分地记载着大屠杀的主要遗址及史实，是全市遇难情景的缩影。院墙上嵌着搜捕、屠杀、祭祀3组总长51米、高2.2米

▲侵华日军南京大屠杀遇难同胞纪念馆

的大型黑灰色石刻浮雕。棺椁形遗骨陈列室门前，竖立着高4米的立雕母亲像，室内陈放着从万人坑挖掘出的白骨和遇难者的部分名单。呈平顶半地下墓室形的史料陈列厅内，主要陈列有：当年日军屠杀现场照片、历史档案资料，中外人士当年对这次历史惨案所写的纪实、报道和出版的专著、图书、报刊，至今尚健在的1000多位幸存者的名册、证言、证词和实物；当年屠杀南京军民的日军军官和士兵的日记、供词；崇善堂、红十字会等慈善团体掩埋尸体的照片、统计表、臂章、证词以及远东国际军事法庭和中国军事法庭对南京大屠杀主犯松井石根、谷寿夫审判的照片、判决书等。

■ 9月18日~23日，中国共产党全国代表会议在北京举行

1985年9月18日~23日，中国共产党全国代表会议在北京举行。邓小平、陈云在会上发表重要讲话。

邓小平在讲话中指出：十一届三中全会以来的近七年，是建国以来最

声音

贫穷不是社会主义，社会主义要消灭贫穷。不发展生产力，不提高人民的生活水平，不能说是符合社会主义要求的。在总结经验的基础上，党的十一届三中全会提出一系列新的政策。就国内政策而言，最重大的有两条，一条是政治上发展民主，一条是经济上进行改革，同时相应地进行社会其他领域的改革。

——此为1985年4月15日邓小平会见坦桑尼亚副总统姆维尼时的谈话

永远不要过分突出我个人。我所做的事，无非反映了中国人民和中国共产党人的愿望，党的这些政策也是由集体制定的。在"文化大革命"前，我也是党的主要领导人之一，那时候的一些错误我也要负责的，世界上没有完人嘛。

——此为1985年10月23日邓小平同美国《时代》杂志海外版编辑普拉格的谈话

好的关键性的时期之一。我们主要做了两件事,一是拨乱反正,二是全面改革。改革是社会主义制度的自我完善,在一定的范围内也发生了某种程度的革命性变革。这是一件大事,表明我们已经开始找到了一条建设有中国特色的社会主义的路子。他强调:端正党风是端正社会风气的关键。不加强精神文明的建设,物质文明的建设也要受破坏,走弯路。光靠物质条件,我们的革命和建设都不可能胜利。邓小平肯定了一批老同志带头为废除领导职务终身制,推进干部制度的改革所起的作用,指出干部的新老交替,是从组织上保证我们党的政策的连续性。他要求新老干部都要学习马克思主义理论。

陈云在讲话中强调,干部队伍要保持梯队结构;粮食生产要抓紧抓好;社会主义经济,还是要有计划按比例;抓好党风,仍是全党的一件大事;要加强思想政治工作,维护党的思想政治工作部门的权威;要坚持民主集中制原则。

会议通过了《中共中央关于制定国民经济和社会发展第七个五年计划的建议》,批准了一批老同志不再担任中央三个委员会成员的请求,并增选了一批新的中央委员、候补中央委员、中央顾问委员会委员和中央纪律检查委员会委员。

■ 10月22日,许世友因病在南京逝世

1985年10月22日,许世友将军因病医治无效在南京逝世,终年80岁。

许世友将军1905年2月28日出生于今河南省新县泗水店区一个贫苦农民家庭里,1926年9月参加了共产主义青年团,投身革命。1927年8月,转为中国共产党党员,并于当月返回家乡参加中国工农红军,同年11月参加了著名的黄麻起义。

土地革命战争时期,许世友在徐向前同志领导下,参加了鄂豫皖苏区、川陕苏区的反"围剿"和长征。抗日战争开始不久,许世友随朱德总司令出师太行山,投身于伟大的抗日斗争。解放战争时期,许世友历任华东野战军第九纵队司令员,东线兵团(后称山东兵团)司令员,山东军区副司令员、司令员、党委副书记,中共中央山东分局委员。中华人民共和国成立后,许世友于1953年赴朝任中国人民志愿军第三兵团司令员。归国后,许世友历任华东军区第二副司令员、党委第三书记,解放军副总参谋长,南京军区司令员,国防部副部长兼南京军区司令员、中共中央军委委员、常务委员等职。1955年被授予上将军衔,荣获一级八一勋章、一级独立自由勋章、一级解放勋章。

▲许世友之墓

世界

▶11月13日,哥伦比亚一火山爆发

1985年11月13日,位于哥伦比亚托利马省的内瓦多德尔鲁伊斯火山两次爆发,大量的岩浆和石块吞没了火山周围的几个城镇,造成2.5万多人死亡。

内瓦多德尔鲁伊斯火山坐落在哥伦比亚首都波哥大西北200多公里处。11月13日下午,火山第一次爆发,晚上又再次爆发。据报道,火山爆发后,由于山顶积雪融化而使周围几条河流的水位猛涨并泛滥成灾,给附近居民的生命财产造成严重损失。其中托利马省的阿美罗镇受灾最重。这次灾情极为严重,仅仅阿美罗镇就死了2万多人,还有数千人受伤,多数居民家破人亡。由于火山周围终年积雪被融化,附近几条河流水位猛涨,威胁着马格达莱纳河流域数以万计人的生命财产,遭灾面积达3万平方公里,灾民13万,至于物质损失至今还难以估计。

1985年 中国百年实录

■ 10月23日，邓小平指出社会主义与市场经济不存在根本矛盾

1985年10月23日，邓小平在会见美国时代公司美国高级企业家代表团时说，社会主义和市场经济之间不存在根本矛盾。问题是用什么方法才能更有力地发展社会生产力。我们过去一直搞计划经济，但多年的实践证明，在某种意义上说，只搞计划经济会束缚生产力的发展。把计划经济和市场经济结合起来，就更能解放生产力，加速经济发展。三中全会以来，我们一直强调坚持四项基本原则，其中最重要的一条是坚持社会主义制度。而要坚持社会主义制度，最根本的是要发展社会生产力，这个问题长期以来我们并没有解决好。社会主义优越性最终要体现在生产力能够更好地发展上。

多年的经验表明，要发展生产力，靠过去的经济体制不能解决问题。所以，我们吸收资本主义中一些有用的方法来发展生产力。现在看得很清楚，实行对外开放政策，搞计划经济和市场经济相结合，进行一系列的体制改革，这个路子是对的。这样做是否违反社会主义的原则呢？没有。因为我们在改革中坚持了两条，一条是公有制经济始终占主体地位，一条是发展经济要走共同富裕的道路，始终避免两极分化。我们吸收外资，允许个体经济发展，不会影响以公有制经济为主体这一基本点。相反地，吸收外资也好，允许个体经济的存在和发展也好，归根到底，是要更有力地发展生产力，加强公有制经济。只要我国经济中公有制占主体地位，就可以避免两极分化。当然，一部分地区、一部分人可以先富起来，带动和帮助其他地区、其他的人，逐步达到共同富裕。

备忘

- 1月1日，邓小平《建设有中国特色的社会主义》出版
- 2月20日，我国南极长城考察站建成
- 2月26日，中共中央办公厅转发中央组织部《关于大量吸收优秀知识分子入党的报告》
- 3月13日，中共中央发出《关于科技体制改革的决定》
- 5月1日，中国海陆空军统一换着新制式服装
- 5月27日，中共中央发出《关于教育体制改革的决定》
- 8月5日，中国第一座马克思、恩格斯纪念像在上海复兴公园揭幕
- 11月26日，宝山钢铁总厂一期工程建成投产

世界

▶12月27日，巴勒斯坦恐怖分子在罗马和维也纳制造惨案

1985年12月27日，巴勒斯坦恐怖分子对罗马、维也纳的以色列航空公司的结账台同时发动进攻，向度假的旅客们投掷手榴弹和用半自动机枪扫射。14人被当场打死，其中包括4名美国人，110多人受伤。暴行之后，两座航空终点站机场留下血尸遍地的惨状。4名恐怖分子在与警察和以色列治安便衣人员进行的枪战中被击毙，其他3人受伤被捕。

1986年

世界

▶1月28日，美国航天飞机"挑战者"号失事，7名机组人员遇难

1986年1月28日，美国航天飞机"挑战者"号从肯尼迪航天中心发射72秒钟后在1.5万米高空突然爆炸，7名机组人员全部遇难。飞机在顷刻之间炸成一团红白色火雾，飞机的残骸碎片在一小时内散落到距发射中心9公里的大西洋洋面。这是美国宇航史上最惨重的事故。数以千计的佛罗里达观看者和数百万电视观众目睹了这令人心碎的灾难。据调查，"挑战者"号失事原因就是燃料箱上一个O型封环由于在低温下变形，发生泄露，燃气引爆外部燃料导致。

大事

■2月1日，中国发射第一颗通信广播卫星

人造卫星是发射数量最多，用途最广，发展最快的航天器。"人造卫星"就是我们人类"人工制造的卫星"。1957年10月4日苏联发射了世界上第一颗人造卫星，之后，美国、法国、日本也相继发射了人造卫星。中国于1970年4月24日发射了东方红一号人造卫星。1984年4月8日，在西昌卫星发射中心由长征三号火箭发射了东方红二号试验卫星，4月16日成功定点于东经125°赤道上空，是中国第一颗地球静止轨道通信卫星，星上配置2个C波段转发器，可在每天24小时内进行全天候通信，包括电话、电视和广播等各项通信试验，开始了使用我国自己通信卫星进行卫星通信的历史。

1986年2月1日，中国又在西昌卫星发射中心由长征三号火箭发射了东方红二号实用通信广播卫星，和试验卫星相比，该卫星提高了波束的等效辐射功率，使通信地球站的信号强度明显提高，接收的电视图像质量大为改善，传输质量得到改善，达到两个频道电视转播和1000路电话传输能力，卫星设计寿命3年。

■6月30日，中葡澳门问题首轮会议在北京举行

1986年6月30日和7月1日，中葡关于澳门问题的首轮谈判在北京钓鱼台国宾馆举行。7月1日下午5时，会谈结束。中葡发表联合公报称："会谈是在友好融洽的气氛中进行的。双方就一些实质问题交换了意见。双方对第一轮会谈的结果表示满意。"

9月9日和10日，中葡举行第二轮谈判，地点同上。此次谈判进展顺利，会谈后所发表的新闻公报称："双方在友好融洽的气氛中就各项议程的实质性问题进行了讲座并取得了进展。"周南引用晋代画家顾恺之"倒啖蔗，渐入佳境"的趣话，概括了这次会谈的可喜成果。

10月21日和22日，中葡双方继续举行第三轮会谈。在充满"友好融洽的气氛中"，对实质性问题"进行了深入的讨论"，两天以后，双方宣布在实质性问题取得广泛一致意见的基础上，决定在双方政府代表团下成立一个工作小组，"具体讨论和修订中葡双方会谈中所提出的全部协议文件草案"，使澳门问题早日达成全面协议。中葡谈判的第一阶段至此告一段落。

■ 9月28日，中共十二届六中全会在北京举行，全会主要讨论了精神文明建设问题

1986年9月28日中国共产党十二届六中全会在北京举行。会议回顾和讨论了几年来精神文明建设的成就和面临的问题，通过了《中共中央关于社会主义精神文明建设指导方针的决议》。《决议》指出：要以经济建设为中心，坚定不移地进行经济体制改革，坚定不移地进行政治体制改革，坚定不移地加强精神文明建设，并使这几个方面互相配合，互相促进。社会主义精神文明建设的基本方针是：它必须是推动社会主义现代化建设的精神文明建设，必须是促进全面改革和实行对外开放的精神文明建设，必须是坚持四项基本原则的精神文明建设。社会主义精神文明建设的根本任务，是适应社会主义现代化建设的需要，培养有理想、有道德、有文化、有纪律的社会主义公民，提高整个中华民族的思想道德素质和科学文化素质。

邓小平在会上讲话强调说：没有一个安定团结的政治局面，就不可能搞建设。我们搞的四个现代化有个名字，就是社会主义四个现代化。我们实行开放政策，吸收资本主义社会的一些有益的东西，是作为发展社会主义社会生产力的一个补充。

■ 10月7日，刘伯承元帅逝世

1986年10月7日，伟大的无产阶级革命家、军事家，中国人民的伟大战士、中国共产党的优秀党员、中国人民解放军的缔造者之一——刘伯承元帅因病在北京与世长辞，享年94岁。

1973年以后，刘伯承元帅就因神经系统健康状态恶化丧失了思维能力，从此，就在医院里，没有离开过病床。1974年3月，为了加强对他的治疗，上级决定进一步充实医疗组的力量，把在外地的著名心内科专家牟善初教授调到北京，担任刘帅医疗保健组组长。

▲刘伯承元帅

1975年以后，刘伯承因多年患病形成了多脏器衰竭，完全丧失了生活自理的能力。专家们的努力，最终没能挽留住敬爱的刘元帅，1986年10月7日17时40分，刘伯承因久病不治而与世长辞，享年94岁。

10月16日，刘伯承追悼会在首都人民大会堂隆重举行。3000多人聚集在一起悼念这位伟大的无产阶级革命家、军事家、杰出的马克思主义理论家、军事教育家。邓小平主持追悼会，胡耀邦致悼词。

胡耀邦在追悼会上对刘伯承做了高度的评价，他说，刘伯承同志的逝世，是我党、我军和我国人民的重大损失。我们要化悲痛为力量，为把我

世界

▶4月26日，苏联切尔诺贝利核发电站发生核燃料泄漏事故

1986年4月26日凌晨，人类历史上最浩大的核劫难发生了，随着一声震天动地的巨响，苏联切尔诺贝利核电站的四号反应堆爆炸了，大量放射性物质外泄，一瞬间，900万人遭涂炭，富饶的村庄变成焦土。

据统计，切尔诺贝利核事故的受害者总计达900万人。苏联政府用于清理核污染、为受害者提高医疗帮助、社会保障、津贴、建设新的村庄和住宅等方面的预算开支高达230亿卢布。至今在俄罗斯因切尔诺贝利事故受社会保障法保护的人口仍有210万。消除切尔诺贝利后患成了俄罗斯、乌克兰和白俄罗斯政府的巨大财政负担。切尔诺贝利最后一个反应堆已于2000年12月15日正式关闭。据专家估计，完全消除这场浩劫的影响最少需要800年。

中国百年实录 1986年

国建设成为高度文明、高度民主的社会主义现代化强国，为把我军建设成为现代化、正规化的革命军队，同心同德，努力奋斗。

刘伯承逝世后，其夫人汪荣华给中共中央写信，要求把刘伯承的骨灰撒向祖国田野。10月21日，刘伯承的长子太行、四女雁翎、幼子太迟一行三人，手捧骨灰，完成了骨灰撒放，刘伯承元帅永远长眠在祖国的山水大地中。

■ 10月22日，叶剑英元帅逝世

▲叶剑英元帅

1986年10月22日，伟大的无产阶级革命家，中国人民解放军的缔造者之一，党、军队和国家的重要领导人——叶剑英元帅因病医治无效，在北京逝世，享年90岁。

叶剑英阅历丰富，学识渊博，文武兼备，智勇双全，在政治上、军事上以至文学上造诣都很深。毛泽东曾用"诸葛一生唯谨慎，吕端大事不糊涂"这句话来赞誉他。

1976年，周恩来、朱德和毛泽东相继逝世，江青反革命集团加紧篡夺最高领导权。在这关系党和国家前途命运的严峻时刻，叶剑英挺身而出，同中央政治局一起，断然采取措施，粉碎"四人帮"，结束了"文化大革命"这场灾难，再次为中国革命事业立下了不可磨灭的功勋。

1980年，叶剑英被诊断为帕金森氏病，1982年，叶剑英的病越来越重，在叶剑英生命的最后三年，数十次肺部感染，有几次特别严重，持续时间很长，使用过几十种抗生素，静脉穿刺上千次，都没有产生副作用，两肺部炎症基本消失，这在医学界是少见的。

1983年11月19日，叶剑英突发心肌梗死，经抢救好转。由于病情反复，叶剑英在军事科学院二号院的家中卧床两年半。1984年4月19日，他得了脑血栓、肺炎、腹泻，多次出现高烧，呼吸困难。7月仍高烧不止，呼吸困难，出现黄疸和腹水。7月16日、7月27日，中共中央发出22、23号文件，向全党通报叶剑英的病情。10月16日，中共中央发布叶剑英的第三次病情通报。

1986年10月13日，叶剑英昏迷，体温上升，呼吸急促，心律、血压都不正常。各种抢救措施都用上，仍没有什么效果。10月21日，病情进一步恶化。10月22日1时16分，叶剑英与世长辞。10月22日下午，中共中央总书记胡耀邦在中央召开的纪念长征胜利50周年大会上，宣布了这一噩耗。

叶剑英的去世在国际上也引起巨大反响，许多国家的领导人发来唁电唁函，世界各大通讯社纷纷报道，称叶剑英是一位大战略家，在中国现代史上起过关键性的作用。

10月29日，首都天安门、新华门、外交部等下半旗志哀，叶剑英元帅

世界

▶ 7月5日~20日，第一届友好运动会在苏联首都莫斯科举行

1985年，出于加深相互理解和促进世界和平的愿望，美国时代·沃纳公司副总裁特德·特纳创议举办一个由美国、苏联及其他国家优秀运动员参加的无政治压力的国际大型综合性运动会——友好运动会，以便使已有10年未在国际大型综合性运动会上碰面的美国和苏联运动员有同场竞技的机会。该运动会原定四年一届，轮流在美国和苏联举办。

经过长达11个月的精心准备，1986年7月5日至20日，第一届友好运动会在前苏联首都莫斯科举行。来自79个国家和地区的3000多名运动员参加了为期16天总共18个项目（182个小项）的比赛。

各国运动员在该届运动会上创造了6项世界纪录、8项洲纪录和91项国家纪录。美国特纳广播网超级电视台和电视联合管理集团向美国观众播出了129个小时的运动会电视报道。世界上66个国家的电视台总共播出了200多个小时的比赛和开、闭幕式节目报道。

的追悼会在人民大会堂举行，党和国家领导人以及首都各界人士5000余人参加了追悼会。中央军委主席邓小平审定修改悼词，并亲自主持追悼会。胡耀邦致悼词，高度评价了叶剑英的一生，特别是叶剑英同华国锋等同志一起粉碎"四人帮"的重大贡献。

叶剑英的遗愿是死后要回到50多年前在他和张太雷等领导的广州起义中牺牲的战友身边，10月31日，专机将叶剑英的骨灰送往广州，暂时安放在广州农民运动讲习所旧址。1987年10月22日，中共中央在广州红花岗烈士陵园举行叶剑英巨幅雕像和骨灰安放仪式，雕像座下端是邓小平题写的"叶剑英"三个大字。

■ 12月5日，国务院发布《关于深化企业改革增强企业活力的若干规定》

1978年十一届三中全会后，农村实行了家庭联产承包责任制，以"大包干"的形式搞活了农村经济。而对于企业是否可以实现承包经营责任制，一直存在争议。在第二汽车制造厂进行的企业承包的试点，发现大大地节约了成本，提高了效益，职工的福利也有很大的改善。这表明，在企业搞承包经营责任制是有希望的。

1984年12月5日，国务院发布《关于深化企业改革 增强企业活力的若干规定》。《若干规定》提出1987年要在深化企业改革，增强企业特别是大中型企业的活力方面迈出较大的步子。为此，对不符合党中央、国务院关于搞活企业的精神的规定，应予废止或纠正；要推行多种形式的经营承包责任制，给经营者以充分的经营自主权；各地可以选择少数有条件的全民所有制大中型企业，进行股份制试点；有些全民所有制小型商业、服务业企业，可由当地财政、银行、工商行政管理部门和企业主管部门共同核定资产，由企业主管部门进行拍卖或折股出售；集体所有制企业仍由主管部门统负盈亏的，一律改为自负盈亏，不再上交合作事业基金；要加快企业领导体制的改革，全面推行厂长（经理）负责制；继续缩减对企业下达的指令性计划。

《关于深化企业改革 增强企业活力的若干规定》初步确立了企业承包经营责任制，允许各地选择少数有利条件的全民大中型企业进行股份制试点。从此，我国的企业改革从放权让利迈向了政企分开。

■ 12月28日，黄克诚将军逝世

黄克诚，湖南永兴人，1925年加入中国共产党。曾在国民革命军任营政治指导员、团政治教官。1926年参加北伐战争。1928年在湘南起义中参与领导永兴年关暴动，并率部随朱德、陈毅上井冈山。曾任中国工农红军团长，师政委，军政治部主任，红三军团政治部代主任等职。

抗战期间，黄克诚任八路军总政治部组织部长，第三四四旅政委，第二、四纵队政委，第五纵队司令员兼政委，新四军第三师师长兼政委，苏北区党委书记。

中国百年实录 1986年

▲黄克诚

我们的政策是让一部分人、一部分地区先富起来，以带动和帮助落后的地区，先进地区帮助落后地区是一个义务。我们坚持走社会主义道路，根本目标是实现共同富裕，然而平均发展是不可能的。我们现在搞两个文明建设，一是物质文明，一是精神文明。实行开放政策必然会带来一些坏的东西，影响我们的人民。要说有风险，这是最大的风险。我们用法律和教育这两个手段来解决这个问题。

——此为1986年3月28日邓小平会见新西兰总理朗伊时的讲话

没有一个安定团结的政治局面，就不可能搞建设。我们搞的四个现代化有个名字，就是社会主义四个现代化。我们实行开放政策，吸收资本主义社会的一些有益的东西，是作为发展社会主义社会生产力的一个补充。

——此为1986年9月28日邓小平在中国共产党十二届六中全会上的讲话

抗战胜利后，进军东北，领导创建西满根据地，任西满军区司令员，中共西满分局副书记、代书记，东北民主联军副司令员兼后勤司令员、政委，中共冀察热辽分局书记兼军区政委、东北野战军第二兵团政委。天津解放后，曾任中共天津市委书记兼军事管制委员会主任。

建国初期，任湖南军政委员会副主席。1952年10月任中国人民解放军副总参谋长兼总后勤部部长、政委。1954年后任中共中央军委秘书长，国防部副部长，中国人民解放军总参谋长，第八届中共中央书记处书记，山西省副省长，中央军委顾问。1955年被授予大将军衔。曾获一级八一勋章，一级独立自由勋章，一级解放勋章。1959年的庐山会议上，同彭德怀等一起被错定为"反党集团"。在"文化大革命"中遭到残酷迫害。1978年12月，被平反昭雪。

黄克诚同志是中共第七届中央候补委员，第八届中央委员，1978年在中共十一届三中全会上被增选为中央委员，中纪委常务书记；第一届全国人大常委，第五届全国人大代表；第五届全国政协常委。

备忘

- 1月8日，我国第二汽车制造厂建成
- 3月4日，著名女作家丁玲逝世
- 3月26日，著名劳动模范陈永贵在北京逝世
- 4月19日，邓小平会见包玉刚、霍英东等香港知名人士
- 5月27日，上海宋庆龄基金会宣告成立
- 7月29日，"两弹"元勋邓稼先逝世
- 11月18日，我国第一次长江漂流成功
- 12月2日，全国人大常委会通过《中华人民共和国企业破产法（试行）》
- 12月中下旬，合肥、北京等地一些高校少数学生上街游行

1987年

 **大事**

■ **1月16日，中央政治局扩大会议同意胡耀邦辞去党中央总书记职务的请求**

1987年1月10日~15日，根据中共中央政治局常务委员会决定，在党中央一级召开了党的生活会。会上，胡耀邦向中央政治局提出辞去中央总书记的要求。1月16日，中共中央政治局举行扩大会议，中共中央总书记胡耀邦检讨了在他担任党中央总书记期间，违反党的集体领导原则、在重大的政治原则问题上的失误，并请求中央批准他辞去党中央总书记职务。会议对胡耀邦进行了严肃的批评，同时，如实地肯定了他工作中的成绩。扩大会议一致同意胡耀邦同志辞去党中央总书记职务的请求；一致推选赵紫阳同志代理党中央总书记，将提请党的下一次全会追认；继续保留胡耀邦中央政治局委员、中央政治局常委职务。会议强调：全党要继续执行中共十一届三中全会以来党的路线、方针和各项内外政策，继续坚持四项基本原则，反对资产阶级自由化，继续坚持以经济建设为中心。

■ **1月28日，中共中央发出《关于当前反对资产阶级自由化若干问题的通知》**

1987年1月28日，中共中央发出《关于当前反对资产阶级自由化若干问题的通知》。《通知》指出：搞资产阶级自由化否定社会主义制度、主张资本主义制度，核心是否定共产党的领导。反对资产阶级自由化的斗争关系到党和国家的命运，关系到社会主义事业的前途。进行这场斗争也是对广大党员进行一次坚持四项基本原则，全面、正确地理解和贯彻执行中共十一届三中全会以来的路线、方针、政策的教育。反对资产阶级自由化思潮的斗争贯穿于改革、开放的整个过程中，因此它是长期的。但是这场斗争严格限于党内，而且主要在政治思想领域内进行，着重是解决根本政治原则和政治方向问题。进行这场斗争，要始终坚持以正面教育为主、团结绝大多数的方针，不搞政治运动。《通知》特别指出：坚持四项基本原则，坚持改革、开放、搞活，是党的十一届三中全会以来的路线的两个基本点，两者互相联系，缺一不可。反对资产阶级自由化，正是为了正确地、全面地贯彻党的十一届三中全会以来的路线、方针和政策。

■ **4月13日，中葡两国关于澳门问题的联合声明在北京签署**

1987年4月13日，《中华人民共和国政府和葡萄牙共和国政府关于澳门

 声音

为什么一谈市场就说是资本主义，只有计划才是社会主义？计划和市场都是方法嘛。只要对发展生产力有好处，就可以利用。它为社会主义服务，就是社会主义的；为资本主义服务，就是资本主义的。

——此为1987年2月6日邓小平针对市场经济问题同几位中央负责人谈话

我请求我们中国每一个知书识字的公民，都来读读今年第九期的《人民文学》的第一篇报告文学，题目是《神圣忧思录》，副题是《中小学教育危机纪实》。我一向关心着中小学教师的一切：如他们的任务之重，待遇之低，生活之苦……

——此为年届87岁的冰心老人发表在《人民日报》的文章《我请求》，向全社会发出重视教育的呼吁，引起巨大的反响

中国百年实录 1987年

问题的联合声明》在北京正式签署。

中国总理赵紫阳和葡萄牙总理卡瓦科·席尔瓦代表各自政府分别在联合声明上签字。联合声明宣布，中华人民共和国政府将于1999年12月20日对澳门恢复行使主权。声明规定：1999年12月20日中国恢复对澳门行使主权，澳门回归祖国后，设立特别行政区，澳门的社会制度50年不变，生活方式不变。

正式签字仪式在人民大会堂西大厅隆重举行，中共中央顾问委员会主任邓小平、中华人民共和国主席李先念、葡萄牙外交部长皮雷斯·德·米兰达等出席了签字仪式。参加中葡澳门问题会谈的两国政府代表团全体成员以及专程前来参加联合声明签字仪式观礼的50位澳门各界知名人士也出席了签字仪式。

4月13日，签字大厅里摆着一张铺着墨绿色绒布的长条桌。桌子中央插着中葡两国国旗。在一片庄重的气氛中，赵紫阳和席尔瓦在长桌本国国旗一侧入座，分别用中国台式英雄金笔，代表本国政府在联合声明上签字。联合声明的发表，洗刷了历史上留下的民族耻辱，为实现祖国统一大业迈进了一大步。

■ 5月6日，大兴安岭森林区发生特大火灾

▲大兴安岭森林区发生特大火灾

1987年5月6日，黑龙江省大兴安岭地区的西林吉、图强、阿尔木和塔河4个林业局所属的几处林场，同时起火，引起新中国成立以来最严重的一次特大森林火灾。有关这场火灾的全过程，国务院当年向全国人大委员会的汇报材料中这样写道："火灾来势很猛，东、西两线同时起火。在西部，5月6日起火，到7日晚刮起了八级以上大风，5个小时火头推进100公里，铁路、公路、河流，甚至500米宽的防火隔离带都阻挡不住。一个晚上就烧毁了西林吉、图强、阿木尔3个林业局所在地和7个林场、45个贮木场。当天夜间，东部塔河县盘古林场的火势也迅猛异常。到8日，西部漠河、东部塔河县境内已分别形成面积为30万和20万公顷的大火海。此后，火势继续蔓延。经过25天的顽强扑打，于6月2日彻底扑灭。火灾损失令五万同胞流离失所、193人葬身火海，五万余军民围剿25个昼夜方才扑灭"。大火烧过了100万公顷土地、焚毁了85万立方米木材"，是"建国以来毁林面积最大、伤亡人员最多、损失最为惨重"的一次。起火原因——造成这场特大森林火灾的直接原因，并不是天灾，也不是坏人破坏。最初火源是林业工人违反规章制度吸烟，以及违反防火期禁止使用割灌机的规定，违章作业造成的。

世界

▶7月31日，麦加惨案发生

1987年，一年一度的麦加朝觐活动就要进入最后高潮的7月31日，在做完下午祈祷后，几千名伊朗朝觐者突然在沙特阿拉伯麦加城大清真寺外发起游行示威，他们高呼"打倒美国"、"打倒苏联"、"打倒以色列"的口号，同时焚烧美国总统里根的画像。沙特警察对此进行了干预，双方发生激烈冲突，造成402人丧生，649人受伤。死亡者中有275人是伊朗人，85人是沙特警察，还有42名其他国家的朝觐者，造成了历史上罕见的流血惨案。这一惨重事件震惊全球，在伊斯兰世界激起强烈反响，使海湾形势骤然紧张。

7月6日，中国人民抗日战争纪念馆在北京揭幕

中国人民抗日战争纪念馆为纪念抗日战争50周年而建，1987年7月6日落成揭幕，占地3万平方米，建筑朴质，庄重肃穆。馆名由邓小平同志题写。纪念馆门前广场中央，设置一尊巨大的醒狮雕塑，象征中华民族的觉醒和抵抗外来侵略的不屈不挠精神。

中国人民抗日战争纪念馆分为序厅、东西展厅和半景画厅四大部分。序厅面积357平方米，厅顶悬有八座方形古钟，寓抵御侵略，警钟长鸣之意。

整个纪念馆以"九一八事变"、"七七事变"、"武汉沦陷"、"战略相持"、"战略进攻"和"日寇投降"等为主要展出内容，并以大量的图片、实物、史料、模型，以及利用声、电、光技术相结合的立体半景画形象等方法，反映了中国军民的英勇抗战历史。

▲中国人民抗日战争纪念馆

中国人民抗日战争纪念馆第二期工程已于1997年"七七事变"60周年之际竣工。重点将主馆扩建为5600平方米，并增建了4700平方米的抗战史资料中心。新展陈列采用编年与专题相结合的方式，设有3个综合馆和3个专题馆，即日军暴行馆、人民战争馆和抗战英烈馆。新展采取了文物与景观相结合，照片与影视相结合，音乐与解说相结合，参观与参与相结合等形式，使得整个展览更加庄严、肃穆，更具强烈的感染力与震撼力。

10月25日~11月1日，中国共产党第十三次全国代表大会在北京召开

1987年10月25日~11月1日，中国共产党第十三次全国代表大会在北京举行。出席大会的正式代表1936人，特邀代表61人。代表全国4600余万名党员。邓小平主持大会开幕式。

大会提出了党在社会主义初级阶段的"一个中心、两个基本点"的基本路线，制定了到下世纪中叶分三步走、实现现代化的发展战略，并提出了政治体制改革的任务。十三大报告确认，中国还处在社会主义初级阶段，面临的主要矛盾是人民日

▲中国共产党第十三次全国代表大会

益增长的物质文化需要同落后的社会生产之间的矛盾，要把发展生产力作为全部工作的中心。大会确认，党在社会主义初级阶段的基本路线，是领导和团结全国各族人民，以经济建设为中心，坚持四项基本原则，坚持改

革开放，自力更生，艰苦奋斗，为把中国建设成为富强、民主、文明的社会主义现代化国家而奋斗。

关于经济体制改革，十三大报告提出，社会主义有计划商品经济，应该是计划与市场内在统一的体制。计划与市场都是覆盖全社会的。计划与市场相结合的经济运行机制，是"国家调节市场，市场引导企业"。要加快建立和培育社会主义市场体系，逐步建立起有计划商品经济新体制的基本框架。

会议审议并通过了《关于十二届中央委员会报告的决议》、《关于党章部分条文修正案的决议》、《关于中央顾问委员会工作报告的决议》、《关于中央纪律检查委员会工作报告的决议》。

大会选出中央委员175人，候补委员111人，中顾委委员200人，中纪委委员69名。

备忘

- 1月1日，《中华人民共和国治安处罚条例》开始实施
- 1月5日，在内蒙古发现巨型陨石坑
- 2月6日~10日，经济特区工作会议在深圳举行
- 2月9日~23日，中断九年的中苏边界谈判在莫斯科恢复举行
- 5月17日，我国第一艘极地考察船"极地"号返抵青岛
- 7月14日，台湾宣布解除戒严

世界

▲12月8日，苏美两国首脑签署《中程导弹条约》

冷战期间，美苏军备竞赛、特别是核竞赛不断升级，两国领导者也深切地感受到，核战中没有胜者，核战不能打。1981年11月，两国开始限制中程导弹的正式谈判，并最终在1987年12月8日签署了《中程导弹条约》。《中程导弹条约》一共包括17项内容，规定美苏双方在条约生效后的3年内，全部销毁所拥有的射程在500-5500公里的中程和中短程导弹及其发射装置和辅助设施，条约生效后任何一方不得再生产和试验中程导弹及中短程导弹。条约还规定，为监督条约的实施，缔约每一方都拥有就地核查的权力。

1988年

大事

■ **1月14日，中共中央致电中国国民党中央委员会，吊唁于13日病逝的蒋经国**

1988年1月13日，蒋经国因病在台北病逝。1月14日，中共中央致电中国国民党中央委员会，吊唁中国国民党主席蒋经国在台北病逝。电文如下：

台北
中国国民党中央委员会：

惊悉中国国民党主席蒋经国先生不幸逝世，深表哀悼，并向蒋经国先生的亲属表示诚挚的慰问。

　　　　　　　中国共产党中央委员会　一九八八年一月十四日

同日，中共中央总书记发表谈话，对蒋经国的逝世表示悼念，重申和平统一祖国的方针不变。他说："中国国民党主席蒋经国先生不幸逝世，我们深表哀悼。蒋经国先生坚持一个中国，反对台湾独立，主张国家统一，表示要向历史做出交待，并为两岸关系的缓和做了一定的努力。当此国民党领导人更替之际，我们重申，我党和平统一祖国的方针和政策是不会改变的……我们由衷地期望台湾局势稳定、社会安宁、经济继续发展，人民安居乐业。"

▲ 蒋经国逝世

中国新华社驻香港分社负责人也以中国共产党中央顾问委员会的名义，在香港派员向国民党在港机构珠海书院内的蒋经国灵堂送了花圈。

蒋经国病逝以后，台湾成立了"蒋经国治丧委员会"，1月30日举行了遗体大殓仪式，后将遗体安放于桃园县大溪镇，准备将来运回大陆安葬。

■ **3月25日~4月13日，第七届全国人大一次会议在北京举行**

1988年3月25日~4月13日，中华人民共和国第七届全国人民代表大会第一次会议在北京举行。李鹏代总理向大会作政府工作报告。报告提出在第八个五年计划中，要使国民生产总值达到15500亿元左右，实现平均每年增长7.5%左右的目标。为此，报告提出了十项任务：一、大力发展农业生产和基础工业、基础设施的建设，以保持国民经济的持续稳定增长；二、加快科学技术和教育事业的发展和改革，把经济建设切实转移到依靠科技进步和提高劳动者素质的轨道上来；三、以深化企业改革为中心进行综合配套改革，逐步建立新的经济体制的主导地位；四、不失时机地加快实施沿海地区经济发展战略，进一步扩大对外开放；五、切实搞好政府机构改革，努力克服官僚主义、提高工作效率和严肃政纪法纪；六、进一步加强社会主义民主和法制建设。维护民族平等和民族团结，巩固和发展全国安定团结的政治局面；七、大力进行社会主义精神文明建设，促进改革、开放和现代化建设事业的顺利发展；八、既立足现实又面向未来，认真贯彻执行计划生育和加强环境保护这两项基本国策；九、在发展生产的基础上继续增加城乡人民收入，改善人民的物质文化生活；十、随着经济建设的发展，进一步加强国防建设。

大会通过了《中华人民共和国全民所有制工业企业法》、《中华人民共和国中外合作经营企业法》和宪法修正案。大会确认赵紫阳辞去国务院总理职务的请求，大会选举杨尚昆为中华人民共和国主席，王震为中华人民共和国副主席，万里为第七届全国人民代表大会常务委员会委员长，邓小平为中央军委主席；决定李鹏为国务院总理，赵紫阳、杨尚昆为中央军委副主席。大会还审议和原则批准国务院机构改革方案，通过设立海南省和建立海南经济特区的决议，通过成立澳门特别行政区基本法起草委员会的决定。

■ 4月，国务院开始陆续出台一系列调整物价的措施

1988年，是改革的第10个年头，通过一系列的改革措施，我国的国民经济上了一个新的台阶。与此同时，我国的经济体制改革也推进到一个深层次的领域——价格改革。

在传统计划体制下，我国商品的价格是由国家制定的。到1988年，市场取向的改革已经走过了10个年头，随着经济的发展、市场供求关系的变化以及市场主体多元化，原有的计划价格已经不适应新的形势。与此相适应，也推出了部分商品由市场来决定价格，即所谓的价格"双轨制"，由此也派生一系列矛盾和问题，迫切需要进一步深化价格体制改革，建立起由市场引导生产、供求调节价格的新的价格体制。

但是当时我国经济发展水平较低、市场供求关系较为紧张、社会对价格改革的承受能力也相对有限。在此情况下较快地放开市场价格，具有一定的风险。所以邓小平明确地提出，价格改革，一要坚决，二要非常稳妥。这就为价格改革指明了方向。

从4月开始，国务院相继出台了一系列调整物价的措施。4月1日，经国务院批准，国家物价局、商业部决定调整部分粮油的收购价格；4月5日，国务院发出《关于试行主要副食品零售价格变动给职工适当补贴的通知》，肉、蛋、菜、糖等主要副食品的价格补贴由暗补改为明补；5月开始，彩色电视机、名烟名酒等价格放开，实行浮动价格。

同年夏天，中央政治局在北戴河召开第十次全会，讨论并通过了关于

世界

▶8月20日，两伊战争结束

自1980年两伊战争爆发以后，双方一直进行着激烈的战争，引起了世界各国的广泛关注。西方海军力量也曾介入该地区，试图保护海湾航道畅通。结果导致了伊朗导弹攻击美国斯塔克号护卫舰以及美国文森斯号巡洋舰击落伊朗民航客机，致使290名乘客和机组人员丧生的恶劣事件。

1987年7月20日联合国安理会一致通过第598号决议，要求两伊立即无条件停战，引起全世界人民的积极响应。同年7月23日，伊拉克首先宣布接受这项决议，但是伊朗直到1988年7月18日才宣布正式接受这项决议。不过双方依然在进行军事行动。

后来，在联合国秘书长佩雷斯·德奎利亚尔等人的多次奔走后，两国终于同意从1988年8月20日起全面停战，战争至此完全结束，两国的分界线恢复到了战前的情况。

两伊战争历时7年零11个月，是一场名副其实的消耗战，对双方来说都是得不偿失、两败俱伤的战争。战后伊拉克欠外债800亿美元，死亡人数是30万，伤60万，直接损失3500亿美元。伊朗也欠外债450亿美元，死亡70万，伤110多万，直接损失3000亿美元。战争使两国的经济发展至少推迟了20至30年。

价格、工资改革的初步方案，提出绝大多数商品价格放开，由市场调节；要求用5年左右的时间，初步理顺价格关系。

■ 4月26日，中共海南省委和海南省人民政府正式挂牌

1988年4月13日，七届全国人大一次会议通过《关于设立海南省的决定》，决定：一、批准设立海南省，撤销海南行政区。海南省人民政府驻海口市。二、海南省管辖海口市、三亚市、通什市、琼山县、琼海县、文昌县、万宁县、屯昌县、定安县、澄迈县、临高县、儋县、保亭黎族苗族自治县、琼中黎族苗族自治县、白沙黎族自治县、陵水黎族自治县、昌江黎族自治县、乐东黎族自治县、东方黎族自治县和西沙群岛、南沙群岛、中沙群岛的岛礁及其海域。

与此同时，七届全国人大一次会议通过《关于建立海南经济特区的决议》，决定：一、划定海南岛为海南经济特区。二、授权海南省人民代表大会及其常务委员会，根据海南经济特区的具体情况和实际需要，遵循国家有关法律、全国人民代表大会及其常务委员会有关决定和国务院有关行政法规的原则制定法规，在海南经济特区实施，并报全国人民代表大会常务委员会和国务院备案。

时任国务委员的谷牧受国务院的委托，对"国务院关于提请审议建立海南经济特区的议案"作了说明。他说，海南岛是我国的一个重要岛屿，自然资源比较丰富，经济发展有良好的前景。海南单独设省后，最重要的任务是发展生产力，加快海南岛的开发建设。

1988年4月26日，中共海南省委、海南省人民政府正式挂牌，并成为中国最大的经济特区，海南的发展进入了一个崭新的历史时期。

■ 5月30日，中共中央决定创办《求是》杂志

1988年5月30日，为适应改革开放迅速发展的新形势的要求，根据马克思主义的思想原理和原则，并注重结合我国经济和社会发展的具体情况，广泛开展理论上的探索和研究，以期在新形势下，更好地促进马克思主义理论的新发展，中共中央做出了委托中共中央党校创办全党的理论刊物《求是》杂志的决定。

《求是》杂志的主要指导思想是：以党中央在社会主义初级阶段的基本路线为指针，全面地宣传一个中心、两个基本点，以改革开放总揽全局，防止过度僵化和自由化。刊物读者的对象定位于县级以上干部和理论宣传工作者。

《求是》杂志决定于7月1日正式创刊，邓小平亲自为杂志题写刊名。中共中央原来的理论刊物《红旗》在6月16日出版最后一期后停刊。

■ 9月14日，取消23年的中国人民解放军军衔制度恢复

1965年5月22日，第三届全国人民代表大会常务委员会第九次会议讨论了国务院提出的关于取消中国人民解放军军衔制度的建议，并做出了决

▶ 9月17日，第24届奥林匹克运动会在韩国的汉城举行

1988年9月17日在韩国的汉城举行第24届奥林匹克运动会。共有160个国家和地区的9581名运动员（其中女运动员2476人）参加了23个大项237个单项的比赛。

参赛运动员最多的国家和地区是：美国612人、苏联524人和韩国467人。中国奥委会派出299名运动员参赛，居参赛国的第11位。中国运动员在本届奥运会上获得5枚金牌、11枚银牌和12枚铜牌。总分数居第8位。

1981年在联邦德国巴登巴登市举行的第84届国际奥委会会议上，投票通过汉城为第24届奥林匹克运动会的承办城市。是继东京之后第二个主办奥林匹克运动会的亚洲城市。

本届奥林匹克运动会新列入乒乓球比赛，恢复了已中断64年的网球比赛项目。并允许网球和足球职业运动员参赛，但足球职业运动员年龄限制在23岁以下，羽毛球和女子柔道被列为本届奥林匹克运动会的表演项目。

定：取消中国人民解放军军衔制度。同日，中华人民共和国主席刘少奇发布命令公布：

取消军衔制度以后，中国人民解放军陆、海、空军、公安部队所有部队人员，一律佩带全红五角星帽徽、全红领章。现行的帽徽、军衔肩章、军衔领章和军种、兵种、勤务符号，均予以废止；官兵一律戴解放帽。现行的大沿帽、女无沿软帽、水兵大顶帽，均予以废止；海军军服的样式改与陆、空军相同，其颜色为深灰色；官兵每人发腰带一条，原军官武装带予以废止；原校以上军官的西式大礼服和女裙服予以废止。本决定自1965年6月1日起开始实行。

1987年七届人大二次会议决定恢复军衔制，并讨论通过了《中国人民解放军军官军衔条例》。1988年9月14日，为了便于军队的管理和指挥，解放军再次恢复军衔制，并在北京举行解放军上将军官授衔仪式。新的军衔等级为：一级上将、上将、中将、少将；大校、上校、中校、少校；上尉、中尉、少尉；上士、中士、下士；上等兵、列兵。同日被授予上将军衔的有：洪学智、刘华清、秦基伟、迟浩田、杨白冰、徐信、郭林祥、王诚汉、赵南起、李德生、张震、尤太忠、刘振华、向守志、万海峰、李耀文、王海。

■ 9月26日~30日，中共十三届三中全会在北京举行

1988年9月26日~30日，中共十三届三中全会在北京举行。全会批准了中央政治局提出的治理经济环境、整顿经济秩序、全面深化改革的指导方针和政策、措施。全会确定：在坚持改革开放总方向的前提下，把1989年和1990两年改革和建设的重点突出地放到治理经济环境和整顿经济秩序上来，以扭转物价上涨幅度过大的态势，创造理顺价格的条件，使经济建设持续、稳步、健康地发展。赵紫阳代表中央政治局在全会上作工作报告，阐述了中央新的经济工作指导方针。

报告强调：治理经济环境和整顿经济秩序是长期要注意的大问题，最要紧的是1989和1990两年一定要抓出成效、首先要确保1989年的物价上涨幅度明显低于1988年，这不仅是一个严重的经济问题，而且已经成为一个重大的政治问题。全会审议、通过了中央政治局的报告；原则通过《关于价格、工资改革的初步方案》，建议国务院在此后五年或较长一些时间内，根据严格控制物价上涨的要求，并考虑各方面的实际可能，逐步地、稳妥地组织实施。全会还通过了《关于加强和改进企业思想政治工作的通知》，提出要建立在厂长（经理）全面负责下的企业职工思想政治工作新体制，改变企业思想政治工作与生产经营"两张皮"的状况。

■ 11月2日~7日，中共中央、国务院在北京召开全国农村工作会议

1988年11月2日~7日，中共中央、国务院在北京召开全国农村工作会议。田纪云副总理在会上作《必须充分重视和大力发展农业》的讲话。针

世界

▶11月15日，苏联发射第一架航天飞机"暴风雪"号

1988年11月15日，苏联第一架"暴风雪"号航天飞机从拜科努尔航天中心首次发射升空，47分钟后进入距地面250公里的圆形轨道。它绕地球飞行两圈，在太空遨游三小时后，按预定计划于9时25分安全返航，准确降落在离发射点12公里外的混凝土跑道上，完成了一次无人驾驶的试验飞行。

"暴风雪"号航天飞机大小与普通大型客机相差无几，外形同美国航天飞机相仿，机翼呈三角形。机长36米、高16米，翼展24米，机身直径5.6米，起飞重量105吨，返回后着陆重量为82吨。它有一个长18.3米、直径4.7米的大型货舱，能把30吨货物送上近地轨道，将20吨货物运回地面。头部有一容积70立方米的乘员座舱，可乘10人，设计飞行寿命100次。

对1984年以后我国的粮食生产出现了新的徘徊的情况,田纪云指出:如果这种局面不改变,继续下去,将会给改革、给整个国民经济的发展和人民生活的稳定与改善带来严重影响。他强调:在新的历史条件下农业的基础地位没有发生变化。农业是整个国民经济发展的最大制约因素。农业特别是粮食生产的发展状况如何,不仅对实现"七五"计划和达到本世纪末的经济发展目标有着重要的影响,而且对明后两年治理经济环境、整顿经济秩序、抑制通货膨胀、控制物价大幅度上涨也是至关重要的。11月25日,中共中央、国务院发出《中共中央、国务院关于夺取明年农业丰收的决定》,要求各级党委和政府必须加强对农村工作的领导,采取切实有力的措施,争取1989、1990两年特别是1989年农业有一个好收成。

备忘

- 1月1日,北京天安门城楼向中外游人开放
- 1月10日,刘小光获第一届中国围棋名人战冠军
- 2月23日,《红高粱》在西柏林国际电影节上获金熊奖
- 3月10日,我国第一个试管婴儿诞生
- 3月26日,聂卫平被授予"棋圣"称号
- 7月25日,中国人民解放军军歌诞生
- 9月5日,邓小平会见捷克斯洛伐克总统胡萨克,提出"科学技术是第一生产力"的重要论断
- 9月27日,我核潜艇水下发射运载火箭成功
- 10月16日,中国第一座高能加速器——北京正负电子对撞机首次对撞成功

声音

每个党、每个国家都有自己的历史,只有采取客观的实事求是的态度来分析和总结,才有好处。我有一个观点,如果一个党、一个国家把希望寄托在一两个人的威望上,并不很健康。过分夸大个人作用是不对的。

——此为1988年9月5日邓小平接见捷克斯洛伐克总统胡萨克时的谈话

拿手术刀的不如耍剃头刀的,摘导弹的不如卖茶叶蛋的。

——此为1988年流传的民谚,自此知识分子收入问题备受关注,舆论称为"脑体倒挂"现象

1989年

大事

■ 3月5日，西藏自治区少数分裂主义分子在拉萨制造骚乱事件

1989年3月5日，西藏拉萨发生严重骚乱事件。少数分裂主义分子打着"西藏独立"的旗帜进行游行，并对一些机关单位和商店、饭店肆意打砸抢烧，公然向公安武警开枪射击，严重危害了社会安定。

公安干警在劝阻无效的情况下，采取果断措施，控制事态发展。骚乱中，1名武警战士牺牲，40多名公安干警受伤，并有60多个骚乱分子和围观群众受伤，10人死亡。6日至7日，少数分裂主义分子在拉萨继续制造骚乱。

7日，国务院发布命令，决定自1989年3月8日零时起，在拉萨市实行戒严，由西藏自治区人民政府组织实施，并根据实际需要采取具体戒严措施。次年5月1日国务院解除在西藏自治区拉萨市的戒严。

据此，西藏自治区人民政府发布了第1至6号令，分别就戒严地段、戒严期间的各种聚众活动、枪支管理、交通管制、外国人凭证出入戒严区、敦促骚乱分子投案自首和执勤人员严守纪律等做出严格规定。9日，拉萨大部分机关、企业、事业单位初步恢复正常工作，一批参加骚乱的人开始主动到公安机关投案自首。

■ 4月15日，胡耀邦在北京逝世

1989年4月8日，中共中央政治局委员胡耀邦在出席中央政治局会议时，突发大面积心肌梗塞，经全力抢救无效，于4月15日逝世。4月22日，胡耀邦同志追悼会在人民大会堂隆重举行，杨尚昆主持追悼会，赵紫阳致悼词，邓小平等党和国家领导同志以及各界人士、干部群众数千人出席。

胡耀邦逝世后，在首都的一些高等院校，散布胡耀邦是受政治迫害而致死的谎言，使群众的悼念活动很快发展成为政治性的示威游行。一时间谣言四起，出现了大量的大、小字报和标语口号，攻击党和国家主要领导人，攻击党的领导和社会主义制度。短短几天内，连续发生了聚众冲击中南海新华门的严重事件，出现了占领天安门广场的非法行动和更大规模的非法游行示威。

▲ 胡耀邦在北京逝世

4月24日，中共北京市委、北京市人民政府向中共中央提出对当前事态明

确表明态度等建议。当日晚，中共中央政治局常委在李鹏主持下召开会议讨论当前的事态。政治局常委认为，一场有计划、有组织的反党、反社会主义的政治动乱已经摆在面前，决定成立中央制止动乱小组，由《人民日报》发表社论，向全党和全国人民指出这场斗争的性质。4月25日，邓小平表示赞同和支持中共中央政治局常委的决定。同日，北京、上海召开万人党员干部大会，号召坚决、迅速地制止动乱，维护安定团结的政治局面。

4月26日，《人民日报》发表题为《必须旗帜鲜明地反对动乱》的社论，指出极少数人"打着民主的旗号破坏民主法制，其目的是要搞散人心，搞乱全国，破坏安定团结的政治局面。这是一场有计划的阴谋，是一次动乱，其实质是要从根本上否定中国共产党的领导，否定社会主义制度。这是摆在全党和全国各族人民面前的一场严重的政治斗争"。社论使绝大多数干部明确了动乱的性质，也使许多学生开始认识到问题的严重性。

■ **5月15日~18日，苏联最高苏维埃主席团主席、苏共中央总书记戈尔巴乔夫访问中国**

1989年5月15日中午12时，戈尔巴乔夫飞抵北京。这是继赫鲁晓夫1959年9月30日到北京参加中国国庆十周年活动后，苏联最高领导人30年来首次踏上中国的领土。

戈尔巴乔夫在首都机场发表了一篇颇有亲和力的谈话。他说：苏中两国有个一模一样的民谚："百闻不如一见"。对于中国的改革，真可谓已经是"百闻"了。今天，我与拉伊萨·马克西莫芙娜（戈尔巴乔夫夫人）正是为这个"一见"而来的。我将同中国的领导人谈谈，与老百姓聊聊，尽可能多看看。

5月16日上午，中共中央军委主席邓小平和苏联最高苏维埃主席团主席、苏共中央总书记米哈伊尔·戈尔巴乔夫宣布，中苏两国关系实现了正常化。

邓小平说，希望中苏之间能够消除三大障碍，早日实现我们之间的见面和对话。我们这次会晤，可以概括

▲ 戈尔巴乔夫访问中国

为八个字：结束过去，开辟未来。他回顾了中苏两国、两党关系过去所走过的一段曲折历程，说中国不会侵略别国，对任何国家都不构成威胁。

戈尔巴乔夫说，对以前双方关系恶化的历史，苏方认为自己方面也有过错，但苏方还有一些不同看法。两位领导人表示，过去的事过去了，重点在于应该向前看。在发展两国关系上，多做实事。

世界

▶11月5日，亚太经济合作组织成立

在欧洲经济一体化进程加快、北美自由贸易区已显雏形和亚洲地区在世界经济中的比重明显上升等背景下，澳大利亚前总理霍克于1989年1月提出召开亚太地区部长级会议，讨论加强相互间经济合作的倡议。这一倡议得到美国、加拿大、日本和东盟的积极响应。

1989年11月5日，澳大利亚、美国、日本、韩国、新西兰、加拿大及当时的东盟六国在澳大利亚首都堪培拉举行亚太经济合作组织首届部长级会议，标志着亚太经济组织正式成立。

1991年11月，亚太经济组织第三届部长级会议在韩国首都汉城通过了《汉城宣言》，正式确立该组织的宗旨与目标是相互依存，共同利益，坚持开放的多边贸易体制和减少区域贸易壁垒。中国于1991年加入亚太经合组织。

邓小平同志与戈尔巴乔夫的会面，宣告了中苏关系正常化的最终实现，这是20世纪最具影响力的事件之一。

■ 5月20日，北京开始戒严

5月13日下午，在极少数人的煽动下，北京市高校数百名学生到天安门广场进行绝食。从5月15日开始至5月19日，爆发了大规模的声援学生绝食请愿的群众游行。

在十分险恶的形势下，中央政治局常委于5月16日晚召开紧急会议。常委中的多数同志认为，面对险恶的形势，绝对不能退让，只能更加坚决地反对动乱，制止动乱。为了防止事态进一步恶化，在北京市警力严重不足、已无法维持正常的生产、工作、交通和生活秩序的情况下，中央政治局常委于5月17日开会决定在北京部分地区实行戒严。

5月19日晚，中共中央、国务院召开中央和北京市党政军干部大会。中共中央政治局常委、国务院总理李鹏在大会上讲话。他代表党中央和国务院紧急呼吁：希望还在天安门广场绝食的学生立即停止绝食，离开广场，接受治疗；希望广大同学和各界群众立即停止游行活动，再也不要对绝食学生进行所谓的"声援"了；杨尚昆在讲话中说，为了维护首都的社会治安，恢复正常秩序，我们不得已，从外地调来了一部分人民解放军部队。这完全是为了协助首都武警、公安干警执行任务，绝对不是针对学生的。希望社会各界和广大人民群众，对此给予充分的理解和支持。

5月20日10时起，首都部分地区实行戒严。6月3日凌晨，部分解放军戒严部队奉命进驻北京城内的一些重点保卫目标。当部分戒严部队按计划进入首都戒严地区的过程中，发生了焚烧军车和杀害解放军指战员的严重事件。危急关头，中共中央、国务院、中央军委下定决心，于6月3日晚命令驻守在首都周围的戒严部队强行开进。6月4日晨，停留在天安门广场的数千名学生被戒严部队勒令撤离，天安门广场清场任务全部完成。北京的局势很快平稳下来，其他大中城市也很快恢复了正常秩序。

■ 6月9日，邓小平接见首都戒严部队军以上干部并讲话

1989年6月9日，邓小平在中南海怀仁堂亲切接见首都戒严部队军以上干部，他首先对在这场斗争中英勇牺牲的解放军指战员、武警指战员和公安干警的同志们表示沉痛的哀悼，对在这场斗争中负伤的几千名解放军指战员、武警指战员和公安干警的同志们表示亲切的慰问，对所有参加这场斗争的解放军指战员、武警指战员和公安干警的同志们致以亲切的问候。邓小平还提议，大家起立，为死难的烈士们默哀。

邓小平在讲话时说，这场风波迟早要来。这是国际的大气候和中国自己的小气候所决定了的，是一定要来的，是不以人们的意志为转移的，只不过是迟早的问题，大小的问题。而现在来，对我们比较有利。最有利的是，我们有一大批老同志健在，他们经历的风波多，懂得事情的利害关系，他们是支持对暴乱采取坚决行动的。虽然有一些同志一时还不理解，

世界

▶11月9日，柏林墙倒塌

柏林墙是环绕西柏林的一道围墙。东德政府根据人民议院1961年8月12日通过的法令，于8月12至13日夜间修筑。目的是制止东德居民包括熟练技工大量流入西德。原为铁蒺藜围成的路障，后改筑成两米高、顶上拉着带刺铁丝网的混凝土墙。在正式的交叉路口和沿线的观察塔楼上设置警卫。1970年，虽然东、西德之间关系有所改善，东德政府还是把柏林墙加高到3米以阻止居民逃向西方。到1980年，围墙、电网和堡垒总长达1369千米。除筑墙外还严格限制西柏林与东德之间的人口流动。后根据东、西德政府1971年12月20日签署的协议，限制略有放宽。

1989年下半年，东欧各国政局剧变。民主德国在向德国西部移民浪潮的冲击下，于同年11月9日将存在28年零3个月的柏林墙推倒。柏林墙的倒塌被历史学家认为是东西方冷战终结的开始，也是东西柏林和东西德统一的标志。

但最终是会理解的，会支持中央这个决定的。

邓小平表示相信，经过认真做工作，能取得党内绝大多数同志对定性和处理的拥护，他要求大家，坚定不移地执行党的十一届三中全会以来制定的一系列路线方针政策，要认真总结经验，对的要继续坚持，失误的要纠正，不足的要加点劲。要总结现在，看到未来。

▲ 邓小平接见首都戒严部队军以上干部

■ **6月23日～24日，中共十三届四中全会在北京举行，江泽民当选中央委员会总书记**

1989年6月23日～24日，中国共产党第十三届中央委员会第四次全体会议在北京召开。出席这次全会的有中央委员170人，候补中央委员106人。列席会议的有中央顾问委员会委员184人，中央纪律检查委员会委员68人，以及有关方面负责同志29人。

全会分析了近两个月来全国的政治形势，指出极少数人利用学潮，在北京和一些地方掀起了一场有计划、有组织、有预谋的政治动乱，进而在北京发展成了反革命暴乱。全会审议并通过了李鹏同志代表中央政治局提出的《关于赵紫阳同志在反党反社会主义的动乱中所犯错误的报告》；决定撤销赵紫阳的中央委员会总书记、中央政治局常务委员会委员、中央政治局委员、中央委员会委员和中共中央军事委员会第一副主席的职务，对他的问题继续进行审查。

全会对中央领导机构的部分成员进行了必要的调整：选举江泽民同志为中央委员会总书记；增选江泽民、宋平、李瑞环同志为中央政治局常委；决定增补李瑞环、丁关根同志为中央书记处书记；免去胡启立同志中央政治局常务委员会委员、中央政治局委员、中央书记处书记的职务，免去芮杏文、阎明复同志中央书记处书记的职务。

全会强调，要继续坚决执行党的十一届三中全会以来的路线、方针、政策，继续坚决执行党的十三大确定的"一个中心，两个基本点"的基本路线。

■ **11月9日，中共十三届五中全会通过同意邓小平辞去中央军委主席的决定**

1989年11月6日～9日，中共十三届五中全会在北京举行。全会讨论并通过《中国共产党十三届五中全会关于同意邓小平同志辞去中共中央军事委员会主席职务的决定》。全会认为：邓小平同志从党和国家的根本利益出发，在自己身体还健康的时候辞去现任职务，实现他多年来一再提出的从

世界

▶ **12月20日，美国军队入侵巴拿马**

1989年12月20日，美国以打击诺列加"毒品走私"和保护在巴"美国人的安全"为名，出动2.7万军队，发动了入侵巴拿马的战争。至22日，美军已摧毁了巴军所有主要军事设施，占领了巴军大部分军营，控制了巴绝大部分地区。反对党总统候选人恩达拉，在美国监护下就任巴拿马总统。原总统诺列加于24日逃入梵蒂冈使馆避难，被迫投降后被押往美国迈阿密监狱。

在世界舆论的谴责下，至1990年2月，美国撤走了大部入侵美军。在这场以大欺小的入侵战中，美军仅伤亡357人，被击毁战斗直升机1架，被击伤运输机14架。巴军伤亡和被俘3406人，平民伤亡2000多人，造成百亿美元以上的损失。

领导岗位上完全退下来的夙愿，表现了一个无产阶级革命家的广阔胸怀。与会的全体同志，对邓小平身体力行地为废除干部领导职务终身制做出的表率，表示崇高的敬意。全会在充分酝酿的基础上，决定江泽民为中共中央军事委员会主席，杨尚昆为第一副主席，刘华清为副主席，杨白冰为秘书长；并决定增补杨白冰为中共中央书记处书记。

全会审议并通过《中共中央关于进一步治理整顿和深化改革的决定》。全会认为，继续坚定不移地执行治理整顿和深化改革的方针，是克服当前经济困难，实现国民经济持续、稳定、协调发展的根本途径。全会决定：包括1989年在内，用三年或者更长一点的时间，基本完成治理整顿任务，进一步深化和完善各项改革措施，逐步建立符合计划经济与市场调节相结合原则的，经济、行政、法律手段综合运用的宏观调控体系。

坚持文艺"为人民服务、为社会主义服务"的方向，坚持"百花齐放，百家争鸣"的方针，是长期稳定地发展我国社会主义文艺事业的根本保证。党对文艺事业的领导是政治原则、政治方向的领导。党的领导机关要充分尊重文艺的特点和规律，对具体的文艺作品和学术问题，要少干预、少介入。领导者要努力探索和研究在新的历史条件下领导好文艺工作的方式和方法。

——此为1989年2月17日中共中央发出的《关于进一步繁荣文艺的若干意见》的意见

我们搞"四化"，搞改革开放，关键是稳定。压倒一切的是需要稳定。中国不能乱，这个道理要反复讲，放开讲。要放出一个信号：中国不允许乱。

——此为1989年3月4日邓小平在同中央负责同志谈话时的讲话

备忘

- 1月9日~15日，香港特别行政区基本法起草委员会第八次全体会议在广州举行
- 1月13日，《国家重点保护野生动物名录》颁布
- 2月17日，中共中央发出《关于进一步繁荣文艺的若干意见》
- 2月26日，世界桥牌联合会授予邓小平最高荣誉金奖
- 3月29日，萧劲光将军在北京逝世
- 4月18日，我国与巴林建交
- 10月30日，"希望工程"设立

1990年

 **大事**

■ 4月7日，中国"长征三号"运载火箭成功发射美国生产的"亚洲一号"卫星

长征三号运载火箭是在长征二号二级火箭上面加了一个以液氢、液氧为推进剂的第三级，所用的液氢液氧发动机可以二次启动，在技术上是当时国际先进水平，是我国火箭技术发展的一个重要里程碑。

1984年长征三号成功地发射了我国第一颗地球同步试验通信广播卫星东方红二号。1985年中国宣布进入国际商业卫星发射市场。1990年4月7日，中国用自行研制的"长征三号"运载火箭在西昌卫星发射中心成功发射"亚洲一号"卫星。这是中国首次成功地运用自己的运载火箭完成为国外用户发射商用卫星的服务。"亚洲一号"卫星由美国休斯公司制造，亚洲卫星有限公司所有。

卫星的发射成功，标志着"长征三号"火箭已进入国际空间技术商务领域，标志着中国航天发射服务开始走向国际市场。对于全体中国人来说，这是一个令人激动、令人难忘的时刻，中国航天人的自信和实力，通过电视直播信号淋漓尽致地展现在全球数以亿计的电视观众眼前。江泽民、邓小平、杨尚昆、李鹏、邓颖超等热烈祝贺。

截至目前，中国已将27颗国外制造的卫星成功送入太空，我国在国际商业卫星发射服务市场中占有了一席之地。

■ 5月30日，上海市浦东开发办公室正式挂牌

浦东是指上海黄浦江以东、长江口西南、川杨河以北的一块三角地区。相对于当时的浦西，浦东地区贫困落后。开发浦东是上海几代人的愿望。20世纪80年代中期，上海开始对开发浦东进行调研，1988年5月，时任上海市委书记的江泽民在浦东开发国际研讨会上发表了热情洋溢的讲话，提出要把浦东开发成国际化、枢纽化、现代化的世界一流新区。

1990年春节刚过，从上海返回北京的邓小平向江泽民等中央领导同志提出了开发浦东建议。4月，江泽民主持中央政治局会议，做出了开发开放浦东的决策。几天后，江泽民在会见外宾时说：我们决定在上海浦东建立新的开发区，这向全世界表明，中国将进一步实行改革开放政策。

4月18日，在上海大众公司成立5周年的庆祝大会上，李鹏代表中共中央、国务院正式宣布：加快上海浦东地区的开发，在浦东实行经济技术开发区和某些经济特区的政策。4月30日，上海市政府召开新闻发布会，宣布

世界

 2月11日，南非黑人领袖曼德拉获释出狱

1990年2月2日，一则重大新闻从非洲传遍世界：南非总统德克勒克在议会宣布，决定无条件释放南非黑人领袖纳尔逊·曼德拉，取消对非国大和南非共产党等33个反种族隔离组织的禁令。这是南非新政府在南非人民和国际舆论的强大压力下被迫改变政策，为寻求出路摆脱困境而做出的新举措。

1990年2月11日，南非黑人领袖纳尔逊·曼德拉获释出狱，结束了他27年的被监禁生活。为纪念曼德拉出狱，非统组织将每年的2月11日确定为"曼德拉日"。1994年5月10日，曼德拉正式就任南非历史上第一任黑人总统。

了开发浦东的10条政策。5月30日，上海市浦东开发办公室和上海市浦东开发规划设计院正式挂牌，浦东开发由此进入实质性阶段。

随后不久，一些有实力的跨国公司、中外金融机构纷纷到浦东投资，一个外向型、多功能、现化化的新城区迅速崛起，浦东由此成为20世纪90年代中国改革开发取得显著成就的重要标志。

■ 9月21日，徐向前元帅逝世

1990年9月21日，伟大的无产阶级革命家，中国人民解放军的缔造者，党、国家和军队的重要领导人——徐向前元帅因病在北京逝世，享年88岁。

粉碎"四人帮"后，重新获得了新生。1977年8月18日，在党的第十一次全国代表大会上当选为中共中央委员、中央政治局委员；1978年3月5日，出任国务院副总理兼国防部长；1982年9月12日、13日，在党的第十二次代表大会上，徐向前被选为中共中央委员、中央政治局委员、中央军委副主席。

徐向前为国防战略的研究呕心沥血，做出了重要贡献。他身为邓小平的助手之一，为新时期军队的建设尽心尽力，参加落实精简整编，推进年轻化进程，加强院校建设，促进了武器装备的更新换代。他为国家的安全日夜操劳，在对越自卫反击作战中，像当年指挥部队作战一样，日夜关注战场态势，精心研究每一份战报。徐帅的革命精神赢得了全军将士的爱戴，人们称他是"德高望重的国防部长"、"资深勤政的军委副主席。"

▲ 徐向前元帅

世界

▶6月12日，俄罗斯通过了俄联邦《国家主权宣言》

1990年6月12日，俄罗斯苏维埃联邦社会主义共和国最高苏维埃发表《国家主权宣言》，宣布俄罗斯联邦在其境内拥有"绝对主权"。1991年8月，苏联发生"8·19"事件。9月6日，苏联国务委员会通过决议，承认爱沙尼亚、拉脱维亚、立陶宛三个加盟共和国独立。12月8日，俄罗斯联邦、白俄罗斯、乌克兰三个加盟共和国领导人在别洛韦日签署《独立国家联合体协议》，宣布组成"独立国家联合体"。12月21日，除波海三国和格鲁吉亚外的苏联11个加盟共和国签署《阿拉木图宣言》和《独立国家联合体协议议定书》。12月26日，苏联最高苏维埃共和国院举行最后一次会议，宣布苏联停止存在。至此，苏联解体，俄罗斯联邦成为完全独立的国家。1993年12月12日，经过全民投票通过了俄罗斯独立后的第一部宪法，规定国家名称为"俄罗斯联邦"，和"俄罗斯"意义相同。

1985年5月30日，徐向前致信中共中央总书记胡耀邦并政治局各常委，提出辞去政治局委员和军委副主席的职务。他主动让位、让贤，为废除干部职务终身制、推进干部年轻化，做出了表率。晚年的徐向前居住在北京市柳荫街，积极支持街道的军民共建活动。

1990年6月，徐向前因病住进解放军总医院。老元帅心脏一直不好，从3月开始，多次发生心绞痛，经过诊治，病情虽然有了缓解，但是心绞痛仍不时发生。从6月5日起又患感冒发低烧，经过20多天的抗感染治疗，均不见效。

6月29日，李先念赶到了总医院南楼六病室看望病中的徐向前，徐向前向坐在床边的李先念说出了他的三条遗言：一是不搞遗体告别；二是不开追悼会；三是把他的骨灰撒到大别山、大巴山、河西走廊和太行山。此后，徐向前的病情一天天加重。8月5日，儿女们都来了，围在床前和身边，徐向前元帅再次郑重地对他的儿女们强调了他的三条遗言，并叮嘱儿女们要永远跟着党走，贯彻党的路线，言行一致，说到做到……

1990年 中国百年实录

1990年9月21日凌晨4时21分，徐向前元帅与世长辞。遵照徐向前元帅的遗愿，他的骨灰撒在他曾经浴血战斗过的大别山、大巴山、河西走廊、太行山，骨灰盒和遗像安放在他的故土——山西五台县烈士陵园。

■ 9月22日~10月7日，第11届亚运会在北京举行

1990年9月22日~10月7日，第十一届亚洲运动会在中国北京举行。

中国亚运会组委会确定以熊猫"盼盼"为本届亚运会吉祥物。第11届亚运会是中华人民共和国在自己的土地上举办的第一次综合性的国际体育大赛，也是亚运会诞生以来的40年间第一次由中国承办的亚洲运动会。来自亚奥理事会成员的37个国家和地区的体育代表团的6578人参加了这届亚运会。代表团数和运动员数都超过了前十届。

中国派出636名运动员参加了全部27个项目和2个表演项目的比赛。中国台北时隔12年后，作为中国一个地区的代表队重返亚运大家庭。

10月7日，熊熊燃烧了16天的圣火熄灭了。亚洲体育史上规模空前的第11届亚运会圆满闭幕。

本届亚运会的圆满成功，不仅使亚洲各国各地区的人民、运动员之间增进了了解；通过现代化的传播手段，也使更多的人了解了中国，了解到一个自强不息、勇于进取、勤劳智慧的民族的性格。中国作为东道主，成功地举办了亚运会，也成功地让全世界进一步了解了亚洲。

■ 11月26日，中国大陆首家证券交易所——上海证券交易所宣布成立

1990年11月26日，中国首家证券交易所——上海证券交易所宣布成立。同年12月19日开业。其主要职能包括：提供证券交易的场所和设施；制定证券交易所的业务规则；接受上市申请，安排证券上市；组织、监督证券交易；对会员、上市公司进行监管；管理和公布市场信息。

上证所下设办公室、人事（组织）部、党办纪检办、交易管理部、上市公司部、市场监察部、债券基金部、会员部、法律部、技术中心、信息中心、国际发展部、研究中心、财务部、稽核部、行政服务中心等十六个部门，一个临时机构——新一代信息系统项目组，以及两个子公司上海证券通信有限责任公司、上证所信息网络有限公司，通过它们的合理分工和协调运作，有效地担当起证券市场组织者的角色。

上证所市场交易采用电子竞价交易方式，所有上市交易证券的买卖均须通过电脑主机进行公开申报竞价，由主机按照价格优

▲ 上海证券交易所宣布成立

世界

▶ 8月2日，伊拉克军队占领科威特

1990年8月2日，为了将科威特的石油宝藏控制在伊拉克手中，萨达姆·侯赛因下令其军队悍然入侵科威特。伊拉克出动3350辆坦克、几十架军用直升飞机和5个师约10万人的兵力入侵科威特，整个军事行动只用了不到10个小时。

伊拉克的举动使得沙特等海湾国家的安全受到严重威胁，也使海湾地区局势急剧动荡。联合国安理会应科威特政府的要求召开了紧急会议，并通过了660号决议，要求伊拉克立即无条件撤军，恢复科威特合法政府，限期裁军，否则将对其动武。

萨达姆总统在电台上发表了讲话，声称"圣战"已经开始，表示"决不向美国屈服"。其态度的强硬终于促使美国总统布什签署了代号"沙漠盾牌行动"的作战计划。在实施"沙漠盾牌行动"计划的同时，布什还指令美国驻海湾地区总司令斯瓦茨科夫将军制订了"沙漠风暴行动"计划。

先、时间优先的原则自动撮合成交。目前交易主机日处理能力为委托2900万笔，成交6000万笔，每秒可完成16000笔交易。

经过多年的持续发展，上海证券市场已成为中国内地首屈一指的市场，上市公司数、上市股票数、市价总值、流通市值、证券成交总额、股票成交金额和国债成交金额等各项指标均居首位。

迈入新世纪后，上证所肩负着规范发展市场的艰巨任务，也面临着进一步推进市场各项建设的良好机遇。凭借一流的硬件设施和浦东优越的区位优势与强大辐射力，凭借上海经济良好发展势头和特有的龙头效应，凭借国企改革和金融中心建设对上海资本市场的积极推动，上证所将按照坚定信心、加强监管、保持稳定、规范发展的思路，在技术、监管、人才、服务等方面多管齐下，为建设一个规范透明、高效开放、充满生机活力的世界一流交易所开启新的篇章。

■12月25日~30日，中共十三届七中全会在北京举行

1990年12月25日，中共十三届七中全会在北京举行。全会指出：从1991年到2000年，在我国社会主义现代化建设的历史进程中是非常关键的时期。我们要抓住历史机遇，迎接挑战，努力实现现代化建设的第二步战略目标，把国民经济的整体素质提高到一个新水平。其基本要求：一是在大力提高经济效益和优化经济结构的基础上，按不变价格计算，使国民生产总值到本世纪末比1980年翻两番；二是人民生活从温饱达到小康；三是发展教育事业，推动科技进步，改善经济管理，调整经济结构，加强重点建设，为下个世纪初叶我国经济和社会的持续发展奠定物质技术基础；四是初步建立适应以公有制为基础的社会主义有计划商品经济发展的、计划经济与市场调节相结合的经济体制和运行机制；五是社会主义精神文明建设达到新的水平，社会主义民主和法制进一步健全。

全会审议并通过《中共中央关于制定国民经济和社会发展十年规划和"八五"计划的建议》。《建议》提出了1991年至2000年我国国民经济和社会发展的基本任务和方针政策，并将建设有中国特色社会主义的基本理论和基本实践，概括为12条原则。这12条原则，有些是几十年来所一贯坚持的基本原则，在新的历史条件下又有新的发展，充实了新的内容；有些则是党的十一届三中全会以后10多年来现代化建设和改革开放新鲜经验的总结。这是全党和全国各族人民智慧的结晶，其中凝结了邓小平在新的历史条件下继承和发展毛泽东思想的卓越贡献。12条原则的提出，标志着党对建设有中国特色的社会主义在认识上的进一步深化。全会强调：坚定不移地走建设有中国特色的社会主义道路，是实现第二步战略目标的根本保证。

30日，江泽民在全会闭幕时的讲话中指出：建设有中国特色的社会主义是一篇大文章。邓小平同志已经为它确定了基本思路和基本原则。这是在新的历史条件下对马列主义、毛泽东思想的重大发展。全党同志特别是党的高级干部，都要把心思用在这里，经过实践，集思广益，继续把这篇

世界

▶10月3日，东德与西德合并，实现德国统一

第二次世界大战以后，德国分裂为民主德国和联邦德国两个国家。1955年又分别加入华沙条约组织和北大西洋公约组织，两德长期以来一直相互对峙。但两德人民一直盼望统一。

1989年底，民主德国政局发生了激烈变动。1990年3月，基督教民主联盟主席德梅齐埃上台组织内阁，两德政府开始正式谈判统一问题。5月18日，双方终于签署了关于建立两德货币、经济和社会联盟的国家条约。规定从当年7月1日起，两德都使用西德马克，国家的经济基础是社会市场经济，实行西德的劳动法规。8月31日，又签署了关于两德实行政治统一的第二个国家条约。规定民族恢复1952年7月行政区划改革前的5个州建制，东西柏林合并成一个州，并于10月3日按西德《基本法》集体加入联邦德国。

9月12日，两德外长又与美、苏、英、法四国外长签署了最后解决德国问题的条约，使德国的统一得到战胜国的同意。1990年10月3日，民主德国正式加入联邦德国，两德实现统一。同年12月2日，全德境内举行议会选举，基督教民主联盟获胜，科尔任国统一后的第一任总理。德国结束了长达45年之久的分裂局面。

大文章做好。

- 1月4日，中日联合登山队17名队员在征服西藏梅里雪山时遭雪崩袭击全部遇难
- 4月4日，香港特别行政区基本法公布
- 4月7日，我国成功发射"亚洲一号"卫星
- 10月3日，我国与新加坡建交
- 10月8日，中国第一家麦当劳餐厅在深圳开业
- 10月30日，第四次人口普查结果我国总人口达11.6亿
- 11月19日，抗日名将孙立人将军病逝于台湾省台中市

弘扬民族文化不仅直接关系到文化的兴衰，而且在政治上具有重要意义。弘扬民族文化是振奋民族精神，提高民族自尊心和自信心，发扬爱国主义精神，顶住一切外来压力的一个重要条件。弘扬民族文化又是沟通海峡两岸的桥梁，是加深海内外炎黄子孙的相互理解，增强民族凝聚力的重要力量。

——此为1990年1月10日李瑞环在全国文化艺术工作情况交流座谈会上《关于弘扬民族优秀文化的若干问题》的讲话

我们要坚持把国内的工作搞好，保持稳定发展，首先就要抓好农业这个基础产业。农民问题始终是我国革命和建设的根本问题。农村稳定了，农民安居乐业了，也就从根本上保证了我们国家和社会全局的稳定。

——此为1990年6月19日江泽民出席农村工作座谈会时就农业问题的讲话

1991年

大事

■2月23日，台湾当局通过"国家统一纲领"

1991年2月23日，台湾当局在召开的"国家统一委员会"第三次全体委员会议上通过"国家统一纲领"。李登辉称其是"国家政策与推动两岸关系的指导原则"。

"国统会"全名为"国家统一委员会"，成立于1990年10月7日，任务是"研究并咨询有关国家统一之大政方针"，由台湾当局领导人担任主任委员。目的在于"主导两岸关系的发展"，力促中国统一。"国统会"成立后共举行过14次会议，最后一次会议是在1999年4月8日。

"国统纲领"在前言中表示"中国的统一，在谋求国家的富强与民族长远的发展，也是海内外中国人共同的愿望。海峡两岸应在理性、和平、对等、互惠的前提下，经过适当时期的坦诚交流、合作、协商，建立民主、自由、均富的共识，共同重建一个统一的中国。"其目标就是"建立民主、自由、均富的中国。""国统纲领"规定了"国家统一"的4条基本原则，设计了三段相应的进程："近程——交流互惠阶段"、"中程——互信合作阶段"、"远程——协商统一阶段"。

台湾当局领导人陈水扁于2006年27日下午宣布，终止"国家统一委员会"运作，终止"国家统一纲领"适用。中国国民党、亲民党和无党团结联盟等岛内主要政党、团体和社会各界，对陈水扁操作这一议题表示强烈反对和谴责。

中共中央台湾工作办公室、国务院台湾事务办公室负责人也对陈水扁推动"台独"的活动进行了谴责。

■3月25日~4月9日，七届全国人大四次会议在北京举行

1991年3月25日~4月9日，七届全国人大四次会议在北京举行。李鹏代表国务院向大会作《关于国民经济和社会发展十年规划和第八个五年计划纲要的报告》。纲要提出，1991至2000年的发展总目标是：实现我国社会主义现代化建设的第二步战略目标，把国民经济的整体素质提高到一个新的水平。在大力提高经济效益和优化经济结构的基础上，国民生产总值按不变价格计算，到本世纪末比1980年翻两番。即到2000年，按1990年价格计算的国民生产总值达到31100亿元，十年内年均增长6%。工农业总产值年均增长6.1%，其中农业总产值年均增长3.5%，工业总产值年均增长6.8%。人民生活水平从温饱达到小康。"八五"计划的经济增长规模和速

世界

▶1月17日，海湾战争爆发

1990年8月初伊拉克侵占了科威特，并将科威特划归其第19个省。联合国安理会通过678号决议，授权联合国成员国在伊拉克于1991年1月15日之前仍拒不执行有关决议的情况下，使用一切必要手段，维护、执行有关决议，恢复海湾地区的和平与安全。然而，伊拉克仍表示拒绝接受决议。

1991年1月17日，巴格达时间2时40分左右，以美国为首的多国部队向伊拉克发起了代号为"沙漠风暴"的大规模空袭，以执行联合国决议，海湾战争由此爆发。迫于多国部队的军事压力，2月28日伊拉克重新回到谈判桌上来，宣布无条件从科威特撤军，放弃对科威特的领土要求，同意向科支付战争赔款。4月11日，驻海湾美军司令施瓦茨科普夫将军宣布海湾战争停火正式开始生效。一场第二次世界大战以来规模最大的战争宣告结束。

度是：按1990年不变价格计算，1995年国民生产总值达到23250亿元，比1990年增长33.6%，平均每年增长6%；农业总产值达到8780亿元，比1990年增长18.9%，平均每年增长3.5%；工业总产值达到32700亿元，比1990年增长37.1%，平均每年增长6.5%。第三产业增加值，1995年比1990年增长53.9%，平均每年增长9%。

大会批准《国民经济和社会发展十年规划和第八个五年计划纲要》和李鹏就这一纲要所作的报告，并通过决议。大会根据李鹏总理的提名，决定任命邹家华、朱镕基为国务院副总理，钱其琛为国务委员。会议还通过《中华人民共和国民事诉讼法》和《中华人民共和国外商投资企业所得税法》。

■ 4月15日，共青团中央宣布开始在全国施行"希望工程"

希望工程是由中国青少年发展基金会于1989年10月发起并组织实施的一项社会公益事业。它的宗旨：根据政府关于多渠道筹集教育经费的方针，从社会集资，建立希望工程基金，以民间救助方式，资助贫困地区失学儿童，继续学业，改善贫困地区的办学条件，促进贫困地区基础教育事业的发展。希望工程的实施范围是：我国农村贫困地区，重点是国家、省级贫困县。目前希望工程工作的重点是我国的西部地区。

希望工程的目标是：改善办学条件，消除失学现象，配合政府完成普及九年制义务教育任务。

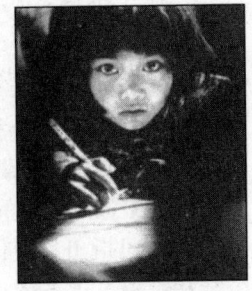
▲ "希望工程"的宣传照片

1991年4月15日，团中央中国青少年发展基金会在京举行新闻发布会，公布了自1990年9月以来邓小平、江泽民和李鹏同志为"希望工程"的题词。并宣布从当日起在全国实施"希望工程百万爱心行动"计划，旨在动员更多的人参与"希望工程"，尽快使我国因贫困而失学的儿童享有受教育的基本权利。

■ 5月16日~19日，江泽民访问苏联

1991年5月16日~19日，应苏联总统、苏共中央总书记戈尔巴乔夫的邀请，中共中央总书记、中央军委主席江泽民对苏联进行正式访问。江泽民这次访苏，是对戈尔巴乔夫1989年5月访华的回访，也是中苏两国自1989年恢复正常关系以来，中共中央总书记对苏联的首次正式访问。

16日，中苏双方就中苏边界东段划界问题签署协定。17日，江泽民在克里姆林宫会见苏联公众代表并发表题为《走向21世纪的中国》的讲话。19日，双方在莫斯科发表《中苏联合公报》。《中苏联合公报》确认在和平共处五项原则的基础上加强两国睦邻友好关系。

1991年底苏联宣布解体，苏联的社会形势有了很大的变化，在这个过程中，中国领导人一再重申，中国不干涉别国内政，尊重各国人民自己的选择。1991年12月27日，中国政府致电俄罗斯联邦，宣布承认其独立，并

世界

▶ 6月9日，皮纳图博火山喷发

1991年6月9日，经过600多年的沉寂，位于菲律宾吕宋岛、海拔1436米的皮纳图博火山突然猛烈喷发。火山喷出的灰、沙、石、蒸气等直冲云霄。两周内，伤亡700余人，20多万人逃离家园，损失达50亿比索。四处飞扬的火山灰使30万公顷农田绝收，7000多顷森林毁于一旦。火山灰甚至远落到印度尼西亚、马来西亚、新加坡、泰国、以及中国海南省和福建省等地。皮纳图博火山此次爆发是20世纪所有火山喷发中规模和威力最大的一次。专家预测，皮纳图博火山会连续喷发1-3年之久，火山爆发的影响是全球性的，大气中的火山尘埃遮挡了阳光，从而使地球温度下降，北半球的农作物会因此减产。

派遣李岚清为中华人民共和国特使访俄。在《会谈纪要》中，双方表示：确认1989年和1991年两个联合公报所确定的各项原则仍为中俄的指导原则；愿承担中苏签订的条约和协定所规定的义务；愿以和平共处五项原则为基础进一步发展睦邻友好合作关系。

■ 7月1日，中共中央在北京人民大会堂举行隆重集会庆祝中国共产党成立七十周年

1991年7月1日，中共中央在北京人民大会堂举行隆重集会庆祝中国共产党成立七十周年。江泽民在大会上发表重要讲话。他回顾党的七十年奋斗历程，把党领导全国各族人民为中国社会的进步所做的贡献归纳为三件大事：完成反帝反封建的新民主主义革命任务，结束了中国半殖民地半封建社会的历史；消灭剥削制度和剥削阶级，确立了社会主义制度；开创建设有中国特色的社会主义的道路，逐步实现社会主义现代化。

江泽民强调：邓小平同志是捍卫、坚持和发展马克思列宁主义、毛泽东思想的杰出代表。他提出的关于建设有中国特色社会主义的理论、路线、方针和原则，是集中全党的智慧和经验的创造，是在新的历史条件下对马克思列宁主义、毛泽东思想的一个最重大的贡献，标志着我们党对社会主义建设规律的认识有了一个新的飞跃，标志着我国社会主义事业的发展和社会主义制度的完善进入了一个新的历史时期。

江泽民指出，当代中国共产党人的庄严使命是：坚持党的基本路线，团结和带领全国各族人民，沿着建设有中国特色的社会主义道路，自力更生，艰苦创业，把我国建设成为富强、民主、文明的社会主义现代化国家。总起来说，就是要通过社会主义制度的自我完善和发展，建设有中国特色社会主义的经济、政治、文化，以适应和促进社会生产力的不断发展和社会的全面进步。

■ 9月23日~27日，中共中央在北京召开中央工作会议，决定采取措施为搞好国营大中型企业创造良好的外部条件

1991年7月1日，江泽民在庆祝中国共产党成立70周年大会上讲话时，全面阐述了有中国特色社会主义的政治、经济、文化的基本要求。江泽民提出，要通过改革来实现这些要求。他特别提到国营企业改革是建立富有生机的国营企业管理体制和运行机制，增强国营大中型企业的活力。

9月23日~27日，中共中央在北京召开中央工作会议，着重研究进一步搞好国营大中型企业的问题。江泽民在会上强调，要把搞好国营大中型企业作为坚持社会主义道路的一件大事摆到突出位置，集中精力抓下去。受中共中央政治局委托，李鹏在会上作题为《关于当前经济形势和进一步搞好国营大中型企业的问题》的讲话。

会议认为，我国国民经济已经恢复到正常年份的增长速度，经济秩序明显好转。但仍存在不少问题，比较突出的是经济效益下降的趋势尚未扭转，国家财政较为困难，一些主要经济关系没有理顺。这些问题的存在，

世界

▶6月20日，德国会议决定将首都从波恩迁到柏林。

德国统一以后，柏林举行了盛大的庆祝活动，柏林墙也被拆除。1991年6月21日，德国众议院以338票同意对320票的反对，达成历史性的决定：在4至10年内将议会和政府由波恩逐步迁往柏林。

决定迁都以后，大部分的行政单位及人员仍然留在波恩，大约2万名行政人员中只有7000名前往柏林，而留在波恩的行政单位仍有二三十个，包括教育部、邮电部、环保部、健康部、经济合作部及国防部等，都不需搬家。虽然很多德国人认为德国的未来在柏林，但是大多数人却不愿意迁都。因为他们认为迁都必然会花费德国巨额财政税收。

都同部分国营大中型企业活力不强，效益不高有着直接关系。

会议指出，搞好国营大中型企业的根本出路是：在坚持完善承包经营责任制、坚持贯彻《企业法》健全内部领导体制、推进劳动工资制度改革、投身国内外市场、全心全意依靠工人阶级、加快技术进步、坚持从严治厂和加快企业内部管理制度等8个方面下苦工夫，花大力气，特别是要做好经营机制的转换工作。

这次会议决定采取12条措施，为搞好国营大中型企业创造良好的外部条件。

备忘

- 1月4日，13岁的中国运动员伏明霞成为最年轻的世界冠军
- 1月7日，林莉获我国第一个世界游泳冠军
- 2月8日，一汽大众汽车有限公司正式成立
- 4月24日，我停止对金门等岛屿官兵广播喊话
- 5月4日，"四人帮"成员江青保外就医期间在居所里自杀身亡
- 6月20日，上海南浦大桥胜利合龙
- 8月10日，首次世界华商大会在新加坡隆重开幕
- 9月23日，"中国船王"包玉刚先生逝世
- 12月15日，我国大陆第一座核电站——秦山核电站并网发电

世界

▶ 7月10日，叶利钦成为俄罗斯联邦首位总统

1987年10月，时任莫斯科市第一书记的叶利钦在苏共中央全会上指责"传统派"阻碍改革进程。戈尔巴乔夫对叶利钦十分不满，于当年11月解除了他莫斯科市第一书记的职务。次年2月叶利钦被取消政治局候补委员的资格，降任国家建委第一副主席。

1989年7月，叶利钦与萨哈罗夫等一批持不同政见的议员组建了"跨地区议员团"，并任主席，并明确提出要废除宪法中规定苏共领导地位的条款，要求"公民有组织社会团体和政党的自由"等，此后他与戈尔巴乔夫展开了针锋相对的斗争。

1990年7月在苏共28次会议上，以叶利钦为首的"民主纲领派"提出了系统的政治纲领：主张实行多党制，把苏共变成在多党制、法制和议会制国家条件下发挥作用的议会党，用民主原则取代民主集中制，容许党内派别活动合法化，放弃苏共对政权、军队、安全部门及舆论工具的领导。结果被大会否决，叶利钦当即宣布退出苏联共产党，与戈尔巴乔夫领导的苏共决裂。

叶利钦早在当年4月就联合部分持激进观点的俄罗斯联邦人民代表组成了"民主俄罗斯"。在该组织支持下，叶利钦提出"恢复俄罗斯主权"的口号，并于1990年5月当选为俄罗斯联邦最高苏维埃主席。在他主持下俄罗斯制订了《俄罗斯联邦共和国国家主权宣言》，宣布俄罗斯有绝对主权，其内外政策独立。还制订了《俄罗斯宪法草案》，提出政治组织非党化，国家机构非意识形态化。

1991年6月，俄罗斯举行总统选举，叶利钦以57.30%的选票获胜，成为俄罗斯历史上第一位总统。

声音

不唯上，并非上面的话不要听。不唯书，也不是说文件、书不要读。只唯实，就是只有从实际出发、实事求是地研究处理问题，这是最靠得住的。交换，就是互相交换意见。比较，就是上下、左右进行比较。反复，就是决定问题不要太匆忙，要留一个反复考虑的时间。这15个字中，前9个字是唯物论，后6个字是辩证法，合起来就是唯物辩证法。

——此为1991年1月24日陈云同浙江省党政领导同志谈话时对他所写的条幅"不唯上、不唯书、只唯实，交换、比较、反复"做的解释

不要以为，一说计划经济就是社会主义，一说市场经济就是资本主义，不是那么回事，两者都是手段，市场也可以为社会主义服务。闭关自守不行。开放不坚决不行。说"三资"企业不是民族经济，害怕它的发展，这不好嘛。发展经济，不开放是很难搞起来的。世界各国的经济发展都要搞开放，西方国家在资金和技术上就是互相融合、交流的。

——此为1991年1月28日至2月18日邓小平在视察上海时同上海市负责同志的谈话

世界

▶12月25日，苏联解体

1991年8月19日清晨，苏联副总统亚纳耶夫突然宣布戈尔巴乔夫因"健康状况"而不能担任总统职任，从即日起由他担任总统职务，并成立"国家紧急状态委员会"，在苏联部分地区实行为期6个月的戒严。此时正在黑海海滨休养的戈尔巴乔夫被软禁，与莫斯科断绝了联系。

"8·19"事件发生后，时任俄罗斯总统的叶利钦发表演讲指责紧急状态委员会要恢复苏联的铁幕政治统治，并号召群众罢工，形势逆转直下。21日，戈尔巴乔夫发表声明宣布将于近日内重新完全行使总统职权。22日，戈尔巴乔夫回到莫斯科，但叶利钦并没有与他合作，并拘留了紧急委员会的成员。苏联全国从此掀起反共浪潮，8月24日，乌克兰共和国宣布独立。同日戈尔巴乔夫宣布辞去苏共总书记职务，并建议苏共"自行解散"。

"8·19"事件平息后，苏联各加盟共和国纷纷宣布独立。1991年12月21日，俄罗斯、白俄罗斯、乌克兰等11个独立国家领导人在哈萨克斯坦首都阿拉木图举行会议，正式宣告建立独立国家联合体。12月25日，俄罗斯宣布将国名由"俄罗斯苏维埃联邦社会主义共和国"更名为"俄罗斯联邦"。19时25分，戈尔巴乔夫宣布辞职。19时38分，苏联红旗从克里姆林宫上徐徐落下，代之以白、蓝、红三色的俄罗斯联邦国旗，苏联正式解体。

1992年

大事

■ 1月18日~2月21日，邓小平视察武昌、深圳、珠海、上海等地并发表重要讲话

1992年1月18日~2月21日，邓小平先后视察武昌、深圳、珠海、上海等地。视察途中，他多次发表谈话强调，党的基本路线要管一百年，动摇不得。改革开放胆子要大一些，敢于试验。判断的标准，应该主要看是否有利于发展社会主义社会的生产力，是否有利于增强社会主义国家的综合国力，是否有利于提高人民的生活水平。

计划多一点还是市场多一点，不是社会主义与资本主义的本质区别。社会主义的本质，是解放生产力，发展生产力，消灭剥削，消除

▲ 邓小平南巡讲话

两极分化，最终达到共同富裕。社会主义要赢得与资本主义相比较的优势，就必须大胆吸收和借鉴人类社会创造的一切文明成果，包括当今资本主义发达国家的一切反映现代社会化生产规律的先进经营方式和管理方法。中国要警惕右，但主要是防止"左"。要抓住时机，发展自己，关键是发展经济。发展才是硬道理。必须依靠科技和教育，经济发展才能快一点。要坚持两手抓，一手抓改革开放，一手抓打击各种犯罪活动。两只手都要硬。在整个改革开放过程中必须始终坚持四项基本原则，必须反对腐败，廉政建设要作为大事来抓。

中国的事情能不能办好，从一定意义上说，关键在人，说到底，关键是我们共产党内部要搞好。社会主义经历一个长过程发展后必然代替资本主义，这是社会历史发展不可逆转的总趋势……

这些谈话科学地总结党的十一届三中全会以来的基本实践和基本经验，从理论上深刻回答了长期困扰和束缚人们思想的许多重大认识问题，是把改革开放和现代化建设推向新阶段的又一个解放思想、实事求是的宣言书。中共中央政治局认为，这篇谈话不仅对当前的改革和发展，对开好党的十四大，具有十分重要的指导作用，而且对整个社会主义现代化建设事业，具有重大而深远的意义。

2月28日，中共中央将邓小平南方谈话作为中央1992年二号文件下发，

声音

要坚持党的十一届三中全会以来的路线、方针、政策，关键是坚持"一个中心、两个基本点"。基本路线要管一百年，动摇不得。只有坚持这条路线，人民才会相信你，拥护你。在这短短的十几年内，我们国家发展得这么快，使人民高兴，世界瞩目，这就足以证明三中全会以来路线、方针、政策的正确性，谁想变也变不了。
——此为1992年邓小平视察武昌、深圳、珠海、上海等地发表的南方谈话

我要讨个说法！
——此为1992年8月放映的张艺谋的电影《秋菊打官司》中令秋菊的一句台词，这句话成为现今打官司者的口头禅

并发出通知，要求尽快逐级传达到全体党员干部。

■ 4月3日，修建三峡工程的决议正式通过

1992年3月16日，李鹏总理向七届全国人大五次会议提交了《国务院关于提请审议兴建长江三峡工程的议案》。议案论述了兴建三峡工程的必要性和紧迫性，三峡工程建设方案，以及技术可行性、经济合理性。3月21日，邹家华副总理在七届全国人大五次会议全体会议上作了《关于提请审议兴建长江三峡工程的议案的说明》。说明共分七大部分：一、三峡工程的审查过程；二、关于兴建三峡工程的重要性和必要性；三、关于三峡工程的建设方案；四、关于三峡工程的技术可行性；五、关于建设资金筹集的可行性；六、关于水库移民、生态与环境和人防问题；七、对三峡工程决策的建议。

全体代表经过分组审议，于4月3日下午大会表决"三峡决议"，表决结果是：赞成1767票，反对177票，弃权664票，未按表决器25票。赞成票占全部票数的67.1%，超过半数，《关于兴建三峡工程决议》正式通过。从此，长达近40年的三峡工程规划、科研、论证工作结出丰硕成果，中国历史上最大的水利工程进入具体实施阶段。

三峡工程的建设将进一步展示我国人民艰苦创业、自强不息的伟大精神和具有中国特色社会主义的强大生命力，因此，它的建设，无论在政治上、经济上，都具有重大而深远的意义。

■ 5月14日，聂荣臻元帅逝世

1992年5月14日，伟大的无产阶级革命家、军事家，党和国家的卓越领导人，中国人民解放军的缔造者之一，聂荣臻元帅在北京逝世，终年93岁。

新中国成立后，聂荣臻同志是我国国防科技事业的卓越领导者。从20世纪50年代中期起，他以极大的热忱，坚韧不拔的精神，肩负科学技术事业的繁重领导工作，为祖国科技事业的发展进行了艰苦卓绝的开拓性、奠基性工作，为党和人民建立了新的不可磨灭的功绩。

20世纪60年代初，在国家经济遇到严重困难，苏联撤走专家，停止一切技术援助的情况下，聂荣臻同志力主在自力更生的基础上，继续研制导弹和核武器，得到毛泽东、周恩来等中央领导同志的一致赞同和充分支持。他坚决贯彻中央的决策，采取突出重点，组织全国大协作，调整知识分子政策，狠攻各项技术难关等措施，仅用五六年时间，就研制出了多种导弹和原子弹、氢弹，并为远程导弹、人造卫星、核潜艇等的研制成功奠定了基础。不仅有力地保障了国家安全，而且极大地提高了中国的

▲ 聂荣臻元帅

世界

▲ 1月2日，加利就任联合国秘书长

1992年1月2日，原埃及副总理兼移民部长布特罗斯·加利接替佩雷斯·德奎利亚尔成为联合国第六任秘书长，这是自联合国成立以来，第一次由非洲人和阿拉伯人担任这一崇高职务。

1922年，加利出生在一个科普特人家庭，他的祖父在本世纪初曾任埃及首相，父辈中也出过外交大臣、农业大臣等高级官员。加利从小喜爱读书，家里又有条件，所以他读了很多阿拉伯文和外文书籍。1949年，加利毕业于法国巴黎大学，获法学博士学位。他精通法语和英语，当了近30年的国际法教授。从外表上看，与其说他是个长期从事外交的国际事务专家，还不如说他像个报馆的编辑更合适。

以往5位联合国秘书长，分别出自欧、亚和南美三大洲，这次加利作为非洲人而入选可以说是首开纪录，用加利的话讲，"这对于非洲是个伟大的日子"。在联合国6种工作语言中，加利能流利地使用英、法、阿拉伯3种语言，这在历任秘书长中也是头一个。并且，这非常有利于他的工作。

国际地位，增强了中国人民的民族自豪感。

1991年9月，聂荣臻因心衰竭住院，经两个多月治疗，转危为安。1992年3月，聂荣臻的病情又一次恶化。4月2日，301医院发出病危通知，由于聂荣臻坚持不住院，就在家中监护。4月12日下午，聂荣臻自觉病情沉重，向秘书口述了遗嘱。5月14日上午10时，聂荣臻听《人民日报》、《参考消息》，下午仍听文件。晚上，他看电视新闻，休息片刻，又看动物录像片。看到一半时，工作人员关了，他同意剩下部分明天看。医生进来请聂荣臻休息，已经是21时多了，护士给他洗脸洗脚。临睡前聂荣臻问了下他的军事文选出版的事情，得到满意的答复后，他躺下准备休息，并吩咐家人也去休息。躺下后不久，在场专家就发现他的情况不对，紧急进行抢救，遗憾的是，22时43分，聂荣臻元帅的心脏还是停止了跳动，逝世时他的脸上没有一点痛苦的表情。

按聂荣臻的遗嘱，他的部分骨灰被撒在八宝山革命公墓的一棵桧柏树下，树旁竖立一块汉白玉石碑，正面刻着聂荣臻80岁时的诗句"喜松柏之气概，念四化之早成"。背面刻着"聂荣臻骨灰撒放处"。他的另一部分骨灰被安葬在酒泉卫星发射中心的烈士陵园，周围栽满了沙漠特有的胡杨。

■ 6月21日，李先念逝世

6月21日，伟大的无产阶级革命家、政治家、军事家，坚定的马克思主义者，党和国家的卓越领导人李先念在北京逝世，享年83岁。

李先念1927年加入中国共产党，历任红四方面军师政委、军政委，新四军豫鄂挺进纵队司令员、第五师师长兼政委，中原军区司令员，创建了豫鄂边区抗日根据地。全国解放后，李先念先后担任国务院副总理、中央政治局委员、中央政治局常委、国家主席、全国政协主席等要职。

"文化大革命"期间，李先念同林彪、江青反革命集团进行了坚决的斗争。在粉碎江青反革命集团的斗争中，李先念是主要决策人之一。他在国家危难关头，处乱不惊、力挽狂澜，表现了一个政治家的远见卓识和宏伟气魄。粉碎"四人帮"之后，李先念作为第二代领导集体的重要成员，参与制定了一系列重大决策，开创了改革开放的新局面。

1992年6月21日，李先念因病在北京逝世。李先念逝世以后，遵照他的遗愿，人们把他的部分骨灰撒在了他曾战斗过的祁连山上。

■ 7月11日，邓颖超逝世

7月11日伟大的无产阶级革命家、政治家、著名社会活动家，坚定的马克思主义者，党和国家的卓越领导人，中国妇女运动的先驱邓颖超因病于1992年7月11日在北京逝世，享年88岁。

邓颖超，1904年生于广西南宁。"五四"运动时，她和周恩来等一起组织觉悟社，是天津学生爱国运动的主要领导人之一。1932年5月，赴中央苏区，曾任中共中央局秘书长、中华苏维埃共和国中央执行委员、中央机关总支书记。

1935年10月，长征到达陕北后，邓颖超任中央机要科科长、中央白区工作部秘书等职。1937年12月，被派往武汉，曾任中共中央长江局妇委委员。

新中国成立后，邓颖超曾任全国妇联主席、党组副书记，中国人民对外友好协会名誉会长，第四、五届全国人大常委会副委员长，中共中央纪律检查委员会第二书记，第十一、第十二届中共中央政治局委员，第六届全国政协主席等职。"文化大革命"期间，邓颖超同林彪、江青反革命集团进行了坚决的斗争。

1979年12月，担任中央对台工作领导小组组长。邓颖超还长期从事国际友好活动，会见来自世界几十个国家的各阶层人士。1988年退出领导岗位后，仍时刻关心党和国家的建设事业。

生前，邓颖超在写给中共中央的信中要求：遗体解剖后火化；骨灰不保留，撒掉；不搞遗体告别；不开追悼会；住房交公使用，万勿搞什么故居和纪念等；对周恩来的亲属、侄儿女辈，勿以周恩来的关系，而不依据组织原则和组织纪律给予照顾安排。

1992年7月18日，遵照邓颖超的遗愿，她的骨灰由她身边的工作人员撒在天津海河。

2004年2月10日，在纪念邓颖超诞辰100周年座谈会上，胡锦涛在讲话中对邓颖超作了高度评价："邓颖超同志是伟大的无产阶级革命家、政治家，著名社会活动家，坚定的马克思主义者，党和国家的卓越领导人，中国妇女运动的先驱。她在70多年的革命生涯中，为中国革命、建设和改革事业毫无保留地奉献了自己的一切。她是20世纪中国妇女的杰出代表，也是中国妇女的骄傲，在国内外享有崇高声誉，深受全党和全国人民的尊敬和爱戴。"

■ **10月12日~18日，中国共产党第十四次全国代表大会在北京召开**

1992年10月12日~18日，中国共产党第十四次全国代表大会在北京举行。江泽民代表十三届中央委员会作《加快改革开放和现代化建设步伐，夺取有中国特色社会主义事业的更大胜利》的报告。报告明确提出了我国经济体制改革的目标是建立社会主义市场经济体制。社会主义市场经济体制是同社会主义基本制度结合在一起的。报告提出要加强党的建设和改善党的领导。指出，党的基本路线要毫不动摇地坚持下去，社会主义的改革开放和现代化建设要搞得更好更快，

▲ 中国共产党第十四次全国代表大会

国家要长治久安和繁荣昌盛，关键在于我们党，在于坚持用邓小平建设有中国特色社会主义的理论武装全党。

大会选出中央委员189人，候补中央委员130人，中央纪律检查委员会委员108人。大会通过了关于十三届中央委员会报告的决议、关于中央顾问委员会工作报告的决议、关于中央纪律检查委员会工作报告的决议。大会同意中央顾问委员会提出的不再设立中央顾问委员会的建议。

大会通过了关于《中国共产党章程（修正案）》的决议。修改后的《党章》写入了建设有中国特色社会主义理论和党在社会主义初级阶段的基本路线。党的十四大做出三项具有深远意义的决策：一是抓住机遇，加快发展；二是明确我国经济体制改革的目标是建立社会主义市场经济；三是确立邓小平建设有中国特色社会主义理论在全党的指导地位。

这次大会和年初邓小平南方谈话，成为中国社会主义改革开放和现代化建设进入新阶段的标志。

■ 10月19日，中共十四届一中全会在北京举行，选举产生了中央新的领导机构

1992年10月19日，中共十四届一中全会在北京举行，选举产生了中央新的领导机构。中央政治局委员（按姓氏笔画排名）为：丁关根、田纪云、朱镕基、乔石、刘华清、江泽民、李鹏、李岚清、李铁映、李瑞环、杨白冰、吴邦国、邹家华、陈希同、胡锦涛、姜春云、钱其琛、尉健行、谢非、谭绍文；中央政治局候补委员温家宝、王汉斌。

全会选举江泽民、李鹏、乔石、李瑞环、朱镕基、刘华清、胡锦涛为中央政治局常务委员会委员；选举江泽民为中央委员会总书记。全会根据中央政治局常务委员会的提名，通过胡锦涛、丁关根、尉健行、温家宝、任建新为书记处书记。全会决定江泽民为党的中央军事委员会主席，刘华清、张震为副主席。全会批准尉健行为中央纪律检查委员会书记。

同日下午，邓小平同新当选的党中央领导同志在人民大会堂与出席中共十四大的全体代表见面并合影留念。邓小平对中共十四大的召开十分关注。在十四大报告起草时，他看了送审稿，做了肯定的评价，并对进一步修改报告稿发表了意见。他说：改革开放中许许多多的东西，都是由群众在实践中提出来的。报告中讲我的功绩，一定要放在集体领导范围内，绝不是一个人的脑筋就可以钻出什么新东西来，是群众的智慧，集体的智慧。我的功劳是把这些新事物概括起来，加以提倡。要写得合乎实际。在会见十四大代表时，邓小平说：这次大会开得很好，希望大家继续努力。

■ 12月17日，俄罗斯总统叶利钦访问中国

1992年12月17日至19日，应杨尚昆主席的邀请，鲍里斯·尼古拉耶维奇·叶利钦对我国进行正式访问，叶利钦是中俄关系史上第一位访问中国的俄罗斯国家元首。

叶利钦在担任总统期间曾于1992年、1996年、1997年和1999年先后四

▶4月7日，波黑内战爆发

1992年4月7日波黑内战爆发。前南斯拉夫波斯尼亚和黑塞哥维那共和国（波黑）从1992年3月份起变得不平静了。先是不同民族集团之间出现了个别的冲突，进而发生流血事件，到了4月份就已演变为一场大规模的内战。480万人陷入互相残杀和逃亡之中，死亡无数，成千上万的人无家可归。

这场旷日持久的战争是第二次世界大战以来规模最大、最惨烈的一次地区冲突，从此人们熟知了一个血腥的名字：波黑。

中国百年实录 1992年

▲ 叶利钦访问中国

次访问中国。在叶利钦任总统期间，中俄关系上了三个台阶：1992年12月两国宣布"互相视为友好国家"；1994年9月两国间建立了"面向21世纪的建设性伙伴关系"，并确定两国关系发展方向是"平等信任，睦邻友好，互利合作，共同发展"。叶利钦作为一位有远见的政治家，在此过程中的推动作用不言而喻。

此后，在这一大原则指导下，中俄关系迅速发展，成为冷战后大国之间和相邻国家之间关系的典范。2000年普京当选俄罗斯总统后，全面继承和推动这一关系向前发展，使目前的中俄关系达到空前高的水平。

2001年5月底，卸任两年的叶利钦接受中国国家主席江泽民之邀前来中国，在大连接受12天中医治疗。叶利钦表示，他始终关注着中国的发展和俄中关系，愿为巩固俄中友谊继续贡献自己的力量。

2007年当地时间4月23日下午3点45分（北京时间晚上8点45分）叶利钦因心脏病突发不幸逝世。4月24日，中国国家主席胡锦涛就俄罗斯首任总统叶利钦不幸逝世向俄总统普京发去唁电。胡锦涛说："叶利钦是中国人民的亲密朋友，在他担任俄罗斯总统期间，中俄建立了战略协作伙伴关系，解决了历史遗留的边界问题，各领域交流合作快速发展，中俄传统友谊焕发出新的生机和活力。叶利钦为中俄友好事业发展做出的突出贡献将永远载入中俄友好的史册。"

世界

▶11月3日，克林顿当选为美国第42任总统

1992年11月3日，民主党总统候选人威廉·杰弗逊·克林顿在大选中击败现任总统、共和党总统候选人乔治·布什，从而当选为美国第42任、第52届总统。克林顿是第一位第二次世界大战后出生的美国总统，他的当选使民主党人夺回了已失去12年之久的总统宝座。

当天，克林顿在阿肯色州首府小石城说，他就任总统后的首要任务是"恢复经济增长和向人民提供机会"。克林顿说，美国人民通过投票选择了"新的开端"。选民对他的支持是美国实行变革的一支"惊人的联合力量"。他表示他执政时将保持对"变革"做出的承诺。

备忘

- 4月16日，我国派遣部队参加联合国维持和平的行动
- 4月22日，康克清逝世
- 6月22日，聂卫平战胜林海峰，中日围棋天元战三番棋中方首次告捷
- 8月14日，中国自行研制的"长征二号E"捆绑式运载火箭顺利把美国研制的"澳赛特B1"通信卫星送入预定轨道
- 8月23日，中国首届电影节在长春隆重开幕
- 11月24日，南方航空公司一客机在桂林阳朔坠毁

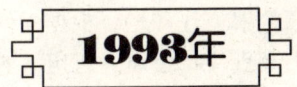

1993年

■ **3月12日，王震逝世**

1993年3月12日，伟大的无产阶级革命家、政治家、军事家、坚定的马克思主义者，党和国家的卓越领导人，中华人民共和国副主席王震在广州逝世，享年85岁。

王震1927年加入中国共产党，历任红八军代军长，红六军团政委，红二军团政委，八路军359旅旅长兼政委，南下支队司令员，中原军区第一副司令员兼参谋长，中国人民解放军第一兵团司令员兼政委，中共中央新疆分局书记，新疆军区代司令员兼政委，铁道兵司令员兼政委，解放军副总参谋长，国务院农垦部部长，国务院副总理，中共中央军委常委，中共中央党校校长，中共中央顾问委员会副主任，第十一、十二届中央政治局委员，1955年被授予上将军衔。

粉碎"四人帮"以后，王震不顾年近古稀，积极投入拨乱反正，并主管国防工业系统的恢复整顿工作。1982年4月，中共中央任命王震担任中共中央党校校长。9月1日至11日，王震出席在北京召开的中国共产党第十二次全国代表大会，再次当选为中央委员。在12日至13日的中共十二届一中全会上，当选为中央政治局委员。1988年4月13日，在第七届全国人民代表大会第一次会议上，王震以80岁的高龄被推选为中华人民共和国副主席。

1991年11月15日，王震发病，经解放军总医院诊断为支气管炎急性发作，病情严重。经过一段时间的治疗，病情有所好转。为了避免北方冬季寒冷，气候干燥，经中共中央同意，1992年9月28日，王震由北京转到广州治疗。在中央和广东省党政军领导的关心下，在医务人员的精心医护下，王震日渐康复。可是1993年2月10日下午，王震病情突然转重。27日，病情开始恶化。3月12日15时34分在广州逝世，享年85岁。

新疆是王震同志生前战斗和工作过的地方，他对新疆怀有深厚的感情。在他的遗嘱中他这样写道："骨灰撒在天山上，永远为中华民族站岗，永远向往壮丽的共产主义。"遵照王震的遗嘱，丧事从简，并按照王震生前多次交代，王震的骨灰于1993年4月3日，由王震夫人及其子女在杨德中、邓力群的陪同下，将骨灰撒在天山山脉的前峡、后峡和天山北麓的石河子垦区。

■ **3月15日~31日，八届全国人大一次会议在北京举行**

1993年3月15日~31日，中华人民共和国第八届全国人民代表大会第一次会议在北京举行。李鹏代表国务院作《政府工作报告》。会议通过了中华人民共和国宪法修正案，修改后的宪法，肯定了我国正处在社会主义初级阶段，国家的根本任务是，根据建设有中国特色社会主义理论，集中力量进行社会主义现代化建设；肯定了农村中的家庭联产承包为主的责任制是社会主义劳动群众集体所有制经济；肯定了国家实行社会主义市场经济等等。

会议通过了《中华人民共和国澳门特别行政区基本法》，包括三个附件和区旗区徽图案，关于设立澳门特别行政区的决定，关于中华人民共和国澳门特别行政区基本法的决定，关于澳门特别行政区第一届政府、立法会和司法机关产生办法的决定。澳门特别行政区基本法自1999年12月20日起实施。会议还通过了关于国务院机构改革方案的决定。

会议选举江泽民为国家主席，荣毅仁为国家副主席；乔石为全国人大常委会委员长，江泽民为中华人民共和国中央军事委员会主席；决定李鹏为国务院总理；选举任建新为最高人民法院院长、张思卿为最高人民检察院检察长。

■ 4月1日，国务院发布《关于加快粮食流通体制改革的通知》，取消粮票供应制度

中国的票证制度源于"统购统销"，粮票发行始于1953年10月19日，从1953年发放粮票开始一直到1993年全部取消，有接近40年的时间。

可以这么说，刚开始的时候搞统购统销发票证很快就起到了稳定社会，保持低价的目的，从当时来说这是现实需要。但是从长远来看是有消极作用的，那就是抑制了生产的积极性。改革开放后引入了市场经济、引入了竞争的中国经济，人们的积极性被充分调动，所有的产业都进入高速增长后，票证制度就必然会消失。

"当中国由短缺经济变为相对丰裕甚至有些过剩的经济时，票证就会自然而然地消失。""六五"（1980~1985）期间，农业总产值增加了74%，平均每年增长11.7%，大大超过"五五"期间的5.1%。"六五"期间粮食平均年产量比"五五"期间增长了21.4%，棉花与油料的增幅更有93.2%和120%之多；农、轻、重之间的比重则由1978年的27.8：31.1：41.1变为34.1：31.5：34.4，农业与轻工业发展可谓迅猛；其它如猪、牛、羊肉产量也大大超出"六五"的规划量。到了八九十年代，连先前非常稀少的自行车票、缝纫机票，也因为商品的数量增加、用钱可以购买而变得不太"珍贵"了。

1983年国务院发出（1983）177号文件，提出布票退出市场，棉布敞开供应。之后，许多票证相继停止使用。1993年4月1日，按照国务院发布的《关于加快粮食流通体制改革的通知》，取消粮票和油票，实行粮油商品敞开供应。从此，伴随城镇居民近40年历程的粮票、油票等各种票证完全退出历史舞台。

上海工人阶级长期以来一直是中国工人阶级的带头羊。希望你们不要丧失机遇。对于中国来说，大好的机遇并不多。中国与世界各国不同，有着自己独特的机遇。比如，我们有几千万爱国同胞在海外，他们对祖国做出了很多贡献。上海人民在1992年做出了别人不能做到的事情。当然，走一步，回头看一下是必要的。要注意稳妥，避免损失，特别要避免大的损失。回头总结经验，改正缺点就是了。

——此为1993年1月22日邓小平在上海对上海党政军负责同志的谈话

毛泽东思想永远是中国共产党人的理论宝库和中华民族的精神支柱，永远是我们建设社会主义现代化国家的行动指南。毛泽东同志是伟大的马克思主义者，无产阶级革命家、战略家和理论家，是近代以来中国伟大的爱国者和民族英雄。

——此为1993年12月26日江泽民在毛泽东诞辰100周年纪念大会上的讲话

■ 4月27日~29日，第一次汪辜会谈在新加坡正式举行

1993年4月27日~29日，在海协会的倡议和积极推动下，经过海峡两岸的共同努力，备受注目的第一次汪辜会谈在新加坡正式举行。

20世纪80年代以来，随着海峡两岸政策的调整，两岸的各种交流与交往进入持续调整发展的阶段。同时两岸间的民事纠纷、渔事纠纷以及走私、偷渡等问题也越来越多，且层面日益扩大，为两岸关系的发展增添了许多困难和麻烦，亟待解决。虽然海基会和海协会成立后，双方就上述问题进行过多次商谈，但由于接触层次

▲ 汪辜会谈

较低，海基会所获授权不足及政治的影响等原因，进展一直不大，因而有必要由两会高层次负责人直接坐下来进行商谈，以早日解决这些问题。长期以来，大陆方面为解决这些问题曾多次提倡通过接触谈判解决两岸关系中的具体问题，经过艰苦努力，促成了第一次汪辜会谈，会谈于1993年4月27日上午正式在新加坡海皇大厦举行。

汪辜会谈是海峡两岸高层人士在长期隔断之后的首次正式接触，是两岸走向和解的历史性突破，是两岸关系发展进程中的"重要里程碑"。

江泽民总书记对这次会谈给予高度评价：汪辜会谈是成功的，是有成效的，它标志着两岸关系发展迈出了历史性的重要一步。两岸及国际社会均对会谈普遍给予高度评价，认为"具有相当深刻的政治意义"。

■ 5月2日，京九铁路干线开工

修建北京至九龙的交通线是中国数代人的夙愿：早在元代就有了从元大都直至九龙的南下驿道；近代以来，孙中山、毛泽东都曾经提出过计划；20世纪90年代，富强起来的中国人民终于实现了这一愿望。

1958年，中国开始实际构思修建京九铁路，那时的"京九"指的是北京到九江。1984年中英关于香港问题的《联合声明》签署后，正式提出了"大京九"的方案，即将北京至九江铁路延长至香港九龙，并力争在1997年香港回归祖国时全线贯通。

1993年5月2日，京九铁路全线开工。21万建设大军劈山越水，累计打通隧道56公里，架设桥梁1100多座，修建车站210多个，至1995年11月，不到3年的时间全线贯通。1996年9月1日京九铁路全线开通运营，第二年通过了国家验收。

京九铁路是中国有史以来规模最大、投资最多、一次建成最长的双线铁路干线。它北起北京西站，南至深圳，连接香港九龙，纵贯9个省市、108个市县，绵延2397公里。

11月2日，《邓小平文选》第三卷出版发行

1993年11月2日，《邓小平文选》第三卷出版发行。文选汇集了邓小平从1982年9月党的十二大到1992年春视察南方这一时期的主要著作。同日，中共中央做出《关于学习〈邓小平文选〉第三卷的决定》并举行学习《邓小平文选》第三卷报告会。江泽民在报告会上指出：邓小平同志建设有中国特色社会主义理论第一次比较系统地初步回答了中国这样的经济文化比较落后的国家如何建设社会主义、如何巩固和发展社会主义的一系列基本问题，用新的思想、观点，继承、丰富和发展了毛泽东思想，是马克思主义同中国实际相结合的最新成果，是当代中国的马克思主义。

▲ 邓小平文选

中国共产党成立之初，就郑重地把马克思列宁主义写在自己的旗帜上。经过延安整风和党的七大，又郑重地把马克思列宁主义与中国革命实践之统一的思想——毛泽东思想写到自己的旗帜上。从十一届三中全会开始，经过十二大、十三大到十四大，我们党又郑重地把邓小平建设有中国特色社会主义理论写到了自己的旗帜上。

11月11日~14日，中共十四届三中全会在北京召开

1993年11月11日~14日，中共十四届三中全会在京举行，会议审议并通过了《中共中央关于建立社会主义市场经济体制若干问题的决定》。《决定》指出：社会主义市场经济体制是同社会主义基本制度结合在一起的。建立社会主义市场经济体制，就是要使市场在国家宏观调控下对资源配置起基础性作用。为实现这个目标，必须坚持以公有制为主体、多种经济成分共同发展的方针，进一步转换国有企业经营机制，建立适应市场经济要求、产权清晰、权责明确、政企分开、管理科学的现代企业制度；建立全国统一开放的市场体系，实现城乡市场紧密结合，国内市场与国际市场相互衔接，促进资源的优化配置；转变政府管理经济的职能，建立以间接手段为主的完善的宏观调控体系，保证国民经济的健康运行；建立以按劳分配为主体，效率优先、兼顾公平的收入分配制度，鼓励一部分地区一部分人先富起来，走共同富裕的道路；建立多层次的社会保障制度，为城乡居民提供同我国国情相适应的社会保障，促进经济发展和社会稳定。这些主要环节构成社会主义市场经济体制的基本框架。

11月20日，江泽民出席亚太经济合作组织领导人非正式会议

1993年11月19日，应美国总统克林顿的邀请，中国国家主席江泽民赴

世界

▶9月13日，巴以签署和平协议

1993年9月9日，巴勒斯坦国总统、巴解组织执委会主席阿拉法特与以色列政府总理拉宾交换了亲笔签字的信函，正式宣布相互承认。

9月13日，举世瞩目的巴以和平协议签字仪式在美国白宫南草坪隆重举行。以色列外长佩雷斯和巴解组织执委会成员阿巴斯代表以色列和巴解组织在原则宣言上签字，中东和谈两主席美国国务卿克里斯托弗和俄罗斯外长科济列夫作为证人也在宣言上签字，美国总统克林顿出席了签字仪式。签字后，阿拉法特与拉宾握手，这是两位过去几十年相互视为仇敌的领导人首次握手，标志着中东和平进程获得历史性突破。

巴以和平协议的签署在全世界引起强烈反响，舆论界普遍认为，这是全面解决战后历史上最困难的中东和平问题的第一步，有助于促进叙以、约以、黎以和谈取得新进展，为中东实现全面和平铺平道路，因而具有重要历史意义。

美国西雅图出席亚太经济合作组织领导人非正式会议。

11月20日，亚太经济合作组织领导人非正式会议在美国西雅图举行。这是自1989年11月亚太经济合作组织成立以来举行的最高级别的会议。

会议的前一天，江泽民主席和克林顿总统在美国西雅图市的雷尼尔俱乐部举行了一个半小时的正式会晤，这是两国最高领导人自1989年2月以来的首次正式会晤，也是中美关系的一个转折点，标志着中美关系中低水平徘徊局面的结束。

会晤结束后，克林顿向记者介绍说，这次会晤"富有成果"，是"一个好的开端"。他说："中国毕竟是一个占全球人口五分之一、并且是世界上经济发展最快的国家，我们必须就广泛的地区和全球问题做出共同的努力。"克林顿认为，这次会晤"表明我们双方都决心继续发展两国现有关系中的积极方面，同时以比过去更加坦率的态度商讨解决存在的问题"。克林顿总统重申美国坚持一个中国的政策是"正确的政策"，但他同时又称，"这不妨碍我们执行《与台湾关系法》"。

11月20日晚，江泽民在西雅图举行了约500人参加的中外记者招待会。江泽民说：昨天，我同克林顿总统举行了正式会晤。我认为谈得很好，气氛是友好的，态度是坦诚的，会晤是建设性的。会晤中双方一致认为，中美关系十分重要，其意义不限于双边，处理中美关系应放在世界范围内来考虑，着眼于未来，着眼于21世纪。

国际舆论认为，江泽民主席与克林顿总统的会晤不仅将会促进美中以经济关系为主体的多方面交流，而且还将为建立冷战后的国际秩序注入一股新风。

备忘

- 4月22日，东北大学复校，张学良受聘担任名誉校长
- 5月5日，新疆、甘肃、宁夏和内蒙古发生特大黑色风暴
- 7月19日，新华社报道：中国教育部将实施高教"211工程"
- 8月28日，王军霞夺得第四届世界田径锦标赛1000米冠军
- 10月8日，首都各界集会，庆祝《中国大百科全书》胜利完成
- 12月1日，北京城区开始禁放烟花爆竹
- 12月20日~29日，中国第一部《公司法》通过
- 12月26日，毛泽东诞辰一百周年纪念大会在北京举行

1994年

大事

■ 2月5日，江泽民会见见义勇为的英雄徐洪刚等双拥模范

> 宣传思想工作要以科学的理论武装人，以正确的舆论引导人，以高尚的精神塑造人，以优秀的作品鼓舞人，不断培养和造就一代又一代有理想、有道德、有文化、有纪律的社会主义新人，在建设有中国特色社会主义的伟大事业中发挥有力的思想保证和舆论支持作用。
>
> ——此为1994年1月24日江泽民在全国宣传思想工作会议上作的报告

1993年8月17日，济南军区某通信连班长徐洪刚在探家归队途中，当乘坐的长途公共汽车行至四川筠连县境内时，车上4名歹徒向一女乘客勒索钱物，并肆意侮辱。徐洪刚见危相助，挺身而出，同持刀歹徒展开了殊死搏斗。他的胸部、腹部、臂部被歹徒连刺14刀，肠子流出体外。驾驶员听到车内撕打声，停下车来，抢夺歹徒手中的匕首，歹徒跳车逃窜。徐洪刚忍住剧痛，手捂腹部，从车上跳下来，继续追赶歹徒，终因伤势过重，昏倒在公路上。后经医生全力抢救，徐洪刚脱离了危险。

▲ 徐洪刚

徐洪刚见义勇为的英雄行为引起全社会强烈反响，济南军区将"见义勇为的英雄战士"的荣誉称号授予徐洪刚，集团军党委为徐洪刚记一等功一次。四川省委宣传部、省军区政治部、团省委联合发文，号召全省军民和青年学习徐洪刚。解放军总政治部、共青团中央发出通知：全军指战员，全国青年向徐洪刚学习。团中央命名徐洪刚为"见义勇为英雄"、授予"全国新长征突击手"称号。

1994年2月5日，中共中央总书记江泽民、军委副主席刘华清、政协主席李瑞环、政治局常委胡锦涛等中央领导同志亲切接见了见义勇为的英雄徐洪刚等双拥模范。

江泽民、李鹏、刘华清、张震分别为徐洪刚题了词，号召全国人民向他学习。江泽民的题词是：向徐洪刚同志学习；李鹏的题词是：向见义勇为不畏强暴的英雄战士徐洪刚同志学习；刘华清的题词是：以徐洪刚同志为榜样做党和人民的好战士；张震的题词是：向徐洪刚同志学习继承发扬红军优良传统。

> 中国共产党的历史是一座丰富的精神宝藏，广大党史工作者担负着以史育人的重大责任。……广大青年干部处在世纪之交，承担着继往开来的历史使命。深刻了解中国近现代史和党的历史，更成为造就合格的跨世纪领导干部的必要条件。……在当前进行的爱国主义教育中，"从史入手"也是一个十分有效的方法，党史工作者要积极配合宣传教育部门把向人民群众，特别是青少年进行党史、革命史教育的重任担当起来。
>
> ——此为1994年11月21日胡锦涛在全国党史研究室主任会议上的讲话

■ 3月21日，国务院第十六次常务会议通过《中国21世纪议程》，提出可持续发展的战略构想

1992年联合国环境与发展大会通过了《21世纪议程》，中国政府做出了履行《21世纪议程》等文件的庄严承诺。

1994年3月21日，《中国21世纪议程》经国务院第十六次常务会议审议

通过。《中国21世纪议程》共20章，78个方案领域，确立了中国可持续发展的4个主要战略目标：

（1）在保持经济快速增长的同时，依赖科技进步和提高劳动者素质，不断改善发展的质量；

（2）促进社会的全面发展与进步，建立可持续发展的社会基础；

（3）控制环境污染，改善生态环境，保护可持续利用的资源基础；

（4）逐步建立国家可持续发展的政策体系、法律体系及可持续发展的综合决策机制和协调管理机制。

《中国21世纪议程》是一个庞大的工程，它从中国国情和环境与发展的总体情况出发，提出了促进经济、社会、资源、环境以及人口、教育相协调、可持续发展的总体战略和政策、措施方案。它包含了一个重要思想——可持续发展，不久后成为中国指导国民经济和社会发展的一个重大战略。

■ 7月19日，中国联通公司成立

1978年底党的十一届三中全会以来，中国电信业持续高速增长，取得了举世瞩目的成就，由制约国民经济发展的瓶颈成长为带动国民经济增长的支柱，实现了历史性跨越。电信业成为发展最快、综合效益最好的行业之一，走出了一条"在发展中改革，在改革中发展"的道路。

在大发展的背景下，电信业加大改革力度，进行了战略结构重组。与世界大多数国家一样，在国家基础电信网建设初期，中国也实行了政企合一体制，由政府集中力量建设全国统

▲ 中国联通的标志

一的电信网络。实践证明这种做法是成功的。但是，随着电信与信息技术的飞速发展，随着国家通信主干网的初步建立，原来的垄断体制已经不能适应电信进一步发展的要求，必须改革，引入竞争。1993年，国务院同意放开寻呼和部分增值电信业务，其后不久国家又批准成立中国联合通信有限公司，我国电信业自此开始引入竞争。1993年12月14日，国务院批准成立中国联合通信有限公司，1994年7月19日，中国联合通信有限公司正式成立。这是中国电信史上一个具有里程碑意义的日子。联通的成立，标志着我国电信产业一家垄断的局面被打破，标志着我国电信产业体制改革正式拉开了帷幕。

■ 7月20日，中共中央、国务院在北京召开第三次西藏工作座谈会

1994年7月20日至23日，中共中央、国务院在北京召开第三次西藏工作座谈会。江泽民、李鹏、李瑞环在会上作重要讲话。江泽民在讲话中指出，加快西藏经济社会发展，关键是把中央的大政方针同西藏具体实际

结合起来。无论经济社会发展，还是改革开放，都要从国家的大局和西藏的实际出发，实事求是。这是做好西藏工作的一条基本原则。他说，西藏的稳定，是保证西藏各项事业持续发展和人民生活水平逐步提高的前提。没有稳定，一切都谈不上。西藏的稳定，对于全国的改革、发展和稳定，也具有重大意义。江泽民指出，我们与达赖集团的分歧，不是信教与不信教，自治与不自治的问题，而是维护祖国统一和反对分裂的问题。对达赖喇嘛，我们的态度是，只要他放弃西藏独立的主张，停止分裂祖国的活动，随时欢迎他回来。但搞独立不行，搞变相独立也不行。

李鹏在会上宣布，为了帮助西藏自治区解决改革和发展中遇到的困难和问题，国务院决定在财税、金融、投资、价格和外贸等方面，继续对西藏实行特殊政策和灵活措施。今后，还要根据国家财力和西藏的实际情况，及时解决有关问题，帮助西藏发展。中央有关部门和各省、市、自治区要长期支援西藏建设，这是加快西藏发展的大政策。

■ 8月9日，西藏布达拉宫维修工程全面竣工

土、木、石结构的布达拉宫，初建于公元7世纪，现在的规模为17世纪重建。主建筑高13层、119米，为世界上海拔最高，集宫殿、城堡、寺院藏汉建筑风格为一体的宏伟建筑。布达拉宫在西藏有着至高无上的历史、宗教、文化地位。因布达拉宫年久失修，已出现多处险情，隐患严重。为保护中华民族文化瑰宝，弘扬伟大祖国和藏族人民的历史文化，国务院拨出专款3500万元，于1989年10月11日对布达拉宫进行重点维修。

▲ 布达拉宫全景图

为保证圆满完成这一宏大古典建筑的维修任务，成立了由国务院领导同志为名誉组长，西藏自治区人民政府、国家文物局部门领导人员参加的维修布达拉宫领导小组，下设西藏自治区维修工程协调领导小组和施工办公室。维修工程的施工力量由西藏自治区组织；技术指导和施工质量由国家文物局专家与西藏古建技术人员共同负责。

布达拉宫维修工程经过藏、汉族工程技术人员五年的努力，工程劳动总投入60多万个工日，已完成共111个维修工程项目，维修总面积达3.39万余平方米，维修工程已通过国家文物局专家的验收。1994年8月9日，新中国规模最大的文物维修工程——西藏布达拉宫维修工程全面竣工，雄伟壮丽的布达拉宫以迷人的风貌展现在"世界屋脊"上。

世界

▶2月12日，第17届冬季奥林匹克运动会在挪威举行

1994年2月12日至27日，第十七届冬奥林匹克运动会在挪威的利勒哈默尔举行。67个国家的1991名运动员参加了这届运动会，其中女运动员534名。俄罗斯队首次独立组队参赛，以获11金8银4铜名列奖牌榜第一。

这届冬奥林匹克运动会共有2人4次打破4项世界纪录。这届冬奥林匹克运动会成为冬奥林匹克运动会历史上纬度最高、气温最低的一次赛会。约有120万人次亲临现场，10亿人通过电视观看比赛。为避免环境污染，首次将圣火改用酒精燃烧，因而这届冬奥林匹克运动会有"绿色冰雪运动会"的美称。

中国有28名运动员参加了5个项目的比赛，陈露在女子单人滑比赛中为中国获得第一枚冬奥林匹克运动会花样滑冰铜牌。叶乔波带伤参赛，最终以1枚银牌结束了自己的运动生涯。中国运动员在本届奥林匹克运动会上获得了1个亚军、2个第3名，仍未实现金牌零的突破。

9月2日~12日，江泽民访问俄罗斯、乌克兰和法国

9月2日~12日，国家主席江泽民访问俄罗斯、乌克兰和法国。3日，中俄签署中俄联合声明和中俄关于互不首先使用核武器和互不将战略核武器瞄准对方的联合声明，以及中俄国界西段协定等重要文件。江泽民就中国社会主义建设、对外政策等问题发表演讲并提出建立中俄两国新型关系的六点原则主张。6日，中乌签署关于两国关系原则的《中乌联合声明》。

8日至14日，江泽民主席对法国进行国事访问。此次访问适逢中法建交35周年，又正处于世纪之交，可称为中法关系史上意义深远的一次访问。访法期间，江泽民主席会见了法国总统密特朗、总理巴拉迪尔、法国参议院议长莫诺里等法国领导人。12日，江泽民提出中国对发展同西欧国家关系的四项原则。

中法双方一致同意面向21世纪，在平等互利的基础上，持续稳定地发展双边关系。双方签署了19个经贸合作的合同、协议和意向书，总金额达181亿法郎。此外，中方还提供了可供法方参与竞争投标的大型项目的名单。

9月25日~28日，中共十四届四中全会在北京举行

1994年9月25日~28日，中共十四届四中全会在北京举行。会议集中讨论党的建设问题，通过《中共中央关于加强党的建设几个重大问题的决定》。

决定指出：邓小平同志建设有中国特色社会主义理论，包含着内容丰富的党的建设理论。关于坚持和改善党的领导，使党成为领导社会主义现代化建设的坚强核心；关于解放思想，实事求是，坚持正确的思想路线；关于纠正长期"左"的错误，反对资产阶级自由化，要警惕右，但主要是防止"左"，提高坚持党的基本路线的坚定性；关于进行党的领导制度改革，完善党规党法，实现党内生活民主化、制度化；关于坚持和健全民主集中制，增强党的团结统一；关于实行干部队伍"四化"方针，造就朝气蓬勃的领导干部队伍；关于从严治党，反对腐败，加强党的纪律性等方面的思想，都是党的建设理论的重要发展，为加强党的建设指明了方向。在当代世界风云变幻的条件下，在当代中国改革开放和现代化建设的伟大变革中，把党建设成为用建设有中国特色社会主义理论武装起来、全心全意为人民服务、思想上政治上组织上完全巩固、能够经受住各种风险、始终走在时代前列的马克思主义政党，这是以邓小平同志为核心的第二代中央领导集体开创的、以江泽民同志为核心的第三代中央领导集体正在领导全党继续进行的新的伟大的工程。

决定从无产阶级政治家的高度对党的高级干部提出了五条严格要求：应该具有坚定的政治信念，始终保持清醒的头脑，自觉坚持党的基本理论和基本路线，经得起各种风浪的考验；应该具有开阔的眼界，熟悉国情，了解世界，解放思想，实事求是，务实创新，开拓前进；应该具有宽阔

的胸襟，讲党性，顾大局，模范执行民主集中制，公道正派，任人唯贤，善于团结同志一道工作；应该具有较强的领导能力，讲究领导艺术，审时度势，驾驭全局，善于协调各方面的力量；应该具有优良的作风，廉洁勤政，艰苦奋斗，深入实际，调查研究，谦虚谨慎，联系群众，真心诚意为人民谋利益。

28日，江泽民在全会上发表重要讲话。全会增选黄菊为中央政治局委员；决定增补吴邦国、姜春云为中央书记处书记。

■ 12月8日，新疆克拉玛依发生特大火灾

1994年12月7日，新疆自治区教委组织"两基"（基本扫除青壮年文盲、基本实现九年制义务教育）教育评估验收团一行25人到该市检查验收。12月8日下午，市教委组织7所中学、8所小学的15个规范班及部分老师、家长和有关领导共计796人，在友谊馆举行专场文艺汇报演出。

16时05分，文艺汇报演出正式开始。16时20分，演出刚进行到第二个节目，舞台正中偏左处往下掉落片状燃烧物，而且一片比一片大。由于舞台空间大，舞台用品又都是高分子化纤织物，火灾一开始便迅速形成立体燃烧，火场温度迅速增高，并产生大量有毒气体。人们正在向场外疏散时，突然，现场灯光因短路而全部熄灭。顿时，馆内秩序大乱。友谊馆有疏散门8个，但仅有一个能供观众出入。

16时25分，克市消防支队接到报警电话。16时26分，消防一中队的3辆消防车、23名消防员火速赶到现场。然后又调二、三、四中队各出2辆消防车增援，并向市公安局指挥中心汇报，通知石油局总医院派医护人员抢救伤员。一中队的3辆消防车到场后，消防队员奋力破拆门窗，想方设法救人。增援力量陆续到达现场后，消防支队本着救人重于灭火的原则，运用两侧夹击、分割包围的灭火战术，有效地控制了火势。17时40分，大火全部扑灭。

此次事故共死亡325人，其中中小学生288人，干部、教师及工作人员37人，受伤住院者130人。

事后经有关部门共同调查查明，这是一起特大恶性安全责任事故，造成火灾的直接原因是克拉玛依友谊馆人员及其主管部门负责人严重违反消防安全管理规定、玩忽职守，汇报演出活动的组织者严重失职、渎职造成的，已查明的19名有关责任者分别被司法机关依法逮捕、刑事拘留、收审或受到党纪、政纪处分。

■ 12月14日，长江三峡工程开工典礼举行

1994年12月14日上午，国务院总理、国务院三峡工程建设委员会主任李鹏向全世界庄严宣布：三峡工程开工。国务院副总理邹家华主持了开工典礼。中共中央政治局委员、上海市委书记、市长黄菊，全国人大常委会副委员长陈慕华，全国政协副主席杨汝岱和中共湖北、四川、湖南的主要领导以及有关部委负责人，设计、施工、监理和业主单位的代表，各界有

世界

▶5月10日，曼德拉宣誓就任南非新总统

1994年5月10日，南非第一任黑人总统纳尔逊·曼德拉在南非首席大法官科比特主持下宣誓就职。此前，副总统姆贝基和德克勒克也进行了宣誓。

宣誓仪式结束后，曼德拉在热烈的掌声中发表了就职演说。他说："医治创伤的时刻已经到来，弥补分歧的时刻已经到来，重建国家的时刻已经到来。"曼德拉强调实现民族和解和国家重建是他和新政府的神圣责任。他希望全体南非人民要为治愈南非的创伤和实施重建及发展计划共同努力。他最后说，作为南非民主选举的总统，他将努力把南非引向不断前进。

来自全世界约140个国家和地区的6000名宾客及15万各界群众参加了就职大典。中国中非友协代表团团长谢邦定和中国南非研究中心主任孙国桐也参加了庆典仪式。

关人士共8000人出席了开工典礼。

李鹏总理在会上发表了《功在当代利千秋》的重要讲话。他说，三峡水利枢纽工程经过长达40年的论证，七届全国人大五次会议批准，又进行了近两年的施工准备，现在已经具备了开工的条件。中央决定三峡工程正式开工，这是我国经济建设中的一件大事，也是全国人民关注的一件大事。中国人民有志气、有能力建设好当今世界上最大的水利水电工程，三峡工程功在当代利千秋！

▲ 长江三峡工程开工典礼

三峡工程是一项具有防洪、发电、航运等巨大综合效益的工程。长江洪水一直是中华民族的心腹之患。长江中下游是我国重要的经济发达地区，历史上曾多次发生过严重洪水灾害，给江汉平原、洞庭湖区广大人民群众的生命财产和沿江重要城市、工矿企业、交通干线带来极大的损失。三峡工程是解决长江中下游洪水威胁的诸多措施中的一项关键性工程。三峡工程开工将在1997年实现大江截流，2003年首批机组发电，2009年工程将全部竣工。一个宏伟壮丽的三峡工程将巍然屹立在中国的大地上，她将向全世界证明：中国人民有志气、有能力建设好当今世界上最大的水利水电工程。

备忘

- 1月8日，我国首家外汇交易中心——深圳外汇交易中心成立
- 4月17日，中国第一届足球甲级A组联赛在六个城市同时开赛
- 7月5日，第八届全国人大常委会第八次会议通过《中华人民共和国劳动法》
- 8月7日，艺术大师刘海粟在上海去世
- 11月14日，厦门市郊遭台湾当局在小金门驻军炮击，国务院台办发言人对此强烈谴责
- 12月12日，上海地铁一号线全线通车
- 12月19日，香港回归倒计时牌在天安门广场矗立

世界

▶10月14日，阿拉法特、希蒙·佩雷斯、拉宾分享诺贝尔和平奖

1994年10月14日，挪威诺贝尔委员会在奥斯陆宣布，将本年的诺贝尔和平奖授予巴解执委会主席阿拉法特、以色列外长佩雷斯和总理拉宾，以表彰他们为中东和平做出的贡献。

新闻公报说，阿以和巴以之间的冲突几十年来一直是国际政治中最难以调和的问题之一，它给双方都带来了深重的灾难。阿拉法特、佩雷斯和拉宾为巴以奥斯陆密谈的成功和随后达成的历史性协议做出了重要贡献。公报说，挪威诺贝尔委员会希望这一决定将会有助于推动中东和平的进程。

阿拉法特在得知获奖消息后说，和平奖是奖给全体巴勒斯坦人民的。拉宾的新闻发言人也说，这个奖是给以色列人民的。

此次和平奖公布前，挪威晚邮报曾透露，诺贝尔委员会成员、亲以派人士考勒·克里斯蒂安不同意给阿拉法特授奖。考勒的发言人说，考勒将在颁奖后辞去诺贝尔委员会委员一职。

1995年

■ 1月30日，江泽民提出祖国统一的八项主张

1995年1月30日，江泽民在中共中央台湾工作办公室、国务院台湾事务办公室、台湾民主自治同盟等单位举办的迎新茶话会上，发表《为促进祖国统一大业的完成而继续奋斗》的讲话，就发展两岸关系、推进祖国和平统一进程提出八项看法和主张：（一）坚持一个中国的原则，是实现和平统一的基础和前提；（二）对于台湾同外国发展民间性经济、文化关系，我们不持异议；（三）进行海峡两岸和平统一谈判，是我们的一贯主张；（四）努力实现和平统一，中国人不打中国人；（五）面向21世纪世界经济的发展，要大力发展两岸经济交流与合作，以利于两岸经济共同繁荣，造福整个中华民族；（六）中华各族儿女共同创造的五千年灿烂文化，始终是维系全体中国人的精神纽带，也是实现和平统一的一个重要基础；（七）要充分尊重台湾同胞的生活方式和当家作主的愿望，保护台湾同胞的一切正当权益；（八）我们欢迎台湾当局的领导人以适当身份前来访问，我们也愿意接受台湾方面的邀请，前往台湾。

■ 4月10日，陈云因病在北京逝世

1995年4月10日，伟大的无产阶级革命家、政治家，杰出的马克思主义者，中国社会主义经济建设的开创者和奠基人之一，党和国家久经考验的卓越领导人——陈云因病在北京逝世，享年90岁。

陈云是1994年5月25日因肺炎住进北京医院的，到去世，他在医院里度过了一生中最后的321天。陈云同志的体质本来就比较弱。早在延安的时候，他就把自己的身体比作"木炭汽车"，感冒发烧是常事。新中国成立后，他担子重，工作忙，经常是上午、下午开会，或者看文件、处理问题，晚上8点钟到周总理那里，12点钟到毛主席那里。1959年，他患了冠心病，后来经过治疗，有所恢复，1979年，他又患直肠癌，成功地做了手术切除。1984年，又发现他患有帕金森氏病。

陈云从少年时代起就喜欢听评弹，先是跟他舅舅在当地镇上的茶馆里听书，后来听上瘾

▲ 陈云塑像

世界

▶3月20日，日本东京地铁发生恶性投毒事件

1995年3月20日，东京遭受了日本有史以来最严重的恐怖袭击。在早上的交通高峰时段，五名奥姆真理教成员登上地铁，将用报纸和塑料包裹的液态沙林毒气扔到车厢地板上。他们使用雨伞的尖端将包裹戳破，随即离开列车。他们中有些人戴着面具和头巾，以保护他们撤离时不会受到沙林毒气的侵袭。

沙林在20世纪30年代由纳粹所发明，它的毒性比氰化物气体大20倍。长时间暴露于沙林气体中，可导致痉挛、麻痹、昏迷、心脏和呼吸系统衰竭。它无色无味，因此人们开始感觉不对劲的那一刻起就表示已出现了相关症状，这包括呼吸困难和眼睛水肿。

这次袭击导致12人死亡，3000多人受伤，许多人至今依然受到毒气袭击带来的后遗症的影响。奥姆真理教声称为该次袭击负责，该事件中涉及的恐怖分子被宣判死刑或终生监禁。

了，有时大人不去就自己去，靠在墙边站着听。他风趣地说，这叫听"壁书"。后来由于从事革命活动，听评弹就中断了。1959年，他患心脏病休养期间，开始重新听评弹。在这之后的30多年中，他听的评弹书目之多，在全国恐怕是独一无二的，评弹界尊称他为"老听客"。

早在20世纪50年代他就交代过自己的后事，1959年2月10日，他曾经专门给中央写了一封信。信中说："前几年有一次中央委员全体会议上自愿签名死后火葬，那一次我未出席会议所以没有签字。我是赞成火葬的，特补此信，作为我的补签字。""同时我还赞成尸体解剖的，因为这无损于死者而有益于医学。因此，如果我死后医生觉得那些器官需要解剖来证实一下当时诊断医疗是否正确，请让医生解剖。"

1991年，中央做出了关于丧事从简的决定以后，陈云同志非常拥护，多次交代，他死后一定要照此办理。

陈云同志与世长辞了，他没有留下什么财产，只有不到2万元的稿费，他临终前领到的10个月工资的抚恤金，这就是陈云同志一生的全部积蓄。

■5月1日，中国开始实行职工每天工作8小时，每周工作5天的工作制

1933年，美国率先把全国标准工作时间改为每周40个小时。1935年，国际劳工组织47号公约规定：每天工作8小时，每周40个小时，但它是逐步推行的。目前世界上有150个左右的国家已经实行了5天工作制，其中包括发达国家和绝大多数的发展中国家。在国际上公认的48个最不发达国家中，有37个国家为5天工作制。

新中国建立一直到20世纪90年代初，中国一直实行每周六天、每天8小时工作制，全年工作时数约为2448小时。随着改革开放和经济社会持续发展，职工作息状况不断得到改善：1994年5月1日开始尝试每周5天半工作制，即隔周多休一天；1995年5月1日起实行每周5天工作制，双休日正式走进人们生活，在提高人们生活质量的同时，成为提升社会文明程度的一个标志。

我国从1995年5月1日起，成为世界上第145个实行5天工作制的国家。1999年十一又推出了黄金周休假制度，使中国人每年的法定休息日达到了114天。中国人闲暇时间的增多，大大丰富了人们的生活内容。与此同时，百姓的休闲消费能力也在不断提高，用于餐饮、购物、旅游、健身、娱乐等的消费与以前相比大幅度增加。这标志着人们从满足现实的基本生活需要转向对精神生活的向往，从传统的生产—消费模式逐渐转向消费—生产模式，人们开始从有限发展自己阶段进入到全面发展自己的阶段。

■6月22日，香港特别行政区筹备委员会预备工作委员会举行第五次全体会议

1995年6月22日，在香港特别行政区筹备委员会预备工作委员会第五次全体会议上，国务院副总理、预委会主任钱其琛代表国务院宣布中央人民政府确定的处理"九七"后香港涉台问题的七条基本原则和政策：

▶11月4日，以色列总理伊扎克·拉宾遇刺身亡

1995年11月4日晚8时，以色列特拉维夫市中心国王广场，一个以色列群众祈祷和平的集会正在举行。晚8时30分，73岁的拉宾在人们的欢呼声中，缓步走上讲台开始演讲。11月4日晚9时30分，集会结束。10分钟后，拉宾手挽夫人莉娅，缓步走下台阶，准备乘车离去。当拉宾走到自己的防弹轿车旁，正待保镖打开车门时，一个埋伏在车门旁的男子举起9毫米贝雷塔牌手枪，向拉宾的腹部开枪射击。当拉宾捂住腹部弯下腰去时，凶手又第二次扣动了扳机。

11时14分，拉宾的高级助手埃坦·哈博走出医院，向守候在那里的记者和人群宣布：总理遇刺身亡。这天，是犹太教的安息日。

一、港、台两地现有的各种民间交流交往关系，包括经济文化交流、人员往来等，基本不变。二、鼓励、欢迎台湾居民和台湾各类资本到香港从事投资、贸易和其他工商活动。台湾居民和台湾各类资本在香港的正当权益依法受到保护。三、根据"一个中国"的原则，香港特别行政区与台湾地区间的空中航线和海上运输航线，按"地区特殊航线"管理。香港特别行政区与台湾地区间的海、空航运交通，依双向互惠原则进行。四、台湾居民可根据香港特别行政区的法律进出香港地区，或在当地就学、就业、定居。为方便台湾居民出入香港，中央人民政府将就其所持证件等问题做出安排。五、香港特别行政区的教育、科学、技术、文化、艺术、体育、专业、医疗卫生、劳工、社会福利、社会工作等方面的民间团体和宗教组织，在互不隶属、互不干涉和互相尊重的原则基础上，可与台湾地区的有关民间团体和组织保持和发展关系。六、香港特别行政区与台湾地区之间以各种名义进行的官方接触往来、商谈、签署协议和设立机构等活动，须报请中央人民政府批准，或经中央人民政府具体授权，由特别行政区行政长官批准。七、台湾现有在香港的机构及人员可继续留存，他们在行动上要严格遵守《中华人民共和国香港特别行政区基本法》，不得违背"一个中国"的原则，不得从事损害香港的安定繁荣以及与其注册性质不符的活动。我们鼓励、欢迎他们为祖国的统一和保持香港的繁荣稳定做出贡献。

■ 9月25日~28日，中共十四届五中全会在北京举行

1995年9月25日~28日，中共十四届五中全会在北京举行。全会审议并通过《中共中央关于制定国民经济和社会发展"九五"计划和2010年远景目标的建议》。建议提出，"九五"时期的国民经济和社会发展的主要奋斗目标是：全面完成现代化建设的第二步战略部署，2000年在我国人口将比1980年增长三亿左右的情况下，实现人均国民生产总值比1980年翻两番；基本消除贫困现象，人民生活达到小康水平；加快现代企业制度建设，初步建立社会主义市场经济体制。2010年的主要奋斗目标是：实现国民生产总值比2000年翻一番，使人民的小康生活更加富裕，形成比较完善的社会主义市场经济体制。建议提出，实现这一奋斗目标关键是实行两个具有全局意义的根本性转变，一是经济体制从传统的计划经济体制向社会主义市场经济体制转变，二是经济增长方式从粗放型向集约型转变。

27日，江泽民在会议上做了重要讲话，他强调："我们的高级干部，首先是省委书记、省长和部长，中央委员和中央政治局委员，一定要讲政治。我这里所说的政治，包括政治方向、政治立场、政治观点、政治纪律、政治鉴别力、政治敏锐性。在政治问题上，一定要头脑清醒。"全会决定增补张万年、迟浩田为中央军事委员会副主席。

■ 10月21日，江泽民代表中国向联合国赠送"世纪宝鼎"

10月21日下午，为庆祝联合国成立50周年，国家主席江泽民和联合国秘书长加利在纽约联合国总部出席了中国向联合国赠送"世纪宝鼎"揭幕

仪式,并先后致词。

江泽民在致词时说,为了纪念联合国成立50周年,中国政府决定向联合国赠送一件具有民族特色和时代特征的礼物——"世纪宝鼎"。

"世纪宝鼎"安放在联合国大厦北花园绿色的草坪上。鼎禁(座)高0.5米,象征联合国成立50周年;鼎身高2.1米,象征即将来临的21世纪。鼎重约1.5吨,三足双耳,腹略鼓,底浑圆,四周有商周纹饰,浮雕兽面,云纹填底。底座上饰56条夔龙,象征华夏神州的56个民族都是龙的传人。鼎内铸有铭文:"铸赠世纪宝鼎,庆贺联合国五十华诞"。鼎禁前为四个金文大字:"世纪宝鼎"。鼎禁后记载:"中华人民共和国赠一九九五年十月"。整个宝鼎造型古朴浑厚,工艺精巧缜密,堪称夏后氏铸鼎以来的宏伟杰作。

两天后的10月24日,国家主席江泽民出席了联合国成立五十周年特别纪念会议,并在联合国大会上发表了《让我们共同缔造一个更美好的世界》的讲话。这是中国国家元首首次参加联合国大会并发表讲话。

■ 11月10日,最高人民检察院反贪污贿赂总局成立

1995年11月10日,最高人民检察院反贪污贿赂总局正式成立。最高人民检察院检察长张思卿、副检察长梁国庆为反贪污贿赂总局揭牌。

中华人民共和国最高人民检察院反贪污贿赂总局负责对全国检察机关办理贪污贿赂、挪用公款、巨额财产来源不明、隐瞒境外存款、私分国有资产、私分罚没财物等犯罪案件侦查、预审工作的指导;参与重大贪污贿赂等犯罪案件的侦查;直接立案侦查全国性重大贪污贿赂等犯罪案件;组织、协调、指挥重特大贪污贿赂等犯罪案件的侦查;负责重特大贪污贿赂等犯罪案件的侦查协作;研究分析全国贪污贿赂等犯罪的特点、规律,提出惩治对策;承办下级人民检察院反贪污贿赂工作中疑难问题的请示;研究、制定贪污贿赂检察业务工作细则、规定。下设办公室、侦查一处、侦查二处、业务指导处、指挥中心。

近几年中国反贪机构建设取得重大进展,目前全国已有26个省级检察院,292个地、州、市检察院,1283个县、区检察院成立了反贪局。

最高人民检察院反贪污贿赂总局的成立将有利于强化高检院管辖的贪污贿赂等犯罪案件的侦破工作,有利于促进全国各级反贪局的建设,同时有利于指挥、协调各地检察机关协同作战,充分发挥检察机关打击贪污贿赂等经济犯罪的整体效能。

▲ 最高人民检察院反贪污贿赂总局

中国百年实录 1995年

■ 11月29日,坚赞诺布继任十一世班禅

1995年11月29日,在拉萨大昭寺举行了第十世班禅转世灵童"金瓶掣签"仪式。国务院代表、国务委员罗干首先宣读国务院批准3名儿童为金瓶掣签候选人的批准书,特派专员、西藏自治区政府主席江村罗布宣布金瓶掣签开始。两名身着紫红袈裟的年轻僧人恭敬地捧出金瓶。在场的国务院代表、特派专员、自治区领导、高僧活佛、3名灵童父母对写有3名候选儿童姓名的象牙签、牌一一查看,国务院特派专员、国务院宗教事务局局长叶小文宣布名签书写正确。扎什伦布寺民管会主任、寻访领导小组负责人喇嘛次仁将名签在签筒中摇动数次后一并装入金瓶,并将金瓶供奉在释迦牟尼像前,数十名僧人高声念经祈祷。然后由中国佛教协会西藏分会会长、寻访领导小组成员波米·强巴洛珠掣签。这位年过七旬、精通五部大论的代理甘丹池巴面向释迦牟尼像和金瓶深深顶礼,默默祈祷,然后掣出一签,递给江村罗布。江村罗布请在场的各位领导及高僧活佛、中签儿童父母验视名签之后,庄严宣布:"嘉黎县坚赞诺布中签,为第十世班禅转世灵童,待报国务院批准继任为第十一世班禅额尔德尼。"这时现场一片欢腾,法号齐鸣,人们抛撒糌粑,欢呼声经久不息。

▲ 第十一世班禅继位

金瓶掣签后,转世灵童拜高僧波米·强巴洛珠为师,波米·强巴洛珠按宗教仪轨为转世灵童剃度,取法名为吉尊·洛桑强巴伦珠确吉杰布·白桑布。至此,信仰藏传佛教地区的广大僧俗群众日日祈愿的佛门盛事金瓶掣签仪式圆满完成。

参加金瓶挚签的高僧大德们纷纷表示,这是藏传佛教教界的一大盛事,金瓶挚签完全符合历史和宗教仪轨。青海省佛教协会会长、塔尔寺寺主阿嘉·洛桑图旦为有机会参加金瓶挚签这一佛门盛事感到荣幸。他说,实行金瓶挚签体现了历史定制和宗教仪轨,是祖国统一、民族团结的象征,为后世树立了榜样。

> **声音**
>
> 要加强领导,首先必须加强对干部特别是领导干部的教育,努力提高他们的素质、责任感和工作水平。根据当前干部队伍的状况和存在的问题,在对干部进行教育时,要强调讲学习、讲政治、讲正气。全国都应这样做,北京市更要起带头作用。
>
> ——此为1995年11月6日至8日江泽民在北京市考察工作时对市领导的讲话

备忘

- 1月10日,中国国家气象中心在北京成立
- 2月6日,电影艺术家夏衍逝世
- 4月1日,首批全国"青年文明号"命名授牌大会在京举行
- 9月1日,西藏3万多人隆重集会,庆祝西藏自治区成立30周年
- 9月3日,首都各界举行纪念抗日战争暨世界反法西斯战争胜利50周年大会
- 11月16日,纵贯南北九省市的京九铁路全线铺通

1996年

大事

■ 1月12日，中国首家由民营企业投资的银行——中国民生银行成立

1996年1月12日，中国民生银行于北京正式成立，是我国首家主要由非公有制企业入股的全国性股份制商业银行，同时又是严格按照《公司法》和《商业银行法》建立的规范的股份制金融企业。

多种经济成分在中国金融业的涉足和实现规范的现代企业制度，使中国民生银行有别于国有银行和其他商业银行，而为国内外经济界、金融界所关注。中国民生银行成立10年来，业务不断拓展，规模不断扩大，效益逐年递增，并保持了良好的资产质量。截至2006年12月31日，中国民生银行总资产规模达7004亿元，净利润38.32亿元，存款总额5833亿元，贷款总额（含贴现）4474多亿元，不良贷款率1.23%，保持国内领先水平。截至2006年底，中国民生银行在北京、上海、广州、深圳、武汉、大连、南京、杭州、太原、石家庄、重庆、西安、福州、济南、宁波、成都、天津、昆明、苏州、青岛、温州、厦门、泉州设立了23家分行，在汕头设立了直属支行，机构网点达到287家。

▲ 中国民生银行

根据英国《银行家》（The Banker）2006年7月发布的全球1000家银行最新排名，中国民生银行由2005年的第287位上升到第247位，在该杂志对中国大陆的银行排名中，位列第8位。在《福布斯》中文版评选的"2006中国顶尖企业十强榜"上，民生银行位列第七名。

2007年3月，中国民生银行获得2006年度"中华慈善奖"提名奖。

■ 1月28日，中国人民解放军驻香港特别行政区部队组建完成

1996年1月28日，国务院、中央军委发布公告：中国人民解放军驻香港部队组建完成。

根据中英两国政府签署的《联合声明》，中华人民共和国于1997年7月1日对香港恢复行使主权；收回香港后，设立香港特别行政区。1990年4月，七届全国人大三次会议通过的《中华人民共和国香港特别行政区基本法》，以法律形式规定，中央人民政府派驻军队负责香港特别行政区的防

世界

▶ 7月19日，第26届夏季奥林匹克运动会在美国亚特兰大开幕

1996年是现代奥运的百年诞辰，7月19日至8月4日在美国亚特兰大举行的第26届奥林匹克运动会实现了奥运家庭的大团圆。

本届比赛中设26个大项、271个小项，共有来自世界197个国家和地区的10788名运动员参加了各项比赛的角逐，各国选手经过17天的激烈争夺共打破25项世界纪录。上述数字皆创造了奥林匹克运动会历史上的新纪录。

金牌榜上，美国、俄罗斯、德国分获前三，中国代表团面对种种不利条件，团结拼搏，获得了16金22银12铜的可喜成绩，金牌、奖牌榜均位列第四，实现了冲击第二集团首位的预定目标。

▲ 解放军驻香港部队组建完成

务。同年10月，中央军委主席江泽民批准了《关于组建驻港部队的报告》。据此，中国人民解放军于1993年初开始组建驻香港部队。

1996年1月28日，国务院、中央军委发布公告：中国人民解放军驻香港部队组建完成。1996年12月30日，八届全国人大常委会第二十三次会议通过《中华人民共和国香港特别行政区驻军法》，为驻香港部队在香港特别行政区进行各项活动规定了法律准则。

驻香港部队是一支具有光荣传统的部队，由中国人民解放军陆、海、空三军精锐之师编成，主要组成有步兵旅、海军舰艇大队和航空兵团，总兵力将根据香港特别行政区的防务需要而定，但不超过多年来驻香港英军的规模。驻香港部队隶属中华人民共和国中央军事委员会。驻香港部队首任司令员刘镇武中将，政委熊自仁少将。驻香港部队的职责：防备和抵抗侵略，保卫香港特别行政区的安全；担负防卫勤务；管理军事设施；承办有关的涉外军事事宜等，不干预香港特别行政区的地方事务。香港特别行政区在必要时，可向中央人民政府请求驻军协助维持社会治安和救助灾害。驻军人员除遵守全国性法律外，还要遵守香港特别行政区的法律。

■3月5日~17日，八届全国人大四次会议在北京举行

1996年3月5日~17日，全国人大八届四次会议在北京举行。李鹏代表国务院向大会作《关于国民经济和社会发展"九五"计划和2010年远景目标纲要的报告》。会议通过《关于国民经济和社会发展"九五"计划和2010年远景目标纲要及关于〈纲要〉报告的决议》。《纲要》的内容分为"八五"时期国民经济和社会发展的回顾，今后15年的奋斗目标和指导方针，促进国民经济持续、快速、健康发展，以企业改革为中心积极推进经济体制改革，实施科教兴国战略和可持续发展战略，加强精神文明和民主法制建设，积极促进祖国和平统一大业。关于国际形势和外交工作，努力做好1996年的工作、为"九五"创造一个良好开端等九部分。除重申我国未来15年的主要奋斗目标外，《纲要》还提出了指导国民经济和社会发展的九条方针，即：保持国民经济持续、快速、健康发展；积极推进经济增长方式的转变，把提高经济效益作为经济工作的中心；实施科教兴国战略，促进科技、教育与经济紧密结合；把加强农业放在发展国民经济的首位；把国有企业改革作为经济体制改革的中心环节；坚定不移地实行对外开放；实现市场机制和宏观调控的有机结合，把各方面的积极性引导好、保护好、发挥好；坚持区域经济协调发展，逐步缩小地区发展差距；坚持物质文明和精神文明共同进步，经济和社会协调发展。

■6月21日，中共中央纪念中国共产党成立七十五周年座谈会在北京举行

1996年6月21日，中共中央纪念中国共产党成立七十五周年座谈会在北

京举行。江泽民在会上发表题为《努力建设高素质的干部队伍》的重要讲话,指出:七十五年来,我们有一条基本的经验,这就是:党领导的事业要取得胜利,不但必须有正确的理论和路线,还必须有一支能坚决贯彻执行党的理论和路线的高素质干部队伍。在新的历史时期,作为干部尤其是领导干部,应具备的基本的政治业务素质是:第一,有远大的共产主义理想,坚持正确的政治方向,坚定地走建设有中国特色社会主义道路,坚决贯彻执行党的基本理论、基本路线和各项方针政策;第二,努力实践党的全心全意为人民服务的宗旨,密切联系群众,特别是工农群众,坚决维护人民群众的利益;第三,解放思想,实事求是,一切从实际出发,善于开拓前进,具有唯物辩证的思想方法和工作方法;第四,模范遵纪守法,保持清正廉洁,发扬艰苦奋斗精神,自觉拒腐防变,坚决反对消极腐败现象;第五,刻苦学习,勤奋敬业,不断加强知识积累和经验积累,具备做好本职工作的专业知识和能力。这是保证我国改革和建设事业顺利发展,保证跨世纪目标的顺利实现,保证党和国家的长治久安的一项刻不容缓的重大任务。

■ 10月7日~10日,中共十四届六中全会在北京举行

1996年10月7日~10日,中共十四届六中全会在北京举行。全会审议并通过《中共中央关于加强社会主义精神文明建设若干重要问题的决议》。

《决议》指出,精神文明建设的指导思想是:以马克思列宁主义、毛泽东思想和邓小平建设有中国特色社会主义理论为指导,坚持党的基本路线和基本方针,加强思想道德建设,发展教育科学文化,以科学的理论武装人,以正确的舆论引导人,以高尚的精神塑造人,以优秀的作品鼓舞人,培育有理想、有道德、有文化、有纪律的社会主义公民,提高全民族的思想道德素质和科学文化素质,团结和动员各族人民把我国建设成为富强、民主、文明的社会主义现代化国家。

今后15年的奋斗目标是:在全民族牢固树立建设有中国特色社会主义的共同理想,牢固树立坚持党的基本路线不动摇的坚定信念;实现以思想道德修养、科学教育水平、民主法制观念为主要内容的公民素质的显著提高,以积极健康、丰富多彩、服务人民为主要要求的文化生活质量的显著提高,以社会风气、公共秩序、生活环境为主要标志的城乡文明程度的显著提高;在全国范围内形成物质文明建设和精神文明建设协调发展的良好局面。《决议》指出:在新形势下加强精神文明建设,是对全党同志的一个重要考验。如何在以经济建设为中心的前提下,使物质文明建设和精神文明建设相互促进,协调发展,防止和克服一手硬、一手软;如何在深化改革、建立社会主义市场经济体制的条件下,形成有利于社会主义现代化建设的共同理想、价值观念和道德规范,防止和遏制腐朽思想和丑恶现象的滋长蔓延;如何在扩大对外开放、迎接世界新科技革命的情况下,吸收外国优秀文明成果,弘扬祖国传统文化精华,防止和消除文化垃圾的传播,抵御敌对势力对我"西化"、"分化"的图谋,这是在社会主义现代化进程中必须认真解决的历史性课题。

▶12月13日,联合国大会批准任命科菲·安南为第七任联合国秘书长

1996年12月13日,联合国安理会通过一项决议,一致通过向联合国大会推荐负责维和事务的副秘书长科菲·安南出任下届秘书长。17日,联合国大会以鼓掌的方式通过决议,任命这位来自撒哈拉以南的加纳人接替加利为第七任联合国秘书长,从而使这一世界上最大的国际组织在其51年的历史上第一次由黑人出任最高职务。

中国百年实录 1996年

■ 12月16日，国务院任命董建华为香港特别行政区第一任行政长官

1996年12月16日，国务院总理李鹏主持召开国务院第十一次全体会议，对全国人民代表大会香港特别行政区筹备委员会报请国务院任命中华人民共和国香港特别行政区第一任行政长官做出了决定。

会后，李鹏总理签署国务院第207号令，任命董建华为中华人民共和国香港特别行政区第一任行政长官，于1997年7月1日就职。

董建华于1937年5月29日在上海出生，是航运商人董浩云先生和顾丽真女士的长子，家中有一弟三妹。董氏举家于1947年来港定居。董建华在香港修毕中学课程后，负笈英国，继续求学。1960年，在利物浦大学毕业，取得海事工程理学士学位。其后，董建华旅居美国，先后在美国通用有限公司及家族公司任职。1969年返港，处理家族集团生意。董氏家族集团是当时全球货柜轮、干货轮及油轮业最具规模的航运机构之一。80年代，全球航运业陷入低潮，但董氏家族集团锐意革新，重整财务，令业务重现生机，奠定集团今天在航运界的领导地位。董建华与赵洪娉结为夫妇，育有三名子女和七名孙儿。

▲ 董建华

董建华工作之余喜爱阅读，尤爱读传记、历史、经济与国际时事书刊；此外，也喜爱运动，如远足、太极和游泳。早年居于英美两地，加深了对足球、篮球和美式足球的认识，也培养起浓厚的兴趣。

1996年12月11日，董建华参加中华人民共和国香港特别行政区首任行政长官竞选，获得大比数的选票，当选行政长官。同年12月16日，董建华获中央人民政府正式委任为香港特别行政区行政长官，并于1997年7月1日就职，成为香港特别行政区首位行政长官，2002年获得连任，于2005年卸任，现任全国政协副主席。

声音

反腐败斗争的主要任务是：第一，要落实中央纪委第二次全会以来关于领导干部廉洁自律各项规定；第二，要继续加大办案力度，突破一批有影响的大案要案；第三，在纠正部门和行业不正之风方面，要继续把治理公路乱设卡、乱收费、乱罚款，中小学乱收费和向农民乱收费、乱摊派作为重点。

——此为1996年1月24日江泽民在中国共产党中央纪律检查委员会第六次全体会议上的讲话

香港好，国家好；国家好，香港更好。

——此为香港特区首任行政长官董建华于1996年说出的一句话，后来时常被很多香港人挂在嘴边

备忘

- 1月21日，北京西站开通运营
- 2月27日，外经贸部中国国际电子商务中心正式成立
- 3月20日，中国人民解放军在东海和南海进行海空实弹演习
- 4月6日，我国在世界上首次完成"山羊连续细胞核移植"
- 5月5日，诗人艾青逝世
- 7月22日，中国人民保险（集团）公司成立
- 7月24日，李小双获得第26届奥运会男子体操个人全能金牌
- 12月31日，新华社报道：中国钢产量突破1亿吨，跃居世界第一位

1997年

 大事

■ **1月31日~2月1日，香港特别行政区筹备委员会第八次全体会议在人民大会堂举行**

1997年1月31日~2月1日，香港特别行政区筹备委员会第八次全体会议在人民大会堂举行。会议通过《关于香港特别行政区第一任行政长官、临时立法会在1997年6月30日前开展工作的决定》和《关于设立香港特别行政区临时性区域组织的决定》及附件，通过了将提交全国人大常委会审议的《关于处理香港原有法律问题的建议》及三个附件。

国务院副总理、香港特别行政区筹备委员会主任钱其琛在会议闭幕词中指出：一年来，筹备委员会按照基本法和全国人大及其常委会的有关决定，就筹备成立香港特别行政区的有关事宜做了六件大事：一、组建了由400名香港永久性居民组成的推选委员会；二、选举产生了香港特别行政区第一任行政长官；三、选举成立了由60名议员组成的临时立法会；四、系统研究并提出了香港原有法律基本不变的处理意见；五、对和香港政权交接和平稳过渡有关的一系列重大经济问题，如1997、1998年度财政预算案的编制、金融的稳定、政府资产的交接、大型基建等等，都进行了研究，并提出了建议；六、推动成立了"香港各界庆祝回归委员会"，筹备庆祝回归的各项民间活动。

■ **2月19日，邓小平在北京逝世**

1997年2月19日21时08分，邓小平同志因病抢救无效，在北京逝世，享年93岁。消息传出，举世同悲。当天，联合国秘书长科菲·安南发表声明，对中国卓越领导人邓小平的逝世深表悲痛，对其家属、中国政府和人民表示最深切的慰问。他在声明说：邓小平在中国最令人振奋的一段历史中，打下了自己永不磨灭的烙印，他将毕生的精力贡献给自己的祖国，不仅他的国家将永远铭记这位中国现代化和经济腾飞的设计师，而且国际社会将缅怀他的伟大业绩。在他的卓越领导下，中国进行的大幅度改革，使人民的生活发生了难以想象的变化，这一成就无疑是他留给后人的最伟大遗产。

本届联大主席、马来西亚常驻联合国代表拉扎利也发表了声明。他在声明中指出，邓小平一生对中国做出了巨大的贡献，牢固确立了中国在世界上的大国地位。中国人民从他的英明领导中受益，整个世界也从他追求和平与发展的努力中获益。

 声音

小平同志您走好。
——此为1997年2月19日邓小平逝世后，北京人民给他送行时打出的送行标语

在社会主义改革开放和现代化建设的新时期，在跨越世纪的新征途上，一定要高举邓小平建设有中国特色社会主义理论的伟大旗帜，用这个理论来指导我们的整个事业和各项工作，这是党从历史和现实中得出的不可动摇的结论。
——此为1997年5月29日江泽民在中央党校省部级干部进修班毕业典礼上发表的讲话

香港今天回家了！
——此为1997年7月1日香港回归时《深圳晚报》头版打出的标题

为表达全世界人民对邓小平的崇敬和悼念，联合国总部决定于20日全天降半旗志哀。联合国办公室发言人同时宣布，在近期召开的联合国大会和联合国安理会会议上，与会者将以默哀一分钟的形式悼念中国改革开放的总设计师邓小平。

美国、俄罗斯、法国、朝鲜、印度、巴基斯坦、日本、德国、斯里兰卡、韩国、巴西、智利、哥伦比亚等许多国家代表也分别向中国裁军大使沙祖康及中国代表团对邓小平逝世表示深切哀悼。联合国日内瓦欧洲办事处和联合国驻日内瓦各专门机构以及各国际组织，20日清晨开始为悼念邓小平逝世降半旗志哀。

2月24日，邓小平的遗体送往八宝山火化。2月25日，中共中央、全国人大常委会、国务院、全国政协、中央军委在人民大会堂隆重举行追悼大会，江泽民在悼词中高度评价了邓小平光辉伟大的一生。他代表中央号召全党全军全国各族人民化悲痛为力量，继承邓小平同志的遗志，以更加努力地做好各方面工作的实际行动，来表达悼念，把邓小平同志开创的建设有中国特色社会主义的伟大事业推向前进。

遵照邓小平及其亲属的意愿，邓小平的骨灰于3月2日被撒入大海。

■ 4月26日，彭真逝世

1997年4月26日23时40分，伟大的无产阶级革命家、政治家、杰出的国务活动家，坚定的马克思主义者，我国社会主义法制的主要奠基人，党和国家的卓越领导人彭真同志在北京逝世，享年95岁。

彭真，山西省曲沃县人。1902年出生，1923年加入中国社会主义青年团，同年加入中国共产党，领导了北方地区的工人运动、学生运动。1938年任中共中央晋察冀分局书记，同聂荣臻等同志一起，开辟了晋察冀抗日根据地。

新中国成立后，他任中央人民政府委员。从1954年起，任第一届、第二届、第三届全国人大常委会副委员长。从1951年起任北京市市长，直至1966年5月。

"文化大革命"中，彭真受到错误的批判，遭受林彪、江青一伙的残酷迫害，失去党内外一切职务和人身自由。十一届三中全会后，彭真平反。彭真恢复工作后，1983年6月在六届全国人大一次会议上当选为全国人大常委会委员长。彭真参与了党和国家一系列重大决策的制定，为拨乱反正，确立和贯彻党的以经济建设为中心，坚持四项基本原则，坚持改革开放的基本路线，建设有中国特色的社会主义，为祖国的统一和各民族的团结，做出了重大贡献。

■ 6月18日，重庆直辖市举行挂牌仪式

重庆市地处长江上游，位于中国东部经济发达区和西部资源富集区的结合部，又处于三峡经济区的中心，有着十分重要的区位优势和战略地位。随着中西部发展战略的推进和三峡工程百万移民安置问题的提出，对

设立重庆直辖市的问题,已逐步提上党中央的议事日程。

1996年8月,中共中央、国务院决定将重庆建为直辖市。1997年2月27日,李鹏代表国务院向全国人民代表大会提出了《关于请审议设立重庆直辖市的议案》。该《议案》指出:"为了充分发挥重庆市作为特大经济中心城市的作用,进一步推动川东地区以至西南地区和长江上游地区的经济和社会发展,并且有利于三峡工程建设和库区移民的统一规划、安排、管理,同时解决四川省由于人口过多和所辖行政区域过大、不便管理的问题",决定设立重庆直辖市。并强调指出:"设立重庆直辖市是为加快中西部地区经济和社会发展所采取的一项重要举措"。3月14日,八届全国人大五次会议审议通过了关于设立重庆直辖市的议案,做出了《关于批准设立重庆直辖市的决定》。

5月至6月,按照中央要求,重庆市相继召开直辖后的第一次党代会、人代会和政协会,选举产生了直辖市的第一届领导班子。6月18日,重庆市举行直辖市挂牌揭幕仪式,李鹏总理出席挂牌仪式并发表讲话。市委、市人大、市政府、市政协、市纪委等象征党和人民神圣权利的标牌同时更换。

重庆市成为直辖市,提高了重庆的地位,使重庆经济社会发展进入了一个新的历史时期。对于减小城乡差别,进行产业结构调整,实施可持续发展,进而获得经济的超常规发展及长江上游经济中心的建成,都具有决定性的作用。

■ 6月30日午夜~7月1日凌晨,中英两国举行香港政权交接仪式

1997年6月30日午夜~7月1日凌晨,中英两国政府香港政权交接仪式在香港会议展览中心新翼的五楼大会堂举行。

6月30日23时42分,交接仪式正式开始。在中英仪仗队入场后双方礼号手吹响礼号。23时46分,国家主席江泽民、国务院总理李鹏、国务院副总理兼外交部长钱其琛、中央军委副主席张万年和香港特别行政区首任行政长官董建华步入会场登上主席台主礼台。

▲ 香港政权交接仪式

世界

▶7月2日，泰国宣布放弃固定汇率制，引发了东南亚金融风暴

1997年7月2日，泰国宣布放弃固定汇率制，实行浮动汇率制，引发了一场遍及东南亚的金融风暴。

当天，泰铢兑换美元的汇率下降了17%，外汇及其他金融市场一片混乱。在泰铢波动的影响下，菲律宾比索、印度尼西亚盾、马来西亚林吉特相继成为国际炒家的攻击对象。10月下旬，国际炒家移师国际金融中心香港，矛头直指香港联系汇率制。10月23日，香港恒生指数大跌1211.47点；28日，下跌1621.80点，跌破9000点大关。面对国际金融炒家的猛烈进攻，香港特区政府重申不会改变现行汇率制度，恒生指数上扬，再上万点大关。

11月中旬，韩国也爆发金融风暴，17日，韩元对美元的汇率跌至创纪录的1008：1。21日，韩国政府向国际货币基金组织求援，暂时控制了危机。但到了12月13日，韩元对美元的汇率又降至1737.60：1。韩元危机也冲击了在韩国有大量投资的日本金融业。1997年下半年日本的一系列银行和证券公司相继破产。于是，东南亚金融风暴演变为亚洲金融危机。

英国方面同时入场并登上主席台主礼台的有查尔斯王子、首相布莱尔、外交大臣库克、离任港督彭定康、参谋长查尔斯·格思里。

在仪仗队行举枪礼之后，查尔斯王子讲话。他说，香港将从此交还中国，在"一国两制"的框架下，香港将继续拥有其明显的特征，继续成为世界上许多国家的重要国际伙伴。

23时56分，中英双方护旗手入场，象征中英两国政府香港政权交接的降旗、升旗仪式开始。

23时59分，英国国旗和香港旗在英国国歌乐曲声中缓缓降落。随着米字旗的降下，英国在香港一个半世纪的殖民统治宣告结束。

1997年7月1日零点整，中国人民解放军军乐队奏起雄壮的中华人民共和国国歌，中华人民共和国国旗和香港特别行政区区旗一起徐徐升起。

零时4分，中华人民共和国主席江泽民庄严宣告：根据中英关于香港问题的联合声明，两国政府如期举行了香港交接仪式，宣告中国对香港恢复行使主权。

随后，中英两国领导人走到主席台前，握手合影。

凌晨零时12分，香港政权交接仪式结束。

出席交接仪式的有40多个国家和地区的代表，30个国际和地区组织的负责人以及国际知名政界人士，90多个国家驻香港领事机构的代表和一些国家的民间组织、地区与国际组织驻港办事处的代表。香港各界人士，澳门、台湾同胞，以及30多个国家和地区的华侨、华人也出席了交接仪式，来自世界各国700多家新闻媒体的8000多名记者采访报道了这历史性的一幕。

■ 7月1日，中华人民共和国香港特别行政区政府成立

1997年7月1日，中华人民共和国香港特别行政区政府成立。1时30分，中华人民共和国香港特别行政区成立暨特区政府宣誓就职仪式，在香港会议展览中心新翼七楼隆重举行。江泽民主席、李鹏总理和钱其琛、王汉斌、张万年等中央代表团成员在主席台就座。国务院副总理、全国人民代表大会香港特别行政区筹备委员会主任委员钱其琛主持仪式。

香港特别行政区首任行政长官董建华第一个宣誓就职，国务院总理李鹏监誓。接着，香港特别行政区第一届政府23名主要官员，香港特别行政区第一届行政会议14名成员，香港特别行政区临时立法会59名议员，香港特别行政区终审法院常设法官、高等法院法官36人，分批走上主席台宣誓就职。随后，李鹏总理讲话，代表中央人民政府对香港特别行政区政府的成立表示热烈祝贺，并且宣布：从今天起，《中华人民共和国香港特别行政区基本法》开始实施。香港特别行政区第一任行政长官董建华作题为《追求卓越，共享繁荣》的讲话。

当日上午，中华人民共和国香港特别行政区成立庆典在香港会议展览中心新翼举行。国家主席江泽民在庆典上发表讲话，对香港特别行政区的成立表示热烈的祝贺，向回到祖国大家庭的600多万香港同胞表示亲切问

候,并郑重重申:"一国两制"、"港人治港"、高度自治,50年不变,是中央政府一项长期的基本方针。当日下午,国务院在人民大会堂举行庆祝香港回归盛大招待会,党和国家领导人同全国56个民族的代表及首都各界人士等共四千多人出席。当日晚,中共中央、全国人大常委会、国务院、全国政协、中央军委在北京工人体育场举行"首都各界庆祝香港回归祖国大会"。

江泽民在大会上讲话指出:香港回归,标志着中国人民洗雪了香港被侵占的百年国耻,开创了香港和祖国内地共同发展的新纪元;标志着我们在完成祖国统一大业的道路上迈出了重要一步;标志着中国人民为世界和平、发展与进步事业做出了新的贡献。

■ 9月12日~18日,中国共产党第十五次全国代表大会在北京召开

1997年9月12日~18日,中国共产党第十五次全国代表大会在北京隆重召开。这次大会应到正式代表2048人、特邀代表60人。当天上午,到会的2074名代表带着全国5900多万党员和12亿人民的嘱托,满怀信心,聚会在人民大会堂。

李鹏主持了大会开幕式。江泽民代表第十四届中央委员会向大会作了题为《高举邓小平理论伟大旗帜,把建设有中国特色社会主义事业全面推向二十一世纪》的报告。江泽民在报告中阐述了邓小平理论的历史地位和指导意义,指出作为毛泽东思想的继承和发展的邓小平理论,是指导中国人民在改革开放中胜利实现社会主义现代化的正确理论。他强调,这次大会的灵魂就是高举邓小平理论的伟大旗帜。江泽民在报告中还对中国经济、政治、文化建设的基本目标和基本政策以及加强党的建设等方

▲ 江泽民在十五大上讲话

面作了深刻的论述。他的报告多次赢来全场热烈的掌声。

9月18日,十五大在完成了各项议程后闭幕。江泽民主持了大会闭幕式并讲了话。大会以无记名投票方式,选举出第十五届中央委员会委员193名,中央委员会候补委员151名,中央纪律检查委员会委员115名。

中共十五大把邓小平理论确定为党的指导思想,把依法治国确定为治国的基本方略,把坚持公有制为主体、多种所有制经济共同发展,坚持按劳分配为主体、多种分配方式并存,确定为中国在社会主义初级阶段的基本经济制度和分配制度。这次大会对建设有中国特色社会主义事业的跨世纪发展做出了全面部署,具有重大的现实意义和深远的历史意义。

世界

▶ 7月5日,克隆羊"多莉"诞生

1996年7月5日对罗斯林研究所伊恩·维尔穆特科学研究小组全体成员来说是一个令人激动的日子;对全世界也是值得庆贺的一天。因为一只妊娠了148天,体重为6.6千克,编号为6LL3的小绵羊来到这个世界,它是科学家们用克隆技术"复制"出来的。

多莉是世界上第一只用成年体细胞克隆的哺乳动物。当时,科学家把从一只6岁绵羊身上提取的乳腺细胞核,植入一个抽去细胞核的山羊卵子中,从而创造了多莉。据称,科学家是经过276次失败之后,才最终获得成功的。多莉的出生是人类生命科学的一个里程碑。

1998年,多莉首次产下一只羊羔,次年又产下三只小羊,表明克隆动物具有正常的生殖能力。2003年2月14日多莉因患严重肺病而接受"安乐死"。

■ 9月19日，中共十五届一中全会在北京举行

1997年9月19日，中共十五届一中全会在北京举行。全会选举丁关根、田纪云、朱镕基、江泽民、李鹏、李长春、李岚清、李铁映、李瑞环、吴邦国、吴官正、迟浩田、张万年、罗干、胡锦涛、姜春云、贾庆林、钱其琛、黄菊、尉健行、温家宝、谢非（按姓氏笔画排名）为中央政治局委员；选举曾庆红、吴仪（女）为中央政治局候补委员。选举江泽民、李鹏、朱镕基、李瑞环、胡锦涛、尉健行、李岚清为中央政治局常务委员会委员；选举江泽民为中央委员会总书记。根据中央政治局常务委员会的提名，通过胡锦涛、尉健行、丁关根、张万年、罗干、温家宝、曾庆红为中央书记处书记。决定江泽民为中央军事委员会主席，张万年、迟浩田为中央军事委员会副主席。批准了中央纪律检查委员会第一次全体会议选举产生的书记、副书记和常务委员会委员人选，尉健行为书记，韩杼滨、曹庆泽、何勇、周子玉、夏赞忠、刘丽英（女）为副书记。

中共十五届一中全会结束后，新当选的中央政治局常委江泽民、李鹏、朱镕基、李瑞环、胡锦涛、尉健行、李岚清来到人民大会堂，会见采访十五大的中外记者。江泽民发表了讲话，他在讲话中说，在世纪之交，面对前所未有的挑战和机遇，我们对实现下个世纪的宏伟目标，充满信心。虽然在前进的道路上还会有许多困难，但是只要我们高举邓小平理论的伟大旗帜，坚持党的基本路线不动摇，按照十五大确定的路线、方针和政策，团结一致，艰苦奋斗，建设有中国特色社会主义目标就一定能够实现。

■ 10月26日～11月2日，应美国总统克林顿邀请，国家主席江泽民对美国进行国事访问

1997年10月26日～11月2日，中国国家主席江泽民应克林顿总统邀请对美国进行了国事访问。这是12年来中国国家元首首次访美，是中美关系史上一次具有重大意义的访问。

江泽民主席访美期间，同克林顿总统和其他美国领导人进行了会谈，就中美关系和共同关心的重大国际与地区问题深入交换意见，达成了广泛共识。会谈结束后，双方发表了《中美联合声明》，确定了中美关系未来发展的目标：为促进世界和平与发展的崇高事业，中美应加强合作，共同致力于建立面向21世纪的建设性战略伙伴关系。

两国元首认为，中美两国既有广泛的共同利益，也存在分歧；两国建立健康稳定的关系不仅符合两国人民的根本利益，而且对实现21世纪的世界和平与繁荣至关重要；双方应从长远的观点出发，在中美三个联合公报原则基础上处理两国关系。美方在《中美联合声明》中重申，美国坚持一个中国的政策，遵守中美三个联合公报的原则。

江主席先后访问了檀香山、威廉斯堡、华盛顿、费城、纽约、波士顿和洛杉矶等地，通过演讲、接受记者采访及举行记者招待会等多种形

式，同美国政界、工商企业界和科技界人士进行了广泛的接触和交谈，会见了旅美华侨、华人和留学人员，并参观了美国的一些历史名胜、高科技公司、金融机构和高等学校。江主席在华盛顿、纽约、哈佛大学和洛杉矶向美国公众发表演讲，阐述了中国改革开放和现代化建设的方针政策和前景，加深了美国人民对中国的了解，促进了两国友好互利合作。

■ 11月8日，长江三峡水利工程截流成功

1997年11月8日15时30分，举世瞩目的三峡工程胜利实现大江截流。中共中央总书记、国家主席江泽民发表了重要讲话。江泽民说，大江截流胜利实现，是我国现代化建设的一件大事，也是人类改造和利用自然史上的一个壮举。这必将给正在满怀信心地进行改革开放和现代化建设的全国各族人民以巨大的鼓舞。他代表党中央、国务院向三峡工程的建设者、科技工作者和库区干部群众表示热烈祝贺和亲切慰问，向所有支援三峡工程的海内外人士表示衷心感谢。

江泽民强调说："改革开放以来，我国经济快速发展，综合国力大大增强，为建设这一史无前例的世纪工程提供了充分的条件。多少代中国人开发和利用三峡资源的梦想，今日正在变为现实。这再次生动地说明，社会主义具有能够集中力量办大事的优越性。""我们在长江三峡兴建的这一世界上规模最大、综合效益最广泛的水利水电工程，将对我国国民经济的发展起到重大促进作用。它是一项造福今人、泽被子孙的千秋功业。它体现了中华民族艰苦创业、自强不息的伟大精神，展示了中国人民在改革开放中改天换地、创造未来的宏伟气魄。"

江泽民指出，大江截流成功，标志着三峡水利枢纽工程一期工程顺利完成，并转入二期施工。并就做好移民工作、保护生态环境和文物提出了明确要求。

备忘

- 4月11日，作家王小波去世
- 5月12日，东方红三号通信卫星发射升空
- 5月29日，江泽民在中央党校省部级干部进修班毕业典礼上发表重要讲话
- 5月29日，中国决定参加联合国维和行动

▶8月31日，英国戴安娜王妃因车祸在巴黎丧生

1997年8月30日下午，英国王妃戴安娜与其男友、埃及亿万富翁之子多迪·法耶兹在法国南部旅游胜地圣托贝度假一周后回到巴黎。午夜过后，他们在巴黎里茨饭店用完晚餐后准备前往多迪在巴黎16区的私人住宅。为摆脱7名骑摩托车的摄影记者的追逐而发生车祸。多迪和司机当场身亡，戴安娜与她的保镖身负重伤，被送进医院抢救。追踪戴安娜的7名摄影记者随即被警方扣押。凌晨4时，戴安娜因胸部大出血在医院逝世，年仅36岁。当晚，她的遗体在查尔斯王子和她两个姐妹的护送下由专机运送回英国。

9月6日上午，戴安娜的葬礼在英国伦敦威斯敏斯特大教堂举行。当灵车驶向大教堂时，百万群众肃立沿途，向"人民的王妃"告别。全世界十几亿人通过电视观看了葬礼。葬礼结束后，戴安娜被葬在故乡奥尔索普的斯潘塞家族墓地。

1998年

 大事

■ 3月5日~19日，九届全国人大一次会议在北京召开

1998年3月5日~19日中华人民共和国第九届全国人民代表大会第一次会议在北京举行。李鹏总理在报告中总结了五年政府工作的体会：第一，坚持解放思想、实事求是的思想路线；第二，妥善处理改革、发展、稳定三者之间的关系；第三，既充分发挥市场机制的作用，又加强和改善宏观调控；第四，实施科教兴国战略和可持续发展战略；第五；坚持两手抓、两手都要硬的方针。李鹏总理在政府工作报告中提出，未来五年，我们将初步建立社会主义市场经济体制，全面完成国民经济和社会发展的第九个五年计划，开始实施下个世纪头十年的发展计划，进入和建设小康社会。

严防死守，死保死守，咬紧牙关，背水一战。
——此为1998年长江抗洪标语，"严防死守"成为当年流行语

不管前面是地雷阵还是万丈深渊，我都将一往无前，义无反顾，鞠躬尽瘁，死而后已。
——此为1998年3月17日朱镕基在九届全国人大一次会议记者招待会上的发言

会议通过了关于政府工作报告的决议等文件，批准了国务院机构改革方案。机构改革的重点是，调整和撤销那些直接管理经济的专业部门，加强宏观调控和执法监管部门。按照机构改革方案，国务院部、委从40个减少到29个。国务院直属机构与办事机构也进行相应的调整与改革。

会议选举江泽民为国家主席、中华人民共和国中央军事委员会主席，李鹏为九届全国人大常委会委员长，胡锦涛为国家副主席；决定朱镕基为国务院总理，张万年、迟浩田为中央军委副主席，李岚清、钱其琛、吴邦国、温家宝为国务院副总理；会议选举肖扬为最高人民法院院长，韩杼滨为最高人民检察院检察长。

会议对新一届政府的任务作了具体规定，朱镕基总理将其概括为"一个确保、三个到位、五项改革"。"一个确保"即：必须确保今年（1998年）中国的经济发展速度达到8%，通货膨胀率小于3%，人民币不能贬值。"三个到位"即：三年左右使大多数国有大中型亏损企业摆脱困境而建立现代企业制度；在本世纪末实现中央银行强化监管，商业银行自主经营；三年内完成中央政府机构改革。"五项改革"即：粮食流通体制改革、投资融资体制改革、住房制度改革、医疗制度改革和财政税收制度改革。朱镕基总理强调，科教兴国是新一届政府最大的任务。

■ 4月18日，国务院发布禁止传销的通知

为保护消费者合法权益，促进公平竞争，维护市场经济秩序和社会稳定，国务院于1998年4月18日发出关于禁止传销经营活动的通知。

通知说，传销经营不符合我国现阶段国情，已造成严重危害。传销作为一种经营方式，由于其具有组织上的封闭性、交易上的隐蔽性、传销人

员的分散性等特点，加之目前我国市场发育程度低，管理手段比较落后，群众消费心理尚不成熟，不法分子利用传销进行邪教、帮会和迷信、流氓等活动，严重背离精神文明建设的要求，影响我国社会稳定；利用传销吸收党政机关干部、现役军人、全日制在校学生等参与经商，严重破坏正常的工作和教学秩序；利用传销进行价格欺诈、骗取钱财，推销假冒伪劣产品、走私产品，牟取暴利，偷逃税收，严重损害消费者的利益，干扰正常的经济秩序。因此，对传销经营活动必须坚决予以禁止。

▲ 传销宣传资料

通知要求，此前已经批准登记从事传销经营的企业，应一律立即停止传销经营活动，认真做好传销人员的善后处理工作，自行清理债权债务、转变为其他经营方式，至迟应于1998年10月31日前到工商行政管理机关办理变更登记或注销登记。逾期不办理的，由工商行政管理机关吊销其营业执照。对未经批准登记擅自从事传销经营活动的，要立即取缔，并依法严肃查处。通知要求各地、各有关部门加大执法力度、严厉查禁各种传销和变相传销行为。对传销和变相传销行为，由工商行政管理机关依据国家有关规定予以认定并进行处罚。对利用传销进行诈骗，推销假冒伪劣产品、走私产品以及进行邪教、帮会、迷信、流氓等活动的，由有关部门予以查处；构成犯罪的，移送司法机关依法追究刑事责任。

■ **8月13日，江泽民赴湖北长江抗洪第一线，看望、慰问、鼓励抗洪军民**

1998年洪水，是继1931年和1954年两次洪水后，20世纪发生的又一次全流域型的特大洪水。造成1998年洪水灾害的原因是多方面的，但直接的原因是气候异常，雨水过大。1998年洪水大、影响范围广、持续时间长，洪涝灾害严重。全国共有29个省（自治区、直辖市）遭受了不同程度的洪涝灾害。据各省统计，农田受灾面积2229万公顷（3.34亿亩），成灾面积1378万公顷（2.07亿亩），死亡4150人，倒塌房屋685万间，直接经济损失2551亿元。江西、湖南、湖北、黑龙江、内蒙古、吉林等省（区）受灾最重。

1998年8月13日，中共中央总书记、国家主席、中央军委主席江泽民，冒着酷暑亲赴湖北长江抗洪抢险第一线，看望、慰问、鼓励奋战在抗洪第一线的广大军民，指导抗

◀ 江泽民主席赴湖北长江抗洪第一线

洪抢险斗争。他代表党中央、国务院、中央军委，代表全党全军和全国人民，向日夜奋战在抗洪抢险第一线的广大干部群众、解放军指战员、武警官兵、民兵预备役部队、公安干警和受灾群众，表示亲切慰问，致以崇高的敬意。江泽民强调指出：只要广大军民继续发扬不怕疲劳、连续作战的精神，再接再厉，团结奋斗，坚定信心，决战到底，坚持坚持再坚持，就一定能夺取抗洪抢险斗争的最后胜利。

8月14日，江泽民在武汉发表重要讲话，就决战阶段的长江抗洪抢险工作作总动员。江泽民说，现在，长江抗洪抢险到了紧要关头，处于决战的关键时刻。这一段时间也最容易发生问题，稍有不慎，就可能功亏一篑，造成无法弥补的严重损失。因此必须加倍努力，把动员、组织、落实工作做得更好。同日，中央军委发布命令，授予在长江抗洪抢险中英勇牺牲的空军某高炮团政治指导员高建成"抗洪英雄"荣誉称号。8月16日下午，江泽民向参加抗洪的人民解放军发布命令：沿线部队全部上堤，军民团结，死守决战，夺取全胜。同时要求地方各级党政干部率领群众，与部队官兵共同严防死守，确保长江干堤安全。

9月14日，杨尚昆逝世

1998年9月14日1时17分，伟大的无产阶级革命家、政治家、军事家，坚定的马克思主义者，党、国家和人民军队的卓越领导人杨尚昆因病医治无效，在北京逝世，享年92岁。

杨尚昆于1907年生于重庆潼南县。从青年时代起，杨尚昆就投身于反帝反封建的革命斗争。1926年初由共青团员转为中国共产党党员。1933年初，杨尚昆到达中央革命根据地，曾任红三军团政治委员，1934年10月，杨尚昆和彭德怀率领红三军团长征。在随后的抗日战争与解放战争中，杨尚昆均担任要职，为中国抵抗外来侵略的战争与人民的解放战争做出了卓越的贡献。

中华人民共和国成立后，杨尚昆继续担任中共中央副秘书长、中央办公厅主任，兼任中央军委秘书长、中直机关党委书记。杨尚昆在"文化大革命"受到林彪、江青两个反革命集团的长期迫害，被监禁达13年之久。中共十一届三中全会后，中共中央为其彻底平反，恢复了名誉。

1988年4月，在第七届全国人大一次会议上，杨尚昆当选为中华人民共和国主席。

1992年10月和1993年3月，杨尚昆先后从中共中央政治局、中央军委和国家主席的领导岗位完全退下来，但仍然关注国家社会主义建设事业和祖国统一大业，直至逝世。

10月8日，全军抗洪庆功表彰大会在北京隆重举行

1998年10月8日，中央军委在北京人民大会堂隆重举行全军抗洪抢险庆功表彰大会。江泽民发表重要讲话，指出在这场伟大的斗争中，我军充分展示出坚决听从党的指挥，视人民利益重于一切的高度政治觉悟；充分展

世界

▶12月6日，乌戈·查韦斯当选委内瑞拉总统

1998年12月6日委内瑞拉举行20世纪最后一次总统选举，"爱国中心"候选人乌戈·查韦斯当选下一任总统。他将于1999年2月2日宣誓就职，任期到2004年2月。

乌戈·查韦斯1954年7月28日出生于委内瑞拉的巴里纳斯州。1975年毕业于委军事学院，获陆军工程军事科学和艺术硕士学位，少尉军衔，后升至中校。1989年至1990年在西蒙·玻利瓦尔大学进修政治学专业。他曾获"卡拉博博之星"、"陆军十字"等勋章。

1982年，查韦斯发起"玻利瓦尔革命运动"，主张建立西蒙·玻利瓦尔所倡导的"拉美国家联盟"。1991年，他担任空降营中校营长。在1992年领导"二·四"未遂军人政变后，他被捕入狱，两年后获释。1998年1月发起"第五共和国运动"，6月该运动与争取社会主义运动、大众党、独立团结运动等组成竞选联盟"爱国中心"，查韦斯被推选为"爱国中心"的总统候选人。

示出指挥果断、反应迅速、战无不胜的过硬素质；充分展示出英勇顽强、连续作战、不怕牺牲的战斗作风；充分展示出令行禁止、秋毫无犯的严明组织纪律性；充分展示出密切配合、官兵一致的团结协作精神；充分展示出全面、快速、高效的保障能力。号召全军同志要坚持以邓小平新时期军队建设思想为指导，按照"政治合格、军事过硬、作风优良、纪律严明、保障有力"的总要求，发扬伟大的抗洪精神，努力把我军建设成为强大的现代化正规化革命军队。

朱镕基、李瑞环、胡锦涛、尉健行、李岚清等同六千多名官兵及群众代表出席。张万年主持大会，迟浩田宣读授予荣誉称号和记功的命令，于永波宣读表彰通报。出席庆功表彰大会的有：丁关根、田纪云、李铁映、罗干、贾庆林、钱其琛、温家宝、曾庆红、蒋正华、司马义·艾买提、赵南起。傅全有、王克、王瑞林及军委各总部、军队各大单位、武警部队的领导同志和总部有关部门的负责同志出席了大会。中央国家机关有关部门、群众团体的领导同志，来自湖北、湖南、江西、安徽、江苏、黑龙江、吉林、内蒙古等省、自治区的特邀代表，拥军模范代表、英模亲属和烈士家属以及新闻单位的特邀代表也出席了大会。

■ 11月21日，中共中央开展讲学习、讲政治、讲正气的教育

进入20世纪90年代中叶之后，我国的改革进入到攻坚阶段，经济发展处于关键性时期，国际国内形势出现了种种新的变动。难得的发展机遇和面临的严峻挑战，对党的各级领导干部、领导班子的思想政治素质、驾驭复杂局面和解决实际问题的能力，提出了新的更高的要求。在相当一部分干部中不同程度地存在着忽视理论学习、理想信念动摇、政治敏锐性和鉴别能力缺乏、官僚主义、形式主义盛行等现象，如任其发展蔓延，势必破坏建设有中国特色社会主义事业。因此，中共中央决定在全国县处级以上干部和领导班子中开展一次以"三讲"为内容的教育活动。

1995年，江泽民在北京视察工作时明确提出，领导干部一定要讲学习、讲政治、讲正气。1996年10月10日，党的十四届六中全会提出要对县处级以上领导干部集中进行一次以讲学习、讲政治、讲正气为主要内容的党性党风教育。1998年11月21日，中共中央决定在县级以上党政领导班子、领导干部中深入开展以"三讲"为主要内容的党性党风教育，要求通过"三讲"教育推动县级以上党政领导班子和领导干部深入学习邓小平理论和党的十五大精神，并对这次活动的基本原则、方式方法作了明确的规定。

这次为期两年的"三讲"活动对提高全党干部的政治素质，加强党性修养，端正思想作风，增强在改造客观世界的同时改造主观世界的自觉性具有重大意义，是在新的条件下加强党的建设的新探索。

■ 12月19日，著名作家钱钟书在北京逝世

1998年12月19日，著名作家钱钟书因病在北京逝世，享年88岁。

▶12月19日，美国总统克林顿遭美国众议院弹劾

美国总统克林顿因与白宫实习生莱温斯基的性丑闻而遭到国会弹劾，1998年12月19日美国众议院举行全体会议，经过4轮表决，分别以228对206、221对212的投票结果，通过了众议院司法委员会提交的第一和第三两项弹劾克林顿的条款，即指控克林顿在绯闻案中作伪证和妨碍司法，克林顿从而成为美国历史上在众议院遭受弹劾的第二位总统。

1999年1月7日，美国参议院开始对克林顿进行弹劾审判。2月12日，参议院投票否决对克林顿的两项弹劾条款，克林顿未遭定罪和罢免，弹劾审判宣告结束。

中国百年实录 1998年

▲ 钱钟书

钱钟书，江苏无锡人。字默存，号槐聚，笔名中书君。1933年毕业于清华大学外国语文系，获文学学士学位。1933年至1935年在上海光华大学任外文系讲师。1935年赴英国留学。1937年毕业于英国牛津大学英文系，获副博士学位，后赴法国巴黎大学研究院研究法国文学。1938年回国，曾任昆明西南联合大学外文系、湖南师范学院、上海震旦女子文理学院、上海暨南大学外语系教授，国立师范学院英语系主任，北京图书馆英文馆刊顾问，南京中央图书馆外文部总纂。1953年任中国科学院文学研究所研究员、哲学社会科学部学部委员。"文革"中受冲击。1982年起任中国社会科学院副院长（1993年免）、文学所研究员。1993年被聘为中国社会科学院特邀顾问。是第五、六届全国政协委员，第七、八届全国政协常委。

钱钟书长期致力于中国和西方文学的研究，主张用比较文学、心理学、单位观念史学、风格学、哲理意义学等多学科的方法，从多种角度理解和评价文学作品。著有散文集《写在人生边上》，短篇小说集《人·兽·鬼》，长篇小说《围城》，选本《宋诗选注》。文论集《七缀集》、《谈艺录》及《管锥篇》（五卷）等。《管锥篇》曾获第一届国家图书奖。

世界

▶12月25日，前民主柬埔寨（红色高棉）领导人乔森潘和农谢投向柬政府

1998年12月25日，前民主柬埔寨（红色高棉）领导人乔森潘和农谢从拜林分别致函洪森，宣布尊重为柬埔寨民族和解做出不懈努力的西哈努克国王，承认和尊重柬埔寨王国宪法，承认按照宪法成立的、以洪森为首相的柬埔寨王国政府。他们表示坚决拥护柬王国政府的施政纲领，并希望这一纲领的实施将进一步巩固柬埔寨在自由民主多党制基础上的民族和解、国家和平与稳定。

洪森当天复函乔森潘和农谢，以柬埔寨王国政府、柬武装力量总司令和他本人的名义，对他们回归柬埔寨社会的决定表示欢迎。洪森说，你们的行动体现了全体柬埔寨人民希望结束战争、寻求和平、实现民族和解和重建祖国的真诚愿望。

备忘

- 4月3日，中央军委决定组建中国人民解放军总装备部
- 4月12日，著名评剧演员新凤霞逝世
- 5月27日，中国羽毛球女队夺回失去四年的尤伯杯
- 6月25日～7月3日，美国总统克林顿对我国进行国事访问
- 7月31日，北京市高级人民法院一审判处陈希同有期徒刑16年
- 10月12日，中国女子象棋队在第33届国际象棋奥林匹克赛中首次获得团体冠军
- 11月8日，轰动香港的"大富豪"张子强犯罪集团案在广州审判
- 12月28日，中共中央在人民大会堂举行纪念十一届三中全会召开20周年纪念大会

1999年

大事

■ 2月28日，著名作家冰心在北京逝世

1999年2月28日，备受人们尊敬和爱戴的文坛世纪老人冰心，因病不治在北京与世长辞，享年99岁。

冰心是当代女作家，儿童文学作家。原名谢婉莹，笔名冰心。原籍福建长乐，生于福州，幼年时代就广泛接触了中国古典小说和译作。1918年入协和女子大学预科，积极参加五四运动。1919年开始发表第一篇小说《两个家庭》，此后，相继发表了《斯人独憔悴》、《去国》等探索人生问题的"问题小说"。同时，受到泰戈尔《飞鸟集》的影响，写作无标题的自由体小诗。这些晶莹清丽、轻柔隽逸的小诗，后结集为《繁星》和《春水》出版，被人称为"春水体"。

▲ 冰心

1921年加入文学研究会。同年起发表散文《笑》和《往事》。1923年毕业于燕京大学文科。赴美国威尔斯利女子大学学习英国文学。在旅途和留美期间，写有散文集《寄小读者》，显示出婉约典雅、轻灵隽丽、凝练流畅的特点，具有高度的艺术表现力，比小说和诗歌取得更高的成就。这种独特的风格曾被时人称为"冰心体"，产生了广泛的影响。

与世纪同龄的冰心，在晚年创造了自己文学生涯的新高潮，尤其是在她85岁至93岁之间，她连续发表了《空巢》、《万般皆上品》、《关于男人》等大量作品，其水准之高、分量之重令人瞩目。冰心的纯真、犀利、坚定、勇敢和正直，使她在国内外广大读者中享有崇高的威望，受到普遍的爱戴。她的创作正如她说的："我希望人民生活得更好。"

冰心逝世前担任民进中央名誉主席、中国作协名誉主席。

■ 5月8日，美机轰炸中国驻南斯拉夫大使馆

1999年5月8日，以美国为首的北约组织在侵略南斯拉夫时发射导弹击中中国驻南斯拉夫大使馆，当场炸死三名中国记者邵云环、许杏虎、朱颖，炸伤数十名中国外交官，造成大使馆建筑的严重损毁。

美方的这一行径是极其严重的国际非法行为，粗暴侵犯了中国主权，极大地伤害了中国人民的感情，使中美关系受到了严重损害。

同日上午，中国政府发表声明，表示极大的愤慨和严厉谴责，并提出

▲ 北约用导弹袭击中国驻南斯拉夫大使馆

最强烈抗议。中国政府和人民的严正立场和要求得到了国际社会的广泛同情和支持。

任何侵犯中国主权的行径都是中国政府和中国人民坚决不能答应的,美国和北约的暴行,激起了全中国人民的愤怒,由此爆发了一场改革开放以来前所未有的大规模反美示威游行。

以美国为首的北约解释这是误炸,中国用事实说明这百分之百不是误炸。在中国的政府、善良爱国人民的强烈抗议下,以美国为首的北约对死伤的受难者进行经济赔偿,并对中国被损坏的馆舍赔偿。但是以美国为首的北约坚持误炸的说法,始终未能对事件真相做出令人信服的解释。

■ 5月20日,朱镕基签署国务院令,任命何厚铧为澳门特区首任行政长官

1999年5月20日,国务院总理朱镕基主持召开国务院第四次全体会议,就全国人民代表大会澳门特别行政区筹备委员会报请国务院任命中华人民共和国澳门特别行政区第一任行政长官做出决定。

朱镕基总理在会上作了重要讲话。他指出,澳门特别行政区第一任行政长官的选举,是我们国家继香港特别行政区第一任行政长官选举之后,在落实"一国两制"方针的进程中的又一次重大实践,为全国人民和国际社会广泛关注。在全国人民代表大会澳门特别行政区筹备委员会主任委员会议的主持下,由199位全部是澳门永久性居民组成的澳门特别行政区第一届政府推选委员会经过大量工作,于1999年5月15日在澳门选举何厚铧为澳门特别行政区第一任行政长官人选。由澳门同胞自己来选择澳门的最高行政长官,这在澳门历史上是第一次。它标志着澳门即将进入一个新时代。我们对何厚铧先生的当选表示热烈的祝贺,对澳门各界人士在澳门重大历史转折关头所表现出来的高度责任感和主人翁精神表示赞赏。

▲ 何厚铧

朱镕基总理代表国务院宣布,任命何厚铧为澳门特别行政区第一任行政长官,于1999年12月20日澳门特别行政区成立时就职。在此之前,按照澳门特别行政区基本法和全国人大有关决定的规定,负责筹组澳门特别行政区第一届

政府等事宜。

朱镕基总理当即签署了任命何厚铧为中华人民共和国澳门特别行政区第一任行政长官的国务院第264号令。

■5月25日，中国驻美大使李肇星驳斥美国众议院公布的"考克斯报告"

1999年5月25日，美国众议院由共和党议员考克斯牵头的调查委员会公布了一个调查报告指出，中国早在20年前，就开始透过卫星发射等商业往来，以及其他渗透活动，多方窃取美国的核武机密，以建立现代化的军力系统。中国窃取美国国防机密的时间，横跨四任总统的任期，并透过休斯、罗拉尔等数千家民间公司的管道，取得敏感资讯，但克林顿政府在事件爆发后，却没有尽速处理、国家安全实验室的安全漏洞。

这个长达870多页的报告通篇捕风捉影，胡编乱造，充满诬蔑不实之词，再一次暴露了美国某些反华议员极力煽动对华敌意、破坏中美关系的险恶用心。

1999年5月25日，中国驻美国大使李肇星在接受美国有线电视新闻广播公司记者采访时严词批驳了美国众议院考克斯委员会当天公布的所谓中国"窃取"美国核技术的调查报告。他说，考克斯报告是"纯粹捏造出来的"，其目的是企图诋毁中国，煽动反华情绪，破坏中美关系。美国的一些议员至今仍坚持冷战思维，自从苏联解体后，他们总是企图找一个新的对手。"

李肇星强调，中国从来没有采取过利用偷窃手段获取别国技术和其他东西的政策。中国没有窃取美国的核技术。中国完全依靠自己的能力发展了有限的核武器，这是中国政府贯彻自力更生的方针，依靠广大科技人员艰苦奋斗取得的成果。他说，"考克斯报告"声称中国"窃取了"美国的先进技术，是对中国科技人员的侮辱，也低估了中国科技人员的伟大智慧和创造力。中国一贯遵守《联合国宪章》和国际关系准则。中国热爱和平，需要和平，希望与包括美国在内的世界上所有国家和平共处。有一些人试图通过散布编造出来的"中国间谍故事"来破坏中美关系。然而，他们的企图是不会得逞的，因为他们的所作所为不符合美国的利益，也不符合中美两国人民发展两国之间友好关系的共同愿望。

■7月9日，李登辉发布"两国论"

1999年7月9日，李登辉在接受"德国之声"记者采访时，公然向世人宣称台湾当局已将海峡两岸关系定位为"国家与国家的关系，至少是特殊的国家与国家的关系"。这种谬论即是"两国论"。

7月11日，中共中央台湾工作办公室、国务院台湾事务办公室发言人就此发表谈话指出，"我们严警台湾分裂势力，立即悬崖勒马，放弃玩火行动，停止一切分裂活动"。

7月15日，《解放军报》发表评论员文章指出，"面对李登辉分裂祖国的罪恶图谋，全军指战员无比愤慨。中国政府一贯主张和平统一，但从未

世界

▶3月24日，北约组织对南斯拉夫联盟发动空袭

1999年3月24日，格林尼治时间18时55分，以美国为首的北约主要成员国开始对南联盟实施大规模空袭轰炸。至6月10日，双方签署军事协议，北约秘书长索拉纳宣布对南暂停轰炸为止，空袭战争持续了78天。

南斯拉夫军民在这场实力相差悬殊的"不对称战争"中顽强抗击78天，取得了微弱的战果。科索沃战争是北约成立以来第一次集体发动的对外战争，其性质是一场典型的以强凌弱的侵略战争。它给世界政治秩序、国际战略格局和安全形势，乃至战争形态和作战样式带来了深刻影响。

承诺放弃使用武力。我们坚决拥护这一严正立场,正密切注视着海峡对岸的动向和事态发展"。

7月18日,江泽民向美国总统克林顿通电话表示,"两国论"是李登辉在分裂国有的道路走出的十分危险的一步;并说"如果出现搞'台湾独立'和外国势力干涉中国统一的情况,我们绝不会坐视不管"。

7月31日,解放军举行建军72周年招待会,中共军委副主席迟浩田上将在庆祝会上强调,"中国人民解放军严阵以待,时刻准备捍卫祖国的主权和领土完整,坚决粉碎任何分裂祖国的图谋"。

就在台海局势紧张程度不断升级的时候,台湾发生了"九二一"大地震。出于人道主义考虑,也为了避免国际社会的不理解与误会,大陆在地震事件发生后停止了各项军事演习,台海军事对抗得到缓解,台海局势日趋平静。

■ 7月19日,中共中央发出《关于共产党员不准修炼"法轮大法"的通知》

1999年7月19日,中共中央发出《关于共产党员不准修炼"法轮大法"的通知》。中共中央这个通知的发布,是同近年来"法轮功"组织在一些地方发展和蔓延,严重扰乱社会公共秩序,破坏改革发展稳定的局面有着直接的关系。

近年来,李洪志编造"法轮大法",宣扬一套歪理邪说;组织、策划一些"法轮功"练习者到党政机关和新闻单位非法聚集。一些党员也参与其中,损害了党的形象,造成了恶劣的社会影响。1999年4月25日,甚至出现1万多名来自全国多个地方的"法轮功"练习者有组织地在中南海周围聚集的严重的政治事件。这起由"法轮功"组织挑起的政治事件严重干扰了党和国家最高领导机关的正常工作,扰乱了首都的社会秩序。

为保持党的先进性和纯洁性,增强党组织的凝聚力和战斗力,中共中央通知要求,要充分认识"法轮功"组织的政治本质和严重危害,明确要求共产党员不准修炼"法轮大法";针对"法轮功"问题在党内集中开展一次学习教育活动;严格掌握政策界限,作好修炼"法轮大法"党员的转化工作;各级党组织要加强领导,切实承担起政治责任。7月22日,国家民政部做出取缔"法轮大法"的决定。同日,公安部发出禁止非法形式的"法轮功"活动的通告。

中共中央的通知、民政部的决定、公安部的通告公布后,全国各级、各部门和社会各界纷纷表态,坚决拥护中央的决定。新闻舆论界也对"法轮功"展开强大的舆论攻势。一场全社会的深入揭批"法轮功"歪理邪说的斗争在全国展开。

■ 10月1日,天安门广场举行国庆五十周年大会

1999年10月1日,首都各界庆祝中华人民共和国成立五十周年大会在北京天安门广场隆重举行。

上午10时,中共中央政治局委员、中共北京市委书记贾庆林宣布庆典开

世界

▶10月12日,以穆沙拉夫为首的巴基斯坦军方发动军事政变

1999年10月12日晚,以穆沙拉夫为首的巴基斯坦军方发动军事政变,宣布解散谢里夫领导的巴基斯坦穆斯林政府及各省政府。13日晚,穆沙拉夫拜会了总统塔拉尔,讨论了国家面临的局势及下一步的计划。14日下午,穆沙拉夫主持召开了军队高级军官会议,并做出了实行紧急状态的决定。15日凌晨,巴基斯坦参谋长联席会议主席兼陆军参谋长穆沙拉夫上将发布临时宪法1号令,宣布在巴全境实行紧急状态,中止巴基斯坦宪法,解散联邦和省议会。此临时宪法令从发布之时起立即生效。

始。在50响的隆隆礼炮声中，200名国旗护卫队官兵组成的方队，以铿锵的脚步从人民英雄纪念碑前沿红色地毯向广场北端的旗杆行进。随后，由1000多人组成的中国人民解放军联合军乐团奏响中华人民共和国国歌的旋律，全场肃立高唱国歌，鲜艳的五星红旗冉冉升起，高高飘扬在广场上空。

身着中山装的江泽民主席乘国产红旗牌检阅车，在雄壮的军乐声中，穿过天安门城楼、跨过金水桥、驶上长安街，在阅兵总指挥、北京军区司令员李新良的陪同下，检阅了由42个威武雄壮、军容严整、装备精良、精神抖擞的人民解放军陆海空三军和人民武装警察部队、民兵预备役部队组成的地面方队。

检阅部队后，江泽民登上天安门城楼发表了重要讲话。江泽民说，经过50年特别是改革开放20年来艰苦卓绝的奋斗，昔日积贫积弱的中国发生了翻天覆地的历史巨变。勤劳、勇敢、智慧的中国人民在党的领导下，在古老的华夏大地

▲ 国庆50周年大会

上创造了举世惊叹的人间奇迹。实践已经充分证明，只有社会主义才能救中国，只有社会主义才能发展中国。实践也充分证明，建设有中国特色社会主义，是实现中国经济繁荣和社会全面进步的康庄大道。

江泽民强调，我们将继续坚持党的基本理论、基本路线、基本纲领，依靠全国各族人民的力量，在新的世纪里不断谱写建设有中国特色社会主义的新篇章；继续坚持"和平统一、一国两制"的方针，在实现香港和澳门顺利回归以后，最终完成台湾与祖国大陆的统一；继续坚持独立自主的和平外交政策，在和平共处五项原则的基础上发展同所有国家的友好合作关系。

10时36分，阅兵仪式开始。50万各族军民以盛大的阅兵仪式和群众游行，欢庆祖国50周年盛大节日。

■ 11月20日，中国第一艘载人航天试验飞船"神舟"号升空

北京时间1999年11月20日6时30分，我国第一艘载人航天试验飞船"神舟"号在中国酒泉卫星发射中心新建成的航天发射场发射升空。在完成预定的空间科学试验之后，21日凌晨3时41分，飞船在内蒙古自治区中部地区成功着陆。中共中央总书记、国家主席、中央军委主席江泽民为飞船题名："神舟"。中共中央、国务院、中央军委致电热烈祝贺。

这次发射的试验飞船和新型火箭，是我国独立自主研制的。以中国航天科技集团所属的空间技术研究院、上海航天技术研究院和运载火箭技术研究院为主研制。这次飞行试验，飞船上没有载人。在地面准备阶段，发射中心采用了与国际先进水平接轨的"三垂"模式，即在技术厂房完成对

飞船、火箭联合体进行垂直总装、测试，然后将其垂直运输至发射场。飞船、火箭的最后测试和发射，都是通过远距离控制的。据介绍，这些技术创新，是我国航天测试发射技术的一个新突破。这次发射对突破载人航天技术具有重要意义，是我国航天史上的又一个里程碑。中国第一艘神舟号无人飞船的发射升空，揭开了中国载人航天技术发展新的一页。

■ 12月20日，中葡两国政府政权交接仪式在澳门文化中心花园馆隆重举行

1999年12月19日深夜，举世瞩目的中葡两国政府澳门政权交接仪式在澳门文化中心花园馆隆重举行。

23点42分，澳门政权交接仪式开始。在礼号手的号乐声中，中华人民共和国主席江泽民、国务院总理朱镕基、国务院副总理钱其琛、外交部长唐家璇、澳门特别行政区首任行政长官何厚铧步入会场，登上主席台主礼台。葡萄牙总统桑帕约、总理古特雷斯、国务部长兼外交部长伽马、共和国议会副议长科伊索罗、澳门总督韦奇立同时登上主席台主礼台。随后，中葡双方仪仗队举行敬礼仪式，双方乐队奏致敬曲。

23时55分，降旗、升旗仪式开始，中葡双方护旗手入场。23时58分，在葡萄牙国歌声中，葡萄牙国旗和澳门市政厅旗开始缓缓降下。

零时4分，江泽民主稳步走到镶有中华人民共和国国徽的讲台前发表讲话。他代表中国政府和全国各族人民向回到祖国怀抱的澳门同胞表示亲切的问候和良好的祝愿，向所有为解决澳门问题做出贡献的人士，向世界上一切关心和支持澳门回归的人们，表示衷心的感谢。江泽民主席的讲话，被全场热烈的掌声一次次打断。在讲话的最后，江泽民主席以坚定的语气说："回到祖国怀抱的澳门，必将迎来更加美好的未来！"全场再次响起长时间的热烈掌声。

零时10分，澳门政权交接仪式结束。

如果把整个浴缸的水倒出，也浇不熄我对你爱情的火，整个浴缸的水全部倒得出吗？……可以。所以，是的，我爱你。
——此为痞子蔡的小说《第一次亲密接触》中的经典对白，此语在1999年风行一时

时尚是一种莫名其妙的东西，你不跟，就没有安全感，跟了，又没品味。
——此为1999年知名学者曾永祥在《时尚兵法》中说的一句话

备忘

- 1月4日，重庆市綦江县发生人行虹桥整体垮塌事故，死亡40人
- 1月5日，中国正式组建缉私警察队伍
- 1月9日，中国南极冰盖考察队闯入"禁区"，到达南极冰盖最高区域
- 4月6日~20日，中国国务院总理朱镕基对美国和加拿大进行正式访问
- 4月30日，中国99昆明世界园艺博览会开幕
- 7月1日，《中华人民共和国证券法》实施
- 7月10日，中国队在第三届世界杯女足赛决赛中获亚军
- 8月2日，中国成功进行了新型远程地地导弹发射试验

2000年

大事

■ 1月1日，首都各界迎接新千年庆祝活动在北京中华世纪坛举行

从1999年12月31日深夜到2000年1月1日凌晨，"首都各界迎接新世纪和新千年庆祝活动"在北京中华世纪坛隆重举行。

23时45分，在迎宾曲中，江泽民、李鹏、朱镕基、李瑞环、胡锦涛、尉健行、李岚清等党和国家领导人登上中华世纪坛。随后，中共中央政治局委员、中共北京市委书记贾庆林宣布庆祝活动开始。在国旗班礼兵的护卫下，五星红旗冉冉升起，雄壮的国歌声响彻夜空。

22岁的北京大学蒙古族学生达奔那，双手高举从周口店"北京人遗址"采集

▲ 中华世纪坛

的中华文明火种的火炬，由8位手持花环的少女护送，从世纪坛前经青铜甬道跑进会场，将火种放在中华圣火台旁的点火台上。23时49分，"中华世纪坛"题词碑揭幕，红色帷幕被揭开，江泽民主席题写的5个大字光彩夺目。

在欢乐、喜庆、祥和的热烈气氛中，江泽民主席发表2000年贺词。江泽民在回顾一千年来人类历史发生的沧桑巨变后说，一千年来，人类文明取得的一切成就，都是在推陈出新的社会变革和科技进步中实现的。各国人民的卓越创造和广泛交流，汇成了推动历史前进的浩荡动力。要和平、求发展已成为当今世界的时代潮流。江泽民表示坚信，在新世纪里，中国人民将坚定不移地沿着建设有中国特色社会主义道路继续前进，中国的社会主义制度将经过不断改革而更加巩固和完善，中国的发展将通过各个地区的共同进步达到普遍繁荣，中华民族将在完成祖国统一和建立富强民主文明的社会主义现代化国家的基础上实现伟大的复兴。

零时23分，庆祝活动在《歌唱祖国》的集体舞中结束。

出席活动的领导同志还有：丁关根、田纪云、李铁映、吴邦国、迟浩田、张万年、罗干、姜春云、钱其琛、温家宝、曾庆红、吴仪、布赫、何鲁丽、许嘉璐、王忠禹、王兆国、陈俊生、罗豪才。

■ 2月1日，北京2008年奥运会申办委员会在北京举行会议

北京2008年奥林匹克运动会申办委员会（简称奥申委）是经中华人民共和国国务院批准，专门进行2008年奥运会申办工作的办事机构。成立于

世界

▶ 4月5日，森喜朗接替小渊惠三出任日本首相

2000年4月4日晚7时，由于日本首相小渊惠三病情严重不能继续履行公职，小渊内阁召开紧急阁僚会议，宣布集体辞职。

小渊因患脑血栓于2000年4月2日凌晨住进东京顺天堂医院，4日小渊仍处于昏迷状态，不能继续履行公职。日本临时代理首相青木干雄4日下午宣布，为尽快填补"权力真空"，内阁决定当晚宣布集体辞职，以便尽快推选出新的首相。5日，自民党的国会议员举行大会，选举前自民党干事长森喜朗出任自民党总裁。在下午先后举行的众参两院首相提名选举中，森喜朗当选为首相。同日，新当选的森喜朗接受日本天皇任命书，被正式任命为第85任日本首相。

世界

▶6月13日，金大中与金正日在平壤会面

2000年6月13日，时任韩国总统金大中对平壤进行了历史性访问，这是朝鲜半岛分裂55年后朝韩最高领导人的首次会晤，双方签署了《北南共同宣言》。朝韩由此结束了对抗，开始在曲折中走向对话、和解与合作。

在此期间，双方举行了部长级会谈、将军级会谈、外长会谈、经济合作促进委员会会议等多渠道会谈，进行了离散家属团聚、民间团体互访等多领域的交流。同时，双方经济合作也取得了显著成效。

同年，挪威诺贝尔委员会宣布，把2000年诺贝尔和平奖授予韩国总统金大中，以表彰他在促进朝鲜半岛的和平等方面所做出的努力。

在一个中国的原则下什么也可以谈。
——此为2000年3月20日国家主席江泽民重申，台湾不管谁当政，我们都欢迎对话

互联网是永不破灭的泡沫。
——此为搜狐总裁张朝阳2000年说出的一番吸引人心的话

1999年9月6日，由北京市政府、国家体育总局、中央和国务院有关部门负责人、奥林匹克事务专家、优秀运动员代表、教育界、科技界、文化界人士、企业家和社会其他知名人士组成。

北京市市长刘淇任北京奥申委主席，国家体育总局局长、中国奥委会主席袁伟民任执行主席，国家体育总局党组书记、副局长李志坚、北京市副市长刘敬民任常务副主席，国际奥委会执委何振梁、中国奥委会原副主席魏纪中任顾问，国际田联副主席楼大鹏任体育主任，中国奥委会秘书长屠铭德和北京市政府副秘书长王伟分别担任秘书长。

北京奥申委的常设领导机构是执行委员会，下设办公室、研究室、对外联络部、新闻宣传部、体育部、工程规划部、财务部和技术部等8个工作部门。

2000年2月1日，北京2008年奥申委举行第二次全体委员会，通过表决确定了2008年奥申委会徽和申奥口号，奥申委网站也正式开通。申办口号为：新北京，新奥运。英文为：（NewBeijing，GreatOlympics）会徽是用奥运五环色组成的五角星，相互环扣，又是中国传统民间工艺品"中国结"的形象，似一个打太极拳的人形。同时，北京奥申委网站开通。

■2月17日，国务院第二次廉政工作会议在京召开

2000年2月17日，国务院第二次廉政工作会议在北京召开。这次会议主要是贯彻中央纪委第四次全体会议和江泽民同志重要讲话精神，总结去年政府机关廉政建设和反腐败工作，对今年政府系统的廉政建设和反腐败工作做出具体部署。国务院总理朱镕基强调指出，我们的政府是人民政府，廉洁从政是最起码的要求。他说，一年来各级政府把廉政建设和反腐败工作放在十分重要的位置，做了大量的工作，取得了比较明显的进展。但是，政府机关的廉政建设和反腐败工作与中央的要求和人民群众的期望仍有比较大的差距，还存在一些比较突出的问题。有些地方和部门领导干部廉洁从政的各项规定还没有得到很好落实，奢侈浪费现象比较严重；有的行政执法机关和人员有法不依、执法不公的问题仍然存在；群众反映强烈的有些不正之风问题还没有得到根本性治理；有些领导干部弄虚作假，虚报浮夸；有的基层干部作风粗暴，甚至横行乡里。这说明党风廉政建设和反腐败斗争的任务还相当艰巨。我们要保持清醒头脑，正视存在的问题，并且坚定信心，持之以恒地抓下去，不断取得阶段性成果，把工作一步一步地向前推进。

朱镕基指出，今年政府机关的廉政建设和反腐败工作要突出重点，着重抓好以下几个方面的工作。第一，全面贯彻《廉政准则》，进一步加强领导干部廉洁自律工作，加大监督检查的力度。廉政首先要靠自律。第二，大力查办各类违纪违法案件，集中力量突破一批大案要案。对重大案件要一查到底。不管涉及哪个部门、哪个人，都要一个一个地揭露出来，一个一个严肃查处，绝不徇情，绝不手软。第三，继续大力纠正部门和行业不正之风，认真解决群众关心和反映强烈的突出问题。第四，厉行勤俭节约，反对奢侈浪费。第五，深化改革，加强监督制约机制，从源头上预防和治理腐败。

2000年 中国百年实录

■ 2月21日~25日,江泽民提出"三个代表"重要思想

面对即将到来的新世纪,基于对国内外形势、党肩负的历史任务、党自身建设实际的清醒认识和准确把握,2000年2月21日~25日,江泽民总书记提出了"三个代表"的重要思想:只要我们党始终成为中国先进社会生产力的发展要求、中国先进文化的前进方向、中国最广大人民的根本利益的忠实代表,我们党就能永远立于不败之地。

始终代表中国先进生产力的发展要求;始终代表中国先进文化的前进方向;始终代表中国最广大人民的根本利益,这"三个代表"的思想和要求,进一步回答了在改革开放和发展社会主义市场经济条件下,"建设一个什么样的党和怎样建设党"这一直接关系党和国家前途命运的重大问题。它是深入思考世界社会主义运动历史经验,深刻总结我们党80年历史经验,特别是推进党的建设新的伟大工程的成功经验做出的科学结论;是对党的性质、根本宗旨和根本任务的新概括,对马克思主义建党学说的新发展,对新时期党的建设和建设有中国特色社会主义事业各项工作提出的新要求;是我们党的立党之本、执政之基、力量之源。

■ 4月20日,中纪委公布了成克杰严重违纪违法案件的查处情况

2000年4月20日,中纪委公布了成克杰严重违纪违法案件的查处情况。自1999年8月以来,中央纪委在党中央的直接领导下,严肃查处了全国人民代表大会常务委员会副委员长成克杰严重违纪违法案件。

经中央纪委查明,自1992年下半年以来,成克杰与有夫之妇李平长期通奸,并共谋在各自离婚并"赚钱"后再结婚。为聚敛钱财,成克杰于1992年下半年至1998年期间,利用其担任广西壮族自治区政府主席职务的权力,伙同李平不择手段,谋取非法利益,数额特别巨大。其主要违纪违法事实:一、1994年至1997年,经李平牵线,成克杰利用职权,拍板将南宁市一块85亩土地低价出让给广西银兴实业发展公司总经理周坤(另案处理)建造停车场购物城;将本已批给自治区民委的广西民族宫项目转批给周坤开发,并为该公司解决贷款1.88亿元。为此,成克杰和李平收受周坤贿赂共计人民币1730万元、港币804万元。成克杰还采取指定一个单位承揽建设工程项目、为另一个单位解决贷款的手段,伙同李平收受这两个单位的贿赂,共计人民币220万元。二、1994年至1998年,成克杰应广西壮族自治区政府副秘书长甘某等13名党政机关及企业领导干部(涉案人员另案处理)的要求,为解决他们的提拔、调动等问题,向有关人员打招呼,并

▲ 接收审判的成克杰

多次接受甘某等人的钱物,共计人民币59.5万元、美元3.5万元、港币2万

▶9月15日~10月1日,第27届奥林匹克运动会在澳大利亚的悉尼举行

第27届夏季奥运会于2000年9月15日至10月1日在澳大利亚东南部港口城市悉尼举行。奥运会的比赛是提前开幕式两天——即从9月13日开始的。9月15日的开幕式进行得精彩纷呈,而澳大利亚优秀女子短跑运动员卡茜·弗里曼点燃圣火的仪式更是将开幕式的热烈气氛推向了高潮,在澳大利亚总督威廉·迪恩爵士宣布本届奥运会开幕后,曲棍球运动员雷克尔·霍克斯和水球裁判员彼得·克尔分别代表运动员和裁判员进行了宣誓。

本届奥运会中,铁人三项和跆拳道被首次列为正式比赛项目。此外,在现代五项和女子举重中均首次设立了女子比赛。大会也首次对运动员同时进行了E-PO检测和血检。

本届奥运会,美国以40金24银和33铜的成绩排名第一,俄罗斯以32金28银和28铜的成绩列第二。列第三位的是中国,金、银、铜牌分别为28枚、16枚和15枚。东道主澳大利亚以16金25银和17铜的成绩排名第四。

元。三、1992年至1997年，成克杰应李平的要求，滥用职权，向广西壮族自治区政府有关部门及有关地、市、县领导打招呼，为李平等不法商人获得土地批件、低价白糖、化肥指标和植物油指标，经转手倒卖后，从中获利人民币903万元。

7月31日，北京市第一中级人民法院对成克杰受贿案做出一审公开宣判，以受贿罪判处成克杰死刑，剥夺政治权利终身，并处没收个人全部财产。9月14日，经最高人民法院核准，北京市第一中级人民法院对成克杰执行了死刑。

■ 10月9日~11日，中共十五届五中全会审议并通过第十个五年计划

中国共产党第十五届中央委员会第五次全体会议，于2000年10月9日至11日在北京举行。会议由中央政治局主持，中央委员会总书记江泽民作了重要讲话。

全会审议并通过了《中共中央关于制定国民经济和社会发展第十个五年计划的建议》。按照十五大对新世纪我国现代化建设的总体展望和部署，提出了"十五"时期我国经济社会发展的主要奋斗目标：国民经济保持较快发展速度，经济结构战略性调整取得明显成效，经济增长质量和效益显著提高，为到2010年国内生产总值比2000年翻一番奠定坚实基础；国有企业建立现代企业制度取得重大进展，社会保障制度比较健全，完善社会主义市场经济体制迈出实质性步伐，在更大范围内和更深程度上参与国际经济合作与竞争；就业渠道拓宽，城乡居民收入持续增加，物质文化生活有较大改善，生态建设和环境保护得到加强；科技教育加快发展，国民素质进一步提高，精神文明建设和民主法制建设取得明显进展。

会议强调，制定"十五"计划并顺利实现上述目标，必须把发展作为主题，把结构调整作为主线，把改革开放和科技进步作为动力，把提高人民生活水平作为根本出发点。并指出，发展是硬道理，是解决中国所有问题的关键。

世界

▶ 12月31日，叶利钦宣布辞去俄罗斯总统职务，并将权力移交给总理普京

2000年12月31日，俄罗斯总统叶利钦发表电视讲话，宣布辞去总统职务，并任命总理普京为代总统。叶利钦同时宣布，原定于2000年6月4日举行的俄总统选举将提前到3月底举行。

叶利钦在解释辞职原因时说，因为俄罗斯在新千年里应该有新政治家、新面孔，应该有睿智、强有力、精力充沛的新人。叶利钦发表电视讲话后，俄总统新闻局宣布，普京从当日12时开始履行代总统职权。俄总统新闻秘书亚库什金宣布叶利钦当天向普京移交了控制核武器的密码箱后，于下午2时左右离开克里姆林宫。

叶利钦于1991年6月12日当选为俄联邦第一任总统，1996年7月3日连任总统。

备忘

- 6月1日，中共中央总书记、国家主席江泽民致电张学良先生祝贺张先生百年华诞
- 6月21日，中国联通在纽约、香港证券交易所成功上市
- 6月26日，美、日、法、德、英、中六国科学家宣布人类基因组"工作框架图"绘制成功
- 10月10日，美国总统克林顿签署对华永久正常贸易关系议案
- 10月26日，国务院发出《关于实施西部大开发若干政策的通知》
- 11月8日，远华走私案一审十四人被判死刑
- 12月16日~17日，全国"三讲"教育工作总结会议在北京召开

2001年

大事

■ 4月1日，美国EP-3型军用侦察机撞毁中国歼八战机，飞行员王伟失踪

2001年4月1日，美国一架海军EP-3侦察机在中国海南岛东南海域上空活动，中方两架军用飞机对其进行跟踪监视。北京时间上午9时07分，当中方飞机在海南岛东南104公里处正常飞行时，美机突然向中方飞机转向，其机头和左翼与中方一架飞机相撞，致使中方飞机坠毁，飞行员王伟失踪。美机未经中方允许，进入中国领空，并于9时33分降落在海南岛陵水机场。

▲ 飞行员王伟

中国军用飞机在中国沿海对美国军用侦察机实施跟踪监视，属于正当的飞行活动，符合国际惯例。中方飞机坠毁的直接原因，是美机违反飞行规则突然向中方飞机转向、接近造成的。发生这一事件的责任完全在美方。

事件发生后，中方始终依照国际法和中国有关法律规定，采取冷静、克制的方式加以处理。4月1日夜间，外交部部长助理周文重紧急召见美国驻华大使普理赫，就当日上午美国军用侦察机在南海上空撞毁中国军用飞机事件向美方提出严正交涉和抗议。同日，中国驻美国大使杨洁篪在华盛顿紧急约见美国国务院负责人，奉命就美军侦察机撞毁中方军用飞机事也向美方提出严正交涉和抗议。

4月3日，江泽民发表谈话强调：美国应停止在中国沿海空域的侦察飞行，这样才能防止类似事件再次发生，才有利于中美关系的发展。4月16日，新华社报道，中央军委主席江泽民签署命令，授予王伟同志"海空卫士"荣誉称号。4月11日，美国政府处理撞机事件全权代表、美驻华大使普理赫代表美国政府向中国外长唐家璇递交了致歉信。中方本着人道主义精神，允许美侦察机上24名人员回国。经过一系列谈判，中美双方于6月初达成拆运EP-3飞机的协议，拆运工作于7月3日进行完毕。7月6日，拆卸后的EP-3侦察机由美国租借的大型运输机运送回国。

撞机事件后，中方要求美方向中国支付100万美元赔偿费用，但美国只同意支付34567美元，遭到中方断然拒绝。

世界

▶ 1月20日，乔治·沃克·布什就任美国总统

美国时间2001年1月20日，美国总统当选人乔治·沃克·布什（可称小布什）于在国会山正式宣誓就任美国第43位、第54届总统，他在就职演说中誓言将"建立一个充满正义与机会的国家"，并将以"谦恭、勇气、悲悯和品格"来统领国家。

小布什在首席大法官威廉·里恩奎斯特监誓下诵读35字誓词，正式成为美国总统。小布什高举右手宣誓："我将忠诚履行美国总统职责，尽力维持、保护和防卫美国宪法。"语毕眼中泪光隐现。他用手按着的圣经，是美国第一位总统华盛顿宣誓时接过的，也是其父老布什12年前就职时使用过的。

中国百年实录 2001年

■ 6月15日，"上海合作组织"成员国元首会议在上海举行

2001年6月15日"上海合作组织"成员国元首会议在上海举行。中国国家主席江泽民、俄罗斯总统普京、哈萨克斯坦总统纳扎尔巴耶夫、吉尔吉斯斯坦总统阿卡耶夫、塔吉克斯坦总统拉赫莫诺夫、乌兹别克斯坦总统卡里莫夫六国元首出席会议并发表讲话。他们回顾并高度评价"上海五国"元首会晤机制五年来的丰硕成果，决定在其基础上建立涵盖多领域的区域性多边合作组织，并签署了《上海合作组织成立宣言》，对未来共同打击恐怖主义、极端主义和分裂主义"三股势力"达成广泛共识。

江泽民在讲话中指出，"上海五国"进程是当代国际关系中重要的外交实践。它首创了以相互信任、裁军与合作安全为内涵的新型安全观，丰富了由中俄两国始创的以结伴而不结盟为核心的新型国家关系，提供了以大小国家共同倡导、安全先行、互利协作为特征的新型区域合作模式。它所培育的互信、互利、平等、协商、尊重多样性文明，谋求共同发展的"上海精神"，是处理国家关系的经验总结，对推动建立公正合理的国际政治经济新秩序具有重要的现实意义。

■ 7月1日，中共中央在人民大会堂隆重举行庆祝中国共产党成立八十周年大会

2001年7月1日，中共中央在人民大会堂举行大会，隆重庆祝中国共产党成立80周年。中共中央总书记江泽民在大会上发表重要讲话，系统总结中国共产党80年奋斗业绩和基本经验，全面阐述"三个代表"重要思想的科学内涵，进一步指明党在新世纪的历史任务和奋斗目标，强调按照"三个代表"的要求加强和改进党的建设，继续为实现党的基本路线和历史任务而奋斗。

中共中央政治局常委江泽民、李鹏、朱镕基、李瑞环、胡锦涛、尉健行、李岚清等中央领导同志与各族各界代表欢聚一堂，共庆"七一"这一光辉的节日。

中共中央政治局常委李鹏主持大会。会议开始时，全场高唱中华人民共和国国歌。中共中央政治局常委胡锦涛宣读中共中央关于表彰全国先进基层党组织和优秀共产党员、优秀党务工作者的决定。

在欢快的乐曲声中，江泽民、李鹏、朱镕基、李瑞环、胡锦涛、尉健行、李岚清等中央领导同志，向全国先进基层党组织和优秀共产党员、优秀党务工作者代表颁奖。

颁奖后，江泽民发表了重要讲

世界

▶ 2月15日，人类基因工程大致完成

人类基因组计划（human genome project，HGP）是由美国科学家于1985年率先提出，于1990年正式启动的。美国、英国、法兰西共和国、德意志联邦共和国、日本和我国科学家共同参与了这一价值达30亿美元的人类基因组计划。这一计划旨在为30多亿个碱基对构成的人类基因组精确测序，发现所有人类基因并搞清其在染色体上的位置，破译人类全部遗传信息。与曼哈顿原子弹计划和阿波罗计划并称为三大科学计划。

▲ 中国共产党成立八十周年大会

话，江泽民要求全党同志继续为实现党的基本路线和历史任务而奋斗。他说，我们取得的一切成就已经载入史册。在我们的前面，还有更长的道路要走。在任何时候任何情况下，全党同志都绝不能固步自封，绝不能畏惧艰险，必须紧紧团结全国各族人民，把我们伟大的祖国建设成为富强、民主、文明的社会主义现代化国家，争取对人类做出新的、更大的贡献。

在京中央领导同志，中央党政军群各部门和北京市负责人，各民主党派中央、全国工商联负责人和无党派人士代表，老党员、老红军、全国劳动模范、英雄模范代表，长期在我国工作的外国老专家代表及首都各界群众代表6000多人出席大会。

■ 7月13日晚，北京申办2008年奥运成功

2001年北京时间7月13日晚，国际奥委会第112次全会以不记名投票方式选出了2008年奥运会主办城市，国际奥委会主席萨马兰奇庄严宣布：2008年奥运会的主办权属于北京。

日本的大阪在第一轮中被淘汰，北京获得44票，距离获胜所需的52票只差8票。在第二轮投票中，候选城市只剩下北京、巴黎、多伦多和伊斯坦布尔四个城市，最终北京以56票压倒性优势胜出。第二轮多伦多得到22票，巴黎得到18票。

北京市是于1999年11月25日向中国奥委会提交了申办2008年奥运会的申请。中国奥委会在2000年1月6日举行的全体会议上决定批准北京市申办2008年奥运会。北京市市长刘淇和中国奥委会主席伍绍祖2000年4月7日正式向国际奥委会主席萨马兰奇递交了北京市申办2008年夏季奥运会的申办报告。

▲ 北京申办2008年奥运成功

在得知北京获得2008年奥运会举办权消息后，北京时间7月13日晚上10点20分，江泽民等国家领导人来到北京中华世纪坛，与人民群众同庆北京申奥成功。

江泽民同志发表了热情洋溢的讲话："同志们，我代表党中央国务院讲三句话：第一句，对北京申办奥运成功表示热烈的祝贺；第二句，向全国人民为北京市申办奥运所做出的贡献，同时向国际奥委会及世界的各界朋友对中国申办奥运会的支持表示衷心的感谢。第三句话，希望全国人民和各界的人们一起奋发努力，一定要把2008年的奥运会办成功！"

■ 9月24日~26日，中共十五届六中全会在北京召开

2001年9月24日~26日，中国共产党第十五届中央委员会第六次全体会

世界

▶9月11日，美国发生"9·11"恐怖事件

2001年9月11日，美国4架民航飞机遭恐怖分子劫持，其中两架撞击了纽约世界贸易中心，两座塔楼相继坍塌，一架飞机撞击了华盛顿附近的五角大楼，另一架坠毁在宾夕法尼亚州的匹兹堡附近。共造成3000多人死亡或失踪。

美国"9·11"事件发生后，美国经济一度处于瘫痪状态，对一些产业造成了直接经济损失和影响。该事件也导致了此后国际范围内的反恐行动，包括了对阿富汗的军事打击和伊拉克战争以及针对恐怖组织及相关国家越来越大的压力。

议，在北京举行。

全会由中央政治局主持。中央委员会总书记江泽民同志作了重要讲话。全会高度评价江泽民同志在庆祝中国共产党成立八十周年大会上的讲话。一致认为，讲话全面回顾和系统总结了我们党八十年的光辉历程和基本经验，围绕在新的历史条件下建设一个什么样的党和怎样建设党这个基本问题，深刻阐述了"三个代表"重要思想的科学内涵，进一步阐明了党在新世纪的历史任务和奋斗目标，是一篇马克思主义的纲领性文献，对进一步做好党和国家的各项工作，具有重大而深远的意义。

全会全面分析了进入新世纪党面临的新形势新任务，认为这次会议着重研究党的作风建设是适时和必要的。全会审议通过了《中共中央关于加强和改进党的作风建设的决定》。

全会审议并通过了《关于召开党的第十六次全国代表大会的决议》，确定党的十六大于2002年下半年在北京召开。这次大会，是新世纪我国进入全面建设小康社会、加快推进社会主义现代化的新的发展阶段召开的极为重要的会议，是全党、全国各族人民政治生活中的一件大事。

全会按照党章规定，决定递补中央候补委员汤洪高同志为中央委员。全会审议并通过了《中共中央纪律检查委员会关于石兆彬问题的审查报告》、《中共中央纪律检查委员会关于李嘉廷问题的审查报告》。全会决定：撤销石兆彬、李嘉廷中央委员会候补委员职务，给予其开除党籍处分。

全会号召，全党紧密团结在以江泽民同志为核心的党中央周围，高举邓小平理论伟大旗帜，认真实践"三个代表"重要思想，以新的精神风貌，开拓进取，扎实工作，夺取建设有中国特色社会主义事业的更大胜利，迎接党的第十六次全国代表大会的召开。

■ 10月21日，亚太经合组织（APEC）第九次领导人非正式会议在上海举行

2001年10月21日，亚太经合组织（APEC）第九次领导人非正式会议在上海举行，这是中国第一次举行这样高级别的大型国际会议。澳大利亚总理霍华德、文莱苏丹博尔基亚、加拿大总理克雷蒂安、智利总统拉戈斯、中国香港特别行政区行政长官董建华、印度尼西亚总统梅加瓦蒂、日本首相小泉纯一郎、韩国总统金大中、马来西亚总理马哈蒂尔、墨西哥总统福克斯、新西兰总理克拉克、巴布亚新几内亚总理莫劳塔、秘鲁总统托莱多、菲律宾总统阿罗约、俄罗斯总统普京、新加坡总理吴作栋、泰国总理他信、美国总统布什和越南总理潘文凯出席会议。

江泽民主持会议并发表题为《加强合作，共同迎接新世纪的新挑战》的讲话，他指出，加强合作，使各成员从经济全球化和科技进步中受益，是APEC的目标；采取有效措施，恢复和保持增长是本次会议亟需考虑的问题。应始终站在全球与区域经济发展的前沿，对解决世界与区域经济发展面临的突出问题发挥引导方向的重要作用。应在尊重多样性的基础上，继续秉承"开放的地区主义"原则，为促进多边贸易体制的发展做出贡献。

应反映各成员最广泛的共同利益，采取更富成效的合作方式，缩小成员间差距，增强凝聚力。中国将一如既往致力于改革开放和现代化建设，将以更积极的姿态参与区域及全球范围的经济技术合作，严格遵循国际通行的市场规则，实行公开、透明、平等的贸易投资政策，进一步推动全方位、多层次、宽领域的对外开放。

会议通过了《领导人宣言》和作为附件的《上海共识》、《数字APEC战略》，发表了《亚太经合组织领导人反恐声明》。

11月10日，中国加入WTO

2001年11月10日，在卡塔尔首都多哈举行的世界贸易组织（WTO）第四届部长级会议以全体协商一致的方式，审议并通过了中国加入WTO的决定，标志着中国长达15年复关和加入WTO进程的结束。11日，中国代表团团长、外经贸部部长石广生向世贸组织总干事穆尔递交江泽民主席签署的《中国加入世贸组织批准书》，并签署中国加入WTO议定书。在中国政府代表签署议定书，递交批准书30天之后，中国正式成为WTO第143个成员。中国加入WTO使之向真正成为全球性贸易组织迈出一大步。19日，龙永图等6名中国政府代表首次以正式成员身份出席WTO总理事会。

▲ 中国加入世界贸易组织

正式成为世贸组织成员后，我国将全面参与世贸组织的各项工作。不久，我国将向世贸组织总部所在地——瑞士日内瓦派出中华人民共和国常驻世界贸易组织代表团，并派出大使。中国将全面享受世贸组织赋予其成员的各项权利，并将遵守世贸组织规则，认真履行义务。"多哈发展议程"已经启动，作为世贸组织成员，我国将认真积极参加世贸组织新一轮多边贸易谈判，并在其中与其他成员一道发挥积极和建设性的作用。

声音

我保证，2008年奥运会需要的任何帮助，政府都会提供，我希望借此机会向你们保证，如果此次奥运会发生盈余，我们将用它来建立一个奥林匹克友谊合作基金，来帮助发展中国家的体育事业，如果发生赤字将由政府承担。

——此为2001年7月13日中国成功获得2008年奥运会主办权，时任国务院副总理的李岚清代表中国政府发言，坚定支持奥运会

清华的特点就是清新俊逸，北大的特点就是深厚凝重。要比的话，清华就像"李白"北大就好比"杜甫"。

——2001年与清华、北大两校渊源颇深的季羡林老先生如此评价两所学校

备忘

- 1月10日，中国神舟二号无人飞船发射成功
- 2月8日，陈立夫在台湾逝世
- 2月19日，吴文俊、袁隆平获"国家最高科学技术奖"
- 3月11日，全国人口资源环境工作座谈会在北京举行
- 10月7日，中国男子足球队获得2002韩日世界杯出线权
- 12月27日，美国正式宣布给予中国永久正常贸易关系地位

2002年

 **大事**

■2月21日~22日 美国总统布什访问中国

2002年2月21日~22日，美国总统布什对我国进行为期两天的工作访问。21日，国家主席江泽民在人民大会堂与布什总统举行会谈。江泽民就

▲ 美国总统布什

维护、发展和充实两国建设性合作关系提出四点意见：一、进一步加强战略高层对话以及各级别、各部门之间的接触，增进了解和信任。二、加深在各领域的交流与合作，以造福于两国人民。三、在相互尊重、求同存异的基础上妥善处理彼此间的分歧，特别是台湾问题。四、把中美关系放在世界范围内考虑，在共同维护世界和平、促进人类文明进步方面经常沟通，加强合作。

布什赞同中方对发展双边关系的意见，希望在各个领域扩大和加强与中国的合作。

22日，国务院总理朱镕基在钓鱼台国宾馆会见布什总统时强调，台湾问题是中美关系中最敏感的核心问题。布什重申，美国政府奉行一个中国的政策，希望台湾问题和平解决，这一立场是一贯的，不会改变。布什说中国是一个伟大的国家，美国必须努力与中国发展良好、真诚的关系。这是一个重要契机。当天，布什还到清华大学发表演讲。

访问北京是布什时隔20多年后故地重游，20世纪70年代中期，布什的父亲老布什出使中国时，他曾来北京探望过父母。2002年2月22日正巧为尼克松总统30年前访华纪念日，作为第54届美国总统，布什踏着尼克松、老布什的足迹访问中国，意义重大。

■3月25日，"神舟"三号飞船发射升空并成功进入预定轨道

北京时间2002年3月25日晚上10时15分，我国研制的"神舟"三号飞船在酒泉卫星发射中心发射升空并成功进入预定轨道。中共中央总书记、国家主席、中央军委主席江泽民来到载人航天发射场观看飞船发射，并发表了重要讲话。他指出，"神舟"三号飞船的发射成功，是我国航天事业发展史上一座新的里程碑，充分体现了中华民族自强不息的精神，充分反映了社会主义制度集中力量办大事的优越性，充分证明了中国人民有志气、

 世界

▶5月31日，第一次由两国共同举办的世界杯，2002年韩日世界杯在韩国汉城（今首尔）开幕

2002年5月31日，由韩国和日本共同举办的第17届世界杯足球赛在韩国首都汉城（今首尔）举行。本次世界杯是首次由两个国家共同举办。此后国际足联宣布，今后的每届世界杯将在各大洲轮流举办。

这次世界杯参赛的球队一共有32支。中国国家队也在主教练博拉·米卢蒂诺维奇的带领下，首次闯入世界杯的决赛阶段。但是首战哥斯达黎加时，中国队以0：2完败；小组第二场比赛，中国队遭遇巴西，结果以0：4完败，第三战又以0：3输给了土耳其，结束了征战世界杯之旅。

本次世界杯的冠军为巴西队，德国为亚军。德国球员卡恩获得了金球奖，巴西球员罗纳尔多获得银球奖。

有能力屹立于世界民族之林。"神舟"三号飞船发射成功，必将极大地激发全国各族人民的自豪感和凝聚力，进一步坚定我们把建设有中国特色社会主义的伟大事业继续推向前进的信心。

25日晚上，载人航天发射场皓月当空，群星闪烁。高100多米的飞船发射塔旁，矗立着"长征二号F"捆绑式大推力运载火箭。火箭的顶部安装着"神舟"三号飞船。在灯光的照射下，火箭上印着的五星红旗分外鲜艳。晚上10时15分，火箭点火升空。火箭尾部喷射出长长的红色火焰，发射场上空响起震天轰鸣，"神舟"三号飞船疾速向太空飞去，在夜幕中留下了一道绚丽的轨迹。10分钟后，飞船成功进入预定轨道。这次发射成功标志着我国载人航天工程取得了新的重要进展，为不久的将来把我国的航天员送上太空打下了坚实的基础。

▲ "神舟"三号飞船发射成功

■ 5月24日，习仲勋逝世

习仲勋，陕西富平县人。中国共产党的优秀党员，伟大的共产主义战士，杰出的无产阶级革命家，我党、我军卓越的政治工作领导人，陕甘边区革命根据地的主要创建者和领导者之一，国务院原副总理，中国共产党第十一届中央委员会书记处书记，第十二届中央政治局委员、书记处书记，第五届、第七届全国人民代表大会常务委员会副委员长。

1926年，在县立诚中学高小读书、年仅13岁的习仲勋就加入了中国共青团。1928年转为中国共产党党员，后从事农民运动。1930年被派往杨虎城部警备骑兵第三旅开展兵运工作。1932年在甘肃两当发动兵变，失败后曾转赴渭北、三原开展革命工作。1933年起任陕甘边游击队总指挥部政委、中共陕甘边特委军委书记、陕甘边革命委员会副主席，参与创建以照金为中心的陕甘边革命根据地。

新中国成立后，习仲勋先后担任中共中央宣传部部长和政务院秘书长、国务院副总理等党政要职。"文化大革命"爆发后，"四人帮"诬陷习仲勋支持小说《刘志丹》的创作是"利用小说进行反党"，习仲勋从此被审查、关押前后长达16年之久。

1978年3月，习仲勋被选为五届全国政协常委，后任中共广东省委第二书记、第一书记，兼广州军区第二政委。他到任不久即进行广泛的调查研究，在此基础上，大胆向中央提出建议，要在广东设立经济特区。这个想法得到了邓小平的支持。此后不久，深圳特区开始设立。深圳、珠海两个特区的奠基也是由习仲勋亲自主持的。

1982年9月，习仲勋当选为中共十二届中央政治局委员、书记处书记。1988年4月被选为七届全国人大常委会副委员长。2002年5月24日5时34分，

声音

希望中国职工"大胆的花钱"，不要有后顾之忧。
——此为财政部部长项怀诚2002年在谈及2001年中国职工加薪及春节前增发奖金时的谈话

我们严正警告台湾分裂势力，不要错判形势，立即悬崖勒马，停止一切分裂活动。
——此为2002年8月5日中共中央台湾工作办公室、国务院台湾事务办公室新闻发言人就陈水扁"一边一国"的言论发表的声明

习仲勋因病医治无效，在北京逝世，享年89岁。

■ 6月4日，中国国家足球队首次参加世界杯足球赛

第十七届世界杯足球赛，于2002年5月31日至6月30日，在韩国和日本举行。这是历史上首次由两个国家联合举办的世界杯足球赛，也是首次在亚洲举行的世界杯，中国国家足球队首次获得了参加世界杯的资格，以崭新的姿态出现在世界杯的赛场上。

2001年北京时间10月7日，19点30分，中国国家足球队在沈阳主场以1∶0战胜阿曼队，积16分提前两轮取得了2002年世界杯足球赛决赛的入场券。这是中国队自1957年至今44年来第七次冲击世界杯，第一次成功打入世界杯决赛圈，经过几代健儿的不懈努力，终于实现了"冲出亚洲，走向世界"的夙愿，进入世界杯决赛圈。

中国队获得出线权后，整个国家都沸腾了，人们涌向街头以各种方式庆祝这一期待已久的胜利，中国邮政、香港邮政署、澳门邮政专门为此联合设计并发行了"2002年世界杯赛"纪念邮票及小全张、邮票首日封等邮品。虽然，在本届世界杯中，中国国家足球队最终在小组赛中以0∶2，0∶4，0∶3输给了对手巴西、哥斯达黎以及土耳其，结束了首次世界杯之旅，但是，中国国家足球队毕竟迈开了关键性的一步，经过这次大赛的锻炼之后，中国队对自身有了更明确的定位和认识，为下一步队伍的提高和发展积累了经验教训。

■ 7月1日，香港特别行政区第二届政府就职典礼在香港会议展览中心隆重举行

2002年7月1日，庆祝香港回归祖国五周年大会暨香港特别行政区第二届政府就职典礼在香港会议展览中心隆重举行。

9时整，大会在雄壮的国歌声中开始。董建华第一个上台宣誓就职。江泽民监誓。接着，香港特别行政区第二届政府的19名主要官员由董建华先生带领上台宣誓就职。江泽民监誓。随后，香港特别行政区行政会议的19名成员宣誓就职。董建华监誓。

在热烈的掌声中，江泽民代表中央人民政府和全国各族人民，向香港各界人士致以亲切的问候，向新就任的香港特别行政区第二任行政长官董建华先生和第二届政府主要官员、行政会议成员，表示衷心的祝贺，并提出了殷切的期望。希望香港各界人士更好地适应香港回归后的发展形势，当好香港和我们伟大祖国的主人；希望香港特别行政区行政、立法、司法机关不断提高施政和执法水平，更好地为社会为公众服务；希望特别行政区政府和社会各界人士坚定信心，自强不息，努力开创香港经济发展的新局面。

董建华在致词中回顾了过去5年香港走过的历程和当前面临的境况。他说，摆在我们面前的是一条充满艰辛，也充满光明和希望的道路。世界的变化，催逼着我们；国家的发展，激励着我们；"一国两制"的成功经验

世界

▶7月27日，乌克兰航展事故

当地时间2002年7月27日，乌克兰空军一架苏-27战斗机在乌西部城市利沃夫进行特技飞行表演时，突然失控坠入地面观看表演的人群当中，并爆炸起火。事故原因还不明确，有目击者称苏-27在表演时曾与一棵树发生摩擦，也有消息称，飞机失事原因是发动机在飞行中突发故障。

乌克兰总统库奇马当天签署命令，宣布7月29号为乌克兰飞机坠毁事故全民哀悼日。

和中央政府的大力支持，鼓舞着我们。我们现在最需要的，就是要在奋斗目标上精诚团结，在坚定信念、共同承担上万众一心，彻底清除前进路上的一切障碍，将香港经济发展起来，将"一国两制"的伟大事业成功向前推进。

会上，内地和香港的艺术家表演了精彩的文艺节目。中共中央政治局委员、国务院副总理钱其琛和夫人周寒琼，中央军委委员、中国人民解放军总后勤部部长王克，中共中央办公厅主任王刚，中共中央政策研究室主任滕文生，国务院港澳事务办公室主任廖晖出席了大会。出席大会的还有，全国政协副主席霍英东，澳门特别行政区行政长官何厚铧，中央人民政府驻港联络办主任姜恩柱，外交部驻港特派员吉佩定，中国人民解放军驻港部队司令员熊自仁和政委王玉发，以及香港各界代表、特邀嘉宾2000多人。

■ 10月31日，上海合作组织成员国总检察长会议在上海开幕

2002年10月31日，上海合作组织成员国总检察长会议在上海开幕。这是上海合作组织框架内的首次检察机关高层会议，也是我国检察机关探索加强国际司法合作的一种新尝试。

中共中央政治局委员、中央书记处书记、国务委员罗干向会议发来贺信。罗干在贺信中指出，上海合作组织成立一年多来，在加强成员国间的相互信任和睦邻友好，维护地区和平、安全与稳定，促进不同领域的互利合作，推动成员国的经济、社会和文化发展等方面都发挥了重要作用。打击恐怖主义、分裂主义和极端主义是上海合作组织的主要宗旨和合作方向之一。上海合作组织成员国的检察机关在维护法制，打击以"三股势力"为重点的跨国犯罪，维护本地区的安全和稳定方面担负着重要的职责。近年来，中、哈、吉、俄、塔、乌检察机关交往频繁，建立了密切的联系，开展了良好的合作，积累了一定经验，为推动本地区的安全和稳定发挥了积极的作用。这次会议对于推动和深化在上海合作组织框架内的司法交流与合作，维护本地区的安全和稳定，必将起到重要的作用。

■ 11月8日~14日，中国共产党第十六次全国代表大会在北京举行

2002年11月8日~14日，中国共产党第十六次全国代表大会在北京举行。这次大会的主题是：高举邓小平理论伟大旗帜，全面贯彻"三个代表"重要思想，继往开来，与时俱进，全面建设小康社会，加快推进社会主义现代化，为开创中国特色社会主义事业新局面而奋斗。

李鹏主持了大会开幕式。江泽民代表第十五届中央委员会向大会作了题为《全面建设小康社会，开创中国特色社会主义事业新局面》的报告。江泽民说，中国共产党第十六次全国代表大会，是我们党在新世纪召开的第一次代表大会，也是我们党在开始实施社会主义现代化建设第三步战略部署的新形势下召开的一次十分重要的代表大会。

江泽民同志主持大会闭幕式并发表讲话，大会通过了《关于十五届中

中国百年实录 2002年

▲ 中国共产党第十六次全国代表大会在北京举行

央委员会报告的决议》、《关于〈中国共产党章程（修正案）〉的决议》（这一修正案自通过之日起生效）、《关于中央纪律检查委员会工作报告的决议》。大会以无记名投票方式，选举出由198名委员、158名候补委员组成的十六届中央委员会，选举出由121名委员组成的中央纪律检查委员会。

这次大会把"三个代表"重要思想同马克思列宁主义、毛泽东思想、邓小平理论一道，确立为我们党必须长期坚持的指导思想，进一步明确了新形势下加强和改进党的建设的新任务和根本要求，集中体现了新时期我们党自身建设积累的新经验，必将有力地推进党的建设的伟大工程，为我们指明了前进的方向，规划了全面建设小康社会的美好蓝图，吹响了实现中华民族伟大复兴的进军号角。

这是一次团结的大会、胜利的大会、奋进的大会，对于动员全党和全国人民继往开来、与时俱进，全面开创中国特色社会主义事业的新局面，具有重大而深远的意义。

■ 11月15日，中共十六届一中全会在北京举行

2002年11月15日，中国共产党第十六届中央委员会第一次全体会议，在北京举行。出席会议的有中央委员198人，候补中央委员158人。中央纪律检查委员会委员列席会议。

胡锦涛同志主持会议并作了重要讲话。

全会选举了中央政治局委员、候补委员，中央政治局常务委员会委员，中央委员会总书记；根据中央政治局常务委员会的提名，通过了中央书记处成员；决定了中央军事委员会组成人员；批准了中央纪律检查委员会第一次全体会议选举产生的书记、副书记和常务委员会委员人选。胡锦涛任中央委员会总书记；江泽民任中央军事委员会主席；胡锦涛、吴邦国、温家宝、贾庆林、曾庆红、黄菊、吴官正、李长春、罗干任中央政治局常委；吴官正任中央纪律检查委员会书记。

十六届一中全会选举产生了新一届中央领导机构，中国共产党又一次顺利地实现了新老交替。中国共产党将进一步向世人展现出与时俱进、开拓进取的良好形象。全党、全国各族人民将更加紧密地团结在一起，把改革开放和现代化建设事业继续推向前进。

■ 12月9日~10日，中央经济工作会议在北京举行

2002年12月9日~10日，中共中央、国务院召开的中央经济工作会议在

世界

▶ 10月23日，车臣劫持人质造成百余人死亡

苏联解体以来，俄罗斯一直受到车臣非法武装的困扰。多年来，车臣非法武装不断在俄境内外制造劫持人质事件，以此要挟俄联邦当局。

2002年10月23日，50多名车臣恐怖分子在莫斯科劫持近千名人质，要挟俄罗斯联邦政府从车臣撤军，否则就炸毁大楼，枪杀人质。26日凌晨，普京总统命令俄罗斯特种部队发动营救人质行动，32名武装分子被当场击毙，128名人质不幸在这一事件中死亡。

北京举行。

胡锦涛、朱镕基、李岚清、吴邦国、温家宝、贾庆林、曾庆红、黄菊、吴官正、李长春、罗干出席会议。中共中央总书记胡锦涛就当前国际国内形势，认真贯彻落实党的十六大提出的经济工作的各项任务，明年经济工作的总体要求和主要任务作了重要讲话。国务院总理朱镕基就明年经济工作作了全面部署。中共中央政治局常委、国务院副总理温家宝主持会议并在会议结束时作总结讲话。

会议确定，明年经济工作的总体要求是：以邓小平理论和"三个代表"重要思想为指导，认真贯彻党的十六大精神，积极应对国内外环境变化带来的困难和挑战，坚持扩大内需的方针，继续实施积极的财政政策和稳健的货币政策，进一步深化改革，全面提高对外开放水平，加快经济结构的战略性调整，积极发展农业和农村经济，大力推进新型工业化，促进国民经济持续、快速、健康发展，实现速度和结构、质量、效益相统一。正确处理改革发展稳定的关系，切实做好就业和再就业工作，完善社会保障体系，提高城乡居民生活水平，保持社会稳定。

备忘

- 7月4日，西气东输工程全线开工
- 8月3日，陈水扁公开表示台湾与中国的关系是"一边一国"，遭到强烈驳斥
- 10月11日，中国国际航空公司成立
- 11月21日，中国完成水稻第四号染色体精确测序
- 12月3日，上海赢得2010年世博会主办权
- 12月29日，中国在酒泉卫星发射中心成功发射神舟四号飞船

2003年

 大事

■ 3月3日~14日，中国人民政治协商会议第十届全国委员会第一次会议在北京举行

2003年3月3日~14日，中国人民政治协商会议第十届全国委员会第一次会议在北京举行。本次会议于14日闭幕，全国政协主席贾庆林在闭幕会上讲话。

会议听取和讨论了朱镕基总理所作的政府工作报告，表示赞同并给予高度评价。听取和讨论了国务院关于2002年国民经济和社会发展计划执行情况与2003年国民经济和社会发展计划草案的报告、关于2002年中央和地方预算执行情况及2003年中央和地方预算草案的报告、关于国务院机构改革方案的说明，听取和讨论了最高人民法院工作报告和最高人民检察院工作报告，对以上报告和方案表示赞同。会议通过了政协第十届全国委员会第一次会议政治决议、政协十届一次会议关于政协第九届全国委员会常务委员会工作报告的决议、政协十届一次会议关于政协第九届全国委员会常务委员会提案工作情况报告的决议。

在这次会议中，贾庆林当选全国政协主席，会议选出的政协第十届全国委员会副主席是：王忠禹、廖晖、刘延东、阿沛·阿旺晋美、巴金、帕巴拉·格列朗杰、李贵鲜、张思卿、丁光训、霍英东、马万祺、白立忱、罗豪才、张克辉、周铁农、郝建秀、陈奎元、阿不来提·阿不都热西提、徐匡迪、李兆焯、黄孟复、王选、张怀西、李蒙。会议选举郑万通为政协第十届全国委员会秘书长，并选出政协第十届全国委员会常务委员299名。

■ 3月5日~18日，十届全国人大一次会议在北京举行

2003年3月5日~18日，十届全国人大一次会议在北京举行。会议号召，全国各族人民在以胡锦涛同志为总书记的党中央领导下，高举邓小平理论伟大旗帜，全面贯彻"三个代表"重要思想，同心同德，奋发图强，与时俱进，为全面建设小康社会，开创中国特色社会主义事业新局面而努力奋斗。

会议经过表决，通过了关于政府工作报告的决议，批准了政府工作报告。吴邦国当选为第十届全国人民代表大会常务委员会委员长；王兆国、李铁映、司马义·艾买提、何鲁丽、丁石孙、成思危、许嘉璐、蒋正华、顾秀莲、热地、盛华仁、路甬祥、乌云其木格、韩启德、傅铁山当选为第十届全国人民代表大会常务委员会副委员长；盛华仁当选为第十届全国人

 世界

▶1月10日，朝鲜宣布退出《不扩散核武器条约》

朝鲜中央通讯社2003年1月10日报道，朝鲜即自日起立即退出《不扩散核武器条约》。朝鲜政府官员此前曾表示，由于美国对平壤进行核威胁，朝鲜无法继续履行其《不扩散核武器条约》的职责。此后，国际原子能机构总干事巴拉迪表示，朝鲜暗示退出《不扩散核武器条约》的做法为这一条约的所有签署国设立了一个危险的先例。

《不扩散核武器条约》又称"防止核扩散条约"或"核不扩散条约"，是1968年1月7日由英国、美国、苏联等59个国家分别在伦敦、华盛顿和莫斯科缔结签署的一项国际条约，共11款。该条约的宗旨是防止核扩散，推动核裁军和促进和平利用核能的国际合作。该条约1970年3月正式生效。截至2003年1月，条约缔约国共有186个。

民代表大会常务委员会秘书长；159人当选为第十届全国少民代表大会常务委员会委员。胡锦涛当选为中华人民共和国主席；曾庆红当选为中华人民共和国副主席。江泽民当选为中华人民共和国中央军事委员会主席。温家宝为中华人民共和国国务院总理。胡锦涛、郭伯雄、曹刚川为中华人民共和国中央军事委员会副主席。肖扬当选为最高人民法院院长。贾春旺当选为最高人民检察院检察长。黄菊、吴仪、曾培炎、回良玉为国务院副总理，周永康、曹刚川、唐家璇、华建敏、陈至立为国务委员。

▲ 第十届全国人民代表大会第一次会议

会议通过了十届全国人大专门委员会组成人员名单和国务院各部部长、各委员会主任、中国人民银行行长、审计长名单。根据国务院机构改革方案，国家计委改组为国家发展和改革委员会，组建商务部，国家计划生育委员会更名为国家人口和计划生育委员会，不再保留国易经贸委、外经贸部。经过改革，除国务院办公厅外，国务院组成部门设置28个。设立国务院国有资产监督管理委员会、中国银行监督管理委员会，组建国家食品药品监督管理局，调整国家安全三产监督管理局的体制。

18日上午，国务院总理温家宝和副总理黄菊、吴仪、曾培炎、回良玉，与采访"两会"的中外记者见面，并回答记者的提问。

■ 3月，"非典"向全国蔓延，中国人民开始抗击"非典"

2003年爆发的"非典型性肺炎"是全球众多国家和地区面临的一场疫病危机，其中中国内地是重灾区。"非典"自2002年11月在我国内地出现病例并开始大范围流行，大致可以分为两个阶段：2002年11月至2003年3月，疫情主要发生在粤港两地；2003年3月以后，疫情向全国扩散，其中尤以北京为烈。4月21日至4月底，北京非典疫情严峻，最高一天新增病例达150多人。

面对严峻的非典疫情，党中央、国务院将防治非典列为各项工作的重中之重，组建了全国防治非典型肺炎指挥部，统一领导全国防治工作。5月1日，经过8天的紧急筹建，北京市第一家专门治疗非典的临时性传染病医院小汤山医院开始接收病人。6月13日，世界卫生组织宣布从13日起解除到中国河北省、内蒙古自治区、山西省和天津市的旅游警告。6月20日，北京小汤山医院最后18名患者出院。在不到两个月的时间里，这座全国最大的非典定点收治医院完成了从组建、运转到关闭的全过程，共有672名非典病人在这里获得新生，治愈率超过98.8%。6月23日，世界卫生组织在日内瓦宣布，中国香港特别行政区已被排除在暴发非典型性肺炎疫情地区的名单之外。6月24日，世界卫生组织宣布，北京的非典型性肺炎疫情明显缓和，已符合世卫组织有关标准，因此解除对北京的旅行警告，同时将北京从非

做好自己的工作就是最大的政治。
——此为2003年非典肆虐期间钟南山接受中央电视台《面对面》栏目组记者采访时说的一句话

万众一心，抗击非典。
——此为2003年抗击非典的宣传标语，极大地鼓舞了人们抗击非典的决心和斗志

典疫区名单中排除。

至此，全国人民在党中央、国务院的坚强领导下，齐心协力，共抗非典，经过几个月的不懈努力，防治非典工作取得了阶段性重大胜利。

■ 7月28日，全国防治非典工作会议在北京举行

2003年7月28日，全国防治非典工作会议在北京举行。中共中央政治局常委、国务院总理温家宝主持会议并讲话。中共中央政治局常委吴邦国、贾庆林、曾庆红、黄菊、吴官正、李长春、罗干出席会议。

中共中央总书记、国家主席胡锦涛在会上做了重要讲话，他在讲话中回顾了我国抗击非典斗争的艰苦历程，他代表党中央、国务院，向为这次防治非典工作做出重大贡献的医务工作者、科技工作者以及广大干部群众，向积极投身抗击非典斗争的中国人民解放军、武警部队官兵和公安干警，向全力投身防治非典工作的各民主党派、工商联和无党派人士、各人民团体，向在这场斗争中涌现出来的先进集体和模范人物，表示崇高的敬意。向支持我们防治非典的香港特别行政区同胞、澳门特别行政区同胞、台湾同胞以及海外华侨华人，表示衷心的感谢。向世界上声援和帮助我国防治非典的国家、国际组织、政党、社会团体、企业和友好人士，表示诚挚的谢意。向在这场斗争中英勇殉职的英烈们，向不幸被非典病魔夺去生命的同胞们，表示沉痛的哀悼。

胡锦涛强调，当前，要按照中央的要求，继续抓好防治非典工作，全面促进经济持续快速健康发展。从长远发展看，要进一步研究并切实抓好促进经济社会协调发展、统筹城乡经济社会发展、加强公共卫生建设工作、推进社会管理体制的建设和创新、加强宣传舆论工作、狠抓依法治国基本方略的落实、增强对外开放条件下做好工作的能力、加强党的执政能力建设、做好关心群众生产生活工作等9个方面的工作。

温家宝在讲话中强调，在全面建设小康社会和整个现代化过程中，必须进一步树立全面的发展观，始终坚持统筹兼顾，更加注重经济与社会协调发展、城乡协调发展、地区协调发展、人与自然协调发展，更加注重政府的社会管理和公共服务职能，更加注重全面把握宏观调控的各项目标，更加注重全面提高人民的物质生活、文化生活和健康水平。

各省、自治区、直辖市，计划单列市，新疆生产建设兵团主要负责同志；中央和国家机关各部委、国务院所属有关单位主要负责同志；以及军委各总部、武警部队的主要负责同志参加了会议。

■ 10月11日~14日，中共十六届三中全会明确提出了科学发展观的重大战略思想

中国共产党第十六届中央委员会第三次全体会议，于2003年10月11日至14日在北京举行。全会由中央政治局主持，中央委员会总书记胡锦涛作了重要讲话。

全会听取和讨论了胡锦涛受中央政治局委托作的工作报告，审议通

过了《中共中央关于完善社会主义市场经济体制若干问题的决定》（以下简称《决定》），明确提出了关于完善社会主义市场经济体制的目标、任务、指导思想和原则，为全面建设小康社会提供了重要的体制保证。

《决定》提出了"五个统筹"的要求，体现了经济、社会和人的全面发展，体现了改革、发展与稳定三者的紧密结合、相互统一的战略思想，反映了党对社会主义市场经济规律的认识不断地深化。与此同时，《决定》还提出了"五个坚持"，即：要坚持社会主义市场经济的改革方向，坚持尊重群众的首创精神，坚持正确处理改革与发展、稳定的关系，坚持统筹兼顾，坚持以人为本。

由此可见，《决定》明确地以科学发展观为指导，体现了科学发展观的思想底蕴。自此，以人为本、全面协调可持续的科学发展理念开始深入人心。

■ 10月15日，中国首次成功发射载人宇宙飞船"神舟"五号

北京时间2003年10月15日9时，我国首位航天员杨利伟乘坐的"神舟"五号载人飞船，在酒泉卫星发射中心成功升空。按照预定计划，飞船绕地球飞行14圈后，于16日清晨返回。

16日清晨晨5时30分，温家宝、曾庆红等来到北京航天指挥控制中心第一指挥厅。来自地面测控站和远望号测量船的测控数据源源不断地汇聚到这里，上百名技术人员目不转睛地监视着电脑里跳动的数字，4个电子大屏幕展示出飞船的运行曲线、参数……一场紧张的战斗正在进行。建立返回姿态、返回舱与轨道舱分离、飞船制动发动机点火……电子显示屏上的图像清晰地显示，"神舟"五号载人飞船飞行高度不断降低，正从太空向祖国大地返航。

▲ 航天英雄杨利伟

"飞船着陆成功！"16日清晨6时23分，北京航天指挥控制中心第一指挥厅，扬声器里传来"神舟"五号载人飞船返回舱安然着陆的喜讯，大厅内顿时一片欢腾。专程前来观看飞船回收的中共中央政治局常委、国务院总理温家宝，中共中央政治局常委、国家副主席曾庆红等领导同志，和在场的载人航天工程指挥、技术人员一起热烈鼓掌，共贺我国首次载人航天飞行获得圆满成功。6时23分，飞船返回舱在内蒙古四子王旗主着陆场安全着陆。6时31分，温家宝总理与刚刚安全着陆的航天员杨利伟通话，祝贺他顺利返航。6时54分，载人航天工程总指挥李继耐宣布我国首次载人航天飞行获得圆满成功。指挥厅内顿时掌声雷动，一片欢腾。

世界

▶2月1日，美国哥伦比亚号航天飞机于得克萨斯州上空解体

2003年2月1日，美国哥伦比亚号航天飞机在重返地面的过程中突然发生解体燃烧，航天飞机上的七名宇航员，包括六名美国人及一名以色列人全部遇难。

哥伦比亚号坠毁后，正在戴维营度周末的美国总统布什紧急返回白宫。午后他向全国发表广播讲话，哀悼遇难的七名宇航员，并誓言将继续探索太空的旅程。在发表讲话前，布什与遇难宇航员的家人通话表示慰问。他在讲话中安慰那些突然陷于震惊和悲痛的家人："你们并不孤单，整个国家都在与你们一起悲伤，你们所爱的人永远得到这个国家的尊敬和感谢。"布什誓言："他们为之牺牲的事业仍将继续，人类受发现的激励和求知的渴望进入了超出我们这个世界之外的黑暗，我们探索太空的旅程将会继续。"

2月1日中午起，华盛顿主要场所均已降半旗志哀。

■ 12月31日，中共中央、国务院出台《关于促进农民增加收入若干政策的意见》

2003年12月31日，中共中央、国务院出台《关于促进农民增加收入若干政策的意见》。《意见》强调，农民收入长期上不去，不仅影响农民生活水平提高，而且影响粮食生产和农产品供给；不仅制约农村经济发展，而且制约整个国民经济增长；不仅关系农村社会进步，而且关系全面建设小康社会目标的实现；不仅是重大的经济问题，而且还是重大的政治问题。全党必须从实现好、维护好、发展好广大人民群众根本利益的高度，进一步增强做好农民增收工作的紧迫感和主动性。

这是党中央、国务院高度重视"三农"问题的第六个一号文件，是在改革发展的关键时期，统筹城乡社会经济全面协调发展的重大举措，文件再次重申："三农"问题不仅是我国重大的经济问题，而且是我国重大的政治问题。一号文件共22条，分九部分，约9000字。包括：集中力量支持粮食主产区发展粮食产业，促进种粮农民增加收入；继续推进农业结构调整，挖掘农业内部增收潜力；发展农村二、三产业，拓宽农民增收渠道；改善农民进城就业环境，增加外出务工收入；发挥市场机制作用，搞活农产品流通；加强农村基础设施建设，为农民增收创造条件；深化农村改革，为农民增收减负提供体制保障；继续做好扶贫开发工作，解决农村贫困人口和受灾群众的生产生活困难；加强党对促进农民增收工作的领导，确保各项增收政策落到实处。2004年一号文件引领农民增收6.8%、粮食增产9%。

备忘

- 4月28日，中国银行业监督管理委员会正式挂牌
- 5月2日，我海军一艘常规动力潜艇近日在训练时失事，全体官兵遇难
- 6月1日，三峡大坝开始蓄水
- 8月5日，中国人工繁育成活第一只大熊猫
- 8月6日，上海合作组织举行首次多国联合军事演习
- 10月5日，中共中央、国务院发出《关于实施东北地区等老工业基地振兴战略的若干意见》
- 11月3日，湖南衡阳特大火灾，20名消防员殉职
- 12月23日，重庆开县高桥镇发生井喷事故

世界

▶12月13日，伊拉克前总统萨达姆·侯赛因在家乡提克里特附近地区被美军逮捕

2003年12月14日，美国负责伊拉克战后重建事务的最高文职行政长官布雷默在记者招待会上正式宣布，伊拉克前总统萨达姆已被捕。布雷默说："萨达姆·侯赛因于12月13日晚8时30分许在距提克里特大约15公里的达瓦尔镇一个地下室里被逮捕。"他说："这是伊拉克历史上一个伟大的日子。"

伊拉克临管会成员帕沙吉在记者招待会上宣布，伊拉克将成立特别战犯法庭对萨达姆进行审判。据美国《时代》周刊报道，萨达姆被美军发现后立即要求美军不要开枪。他说："别开枪，我是萨达姆·侯赛因，伊拉克共和国的总统。"

2004年

■ 3月5日~14日，十届全国人大二次会议在北京举行

2004年3月5日~14日，十届全国人大二次会议在北京举行。本次会议议程：

会议通过中华人民共和国宪法修正案。修正案确立"'三个代表'重要思想"在国家政治和社会生活的指导地位，增加推动物质文明、政治文明和精神文明协调发展的内容，在统一战线的表述中增加社会主义事业的建设者，完善土地征用制度，进一步明确国家对发展非国有制经济的方针，完善对私有财产保护的规定，增加建立健全社会保障制度的规定，增加尊重和保障人权的规定，完善全国人民代表大会组成的规定，做出关于紧急状态的规定，规定国家主席进行国事活动的权职，修改乡镇政权任期的规定，增加对国歌的规定等。会议通过温家宝的《政府工作报告》。表决通过关于2003年国民经济和社会发展计划执行情况与2004年国民经济和社会发展计划的决议等。

这次大会是在我国改革和发展处于关键阶段召开的一次重要会议。大会洋溢着团结奋进、昂扬向上、开拓创新、求真务实的热烈气氛。近3000名代表认真听取和审议了温家宝总理所作的《政府工作报告》和其他重要报告。一致认为，《政府工作报告》求真务实，思路清晰，目标明确，鼓舞人心。在过去一年里，新一届全国人大及其常委会认真履行宪法和法律赋予的职责，进一步加强立法工作，积极开展监督工作，认真加强自身建设，为发展社会主义民主、健全社会主义法制，实施依法治国基本方略，坚持和完善人民代表大会制度，为推进全面建设小康社会进程发挥了重要作用。

■ 4月25日，十届全国人大常委会第九次会议在北京举行

2004年4月25日，第十届全国人大常委会第九次会议在北京举行，吴邦国委员长出席并主持了上午的第一次全体会议。在上午举行的第一次全体会议和分组会议上，常委会组成人员对香港特区行政长官提交的《关于香港特别行政区2007年行政长官和2008年立法会产生办法是否需要修改的报告》进行了审议。会议印发了国务院转给全国人大常委会的国务院港澳事务办公室对香港特区行政长官报告的意见和根据委员长会议的决定征求的香港特区全国人大代表、全国政协委员、全国人大常委会香港基本法委员会港方委员、香港各界人士的意见。全国人大常委会法工委副主任李飞向

全体会议汇报了征求香港社会各方面意见的情况。

下午举行的十届全国人大常委会第十七次委员长会议,根据常委会组成人员分组审议香港特区行政长官报告的意见,提出了《全国人民代表大会常务委员会关于香港特别行政区2007年行政长官和2008年立法会产生办法有关问题的决定(草案)》。

随后举行的第二次全体会议由蒋正华副委员长主持。会上,全国人大常委会副秘书长乔晓阳汇报了常委会组成人员审议香港特区行政长官报告的意见。其后,常委会组成人员分组对决定草案进行了审议。

在分组会议上,常委会组成人员进行了广泛、深入和热烈的讨论。大家普遍认为,根据香港特区行政长官的报告和国务院港澳办的意见及香港社会各方面的意见,2007年行政长官和2008年立法会的产生办法需要进行适当的修改。

常委会组成人员一致赞同决定草案的内容,认为对两个产生办法的修改做出决定,符合香港基本法的有关规定和全国人大常委会释法的有关规定,体现了根据香港的实际情况和循序渐进的原则,有利于香港社会、经济、政治发展的相互协调,有利于保证香港各阶层、各界别、各方面的均衡参与,有利于行政主导体制的有效运行,有利于保持香港的长期繁荣和稳定。

亚洲有我,中国有我!
——此为刘翔2004年在男子110米跨栏夺得冠军时的豪言

任何把台湾从中国分割出去的企图都是注定要失败的。
——2004年3月20日中共中央台湾工作办公室、国务院台湾事务办公室就台湾当局举行公民投票,以及因投票人数未达总投票权人数的一半而无效,发表了上述声明

■5月17日,中共中央台湾办公室、国务院台湾事务办公室就当前两岸关系发表声明

2004年5月17日,中共中央台湾工作办公室、国务院台湾事务办公室17日受权就当前两岸关系问题发表声明。

声明说,当前,两岸关系形势严峻。坚决制止旨在分裂中国的"台湾独立"活动,维护台海和平稳定,是两岸同胞当前最紧迫的任务。

声明说,四年前,陈水扁曾信誓旦旦地做出所谓"四不一没有"的承诺。四年来,陈水扁的所作所为表明,他自食其言、毫无诚信。他说不会宣布"台独",却纠集各种分裂势力进行"台独"活动。他说不会改变所谓"国号",却不断鼓噪"台湾正名"、"去中国化"。他还恶意扭曲台湾民意,肆意煽动仇视大陆、"对抗中国",公然提出通过"制宪"走向"台独"的时间表,将两岸关系推到了危险的边缘。

声明说,未来四年,无论什么人在台湾当权,只要他们承认世界上只有一个中国,大陆和台湾同属一个中国,摒弃"台独"主张,停止"台独"活动,两岸关系即可展现和平稳定发展的光明前景:

声明说,现在有两条道路摆在台湾当权者面前:一条是悬崖勒马,停止"台独"分裂活动,承认两岸同属一个中国,促进两岸关系发展;一条是一意孤行,妄图把台湾从中国分割出去,最终玩火自焚。何去何从,台湾当权者必须做出选择。在中国人民面前,没有任何事情比捍卫自己国家的主权和领土完整更为重要、更加神圣。我们将以最大的诚意、尽最大的努力争取祖国和平统一的前景。但是,如果台湾当权者铤而走险,胆敢

制造"台独"重大事变,中国人民将不惜一切代价,坚决彻底地粉碎"台独"分裂图谋。

■ 8月22日,中共中央、全国人大常委会、国务院、全国政协、中央军委举行纪念邓小平诞辰100周年大会

2004年8月22日,中共中央、全国人大常委会、国务院、全国政协、中央军委在人民大会堂隆重举行大会,纪念伟大的马克思主义者,伟大的无产阶级革命家、政治家、军事家、外交家,中国社会主义改革开放和现代化建设的总设计师邓小平同志诞辰100周年。纪念大会由吴邦国主持,上午10时,纪念大会在雄壮的国歌声中开始。

胡锦涛在讲话中深切缅怀了邓小平同志为民族独立、人民解放和国家富强、人民幸福建立的不朽功勋,高度评价了他为推进党领导的伟大事业和开创党的建设新的伟大工程做出的不可磨灭的贡献,高度评价了邓小平同志的崇高品德、博大胸怀、卓越胆识和革命风格。胡锦涛强调,邓小平同志70多年波澜壮阔的革命生涯,是同中国共产党、中国人民解放军、中华人民共和国的创建和发展紧密联系在一起的,是同我们祖国和中华民族的面貌发生翻天覆地变化的历史进程紧密联系在一起的。他

▲ 纪念邓小平诞辰100周年

把毕生心血和精力都贡献给了党和人民的事业,贡献给了中国人民,赢得了全党全国人民的衷心爱戴,也赢得了各国人民的普遍尊敬。

胡锦涛指出,我们伟大的祖国是一个有着五千多年灿烂文明历史的国家,我们伟大的民族是一个历经磨难而又自强不息的民族,我们伟大的党是一个勇于团结带领人民不断追求真理、与时俱进的马克思主义政党。实现国家的现代化,实现祖国的完全统一,实现中华民族的伟大复兴,这是毛泽东同志、邓小平同志等老一辈革命家和千百万革命先辈的崇高理想,是全体中华儿女的共同愿望。我们的事业伟大而艰巨,我们的前程光明而美好。全党全国各族人民要万众一心,众志成城,艰苦奋斗,开拓创新,不断把中国特色社会主义伟大事业推向前进。

首都各界6000多人出席了纪念大会,纪念大会开始前,胡锦涛、江泽民、吴邦国、温家宝、贾庆林、曾庆红、黄菊、吴官正、李长春、罗干亲切会见了卓琳等邓小平同志的亲属,并与他们合影留念。

■ 9月16日~19日,中共十六届四中全会在北京召开

2004年9月16日~19日,中国共产党第十六届中央委员会第四次全体会

世界

▶8月13日,第28届奥林匹克运动会在其发源地雅典隆重开幕

2004年8月13日晚,第28届奥林匹克运动会在其发源地雅典隆重开幕。

本届奥林匹克运动会有202个国家和地区参加,是奥林匹克运动会史上参赛国家最多的一届。在16天的比赛中,10500名运动员将参加28个大项301个小项的比赛。

中国体育代表团第78位入场,由国家男篮队员姚明担任旗手。407名中国健儿将参加除马术和棒球之外的26个大项203个小项的比赛。

这是雅典于1896年举办首届现代奥林匹克运动会之后,奥林匹克盛会第一次回到故乡。4000人参加的开幕式演出结合了古代希腊和当代希腊的文化,以充满象征意义的形式向全世界传递以人为本的精神,阐述人类和平相处、相互尊重的精神。

雅典奥林匹克运动会圣火于北京时间8月30日熄灭。本届奥林匹克运动会,中国获金牌32枚,银牌17枚,铜牌14枚,位列奖牌榜第二名。

议在北京举行。出席这次会议的中央委员194人，中央候补委员152人。胡锦涛总书记在会上作了重要讲话并受中央政治局委托作了工作报告。

全会充分肯定党的十六届三中全会以来中央政治局的工作，全会全面分析了当前的形势和任务，着重研究了加强党的执政能力建设的若干重大问题。一致认为，加强党的执政能力建设，是时代的要求、人民的要求。进入新世纪新阶段，在机遇和挑战并存的国内外条件下，我们党要带领全国各族人民全面建设小康社会，实现继续推进现代化建设、完成祖国统一、维护世界和平与促进共同发展这三大历史任务，必须大力加强执政能力建设。这是关系中国社会主义事业兴衰成败、关系中华民族前途命运、关系党的生死存亡和国家长治久安的重大战略课题。只有不断解决好这一课题，才能保证我们党在建设中国特色社会主义的历史进程中始终成为坚强的领导核心。

▶11月11日，巴勒斯坦民族权力机构主席阿拉法特逝世

法国巴黎郊区贝尔西军医院发言人埃斯特里波11月11日宣布，巴勒斯坦民族权力机构主席阿拉法特于巴黎时间凌晨3时30分（北京时间10时30分）在巴黎逝世。

据路透社援引阿拉法特前助手的话说，阿拉法特的遗体随即将被运往开罗，葬礼将于12日在开罗举行。葬礼之后，阿拉法特的遗体将于当天被运往约旦河西岸城市拉姆安拉安葬。

中国国家主席胡锦涛11日致电巴勒斯坦国立法委员会主席劳布·法图，对巴勒斯坦国总统、巴民族权力机构主席、巴解组织执委会主席亚西尔·阿拉法特不幸逝世表示沉痛哀悼。

全会审议通过了《中共中央关于加强党的执政能力建设的决定》、《中国共产党第十六届中央委员会第四次全体会议关于同意江泽民同志辞去中共中央军事委员会主席职务的决定》和《中国共产党第十六届中央委员会第四次全体会议关于调整充实中共中央军事委员会组成人员的决定》。

全会决定，胡锦涛任中共中央军委主席，并决定徐才厚任中共中央军委副主席，增补陈炳德、乔清晨、张定发、靖志远为中共中央军委委员。全会决定递补中央候补委员艾斯海提·克里木拜、王正伟为中央委员。

全会审议并通过了《中共中央纪律检查委员会关于田凤山问题的审查报告》，决定撤销田凤山中央委员职务，给予其开除党籍处分。

■ 12月20日，胡锦涛出席庆祝澳门回归祖国5周年活动

2004年12月20日，庆祝澳门回归祖国五周年大会暨澳门特别行政区第二届政府就职典礼日上午在澳门文化中心隆重举行。中共中央总书记、国家主席、中央军委主席胡锦涛出席并发表重要讲话。

澳门特别行政区第二任行政长官何厚铧、澳门特别行政区第二届政府主要官员、澳门特别行政区行政会委员先后宣誓就职。

就职仪式后，胡锦涛发表了重要讲话。他代表中央政府和全国各族人民，向澳门各界人士致以诚挚的问候，向刚刚就任的澳门特别行政区第二任行政长官何厚铧先生和第二届特别行政区政府主要官员、行政会委员表示热烈的祝贺。

胡锦涛说，澳门回归祖国5年来，中央政府严格按照澳门特别行政区基本法办事，坚定地支持特别行政区行政长官和政府依法施政。以何厚铧先生为首的特别行政区政府带领社会各界人士团结奋斗，开拓进取，妥善解决了一系列关系澳门全局和长远发展的重大问题。今天的澳门，社会安定祥和，经济持续增长，民众安居乐业。实践证明，邓小平先生提出的"一国两制"方针是完全正确的，已经并将继续显示出强大生命力；澳门人是完全有智慧、有能力、有办法管理好、建设好、发展好澳门的；伟大的社会主义祖国始终是澳门发展的坚强后盾。

何厚铧在致辞中回顾了澳门回归祖国5年来所走过的历程。他说，5年来，中央政府对澳门的全方位支持从未间断，从未保留。在中央政府强有力的支持下，经由澳门人的团结奋斗，澳门持续赢得经济的增长和社会的进步。"一国两制"给予澳门全新的时代身份，赋予澳门全新的生命力。何厚铧表示，在未来的5年任期内，我们一定不折不扣地恪守基本法，克己奉公，务实奋进，实现第二届政府的施政目标，推动物质上和精神上的双重进步，建立一个综合生活素质逐步提升的社会，对祖国，对特别行政区，对"一国两制"、"澳人治澳"、高度自治的神圣事业，做出责无旁贷的承担和奉献。

中央书记处书记、中央办公厅主任王刚，国务委员唐家璇，全国政协副主席、国务院港澳办主任廖晖，中央军委委员、总参谋长梁光烈、全国政协副主席马万祺，香港特别行政区行政长官董建华，以及澳门各界代表、特邀嘉宾共约600人，出席了庆祝大会和就职典礼。

备忘

- 2月5日，诗人臧克家去世
- 7月14日，首届泛珠三角区域经贸洽谈会在广州举行
- 7月28日，中国在北极的第一个科学考察站——黄河站建成
- 8月6日，中国和巴基斯坦举行代号为"友谊-2004"的联合反恐军事演习。
- 9月13日，香港特区第三届立法会选举结果揭晓
- 9月19日，中国共产党第十六届四中全会正式提出了"构建社会主义和谐社会"的历史目标
- 10月14日，中国和俄罗斯签署《关于中俄国界东段的补充协定》
- 12月3日，国际数学大师、著名教育家陈省身先生在天津逝世
- 12月5日，中国第一条跨海铁路粤海铁路客运正式开通

▶12月26日，印尼苏门答腊岛海域发生强震和海啸

2004年12月26日，印尼苏门答腊岛海域发生强震和海啸，造成重大伤亡。印度尼西亚苏门答腊岛附近海域发生强烈地震（中国地震台网测定震级为里氏8.7级，美国地震监测网测定为里氏9级），并引发海啸，影响到印度尼西亚、泰国、缅甸、马来西亚、孟加拉国、印度、斯里兰卡、马尔代夫、索马里、塞舌尔、肯尼亚等东南亚、南亚和东非国家，造成重大人员伤亡。截至31日，遇难者已逼近15万人，还有大量人员失踪，强震引发海啸带来的灾难为百年来所罕见。

2005年

大事

■ 1月29日，两岸首次实现民航班机双向对飞不经第三地

2005年1月29日是一个两岸同胞都会铭记的日子。这一天，两岸首次实现了56年来民航班机双向对飞不经停三地。这一天，56年来第一班大陆民航班机降落在宝岛台湾，56年来第一架台湾航空公司班机降落在首都北京。

2005年台商春节包机和2003年相比，有三个方面的突破：第一，过去只允许台湾的民航机飞到大陆，而这次同时达成了大陆的民航机飞到台湾岛内；第二，过去台湾包机飞到大陆，必须在香港、澳门落地，这次尽管也要落到香港、澳门，但是"不落地"，在一定意义上真正实现了直航；第三，实现了多点开放，过去包机只有在台北和上海之间两点一线，这次除了上海之外，北京、广州也成为春节包机的机场。在台湾岛内，除了台北以外，南部还有高雄机场，为台胞返乡过年提供了非常便利的条件。

台湾"中国台商协会"理事长、"立法委员"章孝严于2002年10月27日提出"包机直航"方案，提议在春节时段，专案许可岛内航空器，以定点、定时、定对象的方式，往返上海、台北间接运返乡台商。大陆方面积极响应，并提出"直接、双向、互利、互惠"的基本立场。但台湾当局则提出诸多借口，迟迟不允。第一次"春节包机直航"从2003年1月26日开始至2月10日结束，共计16天，有"华航"、"远航"等6家台湾航空公司参与。

■ 3月14日，十届全国人大三次会议，通过《反分裂国家法》

2005年3月14日上午，全国人大十届三次会议在人民大会堂闭幕。会议的第八项议程是表决《反分裂国家法（草案）》。经代表表决，《反分裂国家法》以赞成2896票、弃权2票的结果，高票获得通过。

《反分裂国家法》是一部十分重要的法律。这部法律的高票通过，表明制定和施行《反分裂国家法》合乎民心，顺乎民意，是海内外中华儿女的共同愿望和坚定意志。这部法律，充分体现了我们以最大的诚意、尽最大的努力争取和平统一的一贯主张，同时表明了全中国人民维护国家主权和领土完整，绝不允许"台独"分裂势力以任何名义、任何方式把台湾从中国分裂出去的共同意志和坚定决心。

《反分裂国家法》不是一部针对台湾人民的法律，而是反对和遏制"台独"分裂势力的法律；不是一部战争的法律，而是和平统一国家的法

改革不能目中无人……不能轻言牺牲，哪怕是为了长远利益。我们不能说，为了国际就该牺牲中国，为了效率就该牺牲安全，为了锅里的就应该牺牲碗里的，为了没柴烧，就连门槛都给剁了。

——此为2005年北大历史学家李零对于改革的一番谈话

两岸合作，赚世界的钱，有什么不对？

——此为2005年4月29日连战在北大演讲时的一句话

律。这部法律规定，坚持一个中国原则，是实现国家和平统一的基础；以和平方式实现祖国统一，最符合台湾海峡两岸同胞的根本利益；国家以最大的诚意，尽最大的努力，实现和平统一。

坚持一个中国原则决不动摇，争取和平统一的努力决不放弃，贯彻寄希望于台湾人民的方针决不改变，反对"台独"分裂活动决不妥协。这是新形势下发展两岸关系的重要宣示，也是《反分裂国家法》的精神实质。这部法律的公布和施行，必将有利于反对和遏制"台独"分裂势力分裂国家，必将有利于推动两岸关系发展，实现祖国和平统一的大业。

■ 4月29日，胡锦涛与中国国民党主席连战在北京举行会谈

2005年4月26日~5月3日，应中共中央总书记胡锦涛邀请，时任中国国民党主席的连战率国民党大陆访问团访问大陆。

胡锦涛与连战于4月29日在北京举行会谈，就促进两岸关系改善和发展的重大问题及两党交往事宜广泛而深入地交换了意见。这是60年来国共两党主要领导人首次会谈，具有重大的历史和现实意义。

会谈后，胡锦涛与连战共同发布了"两岸和平发展共同愿景"，提出两党共同体认到：坚持"九二共识"，反对"台独"，谋求台海和平稳定，促进两岸关系发展，维护两岸同胞利益，是两党的共同主张；促进两岸同胞的交流与往来，共同发扬中华文化，有助于消弭隔阂，增进互

▲ 连战

信，累积共识；和平与发展是21世纪的潮流，两岸关系和平发展符合两岸同胞的共同利益，也符合亚太地区和世界的利益。

"两岸和平发展共同愿景"同时提出两党将共同促进尽速恢复两岸谈判，共谋两岸人民福祉；促进终止敌对状态，达成和平协议；促进两岸经济全面交流，建立两岸经济合作机制；促进协商台湾民众关心的参与国际活动的问题；建立党对党定期沟通平台。

■ 6月21日，曾荫权就任香港特别行政区行政长官

2005年6月21日，国务院总理温家宝主持召开国务院全体会议，决定任命曾荫权为中华人民共和国香港特别行政区行政长官，即日起就职，任期至2007年6月30日。

依据《中华人民共和国香港特别行政区基本法》的有关规定，国务院全体会议决定任命曾荫权为香港特别行政区行政长官。温家宝当即签署了任命曾荫权为中华人民共和国香港特别行政区行政长官的国务院第437号令。

曾荫权1944年10月生于香港。1964年香港华仁书院预科毕业。1981年在美国哈佛大学进修，获公共行政硕士学位。曾荫权于1967年加入港英政

▲ 曾荫权当选香港特首

府，先后出任多个重要职位，主要工作范围涉及财政、贸易等。曾荫权于1991年任贸易署署长，1993年5月任库务司，1995年9月任财政司，是首位出任这一重要职务的华人。1997年7月1日，曾荫权获任命为香港特区政府首位财政司司长。2001年5月获任命为政务司司长。2005年3月12日，国务院批准董建华辞去香港特别行政区行政长官职务后，按照香港基本法的规定，曾荫权以政务司司长身份出任署理香港特区行政长官。6月1日，曾荫权为参选香港特别行政区行政长官辞去政务司司长之职，获国务院批准。

曾荫权曾获香港中文大学和香港理工大学名誉博士学位。2002年因"多年来竭诚服务香港，成绩超卓"而荣获香港特区大紫荆勋章。

■ 9月3日，纪念中国人民抗日战争暨世界反法西斯战争胜利60周年大会在北京举行

2005年9月3日上午，纪念中国人民抗日战争暨世界反法西斯战争胜利60周年大会在北京举行。

抗战老战士、海外爱国人士、来自美国、日本、韩国、朝鲜等20多个国家的国际友人或其遗属、中国社会各界人士约6000人出席了纪念大会。

中国国家主席胡锦涛在讲话中说，中国人民抗日战争的伟大胜利，是中华民族全体同胞团结奋斗的结果，也是中国人民同世界反法西斯同盟国人民并肩战斗的结果。抗日战争的胜利，对世界反法西斯战争的胜利产生了巨大影响。

大会举行前，在北京天安门广场，胡锦涛等中国领导人和北京各界人士一万多人向人民英雄纪念碑敬献花篮。随后，胡锦涛在人民大会堂，向10位抗战老战士、爱国人士和抗日将领代表颁发了纪念中国人民抗日战争胜利60周年纪念章。

2005年9月3日晚，纪念中国人民抗日战争暨世界反法西斯战争胜利60周年招待会在北京人民大会堂隆重举行。

国务院总理温家宝在会上致词说，纪念抗日战争的伟大胜利，就是要以史为鉴，面向未来，坚持走和平发展的道路，推动新世纪的世界和平事业。

■ 10月8日~11日，中共十六届五中全会在北京举行

2005年10月8日~11日，中国共产党第十六届中央委员会第五次全体会议，于北京举行。出席这次全会的有中央委员191人，候补中央委员150人。中央纪律检查委员会常务委员会委员和有关方面的负责同志列席了会议。

全会由中央政治局主持。中央委员会总书记胡锦涛作了重要讲话。全会听取和讨论了胡锦涛受中央政治局委托作的工作报告,审议通过了《中共中央关于制定国民经济和社会发展第十一个五年规划的建议(讨论稿)》。温家宝就《建议(讨论稿)》向全会作了说明。

全会按照十六大对21世纪头20年全面建设小康社会的总体部署,提出了"十一五"时期经济社会发展的主要目标。会议强调,要贯彻依法治国的基本方略,加强社会主义民主政治建设,积极稳妥地继续推进政治体制改革。要加强社会主义精神文明建设,使全体人民始终保持昂扬向上的精神状态。要加强国防和军队建设。保持香港、澳门长期繁荣稳定。推进两岸关系发展和祖国统一大业。

会议强调,推动经济发展、改善人民生活始终是中国的中心任务,我们坚定不移地走和平发展道路,就是要通过争取和平的国际环境来发展自己,又要通过自身的发展来促进世界和平。中国的发展主要靠自己的力量,同时也坚持实行对外开放,愿意同世界各国开展互利合作,共同致力于建设一个持久和平、共同繁荣的和谐世界。

全会号召,全党同志和全国各族人民,要紧密团结在以胡锦涛同志为总书记的党中央周围,高举马克思列宁主义、毛泽东思想、邓小平理论和"三个代表"重要思想伟大旗帜,坚持党的基本路线、基本纲领、基本经验,全面贯彻落实科学发展观,振奋精神,扎实工作,锐意进取,开拓创新,为实现国民经济和社会发展第十一个五年规划和全面建设小康社会的宏伟目标而努力奋斗。

■ 10月17日,著名作家巴金在上海逝世

2005年10月17日19时06分,享誉海内外的文学大师,杰出的社会活动家,著名的无党派爱国民主人士,中国共产党的亲密朋友,中国人民政治协商会议第六、七、八、九、十届全国委员会副主席,中国作家协会主席巴金同志,因病于上海逝世,享年101岁。

巴金,原名李尧棠,字芾甘,1904年11月25日出生于四川成都正通顺街。从1921年公开发表第一篇文章,到1999年2月续写《怀念振铎》一文,巴金一生中创作与翻译了1300万字的作品。他的《激流三部曲》(《家》、《春》、《秋》)、《爱情三部曲》(《雾》、《雨》、《电》)、《寒夜》、《憩园》、《第四病室》等文学作品,是中国文学的丰碑。

▲ 巴金

巴金还是杰出的出版家、编辑家。20世纪三四十年代,他曾任上海文化生活出版社总编辑14年之久,培育了大批文学青年。巴金晚年奉献社会的伟大之作是:五卷本的《随想录》和一座中国现代文学馆。

2003年11月25日，巴金百岁生日，国务院在上海授予巴金"人民作家"光荣称号。几十年来，尤其从1981年担任中国作家协会主席起，巴金在人们心中如一盏长明灯，照亮文坛，给人精神慰藉。

巴金于1999年2月因感冒发高烧，6年多来，病情反反复复，党和国家尽全力救治，终因恶性间皮细胞瘤等病，不幸逝世。

11月11日，北京2008奥林匹克运动会福娃正式发布

2005年11月11日北京2008奥林匹克运动会福娃正式发布。

福娃（英语：Fuwa，原称Friendlies）是北京2008年第29届奥林匹克运动会吉祥物，其色彩与灵感来源于奥林匹克五环、来源于中国辽阔的山川大地、江河湖海和人们喜爱的动物形象。

福娃向世界各地的孩子们传递友谊、和平、积极进取的精神和人与自然和谐相处的美好愿望。福娃是五个可爱的亲密小伙伴，他们的造型融入了鱼、大熊猫、奥林匹克圣火、藏羚羊以及燕子的形象。

福娃贝贝、福娃晶晶、福娃欢欢、福娃迎迎和福娃妮妮每个娃娃都有一个琅琅上口的名字："贝贝"、"晶晶"、"欢欢"、"迎迎"和"妮妮"，在中国，叠音名字是对孩子表达喜爱的一种传统方式。当把五个娃娃的名字连在一起，你会读出北京对世界的盛情邀请"北京欢迎你"。

▲ 奥运福娃发布

福娃代表了梦想以及中国人民的渴望。他们的原型和头饰蕴含着其与海洋、森林、火、大地和天空的联系，其形象设计应用了中国传统艺术的表现方式，展现了中国的灿烂文化。

很久以来，中国就有通过符号传递祝福的传统，北京奥林匹克运动会吉祥物的每个娃娃都代表着一个美好的祝愿：繁荣、欢乐、激情、健康与好运。

贝贝传递的祝福是繁荣。在中国传统文化艺术中，"鱼"和"水"的图案是繁荣与收获的象征，人们用"鲤鱼跳龙门"寓意事业有成和梦想的实现，"鱼"还有吉庆有余、年年有余的蕴涵。贝贝的头部纹饰使用了中国新石器时代的鱼纹图案。贝贝温柔纯洁，是水上运动的高手，和奥林匹克五环中的蓝环相互辉映。

晶晶是一只憨态可掬的大熊猫，无论走到哪里都会带给人们欢乐。作为中国国宝，大熊猫深得世界人民的喜爱。晶晶来自广袤的森林，象征着人与自然的和谐共存。他的头部纹饰源自宋瓷上的莲花瓣造型。晶晶憨厚乐观，充满力量，代表奥林匹克五环中黑色的一环。

欢欢是福娃中的大哥哥。他是一个火娃娃，象征奥林匹克圣火。欢欢

世界

▶2月14日，黎巴嫩前总理哈里里遭炸弹袭击身亡

黎巴嫩首都贝鲁特市中心2月14日发生炸弹爆炸事件，袭击目标直指黎巴嫩前总理哈里里的车队，哈里里在爆炸中严重受伤，被送往贝鲁特美国大学医院后不治身亡。目击者称爆炸至少造成9人死亡，数十人受伤。死亡的人中还包括两名黎巴嫩前部长。

爆炸中，著名的圣乔治酒店被严重损坏，附近一些著名建筑也被严重损毁，包括一家英国银行和一座地标级酒店，现场有20余辆汽车被炸毁或者正在着火。

此次爆炸是1990年黎巴嫩内战结束以来最严重的一次袭击事件。

是运动激情的化身,他将激情散播世界,传递更快、更高、更强的奥林匹克精神。欢欢所到之处,洋溢着北京2008对世界的热情。欢欢的头部纹饰源自敦煌壁画中火焰的纹样。他性格外向奔放,熟稔各项球类运动,代表奥林匹克五环中红色的一环。

迎迎是一只机敏灵活、驰骋如飞的藏羚羊,他来自中国辽阔的西部大地,将健康的美好祝福传向世界。迎迎是青藏高原特有的保护动物藏羚羊,是绿色奥运的展现。她代表奥林匹克五环中黄色的一环。

妮妮来自天空,是一只展翅飞翔的燕子,其造型创意来自北京传统的沙燕风筝。"燕"还代表燕京(古代北京的称谓)。妮妮把春天和喜悦带给人们,飞过之处播撒"祝您好运"的美好祝福。天真无邪、欢快矫捷的妮妮将在体操比赛中闪亮登场,她代表奥林匹克五环中绿色的一环。

备忘

- 1月26日,国务院常务会议审议并原则通过了《国家突发公共事件总体应急预案》
- 3月12日,董建华辞去行政长官职务,被增选为全国政协副主席
- 5月5日,应胡锦涛的邀请,亲民党主席宋楚瑜率团访问大陆
- 10月12日,我国自主研制的"神舟"六号载人航天飞行获得圆满成功
- 11月13日,松花江发生重大水污染,哈尔滨启动应急预案
- 11月14日,山西沁源21名师生公路晨跑被撞身亡
- 11月18日,中共中央举行座谈会纪念胡耀邦同志诞辰90周年

世界

▶2月16日,旨在遏制全球气候变暖的《京都议定书》正式生效

2005年2月16日,旨在遏制全球气候变暖的《京都议定书》正式生效。这是人类历史上首次以法规的形式限制温室气体排放。《京都议定书》规定,到2010年,所有发达国家二氧化碳等6种温室气体的排放量,要比1990年减少5.2%。各发达国家从2008年到2012年必须完成削减目标。中国于1998年5月签署并于2002年8月核准了该议定书。

2006年

大事

■1月1日，中华人民共和国取消农业税

2006年1月1日起，我国9亿农民将依法彻底告别延续了2600年的农业税。2005年12月29日下午，十届全国人大常委会第十九次会议经表决决定，农业税条例自2006年1月1日起废止。全国人大常委会法工委有关负责人表示，废止农业税条例、取消农业税后，并不意味着农民不再交税。如果农民经商、开办企业，还需要缴纳相应的税种。

在"十一五"规划的开局之年，在建设社会主义新农村的起步之际，中央一号文件出台了2006年在全国范围内取消农业税的政策，十届全国人大常委会第十九次会议做出了自2006年1月1日起废止《中华人民共和国农业税条例》的决定。这标志着在我国延续了2600年的农业税从此退出历史舞台，是具有划时代意义的一件大事，是统筹城乡发展的一大举措，是惠及亿万农民的一大德政，具有重大的现实意义和深远的历史意义。

废除农业税条例，从表面上看，是为了减轻农民的负担，但是从深层次来说，它标志着中国的政治文明发展到了一个新的阶段，立法机关真正意识到法律的终极价值所在；废止农业税条例，充分体现了公民的意愿，保护了农民的利益。从深层次看，也表现了国家高层解决中国"三农问题"根本思路的完全变化和行动实施的坚定决心。

■3月4日，胡锦涛提出要树立以"八荣八耻"为主要内容的社会主义荣辱观

3月4日，在全国政协十届四次会议民盟、民进联组会上，胡锦涛参加了他们的讨论，并发表了有关"八荣八耻"的重要讲话。

胡锦涛说，社会风气是社会文明程度的重要标志，是社会价值导向的集中体现。树立良好的社会风气是广大人民群众的强烈愿望，也是经济社会顺利发展的必然要求。在我们的社会主义社会里，是非、善恶、美丑的界限绝对不能混淆，坚持什么、反对什么，倡导什么、抵制什么，都必须旗帜鲜明。要在全社会大力弘扬爱国主义、集体主义、社会主义思想，倡导社会主义基本道德规范，促进良好社会风气的形成和发展。要引导广大干部群众特别是青少年树立社会主义荣辱观，坚持以热爱祖国为荣、以危害祖国为耻，以服务人民为荣、以背离人民为耻，以崇尚科学为荣、以愚昧无知为耻，以辛勤劳动为荣、以好逸恶劳为耻，以团结互助为荣、以损人利己为耻，以诚实守信为荣、以见利忘义为耻，以遵纪守法为荣、以违

> 环保指标25年从未完全完成过。
> ——此为2006年中国首任环保局局长曲格平对我国改革开放以来环保状况的评价

> 我有一个梦，让每个中国人，首先是孩子，每天都能喝上一斤奶。
> ——此为2006年4月23日温家宝总理在重庆市江北区广大奶牛科技园考察时的留言

法乱纪为耻、以艰苦奋斗为荣、以骄奢淫逸为耻。

胡锦涛关于树立社会主义荣辱观的讲话，在两会代表委员中产生热烈反响，纷纷表示，胡锦涛讲话中提出的"八个为荣、八个为耻"，全面阐述了树立正确价值观的具体要求，为促进良好社会风气的形成和发展指明了方向。

■ 5月20日，三峡大坝全线建成

2006年5月20日14时，三峡坝顶上最后一方混凝土浇筑完毕。至此，世界规模最大的混凝土大坝终于在中国长江西陵峡全线建成。

当中国三峡总公司总经理李永安宣布"三峡大坝全线建成"时，现场的人群爆发出一片欢呼。2309米长的巨坝如银龙卧波，截断巫山云雨，彻底束住桀骜的江水。

建设三峡工程，是中华民族的百年梦想和期待。2006年汛期，三峡大坝开始全面挡水，可使长江中下游的防洪标准从10年一遇提高到百年一遇，千年一遇的特大洪水能够有效控制，长江中下游1500万人、150万公顷良田从此解除洪水威胁。

三峡工程迄今已完成投资1260亿元。工程安装了26台70万千瓦的特大机组，年发电可达847亿度。高峡平湖的出现，还结束了川江自古不夜航的历史，万吨级船队可直抵重庆。

青云水利水电联营公司浇筑一大队的混凝土工杨能、李光贤、魏万河、戚

▲ 三峡大坝建设成功

文、王生贵、谢占彪完成了最后6立方米混凝土浇筑任务。最后一仓浇筑量为1017立方米，建设者从5月19日凌晨4时开始施工，经过34个小时的高强度连续作业，最终把高坝完整地竖立在深山峡谷间。

三峡大坝是钢筋混凝土重力坝，一共用了1600多万立方米的水泥砂石料。三峡大坝是三峡水利枢纽工程的核心，最后海拔高程为185米，总浇筑时间为3080天。建设者在施工中综合运用了世界上最先进的施工技术，高峰期创下日均浇筑2万立方米混凝土的世界纪录。

■ 7月1日，青藏铁路全线建成通车

2006年7月1日经过10多万筑路大军历时5年的艰苦奋战，青藏铁路格尔木至拉萨段宣告建成。至此，世界上海拔最高、线路最长的高原铁路青藏铁路全线胜利建成通车。中共中央总书记、国家主席、中央军委主席胡锦涛专程前往格尔木市出席庆祝大会并发表重要讲话。

胡锦涛强调，建设青藏铁路的成功实践再次向世人昭示，勤劳智慧

的中国人民有志气、有信心、有能力不断创造非凡的业绩,有志气、有信心、有能力屹立于世界先进民族之林。全党全国各族人民要学习和弘扬挑战极限、勇创一流的青藏铁路精神,为全面建设小康社会、把中国特色社会主义伟大事业继续推向前进而团结奋斗。

青藏铁路西宁至拉萨全长1956公里。其中,西宁至格尔木段814公里已于1984年投入运营。2001年6月开工修建的格尔木至拉萨段,全长1142公里,海拔4000米以上的地段达960公里,最高点海拔5072米,经过连续多年冻土地段550公里,是世界铁路建设史上最具挑战性的工程项目。各参建单位和广大铁路建设者顽强拼搏,勇克难关,破解了多年冻土、高寒缺氧、生态脆弱三大世界性工程技术难题,使这一钢铁大动脉提前一年建成通车,创造了多项世界铁路之最。修建这样一条铁路,不仅是对我国综合实力和科技实力的检验,也是对人类自身极限的挑战。这不仅是中国铁路建设史上的伟大壮举,也是世界铁路建设史上的一大奇迹。

■ 10月8日~11日,中共十六届六中全会在北京举行,明确提出了构建社会主义和谐社会的目标和主要任务

2006年10月8日~11日,中国共产党第十六届中央委员会第六次全体会议,在北京举行。

出席这次全会的有,中央委员195人,候补中央委员152人。中央纪律检查委员会常务委员会委员和有关方面负责同志列席了会议。全会由中央政治局主持。中央委员会总书记胡锦涛作了重要讲话。

全会听取和讨论了胡锦涛受中央政治局委托作的工作报告,审议通过了《中共中央关于构建社会主义和谐社会若干重大问题的决定(讨论稿)》。吴邦国就《决定(讨论稿)》向全会作了说明。

全会提出,新世纪新阶段,我们党要带领人民抓住机遇、应对挑战,把中国特色社会主义伟大事业推向前进,必须坚持以经济建设为中心,把构建社会主义和谐社会摆在更加突出的地位。

全会提出,到2020年,构建社会主义和谐社会的目标和主要任务是:社会主义民主法制更加完善,依法治国基本方略得到全面落实,人民的权益得到切实尊重和保障;城乡、区域发展差距扩大的趋势逐步扭转,合理有序的收入分配格局基本形成,家庭财产普遍增加,人民过上更加富足的生活;社会就业比较充分,覆盖城乡居民的社会保障体系基本建立;基本公共服务体系更加完备,政府管理和服务水平有较大提高;全民族的思想道德素质、科学文化素质和健康素质明显提高,良好道德风尚、和谐人际关系进一步形成;全社会创造活力显著增强,创新型国家基本建成;社会管理体系更加完善,社会秩序良好;资源利用效率显著提高,生态环境明显好转;实现全面建设惠及十几亿人口的更高水平的小康社会的目标,努力形成全体人民各尽其能、各得其所而又和谐相处的局面。

全会审议并通过了《关于召开党的第十七次全国代表大会的决议》,决定党的十七大于2007年下半年在北京召开。这次大会,是在我国经济社

世界

▶1月4日,以色列总理阿里埃勒·沙龙因脑溢血被送医急救

2006年1月4日晚10时30分左右,以色列总理沙龙突发脑溢血,被紧急送往耶路撒冷哈达萨医院抢救。经过两次手术后,脑部出血已被止住,目前已被转入重症监护室观察。目前,沙龙的总理职权已交给副总理奥尔默特代为行使。

据以色列媒体报道,沙龙是在当地时间1月4日晚上10时30分(北京时间1月5日凌晨4时30分)左右被发现脑溢血的。当时他正在位于以色列南部的私人农场,开始只是突感胸部憋闷疼痛,与私人医生赛格夫协商后,由救护车紧急送往哈达萨医院。

据美联社报道,有医生猜测,可能沙龙服用的一些血液稀释药物诱发了沙龙这次中风。

会发展进入关键阶段召开的一次重要会议，对我们党团结带领全国各族人民全面建设小康社会、加快推进社会主义现代化具有十分重要的意义。

■ 10月22日，纪念红军长征胜利七十周年大会在人民大会堂隆重举行

2006年10月22日上午，纪念红军长征胜利70周年大会在北京人民大会堂隆重举行。中共中央总书记、国家主席、中央军委主席胡锦涛发表重要讲话。江泽民、吴邦国、温家宝、曾庆红、黄菊、吴官正、李长春、罗干出席大会。

会上，胡锦涛发表了重要讲话。他首先代表党中央、国务院和中央军委，向所有参加过红军长征和为红军长征胜利做出贡献的老战士、老同志，向当年支援红军长征的各族人民特别是各革命根据地人民，致以诚挚的问候和崇高的敬意。他说，七十年来，我们始终铭记着领导红军创造这一历史伟业的毛泽东、周恩来、朱德等老一辈无产阶级革命家，始终铭记着为红军长征胜利英勇献身的革命烈士们。他们的功勋永载史册！他们的英名永垂不朽！

在胡锦涛提议下，全体与会人员起立，为在红军长征途中和在各地革命斗争中英勇牺牲的革命烈士默哀。

胡锦涛强调，红军长征是中国革命从挫折走向胜利的重大转折，为我们党团结带领人民打败日本军国主义侵略，争取建设独立、自由、民主、统一、富强的新国家迎来了新的曙光，开辟了光明前景。我们党领导红军以无与伦比的英雄气概进行的长征，创造了气吞山河的人间奇迹，谱写了中国革命史的光辉篇章，在我们党、军队和中华民族的发展史上都具有十分重大而深远的意义。伟大的红军长征，翻开了马克思列宁主义基本原理同中国革命具体实践相结合的新篇章，开创了中国革命的新局面，培育了中国共产党和人民军队的革命精神，形成了中国革命成熟的坚强领导核心。

胡锦涛指出，今天，我们可以满怀豪情地说，红军长征向世界宣告的革命理想已经变为现实，红军长征播下的种子已经开花结果，并将继续开出更加鲜艳的花朵、结出更加丰硕的果实。

大会在雄壮的国际歌声中结束，中央党政军群各部门和北京市负责人，各民主党派中央、全国工商联负责人和无党派人士代表以及首都各界群众共约3000人参加了今天的大会。

■ 12月5日~7日，中央经济工作会议在北京举行

2006年12月5日~7日，中共中央、国务院召开的中央经济工作会议在北京举行。

胡锦涛、吴邦国、温家宝、贾庆林、曾庆红、黄菊、吴官正、李长春、罗干出席会议。

世界

▶12月30日，萨达姆被执行绞刑

2006年12月30日下午，伊拉克国营电视播出了萨达姆被执行绞刑以及绞刑后的图像。一名在行刑现场的伊拉克外交部官员在接受伊拉克电视台采访时说，萨达姆是在清晨6时05分（北京时间11时05分）被处死的。这名官员说，萨达姆的同母异父兄弟巴尔赞·提克里提以及前革命法庭首席法官班达尔也先后被处死。

萨达姆被控在1982年躲过杜贾尔村暗杀事件后对当地村民采取报复行动，杀害了143人。伊拉克法庭对杜贾尔案的庭审始于去年10月19日，历经40次庭审，共收录证词130份。本年11月5日，伊拉克高等法庭宣布，萨达姆在杜贾尔村案中犯有反人类罪，被判处绞刑。随后萨达姆向法庭提出的上诉被驳回

胡锦涛在会上发表重要讲话，全面分析了当前的国内经济形势和国际经济环境，明确提出了明年经济工作的指导思想和总体要求，深刻阐述了做好明年经济工作需要把握的原则和主要任务。温家宝在讲话中就明年经济工作的主要目标、任务和有关重大问题作了具体部署。

　　会议指出明年经济工作的总体要求是：以邓小平理论和"三个代表"重要思想为指导，认真贯彻党的十六大和十六届三中、四中、五中、六中全会精神，全面落实科学发展观，加快构建社会主义和谐社会，继续加强和改善宏观调控，着力调整经济结构和转变增长方式，着力加强资源节约和环境保护，着力推进改革开放和自主创新，着力促进社会发展和解决民生问题，推动经济社会发展切实转入科学发展的轨道，努力实现国民经济又好又快发展，为党的十七大召开创造良好环境。

　　各省、自治区、直辖市和计划单列市、新疆生产建设兵团的党政主要负责人，党中央有关部门、国务院各部委和有关单位的主要负责人，军队及武警部队有关负责人出席了会议。

备忘

- 2月27日，陈水扁正式宣布"终止"国家统一委员会与国家统一纲领
- 3月6日，中国和日本就东海油气田问题在北京展开谈判
- 7月12日，刘翔在瑞士洛桑以12秒88打破了尘封13年的110米跨栏纪录
- 7月15日，第4届世界合唱比赛在福建厦门举办
- 8月10日，《江泽民文选》出版发行
- 10月8日，胡锦涛会见来访的日本首相安倍晋三
- 11月10日，中国作家协会第七次全国代表大会举行

大事

■ 1月15日，薄一波逝世

2007年1月15日20时30分，中国共产党的优秀党员，伟大的共产主义战士，杰出的无产阶级革命家，中国共产党经济工作的卓越领导人，中国共产党第七届、八届、十一届中央委员，第八届中央政治局候补委员，国务院原副总理，原中共中央顾问委员会常务副主任薄一波同志，因病医治无效逝世，享年99岁。

薄一波原名薄书存，山西定襄县蒋村人。1925年入党，1949年任政务院财政部长，历任国务院副总理、中顾委常务副主任等职。薄一波是党内资深元老，他是党的七大选出的中央委员中最后离世的一位。

1992年，薄一波从中共中央顾问委员会副主任的位置上离任后，就很少在公众的视线中出现。晚年薄一波致力于党的历史研究，著有《若干重大历史事件的回顾》。在这部书中，薄一波特别注重党的历史经验教训的总结，对邓小平如何继承发展毛泽东思想做了许多论述。

薄一波于2005年年底被查出患有癌症，去世前在北京医院住院将近一年。由于他年老体衰，家人接受医生建议没有为他做手术，而是采用保守疗法。一年来，他病情一直反复，医院已几次下发病危通知书。

薄一波同志病重期间和逝世后，胡锦涛、江泽民、吴邦国、温家宝、贾庆林、曾庆红、黄菊、吴官正、李长春、罗干等同志，前往医院看望或通过各种形式对薄一波同志的逝世表示沉痛哀悼并向其亲属表示亲切慰问。1月21日上午9时，薄一波的遗体告别仪式在八宝山举行。告别仪式上，胡锦涛、江泽民、吴邦国、温家宝等数十名党和国家领导人在哀乐声中缓步来到薄一波同志的遗体前肃立默哀，向薄一波同志的遗体三鞠躬，并与家属一一握手，表示慰问。首都上万名群众自发参加薄一波遗体告别仪式。

■ 3月3日~15日，全国政协十届五次会议在北京举行

2007年3月3日~15日，中国人民政治协商会议第十届全国委员会第五次会议，在北京举行。

会议听取并赞同温家宝总理所作的政府工作报告，赞同最高人民法院工作报告、最高人民检察院工作报告以及其他报告，赞同《中华人民共和国物权法（草案）》和《中华人民共和国企业所得税法（草案）》。会议批准了贾庆林主席代表常务委员会所作的工作报告和黄孟复副主席代表常务委员会所作的提案工作情况的报告。

会议指出，2007年是全面落实科学发展观、加快构建社会主义和谐社会的重要一年。做好今年的政协工作，具有十分重要的意义。要进一步贯彻落实《中共中央关于加强人民政协工作的意见》，充分发挥人民政协协调关系、汇集力量、建言献策、服务大局的作用，在推动社会主义经济建设、政治建设、文化建设和社会建设中继续创造新的业绩。

会议指出，构建社会主义和谐社会是造福全体人民的伟大事业。促进和谐人人有责，和谐社会人人共享。要坚定不移地贯彻"一国两制"、"港人治港"、"澳人治澳"、高度自治的方针，严格按照特别行政区基本法办事，支持香港、澳门两个特别行政区行政长官和政府依法施政，发展经济，改善民生，促进和谐。

要坚持"和平统一、一国两制"的基本方针，坚持新形势下发展两岸关系、推进祖国和平统一进程的各项政策，牢牢把握两岸关系和平发展的主题，坚决反对"台湾法理独立"等任何形式的分裂活动，维护台海和平稳定。要积极扩大两岸交流与合作，促进直接"三通"，以最大的诚意、尽最大的努力为两岸同胞谋和平、谋发展、谋福祉。参加人民政协的各党派团体和各族各界人士，要广泛团结海内外中华儿女，为实现祖国完全统一和中华民族的伟大复兴贡献力量。

▲ 全国政协十届五次会议举行

■ 3月16日，十届全国人大五次会议通过《中华人民共和国物权法》

2007年3月16日，中华人民共和国主席胡锦涛发出了第六十二号"中华人民共和国主席令"，公布由中华人民共和国第十届全国人民代表大会第五次会议高票通过的《中华人民共和国物权法》。法令于10月1日起正式实施。

《中华人民共和国物权法》是民法的重要组成部分，共有二百四十七条，以公民所有财产平等保护和鼓励全民创造财富为精神，涉及人民群众生活的方方面面。《物权法》坚持平等保护、物权法定和公示、公信的原则。物权法是调整有形财产支配关系的法律，是对财产进行占有、使用、收益和处分的最基本准则。它最重要的任务就是界定产权，通过确定财产的归属，来达到制止纷争的目的，从而节约交易费用，是民法典的重要组成部分。

■ 3月25日，曾荫权当选香港特别行政区第三任行政长官

2007年3月25日，香港特别行政区第三届行政长官选举举行，竞逐连任的现任行政长官曾荫权，以逾80%得票率的绝对优势成功当选，成为新一任香港特区行政长官人选。

选举从上午9时开始，在香港大屿山亚洲国际博览馆举行。近800名选

世界

▶1月1日，潘基文正式接替科菲·安南出任联合国秘书长

2007年1月2日，联合国秘书长潘基文（前右）在纽约联合国总部会见记者。

美国东部时间2日9时30分（北京时间22时30分），潘基文正式以新任秘书长身份进驻联合国，开始为期5年的任期。

潘基文1日开始接替前秘书长科菲·安南执掌联合国，但因为1日是联合国休息日，所以2日是他第一天"上班"亮相。当地时间2日上午，潘基文自临时住所步行前往联合国总部。9时30分，在数十名联合国官员的掌声欢迎中，潘基文步入大楼。随后，潘基文来到默哀室，向殉职的联合国维和军人和工作人员表达敬意。

之后，潘基文来到记者面前，开始正式就任后的演说。"我身负期望与承诺，开始了作为联合国秘书长的第一天。"

举委员会委员以无记名投票方式，对曾荫权及梁家杰两位候选人进行投票。投票在两个小时后结束，随即由香港选举管理委员会工作人员进行点票。上午11时51分，选举主任冯骅法官宣布选举结果，在772张有效票中，曾荫权获得649票，梁家杰得到123票。曾荫权得票超过有效票半数，在选举中胜出，当选为香港特别行政区第三届行政长官人选。

▲ 曾荫权当选为第三任行政长官

根据香港基本法规定，香港特区行政长官由一个具有广泛代表性的800人选举委员会选出。由于双重身份以及病逝等原因，这次选举实际有795位委员有投票权。据了解，今天共有789位选举委员投票，投票率超过95%。按照程序，曾荫权在得到中央人民政府任命，宣誓后正式就任香港特区第三届行政长官，任期从2007年7月1日至2012年6月30日。

■ 6月29日，十届全国人大常委会第二十八次会议通过《中华人民共和国劳动合同法》

2007年6月29日，《中华人民共和国劳动合同法》由十届全国人大常委会第二十八次会议通过，2008年1月1日起正式施行。

这部法律的颁布实施为完善劳动合同制度，明确劳动合同双方当事人的权利和义务，保护劳动者的合法权益，构建和谐稳定的劳动关系，提供了有力的法律保障。《劳动合同法》对实现劳动关系双方力量与利益的平衡、促进劳动关系规范有序发展具有极大的推动作用，有利于创造公平的竞争环境，促进企业长远健康发展，有利于劳动者分享经济发展的成果，构建和谐劳动关系。我们相信，完善的法制环境、和谐稳定的社会环境更会成为吸引外资的优势。

■ 7月1日，胡锦涛出席庆祝香港回归祖国十周年大会并发表讲话

2007年7月1日上午，庆祝香港回归祖国十周年大会暨香港特别行政区第三届政府就职典礼在香港会展中心隆重举行，国家主席胡锦涛出席并发表重要讲话。

上午9时，庆祝大会和就职典礼在雄壮的国歌声中开始。胡锦涛走上主席台监誓，香港特区第三任行政长官曾荫权、香港特区第三届政府主要官员、香港特区行政会议成员先后宣誓就职。

胡锦涛主席发表了重要讲话，他代表中央政府和全国各族人民，向全体香港市民致以诚挚的问候，向刚刚宣誓就职的香港特区第三任行政长官曾荫权和香港特区第三届政府主要官员、行政会议成员表示热烈的祝贺。他指出，中央政府关于香港大政方针的宗旨，就是为了香港好、为了香港明天更好，就是为了香港同胞好、为了香港同胞明天更好。胡锦涛表示相信，在

我相信，《劳动合同法》的出台将改变很长时间以来中国劳动者的弱势地位。
——此为2007年中国人民大学法学院劳动法专家黎建飞教授就《劳动法》的出台发表看法

如果说照片的真假与老虎的存在是两回事，那就是强盗逻辑。
——此为2007年11月16日在周老虎原型找到，真相大白天下之后，陕西省林业厅信息宣传中心主任关克说的话

▲ 香港回归10周年纪念大会

新的历史起点上，广大香港同胞同祖国人民心连心、肩并肩，一定能够创造香港发展的新辉煌，一定能够为实现中华民族的伟大复兴做出新贡献。

曾荫权也在会上致词。他说，香港今天的成就有赖香港过去几代人的努力，同国家高速发展为我们带来的机会及支持也是分不开的。未来5年，香港要继续把握国家发展一日千里的重要机遇，发挥潜能，提升实力，令香港对国家在全球竞争中做出更大的贡献，也令香港的发展走上一个新舞台。曾荫权庄严保证，一定会竭尽所能，像在选举行政长官时所承诺的"做好这份工作"，为香港、为国家做出最大贡献。

中共中央政治局候补委员、中央书记处书记、中央办公厅主任王刚，全国人大常委会副委员长盛华仁，国务委员唐家璇，全国政协副主席、国务院港澳办主任廖晖，中央军委委员、总参谋长梁光烈等出席庆祝大会和就职典礼。

■ 10月15日~21日，中国共产党第十七次全国代表大会在北京召开

2007年10月15日，举世瞩目的中国共产党第十七次全国代表大会上午在人民大会堂开幕。

大会由吴邦国主持。上午9时，会议开始时，在雄壮的乐曲声中，全场起立，高唱《中华人民共和国国歌》。随后，全体同志为毛泽东、周恩来、刘少奇、朱德、邓小平、陈云等已故老一辈无产阶级革命家和革命先烈默哀。

十七大应出席代表2213人，特邀代表57人，共2270人，实到2237人。胡锦涛代表第十六届中央委员会向大会作了题为《高举中国特色社会主义伟大旗帜，为夺取全面建设小康社会新胜利而奋斗》的报告。胡锦涛在报告中指出，中国特色社会主义伟大旗帜，是当代中国发展进步的旗帜，是全党全国各族人民团结奋斗的旗帜。解放思想是发展中国特色社会主义的一大法宝，改革开放是发展中国特色社会主义的强大动力，科学发展、社会和谐是发展中国特色社会主义的基本要求，全面建设小康社会是党和国家到2020年的奋斗目标，是全国各族人民的根本利益所在。

胡锦涛强调，全党必须坚定不移地高举中国特色社会主义伟大旗帜，带领人民从新的历史起点出发，抓住和用好重要战略机遇期，求真务实，锐意进取，继续全面建设小康社会、加快推进社会主义现代化，完成时代赋予的崇高使命。在谈到深入贯彻落实科学发展观时，胡锦涛强调，科学发展观，第一要义是发展，核心是以人为本，基本要求是全面协调可持续，根本方法是统筹兼顾。深入贯彻落实科学发展观，要求我们始终坚持"一个中心、两个基本点"的基本路线，积极构建社会主义和谐社会，继续深化改革开放，切实加强和改进党的建设。

作为来宾列席大会的有现任和曾任全国人大常委会副委员长、全国政

▶5月7日，第15次世界气象大会召开

2007年5月7日世界气象组织的第15次世界气象大会在日内瓦开幕，会议将讨论在今后4年如何加强全球气象领域的合作，以及推动天气、气候和水方面的科研等问题。

世界气象组织成立于1950年，其秘书处设在瑞士日内瓦，每4年召开一次世界气象大会，本次大会为期3周，将于25日闭幕。

协副主席的党外人士，各民主党派中央、全国工商联主席、在京副主席、名誉主席、在京名誉副主席和无党派人士，以及全国人大、全国政协在京常委中的民主党派、无党派人士和民族、宗教界人士党内有关负责同志也列席。在10月22日十七届一中全会上，胡锦涛当选为中共中央总书记，吴邦国、温家宝、贾庆林、李长春、习近平、李克强、贺国强、周永康当选为中央政治局委员。

■ 12月29日，十届全国人大常委会第三十一次会议在北京举行

2007年12月29日上午，十届全国人大常委会第三十一次会议在北京举行。

会议通过了禁毒法、劳动争议调解仲裁法、全国人大常委会关于修改道路交通安全法的决定，通过了修改后的科学技术进步法和全国人大常委会关于修改国境卫生检疫法的决定、关于修改文物保护法的决定、关于修改个人所得税法的决定；决定免去薄熙来的商务部部长职务，任命陈德铭为商务部部长。国家主席胡锦涛分别签署第79号、第80号、第81号、第82号、第83号、第84号、第85号、第86号主席令，公布了有关法律和任免决定。

会议表决通过了全国人大常委会关于召开十一届全国人大一次会议的决定，全国人大常委会关于香港特别行政区2012年行政长官和立法会产生办法及有关普选问题的决定，中国人民解放军选举委员会主任、副主任、委员名单。会议还表决通过了全国人大常委会关于批准《儿童权利公约关于儿童卷入武装冲突问题的任择议定书》的决定、关于批准中国和葡萄牙关于移管被判刑人的条约的决定。

会议表决通过了全国人大民族委员会、法律委员会、教科文卫委员会，关于十届全国人大五次会议主席团交付审议的代表提出的议案审议结果的报告，通过了全国人大常委会代表资格审查委员会关于个别代表的代表资格的报告。根据会后发表的公告，十届全国人大现在实有代表2963人。

会议还表决通过了其他任免事项。完成各项议程后，吴邦国主持闭幕会并发表了重要讲话。

备忘

- 1月28日，2007年亚洲冬季运动会在中国长春市开幕
- 2月13日，第五轮六方会谈闭幕，达成《共同文件》
- 3月4日，台湾地区领导人陈水扁对台湾前途提出"四要一没有"的宣示
- 6月2日，中共中央政治局常委、国务院副总理黄菊在北京病逝，享年69岁
- 10月2日，北京地铁5号线通车运行
- 10月26日，第二届亚洲室内运动会于澳门开幕
- 12月21日，"南海一号"古沉船起吊

世界

▶ 12月19日，李明博当选韩国总统

韩国中央选举管理委员会2007年12月19日晚宣布，韩国大国家党候选人李明博在当天举行的总统选举投票中以压倒性优势当选韩国新一任总统。

韩国第17届总统选举投票当地时间19日6时（北京时间5时）至18时（北京时间17时）在韩国各地举行。韩国中央选举管理委员会委员长高铉哲将在20日上午正式宣布李明博当选，并发表竞选结果的公告。

据韩国中央选举管理委员会公布的数据，19日共有2368.3684万名选民进行了投票，投票率为62.9%，创历届总统选举投票率最低纪录。

李明博将于2008年2月接替任职期满的现任总统卢武铉。

2008年

大事

■ 1月10日～2月，南方发生大范围雪灾

2008年1月10日起，一场殃及19个省份的特大自然灾害——雪灾，降临中国大地。这场雪灾范围包括：浙江、江苏、安徽、江西、河南、湖北、湖南、广东、广西、重庆、四川、贵州、云南、陕西、甘肃、青海、宁夏、新疆和新疆生产建设兵团等19个省级行政区。其中，河南、陕西、甘肃、青海等地雨雪持续日数超过百年一遇，贵州、江苏、山东等地达到50年一遇。

▲ 武汉冰雪

这场雪灾的特点为：（1）降雪量比往年多很多；（2）降雪范围比往年广；（3）持续降雪时间比往年长；（4）主要降雪影响地区比往年偏南；（5）降雪带来的灾害性比往年严重。暴风雪造成多处铁路、公路、民航交通中断。由于正逢春运期间，大量旅客滞留站场港埠。另外，电力受损、煤炭运输受阻，不少地区用电中断、电信、通讯、供水、取暖均受到不同程度影响。据民政部的统计，截至2月24日，因灾死亡129人，失踪4人，紧急转移安置166万人；农作物受灾面积1.78亿亩，成灾8764万亩，绝收2536万亩；倒塌房屋48.5万间，损坏房屋168.6万间；因灾直接经济损失1516.5亿元人民币。森林受损面积近2.79亿亩，3万只国家重点保护野生动物在雪灾中冻死或冻伤；受灾人口已超过1亿。其中湖南、湖北、贵州、广西、江西、安徽、四川等7个省份受灾最为严重。

党和国家领导人以及相关部门、企业单位都高度重视，采取了积极有效的措施来应对这次暴风雪带来的灾害。国务院总理温家宝1月29日由北京坐火车到湖南长沙，探望滞留于长沙火车站的旅客，随后立即前往广州；在1月30日早上8时到广州火车站探望数以十万计被滞留的旅客。国家主席胡锦涛1月29日主持召开中共中央政治局会议，听取雨、雪、冰灾的灾情。1月31日到山西、河北视察铁路、港口、煤矿，要求在安全生产的情况下尽量产出更多的煤，提高电煤装卸效率，尤其要优先抢运告急电厂用煤，为保障电力正常供应。

中国人民解放军出兵超过20万人次参与抗冰救灾，全国各地人民纷纷向灾区捐款捐物。截至2月21日，民政部、中国红十字会、中华慈善总会及湖南、贵州、江西、安徽、湖北、广西、浙江、四川等重灾省（区）接收救灾捐赠款物15.3亿元人民币。中国扶贫基金会启动捐赠计划——有你，这个冬天不会冷——南方雪灾灾区救援行动。一时间出现了全国人民众志成城抗击雪灾的感人场面。

■3月3日～14日，全国政协十一届一次会议在北京举行

3月3日，中国人民政治协商会议第十一届全国委员会第一次会议下午在人民大会堂开幕。党和国家领导人胡锦涛、吴邦国、温家宝、曾庆红、李长春、习近平、李克强、贺国强、周永康到会祝贺。贾庆林代表政协第十届全国委员会常务委员会，向大会报告过去五年的工作。报告提出：中共十七大描绘了在新的时代条件下继续全面建设小康社会、加快推进社会主义现代化的宏伟蓝图。面向未来，人民政协要继续肩负起时代赋予的光荣使命，在推动国家各项事业的发展中再创新的辉煌。

3月4日下午，中共中央总书记、国家主席、中央军委主席胡锦涛看望了参加全国政协十一届一次会议的民革、台盟、台联委员，听取委员们的意见和建议。他强调，要牢牢把握两岸关系和平发展的主题，真诚为两岸同胞谋福祉、为台海地区谋和平，维护国家主权和领土完整，维护中华民族根本利益。事实已经并将继续证明：两岸关系和平发展，有利于两岸发展和稳定，必定造福两岸同胞；"台独"分裂活动，有害于两岸发展和稳定，必定贻祸两岸同胞。实现两岸关系和平发展，是两岸同胞的共同利益所系、共同责任所在。经过两岸同胞长期共同努力，推动两岸关系和平发展已经具有更为坚实的基础、更为强劲的动力、更为有利的条件，是大势所趋、人心所向。我们再次呼吁，两岸同胞团结起来，牢牢把握两岸关系和平发展的主题，共同开创两岸关系和平发展新局面，共同促进中华民族伟大复兴。

3月13日下午，在人民大会堂举行的第四次全体会议中，大会选举中共中央政治局常委贾庆林为全国政协主席，同时选出25位全国政协副主席。中国人民政治协商会议第十一届全国委员会第一次会议在圆满完成各项议程后，于3月14日上午在北京人民大会堂闭幕。

■3月5日～18日，十一届全国人大一次会议在北京召开

3月5日上午，第十一届全国人民代表大会第一次会议在人民大会堂开幕。国务院总理温家宝向大会作政府工作报告。报告对过去五年的工作进行了回顾，总结了取得的宝贵经验，提出了2008年的主要任务。报告指出，政府工作的基本思路和主要任务是：高举中国特色社会主义伟大旗帜，以邓小平理论和"三个代表"重要思想为指导，深入贯彻落实科学发展观，更加重视加强和改善宏观调控，更加重视推进改革开放和自主创新，更加重视调整经济结构和提高发展质量，更加重视节约资源和保护环境，更加重视改善民生和促进社会和谐，推进社会主义经济建设、政治建

世界

▶9月15日，美国雷曼兄弟公司申请破产，世界金融危机全面爆发

世界金融危机，又称信用危机，由美国次债问题带来的银行流动性危机引发，在2008年9月成型，造成世界性金融危机，是有史以来最大的全球金融危机。

9月15日，有着158年历史的美国第四大投行雷曼兄弟申请破产保护，同一天第三大投资银行美林证券被美国银行收购。16日，全球最大保险公司美国国际集团（AIG）被美国政府接管。华尔街金融危机全面爆发。危机迅速波及全球，并对实体经济产生影响。为此，美、欧、日及新兴市场国家纷纷出重拳救市，并出台刺激经济方案。11月15日，20国集团领导人金融市场和世界经济峰会在华盛顿举行，国际社会要求改革现有国际金融体系的呼声高涨。

设、文化建设、社会建设，加快全面建设小康社会进程。

3月15日上午，第十一届全国人民代表大会第一次会议以无记名投票方式，选举胡锦涛为中华人民共和国主席、中华人民共和国中央军事委员会主席；选举吴邦国为第十一届全国人民代表大会常务委员会委员长；选举习近平为中华人民共和国副主席。16日上午，十一届全国人大一次会议在人民大会堂举行第六次全体会议，决定温家宝为中华人民共和国国务院总理。17日下午，根据国务院总理温家宝的提名，决定了国务院其他组成人员，李克强、回良玉、张德江、王岐山为国务院副总理，刘延东、梁光烈、马凯、孟建柱、戴秉国为国务委员。

十一届全国人大一次会议在圆满完成各项议程，产生新一届国家机构组成人员后，3月18日上午在人民大会堂闭幕，国家主席胡锦涛在闭幕会上发表了重要讲话。闭幕会后，国务院总理温家宝应大会新闻发言人的邀请，在人民大会堂与采访大会的中外记者见面并回答了记者提出的问题。

■3月14日，拉萨发生打砸抢烧暴力事件

3月14日，一群不法分子在西藏自治区首府拉萨市区的主要路段实施打砸抢烧，焚烧过往车辆，追打过路群众，冲击商场、电信营业网点和政府机关，给当地人民群众生命财产造成重大损失，使当地的社会秩序受到了严重破坏。

有足够的证据证明，这起严重的暴力犯罪事件是由达赖集团有组织、有预谋、精心策划煽动的，是由境内外"藏独"分裂势力相互勾结制造的。拉萨少数暴徒的野蛮行径，激起了西藏社会各界的强烈愤慨和严厉谴责。西藏自治区党委、政府立即启动应急预案，采取了一系列坚决果断的措施。14日晚，拉萨全市主要街道实施交通管制，抓捕不法分子的行动随即展开。15日，西藏自治区高级人民法院、西藏自治区人民检察院、西藏自治区公安厅发出通告，敦促组织、策划、参与这次打砸抢烧杀的犯罪分子停止一切犯罪活动，投案自首，鼓励广大人民群众积极检举揭发犯罪分子。到16日，参与打砸抢烧事件的不法分子纷纷落网，一些不法分子在我强大法律震慑和政策宣传攻势下，纷纷投案自首。

从17日起，西藏自治区和拉萨市的主要党政机关、企事业单位正常上班，高校、中小学校正常开课。据西藏自治区有关部门介绍，截至21日，拉萨已有183名参与打砸抢烧事件人员投案自首。

事后查明，这天，不法分子纵火300余处，拉萨908户商铺、7所学校、120间民房、5座医院受损，砸毁金融网点10个，至少20处建筑物被烧成废墟，84辆汽车被毁。有18名无辜群众被烧死或砍死，受伤群众达382人，其中重伤58人。拉萨市直接财产损失达2.5亿元。

■5月12日下午，四川汶川发生8.0级特大地震

2008年5月12日14时28分，四川省汶川县发生8.0级地震。震中位于北纬31.0度，东经103.4度的汶川县映秀镇，地震波及范围包括震中50公里范

世界

▶11月4日，贝拉克·奥巴马当选美国首位黑人总统

2008年11月4日，美国民主党总统候选人、伊利诺伊州国会参议员贝拉克·奥巴马在美国总统选举中获胜，当选美国第56届总统，并成为美国历史上首位非洲裔总统。

奥巴马1961年8月4日出生在美国夏威夷檀香山，父亲是来自肯尼亚的留学生，母亲是堪萨斯州白人。1991年奥巴马获得哈佛大学法学博士学位，成为一名律师，并在芝加哥大学法学院教授宪法。1997年，奥巴马进入政坛，当选伊利诺伊州参议员。2004年11月，奥巴马当选伊利诺伊州联邦参议员。

2007年2月，奥巴马正式宣布竞选总统。他在竞选中以"变革"为主题，强调结束伊拉克战争、实现能源自给、停止减税政策和普及医疗保险等，并承诺实现党派团结、在国际上重建同盟关系、恢复美国领导地位。8月27日，他在民主党全国代表大会上获得总统候选人提名。

2008年11月4日，奥巴马以绝对优势当选美国总统，于2009年1月20日正式上任。

围内的县城和200公里范围内的大中城市。除黑龙江、吉林、新疆外，全国各省及直辖市、自治区都有明显震感，其中以陕甘川三省震情最为严重。甚至泰国首都曼谷，越南首都河内，菲律宾、日本等地均有震感。

汶川特大地震发生后14分钟，第一支军队救援队便启程前往震区。两小时后，以胡锦涛为首的党中央紧急部署，国务院总理温家宝乘坐的空军专机从北京西郊机场起飞，当晚即在灾区都江堰设立国务院临时抗震救灾指挥部。至5月13日22时，人民解放军、武警部队和民兵预备役人员已投入兵力47813人。出动

▲ 地震后的汶川映秀镇

军用运输机22架，军用直升飞机18架，征集客机12架，空投物资12.5吨。地震发生后，全国人民自发行动起来支援灾区，截至5月19日13时，民政部报告：全国共接收社会各界捐赠款物108.34亿元。中国政府和人民万众一心支援灾区的情景使国外媒体深受感动，俄新社网站编辑部在其《中国，挺住》一文中这样写道："中国不需要同情，中国需要理解；中国不需要安慰，中国需要支持……我们知道，一个总理在两小时内就飞赴灾区的国家，一个能够出动数十万救援人员的国家，一个企业和私人捐赠达数十亿元的国家，一个因争相献血、自愿抢救伤员而造成交通堵塞的国家，永远不会被打垮。"

为表达全国各族人民对四川汶川大地震遇难同胞的深切哀悼，国务院决定，2008年5月19日至21日为全国哀悼日。全国和各驻外机构下半旗志哀，停止公共娱乐活动，外交部和我国驻外使领馆设立吊唁簿。5月19日14时28分起，全国人民默哀3分钟，届时汽车、火车、舰船鸣笛，防空警报鸣响。在5月19日至21日全国哀悼日期间，北京奥运会圣火将暂停传递。5月19日，联合国秘书长潘基文前往中国常驻联合国代表团驻地，悼念中国四川大地震遇难者，在吊唁簿上用英文留言后，又用中文写下"哀悼罹难的中国人民"，并郑重地签下了自己的中文名字。

这次地震，给中国造成了严重的人员伤亡及巨额数字的经济损失。截至2008年10月8日，全国各地伤亡汇总的数字为遇难69229人，受伤374643人，失踪17923人；地震造成的直接经济损失达8451亿元人民币。

■ 8月8日～24日，第29届奥林匹克运动会在中国北京举行

2008年8月8日晚，举世瞩目的北京第29届奥林匹克运动会开幕式在国家体育场隆重举行。国家主席胡锦涛出席开幕式并宣布本届奥林匹克运动会开幕。80多个国家和地区的领导人和贵宾聚首北京奥林匹克运动会。名为《美丽的奥林匹克》的开幕式文艺表演，历经3年多的精心准备，近2万名中外艺术家和文艺工作者用奇妙的创意、高科技的手段、动人的表现手法，奉献给全世界一台经典的奥林匹克视听盛宴。中国地区11亿人，全球

▲ 北京奥运会开幕式上，从世界各地征集的2008张儿童的笑脸

▶12月16日，联合国安理会授权各国进入索马里境内采取进一步行动打击海盗

2008年12月16日，联合国安理会一致通过决议，授权各国进入索马里境内采取进一步行动打击海盗。

根据这项决议，联合国的授权为期一年。各国在采取打击行动前首先要征得索马里过渡政府同意，而索马里过渡政府需要在此类行动开始前通知联合国秘书长潘基文。

索马里海域海盗活动猖獗，是世界上最危险的海域。索马里自1991年以来一直战乱不断，索马里过渡政府在打击海盗问题上"心有余而力不足"。2008年年初以来，那里的海盗已劫持约50艘船，致使通过那一海域的海运活动受到严重影响。

索马里过渡政府此前已多次要求国际社会帮助索马里对付海盗，索马里外交与国际合作部长阿里·艾哈迈德·贾马·金格利于2008年12月16日说，海盗行为不可接受，必须加以制止，安理会的行动令他感到振奋。

中国积极参加了这次联合打击海盗行动。2008年26日中国海军编队的军舰从中国南部三亚启航，赴亚丁湾、索马里海域执行护航任务。

44亿人通过电视观看开幕式，本次奥林匹克运动会传下了人类历史上节目收视率的最高纪录。英国、德国、日本、韩国等外国媒体纷纷对北京开幕式给予非常积极的评价，称这是艺术之美的杰作，中华文化的缩影。

此次奥运设置了三大理念：绿色奥运、科技奥运、人文奥运。共举行28个大项，38个分项的比赛，产生302块金牌。有2万多名运动员、教练员和官员参加此次奥林匹克运动会。除大部分比赛在北京举行外，帆船比赛在青岛举行，马术比赛在香港举行，部分足球预赛在天津、上海、沈阳和秦皇岛举行。此次奥林匹克运动会上，中国获得51枚金牌，21枚银牌，28枚铜牌，总奖牌数100枚，排名第一。

8月24日，第29届夏季奥林匹克运动会的所有比赛项目均已结束，当晚在中国国家体育场"鸟巢"举行了闭幕式，国际奥委会主席罗格在致词中真诚地表达了对中国人民及北京奥组委的感激之情，他说"这些日子，将在我们的心中永远珍藏，感谢中国人民，感谢所有出色的志愿者，感谢北京奥组委。"并称"这是一届真正的无与伦比的奥林匹克运动会"。

本届奥林匹克运动会，给世界人民留下了深刻的印象，让世界人民更加真切地认识了中国，认识了北京。多次参加奥运报道的外国记者称，北京奥林匹克运动会已经在竞赛组织等方面全方位超越历届奥林匹克运动会，中国人民的真诚和热情也将永远被铭记。参加过悉尼和雅典奥林匹克运动会报道的墨西哥特拉维萨电视台记者卡尔拉·桑切斯说："用'完美'来形容北京奥林匹克运动会真不为过。记住，永远不要用停滞的眼光观看中国，它总让我有新的发现，"而参加过12届奥林匹克运动会的美国《新闻周刊》杂志的阿尔·普利泽比尔科夫斯基则说："每届奥林匹克运动会都各有特色，但在北京，交通体系运转非常好，安检程序也不繁复，志愿者们总是微笑着，我听到的抱怨最少，可见北京奥林匹克运动会的组织堪称完美。"

8月20日，华国锋逝世

2008年8月20日12时50分，华国锋在北京逝世，享年87岁。新华社8月20日发布了华国锋逝世的消息，消息中称华国锋为"中国共产党的优秀党员，久经考验的忠诚的共产主义战士，无产阶级革命家"，并介绍其曾担任党和国家重要领导职务。

华国锋，1921年生，山西交城人。1938年投身抗日，任中共交城、阳曲县委书记兼县武装大队政委。1949年随解放军南下，在湖南任县委书记、专区专员、湖南省委书记处书记等职。"文化大革命"期间担任湖南省委第一书记。

作为毛泽东逝世前指定的接班人，华国锋1975年任国务院副总理，1976年4月任中共中央第一副主席、国务院总理。毛泽东逝世后，1976年10月华国锋出任中共中央主席、军委主席。其间，与叶剑英、李先念等领导人一起粉碎了"四人帮"，结束了"文化大革命"。

打倒"四人帮"后，华国锋奉行"两个凡是"的方针，即"凡是毛主席做出的决策，我们都坚决维护；凡是毛主席的指示，我们都始终不渝地遵循"。1977年4月10日，邓小平以一个老共产党员的名义给中共中央写信，针对"两个凡是"的错误方针提出批评。5月3日，中共中央转发此信，肯定了邓小平的正确意见。1981年6月，中共十一届六中全会鉴于华国锋在粉碎"四人帮"以后推行"两个凡是"的错误方针，继续肯定"文化大革命"的错误理论、政策和口号，一致同意华国锋辞去中共中央主席、中央军委主席的职务。其后，华国锋逐渐淡出中国政坛。但从1976年到2002年，华国锋一直是中共中央委员。

华国锋病重期间和逝世后，胡锦涛、江泽民、吴邦国、温家宝、贾庆林、李长春、习近平、李克强、贺国强、周永康等，前往医院看望或通过各种形式对华国锋的逝世表示沉痛哀悼并向其亲属表示深切慰问。8月31日上午，华国锋遗体在北京八宝山革命公墓火化，胡锦涛、江泽民、吴邦国、温家宝、贾庆林、李长春、习近平、李克强、贺国强、周永康等前往八宝山最后送别。

■ 9月6日~17日，第13届残疾人奥林匹克运动会在北京举行

9月6日晚，北京残疾人奥林匹克运动会开幕式在中国国家体育场"鸟巢"举行，中华人民共和国主席胡锦涛宣布，北京2008残疾人奥林匹克运动会正式开幕。

北京残疾人奥林匹克运动会的比赛从9月7日~17日，有11个比赛日，产生472枚金牌。共有148个国家和地区参加北京残疾人奥林匹克运动会，是历届残疾人奥林匹克运动会中参加国家最多的一次，同时也是项目最全的一次。北京残疾人奥林匹克运动会中国体育代表团由547人组成，其中运动员332人。这是中国自1984年首次参加残疾人奥林匹克运动会以来，规模最大的残奥代表团，同时也是北京残疾人奥林匹克运动会规模最大的代表团。中国代表团参加了北京残疾人奥林匹克运动会全部20个大项、295个小项的比赛。其中马术、轮椅橄榄球、轮椅篮球、赛艇、帆船、硬地滚球、盲人足球、

▲ 北京残奥会开幕式

世 界

▶12月27日，以色列战机空袭加沙地带

2008年12月27日，以色列战机和武装直升机对哈马斯控制的加沙地带发动了大规模空袭，空袭导致155人被炸死，200人被炸伤。死者中包括哈马斯任命的警方负责人、哈马斯安全和保安部队领导人、加沙中部地区行政负责人，在受害者中，有不少是儿童和平民。

巴勒斯坦武装分子对以军的空袭进行了反击，向以色列发射了火箭弹，一名以色列人在火箭弹袭击中丧生。

以色列发动的空袭行动还摧毁了数个哈马斯警察的院落，众多死伤的警察倒在地上。这是巴勒斯坦人20多年来所遭遇的最血腥的一天。

脑瘫足球、盲人门球九个项目是首次参加残疾人奥林匹克运动会比赛。中国体育代表团以89金、70银、52铜的成绩蝉联金牌榜和奖牌榜的头名，实现了历史性突破。

9月17日，残疾人奥林匹克运动会闭幕，国际残奥委会主席克雷文在致词中对本届残疾人奥林匹克运动会给予了高度评价，他宣称本届残疾人奥林匹克运动会"开幕式美轮美奂，体育场馆完美无缺，运动竞技表演令人叹为观止，残奥村条件之优越史无前例，高清电视转播令人称奇，志愿者们出类拔萃，千千万万的残奥体育迷在中国和世界各地涌现，这是有史以来最伟大的一届残疾人奥林匹克运动会，这一切源自于精神的力量，这种精神就是残奥精神，它在我们运动中永放光芒。"

亲爱的宝贝，如果你能活着，一定要记住我爱你。

——5月13日下午，都江堰河边一处坍塌的民宅里，一位母亲死亡时双膝跪地，双手扶地支撑着身体，她身下有个三四个月大的婴儿，孩子身旁的手机上是这条写好的话

你别哭！你放心，政府会管你们的。政府管你们生活，管你们学习，你们一定会像在自己家里一样。别哭！别哭！这是一场灾难，你们幸存活下来，就好好活下去。

——此为5月13日下午4时许温家宝总理来到四川省绵阳市九洲体育馆慰问受灾群众时鼓励孤儿们时所说的话

■ 9月25日，神舟七号载人飞船发射

神舟七号载人航天飞船于2008年9月25日晚21时10分04秒在酒泉卫星发射中心发射升空。

神舟七号载人飞船是中国神舟号飞船系列之一，是中国第三个载人航天飞船。该飞船的科研单位是中国航天科技集团公司所属中国空间技术研究院和上海航天技术研究院。飞船全长9.19米，由轨道舱、返回舱和推进舱构成。神七载人飞船重达12吨。

神舟七号飞船载有三名宇航员，他们分别为翟志刚（指令长）、刘伯明和景海鹏。此次航天的主要任务是实施中国航天员首次空间出舱活动，同时开展卫星伴飞、卫星数据中继等空间科学和技术试验。

北京时间9月25日21时10分4秒，神舟七号载人飞船在酒泉卫星发射中心发射升空，21时19分43秒准确进入预定轨道。9月27日16时41分00秒，航天员翟志刚打开舱门，开始出舱活动，翟志刚首先探出头，并向舱外默认的闭路镜头挥手，之后全身走出舱外。刘伯明也探头出机舱外，交给翟志刚一面小型五星红旗。翟志刚接过五星红旗，向镜头挥动片刻。随后翟志刚取回舱外装载的固体润滑实验试验样品。17时许，翟志刚成功完成舱外活动，返回轨道舱内，舱门关闭。

北京时间2008年9月28日16时54分，飞船进入正常返回轨道；17时16分，飞船返回中国上空；17时37分，神舟七号飞船成功着陆于中国内蒙古四子王旗。18时22分，航天员自主出舱，三人返回舱状态良好，中国神舟七号载人航天飞行获得圆满成功。

神舟七号载人航天飞行，实现了中国历史上宇航员第一次的太空漫步，令中国成为第三个有能力把太空人送上太空并进行太空行走的国家。2008年11月7日，中共中央、国务院、中央军委7日

▲ 神舟七号航天员乘组与记者见面会

2008年 中国百年实录

上午在人民大会堂隆重举行庆祝神舟七号载人航天飞行圆满成功大会，中共中央总书记、国家主席、中央军委主席胡锦涛亲自为翟志刚、刘伯明、景海鹏颁发"航天功勋奖章"和证书。

■ **10月9日～12日，中共十七届三中全会在北京举行，着重研究推进农村改革发展问题**

中国共产党第十七届中央委员会第三次全体会议10月9日～12日在北京举行。会议的主要议程是研究推进中国农村改革发展问题。全会听取和讨论了胡锦涛受中央政治局委托作的工作报告，审议通过了《中共中央关于推进农村改革发展若干重大问题的决定》。全会提出了到2020年我国农村改革发展六方面的基本目标任务，指出农民人均纯收入比2008年翻一番。全会对当前和今后一个时期推进农村改革发展做出了部署，强调要大力推进改革创新，加强农村制度建设；积极发展现代农业，提高农业综合生产能力；加快发展农村公共事业，促进农村社会全面进步。

党的十七届三中全会是在国际形势继续发生深刻变化，我国改革发展进入关键阶段召开的一次重要会议。全会通过的《中共中央关于推进农村改革发展若干重大问题的决定》，集中全党智慧，凝聚全党共识，深刻总结了30年农村改革发展的伟大实践和基本经验，深入分析了当前农村改革发展面临的矛盾和问题，明确提出了新形势下推进农村改革发展的指导思想、目标任务、重大原则，从加强农村制度建设、积极发展现代农业、加快发展农村公共事业三个方面全面部署了新形势下推进农村改革发展的主要任务，对加强和改善党对农村工作的领导提出明确要求，具有很强的战略性、指导性、针对性，是今后一个时期推动农村改革发展的行动纲领。

备忘

- 3月31日，奥运圣火抵京全球火炬接力正式启动
- 5月8日9时17分，人类首次将象征"和平、友谊、进步"的奥运火炬在世界最高峰珠穆朗玛峰峰顶点燃
- 5月11日，中国商用飞机有限责任公司在上海成立
- 6月1日，"限塑令"施行中国将告别免费使用塑料袋时代
- 8月1日，《中华人民共和国反垄断法》正式实施
- 9月1日，中国实现了城乡义务教育全部免除学杂费
- 9月1日，温家宝总理来到北川中学临时学校参加开学典礼
- 9月13日，卫生部确认"三鹿牌婴幼儿配方奶粉"事故是一起重大的食品安全事故，由此引发全国乳制品行业信任危机
- 12月15日，两岸海运直航、空运直航、直接通邮全面启动，"三通时代"来临
- 12月18日，纪念党的十一届三中全会召开30周年大会在人民大会堂举行

声音

今天，众多的人们拯救了我们、安置了我们，将来我们学好了本领，要帮助更多的人，报答他们。这种互助，就是人世间的爱，我希望老师们、同学们把这次地震作为一生的一堂生动的课，铭刻在心，永不忘记。

——此为5月23日温家宝总理在四川绵阳市北川中学复课地点探望师生时的讲话

记得在四年前，雅典奥运会开幕前一周，国际奥委会甚至还在担忧奥运会场馆问题，而北京奥运会场馆去年提前一年就可以进行测试赛了，这使国际奥委会非常满意。北京奥组委的组织工作没有让我们担心的地方。我可以说，北京奥运会的开幕式将会是最完美的奥运会开幕式，北京奥运会将会是最成功的奥运会。

——8月2日，国际奥委会主席罗格在新闻发布会上赞扬北京奥运会的筹备情况

我们这个国家，历史可谓悠久，但灾难也可谓深重。但就是这个多灾多难的国家，灾难总是同进步伴随在一起的。一个民族在灾难中失去的东西，又会从进步中得到。今天同样是这样。

——此为12月13日温家宝总理针对2008年的全球性经济危机，为提高全世界华人的自信心所作的讲话

2009年

大事

■ 1月27日~2月2日，温家宝出访欧洲并出席世界经济论坛2009年年会

应瑞士联邦主席默茨、德国总理默克尔、西班牙首相萨帕特罗、英国首相布朗、欧盟委员会主席巴罗佐和世界经济论坛主席施瓦布邀请，国务院总理温家宝于1月27日上午乘专机离开北京，赴上述四国和欧盟总部进行正式访问，并出席在瑞士达沃斯举行的世界经济论坛2009年年会。

1月28日，温家宝在世界经济论坛2009年年会上发表题为《坚定信心 加强合作 推动世界经济新一轮增长》的特别致辞，全面阐述了中国对世界金融经济形势的看法和主张以及采取的政策举措，表示中国完全有信心、有条件、有能力保持经济平稳较快发展，继续为世界经济发展做出积极贡献。温家宝的致辞在与会者中引起强烈反响。与会者普遍认为，虽然受到国际金融危机的影响，但中国有能力继续保持经济较快增长。

1月28日至29日，温家宝访问德国，与德国总理默克尔举行会谈，会见总统科勒、副总理兼外交部长施泰因迈尔，并在中德经济技术合作论坛上发表演讲。1月29日至30日，温家宝访问欧盟总部。他与欧盟委员会主席巴罗佐举行会谈，就确定中欧关系的指导原则、推进中欧关系深入发展交换意见。1月30日至31日，温家宝将访问西班牙，与萨帕特罗首相举行会谈，会见卡洛斯国王，并与当地文化界人士和青年学生代表进行座谈。1月31日至2月2日，温家宝访问英国，与布朗举行会谈，会见财政大臣兼英对华关系小组组长达林，并在剑桥大学发表了题为《用发展的眼光看中国》的演讲。

▲ 温家宝总理在世界经济论坛上致辞

声音

新中国60年的发展进步充分证明，只有社会主义才能救中国，只有改革开放才能发展中国、发展社会主义、发展马克思主义。中国人民有信心、有能力建设好自己的国家，也有信心、有能力为世界做出自己应有的贡献。

——此为10月1日胡锦涛在庆祝中华人民共和国成立60周年大会上讲话的一部分

我年轻时曾长期工作在中国的西北地区。在那浩瀚的沙漠中，生长着一种稀有的树种，叫胡杨。它扎根地下50多米，抗干旱、斗风沙、耐盐碱，生命力极其顽强。它"生而一千年不死，死而一千年不倒，倒而一千年不朽"，世人称为英雄树。我非常喜欢胡杨，它是中华民族坚韧不拔精神的象征。

——此为2009年2月2日温家宝在剑桥大学发表演讲时所说的话

2月28日,十一届全国人大常委会第七次会议通过《刑法修正案(七)》

2月28日,十一届全国人大常委会第七次会议经表决,通过了食品安全法、刑法修正案(七)和修订后的保险法,国家主席胡锦涛分别签署第9号、第10号、第11号主席令予以公布。

此次刑法修订的内容涉及破坏社会主义市场经济秩序犯罪、侵犯公民权利犯罪、贪污贿赂犯罪等方面的内容。刑法修正案(七)是根据经济和社会形势发展的需要,在充分听取各方面意见的基础上对刑法所作的一次新的修正,是刑事法律自我完善的最新体现。

除了对破坏社会主义市场经济秩序犯罪、侵犯公民权利犯罪部分条文作了补充或修订外,刑法修正案(七)增加了两条惩治腐败犯罪的规定:一是关于国家工作人员的近亲属以及其他与其关系密切的人,利用国家工作人员的影响力为请托人谋取不正当利益,自己从中收受请托人贿赂的规定。二是根据反腐败斗争的需要和各方面的意见,提高了巨额财产来源不明罪的刑罚,将该罪的最高刑由五年有期徒刑提高到十年有期徒刑。上述规定,体现了全国人大常委会根据反腐败斗争的实际需要对刑法有关惩治腐败犯罪的规定的完善。

4月1日,胡锦涛在英国伦敦会见奥巴马

4月1日,出席二十国集团领导人第二次金融峰会的国家主席胡锦涛在伦敦会见美国总统奥巴马。两国元首就中美关系和共同关心的重大问题广泛交换意见,双方一致同意共同努力建设21世纪积极合作全面的中美关系。

胡锦涛表示,自奥巴马就职以来,中美关系取得良好开局。在当前,中美无论是在应对国际金融危机冲击、推动恢复世界经济增长方面,还是在处理国际和地区热点问题、维护世界和平与安全方面,都拥有更加广泛的共同利益。一个良好的中美关系不仅符合两国和两国人民根本利益,而且有利于促进亚太地区乃至世界的和平、稳定、繁荣。中方愿同美方一道,坚持从战略高度和长远角度出发,加强对话和交流,增进互信和合作,相互尊重和照顾彼此核心利益,妥善处理分歧和敏感问题。

奥巴马表示,美中关系是世界上最重要的双边关系。美方对两国关系在现有坚实基础上继续向前发展的前景感到乐观,赞同使两国关系变得更加积极、合作、全面。双方要相互尊重彼此核心利益,妥善处理分歧,使两国关系不断向前发展。

两国元首一致同意建立中美战略与经济对话机制,同意进一步深化广泛领域的互利合作,加强能源、环境以及气候变化领域的政策对话和务实合作,恢复和扩大防扩散和其他安全问题磋商。对两国立法机构、地方、学术、青年等社会各界交往继续扩大表示欢迎,同意早日恢复人权对话。两国元首还对关于共同应对当前的国际金融危机各自发表了意见。

世界

 1月20日,奥巴马宣誓就任美国第44任总统

1月20日上午,美国当选总统、民主党人奥巴马就职仪式在美国国会大厦西侧的露天平台上举行。美国东部时间中午12时许,奥巴马在最高法院首席大法官罗伯茨的见证下庄严宣誓。宣誓就职后,奥巴马发表就职演说。演说中,奥巴马呼吁全体美国民众端正心态,努力提高公民责任感,为振兴国家贡献自己的力量。

当天卸任的布什总统及夫人和布什政府的阁僚均到场参加了奥巴马总统的就职典礼。此外,美国前总统卡特、老布什和克林顿等前政府要员和社会名流也应邀出席奥巴马的就职典礼。

两国元首同意保持密切沟通和协调,共同推动解决冲突,减缓引发地区和全球不稳定的紧张因素,包括共同促进朝鲜半岛核问题、伊朗核问题、苏丹人道主义援助、南亚局势等问题的妥善解决。会见中,胡锦涛邀请奥巴马于2009年下半年访华,奥巴马愉快地接受了邀请。

■ 7月5日,新疆乌鲁木齐市发生打砸抢烧严重暴力犯罪事件

7月5日20时左右,一些人在乌鲁木齐市人民广场、解放路、大巴扎、新华南路、外环路等多处猖狂地打砸抢烧。截止到23时30分,已造成多名无辜群众和一名武警被杀害,部分群众和武警受伤,多部车辆被烧毁,多家商店被砸被烧。

此前,民族分裂分子热比娅为首的"世界维吾尔代表大会"通过互联网等多种渠道煽动闹事"要勇敢一点"、"要出点大事"。事实表明,此次事件是一起由境外遥控指挥、煽动,境内具体组织实施,有预谋、有组织的暴力犯罪。事件造成了造成1700多人受伤、197人死亡的严重后果(截至8月5日)。其中,无辜死亡的156人(汉族134人、回族11人、维吾尔族10人、满族1人);在其他死亡人员中,有的是因为实施暴力犯罪活动被当场击毙的暴徒,有的身份还有待辨认。此外还有331个店铺和627辆汽车被砸烧,许多市政、电力、交通等公共设施遭到严重破坏。

事件发生后,新疆维吾尔自治区党委、政府高度重视,及时调集警力处置,事态很快得到控制并得以平息。

对乌鲁木齐"7·5"事件涉案犯罪嫌疑人、被告人,中国司法机关严格依照法律规定,在充分保障他们的各项诉讼权利的前提下,追究了其刑事责任。10月12日,新疆维吾尔自治区乌鲁木齐市中级人民法院依法对乌鲁木齐"7·5"打砸抢烧严重暴力犯罪事件的三起重大犯罪案件7名被告人进行一审公开开庭审理并当庭宣判。阿不都克里木·阿不都瓦伊提、艾尼·玉苏甫、阿卜杜拉·麦提托合提、阿迪力·肉孜、努尔艾力·吾休尔、阿力木·麦提玉苏普6名罪行极其严重的被告人被判处死刑,剥夺政治权利终身;被告人塔衣热江·阿布力米提因具有重大立功表现,被依法从轻判处无期徒刑,剥夺政治权利终身。

■ 10月1日,庆祝中华人民共和国成立60周年庆典在北京天安门广场举行

10月1日上午10点,中华人民共和国成立60周年庆祝大会在北京天安门举行,多种新式武器接受检阅,这是中国第14次,也是新世纪的第一次阅兵。

上午10时许,56门礼炮交替鸣放60响,国旗护卫队行进169步升国旗,随后开始阅兵,时间为66分钟,共56个方队和梯队,10万群众、60辆彩车组成的36个方阵和6节行进式文艺表演将依次通过天安门。这次阅兵徒步方队分别来自中国人民解放军陆军、海军、空军、第二炮兵、武装警察部队和民兵、预备役部队。与50周年国庆首都阅兵相比,数量虽

世界

▶3月~4月,爆发于墨西哥和美国的甲型H1N1流感向全球蔓延

2009年3月至4月,墨西哥和美国西南部有过千人感染甲型H1N1流感。4月24日,世界卫生组织确认部分发病个案是由一种从未发现的H1N1变种病毒所引致。25日,世界卫生组织声明,发端于北美的甲型H1N1流感(前称人感染猪流感)疫情已构成"具有国际影响的公共卫生紧急事态"。截至30日,全球有10多个国家报告发现甲型H1N1流感确诊病例,近20个国家发现疑似病例,其中疫情最严重的墨西哥已确诊感染甲型H1N1流感病毒的人数为312人。世卫组织已两度调整流感大流行警告级别,从原来的3级提升至4级。2009年6月11日,世界卫生组织将全球流感大流行警告级别提升至最高等级第6级。

▲ 在北京天安门广场举行的中华人民共和国成立六十周年庆典

有所减少，但军兵种更加齐全，方队编成更加合理精干，其中特种兵部队是第一次亮相。

此次阅兵，是新中国成立60年来，中国军队装备数量最多、规模最大的一次全景展示。受阅展示各部队装备都是从全军各部队精选的，国产新型装备的数量规模以及质量水平和信息化程度都达到崭新水平。特别是这次阅兵装备方队中没有一件是引进装备，将展示中国军队武器装备信息化建设的成果及中国武器装备建设自主创新的能力。无论是陆、海、空、二炮、武警等军种部队，还是装甲兵、空降兵、防空兵等兵种专业部队，无论是坦克、火炮、导弹等战斗装备，还是雷达、通信、后勤等保障装备，都在这次阅兵中进行全景式展示。

晚上20时，时长为100分钟的联欢晚会和焰火晚会揭开序幕。晚会开始前，胡锦涛、江泽民、吴邦国、温家宝、贾庆林、李长春、习近平、李克强、贺国强、周永康等党和国家领导人登上天安门城楼。在中共中央政治局委员、北京市委书记刘淇宣布晚会正式开始。天安门广场东西两侧矗立的56根"民族团结柱"燃放起炫目焰火，紧接着，一个10月1日出生的少年手持小号吹响《我的祖国》。广场腾起6组特效烟花，"60"数字点亮夜空。"光立方"发光树开始摇曳，形成一道道闪亮的波浪。"光立方"发光体上，巨大的年轮表从"1949"起开始滚动，最后定格在"2009"年份上。晚会共分为4个联欢表演板块，近6万人参加表演。盛大的联欢晚会成了当天除国庆阅兵外，最受人关注的一个活动。

■ 10月13日，最后一位开国上将吕正操逝世

2009年10月13日14时45分，吕正操将军在北京因年老体衰而逝世。新华社刊发的讣告中称其为"中国共产党的优秀党员，久经考验的忠诚的共产主义战士，无产阶级革命家、军事家，我国铁路交通战线杰出的领导者"。

▶6月30日，驻伊美军战斗部队从伊拉克城镇全部撤出

2009年6月29日，美军向伊拉克政府移交了战争开始以来一直占据的伊拉克国防大楼。30日，一些伊拉克青年在巴格达市中心的扎乌拉公园载歌载舞，庆祝美军战斗部队从伊拉克城镇全部撤出。伊拉克政府通过政府网站和官方媒体宣布6月30日为全国法定假日，以庆祝驻伊美军战斗部队从伊拉克城镇全部撤出。

美军撤出当天，美国总统奥巴马称，驻伊美军从伊拉克城镇撤出战斗部队是一个里程碑式的事件，标志着伊拉克人民掌握了自己的命运。

吕正操，字必之，1904年1月出生于辽宁省海城县唐王山后村一户贫苦农民家庭。1922年参加东北军张学良的东北军卫队旅，1925年12月被张学良召到身边担任少校副官。西安事变后，1937年3月，蒋介石强令东北军改编，吕正操被任命为国民革命军53军691团团长。1937年10月在冀中率部脱离国民党五十三军，任八路军第三纵队司令员兼冀中军区司令员，创建冀中平原抗日根据地。中华人民共和国成立后，1955年，吕正操被授予上将军衔，获颁"一级独立自由勋章"、"一级解放勋章"，是57位"开国上将"之一。"文化大革命"开始后不久，吕正操受到迫害，被关押。1975年复出，并在当年1月，当选第四届全国人大常委会委员；8月起，任铁道兵政治委员、党委第二书记；两年后升任铁道兵第一政治委员、党委第一书记；1982年当选中共中央顾问委员会委员；次年出任全国政协副主席。此外，他还是第一、二、三届国防委员会委员，全国政协第二、三届常务委员。

2009年10月20日上午，吕正操将军遗体告别仪式在北京八宝山革命公墓举行，胡锦涛、江泽民、吴邦国、温家宝、贾庆林、李长春、贺国强、周永康以及朱镕基、李瑞环、宋平等同志，亲往送别并敬献花圈；中央和国家机关有关部门负责同志以及吕正操的生前友好和家乡的代表也前往送别。

■ 10月31日，钱学森在北京逝世

2009年10月31日8时6分，钱学森在北京逝世，享年98岁。

钱学森，祖籍浙江杭州，1911年12月出生于上海，1923年9月进入北京师范大学附属中学学习，1929年9月考入交通大学机械工程系，1934年6月考取清华大学公费留学生，次年9月进入美国麻省理工学院航空系学习，1936年9月转入美国加州理工学院航空系，师从世界著名空气动力学教授冯·卡门，先后获航空工程硕士学位和航空、数学博士学位。20世纪50年代经过几番波折回国后，在中国的火箭和导弹技术、航空航天等领域做出了跨越式的贡献，被誉为"中国航天之父"、"中国导弹之父"、"火箭之王"、"中国自动化控制之父"。国务院、中央军委授予"国家杰出贡献科学家"荣誉称号，获中共中央、国务院、中央军委颁发的"两弹一星"功勋奖章。

钱学森病重期间和逝世后，胡锦涛、江泽民、吴邦国、温家宝、贾庆林、李长春、习近平、李克强、贺国强、周永康等同志，前往医院看望或通过各种形式对钱学森的逝世表示沉痛哀悼并向其亲属表示深切慰问。

11月6日上午，钱学森同志的遗体在北京八宝山革命公墓火化。9时许，胡锦涛、江泽民、吴邦国、温家宝、贾庆林、李长春、习近平、李克强、贺国强、周永康等数十位党和国家领导人在哀乐声中缓步来到钱学森同志的遗体前肃立默哀，向钱学森同志的遗体三鞠躬，并与亲属一一握手，表示慰问。

中央和国家机关有关部门负责同志，钱学森的生前友好、家乡代表和

首都各界群众也前往送别。

■ 11月15日～18日，美国总统奥巴马访问中国

北京时间2009年11月15日晚23时许，奥巴马乘坐的"空军一号"飞机在雨中抵达上海浦东机场，正式开始其今年1月当选以来的首次中国行。

16日上午10点左右，奥巴马与上海市委书记俞正声、上海市长韩正会面。中午12时45分～14时，奥巴马前往上海同济大学与上海青年对话，并发表演讲、回答学生的提问。傍晚，离开上海飞赴北京。

17日上午，奥巴马会晤中国国家主席胡锦涛，就中美关系和双方共同关心的问题交换意见并举行联合记者会。下午，参观北京、故宫；会见人大常委会委员长吴邦国；胡锦涛主持国宴款待。18日上午，会见中国国务院总理温家宝；赴八达岭长城等地游览。下午，飞往韩国首都首尔，结束访华行程。

▲ 奥巴马在长城游览

奥巴马此次访华的主要议题有气候变化、能源、两国技术转让与合作、中国市场经济地位、中美关系、两国军事发展与合作、核问题、人权问题、台湾问题等。两国元首就中美关系及共同关心的重大国际和地区问题深入交换了意见，达成许多重要共识。双方一致同意，共同努力建设21世纪积极合作全面的中美关系，并将采取切实行动稳步建立应对共同挑战的伙伴关系，在中美两国元首会谈时，奥巴马总统正式邀请胡锦涛主席明年访美，胡锦涛愉快地接受了邀请。

■ 12月5日～7日，中央经济工作会议在北京召开

12月5日～7日，中央经济工作会议在北京召开。胡锦涛、吴邦国、温家宝、贾庆林、李长春、习近平、李克强、贺国强、周永康出席会议。胡锦涛发表重要讲话，全面分析了当前国际国内经济形势，深刻阐述了加快经济发展方式转变的重要性和紧迫性，明确提出了明年经济工作的总体要求、重要原则、主要任务。温家宝总理在讲话中全面总结了今年经济工作，阐述了明年经济社会发展主要预期目标和宏观经济政策，具体部署了明年经济工作。

会议确定了我国2010年经济工作的六项主要任务：提高宏观调控水平，保持经济平稳较快发展；加大经济结构调整力度，提高经济发展质量和效益；夯实"三农"发展基础，扩大内需增长空间；深化经济体制改革，增强经济发展动力和活力；推动出口稳定增长，促进国际收支平衡；着力保障和改善民生，全力维护社会稳定。

会议指出，2010年经济工作的总体要求是：全面贯彻党的十七大和

十七届三中、四中全会精神,以邓小平理论和"三个代表"重要思想为指导,深入贯彻落实科学发展观,保持宏观经济政策的连续性和稳定性,继续实施积极的财政政策和适度宽松的货币政策,根据新形势新情况着力提高政策的针对性和灵活性,特别是要更加注重提高经济增长质量和效益,更加注重推动经济发展方式转变和经济结构调整,更加注重推进改革开放和自主创新、增强经济增长活力和动力,更加注重改善民生、保持社会和谐稳定,更加注重统筹国内国际两个大局,努力实现经济平稳较快发展。

备忘

- 1月27日,中国南极昆仑站建成
- 2月26日,长江三峡工程库区干流航道淹没复建工程全面完工
- 2月26日,从大陆向台湾的邮政电子汇款业务开通
- 3月1日,我国嫦娥一号卫星成功撞月
- 3月3日~12日,全国政协十一届二次会议在北京举行
- 3月5日~13日,十一届全国人大二次会议在北京举行
- 4月23日,我国在青岛附近黄海海域举行海上阅兵,庆祝中国人民解放军海军诞生60周年
- 6月27日,十一届全国人大常委会第九次会议表决通过《中华人民共和国农村土地承包经营纠纷调解仲裁法》
- 7月26日,马英九当选国民党主席
- 7月26日,崔世安当选澳门特区第三任行政长官
- 9月4日,国务院出台了新型农村社会养老保险试点的指导意见

2010年

大事

■ 3月5日~14日，十一届全国人大三次会议在北京举行

2010年3月5日至3月14日，第十一届全国人民代表大会第三次会议在北京人民大会堂举行。会议听取和审议了国务院总理温家宝所作的政府工作报告。会议充分肯定国务院过去一年的工作，同意报告提出的2010年主要任务和总体部署，决定执行报告中的决议。

会议强调，要高举中国特色社会主义伟大旗帜，全面贯彻党的十七大和十七届三中、四中全会精神，以邓小平理论和"三个代表"重要思想为指导，深入贯彻落实科学发展观，保持宏观经济政策的连续性和稳定性，更加注重提高经济增长质量和效益，更加注重推动经济发展方式转变和经济结构调整，更加注重推进改革开放和自主创新、增强经济增长活力和动力，更加注重改善民生、保持社会和谐稳定，更加注重统筹国内国际两个大局，实现经济社会又好又快发展。会议号召，全国各族人民在以胡锦涛同志为总书记的党中央领导下，同心同德，开拓创新，扎实工作，为全面实现"十一五"时期经济社会发展目标、夺取全面建设小康社会新胜利而努力奋斗！

会议还听取和审议了全国人民代表大会常务委员工作报告、最高人民法院工作的报告、最高人民检察院工作的报告；审查和批准了2009年国民经济和社会发展计划执行情况与2010年国民经济和社会发展计划草案的报告；批准了2010年国民经济和社会发展计划；审查和批准了2009年中央和地方预算执行情况与2010年中央和地方预算草案的报告；批准了2010年中央预算；审议并通过了《中华人民共和国全国人民代表大会和地方各级人民代表大会选举法修正案（草案）》的议案。

3月14日，胡锦涛签署了第27号主席令，公布了《全国人民代表大会关于修改〈中华人民共和国全国人民代表大会和地方各级人民代表大会选举法〉的决定》。

这次会议是在我国实施"十一五"规划的最后一年召开的重要会议，是一次民主、和谐、团结、求实、奋进的盛会。

■ 4月14日，青海玉树发生7.1级地震

4月14日07时49分许，青海省玉树藏族自治州玉树县（北纬33.1°，东经96.7°）发生7.1级地震。

这次地震属于特大浅表地震，波及青海省玉树藏族自治州玉树、称

声音

我们所做的一切，都是为了让人民生活得更加幸福、更有尊严。
——2010年2月12日温家宝在2010年新春团拜会上如此说

对权威、当权者莫名敬畏和习惯性服从……同时，转过身来又对无权无势的人颐指气使。
——学者刘瑜谈专制传统对人的塑造，她认为，"最大的解毒力量可能是市场经济"

新校园，会有的！新家园，会有的！
——2010年4月18日，在玉树州孤儿学校的板房教室里，胡锦涛拿起粉笔在黑板上写下这句话，并领着孩子们大声朗读

多、治多、杂多、囊谦、曲麻莱县和四川省甘孜藏族自治州石渠县等7个县的27个乡镇，受灾面积35862平方公里，受灾人口246842人。

地震以及由其引发的山体滑坡、泥石流等自然灾害给灾区人民的生命财产造成严重损害。此次地震确认最终遇难人数为2698人，失踪人数为270人。灾区建筑物大量坍塌，民居、学校、医院严重损毁，部分公路沉陷、桥梁坍塌，水、电以及通讯设施遭受巨大破坏。农牧、商贸、旅游、金融、加工企业损失严重。

地震发生后，中共中央总书记、国家主席、中央军委主席胡锦涛，中共中央政治局常委、国务院总理温家宝分别做出重要指示。为做好青海玉树抗震救灾工作，国务院迅速成立抗震救灾总指挥部，由副总理回良玉任总指挥，并亲自带队于当晚进入地震震中结古镇，组织抗震救灾，并进行灾民慰问安抚工作。

4月15日下午，中共中央政治局常委、国务院总理温家宝飞抵青海玉树地震灾区，考察灾情，慰问各族干部群众，指导抗震救灾工作。并指出：当前，抗震救灾第一位的工作是救人。只要有一丝希望，就要尽百分努力，坚持下去，决不放弃。

4月18日，中共中央总书记、国家主席、中央军委主席胡锦涛乘飞机前往玉树地震灾区，看望慰问灾区干部群众，实地指导抗震救灾工作。在玉树州孤儿学校的板房教室里，胡锦涛拿起粉笔在黑板上写下："新校园，会有的！新家园，会有的！"并领着孩子们大声朗读。在受灾严重的扎西科村，胡锦涛走到正在清理废墟的部队官兵和公安民警中间，向大家表示诚挚的慰问。

在党中央、国务院和中央军委的关怀和领导下，灾区广大干部群众奋起自救。社会各界积极支援，全力搜寻被困人员，及时救治伤员，妥善安置群众，恢复正常秩序，最终取得了抗震救灾的重大胜利。

■ 5月1日，上海世界博览会开幕

2010年4月30日，中国2010年上海世界博览会开幕式在上海世博园世博文化中心举行，胡锦涛出席开幕式并宣布上海世博会开幕。党和国家领导人李长春、习近平、李克强、贺国强、周永康，国际展览局主席蓝峰以及来自世界各地的领导人和贵宾出席开幕式。

5月1日，中国2010年上海世界博览会开园仪式在上海世博中心举行，贾庆林出席开园仪式并和国际展览局主席蓝峰共同启动按钮，为上海世博会开园。

本届世博会的主题是"城市，让生活更美好"，充分展示城市文明成果、交流城市发展经验、传播先进城市理念，相互学习、取长补短，为新世纪人类的居住、生活、工作探索崭新的模式。这是一场世界科技与文化的盛宴，来自全球189个国家和57个国际组织参加了展览，创造了世博会159年历史之最，展览时间为2010年5月1日至10月31日。

世界博览会是由一个国家的政府主办，有多个国家或国际组织参加，

世界

▶ 1月12日，强震袭击海地

北京时间1月13日5时许，加勒比海岛国海地遭遇200年来最强烈的地震。里氏7.3级地震发生在海地首都太子港西部15公里处，海地大部分地区受灾情况严重。世界卫生组织确认，此次地震共造成22.25万人死亡，19.6万人受伤。地震中遇难者有联合国驻海地维和部队人员，其中包括8名中国维和警察。

强震发生时，中国第八支赴海地维和警察防暴队共125人正在当地执行维和任务。这支防暴队于去年6月开赴海地，执行为期8个月的维和任务，其中还包括6名女队员。1月12日，8名防暴队员被震塌的建筑压埋。由于防暴队的驻地处于震中地带，因而他们的安全状况令人担忧。

海地发生地震后，中国政府迅速做出反应，派出国际救援队赶赴海地参加救援。同时多次给予海地巨额经济援助，包括260万美元现汇和1800万元人民币的无偿援助。随中国医疗防疫救护队运往海地的医疗物资包括近200种药品、106套医疗防疫装备、1077套野营装备和各类医用器械等，约20吨，为海地人民渡过难关提供了很大帮助。

以展现人类在社会、经济、文化和科技领域取得成就的国际性大型展示会。其特点是举办时间长、展出规模大、参展国家多、影响深远。

自1851年英国伦敦举办第一届以来，世博会已先后举办过40届。因其发展迅速，受重视程度高，世博会还享有"经济、科技、文化领域内的奥林匹克盛会"的美誉。国际展览局是专门从事监督和保障《国际展览公约》的实施、协调和管理举办世博会并保证世博会水平的政府间国际组织，目前有89个成员。

成功申办2010年世界博览会，为上海的城市建设、环境保护、经济和社会发展、提升城市品位和市民综合素质带来了巨大的机遇，推动了上海产业结构的调整、带动基础设施建设的升级，促进了经济增长、增加了就业机会，同时推动其他发展中国家在国际经济活动中的参与度，提高上海的知名度和区域辐射效应。

■ 8月8日，甘肃省舟曲发生严重泥石流灾害

2010年8月7日晚，甘南藏族自治州舟曲县突降暴雨。8日凌晨，县城北面的罗家峪、三眼峪泥石流下泄，由北向南冲向县城，阻断白龙江、形成堰塞湖。沿河的大量房屋被冲毁，造成重大人员伤亡。泥石流还导致舟曲的电力、交通、通讯全部中断。舟曲"8·8"特大泥石流共造成1434人死亡，331人失踪，2062人受伤。

胡锦涛总书记、温家宝总理在第一时间做出指示，要求甘肃省和有关部门当前要把确保人民生命安全放在第一位，千方百计救人，组织群众避险，确保群众生命安全，妥善安排灾区群众的生活；同时要兼顾上下游、左右岸，科学处置堰塞湖，迅速抢修重要基础设施，特别要尽快抢通道路、电力、通信等，保证抢险人员和救灾物资的运送；解放军、武警部队要全力支持抢险救灾。

灾害发生后，当地各项抢险救灾工作随即全力展开，救援人员深入到舟曲县城的各个角落。在泥石流淤积的排洪沟以及两边的受损房屋里，都能看到解放军战士在搜寻和抢救被困人员。许多千里驰援的官兵顾不上休息，便立即投入到救灾抢险的任务当中。解放军某旅政委许家明带领着1100名官兵从甘肃武威连夜赶来，8日中午就到了舟曲，而他们7日晚上刚刚从青海玉树地震灾区返回驻地。

在党中央、国务院的亲切关怀下，在各级政府的坚强领导和社会各界的大力支持下，舟曲灾后恢复重建取得了巨大成就。灾区基本生产生活条件和经济社会发展已全面恢复并超过灾前水平。

■ 10月1日，我国成功发射嫦娥二号卫星

2010年10月1日18时59分57秒，搭载着"嫦娥二号"卫星的长征火箭在西昌卫星发射中心点火，19时整成功发射。29分53秒后，星箭分离，19时56分太阳能帆板成功展开，卫星飞入指定轨道。

"嫦娥二号"与此前发射的"嫦娥一号"是姊妹卫星。它的主要任务

世界

▶2月27日，智利发生8.8级地震

当地时间2月27日凌晨，智利康塞普西翁地区发生8.8级特大地震。震中位于康塞普西翁（Concepcion）东北89公里的比奥比奥省（BIO-BIO），距离智利首都圣地亚哥339公里，震源深度55公里。大地震过后，随之而来的是多次强余震，其中最强的余震为里氏6.9级。地震引发的海啸波及阿根廷等多个邻国。

这次地震属于浅源性地震，由于震级比较大，震源比较浅，这次地震造成的破坏性也比较大。地震导致包括首都圣地亚哥在内的智利大部分地区水电、通信及交通中断，共造成802人死亡，大量房屋倒塌，200多万人无家可归。

是获得更清晰、更详细的月球表面影像数据和月球极区表面数据。因此，"嫦娥二号"搭载的CCD照相机的分辨率比"嫦娥一号"更高。

"嫦娥二号"的飞行程序与"嫦娥一号"相似，但是工作轨道却降了100公里，目的是为了将月球表面拍摄得更清楚一些。另外，"嫦娥二号"飞赴月球的时间将比"嫦娥一号"缩短。与发射"嫦娥一号"的3号平台不同，此次发射"嫦娥二号"的2号平台采用的是黄色升降台技术，这一技术是中国航天专家们的又一创新。

嫦娥二号卫星原计划要进行三次轨道修正，目的就是要把卫星调整到抵达月球100千米近月点进行制动时的速度。可是由于首次修正已经实现了初步的目标，第二次修正、第三次修正就没有必要了。据了解，从嫦娥二号卫星发射到抵达距月球100千米的时间大约为5天。

嫦娥二号是我国首个人造太阳系小行星，与地球间距离已突破5000万公里。飞行期间屡次刷新"中国高度"，而且卫星状态一直良好，并继续向更远的深空飞行。

■ 10月15日~18日，中共十七届五中全会在北京举行

2010年10月15日~18日，中国共产党第十七届中央委员会第五次全体会议在北京举行。全会由中央政治局主持，中央委员会总书记胡锦涛作了重要讲话。

全会听取和讨论了胡锦涛受中央政治局委托作的工作报告，审议通过了《中共中央关于制定国民经济和社会发展第十二个五年规划的建议》。温家宝就《建议（讨论稿）》向全会作了说明。

全会指出，制定"十二五"规划，必须高举中国特色社会主义伟大旗帜，以邓小平理论和"三个代表"重要思想为指导，深入贯彻落实科学发展观，适应国内外形势新变化，顺应各族人民过上更好生活新期待，以科学发展为主题，以加快转变经济发展方式为主线，深化改革开放，保障和改善民生，巩固和扩大应对国际金融危机冲击成果，促进经济长期平稳较快发展和社会和谐稳定，为全面建成小康社会打下具有决定性意义的基础。

全会强调，在当代中国，坚持发展是硬道理的本质要求，就是坚持科学发展，更加注重以人为本，更加注重全面协调可持续发展，更加注重统筹兼顾，更加注重保障和改善民生，促进社会公平正义。以"加快转变经济发展方式"为主线，五个坚持对加快经济转变方式做明确部署：加快转变经济发展方式是我国经济社会领域的一场深刻变革，必须贯穿经济社会发展全过程和各领域，坚持把经济结构战略性调整作为加快转变经济发展方式的主攻方向，坚持把科技进步和创新作为加快转变经济发展方式的重要支撑，坚持把保障和改善民生作为加快转变经济发展方式的根本出发点和落脚点，坚持把建设资源节约型、环境友好型社会作为加快转变经济发展方式的重要着力点，坚持把改革开放作为加快转变经济发展方式的强大动力，提高发展的全面性、协调性、可持续

世界

▶4月21日，萨马兰奇逝世

2010年4月21日，当地时间4月21日13点25分（北京时间19点25分），国际奥委会终身名誉主席萨马兰奇因心脏病（冠状动脉供血不足）抢救无效于西班牙巴塞罗那市吉隆医院逝世，享年89岁。

西班牙人胡安·安东尼奥·萨马兰奇，曾担任国际奥林匹克委员会主席长达21年之久。任内，他成功推动了奥运会商业化，使国际奥委会摆脱了财政危机，使国际奥委会成为全世界最有影响力、最富有的国际组织。中国能够成功申办2008年夏季奥运会，也得益于萨马兰奇的大力帮助。

萨马兰奇先生当选国际奥委会主席后，随即进行大力改革，使这一国际组织变得空前活跃而更富生命力。他面对现实取消所谓的业余规定，并依托国际奥委会、国际单项运动组织、各国家奥委会三大支柱，共同将奥林匹克推向新的纪元，使奥运会成为全球水准最高的体育赛会。

性，实现经济社会又好又快发展。

"十二五"时期是全面建设小康社会的关键时期，是深化改革开放、加快转变经济发展方式的攻坚时期。深刻认识并准确把握国内外形势新变化新特点，科学制定"十二五"规划，对于继续抓住和用好我国发展的重要战略机遇期、促进经济长期平稳较快发展，对于夺取全面建设小康社会新胜利、推进中国特色社会主义伟大事业，具有十分重要的意义。

■ 11月12日~27日，第十六届亚洲运动会在广州举行

2010年11月12日晚，第十六届亚洲运动会在广州隆重开幕，国务院总理温家宝出席开幕式并宣布本届亚运会开幕。开幕式在珠江上的海心沙岛举行，这是奥运会、亚运会历史上首次走出体育场举行的开幕式。

此次亚运会是1990年北京举办第十一届亚运会后，再次在中国举办的亚运会，也是2008年北京奥运会之后中国举办的又一次大型综合性运动会。亚奥理事会主席艾哈迈德亲王、国际奥委会主席罗格以及来自亚洲各地的贵宾出席开幕式，与现场观众和全球电视观众共同见证这一激动人心的时刻。

19时58分，在欢快的乐曲声中，温家宝和艾哈迈德等中外贵宾走上主席台，向观众挥手致意，现场响起了热烈的掌声。20时许，在全场观众的欢呼声中，"木棉花"在600米高的塔尖"盛开"，开幕式由此开始。在隆重的音乐声中，八面80多米高的巨型帆屏震撼升起，象征着奋进的亚洲新形象。整座海心沙岛化作"和谐号"亚运巨轮，在夜空下等待迎风启航。

22时09分，国务院总理温家宝宣布：第十六届亚洲运动会开幕！顿时，璀璨的焰火点亮夜空，激昂的旋律响彻全场，欢呼声经久不息。

中国体育代表团在广州第十六届亚运会上共获得了199枚金牌，119枚银牌，98枚铜牌，实现了金牌和奖牌总数第一的目标，圆满完成了参赛任务。本次亚运会共打破了3项世界纪录，15项亚洲纪录。其中中国队打破了2项世界纪录和9项亚洲纪录，在这个领域也毫无争议的排在榜首。

■ 12月20日~21日，海协会和台湾海基会第六次会谈

12月21日上午9时，海协会与台湾海基会在台北圆山大饭店大会厅举行会谈。会谈开始前，海协会会长陈云林与海基会董事长江丙坤亲切地握手。这是两岸两会领导人第六次会面，会谈在热烈的气氛中进行。

本次会谈签署了《海峡两岸医药卫生合作协议》，并就两岸投保协议达成阶段性共识。其中，医卫合作协议已是两会自2008年6月复谈以来签署的第15项协议。这沉甸甸的15项协议，如同跨越海峡的15座雄伟大桥，共同构筑起两岸大交流乃至两岸关系和平发展的坚实基础。

对于本次会谈成果，中共中央台办、国务院台办主任王毅给予肯定。他表示，此次会谈过程平和顺利，表明两会机制化商谈在双方共同努力下日趋成熟完善，并且得到两岸各界越来越多的理解和支持。

在过去两年半的时间里，两岸两会本着积极务实的态度，逐步破解两

▶8月10日，朝韩在延坪岛互相炮击

2010年8月10日，朝鲜向延坪岛附近发射炮弹，韩国回射。据韩国联合通讯社10日报道，朝鲜军队炮击"北方界线"附近后，韩国军队于当天下午开炮回应。晚间又有朝鲜炮弹落在"北方界线"附近，韩国军队再次开炮回应。

韩国国防部一名官员说，韩方听到3声炮响，1发炮弹落至延坪岛附近"北方界线"海域，但不清楚是否落入"韩国领海"。延坪岛现有居民约1800人，炮声响起后，当地居民一度恐慌。韩联社电视台报道，炮弹来自"朝鲜军事训练"，上述炮击均未造成韩国方面人员伤亡。但此次事件使原本紧张的朝韩形势变得更加危急。

为防止矛盾激化，事态扩大，中方通过各个渠道坚持不懈地做朝鲜半岛双方和有关各方的工作。国务委员戴秉国先后紧急赴韩国、朝鲜访问，同两国领导人坦诚深入沟通，敦促双方保持冷静克制，以半岛人民安危为重，开展对话接触，切忌采取任何导致局势进一步升级的举动。

岸之间的历史遗留问题，推动两岸交流不断稳步向前，其会谈成果所衍生出来的无数人流、物流、资金流以及创造的经济效益和社会效益，已使两岸同胞共蒙其利，也为国际社会所乐见。

六度会谈，在两岸关系史上树立起一座又一座里程碑。展望未来，两会协商仍须坚持"咬定青山不放松""任尔东西南北风"的精神，不断开拓新领域、丰富新内涵、提升新水平，不断谱写两岸和平发展新篇章。

本次会谈还达成了一系列共识，包括增加春节包机，大陆游客赴台游配额，尽速成立"两岸经济合作委员会"等。这些措施提升了两岸民众的福祉，为两岸创造了更好的经济环境。

备忘

- 3月3日，全国政协第十一届全国委员会第三次会议在北京举行
- 3月28日，山西王家岭煤矿发生特大透水事故
- 4月9日~11日，博鳌亚洲论坛2010年年会在海南博鳌举行
- 4月12日，胡锦涛与美国总统奥巴马在华盛顿举行会晤，就中美关系和共同关心的国际和地区问题交换意见
- 7月30日，著名科学家钱伟长于上海去世
- 8月23日，多名香港游客在菲律宾闹市遭到持枪劫持
- 8月24日，黑龙江伊春一架客机失事，42人遇难
- 10月25日，纪念中国人民志愿军抗美援朝出国作战60周年座谈会在北京举行

2011年

4月14日，金砖国家领导人第三次会晤在三亚举行

4月14日，中国、巴西、俄罗斯、南非和印度"金砖五国"领导人第三次会晤在海南省三亚市举行。上午9时许，各国领导人先后抵达会场，受到胡锦涛热情迎接。9时5分，金砖国家领导人会晤开始，胡锦涛主持会议。会晤的议题将涉及国际金融、国际经济形势、发展问题、金砖国家合作等内容。

胡锦涛发表题为《展望未来、共享繁荣》的重要讲话。他表示，当前世界各国面临难得的发展机遇也面临诸多挑战。为了拥有和平安宁、共享繁荣的21世纪，各方应大力维护世界和平稳定、推动各国共同发展、促进国际交流合作、加强金砖国家共同发展的伙伴关系。实现世界持久和平、共同繁荣仍有很长的路要走。

此次会议是南非首次加入，会后发表了《三亚宣言》和三大行动计划，宣言阐明了金砖国家未来合作的主要方向，指出金砖国家将巩固已开展的合作项目，开拓新合作项目，并就加强文化、体育、绿色经济等领域合作提出新建议。宣言显示了成员国间合作的日趋紧密，和对世界政经形势影响力的与日俱增。

4月24日，清华大学百年华诞

2011年4月24日上午，清华大学在人民大会堂隆重庆祝百年华诞，海内外五万清华学子返回母校共庆华诞。

清华大学的前身清华学堂成立于1911年，是清政府建立的留美预备学校，次年更名为清华学校。为尝试人才的本地培养，清华学校于1925年设立大学部，同年开办国学研究院，1928年更名为"国立清华大学"。1937年抗日战争爆发后，清华大学南迁长沙，与北京大学、南开大学联合办学，组建国立长沙临时大学，1938年迁至昆明，改名为国立西南联合大学。1946年，清华大学迁回清华园原址复校。

1952年，清华大学经过院系调整后，成为一所多科性工业大学，重点为国家培养工程技术人才，被誉为"红色工程师的摇篮"。1978年以来，清华大学进入了一个蓬勃发展的新时期，逐步恢复了理科、经济、管理和文科类学科，并成立了研究生院和继续教育学院。1999年，原中央工艺美术学院并入，成立清华大学美术学院。

100年来，清华大学共培养出优秀人才17万名。新中国成立后，在清华

世界

▶3月11日，日本发生9级强震并引发海啸

2011年3月11日，日本当地时间14时46分26秒，西太平洋国际海域发生里氏9.0级地震，震中位于北纬38.1度，东经142.6度，震源深度约10公里，属浅源地震。据统计，自有记录以来，此次的9.0级地震是全世界第三高，1960年发生的智利9.5级地震和1964年阿拉斯加9.2级地震分别排第一和第二。

日本气象厅随即发布了海啸警报称地震将引发约6米高海啸，修正为10米。根据后续调查表明海啸最高达到24米。

日本3.11地震遇难人数为15870人，失踪人数为2814人，加上在避难时生病去世的1632名死者，总遇难人数已达2万人以上。死亡人数最多的是宫城县，为9509人；其次是岩手县，为4670人；然后是福岛县，为1605人。另外，建筑物受损情况分别为：全部毁坏的约128600户，一半毁坏的约244000户，局部毁坏的约674800户。

此次地震造成日本福岛第一核电站1~4号机组发生核泄漏事故。日本原子能安全保安院根据国际核事件分级表将福岛核事故定为最高级7级。

毕业或曾在校工作过的校友中,有中国科学院院士330人,工程院院士144人,"两弹一星"功勋奖章获得者14人,省部级以上干部超过280人。

目前,清华大学已成为一所具有理学、工学、文学、艺术学、历史学、哲学、经济学、管理学、法学、教育学和医学等学科的综合性、研究型、开放式大学。

■ 7月1日,庆祝中国共产党成立90周年大会在北京举行

7月1日,庆祝中国共产党成立90周年大会在北京人民大会堂隆重举行。会上,习近平宣读了《中共中央关于表彰全国先进基层党组织和优秀共产党员、优秀党务工作者的决定》。决定指出,为表彰先进、弘扬正气,激励各级党组织和广大共产党员、党务工作者在改革开放和社会主义现代化建设中创先争优、建功立业,中央决定由中央组织部对近年来在工作中取得优异成绩的500个基层党组织、50名共产党员、200名党务工作者予以表彰,分别授予全国先进基层党组织、全国优秀共产党员和全国优秀党务工作者荣誉称号,并追授方永刚等13名同志全国优秀共产党员荣誉称号。

胡锦涛、吴邦国、温家宝、贾庆林、李长春、习近平、李克强、贺国强、周永康等党和国家领导人为全国先进基层党组织和优秀共产党员、优秀党务工作者代表颁奖。

颁奖后,中共中央总书记胡锦涛在会上发表重要讲话,他在讲话中回顾了中国共产党90年的光辉历程和取得的伟大成就,总结了党和人民创造的宝贵经验,提出了新的历史条件下提高党的建设科学化水平的目标任务,阐述了在新的历史起点上把中国特色社会主义伟大事业全面推向前进的大政方针。

胡锦涛强调,全党同志要牢记历史使命,永远保持谦虚、谨慎、不骄、不躁的作风,永远保持艰苦奋斗的作风,勇于变革、勇于创新,永不僵化、永不停滞,不动摇、不懈怠、不折腾,不为任何风险所惧,不被任何干扰所惑,坚定不移沿着中国特色社会主义道路奋勇前进,更加奋发有为地团结带领全国各族人民创造自己的幸福生活和中华民族的美好未来。

■ 7月23日,温州发生动车追尾脱轨事故

7月23日20时30分05秒,甬温线浙江省温州市境内,由北京南站开往福州站的D301次列车与杭州站开往福州南站的D3115次列车发生追尾事故,造成40人死亡、172人受伤,中断行车32小时35分,直接经济损失19371.65万元。

事故发生后,党中央、国务院高度重视,胡锦涛总书记、温家宝总理等中央领导同志分别做出重要指示,要求务必把救人放在第一位,全力以赴组织好抢险救援工作,同时要尽快查明事故原因,做好善后处理等工作。受胡锦涛总书记、温家宝总理委派,张德江副总理于7月24日上午率有

▶5月1日,"基地"组织头目本·拉登被击毙

2011年5月1日,"基地"组织领导人本·拉登在巴基斯坦首都伊斯兰堡郊外的一所住宅内被美国军方击毙。

1988年,乌萨马·本·拉登在阿富汗建立了"基地"军事大本营及训练营地,使"基地"成为反对西方和犹太势力的核心。1995年,在利雅得的美军建筑物遇袭;1996年,沙特宰赫兰的美国兵营遭到卡车炸弹袭击,美国认为拉登是这两起袭击事件的主谋。除此之外,美国还认为拉登参与了1996年纽约世界贸易中心的爆炸案。

1999年6月,美国悬赏500万美元捉拿拉登。拉登并没有因此销声匿迹,反而在阿富汗继续集结各国的极端组织。2001年9月11日,纽约世界贸易中心和华盛顿五角大楼等地遭到恐怖主义袭击。美国认定拉登是这次袭击的头号嫌疑犯,但拉登却发表声明予以否认。

本·拉登被美军击毙后,美国军方动用了"卡尔·文森"号航母为其举行了伊斯兰风格的海葬。

关方面负责人紧急赶赴事故现场,指导抢险救援、伤员救治、善后处理和事故调查工作。

7月25日国务院批准成立事故调查组。7月28日,温家宝总理专程到事故现场,悼念遇难者,亲切慰问遇难者家属和受伤人员,回答了中外记者提问,对事故调查工作提出了明确要求。

7月27日和8月10日,温家宝总理先后主持召开国务院第165次、第167次常务会议,专题研究事故调查处理和铁路安全工作,并决定对事故调查组进行充实、加强。事故调查组聘请了铁路运输、电力、自动化、通信、信号、安全管理、建筑等专业领域的12名专家组成专家组,其中全国人大代表2名、全国政协委员1名、"两院院士"2名。邀请最高人民检察院派员参加了事故调查工作。

"7·23"甬温线特别重大铁路交通事故是一起因列控中心设备存在严重设计缺陷、上道使用审查把关不严、雷击导致设备故障后应急处置不力等因素造成的责任事故。根据国家有关法律规定,经过与事故遇难人员家属具体协商,"7·23"事故遇难人员赔偿救助标准为91.5万元。

铁道部原部长刘志军、副部长陆东福、总工程师何华武、原副总工程师兼运输局原局长张曙光等54名事故责任人员受到了严肃处理。

■ 8月10日,中国首艘航母平台"瓦良格"号出海试航

8月10日,我国首艘航母平台"瓦良格"号进行出海航行试验。首次出海试航时间为5天,返回后继续在船厂进行改装和测试工作。

20世纪80年代中后期,瓦良格号于乌克兰建造。当建造完成总工程的68%时,苏联解体,工程被迫中断。1995年,俄罗斯政府决定将"瓦良格号"从俄罗斯海军编制退出,并且作为偿还债务的替代品送交予乌克兰。1999年,中国购买了"瓦良格号",于2003年3月4日运抵大连港。

从"瓦良格"航母正式停靠在中国大连码头开始,到正式试航,一共经历了9年零5个多月,共计3447天。"瓦良格"航母抵达中国后,即开始了改建工作。2005年4月26日,"瓦良格号"被拖进大连造船厂的干船坞,开始由中国人民解放军更改安装及继续建造。"瓦良格号"改造改建工程启动以来,约有15人因工作原因而牺牲。

2012年9月23日,"瓦良格"号在大连举行交船仪式,交付海军。9月25日,"瓦良格号"更名为"辽宁号",成为中国海军首艘航空母舰,并正式交接入列。

■ 10月9日,纪念辛亥革命100周年大会在北京举行

1911年10月9日,中国资产阶级政党同盟会及其领袖孙中山领导了辛亥革命。这次革命结束了中国长达两千年之久的君主专制制度,是近代中国比较完全意义上的资产阶级民主革命。

2011年10月9日上午，纪念辛亥革命100周年大会在北京人民大会堂隆重举行。10时整，贾庆林宣布大会开始。在热烈的掌声中，胡锦涛发表了重要讲话。他全面回顾了辛亥革命100年来中国人民百折不挠、顽强拼搏的奋斗历程，深刻阐述了新形势下实现中华民族伟大复兴的历史使命，高度评价了辛亥革命的伟大意义，进一步提出了发展两岸关系、促进国家完全统一的殷切希望。

胡锦涛强调，100年前，以孙中山先生为代表的革命党人发动了震惊世界的辛亥革命，开启了中国前所未有的社会变革。今天，我们隆重纪念辛亥革命100周年，深切缅怀孙中山先生等辛亥革命先驱的历史功勋，就是要学习和弘扬他们为振兴中华而矢志不渝的崇高精神，激励海内外中华儿女为实现中华民族伟大复兴而共同奋斗。

■ 11月1日，"神舟八号"飞船成功发射

2011年11月1日清晨5时58分10秒，中国"长征二号F遥八"运载火箭在酒泉卫星发射中心载人航天发射场点火发射，火箭飞行583秒后，将"神舟八号"飞船成功送入近地点200公里、远地点330公里的预定轨道。

中国载人航天工程总指挥常万全随后在酒泉卫星发射中心宣布，"神舟八号"飞船发射圆满成功。

"神舟八号"是中国神舟系列飞船的第八个，简称"神八"。飞船为三舱结构，由轨道舱、返回舱和推进舱组成。飞船轨道舱前端安装自动式对接机构，具备自动和手动交会对接与分离功能。

"神舟八号"为改进型飞船，全长9米，最大直径2.8米，起飞质量8082公斤。全船一共有600多台套的设备，一半以上发生了技术状态的变化，其中新研制的设备、新增加的设备就占了15%。它发射升空后，与"天宫一号"对接，成为一座小型空间站。

"长征二号F遥八"运载火箭在"长征二号F"火箭基础上进行多项改进，具有运载能力更高、入轨精度更高、可靠性更高等特点。此次"神舟八号"飞船发射，是中国"长征"系列运载火箭第149次航天飞行。

声音

当前，我以为最大的危险在于腐败。而消除腐败的土壤还在于改革制度和体制。我深知国之命在人心，解决人民的怨气，实现人民的愿望就必须创造条件，让人民批评和监督政府。

——3月14日全国"两会"温家宝在记者招待会上的发言

"在电视上看到佛山小悦悦事件的视频，总共播了8分钟，我看的时候恨不得跳进荧屏去唤醒那些麻木的路人。小悦悦事件真是有损中国人的形象。

——2岁的小悦悦（本名王悦）在佛山南海黄岐广佛五金城相继被两车碾压。7分钟内，18名路人路过但都视而不见，漠然而去，最后一名拾荒阿姨陈贤妹上前施以援手。全国政协常委、外事委员会主任、国务院新闻办公室原主任赵启正看到视频后如此说

备忘

- 1月11日，中国新一代隐形战斗机歼20试飞成功
- 3月3日，全国政协十一届四次会议在北京举行
- 3月5日，十一届全国人大四次会议在北京举行
- 4月10日，我国成功发射第八颗北斗卫星
- 5月8日，故宫博物院发生窃案
- 7月26日，我国"蛟龙"号潜水器成功突破5000米水深大关
- 10月5日，13名中国船员命丧湄公河
- 11月16日，甘肃正宁发生特大校车事故